Herausgegeben von Karl-Heinz Meier-Braun
und Reinhold Weber

Deutschland
Einwanderungsland

Begriffe – Fakten – Kontroversen

3. Auflage

Verlag W. Kohlhammer

3. Auflage 2017

Alle Rechte vorbehalten
© W. Kohlhammer GmbH, Stuttgart
Gesamtherstellung: W. Kohlhammer GmbH, Stuttgart

Print:
ISBN 978-3-17-031864-9

E-Book-Formate:
pdf: ISBN 978-3-17-031865-6
epub: ISBN 978-3-17-031866-3
mobi: ISBN 978-3-17-031867-0

Inhaltsverzeichnis

Zuwanderergruppen

Wirtschaft und Recht

Gesellschaft und Religion

Integrationspolitik und politische Teilhabe

Vorwort der Herausgeber

Als im Jahr 2013 die erste Auflage dieses Buches erschien, hatten die Politikfelder Migration und Integration einen Entwicklungsstand erreicht, der insgesamt als gut zu bewerten war. In den Jahren zuvor waren neue politische Instrumentarien geschaffen, neue Institutionen gegründet, gesellschaftliche Bündnisse geschlossen und manch ideologischer Graben war zugeschüttet worden. Die Kontroverse etwa, ob Deutschland nun ein Einwanderungsland sei oder nicht, schien fast schon »von gestern«. Durch den starken Zustrom von Flüchtlingen aus den Krisengebieten dieser Welt hat sich die Situation jedoch binnen zweier Jahre massiv verändert. Daraus haben sich vielfältige neue Herausforderungen ergeben, denn im Jahr 2015 war die Zuwanderung nach Deutschland so hoch wie nie zuvor seit dem Ende des Zweiten Weltkriegs.

Nicht zuletzt durch diese Entwicklung und die daraus resultierenden neuen Polarisierungen in der Migrationspolitik ist erneut deutlich geworden: Keine Frage wirkt so stark in alle Politikbereiche hinein wie die nach der Integration der Zuwanderer in unsere Gesellschaft. Kaum ein anderes Thema ist so zentral für den Zusammenhalt unserer Gesellschaft. Egal, ob es um das Zusammenleben mit Muslimen in Deutschland geht oder um die Gestaltung der Integrationspolitik in Deutschland – es sind Fragen von grundlegender Bedeutung für die Zukunft.

Migration und Integration sind zunehmend auch praktisches Politikfeld auf allen Ebenen. Immer mehr Menschen befassen sich beruflich oder ehrenamtlich mit diesen Themen, auch in den Schulen und an den Universitäten gewinnen sie sichtlich an Bedeutung. Dieses Buch wendet sich an Interessierte aus Politik und Verwaltung, Ehrenamt und bürgerschaftlichem Engagement, Sozialarbeit, Bildung und Wissenschaft. Es will zur Versachlichung beitragen und versteht sich als handliches Kompendium, das kurze, aber verlässliche Erstinformationen über Begriffe liefert, die zwar oft verwendet werden, von denen aber viele Menschen nicht immer wissen, was sie wirklich bedeuten. Dabei verfolgt dieses Buch keinen lexikalischen Ansatz. Die gesamte Bandbreite der Thematik ließe sich auch gar nicht in einem Band abdecken. Vielmehr geht es um eine erste handbuchartige Zusammenschau zentraler Aspekte. Die weiterführenden Literaturhinweise und Internetangebote, die am Ende eines jeden Beitrags stehen, dienen der zusätzlichen Vertiefung.

Jeder Beitrag ist in sich abgeschlossen, jede Autorin und jeder Autor hat eigenverantwortlich gearbeitet. Inhaltliche Überschneidungen haben sich bisweilen nicht vermeiden lassen, ja wurden sogar bewusst in Kauf genommen. Immer wieder wurde auch mit Querverweisen versucht, Zusammenhänge zu offenbaren, ohne den Lesefluss zu hemmen. Unser besonderer Dank gilt den Autorinnen und Autoren, die durchweg bundesweit angesehene Expertinnen und Experten zu ihren Themen sind. Sie haben sich bereit erklärt, Beiträge zu Themen zu verfassen, die einem ständigen, fast rasant zu nennenden Wandel unterliegen. Dieses Buch, das sei hier betont, spiegelt den Stand der Dinge vom Oktober 2016 wider.

Karl-Heinz Meier-Braun und
Reinhold Weber

Einleitung: Deutschland Einwanderungsland

Karl-Heinz Meier-Braun

»Wir haben das wieder einmal geschafft!« Das könnte eigentlich im Herbst 2016 die Schlagzeile sein, nachdem die sogenannte »Flüchtlingskrise« einigermaßen bewältigt wurde. Trotz des ganzen Chaos an den Grenzen, überforderter Behörden und überfüllten Flüchtlingsunterkünften – vor allem durch die vielen ehrenamtlichen Helferinnen und Helfer ist Deutschland einigermaßen über die Runden gekommen. Von 1,1 Millionen Flüchtlingen war lange Zeit die Rede, die 2015 ins Land gekommen sein sollen. Vor ähnlichen Herausforderungen durch die Zuwanderung hatte das Land bereits verschiedene Male gestanden, beispielsweise als nach dem Zweiten Weltkrieg rund 12,5 Millionen deutsche Flüchtlinge und Vertriebene Zuflucht in Westdeutschland fanden. Oder als seit Mitte der 1950er-Jahre Millionen von sogenannten »Gastarbeitern« ins Land geholt wurden, die es zu integrieren galt. In der aufgeheizten Debatte der letzten Monate geriet dies alles genauso in Vergessenheit wie auch die Tatsache, dass bereits Anfang der 1990er-Jahre rund ein halbe Million Asylanträge gestellt wurden. Fünf Millionen Spätaussiedler wurden im Laufe der Jahre aufgenommen. Die Beispiele zeigen: Deutschland ist schon seit langem ein Einwanderungsland, auch wenn das immer mal wieder in Frage gestellt wird.

Wie viele Flüchtlinge jetzt endgültig hierbleiben werden, weiß niemand genau. Selbst die offiziellen Zahlen wurden vom Bundesministerium des Innern immer wieder mit einem Vorbehalt versehen. Sie stammen aus dem sogenannten EASY-System, einer Software-Anwendung zur Erstverteilung der Asylsuchenden auf die Bundesländer. »Bei den EASY-Zahlen sind Fehl- und Mehrfacherfassungen u. a. wegen der fehlenden Erfassung der persönlichen Daten nicht ausgeschlossen«, schreibt das Ministerium in seinen monatlichen Berichten. Am 30. September 2016 korrigierte der Bundesinnenminister dann höchstpersönlich die Zahl der Asylsuchenden aus dem Jahr 2015. Der sogenannte »EASY-Gap« – die Lücke zwischen der Zahl aus diesem System und der tatsächlichen Zahl der Asylbewerber – sei so gut wie geschlossen. Minister de Maizière bezifferte die Zahl der Zugänge von Asylsuchenden für das Jahr 2015 jetzt auf rund 890 000 Menschen. Davon seien 820 000 mittlerweile vollständig im sogenannten Kerndatensystem registriert. Rund 50 000 Schutzsuchende seien zunächst ebenfalls registriert worden, hätten aber in der Folge ihre Asylverfahren nicht mehr weiterbetrieben und dürften überwiegend weitergereist sein oder die Rückreise in ihr Herkunftsland angetreten haben. Rund 20 000 unbegleitete Minderjährige seien darüber hinaus nach Deutschland gekommen, die bislang noch keinen Asylantrag gestellt hätten. Die Differenz zu der Zahl von 1,1 Millionen, die bisher gehandelt wurde und die die Diskussionen bestimmte, ergibt sich nach Angaben des Bundesinnministers eben aus den Mehrfachmeldungen und der Tatsache, dass die späteren Weiter- oder Rückreisen nicht im EASY-System berücksichtigt bleiben. Mit Stand vom 21. September 2016 sind im laufenden Jahr rund 210 000 Personen als Schutzsuchende nach Deutschland gekommen und im Kerndatensystem registriert worden, was eigentlich Anlass zur »Entwarnung«

sein sollte und die Wogen in der hitzigen Debatte glätten sollte. Geht man selbst bei der Rekordbleibequote von rund 50 % aus, so ist mit unter einer halben Million Geflüchteten zu rechnen, was angesichts der jüngsten Einwanderungsgeschichte nicht sehr viel ist, auch wenn es anders zu sein scheint. Schließlich leben bereits 16,4 Millionen Menschen in Deutschland, die einen Migrationshintergrund haben, d. h. sie sind selbst eingewandert oder sie sind direkte Nachkommen von Einwanderern. Deutschland kann sich also mehr zutrauen, auch wenn es bei der Integration der Flüchtlinge vor einer ähnlichen Herausforderung steht wie bei der Eingliederung beispielsweise der Heimatvertriebenen im Nachkriegsdeutschland. Die »Bewältigung der Flüchtlingskrise« wird auf jeden Fall lange Zeit einer der wichtigsten Aufgaben für Deutschland sein, selbst wenn die Flüchtlingszahlen zurückgehen.

Hinzu kommt die Frage, wie das Land mit der aktuellen Bedrohung durch Gewalt und Terror umgeht, die Deutschland im Juli 2016 erschütterte – in einer Zeit, in der so etwas wie Ruhe und Normalität in die hitzige Flüchtlingsdebatte einzukehren schien. Vor allem weil zwei Flüchtlinge – offensichtlich mit islamistischem Hintergrund – für Anschläge in Würzburg und Ansbach verantwortlich waren, setzte eine erneute Debatte um die innere Sicherheit und verschärfte Ausweisungsbestimmungen ein. Die CSU stellte eine direkte Verbindung zwischen den Anschlägen und der Flüchtlingspolitik von Angela Merkel (CDU) her. Die Bundeskanzlerin selbst bekräftigte trotz allem ihr »Wir schaffen das!« und stellte einen Neun-Punkte-Plan für mehr Sicherheit vor. Nach dramatischen Stimmverlusten ihrer Partei bei mehreren Landtagswahlen im Jahr 2016 sowie dem zunehmenden Erfolg der AfD (Alternative für Deutschland) räumte Merkel im September 2016 allerdings politische Fehler in der Flüchtlingspolitik ein und rückte von ihrem Satz »Wir schaffen das!«, der schon fast zum geflügelten Wort geworden war, in gewissem

Sinne ab. Sie habe den Satz »übertrieben oft« benutzt, obwohl er nicht die vor der Bundesrepublik liegende Aufgabe abbilde und »zu einem schlichten Motto, beinahe einer Leerformel geworden« sei. Obwohl sie, so Merkel, damit vor allem eine Haltung und ein Ziel habe ausdrücken wollen, fühlten sich offenbar viele Bürger davon »provoziert.« Es bleibt abzuwarten, wie die politische Auseinandersetzung um die Flüchtlingspolitik weitergeht und wie sie sich auf die Bundestagswahl 2017 auswirken wird, vor allem ob rechtspopulistische und rechtsradikale Strömungen weiteren Auftrieb erhalten werden. Die Debatte um die doppelte Staatsangehörigkeit und vor allem um ein Burka-Verbot vom Sommer 2016 lassen nichts Gutes ahnen. Die Burka (Ganzkörperverhüllung) oder der Niqab (Gesichtsschleier) stoßen in Deutschland verständlicherweise auf Unverständnis und gelten als Integrationshindernis. Das Verbot der Kleidungsstücke in Frankreich hat aber offensichtlich wenig gebracht und schon gar keine terroristischen Anschläge verhindern können. Ob ein Verbot in Deutschland eine politische Mehrheit finden könnte, erscheint fraglich. Bereits 2010 stellte ein Gutachten des Wissenschaftlichen Dienstes des Bundestags, das ein CSU-Abgeordneter in Auftrag gegeben hatte, fest, dass ein generelles Burka-Verbot im öffentlichen Raum gegen das Neutralitätsgebot des Grundgesetzes verstoße und sich verfassungsrechtlich nicht rechtfertigen lasse. Nicht einmal mit einer Verfassungsänderung könne der Schleier von Straßen und Plätzen ferngehalten werden. Das Bundesverfassungsgericht hatte in seinem »Kopftuch-Urteil« 2015 bereits geschrieben, die nur visuelle Wahrnehmung des Kopftuchs sei in der Schule ebenso hinzunehmen, »wie auch sonst grundsätzlich kein verfassungsrechtlicher Anspruch darauf besteht, von der Wahrnehmung anderer religiöser oder weltanschaulicher Bekenntnisse verschont zu bleiben«. Man schätzt, dass es bundesweit 80 bis 100 vollverschleierte Frauen gibt. Die meisten sollen deutsche Konvertitinnen sein, also Frauen, die zum Islam übergetreten sind. Die politische Auseinandersetzung wurde aber teilweise so geführt, als werde Deutschland geradezu von Burka-Trägerinnen bedroht und als könne ein Verbot ein großes Integrationsproblem lösen.

Begriffe und Kontroversen

Migration und Integration bestimmen seit Jahren die Schlagzeilen in Deutschland. Oft werden diese Begriffe aber verwendet, ohne genau zu sagen, was damit eigentlich gemeint ist. Das Wort Migration (lat. *migratio*) heißt so viel wie »Wanderung«. Die Menschen verlassen dabei ihre Heimat, weil sie dort keine Arbeit finden oder aus anderen Gründen fliehen müssen. Integration (lat. *integrare* = wiederherstellen, Herstellung eines Ganzen) ist die Zusammenführung des »Verschiedenen«, wobei das Verschiedene als solches kenntlich bleibt. In der politischen Diskussion wird dieser Begriff oftmals als Assimilation verstanden, das heißt als Aufgabe der eigenen kulturellen und sprachlichen Herkunft und im Sinne einer vollständigen Anpassung an die deutsche Gesellschaft. Dabei wird in der Regel nicht festgelegt, an welche Normen und Werte sich die Einwanderer eigentlich genau anpassen sollen und was letztendlich das Vorbild eines angepassten Ausländers oder eines »integrierten Deutschen« ist.

Integration stellt einen wechselseitigen Prozess zwischen Zuwanderern und Einheimischen dar. Dabei sollen die Lebensverhältnisse beider Gruppen angeglichen und Chancengleichheit in wichtigen Bereichen der Gesellschaft erreicht werden. Integration spielt sich in verschiedenen Bereichen ab. Man spricht unter anderem von kultureller, sozialer und politischer Integration. Von einer gleichberechtigten Teilhabe an Bildung, Erziehung oder Ausbildung – das belegen zahlreiche Studien unterschiedlicher Provenienz – sind wir aber in Deutschland noch weit entfernt.

So haben 35 % der Personen mit Migrationshintergrund keinen berufsqualifizierenden Abschluss gegenüber rund 9 % der Menschen ohne Migrationshintergrund. Auch auf dem Arbeitsmarkt und beim Erwerbseinkommen wirkt sich das schlechtere Bildungsniveau des Bevölkerungsteils mit Migrationshintergrund nach wie vor negativ aus.

Gerade aus der deutschen Aus- und Einwanderungsgeschichte lässt sich ablesen, dass Integration Zeit braucht und nicht erzwungen werden kann. Meist dauert es eine Generation und länger, bis sich Migranten integriert haben. Und im Übrigen behalten gerade auch die Deutschen im Ausland ihre kulturellen Wurzeln lange bei und pflegen – etwa mit »Oktoberfesten«, deutschen Schulen im Ausland oder anderen Bildungsinstitutionen – ihre Kultur, ihre Traditionen und Feste. Was eigentlich letztendlich Integration bedeutet, über einen neuen Integrationsbegriff also, wird in den nächsten Jahren weiter zu diskutieren sein. Bei dieser »Zukunftsaufgabe Integration« geht es nicht nur um die Flüchtlinge, die zuletzt ins Land kamen, sondern um die gesamte Gesellschaft mit ihren über 16 Millionen Menschen mit Migrationshintergrund.

Die Lebenslüge vom »Nicht-Einwanderungsland«

Deutschland ist kein Einwanderungsland! Dieser Kernsatz stand bereits in der Verwaltungsvorschrift zum Reichs- und Staatsangehörigkeitsgesetz von 1913, das noch bis 1990 uneingeschränkt galt »und die Praxis der Einbürgerungsbehörden bestimmt hat«, wie Dorothea Koller, die jetzige Leiterin des Stuttgarter Amts für öffentliche Ordnung und langjährige Chefin einer der größten Ausländerbehörden in Deutschland, feststellt. Dieses Motto dominierte auch die Ausländerpolitik der Bundesrepublik in der Zeit der Anwerbung der »Gastarbeiter«, die dringend als Arbeitskräfte im Nachkriegsdeutschland gesucht wurden. 1955 wurde das erste staatliche Anwerbeabkommen mit Italien abgeschlossen, 1960 folgten entsprechende Verträge mit Spanien und Griechenland, 1961 mit der Türkei, 1964 mit Portugal und 1968 mit dem damaligen Jugoslawien. Bereits 1963 traf die Bundesregierung eine entsprechende Vereinbarung mit Marokko und 1965 mit Tunesien.

In jenen Jahren erreichten Deutschland aber auch zahllose Anfragen aus aller Herren Länder, so z. B. auch aus Thailand, Bolivien und aus dem Sudan. Es wurde auch darüber gesprochen, chinesische Flüchtlinge aus Hongkong für »häusliche Dienstleistungen« aufzunehmen – als Beitrag der Bundesregierung zum Weltflüchtlingsjahr. Aus Taiwan sollten Absolventen von Berufs- und Fachschulen nach Deutschland geholt werden, um Kenntnisse an »modernen Maschinen zu erwerben«. 250 hochqualifizierte Ingenieure wollte man aus Indien holen. Dabei sollten die Reisekosten je zur Hälfte von deutscher und von indischer Seite getragen werden. »Iranische Jugendliche für eine Verwendung in der westdeutschen Industrie« – so lautete ein weiterer Vorschlag. Sogar aus Kanada sollten Arbeitslose in westdeutschen Industriebetrieben beschäftigt werden. »Thailändische Arbeiter mit technischen Kenntnissen zur Aufhebung des Arbeitskräftemangels in der Bundesrepublik und zur Förderung der beruflichen Weiterbildung« – auch das stand auf dem Vermerk »Anerbieten bzw. Anregungen zur Hereinnahme von Arbeitskräften aus außereuropäischen Ländern« vom 16. Mai 1962 des damaligen Bundesministeriums für Arbeit und Sozialordnung. Die Bundesrepublik lehnte die vielen Anfragen aus weit entfernten Ländern jedoch ab.

Die Beispiele belegen: Deutschland ist keinesfalls blind in einen Einwanderungsprozess hineingeschlittert, wie oft behauptet wird. Nachdem die Archive für die Forschung geöffnet wurden, zeigt sich, dass die politisch Verantwortlichen in den Ministerien sich schon in den 1960er-Jahren durch-

aus bewusst waren, dass Einwanderung stattfindet und damit Integrationsprobleme verbunden sein würden. Allerdings wurde das Thema Integration erst viel zu spät als wichtiges gesamtgesellschaftliches Politikfeld erkannt und dementsprechend die Weichenstellung in Richtung Integration versäumt. Nach offizieller Lesart der Politik blieb Deutschland fast ein halbes Jahrhundert lang noch kein Einwanderungsland, obwohl im Art. 73 des Grundgesetzes (GG) das Reizwort »Einwanderung« als Aufgabe des Bundes steht. Allein von 1955 bis zum Anwerbestopp 1973 kamen 14 Millionen Migranten in die alte Bundesrepublik. Elf Millionen zogen in diesem Zeitraum wieder weg. So wurde Deutschland in dieser frühen Phase schon zum Einwanderungsland.

Jahrzehntelang ging man in Deutschland davon aus, dass die ausländischen Arbeitskräfte über kurz oder lang wieder zurückkehren würden. Auch die Arbeitsmigranten selbst lebten mit dieser »Rückkehrillusion«. Bereits in den frühen »Gastarbeiter«-Jahren bemühten sich Kirchen, Gewerkschaften und Wohlfahrtsverbände, die Arbeitsmigranten durch Beratungsmaßnahmen oder »Eingliederungshilfen« zu unterstützen, eine staatliche Integrationspolitik gab es jedoch nicht. Die Bundesregierung schuf erst 1978 das Amt eines Ausländerbeauftragten. Von 1979 bis 1980 standen dann sogar erste Integrationskonzepte im Mittelpunkt der Ausländerpolitik. 1979 legte der erste Ausländerbeauftragte der Bundesregierung, der frühere Ministerpräsident von Nordrhein-Westfalen Heinz Kühn (SPD), ein Memorandum vor. Kühn kritisierte die bisherige Ausländerpolitik, die zu sehr von arbeitsmarktpolitischen Gesichtspunkten geprägt sei. Er forderte die Anerkennung der »faktischen Einwanderung«, Integrationsmaßnahmen und beispielsweise auch ein Kommunalwahlrecht für Ausländer. Kühn wies damals schon auf den Geburtenrückgang und die Auswirkungen auf den Arbeitsmarkt hin. Es gebe keine »Gastarbeiter«, vielmehr Einwanderer. 1980 blieb die damalige sozialliberale Bundesregierung mit ihren ausländerpolitischen Beschlüssen allerdings weit hinter den Forderungen ihres Ausländerbeauftragten zurück und lehnte seine Vorschläge für ein Ausländerwahlrecht oder für Einbürgerungserleichterungen für ausländische Jugendliche ab. Auch in den folgenden Jahren vergab man die Chancen, die Realität eines Einwanderungslandes anzuerkennen, die Zuwanderung und die Integration – zwei Seiten einer Medaille – aktiv zu gestalten.

Deutschland wird offiziell zum Einwanderungsland

20 Jahre gingen ins Land, bis endlich eine Wende in der Migrationspolitik einsetzte. Zunächst einmal sollte sich Grundsätzliches mit einem klaren Bekenntnis zum Einwanderungsland ändern. So jedenfalls kündigte es die 1998 neu gewählte Bundesregierung von SPD und Bündnis 90/Die Grünen in ihrem Koalitionsvertrag an. Die schließlich verabschiedeten erleichterten Einbürgerungsbestimmungen vor allem für Ausländerkinder, die am 1. Januar 2000 in Kraft traten, stellten tatsächlich einen Wendepunkt in der Ausländerpolitik dar. Zum ersten Mal rückte damit eine Bundesregierung vom Abstammungsprinzip (*Ius Sanguinis* = »Recht des Blutes«) ab, wonach die Staatsangehörigkeit von den Eltern abgeleitet wird. Kern der Reform war die Einbürgerung durch das Geburtsrecht (*Ius Soli* = »Recht des Bodens«), wonach die Staatsangehörigkeit vom Geburtsort bzw. -land abgeleitet wird. Das Staatsangehörigkeitsrecht aus dem Jahr 1913 wurde damit zu Grabe getragen und ein historisch bedeutsamer Kurswechsel in der Migrationspolitik vorgenommen. In einer 1999 veröffentlichten Broschüre der Bundesregierung zum neuen Staatsangehörigkeitsrecht wurde dann auch zum ersten Mal in der Geschichte der Bundesrepublik regierungsamtlich festgestellt: »Deutschland ist schon längst zum Einwanderungsland geworden.«

Das Zuwanderungsgesetz – Licht und Schatten

Im Herbst 2000 setzte Bundesinnenminister Otto Schily (SPD) eine Zuwanderungskommission unter der Leitung der früheren Bundestagspräsidentin und Bundesfamilienministerin Rita Süssmuth (CDU) ein. Diese Kommission sollte die Situation aufarbeiten und Empfehlungen aussprechen. Sie setzte sich unter anderem aus Vertretern von Gewerkschaften, Kirchen, Unternehmerverbänden und weiterer gesellschaftlich relevanter Gruppen zusammen. Die politischen Parteien riefen ebenfalls solche Kommissionen ins Leben. Die »Unabhängige Kommission Zuwanderung«, auch »Süssmuth-Kommission« genannt, forderte in ihrem Abschlussbericht 2001 ein integrationspolitisches Gesamtkonzept.

In den Jahren 2001 bis 2004 entwickelte sich dann eine kontroverse und bisweilen dramatisch zu nennende Debatte um das Zuwanderungsgesetz. Mit großer Mehrheit verabschiedete der Bundestag schließlich nach langem Hin und Her am 1. Juli 2004 den Zuwanderungskompromiss. Das in der Öffentlichkeit kurz als »Zuwanderungsgesetz« bezeichnete Reformwerk stand von Anfang an unter der Überschrift »Gesetz zur Steuerung und Begrenzung der Zuwanderung und zur Regelung des Aufenthalts und der Integration von Unionsbürgern und Ausländern (Zuwanderungsgesetz)«. Zur Klarstellung wurde im Vermittlungsverfahren auf Wunsch der Unionsparteien im § 1 (»Zweck des Gesetzes«) die Formulierung aufgenommen, dass das Gesetz Zuwanderung »unter Berücksichtigung der Aufnahme- und Integrationsfähigkeit« ermöglicht und gestaltet.

Das Ringen um das Zuwanderungsgesetz ist eines der zahlreichen Beispiele für die parteipolitisch motivierte Auseinandersetzung in der Ausländerpolitik. Bereits am 22. März 2002 war in der umstrittenen Bundesratssitzung »eine politische Kampfsituation auf die Spitze getrieben worden«, wie es Bundespräsident Johannes Rau (SPD) kritisierte. Im Hinblick auf die anstehenden Bundestagswahlen ging es in erster Linie um eine Machtprobe zwischen Bundeskanzler Gerhard Schröder (SPD) und seinem Herausforderer und bayerischen Ministerpräsidenten Edmund Stoiber (CSU), denn schließlich handelte es sich bei diesem Gesetz um ein Kernstück rot-grüner Politik. Dabei hatten die Parteien mit ihren Konzepten gar nicht so weit auseinander gelegen. Der Gesetzentwurf war bereits ein »rot-grün-schwarzer« Kompromiss. Man hätte sich durchaus einigen können, wenn man gewollt hätte, aber alle Parteien setzten die Zuwanderungspolitik zum Machterwerb und Machterhalt ein.

Schon immer war Ausländerpolitik eine Art von Symbolpolitik, mit der man sich politisch zu profilieren glaubte, indem einer vermeintlich beunruhigten Wählerschaft konsequentes Handeln vorgeführt werden sollte. Die Interessen und Bedürfnisse der Minderheiten, der früheren »Gastarbeiter«, Flüchtlinge, Asylsuchenden oder Spätaussiedler und ihre Integration in die Gesellschaft, standen dabei weniger im Mittelpunkt als die »politische Ausschlachtung« des Themas.

Integration im Mittelpunkt

Inzwischen hat die Politik Selbstkritik in Sachen Migrationspolitik geübt. Bundespräsident Horst Köhler (CDU) kritisierte im April 2006, Deutschland habe die Integration »verschlafen«. Bundeskanzlerin Angela Merkel sagte rund ein Jahr später, im Mai 2007: »Wenn wir ehrlich sind, haben wir das Thema Integration in unserem Land zu lange auf die lange Bank geschoben.« Die Große Koalition von CDU/CSU und SPD erklärte

2005 das Thema Integration zu einer Schwerpunktaufgabe. Der Posten einer Staatsministerin für Integration und Migration wurde im Kanzleramt geschaffen und mit Maria Böhmer (CDU) besetzt. Nach der Bundestagswahl 2013 folgte ihr Aydan Özoğuz (SPD).

Bundesinnenminister Wolfgang Schäuble (CDU) stellte im September 2006 in einer Regierungserklärung fest: »Der Islam ist Teil Deutschlands und Teil Europas. Er ist Teil unserer Gegenwart und er ist Teil unserer Zukunft.« Diese Äußerungen wurden damals kaum kritisiert. Bundespräsident Christian Wulff (CDU) sprach in seiner Antrittsrede am 2. Juli 2010 von der »Bunten Republik Deutschland«. Noch als Ministerpräsident von Niedersachsen hatte er die erste türkeistämmige Ministerin in Deutschland, Aygül Özkan, als Ministerin für Soziales, Frauen, Familie, Gesundheit und Integration eingesetzt. Als Bundespräsident wiederholte er, was Schäuble gesagt hatte, nämlich, dass der Islam zu Deutschland gehöre. Doch dieses Mal löste er damit eine Kontroverse aus. Gleich bei seinem Amtsantritt im März 2011 distanzierte sich beispielsweise Bundesinnenminister Hans-Peter Friedrich (CSU) von den Worten des Bundespräsidenten und sagte, die in der Bundesrepublik lebenden Menschen islamischen Glaubens gehörten natürlich zu Deutschland, »dass aber der Islam zu Deutschland gehört, ist eine Tatsache, die sich auch aus der Historie nirgends belegen« ließe. Dies stieß bei den muslimischen Verbänden auf herbe Kritik und überschattete die Deutsche Islam Konferenz (DIK), durch die ein fairer Dialog mit den Muslimen ins Leben gerufen werden sollte. Auch Bundespräsident Joachim Gauck widersprach seinem Amtsvorgänger. In einem Zeitungsinterview im Mai 2012 sagte Gauck, den Satz Wulffs könne er so nicht übernehmen, aber »seine Intention nehme ich an«. Wulff habe die Bürger auffordern wollen, sich der Wirklichkeit zu öffnen. »Und die Wirklichkeit ist«, so Gauck, »dass in diesem Lande viele Muslime leben. […] Ich hätte einfach gesagt, die Muslime, die hier leben, gehören zu Deutschland.« Bundeskanzlerin Angela Merkel unterstrich dagegen im September 2012, dass der Islam ein Teil Deutschlands ist. In einer Telefonschaltkonferenz der CDU mit rund 7000 Parteimitgliedern plädierte sie für mehr Toleranz gegenüber den mehr als drei Millionen Muslimen in der Bundesrepublik.

Auch wenn vieles im Bereich von Absichtserklärungen blieb und im Hinblick auf Medienereignisse gesagt wurde, so bekam die deutsche Gesellschaft seit dem Jahr 2000 einen kräftigen Schub in Richtung Integration. Man kann sogar sagen, dass in den letzten 15 Jahren mehr integrationspolitische Maßnahmen auf den Weg gebracht wurden als in den vier Jahrzehnten zuvor. Meilensteine waren das Staatsangehörigkeitsgesetz von 2000, die »Süssmuth-Kommission«, das Zuwanderungsgesetz von 2005, der Nationale Integrationsplan (NIP) sowie die Deutsche Islam Konferenz (DIK) ab 2006. Außerdem hat die kommunale Integrationspolitik in den letzten Jahren immer mehr an Bedeutung gewonnen, auch wenn Städte wie Stuttgart bereits seit langem eine Vorreiterrolle auf diesem Gebiet übernommen haben.

Im August 2007 wurde das Zuwanderungsgesetz novelliert, um EU-Richtlinien umzusetzen. Die weitreichenden Änderungen brachten allerdings zum Teil auch Verschärfungen im Ausländerrecht sowie eine Altfallregelung für sogenannte »Geduldete«. Kritik wurde vor allem an den Verschärfungen beim Familiennachzug geübt. Nach den Änderungen dürfen Ehepartner aus Nicht-EU-Ländern nur dann nach Deutschland nachziehen, wenn sie volljährig sind und bereits vor der Einreise einfache Deutschkenntnisse nachweisen können. Ausgenommen von dieser Regelung sind aber Staaten, deren Bürger ohne ein Visum nach Deutschland einreisen können. Migrantenverbände, Politiker und Juristen kritisierten, dass damit der Gleichheitsgrundsatz der Verfassung ver-

letzt sei und die neuen Bestimmungen sich vor allem gegen Türken richten würden. Verschiedene Verbände wie die Türkische Gemeinde in Deutschland boykottierten deshalb aus Protest den zweiten Integrationsgipfel im Juli 2007. Sieben Jahre später erklärte der Europäische Gerichtshof (EuGH) diese Sprachanforderungen an türkische Staatsbürger im Rahmen des Familiennachzugs für rechtswidrig.

Der NIP und die DIK

Die Integrationsgipfel sind seit 2006 im Bundeskanzleramt stattfindende Konferenzen, bei denen Vertreter unter anderem aus Politik, Gewerkschaften, Arbeitgeber-, Sport- und Migrantenverbänden Probleme der Zuwanderung diskutieren und Lösungsvorschläge vorlegen. Daraus wurde der Nationale Integrationsplan (NIP, 2007) entwickelt, der auf Bundesebene den Stand der Integration auf verschiedenen Ebenen beleuchtet und Absichtserklärungen sowie Selbstverpflichtungen formuliert. So wollten z. B. die Länder »innerhalb der kommenden fünf Jahren die Schulabbrecherquote unter Jugendlichen mit Migrationshintergrund deutlich senken und eine Angleichung an den Gesamtdurchschnitt der Schülerinnen und Schüler erreichen«. Ein zu hoch gestecktes Ziel, dass sich erwartungsgemäß bis zum Jahr 2012 nicht verwirklichen ließ, wenngleich Erfolge in diesen Bereichen erreicht werden konnten.

Die Deutsche Islam Konferenz (DIK) verabschiedete aus ihren Arbeitsgruppen heraus bis 2009 verschiedene Zwischenergebnisse. Dazu gehören Empfehlungen für die Einführung von islamischem Religionsunterricht als ordentlichem Lehrfach, zu Bau und Betrieb von Moscheen in Deutschland sowie zu islamischen Bestattungen, zur Einrichtung islamisch-theologischer Lehreinrichtungen an deutschen Universitäten sowie Empfehlungen für eine verantwortungsvolle, vorurteilsfreie und differenzierte Berichterstattung über Muslime und den Islam.

Insgesamt fanden bis zum Jahr 2015 acht solcher Integrationsgipfel statt. Hinzu kam 2007 ein Jugend-Integrationsgipfel. Die Ergebnisse der zahlreichen Arbeitsgruppen, Empfehlungen, Absichtserklärungen und Selbstverpflichtungen aus den Gipfeln und Plänen sind insgesamt komplex und fast verwirrend. Zahlreiche Überschneidungen und Wiederholungen machen es schwer, festzustellen, was bereits alles in Angriff genommen oder schon erreicht wurde. Die DIK war fast schon ein Konkurrenzunternehmen zu den Integrationsgipfeln. So wurde beispielsweise jeweils in einer Arbeitsgruppe die Rolle der Medien beleuchtet und identische Ergebnisse festgehalten sowie ein entsprechender Forderungskatalog aufgestellt. Trotzdem waren die zahlreichen Veranstaltungen nicht nur eine »Show« im Hinblick auf Medien und Öffentlichkeit, sondern auch ein starkes Signal in Richtung Integration in Deutschland. Der Versuch, möglichst viele gesellschaftlich relevante Gruppen an einen Tisch zu bringen und vor allem auch die Migranten einzubinden, ist zumindest in Ansätzen gelungen. Der Allparteienkonsens in der Migrationspolitik blieb dabei lange Zeit bestehen. Auch aus den Wahlkämpfen wurde das Thema größtenteils herausgehalten. Seit 2005 steuerten die verschiedenen Bundesregierungen einen erkennbaren Integrationskurs.

Alles in allem lässt sich festhalten: Der Stand der Integration in Deutschland ist besser als ihr Ruf. Zahlreiche Untersuchungen zeigen dies, wenngleich diese Tatsache in Politik und Medien oftmals untergeht. Allerdings rächen sich beim Thema Integration die Fehler der Vergangenheit, die Illusion, in keinem Einwanderungsland zu leben und deshalb auch keine entsprechenden Maßnahmen vor allem bei der Förderung schulischer Leistungen ergriffen zu haben. Eine internationale Vergleichsstudie aus dem Jahr 2015 bescheinigt Deutschland weitere Fortschritte in der Integrationspolitik, auch wenn Nachholbedarf auf dem Arbeitsmarkt oder bei der Antidiskriminierung besteht. Bei der Untersuchung der Integrationspolitik in 38 Ländern rückt Deutschland erstmals auf Rang 10.

Die Debatte spitzt sich ab 2010 zu

Dass das integrationspolitische Fundament in Deutschland aber noch immer brüchig ist, zeigte die »Sarrazin-Debatte«. Mit einer ziemlich einzigartigen Medienkampagne und Vorabdrucken im *Spiegel* und in der *Bild-Zeitung* wurde das Buch von Thilo Sarrazin (*Deutschland schafft sich ab – Wie wir unser Land aufs Spiel setzen*), unterstützt von der Islamkritikerin Necla Kelek, am 30. August 2010 in Berlin vorgestellt. Der frühere Berliner Finanzsenator, SPD-Mitglied und von 2009 bis 2010 Vorstandsmitglied der Deutschen Bundesbank, bezeichnet darin die »Gastarbeiter«-Einwanderung der 1960er- und 1970er-Jahre als »gigantischen Irrtum«. Analysen, ob die ausländischen Arbeitskräfte und deren Familien überhaupt einen Beitrag zum Wohlstand erbracht hätten, gibt es seiner Meinung nach nicht.

Dabei zeigen Untersuchungen, dass z. B. allein zwischen 1960 und 1970 rund 2,3 Millionen Deutsche vor allem wegen der Ausländerbeschäftigung mit einem sozialen »Fahrstuhleffekt« den Aufstieg von Arbeiter- in Angestelltenpositionen geschafft haben. Nach Angaben des Bundesarbeitsministeriums aus dem Jahr 1976 ermöglichten die ausländischen Arbeitnehmer unter Wahrung eines starken Wirtschaftswachstums eine deutliche Verringerung der Arbeitszeit der Deutschen. Untersuchungen, Daten und Fakten, die nicht in das Horrorszenario des Buches von Sarrazin passen, werden an dieser und auch an anderen Stellen ignoriert. So braucht man – wirtschaftlich gesehen – seiner Ansicht nach die muslimische Migration in Europa nicht. Demographisch stelle

»die enorme Fruchtbarkeit der muslimischen Migranten eine Bedrohung für das kulturelle und zivilisatorische Gleichgewicht im alternden Europa dar«, so Sarrazin.

Weil Migranten mehr Kinder bekämen, sinke in Deutschland die durchschnittliche Intelligenz, behauptet Sarrazin. Was wir bräuchten, seien »mehr Kinder von Klugen, bevor es zu spät« sei. Die Deutschen müssten ziemlich rasch und radikal ihr Geburtenverhalten ändern, die »Unterschicht« müsse weniger Kinder bekommen und die Mittel- und Oberschicht deutlich mehr als bisher. Akademikerinnen sollten nach Ansicht des früheren Berliner Finanzsenators eine staatliche Prämie von 50 000 Euro für jedes Kind erhalten, das vor Vollendung des 30. Lebensjahrs der Mutter geboren wird.

Verschiedene Datenchecks widerlegten die Behauptungen, die im Buch von Sarrazin aufgestellt werden. Beispielsweise schreibt Sarrazin: »Sichtbares Zeichen für die muslimischen Parallelgesellschaften ist das Kopftuch. Seine zunehmende Verbreitung zeigt das Wachsen der Parallelgesellschaften an.« Eine Untersuchung des Bundesamts für Migration und Flüchtlinge (BAMF, Juni 2009) zum Thema *Muslimisches Leben in Deutschland* stellt dagegen fest, dass in der zweiten Generation die Häufigkeit des Kopftuchtragens deutlich abnimmt. Über 40 % aus der zweiten und dritten Generation der türkischen »Gastarbeiter« verlassen die Schule mit besserem Bildungsabschluss als die Eltern. Auch die Deutschkenntnisse haben sich verbessert. Die soziale Integration – der Kontakt mit Nachbarn und Kollegen – hat zugenommen. Und nicht zuletzt ist die Zahl der Einwanderer aus der Türkei rückläufig, was von Sarrazin ebenfalls nicht zur Kenntnis genommen wird.

Der damalige Vorsitzende der rechtsextremen NPD, Udo Voigt, sah sich und andere Rechtsextreme durch die Thesen von Thilo Sarrazin bei künftigen Prozessen wegen Volksverhetzung geschützt. Gegenüber dem ARD-Politikmagazin *Report Mainz* sagte

Voigt im August 2010: »Unsere Aussagen werden damit salonfähiger und es ist dann immer schwerer, Volksverhetzungsverurteilungen gegen NPD-Funktionäre anzustreben, wenn wir uns zur Ausländerpolitik äußern, wenn sich etablierte Politiker auch trauen, das zu äußern.« Wellen der Empörung löste ein Satz Sarrazins in einem Interview mit der *Welt am Sonntag* vom 29. August 2010 aus, in dem er sagte: »Alle Juden teilen ein bestimmtes Gen, Basken haben bestimmte Gene, die sie von anderen unterscheiden.« Die katholische Kirche kritisierte diese Ansicht scharf. »Solche Formulierungen sind geeignet, latent vorhandenen Rassismus mit allen darin enthaltenen Vorurteilen zu bedienen«, sagte der Vorsitzende der Migrationskommission der Deutschen Bischofskonferenz, Bischof Norbert Trelle. Das Buch sei »ein Schritt vom dumpfen Rassismus zum intellektuellen Rassismus«, so Kenan Kolat, der damalige Vorsitzende der Türkischen Gemeinde in Deutschland.

Die »Sarrazin-Debatte« schadet der Integration

Das Buch löste eine bisher einmalige Diskussion um die Integrationspolitik in Deutschland aus. »Die Sarrazin-Debatte hat eine desintegrative Eigendynamik an der Grenze zu Hysterie und Panik entwickelt«, erklärte der damalige Vorsitzende des Sachverständigenrats deutscher Stiftungen für Integration und Migration (SVR), Klaus J. Bade. Nötig sei »mehr politische Führung hin zu einer konzeptorientierten Versachlichung der Diskussion« auf der Grundlage einer kritischen Erfolgsbilanz, wie sie der SVR in seinem Jahresgutachten *Einwanderungsgesellschaft 2010* vorgelegt habe. Selbst die Grünen übten nun Selbstkritik und räumten Versäumnisse bei der bisherigen Integrationspolitik ein. Auch sie hätten Fehler gemacht, so die damalige Grünen-Chefin Claudia Roth: »Sicher haben wir Dinge vielleicht beschönigt oder Konflikte oder Widersprüche oder Herausforderungen nicht immer richtig benannt«, fügte sie hinzu. Der bayerische Ministerpräsident und CSU-Vorsitzende Horst Seehofer erklärte Multikulti für »tot«, die Bundeskanzlerin für »gescheitert«. Auch der Konsens, dass Deutschland ein Einwanderungsland ist, geriet ins Wanken. Auf die Frage, ob Deutschland Einwanderungsland sei oder nicht, antwortete Bundeskanzlerin Merkel: »Eigentlich war es das nur zwischen den 1950er-Jahren und 1973.«

Diskussionen wie die um die »Sarrazin-Thesen« oder um das Buch des Bezirksbürgermeisters von Berlin-Neukölln, Heinz Buschkowsky, kommen und gehen in Wellen. Das zeigte schon das Buch des Chefs der rechtsextremen »Republikaner«, Franz Schönhuber, in dem er 1989 gängige Vorurteile gegenüber Türken bediente, oder das sogenannte *Heidelberger Manifest* deutscher Professoren, die 1981 vor der »Unterwanderung des deutschen Volkes durch Ausländer, gegen die Überfremdung unserer Sprache, unserer Kultur und unseres Volkstums« warnten. In Vergessenheit geraten ist die fast schon pogromartige Stimmung mit Brandstiftungen und gewalttätigen Ausschreitungen gegenüber Migranten in Hoyerswerda, Mölln oder in Solingen. Fast 200 Menschen – je nachdem, wie man zählt (was an sich schon makaber ist) – sind seit der Wiedervereinigung Deutschlands Opfer rechtsextremer und fremdenfeindlicher Gewalt geworden. Auch die zehn Mordopfer des Nationalsozialistischen Untergrunds (NSU) und das Versagen staatlicher Stellen bei der Verfolgung dieser Neonazi-Zelle aus Zwickau sind ein Skandal für Deutschland. Besorgniserregend sind auch die neuesten Entwicklungen: Noch nie verzeichneten die Behörden so viele gewalttätige Übergriffe auf Flüchtlingsunterkünfte wie im Jahr 2015. Die Straf- und Gewalttaten gegen Asylunterkünfte stiegen 2015 insgesamt auf 1031, eine Steigerung um 418 Prozent gegenüber dem Vorjahr. Man könnte fast sagen, dass Frem-

denfeindlichkeit und »Sarrazin-Wellen« zur Normalität in Einwanderungsgesellschaften zu gehören scheinen. Das heißt aber nicht, dass man sie hinnehmen sollte. Vielmehr müssen sie bekämpft werden, anstatt sie als Teil der politischen Kultur zu akzeptieren.

Der Erfolg der rechtspopulistischen AfD (Alternative für Deutschland) bei den verschiedenen Landtagswahlen seit 2016 bleibt in diesem Zusammenhang eine wichtige Herausforderung. Nachdem die »Eurokrise« und die »Flüchtlingskrise« abgehakt scheinen, will sich die Partei offensichtlich als »Anti-Islam-Partei« profilieren. Dies kann zu verheerenden Auswirkungen bei den über drei Muslimen in Deutschland führen, von denen viele schon in der zweiten oder dritten Generation friedlich im Lande leben. Bei den Landtagswahlen in Baden-Württemberg beispielsweise errang die AfD im März 2016 über 15 % der Stimmen und damit mehr als die SPD. Ein wichtiger Punkt nicht nur für die demokratischen Parteien ist dabei die Tatsache, dass die AfD die jüngste Wählerschaft aller im baden-württembergischen Landtag vertretenen Parteien aufweist.

Studien widerlegen Vorurteile, bestätigen aber Fremdenfeindlichkeit

Im Dezember 2010 erschienen im Nachgang zur »Sarrazin-Debatte« verschiedene Untersuchungen zum Einwanderungsland Deutschland. Danach bestehen bei den Themen Familie und Beruf bei Menschen mit und ohne Migrationshintergrund mehr Gemeinsamkeiten als Trennendes. Das ergab eine Umfrage im Auftrag der Bertelsmann Stiftung. Danach ist die Karriereorientierung bei Berufstätigen mit Migrationshintergrund sogar stärker ausgeprägt als bei den deutschstämmigen Befragten. Vor allem junge Migranten sind stark leistungs- und erfolgsorientiert. Männer mit Migrationshintergrund sind mit 86 % prinzipiell stärker am beruflichen Weiterkommen interessiert als Männer ohne ausländische Wurzeln. Frauen mit Migrationshintergrund scheinen nach der Untersuchung sogar noch ehrgeiziger zu sein. Auch das Vorurteil vom »Heimchen am Herd« widerlegt die Studie. Sieben von zehn Befragten lehnen die Vorstellung einer dauerhaft nichtberufstätigen Mutter, die ihre Kinder zu Hause erzieht, ab. Interessanterweise sind es dabei mehr Menschen mit ausländischen Wurzeln (74 %) als Menschen ohne Migrationshintergrund (70 %). Entgegen gängigen Vorurteilen erteilen auch Bürger aus muslimisch geprägten Ländern diesem Frauen- und Mutterbild eine deutliche Absage (70 %).

Eine Studie des Instituts für Arbeitsmarkt- und Berufsforschung (IAB) in Nürnberg von 2010 räumt ebenfalls mit Klischees auf: Demnach belasten Zuwanderer nicht den Arbeitsmarkt in Deutschland, sondern nützen vor allem den einheimischen Beschäftigten. Das IAB rät deshalb zu einer gezielten Steuerung der Zuwanderung, weil gesamtwirtschaftlich betrachtet Deutschland von der Zuwanderung profitiere. In der Vergangenheit seien deshalb die Löhne der Einheimischen gestiegen und die Arbeitslosigkeit zurückgegangen.

Meinungsumfragen zu Einwanderung und Asyl widersprechen sich teilweise und kommen zu unterschiedlichen Ergebnissen. In Zeiten wirtschaftlicher Krisen und Unsicherheit steigt die Angst vor den Fremden, die sich in den Umfragen widerspiegelt. Das Thema ist – das wird immer wieder deutlich – sehr stark von Emotionen geprägt. So ist bei Befragungen die »gefühlte« Ausländerzahl oft viel höher als die tatsächliche. Vor allem durch die hohen Zahlen von Flüchtlingen und durch die Debatte von 2015/16 hat das Thema Zuwanderung einen hohen Stellenwert bekommen. So wird es in verschiedenen Meinungsumfragen als wichtigstes Problem benannt. Eine Untersuchung des Instituts für interdisziplinäre Konflikt- und Gewaltforschung an der Universität Bielefeld vom Juli 2016 kommt zu dem Ergebnis, dass der Integrationswillen der aufnehmenden Bevölkerung stark abgenommen hat, auch wenn der Anteil der Befragten, die Integration statt Assimilation von Zuwanderern befürworten, weiterhin groß ist. Eine Befragung für den Sachverständigenrat deutscher Stiftungen für Integration und Migration (SVR) vom April 2016 ergab, dass zwar eine deutliche Mehrheit frühe Integrationsmaßnahmen für Flüchtlinge befürwortet, zugleich aber die Sorge zunimmt, die hohe Flüchtlingszuwanderung könne den Wohlstand in Deutschland bedrohen. In einer anderen Studie aus dem gleichen Jahr hatte der SVR herausgefunden, dass es eine hohe Zustimmung zum islamischen Religionsunterricht gibt. Die Aussage, dass der Islam ein Teil Deutschlands sei, wird dagegen mehrheitlich abgelehnt.

»Weniger, älter und bunter«: Aufgaben der Zukunft

Deutschland braucht in Zukunft Einwanderer, denn die Bevölkerungsentwicklung lässt sich kurz mit den Begriffen weniger, älter und bunter umreißen. Sicher ist, dass durch Zuwanderung die Entwicklung zu einer immer älter werdenden und zahlenmäßig schrumpfenden Bevölkerung gar nicht mehr rückgängig gemacht werden kann. Man müsste praktisch nur noch Kinder einwandern lassen, was natürlich absurd ist. Außerdem verläuft die demographische Entwicklung in zahlreichen Auswanderungsländern nicht wesentlich anders als in Deutschland. Wo sollten also junge Migranten herkommen? Zuwanderung kann insofern kein Allheilmittel gegen das oft beschworene »Altersheim Deutschland« sein, auch wenn Deutschland durch die aktuellen Zuwanderungszahlen sogar wieder wächst. Einwanderung, gezielt gesteuert, kann jedenfalls den Trend zu einer alternden Gesellschaft abfedern und sollte in diesem Sinne eigentlich als Glücksfall begriffen werden. Insbesondere wenn man bedenkt, dass schon bald nicht mehr vier Erwerbstätige einen Rentner »ernähren« müssen, sondern nur noch ein Berufstätiger auf einen Rentner kommt. Und was viele Experten schon vor Jahren prophezeit haben und was als Schreckensszenario abgetan wurde, ist längst Wirklichkeit geworden: Schon heute gibt es einen stark zu spürenden Mangel an Fachkräften. Eine erleichterte Zuwanderungsregelung und eine zukunftsorientierte Migrationspolitik sind insofern dringend notwendig, um diesen Problemen zu begegnen. Auch unter den Geflüchteten aus den Jahren 2015/16 gibt es ein Arbeitskräftepotenzial, das es zu fördern gilt. Schon allein aus gesellschaftlichem »Eigennutz« brauchen wir also Zuwanderer – von humanitären Fragen ganz zu schweigen. Dass damit gesellschaftspolitische Herausforderungen und Probleme einhergehen, liegt auf der Hand. Aber es geht nicht darum, Migranten »einen Gefallen zu tun«, sondern es geht um den Zusammenhalt unserer Gesellschaft.

Lange Zeit blieben Potenziale ungenutzt, weil die Abschlüsse, die Migranten in den Herkunftsländern erworben hatten, in Deutschland nicht anerkannt wurden. Kein Wunder also, dass entsprechende Witze in Deutschland umgehen: »Das Beste, was einem passieren kann, ist ein Herzinfarkt im Taxi – weil der Taxifahrer meistens ein Arzt ist.« Erst mit dem lange angekündigten »Anerkennungsgesetz«, das am 1. April 2012 in Kraft trat, wurde zumindest teilweise Abhilfe geschaffen. Migranten können jetzt ihre Berufsabschlüsse überprüfen und anerkennen lassen. Dadurch könnte die deutsche Wirtschaft rund ein halbe Million qualifizierte Fachkräfte gewinnen.

Von der Green Card zur Blue Card

Um ausländische Fachleute nach Deutschland zu holen, hatte die Bundesregierung bereits im Februar 2000 die sogenannte *Green Card* für Computerspezialisten eingeführt. Der Erfolg hielt sich jedoch in Grenzen: Bis zum Ende der Regelung im Jahr 2004 wurden nur rund 18 000 solcher Aufenthaltsbewilligungen erteilt und somit die angepeilte Grenze von 20 000 verfehlt. Kein Wunder, denn Deutschland konkurriert auf dem internationalen Arbeitsmarkt mit »klassischen« Einwanderungsländern wie den USA oder Kanada, die bessere Bedingungen bieten und schon aufgrund der englischen Sprachkenntnisse für die begehrten Spezialisten attraktiver sind. Im Jahr 2012 führte Deutschland schließlich eine *Blue Card* ein, wobei es sich um nichts anderes als um die überfällige Umsetzung der Hochqualifiziertenrichtlinie der EU handelte. Damit wurde die Zuwanderung von Fachkräften erheblich verbessert. Weitere Reformen scheinen jedoch angesichts der gewaltigen Herausforderungen nötig zu sein. An erster Stelle geht es um den leichteren Zugang für Fachkräfte mit Berufsausbildung, also nicht nur für Fachkräfte mit Hochschulabschluss. Deutschland braucht vor allem aber ein modernes Einwanderungsgesetz. Anfang des Jahres 2015 stieß CDU-Generalsekretär Peter Tauber eine Diskussion über ein solches Einwanderungsgesetz an, angesichts der steigenden Flüchtlingszahlen und der Ängste in der Bevölkerung vor Zuwanderung verschwanden solche Pläne aber schnell wieder in den Schubladen. Erst im Herbst 2016 machte die SPD-Bundestagsfraktion wieder einen Vorstoß und stellte den Entwurf für ein Einwanderungsgesetz vor.

Insgesamt aber gilt es nicht zu vergessen, dass trotz aller Probleme die Zuwanderung nach Deutschland unter dem Strich eine Erfolgsgeschichte war und ist. Wir brauchen in Deutschland eine breite Diskussion über Integration und eine Vision für das Einwanderungsland Deutschland. Viel gewonnen wäre aber schon, wenn die Daten und Fakten zur Grundlage der Auseinandersetzung genommen und nicht immer wieder Verwirrung darüber gestiftet würde.

Asylpolitik und »Flüchtlingskrise«

Seit 2005 hat sich Deutschland die Integrationspolitik auf die Fahnen geschrieben. Die Flüchtlings- und Asylpolitik geriet dabei in den Hintergrund. Das globale Flüchtlingsproblem meldete sich jedoch im Laufe des Jahres 2012 wieder zurück, denn zum ersten Mal seit vielen Jahren stieg die Zahl der Asylsuchenden wieder. Im Jahr 2012 haben in Deutschland insgesamt 64 539 Personen Asyl beantragt (Erstanträge). Es wiederholten sich die Warnungen vor einer »Asylantenflut« wie zu Beginn der 1990er-Jahre. PRO ASYL warnte deshalb davor, die gestiegenen Zahlen zu dramatisieren und durch Rückgriffe auf das Vokabular der 1990er-Jahre Stimmung gegen Flüchtlinge zu machen. Dies sei Wasser auf die Mühlen der Rechtsextremen, so die Nichtregierungsorganisation. Das Flüchtlingshilfswerk UNHCR wies darauf hin, dass die Fluchtgründe für Menschen aus Syrien, Afghanistan, Iran und Irak auf der Hand liegen. Auch dürfe Roma aus den Balkanstaaten nicht pauschal ein massenhafter Missbrauch des Asylrechts unterstellt werden. Bundespräsident Joachim Gauck kritisierte im Dezember 2012 die deutsche Asylpraxis bei einem Besuch in einem Asylbewerberheim in Brandenburg, der erste Besuch einer solchen Einrichtung eines Bundespräsidenten seit mehr als 20 Jahren.

Das Bundesverfassungsgericht (BVG) hatte bereits mit seinem Urteil vom 18. Juli 2012 der Politik eine Ohrfeige in der Asylpolitik erteilt und einen Meilenstein in der Asylpolitik gesetzt. Das Gericht erklärte die Regelungen zu den Grundleistungen in Form der Geldleistungen nach dem Asylbewerberleistungsgesetz für verfassungswidrig. Der erste Senat hat entschieden, dass diese Regelungen mit dem Grundrecht auf Gewährleistung eines menschenwürdigen Existenzminimums aus Art. 1 Abs. 1 GG in Verbindung mit Art. 20 Abs. 1 GG unvereinbar sind. Die Höhe dieser Geldleistung ist nach Auffassung des Gerichts deutlich unzureichend, weil sie seit 1993 trotz der erheblichen Preissteigerung in Deutschland nicht verändert worden ist. Außerdem sei die Höhe der Geldleistungen weder nachvollziehbar berechnet worden noch sei eine realitätsgerechte, am Bedarf orientiere und insofern aktuell existenzsichernde Berechnung ersichtlich. Das BVG beruft sich in seiner Entscheidung ausdrücklich auf Art. 1 GG, wonach die Würde des Menschen unantastbar ist: »Dieses Grundrecht steht deutschen und ausländischen Staatsgehörigen, die sich in der Bundesrepublik Deutschland aufhalten, gleichermaßen zu.« Migrationspolitische Erwägungen, die Leistungen an Asylbewerber und Flüchtlinge niedrig zu halten, um »Wanderungsbewegungen« zu vermeiden, seien nicht zu rechtfertigen. »Menschenwürde ist migrationspolitisch nicht zu relativieren«, erklärte der Vizepräsident des Gerichts, Ferdinand Kirchhof. Insgesamt ist die Asyl- und Flüchtlingspolitik nicht nur in Deutschland, sondern in ganz Europa immer noch eher auf Abschreckung ausgerichtet. In Vergessenheit gerät dabei oft, dass von 65 Millionen Menschen, die weltweit auf der Flucht sind, nur ein geringer Prozentsatz die vermeintliche Wohlstandsinsel Europa erreicht.

Aus dem Anstieg der Flüchtlingszahlen im Jahr 2012 wurden keine Konsequenzen gezogen, etwa dass wieder mehr Stellen mit Entscheidern über die Anträge besetzt oder die Unterbringungskapazitäten erhöht worden wären. Beides war in den Jahren, in denen die Zahlen stark zurückgegangen waren, heruntergefahren worden. So verwundert es eigentlich nicht, dass Deutschland 2015/16 durch den starken Ansturm von Geflüchteten in eine teilweise selbst verschuldete »Flüchtlingskrise« geriet. Bereits vor dem Herbst 2015 hatte sich ein Stapel von über 300 000 unerledigten Asylanträgen angestaut, deren Zahl rasch auf 370 000 anstieg. Hunderttausende Menschen riskierten 2015 ihr Leben, weil sie über das Mittelmeer nach Europa flüchteten. Die Internationale Organisation für Migration (IOM) schätzt, dass weltweit in den letzten beiden Jahrzehnten über 60 000 Menschen auf den Migrationspfaden umgekommen sind. Allein im Mittelmeer fanden seit 2014 etwa 10 000 Flüchtlinge den Tod, wobei nicht nur dort mit einer hohen Dunkelziffer zu rechnen ist.

In einer Ausnamesituation gestattete die Bundesregierung im Herbst 2015 die Einreise von Geflüchteten aus Ungarn und Österreich. Es entstand der Eindruck, als würde Deutschland Flüchtlinge ungehindert einreisen lassen und damit die Kontrolle über die Grenzen aus der Hand geben. Rasch wurden aber Grenzkontrollen eingeführt und die Flüchtlingspolitik verschärft. Änderungen erfolgten fast im Wochenrhythmus, unter anderem mit den Asylpaketen I und II. Da wurde beispielsweise der Familiennachzug bei bestimmten Gruppen erlaubt, dann wieder rückgängig gemacht oder die Einzelfallprüfung bei Syrern ausgesetzt, um sie wenig später wieder einzuführen. Manfred Schmidt, der Präsident des BAMF, der zentralen Behörde in diesem Bereich, wurde quasi als Bauernopfer durch den Leiter der Bundesagentur für Arbeit Frank-Jürgen Weise ersetzt. Albanien, Kosovo und Montenegro wurden trotz massiver Bedenken von Kirchen, Juristen und Hilfsorganisationen zu sicheren Herkunftsstaaten erklärt. Dabei erscheint es besonders problematisch, den Kosovo auf diese Liste zu setzen, wo 5000 internationale Soldaten, darunter 300 aus Deutschland, zur gleichen Zeit im Einsatz waren und die Bundeswehr selbst auf ihrer Homepage von einem »hohen Eskalationspotenzial« im Norden des Landes spricht. Da drohte das CSU-regierte Bayern gar mit einer Verfassungsklage gegen die Flüchtlingspolitik der Bundesregierung, der sie selbst angehörte. Es wurde sogar eine Obergrenze für Flüchtlinge gefordert, ohne genau zu sagen, wie eine solche Zahl festgelegt wird und wie das alles überhaupt umgesetzt werden soll. Mit einem mehrere tausend Kilometer langen Zaun und einem riesigen Polizeiaufgebot? Unter Vertragsbruch der Genfer Flüchtlingskonvention, der Europäischen Menschenrechtskonvention oder der UN-Kinderrechtskonvention? Und schließlich kam es zu einem fragwürdigen Rücknahmeabkommen der EU mit der Türkei für illegal in die EU eingereiste Flüchtlinge.

Mit einem Paket von mit heißer Nadel gestritten Maßnahmen sollten offensichtlich zum einen Flüchtlinge abgeschreckt und zum anderen einer beunruhigten Wählerschaft gezeigt werden, dass die Politik handlungsfähig ist. Dabei war vieles reine Symbolpolitik. Auch das Integrationsgesetz vom Sommer 2016 muss in diesem Zusammenhang kritisch beleuchtet werden. Selbst die gravierende Grundgesetzänderung von 1993 mit der massiven Einschränkung der Möglichkeit, in Deutschland Asyl zu bekommen, hatte dauerhaft nicht den gewünschten Erfolg, wie der Anstieg der Zahlen zeigt. Dies belegt: Geflüchtete lassen sich nicht durch verwaltungstechnische Maßnahmen aufhalten. So wäre es besser, wenn die Politik der Bevölkerung mit der unbequemen und bitteren Wahrheit »reinen Wein« einschenken würde: Nicht nur Deutschland, ganz Europa wird auf Dauer mit Flüchtlingen rechnen müssen, solange Kriege, Bürgerkriege und weitere Fluchtursachen nicht beseitigt werden. Bei der Beseitigung der Ursachen, warum Menschen sich auf die Flucht machen, geschieht aber seit Jahren immer noch viel zu wenig, obwohl dies immer wieder beschworen wird. Letztendlich ist die sogenannte »Flüchtlingskrise« eine Nagelprobe für Politik und Gesellschaft, für unsere Demokratie sowie für unsere Werte und Grundrechte, an die sich – wie immer wieder betont wird – die Flüchtlinge halten sollen. Die Frage bleibt, wie Deutschland die Bedrohung durch den internationalen Terrorismus aushält, ohne dabei Grundwerte wie den Schutz von Flüchtlingen über Bord zu werfen.

Literatur

Bade, Klaus J.: Kritik und Gewalt. Sarrazin-Debatte, »Islamkritik« und Terror in der Einwanderungsgesellschaft, Schwalbach/Ts. 2013.

Meier-Braun, Karl-Heinz: Deutschland, Einwanderungsland, 2. Aufl. Frankfurt/M. 2003.

Frech, Siegfried/Meier-Braun, Karl-Heinz: Die offene Gesellschaft. Zuwanderung und Integration, Schwalbach/ Ts. 2007.

Meier-Braun, Karl-Heinz: Einwanderung und Asyl. Die 101 wichtigsten Fragen, 3. Aufl. München 2017.

www.amadeu-antonio-stiftung.de
www.bamf.de
www.bertelsmann-stiftung.de
www.bpb.de
www.iom.int
www.mediendienst-integration.de
www.migration-info.de
www.oecd.org
www.rat-fuer-migration.de/
www.svr-migration.de
www.swp-berlin.de
www.unhcr.de

Flucht und Asyl

Migration und Flucht als globale Herausforderung

Stefan Rother

Im Kontext von Migration und Flucht werden oftmals unscharfe, teils fragwürdige Begriffe benutzt. In den letzten Jahren wurde dieser Sprachgebrauch bereits um einige weitere solcher Begriffe »bereichert«. Da ist historisch wenig haltbar von einer »neuen Völkerwanderung« die Rede, vor allem aber von einer »Flüchtlingskrise«, wenn nicht gar »Migrationskrise«, der mit einer verschärften »Sicherung der Außengrenzen« begegnet werden müsse. Für Wissenschaftler ist dies geradezu ein Musterbeispiel für die »Versicherheitlichung« eines Politikfeldes durch die verwendete Sprache. Denn wenn es Grenzen zu sichern gilt, dann suggeriert dies einen Angriff oder zumindest eine schwere Bedrohung. Die teils hektischen Gipfeltreffen und Aktionsprogramme seit dem Anstieg der Zahlen der nach Europa und insbesondere nach Deutschland Geflüchteten können aber nicht darüber hinwegtäuschen, dass es sich hier in erster Linie um eine Krise der Migrations- und Flüchtlings*politik* handelt – oft beginnend auf der Ebene der Nationalstaaten, aber damit verbunden auch geradezu zwangsläufig auf der regionalen und globalen Ebene.

Betrachtet man die politische und mediale Debatte in Deutschland, scheinen hier besonders blickdichte Scheuklappen im Einsatz zu sein. So ist von einer »Flüchtlingskrise« erst die Rede, seitdem das eigene Land davon betroffen ist – ungeachtet der Tatsache, dass andere EU-Staaten wie Frankreich, Italien und Griechenland schon seit Jahren mit dieser Herausforderung konfrontiert waren. Bemerkenswerterweise räumte Bundeskanzlerin Angela Merkel dieses Versäumnis Mitte September 2016 selbst ein, als sie sagte: »Ich habe mich lange Zeit gerne auf das Dublin-Verfahren verlassen, das uns Deutschen das Problem abgenommen hat.« Abzuwarten bleibt nun, inwiefern diese Erkenntnis auch zu einer stärker vorausschauenden Politik führt. Vor allem sollte dieser Blick aber nicht nur nach vorne, sondern auch in die Breite und nach oben gehen: In die Breite, um Migration und Flucht nicht nur aus dem deutschen Blickwinkel, sondern auch in Hinblick auf Ursachen und vielfältige Auswirkungen zu begreifen. Nach oben, um Migration und Flucht als globale Herausforderungen zu verstehen, die somit auch politische Antworten auf der globalen Ebene verlangen.

Eine gute Datengrundlage ist eine wesentliche Voraussetzung für eine angemessene Politik – aber gerade hier mangelt es oft. Das gilt bereits für den Bereich der Arbeitsmigration und noch mehr für den Komplex undokumentierte Migranten und Flüchtlinge. Letzteres liegt in der Natur der Sache, allerdings lohnt stets ein Blick auf die zugrundeliegenden Quellen. Einen besonders zweifelhaften Fall rückte vor einigen Jahren das Hamburger Weltwirtschaftsinstitut (HWWI) ins Licht, indem es die offizielle Ziffer von 4,5 bis 8 Millionen »Illegalen« in der Europäischen Union (EU) untersuchte. Der Höchstwert beruhte dabei auf einer äußerst dünnen Beweiskette: »Ein Arbeitspapier der Kommission von 2007 berief sich auf die Studie einer Unternehmensberatung, diese berief sich auf eine irische Stiftung, und diese wiederum berief sich auf einen Artikel in *Le Figaro* aus dem Jahr 2004« (Wiedemann 2009). Die Europäische Kommission finanzierte daraufhin ein »Clandestino«-Forschungsprojekt, das auf wesentliche niedrigere Zahlen kam.

Große Autorität besitzen die Zahlen des Hohen Flüchtlingskommissars der Vereinten Nationen (UNHCR). Allerdings sind auch diese von der teils sehr unterschiedlichen Qualität der Daten der Mitgliedsländer und -organisationen der Vereinten Nationen abhängig. Insbesondere bei den Binnenvertriebenen zeigt sich eine »systematische Schwachstelle«, da diese keinen völkerrechtlich bindenden Schutzstatus genießen und je nach nationalem Kontext unterschiedlich registriert werden (Angenendt 2016). In den vergangenen Jahren wurden vermehrt Initiativen für besseres Datenmaterial gestartet, darunter auch das *Global Migration Data Analysis Center* (GMDAC), ein in Berlin angesiedeltes Datenportal der Internationalen Organisation für Migration (IOM), das von der Bundesregierung unterstützt wird.

Die Zahl der Binnenflüchtlinge ist von großer Bedeutung, machen diese doch den Großteil der weltweiten Flüchtlinge und Vertriebenen (der UNHCR spricht von *Forcibly Displaced*) aus. Die Gesamtzahl für das Jahr 2015 wurde vom UNHCR (2016) mit 65,3 Millionen angegeben, das sind 6,8 Millionen mehr als im Vorjahr. Davon entfallen 40,8 Millionen auf die Binnenflüchtlinge (IDPs – *Internally Displaced Persons*), 3,2 Millionen auf die Asylsuchenden als eigenständige Kategorie und 21,3 Millionen auf die grenzüberschreitenden Flüchtlinge, wovon 5,2 Millionen Palästinenser sind, die von einer eigenen Organisation, dem Hilfswerk der Vereinten Nationen für Palästina-Flüchtlinge im Nahen Osten (UNRWA), registriert werden. Es bleiben somit 16,1 Millionen Menschen, die am ehesten der gängigen Wahrnehmung von Flüchtlingen entsprechen.

Der UNHCR spricht von einem substanziellen Anstieg der Gesamtzahl an Flüchtlingen, schließlich lag diese im Jahr 1996 noch bei 37,3 Millionen. Heute ist diese Zahl rund 75 % höher. Allerdings geht der von Politikern in deutschen Talkshows gebetsmühlenartig vorgetragene Satz »Wir können nicht alle aufnehmen« weit an der Realität vorbei.

Dem UNHCR zufolge bleiben 86 % aller Flüchtlinge in den Entwicklungsländern. Die am wenigsten entwickelten Länder bieten also mehr als einem Viertel der weltweiten Flüchtlinge Asyl an. Die Zielländer mit den in absoluten Zahlen meisten Flüchtlingen sind die Türkei mit 2,5 Millionen, gefolgt von Pakistan und dem Libanon.

Auf wesentlich wackligeren Füßen stehen die oft in die Debatte geworfenen Zahlen von hunderten Millionen Menschen insbesondere aus dem subsaharischen Afrika, die kurz davorstünden, in den Westen zu ziehen. In den zugrundeliegenden Studien, etwa von Gallup, wurde gefragt, ob man es sich »vorstellen könne« zu migrieren, »wenn sich die Möglichkeit dazu ergebe«. Vorstellen konnten sich dies in der Tat viele, und sie nannten insbesondere die Vereinigten Staaten und Kanada als bevorzugte Ziele. Zum tatsächlichen Handeln ist es aber noch ein weiter Schritt, zumal die genannten Möglichkeiten äußerst eingeschränkt sind. Auch würde es sich bei vielen dieser Menschen nicht um Flüchtlinge, sondern um Arbeitsmigranten handeln. Für diese gelten ähnliche Beobachtungen wie bei den Flüchtlingen: Mobilität erfolgt in erster Linie innerhalb von Regionen und nicht über Kontinente hinweg.

In absoluten Zahlen ist auch bei den Migranten ein klarer Anstieg zu verzeichnen: Befanden sich im Jahr 2000 noch 150 Millionen Menschen außerhalb ihres Heimatlandes, waren dies 2010 schon 214 Millionen und im Jahr 2015 rund 244 Millionen Menschen. Würden diese Menschen zusammen ein Land besiedeln, wäre dieses das fünftgrößte der Welt. Gemessen an der ebenfalls stetig wachsenden Weltbevölkerung ist ihr Anteil mit rund 3,1 % allerdings nicht wesentlich höher als vor 50 Jahren.

Wohl am umstrittensten sind aber die Zahlen der »Klimaflüchtlinge«. Prognosen reichen hier bis 200 Millionen Menschen, allerdings ist die Definition von »Klimaflüchtlingen« ebenso umstritten wie ein eigener legaler Status für sie nicht in Sicht ist.

Etwas zurückhaltender wird deshalb auch von »klimabedingter Migration« gesprochen. Diese bezieht sich nicht allein auf den Klimawandel und ist auch ein historisch belegtes Phänomen, etwa die Migration aus Irland infolge von Hungersnöten, die von Klimaphänomenen verursacht wurden. Auch heute ist eine solche Migration zu beobachten, wobei sie sich oft zunächst innerhalb von Landesgrenzen vollzieht.

Aber nicht nur die Grundlage der globalen Daten ist umstritten, sondern auch deren Einordnung. Dass man gemäß des eigenen Standpunkts die Zahl der Migranten und Flüchtlinge in der EU mal in absoluten Zahlen (klingt hoch), mal prozentual an der Gesamtbevölkerung (klingt deutlich weniger dramatisch) angibt, ist dabei noch durchaus legitim. Einen besonders eklatanten Fall, wie man selbst eine an sich positive Zahl ins Negative zu drehen versucht, lieferte die Website *focus.de*. So lautete eine Schlagzeile im September 2015: »Flüchtlinge überweisen 440 Milliarden an ihre Familien daheim«. Damit wurde unter anderem suggeriert, dass dies allein aus Deutschland geschehe. Entsprechend empört fielen die Kommentare aus, in denen den »Flüchtlingen« vor allem kriminelle Machenschaften unterstellt wurden. Tatsächlich beziehen sich die Zahlen aber auf das Geld, das Arbeitsmigranten weltweit in ihre Herkunftsländer zurücküberweisen. Diese sogenannten *remittances* beliefen sich im Jahr 2014 auf 583 Milliarden Dollar, wovon 436 Milliarden in Entwicklungsländer gingen. Damit liegen diese Beträge wesentlich höher als die staatlichen Mittel für Entwicklungszusammenarbeit. Seit Anfang der 2000er-Jahre haben internationale Institutionen wie die Weltbank das Thema aufgegriffen und fördern »Diaspora-Organisationen« als »neue Agenten von Entwicklung«. Zahlreiche Reports, Initiativen und Projekte waren die Folge.

Die Bewertung dieser Entwicklung fällt zwiespältig aus. Zu begrüßen ist, dass hier positive Effekte von Migration hervorgehoben werden und es die Debatte ermöglicht

hat, dass das Thema erstmals auch auf der globalen Ebene behandelt wurde. Auch gibt es durchaus vielversprechende Projekte, wobei das Zusammenspiel von Migration und Entwicklung keineswegs zwangsläufig ist. Zum anderen handelt es sich hier aber um private Gelder von oft marginalisierten Akteuren. Warum aber soll es deren Aufgabe sein, etwas anzugehen, was ihre Herkunftsländer und die Hilfen vieler Zielländer nicht geschafft haben? Zum anderen ist es zu kurz gegriffen, die knapp 440 Milliarden Dollar ohne weitere Einordnung in die Debatte zu werfen. Denn hierbei handelt es sich ja allenfalls um den Umsatz. Wie bei einem Unternehmen ist aber vor allem der Gewinn relevant, und den ermittelt man erst nach Abzug der Kosten. Diese sind aber vielfältig: Unternehmen wie *Western Union* erheben hohe Gebühren für die Rücküberweisungen, Migranten müssen erhebliche Investments vor der und für die Migration aufbringen und die sozialen Kosten wie Ausbeutung und getrennte Familien sind teils hoch.

Wichtig ist es daher, die Debatte mit konkreten Projekten und deren Evaluierung zu bereichern. Die Deutsche Gesellschaft für internationale Zusammenarbeit (GIZ) führt diese als *triple-win*-Programme durch, von denen Herkunfts- und Zielland, aber eben auch die Migranten selbst profitieren sollen. So wurden etwa philippinische Pflegekräfte angeworben, die in Deutschland Bedarf decken und sich weiterqualifizieren sollen, wovon nach einer Rückkehr auch das Herkunftsland profitieren kann.

Als Folge dieser Debatten wurde im Jahr 2007 ein neuer Prozess ins Leben gerufen: das Globale Forum für Migration und Entwicklung (GFMD), das sich jährlich in wechselnden Ziel- und Herkunftsländern von Migration trifft. Für die Jahre 2017 und 2018 haben Marokko und Deutschland den Vorsitz übernommen, im Sommer 2017 soll das Forum in Berlin stattfinden. Das Format des Forums ist allerdings auch symptomatisch für den Stand der *Global Migration Governance*: Es wird von Staaten angeführt, ist informell, und die Beschlüsse sind nicht bindend. Denn gegründet wurde es vor allem, weil beim ersten *High Level Dialogue on Migration and Development* der Generalversammlung der Vereinten Nationen im Jahr 2006 keine Einigung darüber erzielt werden konnte, das Themenfeld Migration künftig innerhalb der Organisation anzusiedeln, denn Nationalstaaten wachen hier besonders argwöhnisch über ihre Souveränität. Zwar ist man in anderen Feldern bereit, Kompetenzen an übergeordnete Institutionen abzugeben, aber der Zugang zum Territorium und damit verbundene Politiken sollen weiterhin vom Nationalstaat kontrolliert werden. Auch die EU verhält sich hier nicht viel anders als ein Nationalstaat mit Freizügigkeit im Inneren und Abschottungsversuchen nach außen.

Bezeichnenderweise konnte die UN-Konvention zum Schutz der Rechte aller Wanderarbeitnehmer und ihrer Familienangehörigen auch 26 Jahre nach ihrer Verabschiedung weltweit nur 48 Ratifizierungen erreichen – darunter findet sich kein größeres Zielland von Migration und auch kein EU-Mitgliedsstaat. Entsprechend fragmentiert ist die institutionelle Landschaft im Bereich Migration. Man geht von bis zu 50 Institutionen aus, die zu dem Bereich arbeiten, die Kooperation ist aber oft mangelhaft. Dies ist oft auch auf »institutionelle Eifersucht« zurückzuführen, liegen doch Selbsterhaltung und das Beharren auf eigenen Kompetenzen im Wesen solcher Institutionen. Eine besondere Rivalität war hier bislang zwischen der Internationalen Arbeitsorganisation (ILO) und der Internationalen Organisation für Migration (IOM) zu beobachten. Die erstere ist fester Bestandteil der Vereinten Nationen und vergleichsweise demokratisch organisiert, die zweite arbeitete bislang fast wie eine privatwirtschaftliche Firma außerhalb des UN-Systems und finanzierte sich überwiegend durch Projektaufträge, die humanitären Charakter haben konnten, aber auch »freiwillige Rückführungen« und den Betrieb des hochumstrittenen Flüchtlingslagers auf der Pazifikinsel Nauru umfassten.

Im September 2016 konnte die IOM nun einen Schritt in Richtung UN machen und wurde bei der Generalversammlung als *related agency* aufgenommen. Dies weckte wiederum beim UNHCR Befürchtungen, wo man um das Monopol auf die Zuständigkeit für Flüchtlinge fürchtet, ist doch die IOM auch in diesem Bereich tätig. Eine Herausforderung besteht darin, dass die Flüchtlingsdefinitionen und -institutionen unter historisch von der heutigen Situation sehr unterschiedlichen Voraussetzungen entwickelt wurden. So sind neue Ursachen für Zwangsmigration wie Umweltkatastrophen und fragile oder zusammengebrochene Staaten hinzugekommen. Alexander Betts (2010), Direktor des *Refugee Studies Centre* an der Universität Oxford und einer der führenden Flüchtlingsforscher, regt deshalb eine neue Kategorie an: *Survival Migration*. Dieses Konzept umfasst Menschen, die ihr Herkunftsland aufgrund einer existenziellen Bedrohung verlassen haben, für die sie vor Ort keine Abhilfe finden können. Damit lassen sich laut Betts Lücken im institutionellen und normativen Rahmen für Zwangsmigration füllen.

Es sind aber auch Fortschritte zu verzeichnen. So wurden im Oktober 2015 von der UN Richtlinien zu Menschenrechten an internationalen Grenzen veröffentlicht. Sie regeln die grundlegenden Rechte von Migranten und Flüchtlingen. Zu den konkreteren Projekten, die im Rahmen des *Global Forum on Migration and Development* und verwandter Prozesse entstanden sind, zählt die von den USA und den Philippinen gestartete Initiative *Migrants in Countries of Crisis* (MICIC). Hier sollen Prinzipien und Praktiken festgelegt werden, mit denen Migranten in solchen Krisengebieten geholfen werden kann. Diese Krisen können durch Naturkatastrophen oder politische Unruhen ausgelöst werden – ein Schritt in die richtige Richtung, der durch seinen Fokus auf Krisenstaaten allerdings noch zu kurz greift.

Im September 2016 mündeten die globalen Diskussionen schließlich in zwei aufeinanderfolgenden Gipfeln im Rahmen der Generalversammlung der Vereinten Nationen zu Migration und Flüchtlingen. Der erste richtete sich an die gesamte Mitgliedschaft der UN, am zweiten, dem von Barack Obama initiierten *Leader Summit on Refugees*, konnte nur teilnehmen, wer größeres finanzielles Engagement für Flüchtlingspolitik zusagte. Aus den Gipfeln sollen globale Verträge (*Global Compacts*) zu geteilter Verantwortung in Flüchtlingskrisen und zu den Voraussetzungen für sichere, geregelte und legale Migration hervorgehen – allerdings nehmen sich die Staaten zwei weitere Jahre Zeit für deren Ausgestaltung. Während die Diskussionen zu Migration vergleichsweise abstrakt blieben, verpflichteten sich mehr als 30 Staaten beim *Leaders Summit* dazu, die humanitäre Hilfe für Flüchtlinge um 4,5 Milliarden Dollar aufzustocken, die Kapazitäten für die Umsiedlung von Flüchtlingen zu verdoppeln sowie Arbeitschancen für erwachsene Flüchtlinge und Bildungsmöglichkeiten für deren Kinder zu erhöhen. Die konkrete Umsetzung bleibt abzuwarten, aber auch die eher allgemein gehaltenen Diskussionen können ihren Wert haben, wenn daraus ein Bewusstsein für eine kollektive Gestaltung von Migration erwächst.

Bei dieser kollektiven Ausgestaltung – technokratisch gerne »Management« von Migration genannt – wird allerdings oft ein wichtiger Akteur übersehen: die Migranten und ihre Organisationen selbst (Rother 2013). Migranten und Flüchtlinge werden hier vor allem als Objekte von Politik gesehen, dabei könnten und sollten sie bei deren Ausgestaltung einen wichtigen Beitrag leisten. Zum einen kennen sie die Bedürfnisse in der jeweiligen Situation vor Ort, zum anderen haben sie oft sonst keine

Fürsprecher, denn meist setzen sich weder Ziel- noch Herkunftsländer für ihre Rechte ein. Darauf wies auch Eni Lestari bei der Generalversammlung im September 2016 hin, zu der die Indonesierin, die als Hausangestellte in Hongkong arbeitet, eingeladen wurde. Sie ist Vorsitzende der *International Migrants Alliance* (IMA), einem globalen Netzwerk von Graswurzel-Migrantenorganisationen. In ihrer Ansprache plädierte sie: »Redet nicht nur über uns, sondern mit uns. Wir haben Antworten und wir haben unsere Stimme erhoben. Hört uns zu und redet mit uns über Migration, Entwicklung und Menschenrechte.«

Literatur

Angenendt, Steffen/Kipp, David/Koch, Anne: Viele Flüchtlinge, wenige Daten. Die fluchtbezogene Entwicklungszusammenarbeit braucht bessere Daten. SWP-Aktuell 45, Berlin 2016.

Betts, Alexander: Survival Migration: Failed Governance and the Crisis of Displacement, Ithaca, NY, 2013.

UNHCR (Hrsg.): Global Trends. Forced Displacement in 2015, Genf 2016 (www.unhcr.¬org/576408cd7.pdf).

Rother, Stefan (2013): Global Migration Governance Without Migrants? The Nation-State Bias in the Emerging Policies and Literature on Global Migration Governance, in: Migration Studies, Jg. 1, Heft 3 (2013), S. 363–371.

www.dgvn.de
www.fluechtlingsforschung.net
http://gfmd-blog.com (Blog zu den Themen globale Migration, Entwicklungspolitik und Menschenrechte)
www.heimatkunde.boell.de/2009/06/01/mythen-¬der-migration (Charlotte Wiedemann: Mythen der Migration, 2009)
www.iom.int
www.migration-und-demokratie.de
www.un.org

Asylbewerber und Flüchtlinge

Michael Maier-Borst

Nach Angaben des Hohen Flüchtlingskommissariats der Vereinten Nationen (UNHCR) befanden sich Ende des Jahres 2015 weltweit rund 65,3 Millionen Menschen auf der Flucht. Davon waren 21,3 Millionen Menschen Flüchtlinge, hatten also aktuell oder bereits vor Jahren eine internationale Grenze überquert und waren gemäß den Bestimmungen des internationalen Flüchtlingsrechts »anerkannt«. Darunter sind etwa 5,2 Millionen palästinensische Flüchtlinge im Rahmen des Programms der *United Nations Relief and Works Agency for Palestine Refugees in the Near East* (UNRWA). Annähernd 3,2 Millionen Menschen warteten in einem Aufnahmeland als Asylsuchende bzw. Asylbewerber auf eine Entscheidung über ihren Asylantrag. 40,8 Millionen Menschen waren in ihrem eigenen Land – zumeist aufgrund bewaffneter Konflikte – »intern Vertriebene« (*Internally Displaced Persons* – IDPs).

Ende des Jahres 2015 waren vom UNHCR – außerhalb der UNRWA – rund 16,1 Millionen Flüchtlinge registriert. Auf die UNHCR-Region Afrika entfielen rund 4,4 Millionen Flüchtlinge, auf Amerika etwa 747 000, auf Asien 3,8 Millionen, auf Europa 4,4 Millionen und auf die UNHCR-Region Mittlerer Osten/Nordafrika 2,7 Millionen. Der überwiegende Teil dieser Flüchtlinge verbleibt – wie bereits seit Jahren – in der Region, aus der er stammt. Unter den zehn Hauptaufnahmeländern von Flüchtlingen war Ende 2015 die Türkei das einzige europäische Land.

Asyl- und flüchtlingspolitische Entwicklungen in den Aufnahmeländern von Asylsuchenden und Flüchtlingen haben nicht selten innenpolitische Auseinandersetzungen über die absolute Höhe der Zugangszahlen von Asylsuchenden bzw. Asylbewerbern zur Folge. Dies gilt nicht nur für Staaten Afrikas oder Asiens, sondern insbesondere auch für Staaten in Europa und Nordamerika. Charakteristisch für diese innenpolitischen Diskussionen ist oft, dass die tatsächliche Menschenrechtssituation und die Fluchtursachen in den Hauptherkunftsländern eine untergeordnete Rolle spielen, wohingegen die vermeintliche Belastung der Aufnahmeländer in den Mittelpunkt rückt. Eine differenzierte Gesamtschau der durchaus sehr unterschiedlichen Flüchtlingsgruppen findet meist nicht statt. Der seit 2014 stetig steigende Zugang syrischer, eritreischer und irakischer Asylbewerber ist für Deutschland insoweit eine Ausnahme. Die Schutzbedürftigkeit der Betreffenden wurde – auch angesichts einer eindeutigen Haltung der Spitzen der deutschen Politik – nicht in Zweifel gezogen und die entsprechende flüchtlingspolitische Verantwortung wurde erkannt.

Die asylpolitischen Diskussionen in Deutschland seit Ende der 1980er-Jahre waren meist rechtlich geprägt und oftmals ideologisch aufgeladen. Vor der beginnenden unionsrechtlichen Vergemeinschaftung des Flüchtlingsrechts mit dem Amsterdamer Vertrag von 1997 spielte in der nationalen asylpolitischen Diskussion das in Deutschland verfassungsrechtlich garantierte Asylgrundrecht eine bedeutende Rolle. Der bis 1993 geltende Art. 16 Abs. 2 Satz 2 GG (»Politisch Verfolgte genießen Asylrecht«) wurde – vor

September 1985: Asylbewerber aus dem Iran befinden sich aus Protest gegen die Zustände in der Zentralen Anlaufstelle in Karlsruhe im Hungerstreik.

dem Hintergrund des Zusammenbruchs des Ostblocks und insbesondere des Bürgerkriegs in Jugoslawien – Anfang der 1990er-Jahre zunehmend als wichtiger Grund für die damals hohen Zugangszahlen von Asylbewerbern nach Deutschland ausgemacht. Die Asylantragszahlen in Deutschland stiegen von 193 063 im Jahr 1990 über 256 112 im Folgejahr auf den damaligen Höchststand von 438 191 im Jahr 1992.

Die Möglichkeiten, die deutschen Asylverfahren auf einfachgesetzlicher Ebene weiter zu beschleunigen bzw. zu straffen, erschienen den Befürwortern einer Grundgesetzänderung damals ausgereizt. Das deutsche Asylgrundrecht gehe über den Entwicklungsstand des Völkerrechts hinaus, das die Asylgewährung allein als Ausfluss staatlicher Souveränität des Aufnahmestaates konzipiere. Die mit dem »Asylkompromiss« von 1993 mit Art. 16a GG vorgenommene Einschränkung des Asyl-grundrechts sollte dazu beitragen, die hohen Zugangszahlen in Deutschland zu reduzieren und die behördlichen und gerichtlichen Anerkennungsstrukturen dauerhaft zu entlasten.

Inwieweit die erfolgte Verfassungsänderung hierfür notwendig war, die insbesondere das Konzept der sicheren Drittstaaten einseitig gegenüber damaligen Drittstaaten und allen Mitgliedstaaten der Europäischen Gemeinschaft (EG) einführte, ist umstritten. Als Gründe für den erkennbaren Rückgang der Zugangszahlen in Deutschland nach der Änderung des Grundgesetzes wurden u. a. auch das sich fast gleichzeitig abzeichnende (vorläufige) Ende der schweren Menschenrechtsverletzungen auf dem Balkan in Zusammenhang mit dem Zerfall Jugoslawiens und die Aufnahme von Flüchtlingen über andere rechtliche Regelungen (Aufenthaltsbefugnis und Duldung) jenseits des Asylverfahrens genannt.

Die Fixierung der deutschen asylpolitischen Diskussion auf die besonderen verfassungsrechtlichen Rahmenbedingungen in Deutschland warf drei Probleme auf: Zum ersten wurde die Reichweite der internationalen Vorgaben, insbesondere der Genfer Flüchtlingskonvention unterschätzt. Dies änderte sich in den Jahren nach 1996, nachdem das Bundesverfassungsgericht die Grundgesetzänderung weitgehend als verfassungskonform angesehen hatte. Zweitens vermochte die verfassungsrechtliche Argumentation nicht zu erklären, warum andere Rechtsstaaten in Westeuropa, die kein Asylgrundrecht in ihrer Verfassung verankert haben, mitunter vergleichbare »Asylprobleme« zu bewältigen hatten und haben wie Deutschland. Drittens hatte die verfassungsrechtliche Lösung selbst Schwächen. Ihr tatsächliches Funktionieren war unmittelbar abhängig von der Rücknahmebereitschaft der als sicher eingestuften Drittstaaten. Ferner handelte es sich um eine Lösung im deutschen Recht. Das heißt, sie traf im Grunde Regelungen zu Lasten Dritter und war nicht als gemeinsames europäisches Konzept angelegt.

Eine anerkannte differenzierte Vorgehensweise, wie die mit der Aufnahme von Asylsuchenden bzw. Asylbewerbern verbundenen Belastungen für Aufnahmestaaten zu messen und einzuschätzen sind, existiert bisher nicht. Sicher ist allerdings, dass sich unterschiedliche Einschätzungen und politische Schlussfolgerungen aufdrängen, je nachdem wie differenziert wird. Es verschiebt die Perspektive erheblich, wenn im regionalen bzw. internationalen Vergleich die absoluten Zugangszahlen von Asylsuchenden zusätzlich z. B. jeweils in das Verhältnis zur Gesamtbevölkerung und zu weiteren Indikatoren hinsichtlich der Wirtschaftskraft des Aufnahmelandes gesetzt werden.

Zwischen dem dritten Quartal 2014 und dem dritten Quartal 2015 wurden etwa in Deutschland und Ungarn in absoluten Zahlen die meisten Asylanträge gestellt, gefolgt von Schweden, Italien, Österreich und Frank-

reich. Auf diese sechs Mitgliedstaaten entfielen mehr als 79,7 % der Asylbewerber, die in der EU-28 in diesen zwölf Monaten registriert wurden. Setzt man die Asylbewerberzahlen in das Verhältnis zur Bevölkerung des jeweiligen Mitgliedstaates, so lagen Ungarn, Schweden, Österreich und Finnland an der Spitze. Allerdings ist dabei zu berücksichtigen, dass gerade in den Jahren 2014 und 2015 oftmals registrierte Asylbewerber den Mitgliedstaat, in dem sie registriert wurden, wieder zügig verließen. Dies dürfte insbesondere auf Ungarn zutreffen, wo zwar hohe Asylantragszahlen registriert wurden, die registrierten Asylanträge jedoch inhaltlich nicht geprüft wurden.

Bezöge man nun etwa noch Indikatoren für die Wirtschaftskraft der Mitgliedstaaten, die Zugangszahlen von Asylsuchenden und Personen aus den Vorjahren, die über Schutzprogramme aufgenommen wurden, sowie die Arbeitslosenquoten ein, würde sich, je nach Gewichtung der Indikatoren, eine andere Reihung ergeben. Die Europäische Kommission ist 2015 so vorgegangen und hat bei ihren Vorschlägen zu EU-internen Verteilungsschlüsseln von Schutzsuchenden (*Relocation*) folgende »Aufnahmeanteile« ausgewiesen: für Deutschland 18,42 %, für Frankreich 14,17 %, für Italien 11,84 % und für Spanien 9,1 %.

Mit solchen Berechnungsmodellen wird nicht bestritten, dass hohe Zugangszahlen von Asylbewerbern für alle Mitgliedstaaten eine erhebliche tatsächliche Belastung darstellen können oder dargestellt haben. Gleichwohl müsste eine auf Solidarität ausgerichtete Flüchtlingspolitik innerhalb der EU stärker und gezielt finanzielle und administrative Hilfen bereitstellen, um tatsächliche relative Überbelastungen zügig zu lindern. Zu Letzterem kann insbesondere das geltende Zuständigkeitsfeststellungssystem der sogenannten »Dublin III-Verordnung«, das EU-intern allein die Kriterien für die Bestimmung der Zuständigkeit der Mitgliedstaaten für die Prüfung von Asylanträgen festlegt (Visumerteilung, zuständig ist der Mitgliedstaat, der die Einreise nicht verhindert hat, humanitäre Erwägungen usw.), kaum Substanzielles beitragen. Dies scheinen die Europäische Kommission und die Regierungen der Mitgliedstaaten auch zunehmend anzuerkennen.

Zur behördlichen Entscheidungspraxis über Asylanträge in Deutschland lässt sich zusammenfassend Folgendes anmerken: Im Jahr 2015 wurden in Deutschland formell insgesamt 467 649 Asylanträge gestellt, davon waren 441 899 Erstanträge und 34 750 Asylfolgeanträge. Aufgrund des sprunghaften Anstiegs des Zugangs von Schutzsuchenden im Jahr 2015 kam es auch in Deutschland zu erheblichen Engpässen bei der formellen Registrierung der Asylanträge. Es ist davon auszugehen, dass sich im Jahr 2015 tatsächlich rund 850 000 Schutzsuchende in Deutschland aufhielten.

Insgesamt ergingen im Jahr 2015 282 786 Entscheidungen durch das Bundesamt für Migration und Flüchtlinge (BAMF); in 50 297 Fällen (17,8 %) wurde in Deutschland keine inhaltliche Entscheidung über die Begründetheit der vorgebrachten Schutzbegehren getroffen. Der Asylantrag wurde z.B. entweder zurückgezogen oder es erfolgte eine Entscheidung, wonach ein anderer Mitgliedstaat der EU im Rahmen der Dublin III-Verordnung für die Durchführung des Asylverfahrens zuständig sei (»anderweitig erledigte Fälle« oder »formelle Entscheidungen«).

Bei den damit insgesamt 232 489 im Jahr 2015 inhaltlich geprüften Asylanträgen wurde in 137 136 Fällen Flüchtlingsschutz gemäß der Genfer Flüchtlingskonvention nach § 60 Abs. 1 AufenthG (48,5 %) zuerkannt, darunter waren 2029 Personen, die als Asylberechtigte nach Art. 16a GG anerkannt wurden

(0,7 %). Weitere 1707 Personen (0,6 %) erhielten subsidiären Schutz. Schließlich wurden für 2072 Personen (0,7 %) nationale Abschiebungsverbote nach § 60 Abs. 5 oder 7, Satz 1 AufenthG festgestellt (z.B. bei Krankheit). Damit ergibt sich für das Jahr 2015 nach der Entscheidung des BAMF eine um die formellen Entscheidungen bereinigte Gesamtschutzquote von 60,6 %. Werden die anderweitig erledigten Fälle in die Zahl der Entscheidungen einbezogen, beträgt die Gesamtschutzquote immerhin noch 49,8 %. Anfang des Jahres 2016 stieg die Gesamtschutzquote weiter an. Hinzu kommt, dass sich auch durch stattgebende verwaltungsgerichtliche Entscheidungen, z.B. wenn die Betreffenden erfolgreich Rechtsmittel gegen ablehnende Entscheidungen des BAMF einlegen, die Zahl der Personen leicht erhöht, denen im Jahr 2015 in Deutschland Asyl- bzw. Flüchtlingsschutz, subsidiärer Schutz oder nationale Abschiebungsverbote zuerkannt worden ist.

Literatur

10. Bericht der Beauftragten der Bundesregierung für Migration, Flüchtlinge und Integration über die Lage der Ausländerinnen und Ausländer in Deutschland, Berlin 2014 (www.¬bundesregierung.de/Content/Infomaterial/¬BPA/IB/10_Auslaenderbericht_2015.html?¬nn=670290).

Bundesamt für Migration und Flüchtlinge (BAMF) (Hrsg.): Aktuelle Zahlen zu Asyl, Nürnberg 2016 (www.bamf.de).

Eurostat: Asylum Quarterly Report 3/2015 (www.ec.europa.eu/eurostat/statistics-explai¬ned/index.php/Asylum_quarterly_report).

UNHCR (Hrsg.): Global Trends. Forced Displacement in 2015, Genf 2016 (www.unhcr.¬de/service/zahlen-und-statistiken.html).

Asyl- und Flüchtlingsrecht

Michael Maier-Borst

Aus rechtlicher Perspektive sind Flüchtlinge eine besondere Gruppe von Migranten. Sie verlassen ihren Herkunftsstaat nicht freiwillig, sondern sie suchen in einem anderen Staat Schutz vor Verfolgung. Das Abkommen über die Rechtsstellung der Flüchtlinge vom 28. Juli 1951 – die sogenannte Genfer Flüchtlingskonvention (GFK) – grenzt den Flüchtlingsbegriff systematisch ein. Flüchtling im Sinne dieser völkerrechtlichen Vorgabe, der bisher über 140 Staaten beigetreten sind, ist nach Art. 1 A Nr. 2 GFK eine Person, wenn sie sich »aus der begründeten Furcht vor Verfolgung wegen ihrer Rasse, Religion, Nationalität, Zugehörigkeit zu einer bestimmten sozialen Gruppe oder wegen ihrer politischen Überzeugung außerhalb des Landes befindet, dessen Staatsangehörigkeit sie besitzt, und den Schutz dieses Landes nicht in Anspruch nehmen kann oder wegen dieser Befürchtungen nicht in Anspruch nehmen will«. Flüchtlingsschutz ist also von Staaten nur zu gewähren, wenn der Betreffende keinen Schutz von seinem Heimat- oder Staatsangehörigkeitsstaat zu erwarten hat. Die GFK bietet den Unterzeichnerstaaten in Art. 1 B Nr. 1 GFK die Möglichkeit, die Konvention nur auf Ereignisse anzuwenden, die vor dem 1. Januar 1951 (= Gründungdatum des Hohen Flüchtlingskommissariats der Vereinten Nationen – UNHCR) »in Europa« eingetreten sind. Von diesem geographischen Vorbehalt machen derzeit lediglich noch die Demokratische Republik Kongo, Monaco, Madagaskar und die Türkei Gebrauch.

Das New Yorker Protokoll vom 31. Januar 1967 öffnete die Anwendung der GFK auch für Personen, die aufgrund von Ereig-

nissen fliehen, die »*nach* dem 1. Januar 1951 eingetreten sind«. Die GFK wurde somit zu einem auf Dauer angelegten völkerrechtlichen Instrument zum Schutz von Flüchtlingen weltweit und verlor zunehmend ihren Charakter als Konvention, die ursprünglich insbesondere flüchtlingsrechtliche Antworten auf die Folgen des Zweiten Weltkriegs geben wollte.

Neben der GFK und dem New Yorker Protokoll existieren im Flüchtlingsrecht weitere relevante regionale (*OAU Convention Governing Specific Aspects of Refugees in Africa* von 1969 sowie die Erklärung von Cartagena von 1984), nationale (vgl. Art. 16 a GG) und supranationale (Richtlinie 2004/83/EG vom 29. April 2004 und deren Neufassung Richtlinie 2011/95/EU vom 13. Dezember 2011, sog. Qualifikationsrichtlinie) Vorgaben, deren Anwendungsbereiche teilweise über den der GFK hinausgehen. So beziehen die genannten EU-Richtlinien explizit auch Personen in ihren Schutzbereich ein, die vor Gefahren der Folter, der Todesstrafe oder des Kriegs bzw. Bürgerkriegs geflohen sind, ohne dass die Gefahr an eines der fünf Merkmale der GFK anknüpft. Aus der Zuerkennung des sogenannten subsidiären Schutzes folgt nach den Richtlinien der Zugang zu bestimmten sozialen Rechten oder Statusrechten, die sich weitgehend an den Rechten orientieren, die aus einer Schutzzuerkennung nach der GFK folgen.

Bei der Anwendung flüchtlingsrechtlicher Bestimmungen durch nationale Behörden und Gerichte spielt die GFK in Europa stets eine zentrale – vielleicht derzeit sogar *die* maßgebliche – Rolle. Die in Deutschland über Jahre diskutierte Frage, inwieweit der Begriff des »politisch Verfolgten« nach Art. 16 a Abs. 1 GG deckungsgleich mit dem Flüchtlingsbegriff der GFK ist, tritt deshalb in den Hintergrund und verliert an Schärfe. Die Einhaltung und Fortentwicklung der GFK wird auf internationaler Ebene maßgeblich durch das UNHCR und das aus Regierungsvertretern bestehende UNHCR-Exekutivkomitee begleitet.

Neben den eingangs genannten fünf Anknüpfungsmerkmalen für konventionsrelevante Verfolgungshandlungen legt auch die GFK von 1951 fest, welche Rechte aus einer Anerkennung als Flüchtling folgen. Geregelt werden etwa die Möglichkeiten, eine selbstständige oder nichtselbstständige Erwerbstätigkeit aufzunehmen sowie der Zugang zu Bildung oder zu öffentlichen Fürsorgeleistungen, die die Integration der Flüchtlinge im Aufnahmeland erleichtern sollen. Orientierungspunkt für die zu gewährenden Folgerechte ist zumeist die Behandlung der »eigenen Staatsangehörigen« des Aufnahmelandes.

Art. 33 GFK schließlich legt das Verbot der Ausweisung und Zurückweisung (*Non-Refoulement*) fest, das als Kern des internationalen Flüchtlingsrechts bezeichnet wird. Es verbietet das Zurückschicken von Flüchtlingen in das Land, aus dem sie geflohen sind, es sei denn – und dies ist eine eng auszulegende Ausnahme –, die Betreffenden sind aus schwerwiegenden Gründen als eine Gefahr für die Sicherheit des Aufnahmestaates anzusehen oder sie stellen eine Gefahr für die Allgemeinheit dieses Staates dar.

Über die letzten Jahrzehnte hinweg ließen sich staatliche Maßnahmen oder Entwicklungen in der Rechtsprechung nationaler Gerichte beobachten, die gezielt oder mittelbar den Zugang zu staatlichen Asylverfahren beeinflussten, die Rechte von Asylbewerbern während des Asylverfahrens einschränkten oder die Anerkennungs-möglichkeiten bei der Anwendung der GFK einengten:

Zugang zu staatlichen Asylverfahren. Hier wurden in vielen Staaten sehr unterschiedliche administrative und gesetzgeberische Maßnahmen diskutiert und auch eingeführt. So bedeutet die Einführung der Verpflichtung für Beförderungsunternehmen zu prüfen, ob die notwendigen Einreisevisa bei der Abreise vorliegen (§ 63 AufenthG), erhebliche Schwierigkeiten für Schutzsuchende in ihren Herkunftsländern. Ähnlich problematisch ist im Ergebnis eine restriktive Visumserteilungspraxis hinsichtlich der Staatsangehörigen von Ländern, in denen Verfolgung stattfindet. Menschenrechtlich bedenklich ist auch die Praxis der Kontrollen und Zurückweisungen in dritte Staaten auf Hoher See durch Bedienstete von Staaten, die die Europäische Menschenrechtskonvention (EMRK) unterzeichnet haben. Sie sollen illegale Einwanderung unterbinden, können aber eben auch schutzsuchende Flüchtlinge treffen. Hierzu hat der Europäische Gerichtshof für Menschenrechte am 23. Februar 2012 ein Urteil gefällt, das die Geltung von Art. 3 und Art. 13 der EMRK sowie des Art. 4 des Protokolls Nr. 4 für Handlungen italienischer Bediensteter auf Hoher See feststellt und damit dem Zurückweisungsverbot der EMRK Geltung verschafft.

Ein weiteres Konzept wird darin gesehen, Schutzsuchende auf sogenannte »sichere Drittstaaten« zu verweisen bzw. festzustellen, sie seien bereits in einem anderen Staat sicher gewesen. Der Asylantrag wird dann nicht inhaltlich geprüft. Soweit in den Drittstaaten ein den international einschlägigen Standards entsprechendes Asylverfahren durchgeführt wird, die GFK und die EMRK eingehalten werden sowie die Rückführung dorthin auch tatsächlich bewerkstelligt werden kann, weil ihr keine rechtlich relevanten Gründe entgegenstehen (z. B. bestehende familiäre Bindungen usw.) oder der »sichere Drittstaat« sich gegen die geplante Überstellung aus anderen Gründen sperrt, begegnet dieses Konzept mit Blick auf Art. 33 GFK keinen grundsätzlichen Bedenken.

Gleichwohl dürfen jedoch zwei problematische Punkte nicht übersehen werden. Erstens liegt dem Drittstaatenkonzept ein teilweise rigides Prüf- und Rechtsschutzverfahren zugrunde, das die individuellen Rechte und insbesondere den Rechtsschutz der Schutzsuchenden erheblich beschneidet. Sowohl der Europäische Gerichtshof für Menschenrechte in Straßburg als auch der Europäische Gerichtshof in Luxemburg haben insoweit bereits bei Verfahren, die EU-Mitgliedstaaten betrafen, korrigierend eingreifen müssen (EGMR, Urteil vom 21.01.2011 [GK], Nr. 30696/09, M.S.S. vs. Belgien und Griechenland, EuGH, Urteil vom 21.12.2011 [GK], verbundene Rs. C-411/10 und 493/10, N.S. und M.E. u. a. sowie EGMR, Urteil vom 4.11.2014 [GK], Nr. 29217/12, Tarakhel vs. Schweiz). Zweitens verschiebt das Drittstaatenkonzept die mit der GFK übernommene Verantwortung der Staaten für die Prüfung von Asylanträgen und damit ggf. auch für die Aufnahme von Flüchtlingen. Wenn bereits die Durchreise des Flüchtlings durch den »sicheren Drittstaat« dessen flüchtlingsrechtliche Zuständigkeit grundsätzlich begründet, ist zu erwarten, dass insbesondere Staaten belastet werden, die entlang der Flüchtlingsrouten oder nahe an den Krisengebieten liegen. Internationaler Flüchtlingsschutz ist aber ohne Solidarität innerhalb der Staatengemeinschaft, die sich ihm verpflichtet hat, nicht aufrechtzuerhalten.

Einschränkung von Rechten im Asylverfahren. Mitunter versuchen Staaten, die während des Asylverfahrens gewährten Rechte zu begrenzen, um für Schutzsuchende »unattraktiv« zu sein. Dies überschätzt wohl oftmals die einer Zufluchtsentscheidung zugrunde liegenden Motive. Nur selten dürfte die konkrete Ausgestal-

tung des Beschäftigungs- oder Sozialrechts während eines Asylverfahrens im potenziellen Aufnahmestaat ein maßgebliches Entscheidungskriterium für die Schutzsuchenden sein. Vielmehr sind wohl Maßstäbe wie Sicherheit, Rechtsstaatlichkeit, Schutz vor Korruption oder – nicht zuletzt – familiäre Netzwerke Gründe, bestimmte Asylländer erreichen zu wollen und andere zu meiden.

Darüber hinaus entstehen in sozialen Rechtsstaaten westlicher Prägung verfassungsrechtliche Probleme, wenn gesetzliche Einschränkungen vorgenommen werden, die die garantierten Grund- und Menschenrechte während des Asylverfahrens substanziell tangieren. In Deutschland etwa war zwischen 1993 und 2012 im Rahmen des Asylbewerberleistungsgesetzes geregelt, Asylbewerbern und weiteren Gruppen von Ausländern grundsätzlich nur Sach- statt Geldleistungen zu gewähren. Auch der Leistungsumfang der Sozialhilfe war gegenüber den übrigen im Land lebenden hilfebedürftigen Menschen deutlich eingeschränkt. Am 18. August 2012 wurden die Regelungen zu den Grundleistungen in Form der Geldleistungen vom Bundesverfassungsgericht für unvereinbar mit dem Grundgesetz erklärt. Die Verfassung erlaube es nicht, pauschal nach dem Aufenthaltsstatus von Ausländern zu differenzieren; der Gesetzgeber müsse sich immer konkret an dem Bedarf an existenznotwendigen Leistungen orientieren. Die Menschenwürde sei migrationspolitisch nicht zu relativieren.

Viele andere Einschränkungen der Rechte während des Asylverfahrens zielen auf eine Beschleunigung des Verwaltungsverfahrens insgesamt. Hierzu gehören beispielsweise sehr straffe Fristenregime für das Vorbringen der Verfolgungsgründe der Betreffenden oder die Notwendigkeit, die aufschiebende Wirkung gegen den Vollzug behördlicher Bescheide mitunter gerichtlich beantragen zu müssen.

Angesichts der aktuell lange dauernden Asylverfahren in Deutschland und der mitunter sehr hohen Schutzquoten zu einzelnen Herkunftsstaaten (Syrien, Irak, Iran und Eritrea) hat der deutsche Gesetzgeber mit dem Integrationsgesetz im Sommer 2016 befristet Zugänge zu abhängiger Beschäftigung, zu Arbeitsförderungsmaßnahmen und zur Berufsausbildungsbeihilfe insbesondere für Asylsuchende mit guter Bleibeperspektive geöffnet. Diese ersten pragmatischen Schritte sind zu begrüßen.

Einengung der Anerkennungsmöglichkeiten. Hier ist vor allem die einengende Auslegung der materiellen Bestimmungen der GFK, also ihrer Flüchtlingsdefinition, durch die Behörden und Gerichte der Unterzeichnerstaaten zu nennen. Die einengende Auslegung der GFK bedeutet nicht immer, dass die Betreffenden völlig schutzlos bleiben und in ihren Herkunftsstaat zurückkehren müssen, obwohl ihnen dort erhebliche Gefahren drohen. Sie kann auch dazu führen, dass Abschiebungsschutz nach anderen menschenrechtlichen Bestimmungen gewährt wird (z. B. nach Art. 3 EMRK oder Art. 3 UN-Antifolterkonvention), den Betreffenden aber damit die in der GFK verbürgten Folgerechte vorenthalten bleiben. Ergebnis ist dann beispielsweise die Zuerkennung subsidiären Schutzes nach EU-rechtlichen Vorschriften der Richtlinie 2011/95/EU oder gar die Erteilung einer Duldung, die keinen rechtmäßigen Aufenthalt begründet und den Betreffenden – oft auf Dauer (»Kettenduldungen«) – viele Teilhaberechte im Aufnahmeland vorenthält.

Ein solches Vorgehen wurde in Deutschland in der Vergangenheit gegenüber Flüchtlingen aus dem ehemaligen Jugoslawien, aus Afghanistan, aus Algerien oder Somalia praktiziert. Insbesondere in Deutschland wurde der Flüchtlingsbegriff der GFK lange Zeit so interpretiert, dass Schutzsuchende aus bewaffneten nationalen Konflikten bzw. Bürgerkriegen keinen Schutz nach der GFK erhielten. Die Argumentation lässt sich –

verkürzt – wie folgt darstellen: Nur diejenigen bekamen Schutz nach der GFK, die vor gezielter staatlicher Verfolgung flohen. In bewaffneten nationalen Konflikten und Bürgerkriegen sei der Staat jedoch zerfallen, deshalb fehle es gerade dann an »verfolgungsmächtigen« staatlichen oder staatsähnlichen Strukturen.

Ähnliches wurde auch Flüchtlingsfrauen aus anderen Herkunftsländern entgegengehalten, die Opfer schwerer familiärer bzw. häuslicher Gewalt geworden waren (geschlechtsspezifische Verfolgung). Der Staat habe nicht verfolgt und sei – z. B. ausweislich seiner erlassenen Strafgesetze – prinzipiell in Fällen privater oder häuslicher Gewalt auch schutzbereit. Eine Anerkennung nach der GFK scheide deshalb aus. Es blieb dem mit der Vorlage des Amsterdamer Vertrags 1997 eingeleiteten Prozess der europäischen Harmonisierung des Flüchtlingsrechts vorbehalten, diesen Fehlentwicklungen in einzelnen Mitgliedstaaten der Europäischen Union (EU) bei der Anwendung der GFK im Ergebnis einen Riegel vorzuschieben. Gleichwohl werden in Deutschland auch aktuell Versuche unternommen, allein unter Hinweis auf die dramatische Bürgerkriegssituation in Syrien Asylsuchenden aus diesem Land nur subsidiären Schutz statt Flüchtlingsschutz nach der GFK zu gewähren.

Die im Laufe des Prozesses der europäischen Harmonisierung des Flüchtlingsrechts verabschiedeten Richtlinien und Verordnungen der EU sind für die Mitgliedstaaten vorrangig zu beachtendes Unionsrecht. Sie sollen geltendes Völkerrecht wie die GFK nicht einschränken, sondern – wie der Europäische Rat in Tampere im Oktober 1999 beschlossen hat – die »uneingeschränkte und umfassende Anwendung« der GFK sicherstellen.

Auch die Rechtsakte der EU beinhalten viele in den Mitgliedstaaten entwickelte Konzepte (anderweitige Sicherheit, »sichere Drittstaaten«, beschleunigte Asylverfahren sowie Arbeitsverbote, Leistungsabsenkungen für Asylsuchende u. Ä.). Das Unionsrecht, das auf ein Gemeinsames Europäisches Asylsystem (GEAS) zielt, trägt damit auch zu einer Verbreitung dieser restriktiven Konzepte innerhalb der EU bei.

Im Jahr 2015 führten die hohen Zugangszahlen von Schutzsuchenden aus Syrien, Eritrea, Afghanistan und dem Irak zu einer schweren Krise des geltenden EU-Flüchtlingsrechts. Die teilweise völlig unzureichend ausgestalteten Flüchtlingsschutzsysteme sowie fehlende Integrationsbemühungen einiger EU-Mitgliedstaaten gegenüber den Schutzsuchenden und den international Schutzberechtigten trugen zu einer Situation bei, in der die EU-internen Zuständigkeitsfeststellungs- und Überstellungsregelungen der sogenannten Dublin III-Verordnung in der Praxis kaum noch angewandt wurden. In manchen Mitgliedstaaten wurden trotz Registrierung tatsächlich keine Asylverfahren durchgeführt. Die Schutzsuchenden wurden auf andere Mitgliedstaaten verwiesen und im innenpolitischen Diskurs als »Illegale« bezeichnet. Ergebnis war der sprunghafte Anstieg der Zahl von Asylbewerbern u. a. in Deutschland, Schweden und Österreich, wo dann über deren Asylanträge inhaltlich entschieden werden musste.

Trotz der erheblichen Belastungen der Verwaltungen und der Sozialsysteme, die mit der Aufnahme der zahlreichen Schutzsuchenden verbunden sind, wurde vielen Schutzsuchenden im Ergebnis im Jahr 2015 von einigen wenigen Mitgliedstaaten in großem Umfang Schutz nach der GFK oder subsidiärer Schutz gewährt. Die Gesamtschutzquote in Deutschland lag bei rund 50 %, um rein formelle Entscheidungen bereinigt sogar bei knapp über 60 %. Die Schutzquoten hinsichtlich der Hauptherkunftsländer Syrien, Irak, Eritrea und Afghanistan lagen bereinigt sogar deutlich darüber, mitunter deutlich über 90 %. Dieser Trend hat sich auch im Jahr 2016 fortgesetzt.

Die Flüchtlingskrise in der EU dauerte gleichwohl auch im Jahr 2016 an und wird es

notwendig machen, die unionsrechtlichen Regelungen zu modifizieren und deutlich stärker für die Idee des Flüchtlingsschutzes zu werben. Insbesondere die Flüchtlingskrisen in Syrien und dem Irak haben bereits dazu geführt, dass die EU seit Ende März 2016 versucht, die Türkei – als Partner in der Krisenregion – in die Lösung ihrer flüchtlingspolitischen Probleme einzubeziehen. Die zwischen der EU und der Türkei geschlossene Übereinkunft wird zu rechtlich wie politisch äußerst schwierigen Fragen und Konstellationen führen. Die Strategie der EU stellt – angesichts der sehr unzureichenden Asylverfahrenspraxis in vielen EU-Mitgliedstaaten und der gleichwohl überschaubaren Zahl der Schutzsuchenden in der EU – die politisch Verantwortlichen in Europa zugleich vor große Herausforderungen bei der Vermittlung ihrer Entscheidungen. Dies gilt innerhalb Europas wie auch auf internationaler Ebene. Die Entwicklungen in der Türkei im Sommer 2016, die zur Ausrufung des Ausnahmezustands geführt haben, verschärfen diese Herausforderungen, auch wenn die Grundidee der flüchtlingspolitischen Unterstützung der Türkei sowie der systematischen Ermöglichung eines gefahrlosen Zugangs von Schutzsuchenden in die EU sicherlich zu begrüßen ist.

Gleichwohl hat die europäische Harmonisierung des Flüchtlingsrechts in den letzten Jahren mitunter auch Prozesse befördert, die im Ergebnis erhebliche nationale Blockaden bei der Anwendung des internationalen Flüchtlingsrechts in einzelnen Mitgliedstaaten beseitigt haben. Mit Blick auf das deutsche Flüchtlingsrecht und die Flüchtlingspolitik vor Beginn der europäischen Vergemeinschaftung des Flüchtlingsrechts lassen sich – jedenfalls bisher – folgende auf das neue Unionsrecht zurückgehende Öffnungen stichpunktartig benennen:

- die ausdrückliche Anerkennung von nichtstaatlicher und geschlechtsspezifischer Verfolgung bei der Anwendung der GFK;

- die Einführung des sogenannten subsidiären Schutzstatus und damit eines Anspruchs auf Erteilung einer Aufenthaltserlaubnis, inklusive an die GFK angenäherten Folgerechten für Personen, die nicht abgeschoben werden dürfen, weil ihnen im Herkunftsland Folter, Todesstrafe, unmenschliche oder erniedrigende Behandlung oder Strafe oder erhebliche (Bürgerkriegs-)Gefahren drohen;
- Änderungen bei der Gewährung einstweiligen Rechtsschutzes bei Überstellungsentscheidungen gegenüber Schutzsuchenden nach der Dublin-Verordnung, die Änderungen des deutschen Asylgesetzes nach sich gezogen haben;
- die Einführung der Möglichkeit, EU-weit den Status für »vorübergehend zu Schützende« im Falle eines Massenzustroms von Vertriebenen zu gewähren;
- die Verstärkung koordinierter Bemühungen der Mitgliedstaaten, Resettlement- bzw. Neuansiedlungsprogramme für Flüchtlinge aufzulegen, die sich in Dritt-

ländern aufhalten und dort nicht dauerhaft verbleiben können.

Literatur

10. Bericht der Beauftragten der Bundesregierung für Migration, Flüchtlinge und Integration über die Lage der Ausländerinnen und Ausländer in Deutschland, Berlin 2014 (www.¬ bundesregierung.de/Content/Infomaterial/¬ BPA/IB/10_Auslaenderbericht_2015.html?¬ nn=670290).

Bundesamt für Migration und Flüchtlinge (BAMF) (Hrsg.): Aktuelle Zahlen zu Asyl, Nürnberg 2016 (www.bamf.de).

Marx, Reinhard: Handbuch der Flüchtlingsanerkennung. Erläuterungen zur Richtlinie 2004/ 83/EG (Qualifikationsrichtlinie), Neuwied/ Berlin 2005.

Weinzierl, Ruth: Der Asylkompromiss 1993 auf dem Prüfstand. Deutsches Institut für Menschenrechte, Berlin 2009 (www.institut-fuer-¬ menschenrechte.de/uploads/tx_commerce/¬ studie_der_asylkompromiss_1993_auf_dem_¬ pruefstand.pdf).

Zimmermann, Andreas (Hrsg.): The 1951 Convention Relating to the Status of Refugees and its 1967 Protocol. A Commentary, New York 2011.

Kommunale Flüchtlingspolitik

Frank Gesemann

Mit der enormen Zunahme der Zuwanderungszahlen seit 2015 ist die Aufnahme und Integration von Asylbewerbern und Flüchtlingen in vielen deutschen Städten, Gemeinden und Kreisen zu einer zentralen kommunalpolitischen Aufgabe geworden. Im Jahr 2015 wurden beim Bundesamt für Migration und Flüchtlinge (BAMF) insgesamt 476 649 Asylanträge gestellt, der höchste Wert in der Geschichte der Bundesrepublik Deutschland und eine Verzehnfachung der Zahlen seit 2005. Im EASY-System zur Erstverteilung der Asylbewerber auf die Bundesländer wurden im Jahr 2015 insgesamt 890 000 Neuzugänge von Asylsuchenden registriert. Die Gesamtschutzquote für alle Herkunftsländer (Rechtsstellung eines Flüchtlings nach der Genfer Flüchtlingskonvention, subsidiärer Schutz und Abschiebungsverbot gemäß Aufenthaltsgesetz) lag im Februar 2016 bei 66,1 %.

In Deutschland werden Asylsuchende nach dem »Königsteiner Schlüssel« auf die Bundesländer verteilt. Dieser wird für jedes Jahr von der Geschäftsstelle der Bund-Länder-Kommission auf der Grundlage der Steuereinnahmen und der Bevölkerungszahlen der Länder berechnet. Im Jahr 2016 mussten Nordrhein-Westfalen (21,2 %), Bayern (15,5 %) und Baden-Württemberg (12,9 %) die meisten Flüchtlinge aufnehmen. Insgesamt entfallen 75,7 % der Flüchtlinge auf die westdeutschen und 15,7 % auf die ostdeutschen Flächenländer sowie 8,5 % auf die drei Stadtstaaten Berlin, Bremen und Hamburg. Der »Königsteiner Schlüssel« gilt allerdings nur für die Verteilung auf die Länder. Die Verteilung auf die Kommunen ist den Ländern überlassen und wird von diesen unterschiedlich gehandhabt.

In Deutschland ist Flüchtlingspolitik eine gemeinsame Aufgabe von Bund, Ländern und Gemeinden. Der Rahmen wird dabei durch Bundesgesetze vorgegeben, wobei die konkrete Ausgestaltung dieses Rahmens Ländern und Kommunen erhebliche Handlungsspielräume eröffnet, die sie unterschiedlich nutzen können.

- Der Bund ist für die Durchführung der Asylverfahren zuständig, die von den Außenstellen des BAMF in den Erstaufnahmeeinrichtungen der Länder durchgeführt werden. Das BAMF ist zudem für die Integrationskurse verantwortlich, die im Herbst 2015 für Asylbewerber und Geduldete mit guter Bleibeperspektive geöffnet wurden.
- Die Bundesländer sind für die Aufnahme der Asylsuchenden sowie die Gewährung existenzsichernder Leistungen zuständig. Sie regeln zudem in eigenen Landesaufnahmegesetzen die Weiterverteilung der Asylsuchenden auf die Kommunen sowie für die Erstattung der Aufwendungen, die diesen für deren Unterbringung und Versorgung entstehen.
- Die Kommunen sind zumeist für die längerfristige Unterbringung von bleibeberechtigten Asylsuchenden und Flüchtlingen zuständig. Sie übernehmen zudem vielfältige Aufgaben im Bereich der Integration von Zugewanderten sowie in der Förderung des gesellschaftlichen Zusammenlebens.

Städte, Landkreise und Gemeinden stellen Wohnraum für die Unterbringung von Asylbewerbern und Flüchtlingen bereit, übernehmen die Versorgung mit Kleidung, Lebensmitteln und Hausrat, leisten eine gesundheitliche Versorgung und psychosoziale Betreuung, nehmen unbegleitete minderjährige Flüchtlinge in Obhut, fördern die Integration von Kindern und Jugendlichen in Bildungs-, Betreuungs- und Erziehungseinrichtungen, finanzieren Sprachlernangebote aus kommunalen Mitteln, unterstützen Maßnahmen und Projekte, um die Zugänge von Asylbewerbern und Flüchtlingen zum Arbeits- und Ausbildungsmarkt zu erleichtern, stärken das zivilgesellschaftliche Engagement für Flüchtlinge und fördern Begegnungsmöglichkeiten zwischen Einheimischen und Zugewanderten.

Flüchtlingspolitik im deutschen Föderalismus

Gesetzliche Grundlagen der Flüchtlingspolitik

- Grundgesetz für die Bundesrepublik Deutschland: Art. 16a, Art. 74, Abs. 1, Nr. 4 und 6
- Gesetz über den Aufenthalt, die Erwerbstätigkeit und die Integration von Ausländern im Bundesgebiet (AufenthG) in der Fassung der Bekanntmachung vom 25.02.2008 (BGBl. I S. 162), zuletzt geändert durch Art. 1 des Gesetzes vom 11.03.2016 (BGBl. I S. 394)
- Asylgesetz (AsylG) in der Fassung der Bekanntmachung vom 02.09.2008, zuletzt geändert durch Gesetz vom 02.02.2016 (BGBl. I S. 130)
- Asylbewerberleistungsgesetz (AsylbLG) in der Fassung der Bekanntmachung vom 05.08.1997, zuletzt geändert durch Gesetz vom 20.10.2015 (BGBl. I S. 1722)
- Verteilung der Asylbewerber und Flüchtlinge auf die Länder nach dem »Königsteiner Schlüssel«

Aufgaben und Institutionalisierung von Flüchtlingspolitik

- Kanzleramt: Gesamtkoordination der Flüchtlingspolitik
- Bundesministerium des Innern (BMI): operative Koordinierung fachlicher, organisatorischer, rechtlicher und finanzieller Aspekte der Flüchtlingspolitik
- Bundesamt für Migration und Flüchtlinge (BAMF): Durchführung der Asylverfahren; Außenstellen in den Erstaufnahmeeinrichtungen der Länder

Bundesländer

Aufgaben
(Erst-)Unterbringung der Asylbewerber und Flüchtlinge

- Gesetzliche Grundlagen für Integration und Partizipation Landesgesetze zur Aufnahme und Versorgung von Asylbewerbern und Flüchtlingen
- Institutionalisierung und konzeptionelle Grundlagen Verankerung von Flüchtlings- und Integrationspolitik in Ministerien und Behörden
- Leitbilder, Konzepte und Förderprogramme auf Landesebene
- Förderprogramme zur Stärkung der kommunalen Flüchtlings- und Integrationspolitik

Koordination und Interessenvertretung der Länder

- Ständige Konferenz der Innenminister und -senatoren der Länder (IMK)
- Konferenz der für die Integration zuständigen Minister und Senatoren der Länder (IntMK)

Kommunen

Aufgaben

- Anschlussunterbringung von Asylbewerbern und Flüchtlingen nach ihrer Entlassung aus den (Erst-)Aufnahmeeinrichtungen der Länder (zumeist Landkreise und kreisfreie Städte)
- Aufnahme, Unterbringung und Versorgung von unbegleiteten Minderjährigen

Handlungsfelder

- Unterbringung in Gemeinschaftsunterkünften und dezentralen Wohnungen
- Grundversorgung (Verpflegung, Kleidung, Hausrat)
- gesundheitliche Versorgung und psychosoziale Betreuung
- Sorge für unbegleitete minderjährige Flüchtlinge
- Information und Einbindung der lokalen Bevölkerung
- Förderung und Koordination des ehrenamtlichen Engagements
- Angebot von (zusätzlichen) Sprachkursen
- Integration in Betreuungs-, Bildungs- und Erziehungseinrichtungen
- Förderung von Zugängen zum Arbeits- und Ausbildungsmarkt
- Prävention fremdenfeindlicher und rassistisch motivierter Proteste
- Engagement für Vielfalt und Toleranz

Koordination und Interessenvertretung der Kommunen

- Kommunale Spitzenverbände (Deutscher Städtetag, Deutscher Städte- und Gemeindebund, Deutscher Landkreistag)

Eine überwältigende Mehrheit der Städte, Landkreise und Gemeinden in Deutschland kann dabei auf lokale Ressourcen zurückgreifen, zu denen vor allem ein starkes Engagement in der Bevölkerung, aktive Willkommens- und Flüchtlingsinitiativen sowie die Offenheit von Vereinen, aber auch die Etablierung einer Willkommenskultur in der Verwaltung, die Koordination des bürgerschaftlichen Engagements sowie gute Kooperationsbeziehungen in der Kommune gehören. Etwas mehr als ein Viertel der Kommunen nennt laut einer Studie des Instituts für Demokratische Entwicklung und Soziale Integration (DESI) zudem zuwanderungsfreundliche Unternehmen, eine günstige Arbeitsmarktsituation sowie einen entspannten Wohnungsmarkt als wichtige Ressourcen für die Bewältigung der Herausforderungen bei der Aufnahme und Integration von Flüchtlingen.

Damit die Integration von Flüchtlingen gelingt, benötigen Städte, Landkreise und Gemeinden aber auch eine stärkere Unterstützung durch Bund und Länder. Die Kommunen selbst sehen besonderen Unterstützungsbedarf in einer Vielzahl von Handlungsfeldern, von der Schaffung eines ausreichenden Angebots an Sprach- und Integrationskursen über den Ausbau von Bildungs-, Betreuungs- und Erziehungseinrichtungen, die Verbesserung der Arbeitsmarktintegration von Flüchtlingen, die Ausweitung des sozialen Wohnungsbaus, eine Entlastung bei den Kosten der Gesundheitsversorgung bis hin zur Stärkung von Koordination und Begleitung des bürgerschaftlichen Engagements. Neun von zehn Kommunen wünschen sich zudem eine bessere Koordination der Flüchtlingspolitik im föderalen Bundesstaat und eine verbesserte Erstattung der Kosten durch Bund und Länder.

Das neue Integrationsgesetz (→ S. 161 ff.), das die Bundesregierung im Mai 2016 beschlossen hat, soll Flüchtlingen den Zugang zum Arbeitsmarkt erleichtern, für mehr Rechtssicherheit während der Ausbildung

sorgen, die Angebote für Asylsuchende mit guter Bleibeperspektive erweitern und effizienter gestalten sowie die Chancen auf die Erteilung einer dauerhaften Niederlassungserlaubnis erhöhen. Für die kommunalen Spitzenverbände ist vor allem die Einführung einer befristeten Wohnsitzzuweisung für anerkannte Flüchtlinge bedeutsam, da sie sich dadurch eine bessere Steuerung von Integration, den Schutz von stärker durch Zuwanderung betroffenen Kommunen vor Überforderung und die Vermeidung sozialer Brennpunkte erhoffen.

Viele Städte, Landkreise und Gemeinden sehen in der aktuellen Zuwanderung – insbesondere angesichts des demographischen Wandels – eine Chance für die Verbesserung ihrer kommunalen Zukunftsperspektive und versuchen, die Aufnahme und Integration von Asylbewerbern und Flüchtlingen aktiv zu gestalten und strategisch auszurichten. Flüchtlings- und Integrationspolitik wird dabei als gesamtkommunale Querschnittsaufgabe gesehen, die vor allem eine ressortübergreifende Kooperation in der Verwaltung, die Vernetzung zentraler Akteure in der Integrationsarbeit sowie eine stärkere Unterstützung durch Bund und Länder erfordert. Von zentraler Bedeutung sind dabei die folgenden Handlungsbereiche:

Kommunale Konzepte zur Unterbringung von Flüchtlingen entwickeln und umsetzen. Kommunen können die Wohnsituation von Asylbewerbern durch Konzepte oder Leitlinien zur Unterbringung in kleinen Gemeinschaftseinrichtungen und dezentralen Wohneinheiten verbessern. Eine aktive kommunale Liegenschafts- und Wohnungsbaupolitik sowie die Kooperation mit kommunalen Wohnungsbaugesellschaften erhöhen dabei ihren Handlungsspielraum. Frühzeitige und begleitende Informations- und Kommunikationsstrategien fördern die Aufnahme- und Unterstützungsbereitschaft in der Bevölkerung. Kommunen können zudem in der einheimischen Bevölkerung dafür werben, Asylbewerber in privaten Wohnungen aufzunehmen und Informationssysteme einrichten, die anerkannten Flüchtlingen helfen, einen geeigneten Wohnraum zu finden.

Sprachlernangebote für Flüchtlinge ausweiten. Kommunen können den Spracherwerb von Asylbewerbern und Flüchtlingen gezielt unterstützen, z. B. durch die Finanzierung zusätzlicher Sprachlernangebote aus kommunalen Mitteln, die Verknüpfung kommunaler Bildungsangebote mit denen von Bund und Ländern, die Stärkung und Unterstützung zivilgesellschaftlicher Initiativen zur Förderung des Spracherwerbs von Flüchtlingen, die Einrichtung von Ehrenamtsbeauftragten zur Koordination der unterschiedlichen Angebote, die Qualifizierung, Begleitung und Vernetzung ehrenamtlicher Sprachbegleiter und Integrationslotsen sowie die Reaktivierung von im Ruhestand befindlichen Lehrern und Dozenten auf freiwilliger Basis.

Integration von Flüchtlingen in Ausbildung und Beschäftigung erleichtern. Kommunen können spezielle Anlaufstellen für die Integration von Flüchtlingen einrichten, die in Kooperation mit Unternehmern, Kammern und Verbänden sowie Trägern der Flüchtlingsarbeit umfassende Beratungs-, Unterstützungs- und Vermittlungsangebote anbieten. Kommunen können zudem einen Beitrag zur individuellen Qualifizierung von Flüchtlingen leisten, indem sie berufsbezogene Qualifizierungsmaßnahmen aus kommunalen Mitteln finanzieren oder Arbeitsgelegenheiten nach dem Asylbewerberleistungsgesetz einrichten. Durch kommunale Koordinierung des Übergangs von der Schule in die Arbeitswelt können sie zudem jungen Flüchtlingen berufliche Perspektiven eröffnen.

Bürgerschaftliches Engagement für, mit und von Flüchtlingen fördern. Das freiwillige Engagement für Flüchtlinge gehört zu den wichtigsten Ressourcen von Kommunen, um die aktuellen Aufgaben und Herausforderungen der Aufnahme und Integration von Flüchtlingen erfolgreich zu bewältigen. Kommunen können das Engagement in der Bevölkerung durch eine aktive Engagementpolitik, die Einstellung von Ehrenamtsbeauftragten, die Förderung von Willkommens-/Flüchtlingsinitiativen, Lotsen-, Mentoren- und Patenprojekten, die Bildung von Unterstützungsnetzwerken, die Öffnung von Vereinen sowie durch die Einbeziehung von Asylbewerbern und Flüchtlingen in ehrenamtliche Tätigkeiten sowie die Qualifizierung geeigneter Personen zu Multiplikatoren anregen und unterstützen.

Kommunale Flüchtlings- und Integrationspolitik verknüpfen. Die Integration von Flüchtlingen ist eine gemeinsame Aufgabe von Bund, Ländern und Kommunen, die ohne ein Zusammenwirken von Staat, Wirtschaft und Zivilgesellschaft nicht erfolgreich bewältigt werden kann. Viele Städte, Gemeinden und Landkreise können dabei auf Instrumente und Strukturen eines kommunalen Integrationsmanagements, ein beispielloses Engagement der lokalen Bevölkerung für Flüchtlinge sowie gute Kooperationsbeziehungen und Vernetzungsstrukturen in der Kommune zurückgreifen. Städte, Gemeinden und Landkreise benötigen aber weitere Initiativen von Bund und Ländern zur finanziellen Entlastung der Kommunen und zur Stärkung der kommunalen Flüchtlings- und Integrationspolitik, damit die Integration der Flüchtlinge in die lokale Gesellschaft gelingt.

Literatur

Aumüller, Jutta: Die kommunale Integration von Flüchtlingen, in: Frank Gesemann/Roland Roth (Hrsg): Handbuch lokale Integrationspolitik, Wiesbaden 2016.

Aumüller, Jutta/Daphi, Priska/Biesenkamp, Celine: Die Aufnahme von Flüchtlingen in den Bundesländern und Kommunen. Behördliche Praxis und zivilgesellschaftliches Engagement.

Expertise gefördert und hrsg. von der Robert Bosch Stiftung, Stuttgart 2015 (www.bosch-¬stiftung.de/content/language1/downloads/¬Studie_Aufnahme_Fluechtlinge_2015.pdf).

Gesemann, Frank/Roth, Roland: Kommunale Flüchtlings- und Integrationspolitik. Ergebnisse einer Umfrage des Instituts für Demokratische Entwicklung und Soziale Integration in Kooperation mit den kommunalen Spitzenverbänden und mit Unterstützung der Beauftragten der Bundesregierung für Migration, Flüchtlinge und Integration, Berlin 2016 (www.desi-sozialfor¬schung-berlin.de/wp-content/uploads/2016/03/¬DESI_Bericht_Kommunale-Fluechtlings_und-¬Integrationspolitik_05_2016.pdf).

Robert Bosch Expertenkommission zur Neuausrichtung der Flüchtlingspolitik: Themendossier Unterbringung und Wohnen von Flüchtlingen: Engpässe überwinden – Kommunen entlasten, hrsg. von der Robert Bosch Stiftung, Stuttgart 2016 (www.bosch-stiftung.de/content/langu¬age1/downloads/RBS_Kommissionsbericht_¬Unterbringung_Wohnen_ES.pdf).

Schammann, Hannes/Kühn, Boris: Kommunale Flüchtlingspolitik in Deutschland, hrsg. von der Friedrich-Ebert-Stiftung, Bonn 2016 (http://¬library.fes.de/pdf-files/wiso/12763.pdf).

www.bamf.de/DE/Migration/AsylFluechtlinge/¬asylfluechtlinge-node.html;jsessionid=CA5018¬D1854B1610438A920D9F7E4281.1_cid294 (Bundesamt für Migration und Flüchtlinge, Informationen zu Asyl und Flüchtlingsschutz)

www.bosch-stiftung.de/content/language1/html/¬60063.asp (Robert Bosch Expertenkommission zur Neuausrichtung der Flüchtlingspolitik)

Wie Ordnungspolitik ehrenamtliche Flüchtlingshilfe behindert

Günter Burkhardt

Kaum eine Rede eines politisch Verantwortlichen vergeht, ohne dass das große ehrenamtliche Engagement für Flüchtlinge in Deutschland gewürdigt wird. Keine Frage: Ohne den Einsatz tausender ehrenamtlich Tätiger wäre die Situation geflüchteter Menschen noch verzweifelter als sie ohnehin schon ist. Helferinnen und Helfer haben gesehen: Es kommen Menschen, die in Not sind, die vor Krieg, Terror und Verfolgung fliehen, denen es am Nötigsten fehlt. Sie stehen ihnen zur Seite und versuchen, sie in allen Lebenslagen und Lebensphasen zu begleiten. Ohne die ehrenamtlich Tätigen wäre die Flüchtlingsaufnahme in Deutschland zusammengebrochen.

Doch auch ehrenamtliches Helfen stößt an Grenzen – oft werden Helfer von den Behörden allein gelassen oder gar am Helfen gehindert. Ehrenamtliche ersetzen vielerorts staatliche Strukturen und werden oft in ihrer Hilfsbereitschaft ausgebeutet. Nur ein Beispiel: Große Erstaufnahmeeinrichtungen mit mehreren hundert Menschen ohne eine reguläre gesundheitliche Betreuung? Ja, das ist möglich. In einer mir bekannten Erstaufnahmeeinrichtung haben eine ehrenamtlich tätige Ärztin und eine Hebamme über Monate hinweg versucht, eine Not- und Erstversorgung zu organisieren. Solche Beispiele machen deutlich: Ehrenamtliche Hilfe wird missbraucht, wenn staatliches Nichthandeln dazu führt, dass Hilfsangebote in eine harte, dauerhafte Arbeit ausarten, die ohne Vergütung bleibt. Die mangelhafte Unterstützung der Helfer durch die Behörden führt bei den Ehrenamtlichen zu Überlastung und großem Frust.

Viele Helferinnen und Helfer erleben ein Deutschland, das sie nicht kennen – ein Land voller Bürokratie, mit oft unwilligen Behörden, die Flüchtlinge gängeln und sie an einem selbstbestimmten Leben hindern. Selbst wenn Behörden aufgeschlossen sind und sich viele in den Behörden arbeitende Menschen in den letzten Jahren mit großem Engagement auch für Flüchtlinge engagiert haben – auch sie können sich nicht über die oftmals restriktiven gesetzlichen Regelungen hinwegsetzen. Ehrenamtliche und viele Hauptamtliche werden vor Herausforderungen gestellt, die sie selbst zuvor noch nie erlebt haben und die sie oft verzweifeln lassen.

Das wichtigste Bedürfnis eines Flüchtlings ist es, Schutz zu bekommen. Werden meine Fluchtgründe ernstgenommen? Wer hört mir zu? Darf ich bleiben? Das sind Fragen, die die Menschen haben und mit denen sie Ehrenamtliche konfrontieren – ganz gleich mit welchem Angebot Ehrenamtliche an sie herantreten. Tausende haben mit Kleider- oder anderen Sachspenden geholfen, versuchen Deutschunterricht zu geben, Kontakte herzustellen – all das ist zentral und wichtig, damit die ersten Hürden überwunden werden. Es vermittelt Flüchtlingen das Gefühl: Du bist nicht allein. Nach dieser Phase des Kennenlernens kommen die quälenden Fragen der Flüchtlinge: Warum darf der syrische Flüchtling in Deutschland die Sprache lernen – ich als afghanischer Flüchtling aber nicht? Warum hat der syrische Flüchtling eine Entscheidung nach fünf Monaten – und ich als afghanischer Flüchtling soll nun 24 Monate (!) warten, bis über meinen Asylantrag entschieden ist? Flüchtlinge und Ehrenamtliche stoßen auf viele Hürden, die ihnen von Behörden und Gesetzesregelungen in den Weg gelegt werden.

Hürde 1: Die Unterbringung. Ehrenamtliche Unterstützung vor Ort ist hilfreich – aber sie sollte immer auch hilfreich dabei sein, dass Flüchtlinge ihre Chancen selbst nutzen, etwa bei Verwandten zu wohnen oder Arbeit woanders zu suchen. Genau diese ehrenamtliche Hilfe zur Selbsthilfe wird aber politisch verhindert. Die Hilfsbereitschaft Tausender läuft ins Leere, da Flüchtlinge oft gegen ihren Willen monatelang in großen Erstaufnahmeeinrichtungen untergebracht werden. Dass nicht jeder in die Unterkünfte darf, ist richtig – oft gibt es jedoch *gar* keinen Zugang. Und wenn er gelingt und der Kontakt hergestellt ist, stehen viele Ehrenamtliche vor der Tatsache, dass die Flüchtlinge, die sie durch ihr Engagement integrieren und im Alltag begleiten wollen, sich in einer Zwangsunterbringung befinden und eigentlich lieber woanders wären. Ein Flüchtling muss bis zu sechs Monate zwangsweise in der Erstaufnahmeeinrichtung verbleiben, selbst wenn eine Kirchengemeinde, Ehrenamtliche oder Freunde eine Wohnung bereitstellen. Selbst Angehörige können ihren geflüchteten Verwandten nicht helfen. Tausende ankommende Flüchtlinge haben in Deutschland lebende Bekannte und Angehörige. Warum darf nicht das geschehen, was das Normalste in einer solchen Situation wäre, dass beispielsweise der in Deutschland lebende Staatsbürger syrischer Herkunft seine ankommenden Neffen und Nichten bei sich privat aufnimmt und sie unterstützt? Das neue, verschärfte Asylrecht sieht aber sechs Monate Erstunterbringung vor, dann Zuweisung in eine bestimmte Kommune und ein weitgehendes Umzugsverbot, verschärft durch ein neues Integrationsgesetz, das eine Wohnsitzauflage auch für anerkannte Flüchtlinge vorsieht und genau auf diese Weise Integration verhindert (→ S. 161 ff.). Selbst wenn Flüchtlinge also eine Wohnung außerhalb der ihnen zugewiesenen Unterkunft und des Ortes finden, dürfen Sie nach dieser verschärften Regelung im Integra-

49

In Deutschland angekommen: Teilnehmer eines Deutschsprachkurses in Stuttgart.

tionsgesetz nicht umziehen. So wird Eigeninitiative der Flüchtlinge zur Integration und der Wille der Menschen, die sie dabei unterstützen wollen, untergraben.

Hürde 2: Dauer und Qualität der Asylverfahren. Es gibt an vielen Orten in Deutschland eine gut ausgebaute Struktur von ehrenamtlich Tätigen, die sich in Flüchtlingsräten oder Asylinitiativen engagieren. Doch wie sollen sie in Kontakt kommen und Schutzsuchende beispielsweise im Asylverfahren unterstützen, wenn bundesweit angestrebt wird, Asylsuchende in großen Ankunfts- und Entscheidungszentren unterzubringen und über die Asylverfahren innerhalb von Tagen zu entscheiden? In Deutschland setzen sich in der Asylpraxis nämlich zunehmend Schnellverfahren durch: Das sogenannte »Heidelberger Modell« wird bundesweit angestrebt. In der Nähe von Heidelberg sind die Schutzsuchenden in einer riesigen Erstaufnahmeeinrich-

tung mit bis zu 6.000 Plätzen untergebracht. Durch solch eine Struktur wird systematisch Kontakt zu Ehrenamtlichen verhindert. In Heidelberg ist die Situation noch verschärft. Oft erfolgt in zeitlicher Nähe zur Ankunft in der Erstaufnahmeeinrichtung die Anhörung. Bevor jedoch entschieden wird, wird der Flüchtling an einen anderen Ort umverteilt. Dort wird der Bescheid ausgestellt. Damit gibt es faktisch keine Übergabestruktur von einem hauptamtlich tätigen Sozialarbeiter in der Erstaufnahmeeinrichtung zu einem anderen hauptamtlich Tätigen am Ort der Zuweisung. Gleiches gilt für den Kontakt zu Ehrenamtlichen. Die schnelle Weiterverteilung der Betroffenen hat zur Folge, dass sie keinen Kontakt zu Ehrenamtlichen aufnehmen können, die gerade bei der Begleitung von Asylverfahren so wichtig sind, weil sie helfen, den Kontakt zu Behörden und Anwälten herzustellen.

Sozialarbeitern, die angestellt sind, gelingt es vor einem Asylverfahren kaum, das zu tun, was ihr Job ist: Flüchtlinge zu beraten, ihnen zu erklären, wie ein Asylverfahren abläuft, und ihnen Hilfestellungen und Auskunft über den weiteren Weg in Deutschland zu geben. Oft sind es Ehrenamtliche, die sich Asylbescheide ansehen und mit dem Flüchtling über die Fluchtgründe reden. Sie sind die entscheidende Schnittstelle, wenn es darum geht, gegen Fehlentscheidungen der Behörden vorzugehen. Ehrenamtliche unterstützen den Flüchtling dabei, einen Rechtsanwalt zu finden, der ihm zu seinem Recht verhilft. Oft sind es auch Ehrenamtliche, die durch Geldsammlungen die Finanzierung der Tätigkeit eines Anwalts ermöglichen. Darüber hinaus sind Helfer oft entscheidend, wenn es darum geht, Ungerechtigkeiten im Asylverfahren aufzuarbeiten. Wenn staatliche Effizienz in eine Asyldurchlaufstraße mündet, in der nach fabrikähnlichen Gesichtspunkten Menschen von Station zu Station verschoben werden, gelingt es nicht, Kontakt herzustellen und Flüchtlinge aus ihrer Isolation zu befreien.

Und selbst wenn dies gelingen sollte, verzweifeln Flüchtlinge, wenn das Bundesamt für Migration und Flüchtlinge (BAMF) Asylanträge liegen lässt – etwa von Flüchtlingen aus Afghanistan oder Somalia. Auch für Ehrenamtliche sind die langen, unfairen Verfahren nervenaufreibend. Sie engagieren sich monatelang, leiden mit den Geflüchteten mit, begleiten sie im Asylverfahren und sind oft vor den Kopf gestoßen, wie die Behörden mit Asylsuchenden umgehen. Gerade afghanische Flüchtlinge warten bis zu einem Jahr auf eine Anhörung. Und im Anschluss daran wartet der Flüchtling nochmals rund ein Jahr, bis ihm der Bescheid zugestellt wird, oft ausgestellt und entschieden durch eine Person, die den Flüchtling nie zu Gesicht bekommen hat. Laufen so faire Asylverfahren ab, wo die Prüfung der Glaubwürdigkeit das entscheidende Kriterium ist?

Hürde 3: Spracherwerb und Integration. Gegenwärtig setzt sich immer mehr die Erkenntnis durch, dass Integration möglichst früh beginnen sollte. Ehrenamtliche sind oft der entscheidende Erstkontakt, lange bevor Flüchtlinge überhaupt Zugang zu einem Sprachkurs bekommen, denn viele Ehrenamtliche geben freiwillig Deutschunterricht oder Hausaufgabenhilfe. Doch gleichzeitig schließt das Innenministerium durch eine willkürlich gewählte Definition dessen, was eine gute Bleiberechtsperspektive sei, zahlreiche Flüchtlinge von Sprach- und Integrationskursen aus. Dies trifft insbesondere Afghanen mit einer Anerkennungsquote von 77 % (2015), wenn inhaltlich entschieden wurde, und somalische Flüchtlinge mit einer noch höheren Schutzquote. Da sie über ein anderes EU-Land einreisen und viele von ihnen nach der Ankunft in Deutschland in andere EU-Staaten weiterziehen, liegt ihre absolute Anerkennungsquote unter 50 %. So kommt das Innenministerium zur Schlussfolgerung: Nur Syrer, Iraker, Iraner und Eritreer haben eine gute Bleibeperspektive. Integration wird wieder verhindert, Integrationsbemühungen von Ehrenamtlichen untergraben.

Hürde 4: Das Aufenthaltsrecht und der Nachzug der Angehörigen. Selbst für Menschen, die anerkannt werden, ist der Hürdenlauf noch nicht zu Ende. Die Flucht nach Europa ist teuer, und sie wird immer teurer werden, je stärker die Grenzabschottungen perfektioniert werden. Der Hürdenlauf der Flüchtlinge, bis sie hier sind, ist hoch – und dann steht am Ende eines langwierigen Asylverfahrens für viele die Anerkennung. Gegenwärtig wird in rund zwei Dritteln aller Fälle positiv entschieden: Der Flüchtling darf bleiben. Wer als Flüchtling anerkannt ist, genießt nicht nur Schutz für sich selbst, sondern hat das Recht, Ehegatten und minderjährige Kinder zu sich zu holen. Hier stehen Ehrenamtliche und Flüchtlingsinitiativen, die Flüchtlinge betreuen, vor der nächsten Hürde. Der Familiennachzug zu syrischen Flüchtlingen, die in Deutschland anerkannt sind, ist infolge des Abkommens zwischen der Europäischen Union (EU) und der Türkei zum Erliegen gekommen. Dieser Zusammenhang überraschte selbst mich als langjährig in der Flüchtlingsarbeit Tätigen. Die Türkei hat im Zusammenhang mit der EU selbst die Visumpflicht für Syrer eingeführt. Das bedeutet, dass es keine Möglichkeit mehr gibt, ohne Visum einfach in die Türkei zu reisen. Die Wartetermine bei der deutschen Botschaft in Ankara betragen sechs Monate und mehr. Doch wie soll eine Frau mit zwei- und sechsjährigem Kind, die aus Damaskus in den Libanon flieht, die Botschaft in Ankara erreichen? Sie beantragt ein Visum und die Türkei verlangt ausreichende Finanzmittel, ein Flugticket nach Deutschland sowie einen Wohnsitz in der Türkei – und überdies soll sie auch noch ihre Rückkehrbereitschaft dokumentieren. An das Auswärtige Amt gewandt, antwortet dies, es könne nichts tun, dies seien nun alles unerfüllbare Forderungen bzw. nun einmal die Regeln, die die Türkei aufgestellt habe. Gerade hier wird deutlich, wie hartherzig Behörden in Deutschland handeln. Ehrenamtliche sind angesichts dieser Problematik hilflos. Viele von ihnen, die sich bei PRO ASYL melden, berichten von getrennten Familien der Flüchtlinge, um die sie sich kümmern. Andere signalisieren Bereitschaft, selbst Angehörige von Flüchtlingen aufzunehmen. Doch die Länderaufnahmeprogramme, die durch eine Bürgschaft eine Aufnahme syrischer Angehöriger nach Deutschland ermöglicht hätten und oft der letzte Ausweg waren, gibt es kaum noch.

Ehrenamtliche müssen in Rechtsfragen qualifiziert werden. Die professionelle Flüchtlingshilfe muss gefördert werden. Wenn es um ehrenamtlich Tätige geht, wird oft die unmittelbare Hilfe hervorgehoben und seitens der Politik gewürdigt. Doch jeder weiß: Die Vermittlung von Kontakt und das Reden mit Menschen führen dazu, dass sie nach einer Phase des Kennenlernens auch ihre drängendsten Wünsche und Sorgen offenbaren. Und hier stoßen die in Deutschland tätigen Ehrenamtlichen und freien Initiativen an die Grenzen staatlichen Handelns. Sie müssen sich auskennen mit dem Asylrecht, mit dem Sozialrecht, mit dem Arbeitsrecht. Es erfordert Qualifizierungen, sowohl fachlich als auch durch Unterstützung in schwierigen Lebenslagen. Ehrenamtliche verzweifeln oft selbst, wenn sie hilflos daneben stehen und Flüchtlingen nicht helfen können. Und ehrenamtlich Tätige stoßen bei allem Engagement und trotz aller Qualifizierungen an Grenzen. Wenn Asylanträge abgelehnt werden, möglicherweise sogar Abschiebungen bevorstehen, drängt die Zeit. Die Frist, um vor Gericht gehen zu können, ist oft extrem gering. Spätestens hier ist es erforderlich, dass ehrenamtlich Tätige auf Kontakte zurückgreifen können, auf ein Netzwerk von hauptamtlich Tätigen und Sozialarbeitern, die Kontakt zu Rechtsanwälten herstellen. Denn oft ist in einem Rechtsstaat nur der Weg vor Gericht das einzige Mittel, um Flüchtlinge zu schützen und ihnen zu einem Aufenthaltsrecht in Deutschland zu verhelfen.

Als Fazit bleibt festzuhalten: Politik soll die Ehrenamtlichen nicht nur preisen, sondern auch dafür sorgen, dass Flüchtlinge vernünftige Bedingungen vorfinden, unter denen auch Ehrenamtliche das tun können, wofür sie gut sind und gebraucht werden: soziale Kontakte, Zuhören, Alltagshilfe usw. Ehrenamtliche sollen aber nicht dafür sorgen müssen, dass das Asylverfahren fair verläuft. Sie sollen nicht für Unterbringung sorgen und auch nicht als Konfliktmanager in Unterkünften eingesetzt werden. Damit ehrenamtliches Engagement nicht ins Leere läuft und vor allem damit Schutzsuchende zu ihrem Recht als Flüchtling kommen, ist staatliches Handeln erforderlich: faire und zügige Asylverfahren, Integrationsangebote vom ersten Tag an, die Möglichkeit, den Wohnort frei auszuwählen, Schulbesuch für Kinder usw. Das Engagement der Helferinnen und Helfer ist weiterhin groß – und die Liste dessen, was getan werden müsste, ist lang.

Literatur

www.proasyl.de/ehrenamtliches-engagement/ (Möglichkeiten für ehrenamtliches Engagement für Flüchtlinge)

www.proasyl.de/wp-content/uploads/2015/12/¬ PRO_ASYL_Leitfaden_Herzlich_Willkommen_¬ Mai_2015.pdf (Broschüre: »Herzlich willkommen. Wie man sich für Flüchtlinge engagieren kann«)

www.proasyl.de/wp-content/uploads/2015/12/¬ Infopapier-Fluechtlinge_privat_aufnehmen-¬ PROASYL-Nov-2014.pdf (Info-Papier: »Flüchtlinge privat aufnehmen – wie geht das?«)

www.lpb-bw.de/fluechtlingshilfe.html (Basisqualifizierung für bürgerschaftlich Engagierte in der Flüchtlingshilfe von der Landeszentrale für politische Bildung Baden-Württemberg)

Grundlagen und Geschichte

Migration

Jochen Oltmer

Migration ist die auf einen längerfristigen Aufenthalt angelegte räumliche Verlagerung des Lebensmittelpunktes von Individuen, Familien, Gruppen oder auch ganzen Bevölkerungen. Unterscheiden lassen sich verschiedene Erscheinungsformen räumlicher Bevölkerungsbewegungen (► Tab. 1).

Tab. 1: Migrationsformen in Geschichte und Gegenwart

Form	Merkmale, Teilphänomene und Beispiele
Arbeitswanderung	Migration zur Aufnahme unselbstständiger Erwerbstätigkeit in Gewerbe, Landwirtschaft, Industrie und im Dienstleistungsbereich
Bildungs- und Ausbildungswanderung	Migration zum Erwerb schulischer, akademischer oder beruflicher Qualifikationen (Schüler, Studierende, Lehrlinge/Auszubildende)
Dienstmädchen-/ Hausarbeiterinnenwanderung	Migration im Feld der haushaltsnahen Dienstleistungen, häufig gekennzeichnet durch relativ enge Bindung an eine Arbeitgeberfamilie, ungeregelte Arbeitszeiten und prekäre Lohnverhältnisse
Entsendung	Grenzüberschreitende, temporäre Entsendung im Rahmen und im Auftrag von Organisationen/Unternehmen: *Expatriats/Expats;* Kaufleute und Händlerwanderungen zur Etablierung/Aufrechterhaltung von Handelsfilialen; Migration im Rahmen eines militärischen Apparates (Söldner, Soldaten, Seeleute), von Beamten oder von Missionaren
Gesellenwanderung	Wissens- und Technologietransfer durch Migration im Handwerk, Steuerungsinstrument in gewerblichen Arbeitsmärkten durch Zünfte
Heirats- und Liebeswanderung	Wechsel des geographischen und sozialen Raumes wegen einer Heirat oder einer Liebesbeziehung
Kulturwanderung	Wechsel in kulturell attraktive Städte und Stätten (»Künstlerkolonien«, Weltstädte/ *Global Cities* als kulturelle Zentren)
Nomadismus/ Migration als Struktur	permanente oder wiederholte Bewegung zur Nutzung natürlicher, ökonomischer und sozialer Ressourcen durch Viehzüchter, Gewerbetreibende, Dienstleister oder brandrodende Bauern
Siedlungswanderung	Migration mit dem Ziel des Erwerbs von Bodenbesitz zur landwirtschaftlichen Bearbeitung
Sklaven- und Menschenhandel	Migration (Deportation) zur Realisierung von Zwangsarbeit, d. h. jeder Art von Arbeit oder Dienstleistung, die von einer Person unter Androhung irgendwelcher Strafen verlangt wird
Wanderarbeit	Arbeitswanderung im Umherziehen (ortlose Wanderarbeitskräfte v. a. im Baugewerbe, z. B. Eisenbahnbau, Kanalbau usw.)

Tab. 1: Migrationsformen in Geschichte und Gegenwart – Fortsetzung

Form	Merkmale, Teilphänomene und Beispiele
Wanderhandel	Handelstätigkeit im Umherziehen, meist Klein- und Kleinsthandel, z. B. Hausierer
Wohlstandswanderung	Migration finanziell weitgehend unabhängiger Personen aus vornehmlich klimatischen oder gesundheitlichen Erwägungen (Rentner- und Seniorenwanderung, *Lifestyle Migration*)
Zwangswanderung	Migration, die sich alternativlos aus einer Nötigung zur Abwanderung aus politischen, ethnonationalen, rassistischen, religiösen oder geschlechtsspezifischen Gründen ergibt (Flucht, Vertreibung, Deportation, Umsiedlung)

Individuen, Familien oder Gruppen streben danach, durch Bewegungen zwischen geographischen und sozialen Räumen Erwerbs- oder Siedlungsmöglichkeiten, Beschäftigungs-, Bildungs-, Ausbildungs- oder Heiratschancen zu verbessern bzw. sich neue Chancen zu erschließen, sieht man von den weiter unten noch behandelten Zwangswanderungen ab.

Räumliche Bewegungen zur Erschließung oder Ausnutzung von Chancen streben nicht ausschließlich nach einer Stabilisierung oder Verbesserung der ökonomischen und sozialen Lage von Zuwanderern im Zielgebiet. Im Zentrum kann gleichermaßen die Situation im Ausgangsraum stehen, wie bei den saisonalen Arbeitswanderungen oder bei den Rückwanderungen nach Jahren oder Jahrzehnten der Erwerbstätigkeit in der Fremde. Eine ausgesprochen hohe Bedeutung haben bis in die Gegenwart für einzelne Haushalte, für regionale Ökonomien oder selbst für ganze Volkswirtschaften die meist regelmäßigen Geldüberweisungen durch Migranten an zurückbleibende Familienmitglieder.

Migration bildet in den genannten Kontexten ein Element der Lebensplanung und verbindet sich häufig mit (erwerbs-)biographischen Grundsatzentscheidungen wie Heirat, Wahl des Berufs oder eines Arbeitsplatzes. Der überwiegende Teil der Arbeits-, Ausbildungs-, Siedlungs- und Heiratswanderer ist also jung. Der Wanderungsentschluss resultiert in derartigen Konstellationen aus persönlichen Entscheidungen oder Arrangements in Familienwirtschaften. Individuelle bzw. familienwirtschaftliche Handlungsalternativen gibt es dabei allerdings vor allem dann nicht, wenn aufgrund von wirtschaftlichen, sozialen oder umweltbedingten Krisen existenzielle Not herrscht(e) oder droht(e).

Bei den Wanderungen, die nach einem neuen oder doch besseren ökonomischen und sozialen Chancenangebot streben, unterscheiden sich Herkunftsraum und Zielgebiet vornehmlich durch ein ökonomisches Gefälle. Es muss keineswegs als übergreifender wirtschaftlicher Entwicklungsunterschied zwischen zwei Großräumen verstanden werden, sondern beschränkt sich vielmehr häufig auf einzelne kleinräumige Marktsegmente. Spezifische soziale Merkmale von Individuen bzw. Mitgliedern von Familien oder Gruppen, darunter vor allem Geschlecht, Alter und Position im Familienzyklus, berufliche Stellung und Qualifikationen sowie Zuschreibungen (vor allem hinsichtlich der Zugehörigkeit zu »Ethnien«, »Kasten«, »Rassen« oder »Nationalitäten«), die sich nicht selten mit Privilegien und Geburtsrechten verbinden, bedingen den Marktzugang und damit auch die migratorische Chancenwahrnehmung.

Tab. 2: Hintergründe und raum-zeitliche Dimensionen von Migration

Hintergrund	• Chancenwahrnehmung (Arbeits- und Siedlungswanderungen, Bildungs- und Ausbildungswanderungen) • Zwang (Flucht, Vertreibung, Deportation, meist politisch und weltanschaulich bedingt oder als Folge von Kriegen) • Krise (z. B. Abwanderung aufgrund menschlicher bzw. natürlicher Umweltzerstörung oder aufgrund akuter wirtschaftlicher und sozialer Notlagen) • Entsendung im Rahmen von Organisationen und Institutionen • Kultur (Kulturwanderungen, Wohlstandswanderungen)
Raum	• intraregional (Nahwanderungen) • interregional (mittlere Distanz) • grenzüberschreitend (muss keine großen Distanzen umfassen; der Grenzübertritt hat aber in der Regel erhebliche rechtliche Konsequenzen für das Individuum) • interkontinental (große Distanzen mit in der Regel relativ hohen Kosten)
Richtung	• unidirektional (Wanderung zu einem Ziel) • etappenweise (Zwischenaufenthalte werden eingelegt, v. a. um Geld für die Weiterreise zu verdienen) • zirkulär (mehr oder minder regelmäßiger Wechsel zwischen zwei Räumen) • Rückwanderung
Dauer des Aufenthalts	• saisonal • ein- und mehrjährig • Arbeitsleben • Lebenszeit und intergenerationell

Kommunikationsprozesse motivieren und strukturieren räumliche Bevölkerungsbewegungen. Ob und inwieweit eine Abwanderung als individuelle oder familienwirtschaftliche Alternative verstanden wird, hängt entscheidend ab vom Wissen über Migrationsziele, -pfade und -möglichkeiten. Damit Arbeits-, Ausbildungs- und Siedlungswanderungen einen gewissen Umfang und eine gewisse Dauer erreichen, bedarf es kontinuierlicher und verlässlicher Informationen über das Zielgebiet. Die Formen der Vermittlung solcher Informationen sind vielgestaltig und nicht selten eng miteinander verknüpft: Ein zentrales Element bildet sowohl historisch als auch aktuell die mündliche oder schriftliche Übermittlung von Wissen über Beschäftigungs-, Ausbildungs-, Heirats- oder Siedlungschancen durch bereits vorausgewanderte (Pionier-)Migranten, deren Nachrichten aufgrund von Verwandtschaftsverbindungen oder Bekanntschaftskontakten ein hoher Informationswert beigemessen wird. Als vertrauenswürdig geltende und zur Umsetzung des Wanderungsentschlusses zureichende Informationen über Chancen und Gefahren stehen den potenziellen Migranten dabei häufig jeweils nur für einen Zielort bzw. für einzelne, lokal begrenzte Siedlungsmöglichkeiten oder spezifische Segmente des Arbeits- oder Ausbildungsmarktes zur Verfügung, sodass realistische Wahlmöglichkeiten zwischen verschiedenen Wanderungszielen keineswegs immer gegeben sein müssen.

Die Bedeutung der Informationsvermittlung mithilfe von Netzwerken kann nicht überschätzt werden. Verwandte oder Bekannte bildeten beispielsweise die erste Station bzw. das direkte Ziel der Reise von 94 % aller Europäer, die an der Wende vom 19. zum 20. Jahrhundert in Nordamerika eintrafen. Herkunftsräume und Zielgebiete sind in der Regel über Migrationsnetzwerke, über durch Verwandtschaft, Bekanntschaften und Herkunftsgemeinschaften zusammengehaltene Kommunikationssysteme miteinander verbunden sowie durch die Etablierung ausgeprägter Wanderungstraditionen. Das gilt nicht nur für grenzüberschreitende Fernwanderungen, sondern gleichermaßen für die intra- und interregionalen Migrationsverhältnisse und damit beispielsweise auch für die Kommunikation zwischen Stadt und Umland im Kontext der europäischen Urbanisierung des 19. und 20. Jahrhunderts.

Wissen über Chancen und Gefahren der Ab- bzw. Zuwanderung, über räumliche Ziele, Verkehrswege sowie psychische, physische und finanzielle Belastungen vermittelten und vermitteln darüber hinaus mündliche und schriftliche Auskünfte staatlicher, kirchlicher oder privater Hilfsorganisationen und Beratungsstellen sowie Publikationen. Auch die staatliche oder private Anwerbung von Arbeits- oder Siedlungswanderern – beispielsweise mithilfe von Agenten, Vermittlern bzw. Werbern – kann als eine Form des Transfers von Wissen über migratorische Chancen verstanden werden.

Migrationsentscheidungen unterliegen in der Regel vielfältigen Antrieben. Eine Vielfalt unterschiedlicher Motive bestimmt die Entscheidung zur Abwanderung bzw. zur Zuwanderung in einen bestimmten Raum. Zumeist sind wirtschaftliche, soziale, politische, religiöse und persönliche Motive in unterschiedlichen Konstellationen mit je verschiedener Reichweite eng miteinander verflochten.

Staatliches oder obrigkeitliches Handeln bildet einen der wichtigsten Hintergründe für Zwangswanderungen als einer weiteren wesentlichen Migrationsform. Zwangsmigration ist durch eine Nötigung zur Abwanderung verursacht, die keine realistische Handlungsalternative zulässt. Sie kann Flucht vor Gewalt sein, die Leben und Freiheit direkt oder erwartbar bedroht, zumeist aus politischen, ethnonationalen, rassistischen oder religiösen Gründen. Zwangsmigration kann aber auch gewaltsame Vertreibung, Deportation oder Umsiedlung bedeuten, die sich oft auf ganze Bevölkerungsgruppen erstreckt. Nicht selten verbinden sich solche Formen mit Zwangsarbeit. Eine Typologie von Zwangsmigrationen erschließt eine Vielzahl unterschiedlicher Begriffe, die wiederum mit Abgrenzungsproblemen eigener Art verbunden sind (▶ Tab. 3).

Tab. 3: Typologie der Zwangsmigrationen

Form	Merkmale
Deportation	Zwangsmaßnahme zur zielgerichteten räumlichen Bewegung rekrutierter Zwangsarbeitskräfte
Evakuierung	Zwangsmaßnahme, die in einer als unmittelbare Notlage perzipierten Situation räumliche Bevölkerungsbewegungen in kurzer Frist veranlasst und auf eine Rückführung nach der Beendigung der nicht für dauerhaft erachteten Notlage ausgerichtet ist. Flucht und Evakuierung lassen sich oft kaum voneinander abgrenzen
Flucht	Ausweichen vor einer lebensbedrohenden Zwangslage aufgrund von Gewalt
Umsiedlung	Zwangsmaßnahme zur zielgerichteten Verlagerung von Siedlungsschwerpunkten größerer (Minderheiten-) Gruppen
Vertreibung	Zwangsmaßnahme der Initiierung und Durchsetzung räumlicher Bevölkerungsbewegungen, die keine Maßnahmen zur Wiederansiedlung umfasst

Zwangsmigrationen sind meist Ergebnis von Krieg, Bürgerkrieg oder Maßnahmen autoritärer Systeme. Im 20. Jahrhundert bildeten vor allem die Weltkriege, aber auch die Prozesse von Kolonisation und Dekolonisation elementare Katalysatoren in der Geschichte der Zwangswanderungen.

Jenseits der Zwangsmigrationen und jenseits der geschilderten individuell oder gruppenspezifisch wirksamen Faktoren beeinflussen Migrationsregime die Umsetzung und Gestaltung von Migrationsoptionen. Sie kontrollieren, fördern, steuern oder begrenzen das Handeln von Akteuren im Prozess der Migration. Elemente von Migrationsregimen sind für die Rahmung und Gestaltung von Migrationsprozessen relevante weltanschauliche und politische Prinzipien, obrigkeitlich bzw. staatlich gesetzte Regeln, institutionelle Gefüge und administrative Entscheidungsprozeduren. Migrationsregime verweisen damit auf das weit ausgreifende Wechselverhältnis von Staat und Migration. Obrigkeiten bzw. Staaten konnten und können räumliche Bevölkerungsbewegungen und deren Begleit- und Folgeerscheinungen als wirtschaftliche, soziale, rechtliche, kulturelle oder innen- bzw. außenpolitische Herausforderung wahrnehmen. Art und Grad dieser Problemwahrnehmung orientieren sich dabei an der staatlichen Selbstzuschreibung von Verantwortungsbereichen und Aufgabenstellungen sowie an den damit verbundenen Zielvorstellungen. Der Wandel von Staatlichkeit und Staatsverständnis, von

Staatsform und Staatstätigkeit, von staatlicher Legitimation und staatlicher Repräsentation bedingt die Veränderung staatlicher Perzeptionen von Migration.

Literatur

Bade, Klaus J.: Europa in Bewegung. Migration vom späten 18. Jahrhundert bis zur Gegenwart, München 2000.

Bade, Klaus J./Emmer, Pieter C./Lucassen, Leo/Oltmer, Jochen (Hrsg.): Enzyklopädie Migration in Europa vom 17. Jahrhundert bis zur Gegenwart, 3. Aufl. Paderborn 2010.

Oltmer, Jochen: Globale Migration. Geschichte und Gegenwart, 2. Aufl. München 2016.

Oltmer, Jochen: Migration vom 19. bis zum 21. Jahrhundert, 3. Aufl. München 2016.

Oltmer, Jochen (Hrsg.): Handbuch Staat und Migration in Deutschland vom 17. Jahrhundert bis zur Gegenwart, Berlin/Boston 2016.

www.bpb.de/gesellschaft/migration/dossier-mig¬ration
www.imis.uni-osnabrueck.de
www.migration-boell.de
www.migration-info.de
www.migration-online.de
www.network-migration.org

Migrationstheorien

Marina Liakova

Die Theorien der Migration haben den Anspruch, eine systematische, strukturell fundierte Antwort auf die Frage zu geben, warum Menschen migrieren. Dabei sollen die möglichen Ursachen, Verläufe und Folgen der Migrationsbewegungen typologisiert werden.

Die Erforschung der Migrationsprozesse hat ihren Ursprung in der ökonomischen Geographie. Die ersten, aus heutiger Sicht

»klassischen« Theorien, die das Phänomen der Wanderung erklären, betonen überwiegend die Bedeutung der geographischen und ökonomischen Faktoren. Die neueren Theorien berücksichtigen auch andere Faktoren, z. B. die soziale Einbettung der Migranten in Netzwerke, die historische Tradition einer Migrationsbewegung, die zu einer »Kettenmigration« (*chain migration*) führt, sowie die Entstehung von transnationalen Räumen.

Zu den klassischen Theorien, die das Phänomen »Migration« erklären, gehören der bevölkerungsgeographische Ansatz, der makroökonomische Ansatz, der mikroökonomische Ansatz und der entscheidungstheoretische Ansatz.

Der *bevölkerungsgeographische Ansatz*. Ende des 19. Jahrhunderts kam es vor dem Hintergrund von Modernisierung, Industrialisierung, Urbanisierung und zunehmenden Wanderungsbewegungen zu den ersten wissenschaftlichen Auseinandersetzungen mit dem Thema Migration. 1885 publizierte Ernest G. Ravenstein einen Vortrag mit dem Titel *Gesetze der Wanderung*. In diesem analysierte er die Ergebnisse der britischen Volkszählungen aus den Jahren 1871 und 1881 und stellte einen Zusammenhang zwischen dem Wanderungsvolumen und der geographischen Entfernung fest. Ravenstein ging davon aus, dass die geographische Entfernung eine wichtige Rolle für die örtliche Verteilung der Migration hat. Zudem wies er nach, dass urbane Zentren mehr Menschen anziehen als ländliche Gegenden. Eine wichtige These in seiner Theorie ist, dass jeder Einwanderungsstrom auch Auswanderungsströme (»Gegenströme«) produziert. Ravensteins Theorie gilt als Meilenstein des bevölkerungsgeographischen Ansatzes.

Zu Beginn des 20. Jahrhunderts wurden in den Sozialwissenschaften die sogenannten Gravitationsmodelle populär. Als Grundlage dieser Modelle gilt das Newton'sche Gravitationsgesetz. Ernest Charles Young hat als erster im Jahr 1924 ein Gravitationsmodell zur Berechnung der Wanderungswahrscheinlichkeit ausgearbeitet. Die Anzahl der Wanderungsbewegungen stand demnach im Zusammenhang mit der Entfernung und mit der Einwohnerzahl der jeweiligen Ortschaft.

Die *makroökonomischen Ansätze*. Sie fokussieren auf die Ungleichheiten zwischen den Arbeitsmärkten in den einzelnen Ländern und interpretieren diese als Ursachen der Migration. Von Bedeutung sind dabei Variablen wie die Arbeitslosenquote und das Bruttoinlandsprodukt. Die Annahme dieser Theorien ist, dass Menschen in die Gebiete migrieren, in denen sie einen leichteren Zugang zu einem Arbeitsplatz und bessere Verdienstmöglichkeiten erwarten.

Als Teil der makroökonomischen Ansätze sehen die neoklassischen Ansätze die Unterschiede im Lohnniveau als Hauptursache für eine Wanderungsbewegung. Nach dieser analytischen Perspektive verläuft die Migration aus Regionen mit niedrigerem Lohnniveau zu Regionen mit höherem Lohnniveau. Wanderungen erfolgen so lange, bis sich das Lohnniveau zwischen Regionen oder Ländern angeglichen hat.

Die Push-Pull-Theorie von Everett S. Lee betont die Bedeutung von Faktoren, die Migranten abstoßen bzw. anziehen. Solche Sogfaktoren sind z. B. offene Stellen, gut bezahlte Arbeitsplätze, soziale Sicherheit, Wohnungsangebot usw. Als Druckfaktoren gelten fehlende Arbeitsplätze, soziale Unruhen, Wohnungsmangel, Unsicherheit u. a.

Zu den klassischen Migrationstheorien gehört die Segmentationstheorie bzw. die Theorie des dualen Arbeitsmarktes. In dieser Theorie wird die Unmöglichkeit eines Gleichgewichts postuliert. Der Arbeitsmarkt einer Gesellschaft wird in Segmente geteilt. Das sichere primäre Segment beinhaltet Arbeitsplätze, die gut bezahlt, stabil und langfristig sind. Das sekundäre Segment besteht hingegen aus Arbeitsplätzen, die schlecht bezahlt sind und eine nicht oder nur gering qualifizierte Arbeitskraft erfordern. Ein Grund für die Migrationsbewegungen ist nach dieser Theorie der ständige Bedarf an

Arbeitsplätzen im sekundären Segment. Diese Stellen werden Migranten angeboten.

Die Weltsystemtheorie erklärt die Migration als eine Bewegung von den Peripherien in die globalen Zentren. Das Weltsystem besteht aus verschiedenen Schichten: Zentrum, Semi-Peripherie und Peripherie, wobei diese Schichten hierarchisch einzustufen sind. Die wirtschaftliche Entwicklung in den globalen Zentren wirkt anziehend für Arbeitskräfte aus den Peripheriegebieten. Besonders intensiv ist die Bewegung zwischen ehemaligen Kolonien und kolonialen Mächten. Sie wird von den bereits bestehenden kulturellen, sprachlichen und administrativen Verbindungen zusätzlich beschleunigt.

Die *neoklassischen mikroökonomischen Modelle*. Sie konzentrieren sich beim Versuch, die Migrationsprozesse zu erklären, auf die individuellen Entscheidungen der sozialen Akteure. Die Humankapitaltheorie begründet die Wanderungsbewegungen durch die Entscheidungen, die von den sozialen Akteuren getroffen werden, um ihr Einkommen und ihre Arbeitssituation zu verbessern. Die Individuen wandern dieser Theorie zufolge in Regionen, in denen es besser dotierte Arbeitsplätze gibt. Dabei wird die Wahrscheinlichkeit, einen solchen Arbeitsplatz zu finden, kalkuliert und bei der Planung der Wanderung berücksichtigt. Diese »Kosten-Nutzen-Analyse«, die von den Akteuren durchgeführt wird, ist eine zentrale Annahme dieser Theorie.

Die Neue Migrationsökonomie stellt nicht das individuelle Interesse, sondern die Entscheidungen der gesamten Haushalte in den Mittelpunkt. Nicht das persönliche Einkommen und seine mögliche Verbesserung, sondern die Steigerung des Einkommens des gesamten Haushalts kann eine Wanderungsentscheidung erklären. Dabei ist das Interesse des Gesamthaushalts nicht immer deckungsgleich mit dem Interesse der einzelnen Haushaltsmitglieder. So kann ein Haushaltsmitglied eine Stelle aufgeben müssen, damit der Gesamthaushalt zu einem anderen Ort migrieren kann, wo die meisten Haushaltsmit-

glieder und damit der Gesamthaushalt bessere Verdienstmöglichkeiten haben. Diese Theorie hat ihr Erklärungspotenzial insbesondere in Gesellschaften, in denen die Gemeinschaft eine wichtige Bedeutung hat.

Die *entscheidungstheoretischen Ansätze*. Sie stellen die individuelle Interpretation der strukturellen Bedingungen von Seiten der sozialen Akteure in den Mittelpunkt. Mit dem Instrumentarium dieser Theorie kann erklärt werden, warum Personen, die ähnlichen Rahmenbedingungen unterliegen, unterschiedliche Wanderungsentscheidungen treffen. Nach dieser Theorie sind nicht nur die Kombination von Push- und Pull-Faktoren für eine Migrationsbewegung ausschlaggebend, sondern die Wahrnehmung und die subjektive Einschätzung eines möglichen Nutzens bzw. eines wahrscheinlichen Verlusts. Die Migration führt infolge einer subjektiven Kalkulation zu unterschiedlichen Ergebnissen.

Die klassischen Ansätze erklären die Migration als Ergebnis eines Zusammenspiels von Push- und Pull-Faktoren. Von den Vertretern der klassischen Migrationsparadigmen wird die Wanderung als eine einmalige Entscheidung aufgefasst, die in eine Richtung geht.

Die neueren Theorien der Migration. Sie betonen hingegen die Bedeutung von mehrfachen Wanderungsbewegungen, die in verschiedene Richtungen verlaufen können. Die Migration ist dabei keine einmalige und endgültige Entscheidung. Vielmehr ist sie als ein Projekt zu verstehen, das rückgängig gemacht werden kann. Phänomene wie die zirkuläre Migration, die Mobilität von Akademikern oder hochqualifizierten Experten, oder die Rückkehrmigration sowie die Veränderungen in der individuellen Lebensplanung werden stärker berücksichtigt. Dabei tendieren die neueren Theorien dazu, die Erklärungen nicht auf der Ebene der zwischenmenschlichen *face-to-face*-Verhältnisse (Mikroebene) zu suchen. Sie betrachten auch nicht die Ebene der Gesamtgesellschaft bzw. der zwischenstaatlichen Beziehungen (Makroebene). Sie verlagern die Analyse vielmehr auf die Ebene von z. B. Freundeskreisen, Gemeinschaften, Migrantenorganisationen, -vereinen und -netzwerken (Mesoebene). Die Wanderungsbewegungen können demnach nicht nur auf der Grundlage der individuellen Entscheidungen oder der strukturellen Rahmenbedingungen erklärt werden. Kategorien wie »Familie«, »Haushalt« oder »Netzwerk« werden in den neueren Theorien verstärkt berücksichtigt.

Einer der bedeutendsten neueren Ansätze ist das Konzept der transnationalen Migration. Es beansprucht, den Gegensatz »Herkunftsgesellschaft versus Aufnahmegesellschaft« zu überwinden. Die Grundannahme dieser Theorie ist, dass die Personen, die in einer neuen Aufnahmegesellschaft leben, die Verbindungen zu ihrer Herkunftsgesellschaft nicht abbrechen. Diese »Transmigranten« pflegen Kontakte und haben Wohnorte in verschiedenen Gesellschaften, zwischen denen sie pendeln. Die Räume, die im Rahmen dieser Pendelbewegungen entstehen, werden als »transnationale Räume« bezeichnet. Durch die transnationale Migration entstehen Netzwerke zwischen den »Transmigranten« sowie institutionalisierte Verbindungen zwischen den Herkunfts- und Aufnahmegesellschaften. Nach der transnationalen Sichtweise ist die Migration keine unwiderrufliche Entscheidung, keine »Einbahnstraße«. Die Perspektive der transnationalen Migration analysiert auch Phänomene, die nicht direkt mit dem Prozess der Migration verbunden sind, aber aus diesem resultieren, z. B. die Transaktionen zwischen Migranten und deren Angehörigen, die über Staatsgrenzen erfolgen. Auch transnationale Aktivitäten zwischen den Vertretern einer ethnischen Minderheit und dem jeweiligen Nationalstaat stehen im Mittelpunkt des Interesses. Die Vertreter dieser Denkrichtung richten ihre Aufmerksamkeit nicht auf Themen wie Eingliederung, Integration, Akkulturation oder Assimilation in die Aufnahmegesellschaft, sondern auf die Aktivitäten der einzelnen Akteure im Rahmen von unterschiedlichen transnationalen Netzwerken sowie auf die Entstehung hybrider Identitäten.

Im Rahmen dieser Vorgehensweise werden unterschiedliche transnationale soziale Praktiken analysiert: die familiären (z. B. transnationale Mutterschaft), die soziokulturellen (z. B. Entstehung und Durchführung transnationaler Projekte, Ideenaustausch, Austausch von Werten, Vorstellungen, Kontakten usw.), die wirtschaftlichen (z. B. die transnationalen Geldüberweisungen zum Ziel der finanziellen Unterstützung der Familie oder transnationales Unternehmertum) und die politischen (z. B. transnationale Parteiaktivitäten).

Im Konzept der Migrationssysteme, einer weiteren neueren Migrationstheorie, wird die Bedeutung des Austauschs von Wissen, Informationen, Dienstleistungen, Personen usw. betont. Migrationssysteme entstehen zwischen Gesellschaften, die verstärkt in einem Austauschverhältnis zueinander stehen. Dabei können die Austauschprozesse variieren: Sie können von Staat zu Staat anders verlaufen und Handel, Dienstleistungen, Güter, Arbeitskräfte usw. umfassen. Alternativ können die Austauschprozesse den Bereich der Kultur betreffen und kulturelle Güter wie Filme, Musik, Literatur aber auch Werte oder Bilder umfassen. Die Migrationssysteme können auf der Ebene der Familien sichtbar sein. Geldüberweisungen oder Briefe zwischen den Familienmitgliedern belegen diese systemische Verbindung. Auf der Ebene der Migrantenorganisationen oder Netzwerke können auch Verbindungen in den Migrationssystemen festgestellt werden.

Zu den neueren Perspektiven auf die Migrationsprozesse gehört die sogenannte kumulative Sichtweise. Sie versucht die Migrationsprozesse als Ergebnis unterschiedlicher Faktoren zu begreifen, z. B. strukturelle Transformationen der Ausreise- und Einreisegesellschaft, Entstehung sozialer Netzwerke und Kettenmigrationen usw. Monokausale Erklärungsmuster werden als nicht hinreichend für die Erklärung von Wanderungsbewegungen angesehen.

Im Rahmen der neueren Migrationstheorien wird verstärkt auf die Bildung sozialer Netzwerke einerseits und auf die Bedeutung existierender Netzwerke für die Migrationsentscheidung andererseits geachtet. Es wird davon ausgegangen, dass persönliche Beziehungen der Migranten zu einer Erhöhung der Wahrscheinlichkeit einer Kettenmigration führen. Existierende Netzwerke können die Migrationsentscheidung beschleunigen, wenn die sozialen Kontakte gegenüber einer Migration positiv eingestellt sind. Wenn die sozialen Kontakte eine Migration hingegen negativ bewerten, können sie eine Migrationsentscheidung hindern. Wie sich soziale Beziehungen auf die Migration auswirken, ist demzufolge die zentrale Frage der neueren Migrationstheorien.

Literatur

Haug, Sonja: Klassische und neuere Theorien der Migration, in: Arbeitspapiere – Mannheimer Zentrum für Europäische Sozialforschung Nr. 30/2000.

Han, Petrus: Soziologie der Migration, Stuttgart 2005.

Kalter, Frank: Theorien der Migration, in: Ulrich Mueller/Bernhard Nauck/Andreas Diekmann (Hrsg.): Handbuch der Demographie, Bd. 1, Berlin 2000, S. 438–475.

Pries, Ludger: Die Transnationalisierung der sozialen Welt. Sozialräume jenseits von Nationalgesellschaften, Frankfurt/M. 2008.

Ravenstein, Ernest George: Die Gesetze der Wanderung I und II, in: Györgi Szell (Hrsg.): Regionale Mobilität. Elf Aufsätze, München 1972, S. 41–94 (engl. Original 1885/1889).

Treibel, Annette: Migration in modernen Gesellschaften. Soziale Folgen von Einwanderung, Gastarbeit und Flucht, 5. Aufl. Weinheim 2011.

www.soziologie.de/index.php?id=559 (Deutsche Gesellschaft für Soziologie, Sektion Migration und ethnische Minderheiten)

www.imis.uni-osnabrueck.de (Institut für Migrationsforschung und interkulturelle Studien, IMIS, Osnabrück)

www.mzes.uni-mannheim.de/d7/de/projects (Mannheimer Zentrum für Europäische Sozialforschung, MZES)

Anwerbeabkommen

Jochen Oltmer

Seit dem Ersten Weltkrieg wuchsen in Europa gegenüber der grenzüberschreitenden Migration Steuerungsinteresse und Gestaltungskapazitäten der Staaten – und zwar sowohl der Ab- als auch der Zuwanderungsländer. Ein zentrales migrationspolitisches Instrument bildeten Anwerbeabkommen. In den mehr als fünf Jahrzehnten vom Ende des Ersten Weltkriegs bis zu den Anwerbestoppmaßnahmen der europäischen Zuwanderungsländer Anfang der 1970er-Jahre wurden rund 120 bilaterale Anwerbeverträge geschlossen. Die Reihe begann 1919 mit Abkommen Frankreichs mit Polen und Italien. Deutschland schloss bereits 1927 seinen ersten Anwerbevertrag mit Polen, dem in den folgenden Jahren bis in den Zweiten Weltkrieg hinein weitere mit zahlreichen anderen Ländern folgten.

Nach 1945 wurden die bereits vor dem Krieg intensiven Anwerbevertragsbeziehungen rasch wieder aufgenommen. Zunächst betraf das vor allem italienische Arbeitskräfte. Italien war bestrebt, die Arbeitswanderung in die wichtigsten (potenziellen) Zuwanderungsländer abzusichern und schloss Wanderungsabkommen mit Belgien (1946 und 1948), Frankreich (1947 und 1948) und der Schweiz (1948). Hinzu kamen bis 1951 Verträge Italiens mit Luxemburg, den Niederlanden, Österreich und Schweden. Der italienische Anwerbevertrag mit der Bundesrepublik Deutschland von 1955 bildete den Abschluss der Wiederherstellung des Anwerbevertragssystems der Zwischenkriegszeit, das dann in eine weitreichende Expansion des Vertragsgeflechts mündete. Im Zeitraum von 1946 bis 1959 waren insgesamt 15 Anwerbeverträge in Europa vereinbart worden. Für die folgenden 13 Jahre bis 1973 ergibt sich demgegenüber eine Zahl von 45 Verträgen, berücksichtigt man auch Folgeverträge bereits abgeschlossener Abkommen. Allein 37 davon wurden zwischen 1960 und 1969 unterzeichnet.

Die Wanderungsabkommen garantierten zum einen den anwerbenden Ländern den Zugang zum Arbeitsmarkt eines Abwanderungslandes zu genau geregelten Konditionen. Zum andern gaben sie den Abwanderungsländern die Möglichkeit, Einfluss auf die Zusammensetzung der Abwanderung sowie auf die Arbeits- und Lebensbedingungen der Migranten im Zielland zu nehmen. Anwerbeverträge wahrten sowohl die Interessen des Herkunfts- als auch jene des Ziellandes. Der Siegeszug des Instruments war dabei auch Ausdruck der enormen Konkurrenz zwischen den anwerbenden Ländern um neue Arbeitskräfte.

Der westdeutsche Anwerbevertrag mit Italien von 1955 bot nur ein begrenztes Arbeitskräfteangebot angesichts der hohen Nachfrage nach italienischen Arbeitskräften in Westeuropa seit dem Ende des Zweiten Weltkriegs und wegen des raschen Ausbaus der Industrie Norditaliens. Über die Anwerbeabkommen mit Spanien und Griechenland im Jahre 1960 konnten zwei zentrale neue Anwerbemärkte für die expandierende bundesdeutsche Wirtschaft erschlossen werden. Bereits 1961 folgte eine erneute Erweiterung des bundesdeutschen Systems mit dem Abschluss des Vertrags mit der Türkei. Hinzu traten die Verträge mit Marokko 1963, mit Portugal 1964, mit Tunesien 1965 und mit Jugoslawien 1968. Die daraus resultierende rasche Zunahme der Arbeitsmigration in die Bundesrepublik dokumentieren einige wenige Zahlen: In der Bundesrepublik wuchs die ausländische Erwerbsbevölkerung von 1961 bis zum Anwerbestopp 1973, als die Ausländerbeschäftigung den Gipfelpunkt erreichte, von etwa 550 000 auf rund 2,6 Millionen an. Die Fluktuation war dabei erheblich: Vom Ende der 1950er-Jahre bis 1973 kamen rund 14 Millionen ausländische Arbeitskräfte nach Deutschland, etwa elf Millionen kehrten wieder zurück.

Die Staaten, in denen Arbeitskräfte angeworben wurden, verbanden weitreichende Erwartungen mit der Arbeitsmigration. Die für temporär erachtete Abwanderung galt als gewichtiger Beitrag zur Entwicklung der eigenen Volkswirtschaft. In diesen Kontext gehörte der Zuwachs der Deviseneinnahmen durch die Überweisung von Lohnersparnissen der Arbeitsmigranten an zurückbleibende Familienmitglieder. Darüber hinaus verbuchten die Regierungen in den Abwanderungsländern die Arbeitsmigration als Möglichkeit, den eigenen Arbeitsmarkt zu entlasten. Zugleich hofften sie auf einen Wissenstransfer durch Rückkehrer zur Entwicklung der eigenen Wirtschaft. Die Förderung der Arbeitsmigration erschien mithin als ein Entwicklungsprojekt, mithilfe dessen sich soziale Konflikte entschärfen und eine politische Befriedung herbeiführen ließ. Alle Staaten, mit denen beispielsweise die Bundesrepublik Deutschland in den 1960er-Jahren Wanderungsverträge abschloss, waren autoritäre Systeme, die ihre Legitimitätsprobleme durch die Verbesserung der sozialen Situation und durch die Garantie innenpolitischer Sicherheit zu lösen bestrebt waren.

Die Geschichte der Anwerbung mithilfe der bilateralen Anwerbeabkommen ist auch eine Geschichte der Nutzung alternativer Pfade und der Konflikte darum. Denn die Anwerbeverträge beinhalteten zahlreiche Beschränkungen, die diverse Akteure dazu führten, andere Rekrutierungskanäle zu suchen und zu nutzen. Neben die in den Anwerbeabkommen festgeschriebenen Verfahren zur Rekrutierung von Arbeitskräften – in der bundesdeutschen Terminologie der »erste Weg« – traten deshalb weitere *Gates of Entry*: Der »zweite Weg« bezog sich auf die Möglichkeit, abseits der Anwerbestellen und ihrer Prozeduren mit einem Angebot eines Unternehmens im Zielland bei einem Konsulat oder einer Botschaft des Ziellandes vorstellig zu werden und dort ein Visum zu erhalten, das zur Arbeitsaufnahme berechtigte. Der »dritte Weg« verwies schließlich auf die ebenfalls gängige Praxis, mit einem Touristenvisum einzureisen und die Genehmigungen für Aufenthalt und Arbeit erst im Zielland einzuholen. Überschlägige Berechnungen kommen beispielsweise zu dem Ergebnis, dass die Hälfte aller spanischen Arbeitsmigranten die Zielländer in Europa zwischen 1960 und 1969 auf Wegen jenseits der Anwerbeverfahren erreicht hatten.

Unternehmen und Arbeitsverwaltung in den Zielländern hofften darauf, durch die Nutzung der alternativen Wege den zeitaufwändigen Prozeduren entgehen und Arbeitskräfte gewinnen zu können, deren Anwerbung die Herkunftsländer zu begrenzen trachteten. Das betraf vor allem Facharbeitskräfte und Frauen. Hinzu kam, dass die Anwerbe-

abkommen in der Regel die Übernahme der Reisekosten von den Arbeitgebern verlangten und einen Mindeststandard im Blick auf Arbeits- und Unterkunftsbedingungen im Zielland regelten. Aus Sicht der Arbeitsmigranten lag der Vorzug der Nutzung des »zweiten« oder »dritten Weges« darin, eine Migrationsentscheidung wesentlich schneller umsetzen zu können, als es das Anwerbeverfahren ermöglichte, das zudem keine Möglichkeiten ließ, Ziel, Beschäftigungsbereich, Lohn- und Arbeitsbedingungen sowie Arbeitgeber selbst zu wählen. Die Umgehung der amtlichen Anwerbestellen war auch für all jene von Belang, die die Anforderungen der strikten Gesundheitsprüfungen nicht erfüllten. Die Wahl des »zweiten« oder »dritten Weges« konnte darüber hinaus auch aus dem Versuch resultieren, der politischen Kontrolle durch das autoritär regierte Herkunftsland zu entgehen, dessen Eingriff in die Freizügigkeit der (potenzielle) Migrant nicht akzeptieren wollte.

Die frühen 1970er-Jahre brachten den Niedergang alter Industrien (Eisen- und Stahlindustrie, Textilindustrie, Bergbau), die viele un- und angelernte (ausländische) Arbeitskräfte beschäftigt hatten. Der Stopp der Anwerbung zwischen 1970 und 1974 steht sinnbildlich für den Strukturwandel am Arbeitsmarkt. Rationalisierung und Automatisierung der Produktion ließen in den 1970er- und 1980er-Jahren die Nachfrage nach unqualifizierten Beschäftigten beschleunigt absinken. Die digitale Revolution seit den 1980er-Jahren, die alle Erwerbsbereiche betraf, forcierte diese Entwicklung.

In allen europäischen Zielländern der grenzüberschreitenden Arbeitsmigration wurden in der zweiten Hälfte der 1960er-Jahre Einwanderungsprozesse beobachtet. Zwar hielten Politik und Administration an der Vorstellung fest, die Arbeitsmigration sei temporär. Dennoch entbrannten nunmehr Diskussionen über die Zunahme der Konkurrenz um Wohnraum in Großstädten, weil immer seltener die Wohnheime der Unternehmen in Anspruch genommen wurden, über die

»Überlastung« der kommunalen Infrastruktur (vor allem Schulen und Kindergärten), die Inanspruchnahme von Leistungen der sozialen Sicherungssysteme oder über die Repräsentation von Migranten insbesondere im politischen Raum der Kommunen. Während auf kommunaler Ebene zunehmend intensiver über die Erfordernisse und Möglichkeiten der Förderung bzw. Begleitung der Integration diskutiert wurde, gewannen in den Zielländern die vordringlich vor allem von den Innen- und Sicherheitsbehörden vertretenen Auffassungen die Oberhand, die nach einer verstärkten Kontrolle, Steuerung bzw. Verminderung des Zustroms strebten. Die Verbindung zwischen beiden Elementen bildete die seit Anfang der 1970er-Jahre in den europäischen Zielländern rasch verbreitete Vorstellung, die Begrenzung des Zuzugs und die strikte Kontrolle der Migration sei eine unabdingbare Voraussetzung für die erfolgreiche Integration der bereits im Lande lebenden Zuwanderer.

Das allenthalben diskutierte »Problem der ausländischen Arbeitnehmer« markierte hauptsächlich die vorgeblichen Kosten der grenzüberschreitenden Arbeitsmigration: Kosten für die Aufrechterhaltung des Anwerbeapparates, für die Entwicklung der (kommunalen) Infrastruktur, für die Sozialsysteme oder gesamtwirtschaftliche Kosten, weil Ausländerbeschäftigung Rationalisierungserfordernisse in der industriellen Produktion überdecke, die dauerhaft einen Wettbewerbsnachteil zur Folge haben müssten. Gesellschaftliche Kosten aber auch insofern, als die Zunahme der Zahl der Zuwanderer den Homogenitätsvorstellungen in weiten Kreisen der Bevölkerungen zuwiderlief und ausländerfeindliche Einstellungen und rechtspopulistische bzw. rechtsextreme politische Positionierungen ebenso zu verstärken schien wie Spannungen und Konflikte insbesondere zwischen zugewanderten und einheimischen Jugendlichen. Schließlich Kosten für die Aufrechterhaltung der Sicherheit der Bevölkerung und der Stabilität des politischen Systems, weil sich vor allem aus der Sicht der Innenbehörden mit Zuwanderung und Ausländerbeschäftigung nicht nur die Gefahr der Unterwanderung durch kommunistische Aktivisten in Zeiten des Kalten Krieges verband, sondern auch eine Zunahme der Aktivitäten international agierender Terroristen.

Der Stopp der Anwerbung in den verschiedenen europäischen Zuwanderungsländern Anfang der 1970er-Jahre bildete ein zentrales Ergebnis der seit den späten 1960er-Jahren laufenden Debatten um die Kosten der Integration lange als temporär vorgestellter Arbeitsmigrationen. Den Anfang einer erheblichen Beschränkung der Zuwanderung machte die Schweiz bereits 1970: Neuzuwanderungen wurden nur noch in dem Umfang zugelassen, in dem andere Ausländer aus der Schweiz abgewandert waren bzw. diesen eine Genehmigung zur unbefristeten Niederlassung erteilt worden war. 1971 beschloss die britische Regierung, dass nur noch jene Commonwealth-Bürger ungehindert nach Großbritannien einreisen durften, die nachweisen konnten, dass ihre Eltern oder Großeltern in Großbritannien geboren worden waren. Die Regelung trat mit dem Beitritt Großbritanniens zur Europäischen Wirtschaftsgemeinschaft (EWG) am 1. Januar 1973 in Kraft und war eine Vorbedingung für die Aufnahme, weil die anderen EWG-Mitgliedstaaten die freie Arbeitsaufnahme nichtweißer *British Subjects* in ihren Ländern ausschließen wollten. 1972 folgten dann weitere Staaten, jetzt in der Form des Stopps der Aufnahme ausländischer Arbeitsmigranten: Schweden und Dänemark ließen nur noch Skandinavier zu. 1973 stoppte nicht nur die Bundesrepublik die Anwerbung ausländischer Arbeitskräfte, auch die Niederlande und Belgien ließen keine Zuwanderung von Arbeitskräften von außerhalb der EWG mehr zu. Den Abschluss bildete im Sommer 1974 Frankreich.

Die Anwerbestopps beruhten zwar auf nationalen Entscheidungen und resultierten aus einer je spezifischen nationalen Debatte um Probleme der Zuwanderung. Die Tatsache, dass die Anwerbestoppmaßnahmen in den west-, mittel- und nordeuropäischen Zielländern der Arbeitsmigration in relativ kurzer Frist aufeinander folgten, war aber auch einer Europäisierung der Diskussion geschuldet. Medien, Politik und Administration blickten sehr bewusst auf die Debatten über Zuwanderung und Integration in anderen europäischen Ländern. Darüber hinaus gab es auf verschiedenen Ebenen – zwischenstaatlichen und supranationalen, hier insbesondere über die EWG/EG – immer häufiger genutzte Möglichkeiten des politischen Austauschs über die Wahrnehmung der (Probleme der) Zuwanderung und über die jeweiligen Maßnahmen zu deren Bewältigung. Die bei der Begründung auch des bundesdeutschen Anwerbestopps vom 23. November 1973 in den Vordergrund gehobene Ölpreiskrise und der Einbruch in der wirtschaftlichen Entwicklung bildete dabei nur einen Anlass, nicht aber einen Grund für die Maßnahmen. Das allenthalben für tragfähig erachtete Argument »Ölkrise« schloss mehr oder minder vollständig den Protest gegen die Weiterführung der Anwerbepolitik aus – und zwar sowohl von Seiten der relevanten binnenstaatlichen Akteure als auch von Seiten der Staaten, mit denen An-

werbeabkommen geschlossen worden waren. Damit endete das spezifische Arbeitsmigrationsregime in Europa, das ein Kennzeichen insbesondere der Phase starken Wirtschaftswachstums der ersten drei Jahrzehnte nach dem Zweiten Weltkrieg gewesen war.

Literatur

Berlinghoff, Marcel: Das Ende der »Gastarbeit«. Die Anwerbestopps in Westeuropa 1970–1974, Paderborn 2013.
Oltmer, Jochen: Globale Migration. Geschichte und Gegenwart, 2. Aufl. München 2016.
Oltmer, Jochen/Kreienbrink, Axel/Sanz Diaz, Carlos (Hrsg.): Das »Gastarbeiter«-System. Arbeitsmigration und ihre Folgen in der Bundesrepublik Deutschland und Westeuropa, München 2012.
Rass, Christoph: Institutionalisierungsprozesse auf einem internationalen Arbeitsmarkt: Bilaterale Wanderungsverträge in Europa zwischen 1919 und 1974, Paderborn 2010.

www.angekommen.com/italiener/Lexicon/Anwerbeabkommen.html www.bpb.de/geschichte/deutsche-geschichte/anwerbeabkommen
www.lebenswege.rlp.de/sonderausstellungen/50-jahre-anwerbeabkommen-deutschland-tuerkei/das-deutsch-tuerkische-anwerbeabkommen

Migranten in der DDR und in Ostdeutschland

Karin Weiss

War die alte Bundesrepublik von ihrer ersten Stunde an ein Zuwanderungsgebiet, so war die DDR von Anfang an von Ab-

wanderung geprägt. Bestand die Hauptsäule der Zuwanderung in die Bundesrepublik aus der ökonomisch bedingten Arbeitskräftemigration, die zunächst von einem breiten gesellschaftlichen Konsens getragen wurde, gab es eine Migration in größerem Umfang in die DDR erst in den 1980er-Jahren. Während im Kontext der europäischen Integration die Freizügigkeit innerhalb der Mitgliedstaaten der EU nicht mehr zur Disposition gestellt wurde und politisch, kulturell und gesellschaftlich eine Öffnung hin zu einem gemeinsamen Europa gefördert wurde, öffnete sich die DDR zwar zeitweilig nach Osteuropa und unterhielt Beziehungen zu einzelnen »Bruderstaaten«, jedoch blieb diese Öffnung begrenzt und hatte kaum Folgen für die innergesellschaftliche Entwicklung.

Die DDR nahm zwar Lehrlinge und Studierende auf, auch erhielten einige politische Flüchtlinge in der DDR Asyl, jedoch blieben die Zahlen insgesamt sehr gering. Erst mit Beginn der 1980er-Jahre kann von einer Arbeitsmigration in größerem Umfang gesprochen werden. Kurz vor dem Ende arbeiteten insgesamt rund 90 000 sogenannte Vertragsarbeiter in der DDR. Die Mehrheit davon war erst nach 1986 gekommen. Sie wurden im Rahmen von Staatsverträgen aus Vietnam, Kuba, Algerien, Angola und Mosambik aufgenommen. Die einzige größere Zuwanderungsgruppe waren die Vietnamesen, die fast alle als Vertragsarbeiter in die DDR kamen.

Vertragsarbeiter erhielten formal bei gleicher Arbeit den gleichen Lohn wie die deutschen Arbeitnehmer, allerdings wurden bei den Vietnamesen zwangsweise pauschal 12 % des Lohns als Beitrag für den Aufbau des Landes an die Sozialistische Republik (SR) Vietnam abgeführt. Auch waren viele Vertragsarbeiter in Leichtlohngruppen eingesetzt, ihr Einkommen de facto also niedriger als das der deutschen Kollegen. Die Vertragsarbeiter wurden kollektiv in Wohnheimen untergebracht und arbeiteten auch in besonderen Arbeitskollektiven. Sie standen ständig unter der rigiden Aufsicht sowohl der DDR-Kontrollorgane als auch der Vertreter

Eine vietnamesische Arbeiterin im VEB Leuchtenbau in Leipzig zu Beginn des Jahres 1990.

der SR Vietnam, die als Gruppenbetreuer bzw. Dolmetscher eingesetzt wurden, aber auch Kontrollfunktionen hatten. Arbeitseinsatz, Unterbringung, alle Rechte und Pflichten wurden in Staatsverträgen zwischen der DDR und der SR Vietnam festgelegt, die Arbeiter selbst verfügten über keinen individuellen Arbeitsvertrag. Die Staatsverträge regelten die Interessen der jeweils beteiligten Staaten und gingen in der einseitigen Interessenvertretung sogar so weit, dass bis kurz vor der Wende Frauen, die während ihres Arbeitseinsatzes in der DDR schwanger wurden, entweder eine Abtreibung vorzunehmen hatten oder zwangsweise nach Vietnam rückgeführt wurden. Die zwangsweise Rückführung nach Vietnam wurde auch als Repression eingesetzt, wenn jemand beispielsweise versuchte, sich gegen die rigiden Arbeits- oder Lebensbedingungen zur Wehr zu setzen. Allerdings war die Arbeit in der DDR angesichts der schwierigen Lebensbedingungen im Heimatland für die Vietnamesen durchaus erstrebenswert. Sie sicherte nicht nur die eigene Existenz, sondern ermöglichte es den Vertragsarbeitern auch, ihre in Vietnam zurückgebliebenen Familien zu ernähren.

Mit der Wende wurde das bundesdeutsche Ausländerrecht auf die neuen Bundesländer übertragen. Wie in allen anderen Lebensbereichen erfolgte auch hier eine Zäsur. Aufgrund bundesdeutscher Regelungen kamen nun auch neue Zuwanderungsgruppen in die neuen Bundesländer. Nach der Wende prägte aber vor allem Abwanderung die ostdeutschen Bundesländer. Die neue Zuwanderung konnte diese Abwanderung nicht kompensieren. Sie erfolgte fast ausschließlich als Zuwanderung per Zuweisung von Spätaussiedlern, Juden aus Russland, Asylbewerbern sowie Flüchtlingen. Die Arbeitsmigration kam zum Erliegen, da im Zuge der Wende der Arbeitsmarkt in weiten Teilen zusammenbrach. Für die ostdeutschen Bundesländer bedeutete das, dass sie vorwiegend diejenigen Zuwanderungsgruppen aufnahmen, die auf öffentliche Transfergelder angewiesen waren. Diese Zuwanderer blieben tendenziell langfristig davon abhängig, da – bedingt durch den eingeschränkten Arbeitsmarkt, Sprachprobleme und Fragen der Anerkennung ausländischer Abschlüsse – ihre Chance auf Erwerbstätigkeit gering war.

Insgesamt ist der Anteil von Zugewanderten in den neuen Ländern deutlich niedriger als in den alten Ländern; nach Angaben des Mikrozensus 2013 haben in Ostdeutschland knapp 5 % der Bevölkerung einen Migrationshintergrund. Es gibt auch keine größeren ethnischen Konzentrationen und damit auch wenig Segregation in den neuen Bundesländern. Eine Analyse des Anteils von jungen Menschen mit Migrationshintergrund in verschiedenen Altersgruppen zeigt jedoch deutlich, dass der Anteil der Migrationsbevölkerung auch in Ostdeutschland wächst. In der Gruppe der bis Fünfjährigen betrug er 2010 bereits fast 11 %. Nur wenige Menschen aus der Türkei, Italien oder Griechenland leben in den neuen Bundesländern, hingegen ist Ostdeutschland insbesondere von Gruppen aus den Nachfolgestaaten der Sowjetunion sowie Vietnam geprägt.

Zuwanderung in die neuen Bundesländer war lange eine qualifizierte Zuwanderung. Die jüdischen Kontingentflüchtlinge ($\rightarrow$ S. 122 ff.) brachten aus ihrem Herkunftsland hohe berufliche Qualifikationen mit. Ungefähr drei Viertel dieser Zuwanderer verfügten mindestens über einen Fachhochschulabschluss. Auch die Mehrheit der Spätaussiedler verfügte über einen Fachschul- oder Technikumsabschluss. Ebenso weisen bis heute die vietnamesischen Zugewanderten ein ausgeprägtes Streben nach Bildung auf. Auch wenn aufgrund der Schwierigkeiten in der Anerkennung der mitgebrachten Qualifikationen die Verwertbarkeit dieser Abschlüsse auf dem Arbeitsmarkt begrenzt ist, bedeutet die hohe Qualifikation bzw. das ausgeprägte Bildungsbestreben doch ein bedeutendes kulturelles Kapital, das Integration erleichtert und sich vor allem auch auf die nachwachsende Generation auswirkt. Gerade hinsichtlich der zweiten Generation der Zugewanderten zeigen die ostdeutschen Bundesländer gute Ergebnisse. Betrachtet man die Bildungsabschlüsse der ausländischen Jugendlichen in Ostdeutschland, so zeigt sich, dass die Abschlüsse deutlich höher liegen als die der ausländischen Jugendlichen in den alten Ländern. Mehr als 40 % besuchen eine zum Abitur führende allgemeinbildende Schule.

Trotz der hohen Qualifikationen der Zugewanderten in den ostdeutschen Bundesländern bleibt die Arbeitsmarktintegration problematisch. Dies liegt zum einen an den bereits genannten Problemen. Eine große Hürde stellte aber in der Vergangenheit vor allem die generell prekäre

Arbeitsmarktsituation in Ostdeutschland dar. In dieser Situation suchten und suchen viele Zugewanderte einen Ausweg durch Selbstständigkeit. Der Anteil der selbstständigen Zugewanderten liegt mit mehr als 19 % in den neuen Bundesländern doppelt so hoch wie in den alten Ländern. Er liegt auch doppelt so hoch wie unter der Bevölkerung ohne Migrationshintergrund, wenn auch häufig im Bereich der Kleingewerbe. Gerade vietnamesische Existenzgründungen prägen das Bild. So gibt es kaum eine Stadt ohne einen vietnamesischen Imbiss, Textilladen oder Blumenhandel. Manche dieser aus der Not heraus geborenen Existenzgründungen haben sich in den vergangenen Jahren zu erfolgreichen Unternehmen entwickelt. Fast jedes zweite vietnamesische Unternehmen hat inzwischen sozialversicherungspflichtige Beschäftigte angestellt und somit auch Arbeitsplätze geschaffen. Hervorzuheben ist dabei der hohe Anteil der Frauen, die den Sprung in die Existenzgründung wagen. Dies gilt für Vietnamesinnen ebenso wie für Zugewanderte aus Russland oder Polen.

Noch immer gibt es in der Öffentlichkeit Vorbehalte gegen Zuwanderung. Nach wie vor weisen die ostdeutschen Bundesländer im Ländervergleich die meisten Straftaten mit rechtsextremistischem Hintergrund auf. Die Ergebnisse von Landtags- und Kommunalwahlen zeigen gerade in den ländlichen Regionen hohe Zahlen von Wählerinnen und Wählern rechtspopulistischer und rechtsextremer Parteien. Außerdem erhalten Themen wie Vielfalt in Regionen mit geringer Zuwanderung kaum öffentliche Aufmerksamkeit. Auch kommunale Verwaltungen und Institutionen wie Kindergarten oder Schule sind wenig auf den Umgang mit Zugewanderten vorbereitet. Aufgrund der insgesamt geringen Zahlen sehen auch landesweite Institutionen wenig Notwendigkeit, sich mit Vielfalt und Interkulturalität zu befas-

sen. Einen öffentlichen Diskurs um Zuwanderung und Integration gibt es nur ansatzweise, und oft prägt das in den Medien vermittelte vielfach holzschnittartige Bild von Zuwanderung die lokale Meinungsbildung. Diese Berichterstattung wiederum orientiert sich fast ausschließlich an der westdeutschen Situation und zeichnet damit ein Bild, das der Zuwanderung in den ostdeutschen Regionen nicht gerecht wird. Da die tatsächliche Zuwanderung relativ gering, unauffällig und im Alltag wenig sichtbar ist, erfährt dieses Bild kaum Korrekturen.

Die Perspektive auf Zuwanderung in den ostdeutschen Bundesländern beginnt sich jedoch zu verändern. Unter den Herausforderungen der demographischen Entwicklung, von Abwanderung und steigendem Fachkräftebedarf wird Zuwanderung mehr und mehr als ein Baustein gesehen, der zu einer Lösung beitragen kann – auch wenn dies langsam und spät kommt. Real geht die Entwicklung jedoch eher in die andere Richtung. Zwar hat der Anstieg der Binnenwanderung in der EU auch in Ostdeutschland seine Spuren hinterlassen. Wird über den zunehmenden Fachkräftebedarf geredet und über die notwendige Zuwanderung, so meint man oft eher die Rückwanderung ehemals abgewanderter Ostdeutscher, weniger jedoch eine Zuwanderung aus dem Ausland. Neue Arbeitsmarktzuwanderung gibt es nur in Maßen und mit großen Fluktuationen. Eine der größten Einzelgruppen unter den Ausländern sind Menschen im Rahmen der humanitären Aufnahme. Sie kamen und kommen als Flüchtlinge, die entsprechend der Bevölkerungsgröße zugewiesen werden. Obwohl auch unter den Flüchtlingen viele Menschen mit beruflichen Qualifikationen sind und obwohl heute der Zugang zum Arbeitsmarkt für Flüchtlinge früher möglich ist als noch vor wenigen Jahren, ist und bleibt dies eine humanitäre Zuwanderung, deren Potenzial aufgrund der Rahmenbedingungen ausgebremst ist – nicht nur in Ostdeutschland, sondern in der ganzen Bundesrepublik. Das Image der Zuwanderung werden die Flüchtlinge kaum verändern können.

Literatur

Stoll, Regina: Werkstattbericht: Ausländerbeschäftigung vor und nach der Wiedervereinigung, hrsg. vom Institut für Arbeitsmarkt und Berufsforschung (IAB), Heft 10, Nürnberg 1994.

Weiss, Karin/Dennis, Mike (Hrsg.): Erfolg in der Nische? Vietnamesen in der DDR und in Ostdeutschland, Münster 2005.

Weiss, Karin/Kindelberger, Hala (Hrsg): Zuwanderung und Integration in den neuen Bundesländern – zwischen Transferexistenz und Bildungserfolg, Freiburg 2007.

www.bpb.de/gesellschaft/migration/dossier-mig¬ration/56368/migrationspolitik-in-der-ddr

www.dhm.de/ausstellungen/zuwanderungs¬land-deutschland/migrationen/rooms/0602.¬htm

Einwanderungsland Bundesrepublik Deutschland

Jochen Oltmer

»Die Bundesrepublik Deutschland ist kein Einwanderungsland.« Diese im Koalitionsvertrag von CDU/CSU und FDP 1982 niedergelegte politische Formel ist häufig wiederholt worden und bildet bis in die Gegenwart eine politische Positionierung gegen eine Förderung von Einwanderung. In diesem Sinne schloss sich bereits in der Koalitionsvereinbarung, die den Übergang von der sozialliberalen Bundesregierung unter Bundeskanzler Helmut Schmidt (SPD) zum christlich-liberalen Kabinett Helmut Kohls (CDU) markierte, folgender Satz an: »Es sind daher alle humanitär vertretbaren Maßnahmen zu ergreifen, um den Zuzug von Ausländern zu unterbinden.«

Die im politischen Diskurs zum Schlagwort avancierte Rede vom »Nicht-Einwanderungsland« ist in den vergangenen drei Jahrzehnten nicht nur häufig wiederholt, sondern auch vielfach gewendet worden. Die Bundesrepublik sei angesichts der statistischen Realitäten als »Zuwanderungsland« zu verstehen, nicht aber als »Einwanderungsland« und in keinem Fall als ein »klassisches Einwanderungsland«, dem eine aktive Förderung von Einwanderung zu eigen sei.

Der Begriff Einwanderungsland kann statistisch verstanden werden und darauf verweisen, dass über einen längeren Zeitraum die grenzüberschreitenden Zuwanderungen jene der Abwanderungen übersteigen. Angesichts des für einen Großteil der Jahre seit 1949 positiven Wanderungssaldos müsste die Bundesrepublik demnach als Einwanderungsland gelten. Der Begriff Einwanderungsland kann aber

Einwanderungsland Deutschland – oft war der Bahnhof die erste Station.

auch darauf bezogen werden, dass jenseits bloßer grenzüberschreitender Bevölkerungsbewegungen und eines positiven Wanderungssaldos Tendenzen dauerhafter Ansiedlung von Migranten auszumachen sind, die beispielsweise auch in die Annahme der deutschen Staatsangehörigkeit mündeten. Wegen der millionenfachen Niederlassungen in den vergangenen Jahrzehnten wäre die Bundesrepublik demnach als Einwanderungsland zu verstehen.

Der Begriff Einwanderungsland kann sich darüber hinaus auf Politiken einer aktiven Förderung von grenzüberschreitender Migration und/oder dauerhaften Ansiedlung beziehen. Die Bundesrepublik hat seit den 1950er-Jahren eine aktive Einwanderungspolitik betrieben, indem sie Möglichkeiten der Migration eröffnete und die Integration von Zuwanderern förderte. Das gilt beispielsweise für die Zuwanderung von Arbeitsmigranten von den frühen 1950er-Jahren bis zum An-

werbestopp 1973. Kennzeichnend waren bereits in den 1960er-Jahren politische Maßnahmen, die nicht nur einen dauerhaften Aufenthalt ermöglichten, sondern diesen auch durch Maßnahmen zur Integration begleiteten. Hinzu traten und treten Regelungen, die eine Einreise und einen (dauerhaften) Aufenthalt von Studierenden, Fachkräften und Hochqualifizierten ermöglichen. Bereits die Römischen Verträge von 1957 formulierten außerdem das Ziel der Freizügigkeit aller Bürger der Mitgliedstaaten der Europäischen Wirtschaftsgemeinschaft (EWG). Eine Verordnung der EWG gab 1961 die Arbeitsaufnahme in einem anderen Mitgliedstaat grundsätzlich frei und hob die Visumpflicht auf. 1964 folgte die Aufhebung des »Inländervorrangs«, womit eine wesentliche Barriere für die Arbeitsmigration beseitigt wurde. Seit 1968 schließlich war für Arbeitsmigranten innerhalb der EWG keine Arbeitserlaubnis mehr nötig. Auf der Ebene der EWG bzw. der Europäischen Gemeinschaft (EG) und Europäischen Union (EU) betreibt mithin die Bundesrepublik seit den 1950er-Jahren eine aktive Politik mit dem Ziel der Einführung und Ausgestaltung grenzüberschreitender Freizügigkeit.

Als einwanderungspolitisch relevant können auch Regelungen gelten, die die Aufnahme spezifischer Kategorien von Migranten in die Bundesrepublik Deutschland förderten. Verwiesen sei hier auf die seit dem Bundesvertriebenengesetz von 1953 bestehenden Möglichkeiten der Zuwanderung von Aussiedlern und Spätaussiedler, die zum Grenzübertritt von rund 4,5 Millionen Menschen aus Ostmittel-, Südost-und Osteuropa führten. Mit der Einführung der Kategorie der jüdischen Kontingentflüchtlinge ist beispielsweise für mehr als 200 000 Menschen aus der UdSSR und ihren Nachfolgestaaten seit 1991 eine Möglichkeit der Einwanderung geschaffen wor-

den. Das gilt auch für andere Gruppen, denen kollektiv ein Flüchtlingsstatus zuerkannt wurde (z. B. Flüchtlinge aus Ungarn nach 1956 oder vietnamesische *Boat People* seit 1979/80). Diese und andere Beispiele lassen deutlich werden, dass die Zulassung von Einreisen und die gezielte Steuerung von Einwanderung ein Element bundesdeutscher Migrationspolitik war und ist. Die Bundesrepublik Deutschland ist ein Einwanderungsland.

Literatur

Bade, Klaus J.: Europa in Bewegung. Migration vom späten 18. Jahrhundert bis zur Gegenwart, München 2000.
Bade, Klaus J./Oltmer, Jochen: Normalfall Migration. Deutschland vom späten 19. Jahrhundert bis zur Gegenwart, Bonn 2004.
Oltmer, Jochen: Migration vom 19. bis zum 21. Jahrhundert, 3. Aufl. München 2016.

www.imis.uni-osnabrueck.de

Migrationshintergrund

Karl-Heinz Meier-Braun

Die Unterscheidung zwischen deutscher und ausländischer Nationalität hat sich nicht nur in der Statistik immer mehr als unzureichend erwiesen, weil sich inzwischen viele Ausländer eingebürgert haben. Deshalb wird seit 2005 im Rahmen des Mikrozensus, der größten amtlichen Haushaltsbefragung in Deutschland, auch nach

dem Migrationshintergrund gefragt. Seitdem werden von der Statistik auch Personen mit deutscher Staatsbürgerschaft erfasst: unter anderem Spätaussiedler, Eingebürgerte und deren Kinder sowie die Kinder ausländischer Eltern, die bei der Geburt zusätzlich die deutsche Staatsbürgerschaft erhalten haben.

Das Statistische Bundesamt bezieht sich auf die Bevölkerung mit Migrationshintergrund im engeren Sinne. Dazu zählen »alle nach 1949 (im Mikrozensus von 2011 nach 1955) auf das heutige Gebiet der Bundesrepublik Deutschland Zugewanderten sowie alle in Deutschland geborenen Ausländer und alle in Deutschland als Deutsche Geborenen mit zumindest einem zugewanderten oder als Ausländer in Deutschland geborenen Elternteil«. Auch in Deutschland geborene Deutsche können einen Migrationshintergrund haben, beispielsweise als Kinder von (Spät-) Aussiedlern. Diesen Migrationshintergrund können die Betroffenen aber nicht an ihre Nachkommen »vererben.« Das ist nur bei Zugewanderten und den in Deutschland geborenen Ausländern der Fall, was dazu führt, dass noch ein Teil der Enkel einen Migrationshintergrund hat. In den Jahren 2005, 2009 und 2013 konnte mit dem Mikrozensus zusätzlich die Bevölkerung mit Migrationshintergrund im weiteren Sinn festgestellt werden. Diese umfasst die auch in Deutschland geborenen Deutschen mit Migrationshintergrund, die nicht mehr mit ihren Eltern in einem Haushalt leben.

Zu den Personen mit Migrationshintergrund im engeren Sinne gehören folgende Bevölkerungsgruppen:

1. Ausländer, darunter
   - zugewanderte Ausländer der ersten Generation und
   - in Deutschland geborene Ausländer der zweiten oder dritten Generation;
2. Deutsche mit Migrationshintergrund, darunter
   - zugewanderte Deutsche mit Migrationshintergrund, also
     - Spätaussiedler und
     - Eingebürgerte mit eigener Migrationserfahrung;
   - nicht zugewanderte Deutsche mit Migrationshintergrund, also
     - eingebürgerte, nicht zugewanderte Ausländer,

– Kinder zugewanderter Spätaussiedler,
– Kinder zugewanderter oder in Deutschland geborener eingebürgerter ausländischer Eltern,
– Kinder ausländischer Eltern, die bei Geburt zusätzlich die deutsche Staatsangehörigkeit erhalten haben (*Ius Soli*) sowie
– Kinder mit einseitigem Migrationshintergrund, bei denen nur ein Elternteil Migrant oder in Deutschland geborener Eingebürgerter oder Ausländer ist.

Der Begriff Migrationshintergrund wird bisweilen belächelt und als zu »sperrig« bezeichnet. Die statistische Erfassung bei der Befragung im Mikrozensus mit bis zu 19 Fragen zum Migrationshintergrund sei zu komplex. Auch wird kritisiert, dass damit Menschen, die hier geboren und aufgewachsen sind, als Migranten abgestempelt und diskriminiert würden. Zudem würde, so die Kritiker, ein wesentlicher Teil der deutschen Einwanderungsgeschichte ausgeblendet. Rechnet man die 12,5 Millionen deutschen Flüchtlinge und Vertriebenen, die nach dem Zweiten Weltkrieg aus Schlesien oder anderen ehemaligen deutschen Gebieten Zuflucht in der Bundesrepublik fanden sowie ihre Kinder hinzu, würde sich der Anteil der Menschen mit Migrationshintergrund mehr als verdoppeln.

Alles in allem hat sich der Begriff Migrationshintergrund in den letzten Jahren dennoch durchgesetzt, auch wenn häufig nicht vermittelt wird, was genau damit gemeint ist. Inzwischen hat die Kategorie »Migrationshintergrund« die Kategorie »Ausländer« bzw. »Ausländerin« weitestgehend abgelöst. In Zukunft wird es sicher weitere Veränderungen geben, zumal das Mikrozensusgesetz von 2005, auf dem die Befragung zum Migrationshintergrund basiert, ausläuft und der Gesetzgeber eine neue Grundlage schaffen muss. Der Unterschied zwischen Menschen »mit/ohne eigene Migrationserfahrung« spielt schon jetzt eine Rolle. Das Land

Berlin hat bereits den Begriff modifiziert. So werden die deutschen Kinder von hier geborenen Ausländern oder Eingebürgerten – also die »dritte Generation« – nicht einbezogen. Die Berliner Definition umfasst nur Personen, die selbst oder deren Eltern Migrationserfahrung haben.

Im Jahr 2014 hatten rund 16,4 Millionen Menschen in Deutschland einen Migrationshintergrund, was einem Anteil von 20,3 % an der Gesamtbevölkerung von 80,9 Millionen entspricht. Die Mehrzahl der Personen mit Migrationshintergrund (9,2 Millionen) hatte einen deutschen Pass (56,0 %). 7,2 Millionen sind Ausländer (44 %). Etwa ein Drittel aller Menschen mit Migrationshintergrund ist in Deutschland geboren, rund zwei Drittel sind selbst zugewandert. Noch heute stellen Menschen aus den »Gastarbeiter-Anwerbeländern« die größte Gruppe der Bevölkerung mit Migrationshintergrund: 5,9 Millionen oder 36 %. Danach kommt die Gruppe der Spätaussiedler und ihre Nachkommen mit 4,2 Millionen oder 26 %. Rund 2,6 Millionen Menschen mit Migrationshintergrund (16 %) sind aus den Mitgliedstaaten der Europäischen Union zugewandert (ohne Menschen aus den »Gastarbeiterländern« und Spätaussiedler). Die meisten Menschen mit Migrationshintergrund kommen aus der Türkei (ca. 17,4 %), gefolgt von Polen (ca. 9,9 %), Russland (ca. 7,3 %) und Italien (ca. 4,7 %).

Im Vergleich der bundesdeutschen Flächenländer hat Baden-Württemberg mit 27,9 % traditionell den höchsten Anteil an Menschen mit Migrationshintergrund, gefolgt von Hessen (27,8 %), Nordrhein-Westfalen (25,2 %), Bayern (20,6 %) und Rheinland-Pfalz (20,6 %). Danach folgen das Saarland (17,3 %), Niedersachsen (17,9 %) und Schleswig-Holstein (12,5 %). Unter den Stadtstaaten liegen Bremen (28,5 %) und Hamburg (28,9 %) noch vor Berlin (26,6 %).

Hinsichtlich des Migrantenanteils an der Bevölkerung zeigt sich ein deutliches Ost-West-Gefälle: In den neuen Bundesländern liegt der Anteil der Menschen mit Migrationshintergrund bei nur rund 5 %.

Personen mit Migrationshintergrund sind statistisch gesehen wesentlich jünger als diejenigen ohne Migrationshintergrund (35,4 Jahre gegenüber rund 46,8 Jahre). Bei den unter Fünfjährigen stellen Personen mit Migrationshintergrund etwa 35 % der Bevölkerung. In den Ballungsräumen liegt dieser Anteil noch höher und erreicht bis zu 60 %. Personen mit Migrationshintergrund unterscheiden sich auch immer noch deutlich bei der Bildungsbeteiligung von denjenigen ohne Migrationshintergrund. 35 % von ihnen haben keinen berufsqualifizierenden Abschluss (ca. 9 % bei Personen ohne Migrationshintergrund). Das schlechtere Bildungsniveau wirkt sich auch negativ auf ihre Rolle auf dem Arbeitsmarkt und auf das Erwerbseinkommen aus. Der Anteil der Erwerbslosen ist bei der Bevölkerung mit Migrationshintergrund fast doppelt so hoch wie bei der Bevölkerung ohne Migrationshintergrund: 7 % gegenüber 4 %. Auch das Armutsrisiko ist bei Migranten deutlich höher.

Literatur

Meier-Braun, Karl-Heinz: Einwanderung und Asyl. Die 101 wichtigsten Fragen, 3. Aufl. München 2017.

Meier-Braun, Karl-Heinz: Deutschland, Einwanderungsland, 2. Aufl. Frankfurt/M. 2003.

Statistisches Bundesamt u. a. (Hrsg.): Datenreport 2016. Ein Sozialbericht für die Bundesrepublik Deutschland, Bonn 2016 www.destatis.de/DE/¬ Publikationen/Datenreport/Datenreport.html).

www.mediendienst-integration.de
www.destatis.de
www.berlin.de/lb/intmig
www.svr-migration.de

Zuwanderung und Integration im demokratischen Verfassungsstaat

Dieter Oberndörfer

Integration der Zuwanderer in den demokratischen Verfassungsstaat, in die Republik, ist ein normativ aufgeladenes Postulat. Es geht dabei um die wünschenswerte Eingliederung der Zuwanderer in Politik, Gesellschaft und Kultur. Politische Integration bedeutet im demokratischen Verfassungsstaat Identifikation mit den politischen Werten seiner Verfassung, seinen politischen Institutionen und seiner Rechtsordnung. Solche politische Integration ist ein ideales Ziel. Sie wird immer nur in unterschiedlichen Graden der Annäherung erreicht und ist kein sicherer Besitzstand.

Ein wichtiges Fundament politischer Integration ist die staatsbürgerliche, soziale und kulturelle Gleichberechtigung. Staatsbürgerliche Gleichberechtigung wird Zuwanderern durch Einbürgerung gewährt. Soziale Defizite von Migranten wie z. B. mangelnde schulische Leistungen oder die Benachteiligung von Frauen müssen als Aufgaben der Sozial- und Bildungspolitik wahrgenommen und bekämpft werden. Kulturelle Gleichberechtigung der Zuwanderer beinhaltet, dass diese ebenso wie die Einheimischen das Recht haben, ihre eigenen kulturellen Überlieferungen zu pflegen. Grenzen dieses Rechts werden für alle, für die Einheimischen wie für die Migranten, durch die Normen der Verfassung, durch die Gesetze und die Rechtsprechung bestimmt. Die Sozial- und Bildungspolitik müssen, um erfolgreich zu sein, die unterschiedlichen sozialen Bedingungen und kulturellen Überlieferungen der diversen Zuwanderergruppen wahrnehmen und berücksichtigen. Damit stellen sich auf diesen Feldern ganz neue und schwierige Herausforderungen.

Die Wirkung staatsbürgerlicher, sozialer und kultureller Gleichberechtigung für die Integration von Migranten wird aufgehoben, wenn sie zwar formal eingeräumt, aber von der Aufnahmegesellschaft nicht akzeptiert wird. Trotz formaler staatsbürgerlicher und kultureller Gleichberechtigung wurden jüdische Deutsche im Kaiserreich und in der Weimarer Republik von einflussreichen Teilen der Gesellschaft nicht als »echte Deutsche« anerkannt. Ihre politische und soziale Integration in die Mehrheitsgesellschaft blieb daher ein »Einwegunternehmen«. Wie Minderheiten häufig erfahren mussten, können gerade auch wirtschaftliche und soziale Erfolge zum Ärgernis werden und die Akzeptanz in der Mehrheit blockieren.

Forderungen nach Integration von Migranten in die deutsche Gesellschaft werden häufig immer noch als »Assimilation« der Zuwanderer, als ihr »Unsichtbarwerden« verstanden. Damit richten sich Erwartungen an die Migranten, die auch in »klassischen« Einwanderungsländern, wenn überhaupt, meist nur innerhalb mehrerer Generationen erfüllt wurden. Postulate für Integration im Sinne der kurzfristigen Assimilation in die einheimische Mehrheit hemmen, wie viele Beispiele der Migrationsgeschichte zeigen, die Integration der Migranten und verstärken negative Einstellungen gegenüber Zuwanderern in der Aufnahmegesellschaft.

Welche Kriterien gibt es für eine Assimilation der Ausländer in die deutsche

Gesellschaft? Was ist das spezifisch Deutsche? Was ist z. B. der Inhalt der von vielen geforderten »deutschen Leitkultur«, in die sich die Ausländer integrieren sollen, bevor sie deutsche Staatsbürger werden dürfen? Wer bestimmt die für alle verbindlichen »richtigen« Inhalte dieser »deutschen Leitkultur«? Es gibt dafür im demokratischen Verfassungsstaat keine verbindliche behördliche Instanz.

Die Vorstellungen über die Verwirklichung von Christentum und Humanismus in der Zuwanderungs- und Asylpolitik widersprechen sich stark. Gegen die von einigen Verfechtern angeblicher Leitkultur geforderte Praxis inhumaner Zuwanderungs- und Asylpolitik kann gerade unter Berufung auf das Christentum und die Humanität massiver Einspruch erhoben werden. Wer die Integration der Zuwanderer in »die« deutsche Kultur fordert, müsste auch die Frage beantworten können, was ein integrierter Deutscher überhaupt ist. Sind Bayern, Sachsen oder Mecklenburger, Katholiken, Protestanten, konfessionell nicht gebundene Bürgerinnen und Bürger, zum Islam oder Buddhismus konvertierte Deutsche, Akademiker oder Bauern jeweils das Modell für Integration und »den« integrierten Deutschen? Die Frage nach dem gut integrierten Deutschen und damit auch nach den Kriterien für kulturelle Integration ist im Hinblick auf unsere sich in ihren kulturellen Lebensformen und Stilen ständig weiter pluralisierende Gesellschaft nicht zu beantworten. Ihre verbindliche Beantwortung für alle steht in unübersehbarem Gegensatz zu der durch das Grundgesetz geschützten individuellen Freiheit des Kultus, der Freiheit der Weltanschauung und des religiösen Bekenntnisses, dem Fundament des modernen freiheitlichen Verfassungsstaates. Was die »deutsche« Kultur für die Bürger bedeutet und wie sie von ihnen definiert wird, dürfen sie individuell entscheiden. Auch Deutsche dürfen sich ursprünglich »fremden« Religionen zuwenden – und diese Freiheit liegt im wohlverstandenen langfristigen Eigeninteresse der christlich gebundenen Bürger: des Schutzes der Freiheit ihres eigenen religiösen Bekenntnisses gegen Bevormundung durch den Staat oder gesellschaftliche Gruppen.

In der pluralistischen Kultur der Republik müssen kulturelle Werte und Überlieferungen sehr viel überzeugender und engagierter vertreten werden als in einer Gesellschaft, in der »die« Überlieferung ungefragt und unkritisch Gegenwart und Zukunft prägen soll. Dies begünstigt eine ungleich tiefergehende individuelle Aneignung kultureller Güter durch die Bürgerinnen und Bürger. Die Freiheit der Kultur in der Republik richtet sich also nicht gegen die Bewahrung kultureller Traditionen. Sie schafft vielmehr den Rahmen für die kritische Überprüfung ihrer Geltung und verbessert die Chancen für kulturelle Innovation und Vielfalt.

Die Republik ist eine Staatsbürgernation. Die Kultur der Republik Deutschland ist daher nichts Statisches. Sie wandelt und pluralisiert sich. Einzelne, Minderheiten oder Mehrheiten dürfen sich zu ihren eigenen kulturellen Werten bekennen und für sie werben. Kulturelle Freiheit muss allen Bürgern ohne Ansehung ihrer ethnischen Herkunft, ihrer Religion oder Weltanschauung gewährt werden. Die Grenzen der kulturellen Freiheit aller Gruppen – der Einheimischen wie der Migranten – werden, dies sei nochmals unterstrichen, durch die Verfassung, durch die Gesetze und die Rechtsprechung festgelegt.

Die immer noch geringe Akzeptanz des sozialen und kulturellen Pluralismus in Deutschland drückt sich auch in der Polemik gegen die Entstehung sogenannter Parallelgesellschaften der Zuwanderer aus (→ S. 176 ff.). Eine bunte und zunehmende Vielfalt von oft wenig miteinander verbundenen Parallelgesellschaften und ihrer Lebenswelten ist aber gerade für moderne

Gesellschaften charakteristisch. Sie gab es aber auch schon in den angeblich homogenen Gesellschaften Europas der Vergangenheit. Arbeiter, Bauern, Handwerker, Wissenschaftler, Protestanten oder Katholiken, um nur einige ihrer Parallelgesellschaften zu nennen, hatten parallel zu den anderen Gruppen der Gesellschaft ihre jeweils eigenen Lebenswelten.

Die Bürger freier Gesellschaften haben das Recht, ihre eigene Lebenswelt zu suchen und sich dabei auch von anderen Lebenswelten zu dissoziieren. Dissoziation – Trennung der Lebenswelten – kann eine legitime Technik der Konfliktprävention sein. Nicht alle Menschen unserer Gesellschaft müssen sich einander lieben und miteinander Händchen halten.

Auch für Einwanderer muss das Grundrecht der Freiheit der Bewegung Geltung haben. Dies bedeutet, dass Sie ebenfalls das Recht der freien Wahl ihres Wohnortes haben, dass sie also in bestimmten Regionen oder Stadtvierteln mit Einwanderern gleicher Herkunft zusammenleben dürfen, aber auch frei sein sollen, solche Zentren zu verlassen. Die zwangsweise dauerhafte Abschiebung von Migranten in abgelegene, wirtschaftlich stagnierende oder sogar kränkelnde Kommunen verhindert ihre Integration und wirkt vor Ort als gefährlicher politischer Sprengstoff. Städtische Agglomerationen eingewanderter Ethnien werden in Deutschland immer noch primär als Beispiele für mangelnde oder gescheiterte Integration oder sogar als Gefährdung der nationalen Identität Deutschlands dämonisiert. In den Vereinigten Staaten, in Australien, Kanada oder Lateinamerika wird die Konzentration eingewanderter Ethnien in bestimmten Stadtvierteln oder ländlichen Siedlungen hingegen als möglicher Aspekt von Einwanderung akzeptiert. Sie bieten Neuangekommenen Hilfe und Schutz. Solche Konzentrationen dürfen allerdings nicht zu ghettoartigen Slums, zu soziokulturellen Gefängnissen degenerieren. Wie

bei vielen anderen sozialen Fehlentwicklungen sind nachträgliche Korrekturen schwieriger und kostspieliger als rechtzeitige Prävention. Diese kann nur bei aktiver Einbindung der Betroffenen Erfolg haben. Darüber hinaus wird die Integration in den Pluralismus der Mehrheitsgesellschaft gerade durch ein Leben in gemischten Siedlungen erleichtert.

Politische Kommunikation der Bürger, die Grundlage der politischen Willensbildung im demokratischen Verfassungsstaat, macht eine gemeinsame Verkehrs- und Verwaltungssprache notwendig. In Deutschland ist dies die deutsche Sprache als Sprache der Mehrheit. Wegen der Nachteile mangelhafter Kenntnisse der Landessprache für die wirtschaftlichen Zukunftschancen der Migranten und für ihre politische und kulturelle Integration in die Mehrheitsgesellschaft muss die Verbesserung ihrer Deutschkenntnisse mit besonderem Nachdruck gefördert werden.

Kulturelle Konflikte, die es in allen Gesellschaften immer wieder gegeben hat – so z. B. in den Konfessionskriegen des christlichen Europa oder im Kulturkampf über die Einführung der Zivilehe im Bismarckschen Reich – müssen im Rahmen der rechtlichen und politischen Ordnung des republikanischen Verfassungsstaates aufgearbeitet werden. Dies kann mit schweren politisch-kulturellen Konflikten verbunden sein. Ihre friedliche und konsensuelle Bewältigung innerhalb des durch Verfassung und Rechtsordnung vorgegebenen Rahmens wird nicht immer und oft nur partiell gelingen. Soziale und politische Integration sind in demokratischen Verfassungsstaaten eine ständige Aufgabe. Ihr Erfolg ist nicht zwangsläufig. Die Republik wächst oder verkümmert je nach den Erfolgen oder Misserfolgen bei ihrer eigenen Konkretisierung. Der republikanische Verfassungsstaat bleibt stets ein nur annäherungsweise erfüllbares Programm. Wenn es dann gelingt, in freier Selbstbestimmung eine halbwegs friedliche Koexistenz und Kooperation von Menschen unterschiedlicher religiöser und weltanschaulicher Orientierung zu ermöglichen, ist fast schon das Beste erreicht, was man von einer politischen und sozialen Ordnung erhoffen kann.

Integration von Migranten ohne Akzeptanz kultureller Verschiedenartigkeit ist nicht möglich. Wer von Einwanderern eine Anpassung an die Vorstellungen und Gewohnheiten von Provinzkulturen des Aufnahmelandes verlangt und dies als Eingliederung, als Integration, bezeichnet, verhindert Integration. Migranten aus Indien oder China können gute gesetzestreue Bürger sein, werden aber niemals bayerische katholische Bauern oder schwäbische Pietisten werden. Viele sind dann allein schon wegen ihrer »falschen Hautfarbe« oder anderen »falschen« physischen Äußerlichkeiten nicht integrierbar.

In Art. 3 des Grundgesetzes heißt es, dass niemand wegen »seiner Abstammung, seiner Heimat und seines Glaubens bevorzugt oder benachteiligt« werden darf. Einige Protagonisten angeblicher Leitkultur und forcierter Integration im Sinne von Assimilation haben behauptet, das Grundgesetz sei ihre Messlatte. Es wäre konsequent, wenn dieses Bekenntnis auch für Migranten Geltung hätte.

Die Aneignung der Staatsbürgernation und ihres kulturellen Pluralismus ist die große Herausforderung für die sich in Zukunft noch weiter pluralisierende deutsche Gesellschaft. Bei der Integration von Einwanderern geht es um die politische Legitimität unserer politischen Ordnung, ob wir bereit sind, ihre menschenrechtliche Grundlage ernst zu nehmen und ihr Gestalt zu geben. Die Aneignung der Staatsbürgernation ist auch die geistige Vorrausetzung für die Überwindung der europäischen Nationalismen und für die politische Einigung eines neuen, für Zuwanderer und Flüchtlinge nach außen offenen Europas.

Literatur

Oberndörfer, Dieter: Die Bundesrepublik Deutschland – Demokratie durch Zuwanderung, in: Stefan Rother (Hrsg.): Migration und Demokratie, Wiesbaden 2016, S. 17–48.

Oberndörfer, Dieter: Zuwanderung, kulturelle Vielfalt und Integration im demokratischen Verfassungsstaat, in Karl-Heinz Meier-Braun/Reinhold Weber (Hrsg.): Kulturelle Vielfalt. Baden-Württemberg als Einwanderungsland, 2. Aufl. Stuttgart 2005, S. 209–224.

Dieter Oberndörfer: Der Wahn des Nationalen. Die Alternative der offenen Republik, Freiburg 1993.

Oberndörfer, Dieter: Integration or Separation. On the Way to the Post-National Republic, in: Theodor Hanf (Hrsg.): Dealing with Difference, Religion, Ethnicity, and Politics, Baden-Baden 1999, S. 409–443.

Oberndörfer, Dieter: Politik für eine offene Republik. Die ideologischen, politischen und sozialen Herausforderungen einer multikulturellen Einwanderungsgesellschaft, in: Klaus J. Bade (Hrsg.): Manifest der Sechzig. Deutschland und die Einwanderung, München 1993, S. 133–147.

Das Integrationsparadox

Annette Treibel

Macht Erfolg verdächtig? Die Beobachtung des Schriftstellers Feridun Zaimoğlu, dass dies besonders auf Einwanderer zutrifft, hat einiges für sich. Denn sonst ist kaum zu erklären, weshalb Aufstiege, Erfolge oder auch nur das unauffällige Klarkommen von Einwanderern und ihren Nachkommen so selten thematisiert werden. Offenkundig sind Misserfolge und Schwierigkeiten das sozial Erwartete. Vollzogene Integrationsprozesse werden häufig nicht für »normal« gehalten, sondern als etwas Besonderes klassifiziert – als Ausnahme, wie man es in unzähligen Talkshows vorgeführt bekommt. Dieser mediale Mechanismus hat blinde Flecken zur Folge. Denn es gibt in Deutschland längst auch eine migrantische Mittelschicht: Filialleiterinnen im Einzelhandel mit marokkanischen Wurzeln, türkeistämmige Kommissare, Abteilungsleiter aus einer polnischen Einwandererfamilie oder iranische Chefärztinnen. Laut Statistischem Bundesamt haben inzwischen zwei von fünf jungen Menschen mit Migrationshintergrund Abitur. Im Jahr 2014 wurden 15 % der Menschen mit Migrationshintergrund ohne Schulabschluss verzeichnet. Das heißt aber eben auch, dass 85 % einen Schulabschluss haben.

Es wird viel zu wenig danach gefragt, wie diese Personen in Deutschland klarkommen und auf welche Weise viele von ihnen den sozialen Aufstieg geschafft und gar Führungspositionen erreicht haben. Untersuchungen zur Wissenschaft, zur Politik oder zu Zeitungsredaktionen zeigen ein durchgehendes Muster: Anders als ihre Kollegen ohne Migrationshintergrund kommen die Akademiker mit Migrationshintergrund selbst meist nicht aus akademischen Milieus, sondern stammen überproportional häufig aus Arbeiterfamilien. Dies zeigt den besonderen Ehrgeiz und eine Aufstiegsorientierung, die in der Öffentlichkeit wenig thematisiert wird.

Hunderttausende Nachkommen der Einwanderer sind gut ausgebildet und vielfach mehrsprachig. In der globalisierten Ökonomie können sie womöglich eine ernsthafte Konkurrenz für weniger Qualifizierte ohne Migrationshintergrund darstellen. Der Migrationshintergrund kann also durchaus eine Ressource sein – und eben nicht mehr automatisch ein Problem oder eine Belastung. Betrachtet man es einmal unter dieser Perspektive, so kann der Migrationshintergrund ein »Distinktionsmerkmal« sein, wie man es in der Soziologie nennt. In Verbindung mit einer guten Qualifikation kann er dann im Vergleich der Bewerber den positiven Ausschlag geben. Gegenwärtig ist der Effekt häufig noch negativ: Es werden gerade die Personen mit ausländischen Wurzeln aus der engeren Wahl ausgeschlossen.

Die Kinder und Enkel der »Gastarbeiter« sind Deutsche, manchmal mit einem weiteren Pass. Ihre Integration macht die eigentliche Beunruhigung für viele »alte Deutsche«, also für diejenigen ohne Migrationsgeschichte, aus. Denn viele der »neuen Deutschen«, also derjenigen mit Migrationsgeschichte, identifizieren sich mit Deutschland und kommen hier gut zurecht. Sie bestimmen mit, übernehmen Verantwortung und freuen sich darauf, irgendwann nicht mehr automatisch mit ihrem Migrationshintergrund gleichgesetzt zu werden. Dann können sie als Lehrer, Ärztin, Journalist, Abteilungsleiter oder Managerin »ganz normale Deutsche« sein, die von sich aus über ihre Eltern oder Großeltern sprechen *können*, aber nicht Auskunft geben *müssen*, woher diese einmal gekommen waren. Sie haben sich längst integriert und sind genervt von der Herkunftsfrage. Die »alten Deutschen« irritiert wiederum der Unmut, den diese Frage auslösen kann. Sie wollen nicht so ohne Weiteres von dem Vorrecht und der Gewohnheit lassen, die Richtung der Kommunikation zu bestimmen. Dass sie damit eine Hierarchie einziehen, ist den meisten sicherlich gar nicht bewusst.

Diese Konstellation nenne ich das »Integrationsparadox«. Denn es ist auffallend, dass Menschen, die sich erfolgreich integriert haben, sich erneut rechtfertigen müssen. »Sie sprechen aber gut Deutsch«, heißt es dann. Was sollen sie auch anders tun, wenn sie hier aufgewachsen sind? Viele derjenigen, die über Parallelgesellschaften klagen, wollen »die Ausländer« in ihrer eigenen Gesellschaft nicht dabei haben und haben ein Problem damit, dass ganz unterschiedliche Menschen heute Einheimische in Deutschland sind. Das multikulturelle Gesicht der Fußballnationalmannschaften der Männer und der Frauen gefällt nicht allen: Deutsche sollen Lahm oder Angerer, vielleicht auch noch Podolski oder Bartusiak, aber nicht Marozsán, Boateng oder Özil heißen. Mit erfolgreicher Integration und mit Tausenden von Erfolgsgeschichten entfällt der Exotenstatus von Ausländern und Einwanderern. Damit hatten und haben die Medien und in Teilen auch die Wissenschaft ihre Schwierigkeiten. Prozesse der »stillen Integration« etwa der polnischstämmigen Einwanderer lassen sich eben nicht laut erzählen.

An der Entwicklung der Organisationen, die sich um Migranten kümmern, kann man die Veränderung Deutschlands in Richtung Einwanderungsland gut zeigen. In den 1960er-Jahren war es etwa die Arbeiterwohlfahrt, die für die türkischen »Gastarbeiterfamilien« zuständig war. In der Folgezeit haben sich die Migranten zunehmend in sogenannten Migranten(selbst)organisationen von der »Fremdbetreuung« gelöst und breit ausdifferenziert. Für eine Einwanderungssituation werden nun wiederum neue Konzepte und neue Begriffe gebraucht, die Deutschland als Aktionsebene und die die vollzogene Integration betonen. Zu den 2015 gegründeten »Neuen Deutschen Organisationen« gehören mit Stand Frühjahr 2016 bereits 80 Organisationen, die von den *Neuen Deutschen Medienmachern* über die *Initiative Schwarze Menschen in Deutschland* bis zum bereits 1972 gegründeten *Verband binationaler Familien und Partnerschaften* (iaf – entsprechend der ursprünglichen Bezeichnung *Interessengemeinschaft der mit Ausländern verheirateten Frauen*) reichen. Das Selbstbewusstsein dieser Organisationen zeigt, dass die vorgeblichen Außenseiter in der Mitte der Gesellschaft angekommen sind und jetzt für sich sprechen. Welche Relevanz der Migrationshintergrund für sie überhaupt noch hat, möchten die Einzelnen gerne selbst entscheiden und sich nicht von den »alten Deutschen« vorgeben lassen. Sie beanspruchen also selbst auch Macht und Einfluss im Einwanderungsland Deutschland.

Die Präsenz von Einwanderern in der gesellschaftlichen Mitte ist für viele noch ungewohnt. Die Ähnlichkeiten nehmen zu; das reicht von der sozialen Position bis zum Dialekt. Wenn im Beziehungsgeflecht zwischen Einheimischen und Einwanderern Letztere nicht mehr nur soziale Außenseiter sind, sondern mehr und mehr auch bei den Etablierten zu finden sind, sind Statusängste, Neid und Missgunst nicht überraschend. Die mehr oder weniger subtile Abwehr von gut Integrierten entsteht aus dem Versuch, die Einwanderer auf ihre alten »Ausländerplätze« zu verweisen. So stellt sich nicht mehr der Integrationsmisserfolg, sondern gerade der Integrationserfolg als Problem dar.

Das »Integrationsparadox« ist charakteristisch für die Übergangsphase, in der sich Deutschland gegenwärtig befindet. Auf dem Weg zu einer Gesellschaft, die sich offiziell und offensiv als Einwanderungsland sieht, gibt es noch viele Hemmnisse. Statt eines Einwanderungsgesetzes, das von gelungenen und auch in Zukunft gelingenden Integrationsprozessen ausgeht, wurde im Frühjahr 2016 ein »Integrationsgesetz« auf den Weg gebracht. Es zementiert trotz seiner wohlmeinenden Ansätze vor allem die alte Botschaft, dass Ausländer, Flüchtlinge und Einwanderer sich nicht freiwillig integrieren, sondern darauf verpflichtet werden müssen. Politisch darf die Erkenntnis, dass sich Millionen von Einwanderern längst integriert haben und in Deutschland mitbestimmen, wohl nicht öffentlich bekundet werden. Dieser Mechanismus zeigt, dass sich politische Eliten und viele Menschen ohne Migrationshintergrund (noch) nicht in die gesellschaftliche Wirklichkeit, ein Einwanderungsland geworden zu sein, integriert haben.

Literatur

Boldt, Thea: Die stille Integration. Identitätskonstruktionen von polnischen Migranten in Deutschland, Frankfurt/M. 2012.

Bota, Alice/Pham, Khuê/Topçu, Özlem: Wir neuen Deutschen: was wir sind, was wir wollen, Reinbek bei Hamburg 2012.

Brinkmann, Heinz/Uslucan, Haci-Halil (Hrsg.): Dabeisein und Dazugehören. Integration in Deutschland, Wiesbaden 2013.

Foroutan, Naika: Neue Deutsche, Postmigranten und Bindungs-Identitäten. Wer gehört zum neuen Deutschland? in: Aus Politik und Zeitgeschichte, 46-47/2010, S. 9–15.

Lange, Christine/Pott, Andreas/Schneider, Jens: Unwahrscheinlich erfolgreich. Sozialer Aufstieg in der Einwanderungsgesellschaft, Osnabrück 2016.

Treibel, Annette: Integriert Euch! Plädoyer für ein selbstbewusstes Einwanderungsland, Frankfurt/M. 2015.

Zaimoğlu, Feridun: Erfolg, in: Özkan Ezli/Gisela Staupe (Hrsg.): Das neue Deutschland. Von Migration und Vielfalt, Paderborn 2014, S. 77–79.

www.destatis.de
www.svr-migration.de
neue-deutsche-organisationen.de

Auswanderung

Jan Philipp Sternberg

Deutschland war in seiner Geschichte meist Ein- und Auswanderungsland zugleich. Heute gilt dies in besonders starkem Maße. Allein rund 890 000 Flüchtende kamen im Jahr 2015 in die Bundesrepublik, doch auch die Abwanderungen waren hoch. Fast eine Million Menschen verließen im selben Jahr das Land, darunter knapp 140 000 mit deutscher Staatsbürgerschaft. Die heutige Bundesrepublik wird daher weder als Einwanderungs- noch als Auswanderungsland, sondern als »Migrationsland« bezeichnet – als eine Gesellschaft mit einem hohen Anteil an Wanderungen, an Weg- und Zuzüglern gleichermaßen. Ein- und Auswanderung schließen einander also keineswegs aus.

Es gab allerdings Phasen, in denen eines der beiden Wanderungsphänomene im Vordergrund stand. Für große Teile des 18. und 19. Jahrhunderts war das die Auswanderung, für große Teile des 20. Jahrhunderts die Einwanderung. Dabei dominierte »von der Mitte des 18. Jahrhunderts bis in die 1830er-Jahre die kontinentale Auswanderung nach Ost- und Südosteuropa, bis zum späten 19. Jahrhundert dann die transatlantische Auswanderung, vornehmlich in die USA«, so Klaus J. Bade und Jochen Oltmer. Die Wanderung über die »trockene Grenze« hatte vor allem Südost- und Osteuropa zum Ziel. Die »Schwabenzüge« führten im 18. Jahrhundert rund 70 000 deutschsprachige Handwerker und Bauern in den Donauraum, andere Siedlungswanderungen führten in die Wolga- und Schwarzmeerregion. Schätzungen gehen von insgesamt etwa 740 000 Menschen aus, die zwischen den 1680er-Jahren und 1800 aus dem deutschsprachigen Raum nach Ost- und Südosteuropa ausgewandert sind. Dabei kamen beileibe nicht alle der als »Schwaben« (»Donauschwaben«, »Banater Schwaben«) bezeichneten Neusiedler aus Württemberg, sondern ebenso aus Franken, Baden, Vorderösterreich, Luxemburg und Lothringen. Gerade die Regionen entlang des Rheins waren aber kurze Zeit später auch die ersten Gegenden, aus denen massenhaft Menschen über das »offene Meer« auswanderten. Über den Rhein und die Nordsee waren die britischen Häfen leicht zu erreichen, über die bis zur Mitte des 19. Jahrhunderts noch der Großteil der deutschen Auswanderer nach Nordamerika fuhr.

Insgesamt wanderten zwischen 1816 und 1914 rund 5,5 Millionen Deutsche in die Vereinigten Staaten aus. In der Zeit vom Ersten Weltkrieg bis heute waren es noch einmal rund zwei Millionen. Zwischen 1847 und 1914 stellten Deutsche die stärkste Gruppe der Einwanderer in die USA. Besonders in der zweiten Hälfte des 19. Jahrhunderts dominierte dieses Zielland: 90 % der deutschen Auswanderer nach Übersee gingen dorthin, mit großem Abstand folgten Kanada, Brasilien, Argentinien und Australien. Die deutschen Häfen Bremen/Bremerhaven und Hamburg übernahmen Ende des 19. und Anfang des 20. Jahrhunderts ihre führende Rolle für die kontinentale Auswanderung, als sie zu Transithäfen für die millionenfache Auswanderung aus den unter russischer und habsburgischer Herrschaft stehenden Regionen Ostmitteleuropas wurden. Um die Wende vom 19. zum 20. Jahrhundert kamen fast 90 % der Überseeauswanderer, die in deutschen Häfen ein Schiff bestiegen, aus dem Ausland. Deutsche wanderten nach 1893 kaum noch nach Übersee aus – bis zum Ersten Weltkrieg wurde das Reich zum Zielland für Zuwanderer, die vor allem aus Osteuropa kamen und als Wanderarbeiter temporär im Land blieben. 1914 hatte ihre Zahl 1,2 Millionen erreicht.

Nach der Unterbrechung durch den Ersten Weltkrieg kam die Überseewanderung ab 1919/20 nur langsam wieder in Gang, bis sie im Inflationsjahr 1923 mit fast 120 000 Fortzügen abrupt ein absolutes Maximum im 20. Jahrhundert erreichte, um dann bis zur Weltwirtschaftskrise abzusinken. Insgesamt verließen zwischen 1919 und 1932 noch einmal rund 600 000 Deutsche das Land. Die freiwillige Auswanderung blieb auch nach 1933 gering, doch nach der Machtübernahme durch die Nationalsozialisten kam es zu einer Fluchtbewegung, in deren Verlauf eine halbe Million Emigranten, darunter etwa die Hälfte Juden, Deutschland verlassen mussten.

Nach dem Zweiten Weltkrieg erlebte vor allem die Bundesrepublik millionenfache Zuwanderungen: Acht Millionen deutsche Flüchtlinge und Vertriebene aus den Gebieten östlich von Oder und Neiße sowie aus Ost- und Südosteuropa kamen in die Westzonen bzw. in die Bundesrepublik. Weitere 3,6 Millionen Menschen siedelten zwischen 1949 und dem Mauerbau im Jahr 1961 aus der DDR in die Bundesrepublik über. In den 1950er-Jahren war Westdeutschland zudem Ziel von Spätaussiedlern und Flüchtlingen aus dem Ostblock und der ersten Arbeitsmigranten aus dem Mittelmeerraum. Ab 1955 wurden Anwerbeverträge u. a. mit Italien, Spanien, Griechenland, der Türkei, Portugal und Jugoslawien abgeschlossen (→ S. 65 ff.). Aber auch in der Nachkriegszeit war Deutschland nicht nur Zuwanderungsland, sondern Migrationsland mit starken Bewegungen in beide Richtungen. Per Saldo sind in der Nachkriegszeit zwar weit mehr Menschen in die Westzonen bzw. in die Bundesrepublik zugewandert als abgewandert; zur gleichen Zeit erreichte aber die Auswanderung einen Höhepunkt im 20. Jahrhundert. 790 000 Deutsche weist die Statistik aus, die zwischen 1949 und 1961 die Bundesrepublik verließen. Von ihnen ging die Hälfte in die USA, ein knappes Drittel nach Kanada, jeweils 10 % nach Australien und in andere Länder. Die jährlichen Abwanderungszahlen waren mit die höchsten im 20. Jahrhundert. Das System der Abwanderung nach Übersee ähnelte der deutschen Arbeitskräfteanwerbung aus Südeuropa: Mit Australien wurde ein Wanderungsabkommen geschlossen, an dem Deutschland als Auswanderungsland beteiligt war. Die USA und Kanada warben offensiv um Facharbeiter aus bestimmten Berufen. Internationale Organisationen und die Zielländer selbst übernahmen Reisekosten.

Deutsche Auswanderer im Hamburger Hafen in den 1950er-Jahren.

Die größte deutsche Auswanderungsbewegung des 20. Jahrhunderts vollzog sich in der Nachkriegszeit quasi im Schatten der Wanderungsstatistik. Zudem wurde sie in der Rückschau oft als Folge der Zwangswanderungen der Kriegs- und Nachkriegszeit wahrgenommen. Denn unter den Auswanderern der Nachkriegszeit aus der Bundesrepublik befanden sich überproportional viele Vertriebene. Während sie etwa 19 % der Gesamtbevölkerung in der Bundesrepublik stellten, machten sie unter den Auswanderern rund ein Drittel aus. Daraus zu schließen, die Auswanderung dieser Zeit sei ausschließlich eine späte Kriegs- und Vertreibungsfolge, würde allerdings zu kurz greifen, zumal es auch in anderen west- und nordeuropäischen Ländern (z. B. Niederlande, Skandinavien, Großbritannien) in den 1950er-Jahren beträchtliche Auswanderungen gab. Alexander Freund betrachtet diese Zeit als letzte Phase des »industriellen nordatlantischen Migrationssystems«, das durch den wirtschaftlichen Aufschwung in Nordwesteuropa Ende der 1950er-Jahre zum Erliegen kam. In den 1960er- und 1970er-Jahren sank die Abwanderung deutscher Staatsbürger aus der Bundesrepublik auf historische Tiefstände von teilweise nur noch 20 000 pro Jahr. Ab den 1990er-Jahren aber liegt sie wieder konstant über 100 000 pro Jahr, seit 2004 sogar über 140 000 pro Jahr. Mehr als 60 % der Fortziehenden aber wandern nicht mehr in überseeische Länder, sondern bleiben in den Ländern der Europäischen Union (EU) und des Europäischen Wirtschaftsraums (EWG).

Eine permanent verfolgte Auswanderungspolitik, die die Abwanderung aus Deutschland aktiv fördern würde oder zu steuern versuchte, ist im Gegensatz zur Zuwanderungspolitik für den überwiegenden Teil des 19. und 20. Jahrhunderts nicht feststellbar. Generell steht die politische Beschäftigung mit der Auswanderung in den verschiedenen Staatsformen seit 1848 unter dem Primat der Furcht, der Furcht also, durch eine offene staatliche Beschäftigung mit der Migrationsthematik eine als zu hoch empfundene Auswanderung erst hervorzurufen, die volkswirtschaftlich und bevölkerungspolitisch unerwünschte Folgen nach sich ziehen würde. Befürchtet wurde auch, dass die »Falschen« das Land verlassen würden (also je nach zeitgenössischem Schwerpunkt der Diskussion z. B. die Kinderreichen, die Facharbeitskräfte, die Hochqualifizierten usw.). Diese Dominanz der Furcht ist beileibe nicht ausschließlich bei der Diskussion um Auswanderung anzutreffen. Wie aus der Einwanderungsgeschichte der Bundesrepublik besonders in den 1970er- bis 1990er-Jahren ersichtlich ist, prägt sie ähnlich und mitunter weit stärker auch die Zuwanderungsseite des Migrationsdiskurses. Hier tritt ebenso die Furcht vor den »Falschen« in den Vordergrund, in diesem Falle den »falschen« Einwanderern (den Niedrigqualifizierten, den »Unintegrierbaren« oder den aus kulturellen und religiösen Gründen »Problematischen«). Als Folge dieser Furcht entstand ein Selbstverständnis von vor allem staatlichem Handeln, das der Illusion einer Steuer- und Verhinderbarkeit der Migration nachhängt. Dennoch wurde diese Illusion über alle politischen Zäsuren hinweg verfolgt. So verzögerten deutsche Regierungen gesetzliche Regelungen der Auswanderung. Auswanderungspolitik wurde größtenteils in der Negation betrieben, durch das Unterlassen staatlichen Handelns. In zwei Fällen, 1897 und 1975, wurde ein seit Jahrzehnten geplantes Auswanderungsgesetz erst dann verabschiedet, als die Abwanderung sich wieder auf historischen Tiefständen befand.

Eine Analogie in dieser historischen Verspätung liegt im Zeitpunkt der Verabschiedung des ersten Zuwanderungsgesetzes der Bundesrepublik im Jahr 2004 mit Inkrafttreten zum 1. Januar 2005 – exakt zu dem Zeitpunkt, da sich die Einwanderung an einem Tiefpunkt befand und die Statistiker einen negativen Migrationssaldo, also die

Differenz zwischen Zu- und Abwanderungen, registrierten. Seit der Eurokrise und der stark angewachsenen Flüchtlingszuwanderung über das Mittelmeer hat sich dieser Trend wieder stark umgekehrt. Deutschland ist Hauptzielland der Flüchtenden und zudem von Arbeitsmigranten aus den östlichen Ländern und dem Mittelmeerraum. Dabei gerät die Abwanderung im Migrationsland Deutschland aus dem Blickfeld, obwohl sie bei ausländischen Staatsbürgern stark ansteigt und auch bei Deutschen konstant hoch liegt.

Literatur

Bade, Klaus J./Oltmer, Jochen: Deutschland, in: Klaus J. Bade/Jochen Oltmer/Pieter C. Emmer/ Leo Lucassen (Hrsg.): Enzyklopädie Migration in Europa. Vom 17. Jahrhundert bis zur Gegenwart, 3. Aufl. Paderborn 2010, S. 141–170.

Beer, Matthias/Dahlmann, Dittmar (Hrsg.): Über die trockene Grenze und über das offene Meer, Essen 2005.

Freund, Alexander: Aufbrüche nach dem Zusammenbruch, Osnabrück 2004.

Meier-Braun, Karl-Heinz: Deutschland, Einwanderungsland, 2. Aufl. Frankfurt/M. 2003.

Steinert, Johannes-Dieter: Migration und Politik. Westdeutschland – Europa – Übersee 1945–1961, Osnabrück 1995.

Sternberg, Jan Philipp: Auswanderungsland Bundesrepublik. Denkmuster und Debatten in Politik und Medien 1945–2010, Paderborn 2012.

www.destatis.de
www.dah-bremerhaven.de (Deutsches Auswandererhaus Bremen)
www.ballinstadt.de (Auswanderermuseum Ballinstadt, Hamburg)

»Klassische« Einwanderungsländer: Vorbild für Deutschland?

Harald Bauder

Die »klassischen« Einwanderungsländer Australien, Kanada und die Vereinigten Staaten von Amerika galten lange Zeit als Vorbilder für Deutschland, wenn es um die Fragen ging, wie Zuwanderung gesteuert und wie Einwanderer in die Gesellschaft integriert werden können. In den vergangenen zwei Jahrzehnten, während sich Deutschland auch zunehmend dazu bekannte, eine Einwanderungsgesellschaft zu sein, erfüllte diese Vorbildfunktion einen wichtigen Zweck. Insbesondere haben Entscheidungsträger in Politik, Verwaltung und Zivilgesellschaft oftmals Anregungen erhalten, wie man erfolgreiche Integration auch in Deutschland betreiben kann.

Trotzdem sollte man auch einen kritischen Blick auf die »klassischen« Einwanderungsländer werfen. Australien, Kanada und die Vereinigten Staaten besitzen ein Nationalverständnis, das Zuwanderern nicht nur eine Kultur des Willkommens bietet, sondern das Zuwanderung auch historisch mit der Kolonialisierung und Aneignung von Territorium verbindet. Zudem sind diese »klassischen« Einwanderungsländer auch weiterhin durch Praktiken rassistischer Ausgrenzung geprägt. Für Deutschland besteht hingegen eine historische Gelegenheit, Zuwanderung in anderer Weise in eine neue gesellschaftliche Identität einzufügen.

In den »klassischen« Einwanderungsländern wie Australien, Kanada und den Vereinigten Staaten von Amerika ist Zuwanderung untrennbar mit nationaler Identität verbunden. Es wird von politischen Institutionen und dem Großteil der Bevölkerung als selbstverständlich akzeptiert, dass Einwanderung ein nicht wegzudenkender Bestandteil dessen ist, was die Nation ausmacht. Ohne Einwanderung gäbe es diese Nationen nicht so, wie wir sie heute kennen.

Entsprechend diesem nationalen Grundverständnis als Einwanderungsland ist die Bevölkerung allgemein der Einwanderung gegenüber positiv eingestellt. Auch die Einwanderungs- und Integrationspolitik ist von diesem Grundverständnis geprägt. Die »klassischen« Einwanderungsländer versuchen Einwanderung aktiv zu steuern, anstatt sie gänzlich zu unterbinden. Die Neuankömmlinge, denen die Einwanderung gewährt wird, werden in der Regel als zukünftige Mitbewohner und Staatsbürger willkommen geheißen.

In den Vereinigten Staaten drückt sich dieses Verhältnis zwischen Zuwanderung und nationaler Identität dadurch aus, dass Einwanderer die Nation »erneuern« (Bonnie Honig). In Kanada kann ähnliches beobachtet werden. Allerdings stellen Politik und Medien Zuwanderer zunächst als die »Anderen« dar. Durch diese Darstellungsweise wird die eigene Nation in positiver Weise belichtet. Schließlich verlassen die Migranten ihr Ursprungsland, weil es in Kanada besser ist – weil Gerechtigkeit, Wohlstand, politische Stabilität und wirtschaftliche Möglichkeiten bestehen. Wenn die Neuankömmlinge aber dann im Land sind, ist es auch selbstverständlich – und es

wird von ihnen erwartet –, dass sie bald Kanadier werden. Was eine Einwanderungsgesellschaft auszeichnet, ist, dass aus dem »Anderen« einer von uns wird. Diese Grundeinstellung kann sehr gut am Beispiel syrischer Flüchtlinge gezeigt werden. Der kanadische Premierminister Justin Trudeau begrüßte im Dezember 2015 die ersten syrischen Familien persönlich auf dem Flughafen Torontos mit den Worten: »You are home ... welcome home!«

Das grundsätzliche Bekenntnis zu Einwanderung bedeutet allerdings nicht, dass Rassismus und Angst vor dem Fremden nicht auch Teil dieser Einwanderungsgesellschaften sind. Im Gegenteil, die Besiedlung der heutigen Territorien Australiens, Kanadas und der USA wurde erst durch die systematische Verdrängung und teilweise Ermordung der ursprünglichen Bevölkerung ermöglicht und durch den Gedanken der rassischen und kulturellen Überlegenheit der Siedler legitimiert. Immer noch sind die Beziehungen zwischen den Völkern, die die Kontinente zuerst besiedelten, und den Bundesregierungen der Einwanderungsnationen äußerst angespannt und durch ungleiche Machtverhältnisse geprägt.

Wie in der Vergangenheit, ist auch heute nicht jeder Migrant in den »klassischen« Einwanderungsländern willkommen. Die Vereinigten Staaten verweigern die Aufnahme einer bedeutsamen Anzahl von syrischen Flüchtlingen aus Angst vor »islamischem« Terrorismus. Vor der Küste Australiens ertrinken Flüchtlinge, die keine legalen Zuwanderungsmöglichkeiten haben, und Kanada besitzt eine rapide wachsende Anzahl von temporären ausländischen Arbeitskräften, denen die Chance auf eine dauerhafte Zuwanderung verweigert wird.

Obwohl es in Deutschland schon immer Zuwanderung gab, hat sich das deutsche Nationalverständnis lange auf das Abstammungsprinzip berufen. Einwanderung und die Einbürgerung von Einwanderern wurden als Ausnahme behandelt. Im ausgehenden letzten Jahrhundert haben Politik und Bevölkerung jedoch zunehmend wahrgenommen, dass auch Deutschland faktisch ein Einwanderungsland ist. Entsprechend hat sich auch das Nationalverständnis verändert. Dieser Veränderungsprozess ist jedoch noch nicht abgeschlossen.

Der Vergleich der Einwanderungsdebatten in Kanada und Deutschland verdeutlicht wichtige Unterschiede. In Kanada stellen weder Politik noch Medien ernsthaft in Frage, ob Einwanderung dem Land wirtschaftlichen Nutzen bringe. Entsprechend beschränkt sich die Debatte der Folgen von Einwanderung für den Binnenarbeitsmarkt im Wesentlichen darauf, wie die Einwanderungskriterien optimal abgestimmt werden können, um den wirtschaftlichen Nutzen zu maximieren. Ein Stopp der Einwanderung steht außer Frage. In Deutschland ist diese Debatte breiter gefächert. Bis in die jüngste Vergangenheit beinhaltete sie einerseits die Möglichkeit der gesteuerten Einwanderung zum Zweck des wirtschaftlichen Nutzens. Andererseits wurden auch Stimmen laut, die die Einwanderung aufgrund wachsender Konkurrenz für deutsche Arbeitnehmer ganz unterbinden möchten.

Die Flüchtlingspolitik bietet ein ebenso erläuterndes Beispiel der Unterschiede zwischen einem »klassischen« Einwanderungsland wie Kanada und Deutschland. Zwar heißt die kanadische Gesellschaft Flüchtlinge als werdende Kanadier willkommen, sie ist allerdings bestürzt, falls diese sich entscheiden, Kanada wieder zu verlassen. Zum Beispiel war die kanadische Regierung im Jahr 2006 gezwungen, während des Israel-Libanon-Konflikts 15 000 kanadische Staatsbürger aus dem Libanon zu evakuieren. Offensichtlich hatten es diese »Kanadier« nach dem Erhalt ihrer Staatsbürgerschaft vorgezogen, in ihr Ursprungsland Libanon zurückzukehren. Die politische und öffentliche Empörung über diesen Vorfall war groß und führte zur gesetzlichen Einschränkung zum Erhalt der Staatsbürger-

schaft für im Ausland geborene Kinder kanadischer Eltern. In Deutschland hingegen sind nicht nur die Integration von Flüchtlingen, sondern auch die eventuelle Rückkehr der Flüchtlinge – wenn auch nicht immer freiwillig – Themen in der Flüchtlingsdebatte.

Aufgrund seiner Geschichte und gegenwärtigen geopolitischen Situation ist Deutschland kein »klassisches« Einwanderungsland wie Australien, Kanada oder die USA. Dennoch ist Einwanderung in Deutschland eine Tatsache. Im Jahr 2014 zogen mehr als 630 000 EU-Bürger nach Deutschland. Diese innereuropäische Einwanderung wurde jedoch in der öffentlichen Debatte kaum wahrgenommen. In Politik und Medien wird hingegen vorwiegend der Zuzug von nichteuropäischen Migranten und Flüchtlingen problematisiert. Wer als Einwanderer gilt und wer nicht, scheint fortwährenden Veränderungen zu unterliegen.

Deutschland zeigt sich auch als ein Land, das sich zunehmend zu nichteuropäischer Einwanderung bekennt. Entsprechend bietet es Neuankömmlingen Förderprogramme und andere Möglichkeiten an, sich in die Gesellschaft zu integrieren. Im Gegenzug erwartet die deutsche Gesellschaft, dass die Neuankömmlinge diese Programme und Möglichkeiten auch wahrnehmen. Diesbezüglich scheint Deutschland viel von den »klassischen« Einwanderungsländern gelernt zu haben. Ob und wie der Begriff und die Praxis der Integration unter den Bedingungen der nichtzugewanderten Bevölkerung problematisiert werden sollte, ist eine Frage, die in den »klassischen« Einwanderungsländern ebenso wie in Deutschland gestellt werden muss.

Deutschland sollte jedenfalls den problematischen Aspekten der »klassischen« Einwanderungsländer Australien, Kanada und den Vereinigten Staaten kritisch gegenüberstehen. Zu diesen Aspekten gehört die anhaltende Ausgrenzung der indigenen Bevölkerung, die mit ihrem ethnischen Zugehörigkeitsprinzip nicht in das Nationalverständnis eines »klassischen« Einwanderungslandes passt. Der Dualismus, der die beiden Nationalverständnisse eines »klassischen« Einwanderungslandes und eines ethnischen Volkes gegenüberstellt, scheint in unserer Zeit zunehmend unangebracht und überholt. Vielmehr besteht die Chance – und Notwendigkeit –, gesellschaftliche Identität in einer Weise neu zu prägen, sodass Mobilität, Transnationalität sowie territoriale Verbundenheit in ihr verschmelzen.

Literatur

Bauder, Harald: Immigration Dialectic: Imagining Community, Economy and Nation, Toronto 2011.

Bauder, Harald (Hrsg.): Lessons from Germany and Canada – Immigration and Integration Experiences Compared. Comparative Migration Studies. Special Issue, 2014, Vol. 2, No. 1 (www.imiscoe.org/publications/library/6-journal-cms/23-comparative-migration-studies-vol-2-no-1).

Honig, Bonnie: Democracy and the Foreigner, Princeton (NJ) 2001.

Lenard, Patti Tamara/Straehle, Christine (Hrsg.): Legislated Inequality: Temporary Labour Migration in Canada, Montreal/Kingston 2012.

Zuwanderergruppen

Migranten aus Italien

Arnd Kolb

Die Geschichte der italienischen Migranten in Deutschland ist äußerst komplex und mitunter sehr ambivalent. Wohl keine andere ausländische Bevölkerungsgruppe in der Bundesrepublik verfügt über eine ähnlich lange Zuwanderungstradition, die im Hinblick auf ihre Wertschätzung zudem mit zahlreichen Umbrüchen versehen ist.

Der Zuzug von Italienern nach Deutschland begann bereits im Mittelalter und verstärkte sich in der Neuzeit. Zum einen waren die Menschen von der Apenninenhalbinsel schon früh gesuchte Architekten, Baumeister und Künstler. Zum anderen gab es bereits lange eine saisonale Wanderung von Wanderhändlern und Arbeitern aus dem Süden. Vor allem an der Wende zum 20. Jahrhundert entwickelte sich Deutschland hierbei zu einem wichtigen Zielgebiet. Der Begriff der »Transalpini« bezeichnet seit den 1860er-Jahren alle Wanderarbeiter, die auf Arbeitssuche über die Alpen kamen. Die Eisenbahn ist dabei nicht nur als Transportmittel für die Arbeitsmigranten zu sehen. Der Bau neuer Eisenbahnstrecken in Deutschland führte vor allem zahlreiche Italiener in den Norden, die aufgrund ihrer Erfahrungen im Trassenbau begehrte Spezialisten waren.

Eine staatliche Regelung der Arbeitsmigration stellt 1938 das Wanderungsabkommen zwischen dem nationalsozialistischen Deutschland und dem faschistischen Regime Italiens dar. Der Vertrag brachte bis zu einer halben Million italienische Arbeitskräfte in deutsche Fabriken, Bergwerke und Baustellen. Allerdings wandelte sich ihre Situation nach dem Sturz der Regierung Mussolinis 1943. Die bisher aufgrund des deutsch-italie-nischen Bündnisses privilegierten Italiener verloren ihren Sonderstatus. Aus Verbündeten wurden Zwangsarbeiter.

Nach dem Zweiten Weltkrieg führte der wirtschaftliche Aufschwung in der Bundesrepublik Deutschland schon bald zu Engpässen auf dem Arbeitsmarkt. In dieser Notlage griff die Bundesregierung auf das traditionelle Beschäftigungsmodell der vorübergehenden Anwerbung von italienischen Arbeitskräften zurück. Das bilaterale Abkommen zwischen der Bundesrepublik und Italiener wurde am 20. Dezember 1955 abgeschlossen. Es war das erste der Anwerbeabkommen der »Wirtschaftswunderzeit«, das die Bundesrepublik schloss (→ S. 65 ff.).

Rund 80 % der angeworbenen italienischen Arbeitsmigranten kamen bis 1973 aus den unterentwickelten südlichen Regionen Italiens. Gemessen an der Wohnbevölkerung war die Abwanderung in Kampanien, Apulien, den Abruzzen, Kalabrien und Sizilien besonders ausgeprägt. Die Beweggründe der italienischen Migranten, nach Deutschland zu kommen, waren sehr unterschiedlich. Meistens waren es wirtschaftliche Motive, die viele Menschen dazu bewogen, ihr Land zu verlassen. Vor allem Arbeitslosigkeit gaben viele Italiener als Hauptgrund für ihre Ausreise an.

Über das, was sie erwartete, waren die wenigsten Migranten gut unterrichtet. 33 % aller männlichen ausländischen Arbeitnehmer und sogar 42 % aller italienischen Männer gaben in einer Befragung an, vor ihrer Abreise keine Informationen über die Arbeits- und Lebensbedingungen in der Bundesrepublik gehabt zu haben. Das Wenige,

Zu Beginn der 1960er-Jahre »auf dem Bau«: Die »Gastarbeiter« wurden vor allem für die anstrengenden und schlecht bezahlten Arbeiten angeheuert, während viele deutsche Kollegen mit dem »sozialen Fahrstuhl« der »Wirtschaftswunderzeit« in Angestelltenpositionen aufrücken konnten.

vor allem die katholische Caritas, die sich als erste Organisation um die Belange der zugereisten italienischen Glaubensbrüder kümmerte. Sie verfügte auf diesem Gebiet über reichliche Erfahrungen, denn der Deutsche Caritasverband hatte schon lange vor dem Ersten Weltkrieg italienische Arbeitnehmer im Deutschen Reich betreut. Hinsichtlich ihrer Fürsorgerolle stand die Caritas dabei in Konkurrenz mit den Katholischen Missionen, die sich um die seelsorgerische und soziale Betreuung der italienischen Zuwanderer kümmerten. Daneben fanden sich Einrichtungen der drei großen italienischen Gewerkschaften oder auch die Christliche Vereinigung Italienischer Arbeiter (ACLI), eine katholische Selbsthilfeorganisation von Arbeitern.

Die getroffenen politischen Vereinbarungen führten bald zu hohen Aufenthaltszahlen von Italienern in der Bundesrepublik. Bis 1973 stieg die italienische Bevölkerung in den alten Bundesländern auf mehr als 630 000 Personen. Viele von Ihnen kamen auf eigene Initiative, da mit der Einführung der Freizügigkeitsverordnungen für EWG-Angehörige ab 1961 der Arbeitsmarkt für Italiener im Europäischen Wirtschaftsraum ohne staatliche Restriktionen offen stand. Im Gegensatz zu den anderen »Gastarbeiternationen« waren Italiener daher kaum von der politischen Entscheidung betroffen, die Anwerbung von Arbeitsmigranten zu beenden. Trotzdem ebbte auch hier die Zuwanderungswelle mit dem schlechteren Konjunkturverlauf im Zuge der Ölpreiskrise 1973 merklich ab. Parallel dazu nahm die Zahl der Familienzusammenführungen zu. Diese wurden aber bis Mitte der 1980er-Jahre weitgehend abgeschlossen. Seit 1983 hielten sich die Einreisezahlen von Italienern mit durchschnittlich 30 000 bis 40 000 Menschen pro Jahr auf gleichbleibendem Niveau. Phasen, in denen die Zuwanderung geringfügig überwog, wechselten mit entgegengesetzten Perioden, sodass die Wanderungsbilanz insgesamt als ausgeglichen gelten kann.

das man wusste, wurde zudem in erster Linie den subjektiven Schilderungen von Verwandten und Freunden entnommen. So wird verständlich, dass die Konfrontation mit der unpersönlichen Industriearbeitswelt, den höheren Lebenshaltungskosten, den Wohnproblemen und dem anderen Klima zunächst schockartig gewirkt hat. Dementsprechend mussten sich die ersten angeworbenen italienischen Arbeiter erst an die neue Umgebung anpassen. Außerhalb des Heimatlands, fern von den gewohnten sozialen Netzwerken, hatten viele mit Anpassungsschwierigkeiten zu kämpfen. Hier boten die nationale Zugehörigkeit und der gemeinsame Glaube einen ersten Halt. Deshalb war es

Auf dem deutschen Arbeitsmarkt machte sich der verstärkte Zuzug von Familienmitgliedern besonders in der sinkenden Erwerbsquote von Frauen bemerkbar. Aufgrund dessen nahm der Anteil der abhängig Beschäftigten in der italienischen Bevölkerung ab. Diese Annäherung an deutsche Gesellschaftsstrukturen lässt sich ebenso auf dem Arbeitsmarkt feststellen. Mit dem allgemeinen Strukturwandel nahmen die Beschäftigungsverhältnisse bei den italienischen Migranten im sekundären Bereich ab und im Dienstleistungsbereich zu.

Im Jahr 2015 feierten Deutschland und Italien das 60-jährige Jubiläum des deutsch-italienischen Anwerbeabkommens. Während die Integration der Italiener in Deutschland weitgehend als gelungen betrachtet wird, gibt es in der Realität noch immer gravierende Unterschiede im Bildungsbereich zwischen den 764 000 Menschen mit italienischem Migrationshintergrund und dem Durchschnitt der Gesellschaft. So verfügten noch 2007 nur 57 % der Italiener über eine in Deutschland abgeschlossene Berufsausbildung. Dieser Negativtrend setzt sich beim Bildungsniveau nahtlos fort: 46 % der italienischen Migranten haben entweder keinen oder nur einen niedrigen formalen Bildungsabschluss (Stand 2014). Im Schulsystem besuchen fast 40 % der italienischen Kinder und Jugendlichen eine Hauptschule. Damit liegen sie weit über dem Durchschnitt der deutschen Schüler (12,3 %) und auch über dem Durchschnitt der ausländischen Schüler (32,6 %, Stand 2012).

In der Wissenschaft wird als Hauptgrund für diese Situation auf die Herkunft der italienischen Zuwanderer verwiesen, die – ohne ausreichende Qualifikationen – aus ländlichen Gebieten stammten und selbst häufig kaum über eine formale Schulbildung verfügten. Zwar trifft dies auch auf andere Entsendeländer von Arbeitsmigranten zu, allerdings war es diesen in weit geringerem Maße möglich, ungelernte Arbeiter nach Deutschland zu schicken, da das Auswahlverfahren der deutschen Kommissionen Facharbeiter bevorzugte, während Italiener als Angehörige eines EWG-Landes ohne Schwierigkeiten in die Bundesrepublik einreisen konnten. Darüber hinaus war die Unterstützung italienischer Schulkinder sowohl von deutscher als auch italienischer Seite lange Zeit besonders auf eine spätere Rückkehr der Kinder ausgerichtet. Auch die sogenannte »Pendelmigration« – das mehrfache Umziehen zwischen Italien und Deutschland – und der damit verbundene Schulsystemwechsel werden als Gründe für die schlechten schulischen Leistungen der italienischen Kinder angeführt.

Erstaunlicherweise ist den meisten Deutschen die fehlende strukturelle Integration der Italiener nicht bewusst. Die *communità italiana* wird aus deutscher Sicht nicht als problematisch angesehen, sondern als »gut integriert« wahrgenommen, wie auch das »Italienische« per se eine positive Wertung erfährt. Dazu beigetragen haben vor allem die gastronomischen Einflüsse: *Wie kocht man Spaghetti für Italiener?* lautete einst der Titel einer Pressemitteilung, die das Landesarbeitsamt Baden-Württemberg in der Hochphase der Anwerbung von Arbeitsmigranten herausgab. Gedacht waren die Tipps zur Zubereitung italienischer Speisen für Arbeitgeber, die »Gastarbeiter« aus Italien beschäftigten. Spaghetti waren wie auch Artischocken, Cappuccino, Zucchini und andere Leckereien vor über 50 Jahren in Deutschland fast gänzlich unbekannt. Heute gehören sie zu den »heimlichen« Grundnahrungsmitteln der Deutschen. Diese Entwicklung wurde maßgeblich durch die in den 1950er- und 1960er-Jahren einsetzende Arbeitsmigration beeinflusst. Sie legte nicht nur kulinarisch den Grundstein für die multiethnische Gesellschaft von heute.

Aktuell steigen seit der Finanzkrise von 2009 die Zuzüge aus Italien wieder an. Aufgrund der hohen Jugendarbeitslosigkeit in Italien zieht es vor allem junge Italienerinnen und Italiener nach Deutschland.

R a t s c h l ä g e

für die Zubereitung von Speisen nach italienischer Art

Die italienischen Arbeitskräfte bereiten ihre Speisen gerne selbst zu. Soweit aber Italiener vom Arbeitgeber verpflegt werden, sind folgende Ratschläge des Italienischen Konsulats in Stuttgart für die Zubereitung von Speisen für italienische Arbeitskräfte zu empfehlen:

Der Italiener liebt im allgemeinen keine flüssigen und dünnen Soßen, insbesondere keine Mehlsoßen.

Zu Teigwaren, die nicht zu weich gekocht werden sollten, gibt man Tomatensoße.

Kartoffeln können in jeder Form zubereitet werden, wie Brat- und Salzkartoffeln, Kartoffelklöße usw. Dagegen liebt der Italiener keinen Kartoffelbrei.

Fleisch wird gebraten, gekocht, aber nicht in Mehlsoße serviert. Das Gemüse wird in ganzen Blättern bevorzugt, gekocht und abgeschmelzt oder mit Essig und Öl zubereitet, ohne Mehleinlage, Salate mit üblichen Zutaten sollten immer in Essig und Öl angemacht werden.

Zubereitung einer Tomatensoße: Zwiebel in Fett bräunen lassen, Tomatenmark zugeben, vorher in warmem Wasser auflösen, dann abschmecken mit Salz und nach Belieben Pfeffer. Wasser zugiessen und eine gute halbe Stunde kochen lassen unter langsamer Zugabe von Wasser in der gewünschten Menge.

Teigwaren (auch Spätzle) ohne abzuschwenken aus dem kochenden Wasser nehmen und in die Teller geben, darüber die Soße geben.

Der Italiener ist nicht gewohnt, Obstsäfte (Most) zu trinken; zum Essen trinkt er mit Vorliebe Wein und Wasser, während des Tages und abends auch Milch.

Landesarbeitsamt Baden – Württemberg
Stuttgart

Spaghetti und andere italienische Speisen waren in Deutschland noch gänzlich unbekannt: In den 1950er-Jahren gab das Landesarbeitsamt Baden-Württemberg Ratschläge an Arbeitgeber heraus, wie für italienische Arbeitsmigranten zu kochen sei.

Im Jahr 2014 stellte Italien mit über 70 000 Menschen die viertgrößte Gruppe der Zugezogenen in die Bundesrepublik. Anders als die Generation ihrer Großeltern bringen sie meist eine gute Ausbildung mit.

Literatur

Janz, Oliver/Sala, Roberto: Dolce Vita? Das Bild der italienischen Migranten in Deutschland, Frankfurt/M. 2011.

Rieker, Yvonne: »Ein Stück Heimat findet man ja immer«. Die italienische Einwanderung in die Bundesrepublik, Essen 2003.
Richter, Hedwig/Richter, Ralf: Die Gastarbeiter-Welt. Leben zwischen Palermo und Wolfsburg, Paderborn 2012.

www.destatis.de
www.ambberlino.esteri.it/ambasciata_berlino
www.bamf.de

Migranten aus Spanien

Arnd Kolb

»Spanisch«, eben fremd, kamen vielen Deutschen jene Menschen vor, die in den 1960er- und 1970er-Jahren von der Iberischen Halbinsel nach Deutschland kamen, um das »Wirtschaftswunder« voranzubringen. Einiges, was den Deutschen damals so anders vorkam, ist uns heute längst vertraut. Viele Deutsche haben Spanien im Urlaub kennen und die Küche des Landes schätzen gelernt. Spaniens Kultur und Sprache sind längst »in«. In den Schulen schickt sich Spanisch an, Französisch als zweite Fremdsprache den Rang abzulaufen, während sich die spanischstämmige Bevölkerung gegenüber anderen Migrantengruppen in Bezug auf Bildungsniveau und sozialen Aufstieg positiv abhebt. Spanische Kinder erzielen die besten Bildungserfolge und sind am häufigsten von allen ausländischen Kindern an der Universität anzutreffen. Auch in der Liebe sind die Spanier Vorreiter. Unter den Eheschließungen mit einem Ausländeranteil sind deutsch-spanische Partnerschaften überproportional vertreten.

Die vielfältigen Beziehungen zwischen den spanischen Migranten und der Mehrheitsgesellschaft und die gemeinsamen Erfolge sollten die spanische Einwanderungsgeschichte nach Deutschland jedoch nicht als unproblematisch erscheinen lassen. Willkommen waren die spanischen Auswanderer nur in wirtschaftlicher Hinsicht. Ihr Integrationsprozess war ein langer und mühsamer Weg, der ohne die aktive Rolle der Spanier selbst nicht so positiv verlaufen wäre. Ihre Vorgeschichte reicht in die Zeit des Spanischen Bürgerkriegs (1936–1939) zurück. Der Sieg der Putschisten unter General Francisco Franco, der auch durch die starke deutsche Unterstützung begünstigt wurde, führte zu einer engen, aber keineswegs konfliktfreien Partnerschaft zwischen dem nationalsozialistischen Deutschland und dem franquistischen Spanien. Sie mündete in einer letztlich unbedeutenden Anwerbevereinigung (1941), mit der spanische Arbeiter für die deutsche Kriegsindustrie gewonnen werden sollten.

Eine erneute Annäherung beider Staaten fand erst wieder Ende der 1950er-Jahre statt, als die spanische Regierung beschloss, die bisher auf Autarkie ausgerichtete Wirtschaftspolitik zugunsten einer liberalen Orientierung aufzugeben. Ein Bestandteil dieser neuen Ausrichtung war es, Anwerbeabkommen mit Belgien, Frankreich, Italien und schließlich auch mit Deutschland (1960) abzuschließen. Die spanischen Behörden hofften, mit den offiziellen Verträgen die Migrationsströme steuern zu können. Facharbeiter sollten ebenso in Spanien bleiben wie als »politisch unzuverlässig« angesehene Personen, die man dadurch besser zu kontrollieren glaubte. Das politisch und wirtschaftlich motivierte Auswahlverfahren durchkreuzte die Pläne vieler Spanier, zur Arbeitsaufnahme nach Deutschland reisen zu können. Für sie blieb nur noch die Möglichkeit, ohne offizielle Erlaubnis, in der sogenannten *emigración no asistida*, der »unbetreuten Auswanderung«, ihr Heimatland zu verlassen. Untersuchungen gehen davon aus, dass bis zu 30 % aller nach Deutschland eingereisten Spanier ohne offizielle Erlaubnis ihr Heimatland verließen. Nach heutiger juristischer Einschätzung würde man sie als »Illegale« betrachten.

Trotz der staatlichen Regulierungen griff nach Unterzeichnung des deutsch-spanischen Anwerbeabkommens ein »Ausreisefieber« um sich. Vor allem in den ärmeren und rückständigeren Regionen setzte ein regelrechter Ansturm auf die heimischen Meldebehörden ein. Deshalb stieg die Anzahl der in Deutschland lebenden und arbeitenden Spanier rasch von 16 500 Beschäftigten (1960) auf 183 000 (1965) an. Die höchste Zahl

Unterzeichnung des deutsch-spanischen Abkommens über die Wanderung, Anwerbung und Vermittlung von spanischen Arbeitnehmern am 29. März 1960 im Auswärtigen Amt in Bonn.

konnte im Jahre 1973 gemessen werden, als 286 000 Spanier in Deutschland, vor allem in Nordrhein-Westfalen (34,9 %), Hessen (19,3 %) und Baden-Württemberg (18 %), lebten und arbeiteten.

In Deutschland blieben die Spanier im Spannungsfeld der politischen Beeinflussung. Bei der Franco-Regierung bestand Anlass zur Sorge, ihre Landsleute könnten durch eine politische Beeinflussung zum Einfallstor von regimekritischem Gedankengut nach Spanien werden. Ihre Furcht richtete sich nicht nur gegen die kommunistische Propaganda des Ostblocks. Unbehagen bereitete ihr auch der demokratische Einfluss, den die Gewerkschaften auf die spanischen Migranten ausübten. Das Regime versuchte mit linientreuen Beratern und Propagandamaterial, aber auch mit Bespitzelungen und Repressionen seine Arbeiter »auf Kurs zu halten«. Die politische Auseinandersetzung sollte bis zum Tod des Diktators Franco im Jahr 1975 andauern. Erst nach Ende des »Franquismus« konnten sich Spanier in Deutschland offen gewerkschaftlich oder politisch engagieren, ohne Auswirkungen auf Familie,

Freunde und Bekannte im Heimatland befürchten zu müssen.

Ungeachtet dessen hatte die politische Konfliktsituation der 1960er-Jahre einen wichtigen Nutzen für die spanische Gemeinde. Denn aus dieser Politisierung heraus ist auch die hohe Mobilisierung von Spaniern abzuleiten, die später für das Entstehen der spanischen Elternvereine wichtig werden sollte. Bereits in den 1960er-Jahren gab es vereinzelte Anstrengungen, die schulischen Leistungen von Kindern spanischer Migranten zu fördern. Der spanische Staat sandte Lehrkräfte für nationalsprachigen Unterricht nach Deutschland. Spanische katholische Missionen, Sozialarbeiter und deutsche Unterstützer unternahmen gemeinsame Anstrengungen, die schulischen Leistungen in Form eines zusätzlichen Unterrichts für spanische Kinder zu verbessern. Unter der Bezeichnung »spanische Elternvereine« gründeten sich überall Selbsthilfeorganisationen. Die mobilisierende Idee bestand nicht nur in dem Wunsch, den Kindern die spanische Sprache und Kultur näher zu bringen, sondern sie auch für das deutsche Bildungssystem fit zu machen. Der Erfolg der Vereine mündete im November 1973 über alle ideologischen und politischen Gegensätze der spanischen Migrantengruppen hinweg in der Gründung des Bundes Spanischer Elternvereine in der Bundesrepublik Deutschland e. V. Ende der 1970er-Jahre gab es schon mehr als hundert spanische Elternvereine. Ihre gemeinsame Kraftanstrengung zahlte sich aus. Anfang der 1980er-Jahre hatten bereits 75 % der spanischen Jugendlichen einen Ausbildungsvertrag abgeschlossen.

Der Anwerbestopp der Bundesregierung (1973), die einsetzende Demokratisierung Spaniens nach dem Tod Francos (1975) und ein beginnender Wirtschaftsaufschwung auf der Iberischen Halbinsel führten dazu, dass die Zahl der in Deutschland lebenden Spanier von 286 000 (1973) auf 180 000 (1980) sank. 2012 lebten noch 105 000

Spanier in der Bundesrepublik, 2015 stieg ihre Zahl aber wieder auf über 155 000 Personen an. Die Wirtschaftskrise und die hohe Arbeitslosigkeit – besonders unter Jugendlichen – veranlassen viele dazu, ihre Heimat zu verlassen und in anderen Ländern nach Arbeit zu suchen. Über 40 000 Spanier zog es 2014 in die Bundesrepublik, die mit ihrer geringen Arbeitslosenzahl ein attraktives Zielland darstellt.

Unabhängig von diesen aktuellen Entwicklungen hat Spanien in den letzten 30 Jahren selbst einen Wandel vom klassischen Auswanderungsland zum Einwanderungsland vollzogen. Der EG-Beitritt des Landes (1986) und die weiteren EU-Erweiterungen führten dazu, dass die Ausländerzahlen auf der Iberischen Halbinsel anstiegen. Betrug die Zahl der Ausländer in Spanien 1975 noch etwa 200 000, stieg sie auf 5,8 Millionen im Jahr 2011 an. In den 2000er-Jahren wurde Spanien so zu einem der primären Aufnahmeländer Europas. Die Ursachen für die Zunahme erinnern rudimentär an den Beginn der Nachkriegszuwanderung in der Bundesrepublik: Einem kontinuierlichen Wirtschaftswachstum stand ein ständig steigender Bedarf an Arbeitskräften gegenüber. Die Einwanderung nach Spanien wird besonders von Migranten aus osteuropäischen, nordafrikanischen und lateinamerikanischen Ländern geprägt. Ähnlich wie Deutschland steht nun auch Spanien mit seiner noch relativ jungen Zuwanderungsgeschichte vor der Frage nach dem Selbstverständnis als Einwanderungsland.

Unter den Ausländern in Spanien befindet sich mit rund 145 000 Personen (2015) auch eine größere Gruppe Deutscher. In den Sommermonaten steigt ihre Zahl durch die Millionen von Urlaubern, die jedes Jahr von Deutschland nach Spanien reisen. Ihre Eindrücke haben auch dazu geführt, dass sich das Spanienbild in Deutschland stark zum Positiven verändert hat.

Literatur

Aschmann, Birgit: »Treue Freund . . . ?« West-deutschland und Spanien 1945–1963, Stuttgart 1999.

www.destatis.de
www.info-spanischebotschaft.de
www.lebenswege.rlp.de/sonderausstellungen
(50 Jahre Anwerbeabkommen zwischen Deutschland und Spanien)
www.ines.es (Instituto Nacional de Estadistica)

Migranten aus Griechenland

Anna Koktsidou

Mit Sonderzügen aus Thessaloniki kamen 1960 die ersten griechischen »Gastarbeiter« in Stuttgart, München oder Dortmund an: ängstlich und zugleich neugierig auf das, was sie hier erwartete – junge Frauen und Männer, die hier arbeiten wollten. Denn die Wirtschaft boomte in Deutschland und man brauchte dringend Arbeitskräfte. Nach dem Anwerbeabkommen mit Italien im Jahr 1955 schloss deswegen die Bundesrepublik am 30. März 1960 auch ein Anwerbeabkommen mit Griechenland ab. In den folgenden Jahren suchten immer mehr Griechen ihr Glück in Deutschland: Im Jahr des Abkommens lebten zum Beispiel in Baden-Württemberg rund 8500 Griechen, zwei Jahre später hatte sich ihre Zahl bereits verdreifacht. Im Jahr 1973, als die Bundesregierung den Anwerbestopp beschloss, waren es bereits 100 000 griechische Staatsbürger. Bundesweit betrug ihre Zahl 408 000.

Die Region Stuttgart mit ihrer florierenden Wirtschaft entwickelte sich dabei zu einem der bundesweiten Zentren der Zuwanderung von Griechen: Unternehmen wie Bosch oder Mercedes brauchten dringend Arbeiter. Heute leben in diesem Teil Deutschlands über 40 000 Migranten mit griechischem Pass, die Eingebürgerten nicht einberechnet. Das ist die größte griechische Gemeinschaft in Europa außerhalb Griechenlands. Neben Baden-Württemberg gehört auch Nordrhein-Westfalen zu den Bundesländern mit den höchsten Anteilen griechischer Migranten.

In Griechenland waren Ende der 1950er- und Anfang der 1960er-Jahre die Not und die Arbeitslosigkeit groß. Das Land litt unter den Folgen des Zweiten Weltkriegs und des sich anschließenden Bürgerkriegs. Deutschland wurde zur Alternative, wenn sich zuhause Träume nicht verwirklichen ließen: Manchmal war es der Traum vom eigenen Traktor, manchmal vom eigenen Haus, manchmal von einer Ausbildung. Dafür waren diese Menschen bereit, die ärztlichen Untersuchungen für die Anwerbung mitzumachen. »Eine unmenschliche Prozedur«, erinnert sich eine ältere griechische Migrantin. »Es waren Frauen dabei, die sich nie zuvor fremden Männern nackt gezeigt hatten«, erzählt sie.

Junge Menschen kamen als »Gastarbeiter – und gingen ihren Lebensweg: ein griechisches Hochzeitspaar bei einer orthodoxen Trauung in München im Jahr 1970.

»Sie versuchten ängstlich ihre Brust zu verstecken, es war eine so unwürdige Situation.« Bei der zahnärztlichen Untersuchung wiederum kam sie sich »wie auf dem Pferdemarkt« vor. Doch wer nach Deutschland wollte, hatte gesund zu sein.

Die jungen Frauen und Männer, die es in den 1960er-Jahren nach Deutschland zog, kamen fast alle aus dem Norden Griechenlands, hauptsächlich aus Makedonien und Thrakien, viele auch aus Epirus und Thessalien. Das hat historische Gründe: Der Süden Griechenlands hatte bereits eine Auswanderungsgeschichte vor allem in Richtung USA, die schon Ende des 19. und Anfang des 20. Jahrhunderts eingesetzt hatte. Der Norden Griechenlands kam erst zu Beginn des 20. Jahrhunderts zum griechischen Staat hin-

zu. Das agrarisch geprägte Land bot außer Landwirtschaft und Viehzucht kaum Möglichkeiten. Ein weiterer Grund für die Anwerbung aus dem Norden Griechenlands war die Tatsache, dass diese Region in den 1920er-Jahren einen starken Flüchtlingsstrom aufgenommen hatte, vor allem Griechen aus Kleinasien und dem Schwarzmeergebiet: Menschen, die nach dem verlorenen Krieg gegen die Türkei 1923 ihre angestammte Heimat verlassen und die in Griechenland unter schweren Bedingungen wieder anfangen mussten. Viele der Griechen in Deutschland sind Kinder und Enkelkinder eben dieser Flüchtlinge, die in Griechenland nur eingeschränkte ökonomische Möglichkeiten hatten und deswegen ihre Söhne und Töchter ins Ausland schickten: Migration vererbt sich.

Neben der wirtschaftlichen Not gab es für die Griechen jedoch auch politische Gründe, um nach Deutschland zu gehen. Die Militärdiktatur zwischen 1967 und 1974 zwang viele Menschen in die Flucht. Einige von ihnen bekamen in Deutschland sogar politisches Asyl. Von hier aus organisierten auch viele Griechen den Widerstand gegen die Militärdiktatur.

Zu Beginn der Arbeitsmigration nach Deutschland gab es in der Regel nur befristete Arbeitsverträge. Die meisten Griechen lebten von Erlaubnis zu Erlaubnis. Oft waren sie in einfachen Unterkünften untergebracht, in Baracken, meist in der Nähe der Fabriken, damit der Weg nicht so weit war. »Die Arbeit war oft hart, aber wir nahmen das auf uns. Wir wollten ein paar Jahre arbeiten, sparen und dann wieder zurückgehen«, erzählt ein 65-jähriger Rentner. Schätzungen zufolge suchten eine Million Griechen ihr Glück in Deutschland, über zwei Drittel kehrten aber wieder zurück. Mittlerweile leben die Griechen im Durchschnitt knapp 25 Jahre in Deutschland.

Aktuelle Daten zur Situation der Griechen zu finden ist nicht einfach. Sie gelten als eine Migrantengruppe, die nicht auffällig ist, weshalb nur selten Daten erhoben werden. Schaut man sich die Ergebnisse der Repräsentativbefragung *Ausgewählte Migrantengruppen in Deutschland 2006/2007* des Bundesamtes für Migration und Flüchtlinge (BAMF) an, hatten damals rund 54 % der Griechen in Deutschland die Schule besucht. Interessant war bei den Griechen zudem die Verteilung der Bildungsabschlüsse: Auf der einen Seite verfügten zum damaligen Zeitpunkt etwa 51 % von ihnen über eine niedrige Schulbildung, auf der anderen hatten 19 % Abitur oder Fachhochschulreife. Wie sich diese Werte aufgrund der Zuwanderung von Griechen seit Beginn der Wirtschaftskrise entwickelt haben, ist noch offen. Allerdings kann man davon ausgehen, dass die Griechen, die seit 2010 nach Deutschland gezogen sind, zu einem guten Teil über Ausbildungs- bis hin zu Universitätsabschlüssen verfügen.

Bis vor ein paar Jahren nahm die Zahl der Griechen in Deutschland ab: 2010 lebten in Deutschland rund 276 000 Menschen mit griechischem Pass. Seit dem Ausbruch der Krise in Griechenland nimmt die Zahl der Neuzuwanderer jedoch zu: 2011 zogen 10 407 Griechen nach Deutschland, 2012 waren es 18 058, 2013 waren es 17 555 und 2014 kamen 13 234 nach Deutschland. Inzwischen beträgt die Zahl der Griechen in Deutschland laut BAMF 339 931 (Stand 31.12.2015). Hinzu kommen natürlich noch jene mit griechischem Migrationshintergrund und deutschem Pass, sodass beide Gruppen zusammen auf über 400 000 geschätzt werden. Die griechischen Migranten bilden damit die viertgrößte EU-Migrantengruppe in Deutschland (nach Polen, Italienern und Rumänen).

Das Bild der Neuzuwanderer ist heterogen: Es sind Familien mit kleinen Kindern darunter, genauso wie Alleinstehende. Manche haben sich auch anwerben lassen, denn viele deutsche Krankenhäuser rekrutieren beispielsweise direkt in Griechenland Personal. Bildung gilt bei den griechischen Migranten als hohes Gut. Die griechischen Familien legen sehr viel Wert auf einen schulischen Erfolg ihrer Kinder, nicht zuletzt aus der Erfahrung heraus, dass Bildung das einzige ist, was auch nach Flucht und Migration bleibt. So stehen griechische Migrantenkinder heute relativ gut da – wenngleich sie längst nicht so erfolgreich sind wie ihre deutschen Klassenkameraden. Im Schuljahr 2010/11 besuchten bundesweit mehr als 28 % der griechischen Kinder ein Gymnasium. Sie liegen damit höher als der Durchschnitt der ausländischen Kinder (26 %). Dieser Wert bezieht sich auf Kinder mit griechischem Pass. Eingebürgerte Kinder oder solche mit doppelter Staatsbürgerschaft werden nicht einbezogen. Auch der Anteil der griechischstämmigen Studierenden an den deutschen Universitäten ist recht hoch. Zudem ist es für griechische Migrantinnen selbstverständlich, berufstätig zu sein: Über 80 % von ihnen sind erwerbstätig, ein Viertel arbeitet sogar voll. Das ist der höchste Wert unter den Migrantinnen. Entsprechend weisen die griechischen Migrantinnen den niedrigsten Anteil an Hausfrauen auf.

Rund 14 % der griechischen Migranten geht einer selbstständigen Tätigkeit nach. Das ist etwas mehr als bei Deutschen ohne Migrationshintergrund (10 %). Dabei orientieren sie sich häufig an Gewerben, die haushaltsnahe Dienstleistungen anbieten, oder sie sind im Gastgewerbe aktiv.

Insgesamt sind die Griechen eine Gruppe, die sich sowohl sehr stark mit Deutschland als auch mit Griechenland identifiziert. Was den Erwerb des deutschen Passes betrifft, waren sie jedoch lange Zeit eher zurückhaltend – trotz der Möglichkeit der doppelten Staatsbürgerschaft. In den letzten Jahren allerdings nimmt die Zahl der Eingebürgerten zu. Im Jahr 2010 erhielten knapp 1500 Griechen die deutsche Staatsbürgerschaft, 2012 waren es bereits 4167. In den folgenden Jahren gingen die Zahlen zwar zurück, aber die Tendenz zur Einbürgerung ist nach wie vor vorhanden. Möglicherweise ist dies ein Trend, der auch mit der Krise im Herkunftsland zusammenhängt – und damit, dass die Menschen immer stärker hier verwurzelt sind.

Literatur

9. Bericht der Beauftragten der Bundesregierung für Migration, Flüchtlinge und Integration über die Lage der Ausländerinnen und Ausländer in Deutschland, Berlin 2012.

Meier-Braun, Karl-Heinz: Der Grieche neigt dazu, auszuwandern, in: Spektrum 2/2010, S. 98–101.

Passolt, Ekkehard: Migrationspolitik in Griechenland und Deutschland und ihre Auswirkungen auf das Wanderungs- und Rückwanderungsverhalten griechischer Emigranten, München 2007.

Vermeulen, Hans: Griechische Arbeitswanderer in West-, Mittel- und Nordeuropa seit den 1950er Jahren (Beispiele Deutschland und die Niederlande), in: Klaus J. Bade/Pieter C. Emmer/Leo Lucassen/Jochen Oltmer (Hrsg.): Enzyklopädie Migration in Europa. Vom 17. Jahrhundert bis zur Gegenwart, 3. Aufl. Paderborn 2010, S. 604–608.

www.destatis.de (Statistisches Bundesamt)

www.cemog.fu-berlin.de (Centrum Modernes Griechenland, Berlin)

www.dhwv.de (Deutsch-Griechische Wirtschaftsvereinigung)

www.griechische-kultur.de (Griechische Kulturstiftung, Berlin)

www.kalimera-deutschland.com (Kalimera e. V. – deutsch-griechische Kulturinitiative)

www.oek-germany.de (Verband Griechischer Gemeinden in Deutschland)

www.orthodoxie.net (Griechisch-Orthodoxe Metropolie in Deutschland)

www.vhu-online.de (Verband hellenischer Unternehmer in Baden-Württemberg)

Migranten aus der Türkei

Sibylle Thelen

Am 30. Oktober 1961 wurde auch mit der Türkei ein Anwerbeabkommen vereinbart. Es war der vierte Vertrag dieser Art, den das Nachkriegsdeutschland im Wiederaufbau mit südeuropäischen Staaten schloss, um seinen Bedarf an Arbeitskräften zu decken. Rückblickend betrachtet markiert die Unterzeichnung den Beginn der türkischen Zuwanderung. Niemand konnte damals ahnen, dass eines Tages mit einem Festakt daran erinnert werden würde. Aber ein halbes Jahrhundert später, am 2. November 2011, geschah genau das: Bundeskanzlerin Angela Merkel (CDU) empfing den türkischen Ministerpräsidenten Recep Tayyip Erdoğan in Berlin. Es wurden Reden gehalten, die bilateralen Beziehungen gewürdigt, beide Regierungschefs vor dem Originaldokument abgelichtet. Erstmals feierte die deutsche Politik ein Anwerbeabkommen im großen Stil.

Auch die Arbeitsmigration historisiert sich. Ihre Geschichte verschmilzt mit jener des Aufnahmelandes, in dem die türkeistämmigen Migranten und ihre Nachkommen die größte Gruppe mit Zuwanderungsgeschichte stellen: 2,5 bis 2,8 Millionen Personen. Mehr als die Hälfte kann aus eigener Erfahrung vom Aufbruch nach Deutschland berichten. Bereits eine Million muss sich aufs Hörensagen beschränken. Der Geburtsort dieser wachsenden Gruppe liegt hier. Im Jahr 2011 hatte etwa jeder dritte Türkeistämmige die deutsche Staatsbürgerschaft.

Alte Fotos zeigen Männer vor der Deutschen Verbindungsstelle in Istanbul in der Schlange stehen. In der Außenstelle des Arbeitsamts wurden die »Gastarbeiter« ausgewählt: Männer ohne Berufsausbildung sollten nicht älter als 30, mit Ausbildung nicht älter als 40 Jahre alt sein, qualifizierte Frauen wurden bis zum Alter von 45 Jahren angeworben. Sie alle mussten lesen und schreiben können – und vor allem gesund sein. Etwa 30 % der türkischen Arbeitskräfte, die in den ersten Jahren angeworben wurden, hatten eine Berufsausbildung – dieser Wert lag deutlich höher als bei angeworbenen Arbeitnehmern aus anderen Mittelmeerländern. Die Historikerin Karin Hunn spricht sogar von einer »Auswandererelite«. Etwa 2,7 Millionen Türken stellten sich 1961 bis 1973 dem Berufseignungstest und der scharfen Gesundheitsprüfung. Etwa 750 000 bis zu einer Million gingen nach Deutschland, zum Großteil Männer. Exakte Zahlen fehlen.

1961 verließen die Arbeitsmigranten eine Türkei mit 30 Millionen Einwohnern, die von Ackerbau und Viehhaltung geprägt war. Die rasche Mechanisierung der Landwirtschaft mit Mitteln aus dem Marshall-Plan hatte die Binnenwanderung vorangetrieben, und so lebte bereits Ende der 1950er-Jahre mehr als eine halbe Million in den illegalen Siedlungen von Istanbul und Ankara – zumeist ohne Arbeit. Deshalb setzte die Türkei auf das Abkommen mit Deutschland. Sie wollte zudem Devisen ins Land holen, denn die »Gastarbeiter« würden ihren Familien zuhause Geld schicken.

Die türkische Militärregierung (seit 27. Mai 1960) trat mit dem Wunsch, ein Abkommen abzuschließen, an das Auswärtige Amt der Bundesrepublik heran. Die deutsche Seite zögerte zunächst, doch die türkische

Mitarbeiter der Deutschen Verbindungsstelle in Istanbul schauen aus dem Fenster. Mehr als 100 000 Türkinnen und Türken haben sich allein im Jahr 1973, als diese Aufnahme entstanden ist, gemeldet, weil sie in »Almanya« arbeiten wollten.

Diplomatie gab zu verstehen, eine Ablehnung würde als Zurücksetzung ihres Landes gewertet, das seit 1952 in der NATO war. Die Türkei hatte sich nach 1945 für die Westbindung entschieden. Sie schickte Soldaten in den Koreakrieg (1951–1953) und gestattete den USA, Streitkräfte und Raketen in Kleinasien zu stationieren. Der Staat an der Südflanke des Ostblocks und im Vorhof der Erdölregion galt als geostrategisch wichtig.

Von Anfang an wurden die »Gastarbeiter« vor allem im Bergbau, in der Eisen-, Stahl- und Automobilindustrie eingesetzt. Sie waren sozial- und arbeitsrechtlich gleichgestellt. Aber zumeist erhielten sie Jobs, die andere nicht wollten. Sie schufteten häufiger in Schicht- und Nachtarbeit und zu Akkord- und Prämienlohn. Angesichts ihrer Leistungsbereitschaft setzten die Arbeitgeber durch, dass 1964 die

eigens für türkische »Gastarbeiter« auf zwei Jahre fixierte Rotation abgeschafft wurde.

Schriftsteller wie Aras Ören haben den Alltag in der Fremde beschrieben. Viele, die in Heimen, isoliert von den Deutschen lebten, waren des Geldes wegen gekommen. Hinzu gesellten sich andere Motive: Neugier, Wissensdurst, Abenteuerlust, wirtschaftliche Not und politischer Druck. Als die Bundesregierung 1973 als Reaktion auf die Ölpreiskrise den Anwerbestopp verhängte, waren etwa 600 000 erwerbstätige Türken in Deutschland. Viele begannen nun, ihre Familien zu holen. Nach dem Militärputsch 1980 und wegen des Kurdenkonflikts kamen nun auch immer mehr Asylbewerber. Die Türkei war in jener Zeit politisch instabil, die Lebenssituation in Deutschland dagegen verfestigte sich. Es

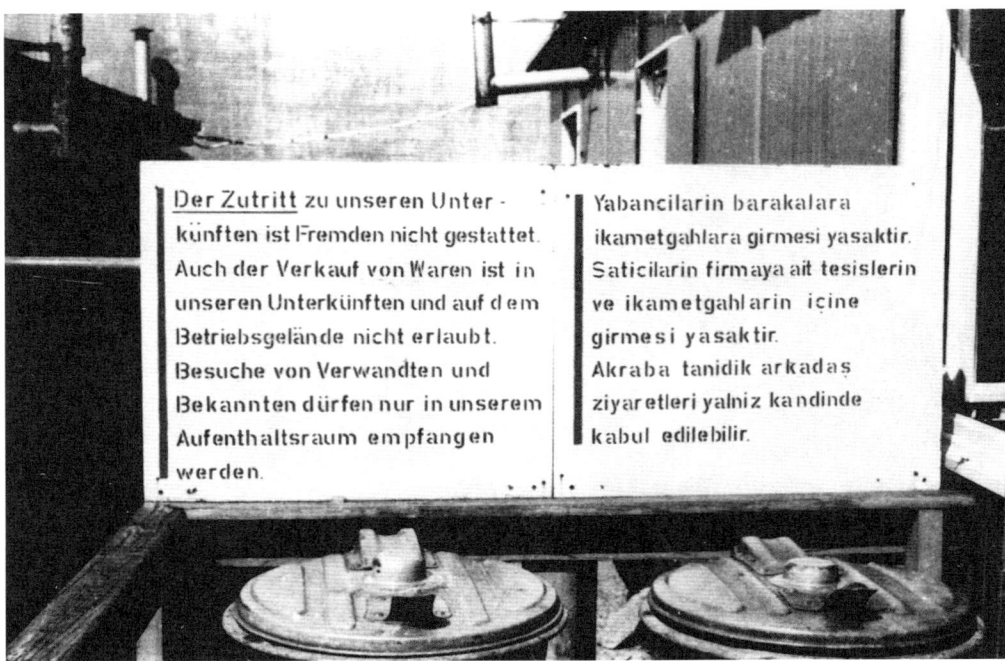

Der Zutritt zu unseren Unter-
künften ist Fremden nicht gestattet.
Auch der Verkauf von Waren ist in
unseren Unterkünften und auf dem
Betriebsgelände nicht erlaubt.
Besuche von Verwandten und
Bekannten dürfen nur in unserem
Aufenthaltsraum empfangen
werden.

Yabancilarin barakalara
ikametgahlara girmesi yasaktir.
Saticilarin firmaya ait tesislerin
ve ikametgahlarin içine
girmesi yasaktir.
Akraba tanidik arkadaş
ziyaretleri yalniz kandinde
kabul edilebilir.

Schild am Zugang zu einer »Gastarbeiterbaracke« in den 1960er-Jahren.

entstanden türkische Lebensmittelgeschäfte, es gab türkischsprachige Zeitungen zu kaufen, Musikkassetten, Videofilme, später kam Fernsehen via Satellit dazu. Vereine wurden gegründet, Parteien etablierten ihre Ableger, 1984 entstand die DITIB (Türkisch Islamische Union der Anstalt für Religion e. V.), eine Art Außenstelle des türkischen Präsidiums für Religiöse Angelegenheiten (Diyanet İşleri Bakanlığı). Ihre Moscheevereine waren oft die einzigen geistlichen Zentren für die türkischen Muslime in der Diaspora. Diese begann sich auszudifferenzieren – sozial, religiös, politisch.

Mit dem Anwerbestopp 1973 hatte die Politik die Arbeitsmigration beenden wollen. Angesichts steigender Erwerbslosenzahlen sollte die Zahl der Ausländer verringert werden. 1983 schuf die Regierung Helmut Kohl (CDU) die Rückkehrprämie, um »Gastarbeitern« einen Anreiz zu geben, in ihre ursprüngliche Heimat zurück-zukehren. Vor allem Türken stellten Anträge und die Politik ging davon aus, dass mit diesem Instrument rund die Hälfte der in der Bundesrepublik lebenden Türken zurückgeschickt werden könne. Rechtsradikale Parteien wie die »Republikaner« agitierten mit türkenfeindlichen Wahlkampfspots. In der Öffentlichkeit sorgten steigende Zahlen von Asylbewerbern und Aussiedlern für Unruhe. Es kam zu Ausschreitungen, auch gegen Türken wie in Mölln (1992) und Solingen (1993), wo fünf Personen bei einem Brandanschlag starben.

Türkische Bürger kritisierten, dass Bundeskanzler Kohl der Trauerfeier in Solingen ferngeblieben war. Die Bundesregierung ließ sich beim Zeremoniell für die Opfer, die türkische Staatsbürger waren, von Bundesaußenminister Klaus Kinkel (FDP) vertreten. Als gut zwei Jahrzehnte später im Februar 2012 in Berlin die Gedenkveranstaltung für

die Mordopfer der Neonazis des »Nationalsozialistischen Untergrunds« (NSU) stattfand, war Bundeskanzlerin Angela Merkel
anwesend. Sie erinnerte an die Toten, von
denen die meisten türkeistämmig waren, und
bat die Angehörigen um Verzeihung: »Nur
wenige hierzulande hielten es für möglich,
dass rechtsextremistische Terroristen hinter
den Morden stehen könnten, nachdem bislang für typisch gehaltene Verhaltensmuster
von Terroristen, wie zum Beispiel Bekenner-
schreiben, nicht vorlagen. Das führte stattdessen zur Suche nach Spuren im Mafia- und
Drogenmilieu oder gar im Familienkreis der
Opfer. Einige Angehörige standen jahrelang
selbst zu Unrecht unter Verdacht. Das ist
besonders beklemmend. Dafür bitte ich Sie
um Verzeihung.« Semiya Şimşek, die Tochter
des ersten Opfers in dieser Reihe rassistisch
motivierter NSU-Anschläge der Jahre 2000
bis 2007, sprach bei der Gedenkfeier über ihr
schwieriges Verhältnis zu Deutschland und
betonte zugleich, »in unserem Land, in mei-
nem Land« müsse sich jeder frei entfalten
können.

Die Einwanderer aus der Türkei thema-
tisieren ihre Verwurzelung in Deutschland
auf vielfältige Weise. Zugleich bilden sie
heute eine extrem heterogene Gruppe: mit
unterschiedlichen ethnischen Wurzeln (türkisch, kurdisch, armenisch usw.), mit unterschiedlichen religiösen Überzeugungen
(sunnitisch, alewitisch, säkular). Auch das
Bildungsniveau differiert stark. Türkeistämmige sind öfter arbeitslos und haben
schlechtere Bildungsabschlüsse als die
Mehrheitsgesellschaft. Einer Studie des
Berlin-Instituts (2009) zufolge sind 30 %
ohne Berufsausbildung. Zugleich gibt es
Akademiker, Freiberufler, Unternehmer,
und auch in Kultur, Politik und Gesellschaft sind Deutschtürken prominent vertreten. So erhielt z. B. Emine Sevgi Özda-
mar den Ingeborg-Bachmann-Preis (1991)
und der Regisseur Fatih Akin den Golde-
nen Bären (2004). Cem Özdemir wurde an
die Spitze von Bündnis 90/Die Grünen

gewählt (2008), die Christdemokratin Aygül Özkan legte den Amtseid als nieder-
sächsische Sozialministerin ab (2010), die
Sozialdemokratin Bilkay Öney wurde die
erste Integrationsministerin in einem Bundesland (Baden-Württemberg, 2011), ihre
Parteifreundin Aydan Özoğuz ist die erste
Bundesministerin mit türkischen Wurzeln,
die am Tisch des Bundeskabinetts Platz
nahm (2013), und die Grünenpolitikerin
Muhterem Aras ist die erste Landtagsprä-
sidentin (ebenfalls Baden-Württemberg,
2016) mit Wurzeln in der Türkei.

Öffentlich zunächst unbemerkt, hat sich
Anfang der 2000er-Jahre ein neuer Trend
abgezeichnet: Die Zahl qualifizierter
Deutschtürken, die Jobs in türkischen Me-
tropolen antreten, stieg in dieser Zeit. In der
Türkei, deren Wirtschaft nach der Jahrtausendwende hohe Wachstumsraten verzeich-
nete, fanden sie interessante Arbeits-
möglichkeiten, etwa bei den mehr als
4000 deutschen Firmen oder bei den großen
Handelsketten. Von Rückkehr ließ sich
kaum sprechen, eher von Aufbruch, getragen vom Wunsch nach individueller Grenz-
erweiterung und Aufstieg. Gut ein Jahrzehnt später hat sich wiederum eine Veränderung im deutsch-türkischen Wechselspiel
der menschlichen Beziehungen angedeutet.
Die Flüchtlingskrise nach jahrelangem Bürgerkrieg im benachbarten Syrien, die zunehmend autoritäre Politik der Türkei unter
Staatspräsident Erdoğan, der Wiederaus-
bruch der Gewalt im kurdisch besiedelten
Südosten des Landes, die Resolution des
Bundestags in »Erinnerung und Gedenken
an den Völkermord an den Armeniern und
anderen christlichen Minderheiten in den
Jahren 1915 und 1916« am 2. Juni 2016
und schließlich der Putschversuch vom
15. Juli 2016 in der Türkei haben nicht
nur für Spannungen im politischen Verhältnis der Länder gesorgt. Die Spannungen
haben sich auch auf die Gesellschaft in
Deutschland, insbesondere auf die türkeistämmige Bevölkerung übertragen.

Literatur

Fremde Heimat – Eine Geschichte der Einwanderung aus der Türkei, hrsg. vom Ruhrlandmuseum und vom Dokumentationszentrum und Museum über die Migration aus der Türkei, Essen 1998.

Goddar, Jeannette/Hueneke, Dorte (Hrsg.): Auf Zeit. Für immer. Zuwanderer aus der Türkei erinnern sich, Bonn 2011.

Hunn, Karin: »Nächstes Jahr kehren wir zurück …«. Die Geschichte der türkischen »Gastarbeiter« in der Bundesrepublik, Göttingen 2005.

Kramer, Heinz/Reinkowski, Maurus: Die Türkei und Europa. Eine wechselhafte Beziehungsgeschichte, Stuttgart 2008.

Özdemir, Cem: Die Türkei – Politik, Religion, Kultur, Weinheim 2008.

www.bpb.de/izpb/77027/tuerkei
www.ditib.de
www.zfti.de (Stiftung Zentrum für Türkeistudien und Integrationsforschung, Institut an der Universität Duisburg-Essen)

Migranten aus dem ehemaligen Jugoslawien

Martin Kilgus

Das Gebiet des ehemaligen Jugoslawiens ist eine der ethnisch, religiös und kulturell vielfältigsten und spannungsreichsten Regionen der Welt. Das alte Jugoslawien zerfiel seit 1991 schrittweise in die heute souveränen Staaten Slowenien, Kroatien, Bosnien-Herzegowina, Mazedonien und Montenegro sowie Serbien. Mazedonien und die Republik Kosovo sind noch nicht von allen Ländern der internationalen Staatengemeinschaft anerkannt. Die kriegerischen Konflikte seit dem Zerfall Jugoslawiens zeigen die tiefe ethnische Spaltung der Region auf.

Die gesamte Region ist und bleibt stark von Migration geprägt – sowohl von Migration zwischen den Staaten als auch von einer Arbeitskräftewanderung in Richtung Europäische Union (EU). Zudem ist die Region ein Brückenkopf für Fluchtbewegungen aus Ländern der arabischen Welt und Nordafrikas. Seit Ende 2014 entwickelte sich von Griechenland über Albanien bzw. Mazedonien durch die Republik Kosovo in Richtung Norden die sogenannte »Balkanroute« von Flüchtlingen, die aus afrikanischen Ländern sowie aus Syrien, dem Irak und Afghanistan kommend, auf diesem Weg versuchten, in die EU und nach Deutschland zu gelangen. Griechenland und die Länder des ehemaligen Jugoslawiens waren mit rund einer Million Flüchtlingen – so eine UNHCR-Schätzung – überfordert. Erst im Frühjahr 2016 gelang es der EU mithilfe eines Abkommens mit der Türkei, die »Balkanroute« für Asylsuchende und Flüchtlinge unattraktiv zu machen.

Im Rahmen der Versuche, die Zuwanderung von Flüchtlingen und Asylsuchenden sowie von Sinti und Roma in die EU zu reduzieren, wurden 2014 und 2015 Länder wie Bosnien-Herzegowina, Mazedonien, Montenegro, das Kosovo und Serbien zu sogenannten »sicheren Herkunftsstaaten« erklärt. Gemäß Art. 29a des deutschen Asylgesetzes haben Menschen aus sicheren Herkunftsstaaten in Deutschland keinen Anspruch auf Asyl und können jederzeit zurückgeschickt werden. In der Tat ist die Zahl von Sinti und Roma, die in Deutschland Asyl beantragen, seither deutlich zurückgegangen. Zugleich stiegen in den Ländern des ehemaligen Jugoslawiens die Spannungen zwischen Sinti, Roma und den übrigen dort lebenden Volksgruppen wieder an.

Die Bevölkerung der heute bestehenden Staaten auf dem Gebiet des ehemaligen Jugoslawiens ist äußerst heterogen. Je nach Wohngebiet und Herkunft bezeichnen sich die Menschen als Serben, Kroaten, slawische Muslime, Slowenen, Albaner, Mazedonier, Montenegriner, Magyaren, Kosovaren, Kosovo-Albaner, Roma, Türken, Rumänen, Bulgaren, Walachen, Russen, Griechen, Tschechen sowie als Italiener oder Deutsche. Zur ethnischen Vielfalt kommt eine religiöse Pluralität aus Griechisch-, Mazedonisch-, Serbisch-, Russisch- und Rumänisch-Orthodoxen, Katholiken, Protestanten, Maroniten, Muslimen, Juden sowie Konfessionslosen und Anhängern religiöser Splittergruppen.

Viele Zuwanderer versuchen jedoch weiterhin und unbeirrt von deutschen, österreichischen oder europäischen Regelungen und Zugangsbeschränkungen, ohne Papiere über die Staaten des ehemaligen Jugoslawiens auf dem Landweg in die EU zu kommen. Nach Schätzungen der Internationalen Organisation für Migration (IOM) der Vereinten Nationen (UN) in Genf könnten sich dauerhaft bis zu 420 000 Flüchtlinge in der Region aufhalten.

Militärische Spannungen gibt es bis heute zwischen Serbien und der Republik Kosovo. KFOR-Truppen der UN garantieren dort einen mehr oder weniger friedlichen Alltag. Seit Anfang der 1990er-Jahre flohen aufgrund der Unruhen über 100 000 Menschen aus dem Kosovo nach Deutschland. Während die meisten Kosovo-Albaner und Kosovo-Serben mittlerweile zurückgekehrt sind, wünschen viele Roma, Aschkali und Kosovo-Ägypter in Deutschland Asyl, weil sie fürchten, in ihrer Heimat dauerhaft ausgegrenzt zu werden. Am 14. April 2010 wurde jedoch ein Rücknahmeabkommen zwischen beiden Regierungen unterzeichnet, das die Ausreise von 12 000 Roma, Aschkali und Kosovo-Ägyptern vorsieht. Aktuell steigt die Zahl von Roma aus dem Kosovo, aus Serbien und aus Mazedonien wieder an, die in Deutschland Asyl beantragen. Menschenrechtsorganisationen fordern ein Bleiberecht für diese Personen.

Blickt man in der Geschichte der Zuwanderung von Arbeitskräften nach Deutschland weiter zurück, so fällt auf, dass die Anwerbung von jugoslawischen »Gastarbeitern« in der Zeit nach dem Zweiten Weltkrieg im Vergleich zur Anwerbung von Arbeitskräften aus Italien, Spanien, Griechenland, der Türkei, Portugal, Tunesien und Marokko relativ spät begann. Erst 1968 unterzeichnete Deutschland ein Anwerbeabkommen mit der damaligen »Sozialistisch Föderativen Republik Jugoslawien«. Ursache dafür war zum einen, dass 1967 die diplomatischen Beziehungen zwischen der Bundesrepublik Deutschland und Jugoslawien aufgrund politischer Spannungen abgebrochen worden waren. Zum anderen musste von jugoslawischer Seite zuerst geklärt werden, ob Bürger eines sozialistischen Landes in einem kapitalistischen Land arbeiten durften. In der Zeit des Kalten Krieges war das keine einfache Entscheidung.

Nach Unterzeichnung des Anwerbeabkommens stieg die Zahl der Arbeitskräfte aus Jugoslawien in Deutschland stark an. Bereits 1970 und 1971 stellten sie die stärkste »Ausländergruppe« in der Bundesrepublik.

Zeitgenössische Willkommenskultur und »großer Bahnhof«: Der 500 000ste »Gastarbeiter« in Baden-Württemberg ist Zvonimir Kanjir. Vom Präsidenten des Landesarbeitsamts bekommt der Kroate am 5. August 1970 ein Transistorradio geschenkt.

Nach 1973, dem Jahr des Anwerbestopps, sank die Zahl langsam. Trotzdem waren in den 1970er- und 1980er-Jahren die Jugoslawen mit rund 611 000 Landsleuten die zweitgrößte »Ausländernationalität« in der Bundesrepublik. Hauptzielland der jugoslawischen Zuwanderer war dabei immer Baden- Württemberg. Im Südwesten lebte damals gut ein Drittel aller Arbeitskräfte aus Jugoslawien in Deutschland.

Die Arbeitskräfte aus Jugoslawien waren bei deutschen Arbeitgebern beliebt, nicht zuletzt weil sie sich durch ein hohes Qualifikationsniveau auszeichneten. Über 28 % hatten Abitur (im Vergleich zu rund 15 % bei den übrigen Zuwanderergruppen). Viele machten sich in Deutschland selbstständig und investierten in der Baubranche. Gegen Ende der 1970er-Jahre gab es sogar einen kleinen Boom jugoslawischer Zahnärzte in Deutschland.

Die meisten der zugewanderten Arbeitskräfte aus Jugoslawien waren Kroaten. In Baden-Württemberg machten sie fast 45 % aller jugoslawischen Arbeitnehmer im Land aus, gefolgt von Personen aus Bosnien und Herzegowina mit rund 25 %. Insgesamt war die damalige Bundesrepublik Deutschland das Lieblingsland jugoslawischer Arbeitsmigranten. Rund 51 % aller »Auslands-Jugoslawen« arbeiteten in den 1980er-Jahren in Deutschland.

Nach dem Zerfall des sozialistischen Jugoslawien kam es infolge des Krieges zwischen Kroatien und Serbien zu einem rapiden Anstieg von Kriegsflüchtlingen aus der Region. Nach Angaben von *Human Rights Watch* und *amnesty international* wurden durch den Krieg über 350 000 Menschen vertrieben. Rund 52 000 Flüchtlinge aus Kroatien und Bosnien-Herzegowina suchten damals Schutz in Deutschland. Einige von Ihnen blieben auf Dauer, die meisten zogen wegen aufenthaltsrechtlicher Gründe wieder zurück nach Bosnien-Herzegowina oder weiter in Drittstaaten wie die USA oder Kanada.

Insgesamt stieg die Zahl der Zuwanderer aus Staaten des ehemaligen Jugoslawiens zwischen 1987 von 551 600 auf knapp einer Million im Jahr 2004. Die Grenze zwischen Arbeitskräftewanderung, Flucht und Familienzusammenführung war dabei oft fließend. Die Lebenssituation der Zuwanderer in Deutschland war unterschiedlich intensiv von der Situation in ihrer Herkunftsregion geprägt. Das Spektrum reichte vom kompletten »Neubeginn« ohne Affinität zum Herkunftsland über die Mitgliedschaft in ehrenamtlichen Kultur- und Heimatvereinen bis hin zur – im Extremfall – direkten Unterstützung militärischer Einsätze während der Kriege in Kroatien/ Serbien oder im Kosovo.

Mehr als 900 000 Menschen mit einem Pass aus einem der Nachfolgestaaten des früheren Jugoslawiens leben in Deutschland. Vermutlich noch einmal so viele sind bereits eingebürgert, sodass man von rund 1,8 bis zwei Millionen »jugoslawischen« Einwanderer nach Deutschland sprechen kann. Ende 2013 verzeichneten Arbeitsagenturen und Jobcenter in Deutschland einen leichten Anstieg gut ausgebildeter und Deutsch sprechender junger Erwachsener aus dem ehemaligen Jugoslawien nach Deutschland. Viele hatten Eltern, die früher in Deutschland gelebt und gearbeitet haben. Bis Ende 2015 kamen rund 9000 junge Fachkräfte aus der Region nach Deutschland, von denen viele aber nicht dauerhaft in Deutschland leben, sondern zwischen ihren Herkunftsländern und der Bundesrepublik pendeln.

Die Flüchtlinge und Nachfahren der einstigen »Gastarbeiter« fallen in der deutschen Gesellschaft kaum auf. Die sogenannten »Ex-Jugoslawen« sind zum großen Teil sehr gut in Deutschland integriert. Diejenigen, die weniger gut integriert sind, sind vor allem noch verbliebene Flüchtlinge aus dem Kosovo und Bosnien, die hier nach wie vor mit Duldungsstatus leben. Die Zuwanderer aus dem früheren Jugoslawien glänzen weiterhin mit Bildungserfolgen. Sie haben den weitaus höchsten Anteil von Abschlüssen an Realschülern und Gymnasiasten mit 32,9 % bzw. 16,6 %. Zudem sind sie überdurchschnittlich im kulturellen Bereich aktiv und stehen weiterhin (nach den türkeistämmigen Zuwanderern) auf Platz 2 bei den Existenzgründungen in Deutschland.

Slowenien, Kroatien und neuerdings auch die Küsten Albaniens und Bosnien-Herzegowinas haben sich zu beliebten Reisezielen vieler Urlaubs- und Erholungssuchender aus Deutschland entwickelt. Neben kostengünstigen Angeboten für Familien haben einige Regionen Reiseziele im Luxussegment entwickelt. Die Länder vermarkten Natur und agrotouristische Produkte mit wachsendem Erfolg. Zwischen Deutschland und den Ländern des ehemaligen Jugoslawiens wurden Städtepartnerschaften und der kulturelle Dialog ausgebaut. Selbst frühere Kontakte von Firmen des einst sozialistischen Jugoslawiens zu Nachfolgeunternehmen der ehemaligen DDR wurden wiederbelebt, ebenso die Arbeit der politischen Stiftungen vor Ort.

Auch wenn die Integration von Zuwanderern aus den Staaten des ehemaligen Jugoslawiens nach Deutschland als Erfolg bezeichnet werden kann, so bewertet die OECD die gesamte süd-südosteuropäische Region weiterhin als instabil, als Drehscheibe für irreguläre Migration und als anfällig für ethnische, wirtschaftliche und religiöse Krisen. Die Rolle der im Sprachgebrauch weiterhin als »Auslands-Jugoslawen« bezeichneten Migranten wird dabei vor allem unter finanziellen Gesichtspunkten als wichtig bewertet. Eine auf die Schweiz bezogene Studie aus dem Jahr 2007 ergab, dass in der Eidgenossenschaft lebende serbischstämmige Zuwanderer in den zwölf Monaten vor der Befragung bis zu 60 Millionen Schweizer Franken in ihre Herkunftsregion überwiesen haben. Pro Jahr erhält allein Serbien zwischen 2,5 und drei Milliarden US-Dollar an Rücküberweisungen von im Ausland lebenden Landsleuten. Ähnlich hohe Zahlen gibt es – je nach Größe und Bevölkerungszahl schwankend – für die übrigen Nachfolgestaaten Jugoslawiens. Zuwanderer aus den Ländern des ehemaligen Jugoslawiens spielen daher bis heute zumindest finanziell eine entscheidende Rolle, was die finanzielle und wirtschaftliche Stabilität ihrer Herkunftsregionen angeht. Dies gilt auch für die in Deutschland lebenden ehemaligen jugoslawischen »Gastarbeiter« und deren Nachkommen.

Literatur

Bundesamt für Migration und Flüchtlinge (BAMF): Fortschritte der Integration. Zur Situation der fünfgrößten in Deutschland lebenden Ausländergruppen. Fortschrittsbericht 8, Nürnberg 2010.

Goeke, Pascal: Jugoslawische Arbeitswanderer in West-, Mittel- und Nordeuropa seit dem Ende des Zweiten Weltkriegs, in: Klaus J. Bade/ Pieter C. Emmer/Leo Lucassen/Jochen Oltmer (Hrsg.): Enzyklopädie Migration in Europa. Vom 17. Jahrhundert bis zur Gegenwart, 3. Aufl. Paderborn 2010, S. 731–735.

Megert, Martina/Hauert-Wermuth, Esther: Rücküberweisungen von Migrantinnen und Migranten am Beispiel Schweiz-Serbien, in: Volkswirtschaft. Das Magazin für Wirtschaftspolitik, 1/2-2007, S. 63–66.

www.migration-info.de

Migranten aus Polen

Martin Kilgus

Seit der Öffnung des Eisernen Vorhangs 1989 und dem Beitritt Polens zur Europäischen Union (EU) am 1. Mai 2004 haben sich die wirtschaftlichen, kulturellen und freundschaftlichen Beziehungen zwischen Deutschland und Polen zunächst über Jahre normalisiert und positiv entwickelt. Die junge Generation beider Länder, die nach 1989 geboren wurde und frei von Einflüssen der Kriegs- und Nachkriegszeit sowie der ideologischen Trennung aufwuchs, versteht sich als Europäer. Als im Mai 2015 Andrzei Duda den bisherigen Amtsinhaber

Bronislaw Komorowski bei den Präsidentschaftswahlen ablöste und nachdem nach den Parlamentswahlen im Oktober 2015 die nationalkonservative PiS-Partei allein regieren konnte, verschlechtere sich das Klima zwischen Deutschland und Polen wieder. Deutschland warf Polen eine Einschränkung von Menschenrechten sowie der Meinungs-, Demonstrations- und Medienfreiheit vor und beklagte ein Fehlen europäischer Solidarität bei der Aufnahme von Flüchtlingen. Polen wiederum verwahrte sich vehement gegen eine Einmischung in innere Angelegenheiten durch Deutschland oder durch die Europäische Kommission.

Polen gilt heute als gespalten zwischen EU-Befürwortern und EU-Skeptikern, die weniger an europäischer Integration und Übernahme von Direktiven aus Brüssel interessiert sind, sondern eher an einer Rückbesinnung auf einen eigenen polnischen Weg. Diese neue Polarität spiegelt sich auch in der Geschichte der bis heute in Deutschland tätigen polnischen Vereine und Verbände wider, die sich in zwei Lager aufteilen lassen: einerseits »national betonte Patrioten«, zum anderen »europäische Pragmatiker« (Andrzej Kaluza).

Die seit Herbst 2015 spürbaren Spannungen zwischen Polen und Deutschland sind nicht neu. Lange Zeit war das Verhältnis zwischen beiden Ländern mit Vorurteilen belastet, die sich nur langsam abgeschliffen haben. Viele Deutsche denken bei Polen noch immer an Schmuggler und Autodiebe, Hilfsarbeiter in der Landwirtschaft und an illegale Pflegekräfte für Senioren in privaten deutschen Haushalten – oder eben an mangelnde Solidarität gegenüber Europa. Das Deutschlandbild in Polen wiederum ist von den historischen Teilungen des Landes im 18. Jahrhundert und der damit verbundenen Eingliederung von Teilen des polnischen Staatsgebietes in preußisches Territorium, der Vertreibung und Vernichtung während der Zeit des nationalsozialistischen Terrorregimes sowie der West-Verschiebung der polnischen Grenze 1945 an die Oder-Neiße-Linie geprägt. Je nach politischer, persönlicher und ideologischer Prägung und je nach Lebensalter sitzen die Verletzungen bei polnischstämmigen Menschen in Deutschland auch heute noch tief.

Rund 610 000 Personen mit ausschließlich polnischer Staatsbürgerschaft leben in Deutschland (Stand 2013). Die Zahl der Menschen mit polnischem Migrationshintergrund in Deutschland wird vom Statistischen Bundesamt mit über 1,4 Millionen angege-

ben. Zusammengenommen kann also von gut zwei Millionen Menschen mit polnischem Hintergrund in Deutschland ausgegangen werden. Dies entspricht knapp 2,5 % der Gesamtbevölkerung.

Die erste umfangreichere Zuwanderung von polnischen Arbeitskräften setzte mit der Industrialisierung in Deutschland in der zweiten Hälfte des 19. Jahrhunderts ein. In Deutschland herrschte ein akuter Mangel an Arbeitskräften. Vor allem der Steinkohlebergbau und die Stahlindustrie an Rhein und Ruhr benötigten Arbeitskräfte. Ab etwa 1870 wanderten gut 300 000 polnische Arbeitskräfte in diese Industriegebiete. Diese sogenannten Ruhrpolen, an die noch heute zahlreiche Familiennamen in Nordrhein-Westfalen und andernorts erinnern, stammten zumeist aus der polnischsprachigen Minderheit aus den östlichen Provinzen Preußens. Im staatbürgerlichen Sinne waren sie Deutsche, weil dieser Teil des Ende des 18. Jahrhunderts zerschlagenen polnischen Staates unter preußischer Herrschaft stand. Streng genommen handelte es sich also um eine Binnenmigration und nicht um eine grenzüberschreitende Wanderung. Neben den Industrierevieren an Rhein und Ruhr war vor allem auch Berlin ein wichtiges Ziel der polnischen Arbeiter. In einigen Kreisen Deutschlands erreichte der Anteil der polnischen Bevölkerung bis zum Ersten Weltkrieg fast 14 %. Die Gesamtzahl von Polen im Deutschen Reich wird auf bis zu zwei Millionen geschätzt, also – in absoluten Zahlen – durchaus vergleichbar zur heutigen Zahl.

Die weit überwiegend katholische polnische Bevölkerung hatte sich in dieser Zeit in Vereinen, Parteien und Kultureinrichtungen organisiert. Als 1918 die Republik Polen gegründet wurde, verließen viele das Deutsche Reich. In der Weimarer Republik wurden die verbleibenden Polen nun aber als nationale Minderheit anerkannt. Am 27. August 1922 wurde der »Bund der Polen in Deutschland« als Interessenvertretung gegründet. Nach der Machtübernahme der

Nationalsozialisten wurde die Führung der polnischen Minderheit verhaftet. 1939 wurden alle polnischen Organisationen in Deutschland verboten. Die meisten ihrer führenden Köpfe wurden in Konzentrationslager verschleppt. Die Anerkennung der Polen als nationale Minderheit wurde widerrufen.

Zwischen 1950 und Anfang der 1980er-Jahre kamen über 2,5 Millionen Spätaussiedler, politische Emigranten und Vertriebene zurück in die Bundesrepublik. Im sozialistischen Polen wurden ehemals »deutsche Polen« oder Angehörige der deutschen Minderheit für die Verbrechen des Nationalsozialismus verantwortlich gemacht. Minderheitenrechte sowie die Nutzung der deutschen Sprache wurden ihnen nicht gewährt. Spätaussiedler, die in die Bundesrepublik kamen, erhielten einen uneingeschränkten Aufenthaltstitel, Sprachkurse und finanzielle Beihilfen. Sie galten als Deutsche. In der ehemaligen DDR hingegen waren polnische Arbeitskräfte Angehörige eines sozialistischen Bruderstaates. Die Zahl der Polen in der früheren DDR war mit rund 35 000 Arbeitnehmern jedoch gering.

Einen entscheidenden Schritt zur deutschpolnischen Verständigung und Annäherung war der am 7. Dezember 1970 zwischen der Bundesrepublik Deutschland und Polen geschlossene Warschauer Vertrag. Er sicherte die Anerkennung der Grenzen und läutete damals eine neue Entspannungspolitik zwischen West und Ost ein. Eine entscheidende Geste war kurz vor Unterzeichnung des Vertrages in Warschau der Kniefall des damaligen Bundeskanzlers Willy Brandt (SPD) am Mahnmal der Helden des Ghettos in Warschau, der als Bitte um Vergebung und Versöhnung gewertet wurde.

Nach der Wiedervereinigung Deutschland trat am 17. Juni 1991 der Deutsch-Polnische Nachbarschaftsvertrag in Kraft. Er regelt, dass die Bundesrepublik und Polen die Rechte der in ihren Staaten lebenden Menschen mit der jeweils anderen Herkunft respektieren. Eine Anerkennung der in Deutschland lebenden Polen oder polnischstämmigen Personen als nationale Minderheit wurde von der Bundesregierung mit Verweis auf Regelungen des Europarates jedoch abgelehnt. Dies führt bis heute zu Irritationen auf polnischer Seite. 1997 regte das deutsche Bundesinnenministerium an, dass sich die teilweise zerstrittenen polnischen Organisationen in Deutschland im Bundesverband des Polnischen Rats in Deutschland e. V. zusammenschließen sollten. Der Verband wurde gegründet, allerdings traten mehrere patriotisch orientierte polnische Verbände nicht bei, darunter der Bund der Polen in Deutschland und der Polnische Kongress in Deutschland.

Im politischen Umfeld sieht sich die seit Oktober 2015 allein regierende PiS-Partei in Polen als Teil einer europaweit entstandenen nationalkonservativen Bewegung. Sie versteht sich als Verbündete der AfD in Deutschland, des Front National in Frankreich oder der *UK Independence Party* in Großbritannien. Auch die Berufung des früheren polnischen Ministerpräsidenten Donald Tusk zum Nachfolger von Herman Van Rompuy als Präsident des Europäischen Rates im September 2014 konnte nicht dazu beitragen, dass sich weite Teile der polnischen Bevölkerung als gleichberechtigter Teil eines geeinten Europas fühlen.

Unabhängig von diesen politischen und historischen Streitigkeiten und den seit Oktober 2015 entstandenen neuen Spannungen hat sich in den vergangen zwei Jahrzehnten vor allem bei der jungen Generation ein neues, europäisches Bewusstsein entwickelt. Einrichtungen wie das Deutsch-Polnische Jugendwerk, eine wachsende Zahl von Partnerschaften zwischen Schulen und Hochschulen, Niederlassungen deutscher Firmen in Polen sowie der Zuzug hochqualifizierter Arbeitskräfte aus Polen nach Deutschland haben zu einer neuen gegenseitigen Wahrnehmung geführt. Innerhalb der Gruppe der fünf größten Zuwanderergruppen in Deutschland sind polnische Einwanderer am besten gebildet, haben am

Polnische Aussiedler im Karlsruher Übergangswohnheim im Jahr 1976.

meisten Kontakt zu Einheimischen und verfügen über das höchste Erwerbseinkommen.

Die aktuelle Migrationsforschung zeigt zudem, dass es in Deutschland keine wirkliche regionale Konzentration polnischer Zuwanderer gibt. Ebenso fehlt eine großflächige Verteilung polnischer Restaurants, Geschäfte oder die Bewerbung typisch polnischer Spezialitäten. Im Vergleich zur Präsenz beispielsweise türkischer Geschäfte, Dönerbuden und türkischer Sender in den deutschen Kabelnetzen treten die polnischen Pendants hier deutlich zurück. Andererseits zeigt sich zwischen Deutschland und Polen seit 2007 ein neues kreatives Potenzial. Die Zahl der von der Europäischen Kommission geförderten bilateralen Projekte in den Bereich Kunst, Theater, Medien, Musik und Literatur hat sich in den letzten Jahren um ein Drittel erhöht. Über 1400 Partnerschaften in Kunst- und Bildungsbereich zwischen Deutschland und Polen sprechen für das neue und freundschaftliche Verhältnis der jungen Generationen beider Länder. Seit einigen Jahren verzeichnet die Europäische Kommission auch ein steigendes Interesse junger Deutscher an der polnischen Sprache.

Literatur

Barbian, Jan-Pieter/Zybura, Marek (Hrsg.): Erlebte Nachbarschaft. Aspekte der deutsch-polnischen Beziehungen im 20. Jahrhundert, Wiesbaden 1999.

Bundesamt für Migration und Flüchtlinge (BAMF): Fortschritte der Integration. Zur Situation der fünf größten in Deutschland lebenden Ausländergruppen. Fortschrittsbericht 8, Nürnberg 2010.

Glorius, Birgit: Transnationale Perspektiven. Eine Studie zur Migration zwischen Polen und Deutschland, Bielefeld 2007.

Hönekopp, Elmar: Polen auf dem deutschen Arbeitsmarkt: Chancen für Fachkräfte, Risiken für Niedrigqualifizierte. Jahrbuch Polen 2010, Bd. 21, Wiesbaden 2010.

Kaluza, Andrzej: Zuwanderer aus Polen in Deutschland, in: Utopie kreativ, Heft 141/142, Juli/August 2002, S. 699–709.

Loew, Peter Oliver: Wir Unsichtbaren. Geschichte der Polen in Deutschland, München 2014.

Nowicka, Magdalena: Von Polen nach Deutschland und zurück. Die Arbeitsmigration und ihre Herausforderungen für Europa, Bielefeld 2007.

Pallaske, Christoph (Hrsg.): Die Migration von Polen nach Deutschland. Zu Geschichte und Gegenwart eines europäischen Migrationssystems, Baden-Baden 2001.

www.destatis.de
www.deutsches-polen-institut.de (hier auch online das »Jahrbuch Polen«)
www.berlin.msz.gov.pl/de
www.dpjw.org

(Spät-)Aussiedler – »neue, alte Deutsche«

Irene Tröster

(Spät-)Aussiedler zählen zu den größten und ältesten Zuwanderergruppen in Deutschland. Etwa 4,5 Millionen Menschen sind seit 1950 als (Spät-)Aussiedler ins Land gekommen, die meisten davon in den letzten 25 Jahren. Unter den Migrantengruppen in Deutschland nehmen sie eine besondere Stellung ein. Sie sind Rückwanderer nach Generationen – »neue, alte Deutsche« also. Ihre Vorfahren waren Deutsche, die aufgrund der schwierigen wirtschaftlichen und politischen Situation im 18. und 19. Jahrhundert ihre Heimat verließen. Sie siedelten sich als Bauern und Handwerker in Ostmittel-, Ost- und Südosteuropa an, zum Beispiel in Rumänien, Ungarn und Russland. Dort lebten sie in deutschen Siedlungen und pflegten ihre mitgebrachte Sprache, Kultur und Religion. Das Verhältnis zur Staatsmacht und zu den Einheimischen war in der Regel friedlich. Das änderte sich nach dem Ersten Weltkrieg. Den Deutschstämmigen wurden ihre Minderheitenrechte (z. B. das Recht auf deutschsprachige Schulen und Gottesdienste) schrittweise entzogen. Der Zweite Weltkrieg zerstörte die über die Jahr-hunderte gewachsene Integration der deutschen Minderheiten in Osteuropa dann endgültig. Sie wurden mitverantwortlich gemacht für die vom nationalsozialistischen Deutschland begangenen Verbrechen und wurden nach Kriegsende größtenteils aus ihrer Heimat vertrieben. Vor Ausbruch des Zweiten Weltkriegs lebten im Osten schätzungsweise 17,6 Millionen Deutsche. 1960 waren es nur noch vier Millionen. Sie lebten als deutsche Minderheiten vor allem in der ehemaligen Sowjetunion, in Rumänien und Polen und wurden aufgrund ihrer ethnischen Zugehörigkeit ganz offiziell von Seiten der Staatsmacht diskriminiert.

Die Deutschen in Rumänien konnten ihre Sprache und Kultur dank geschlossener Siedlungsgebiete und deutscher Schulen am besten bewahren. In Polen hingegen sollten die Deutschen keine Deutschen mehr sein. Bis 1991 leugnete die polnische Regierung die Existenz deutscher Minderheiten offiziell. Sie wurden zwangseingebürgert und mussten ihre deutschen Namen teilweise in polnische umwandeln. Deutsche Schulen gab es nicht mehr. Auch in der Sowjetunion wurden die Deutschen ihrer kulturellen Rechte vollständig beraubt. Zudem galten sie bis zur Perestroika-Politik in der zweiten Hälfte der 1980er-Jahre als Repräsentanten des NS-Deutschlands. Noch in den 1990er-Jahren wurden deutsche Kinder von ihren durch Schule und Medien indoktrinierten Klassenkameraden als »Faschisten« beschimpft.

Unter dem Eindruck der Vertreibung, Verschleppung und Diskriminierung der deutschen Minderheiten im Osten sah die Bundesrepublik Deutschland eine historische und moralische Verpflichtung, ihnen besonderen Schutz zu gewähren. Sie sind Deutsche im Sinne des Art. 116 des Grundgesetzes und können ihre deutsche Volkszugehörigkeit entsprechend dem deutschen Staatsangehörigkeitsrecht (*Ius Sanguinis*) an ihre Kinder weitergeben. Zudem wurde für sie im Zuge der Gesetzgebung für Flüchtlinge und Vertriebene der besondere

Rechtsstatus des Aussiedlers geschaffen. Voraussetzung für die Anerkennung und Aufnahme als Aussiedler in Deutschland war zunächst die im Bundesvertriebenengesetz (1953) geforderte deutsche Volkszugehörigkeit, die durch das Bekenntnis zum deutschen Volkstum durch bestimmte Merkmale wie Abstammung, Sprache, Erziehung und Kultur bestätigt wird.

Demzufolge hätten die deutschen Minderheiten aus dem Osten also schon seit den 1950er-Jahren nach Deutschland einreisen können. Allerdings waren die Ausreisehürden aus den kommunistischen Ländern so hoch, dass bis 1987 nur 1,4 Millionen Aussiedler vor allem aus Polen und Rumänien nach Deutschland kamen. Erst als im Zuge von Perestroika die Ausreisebedingungen für die deutschen Minderheiten gelockert wurden, kam es zu einem starken Aussiedlerzuzug. Im Rekordjahr 1990 reisten etwa 400 000 Aussiedler ein.

Aussiedler aus Rumänien im Durchgangslager Gottesaue in Karlsruhe im Jahr 1972.

119

Bis Ende der 1980er-Jahre vollzog sich die Aufnahme der Aussiedler weitgehend unproblematisch und im Stillen. Sie galten als unauffällige, leicht in die Gesellschaft integrierbare Zuwanderungsgruppe. Viele Aussiedler hatten bei der Einreise alltagstaugliche Deutschkenntnisse. Unterstützt durch neunmonatige Sprachkurse und eine Vielzahl beruflicher Anpassungsmaßnahmen gliederten sie sich rasch in den Arbeitsmarkt ein. Zwar mussten sie dabei oft einen beruflichen Statusverlust hinnehmen, aber sie hatten die Möglichkeit, am materiellen Wohlstand in Deutschland teilzuhaben. Dass sie gleich bei der Einreise einen deutschen Pass erhielten, trug ebenfalls zu ihrer Integration bei.

Aufgrund des hohen Aussiedlerzuzugs (zwischen 1991 und 2006 rund 1,9 Millionen) wurden Aussiedler in der Wahrnehmung der Mehrheitsgesellschaft jedoch zu einer Problemgruppe – auf dem Arbeitsmarkt, in den Schulen, im Wohnumfeld. Die Akzeptanz der Neuankömmlinge in der Bevölkerung sank rapide. Die Bundesregierung reagierte darauf mit einer kontinuierlichen Verschärfung der Aufnahmebedingungen. So wurde 1993 im Kriegsfolgenbereinigungsgesetz u. a. festgelegt, dass nur noch diejenigen Deutschstämmigen als Spätaussiedler – so der neue Rechtstatus – nach Deutschland kommen dürfen, die glaubhaft machen können, dass sie noch unter einem sogenannten Kriegsfolgenschicksal leiden, d. h. dass sich die Folgen des Zweiten Weltkriegs bis in die Gegenwart auf ihr Leben auswirken. Lediglich bei den Deutschstämmigen aus der ehemaligen Sowjetunion wurde noch von einem »kollektiven« Kriegsfolgenschicksal ausgegangen. Und so kamen ab 1993 fast nur noch Russlanddeutsche und ihre Familienangehörigen als Spätaussiedler nach Deutschland. Problematisch war, dass nun immer mehr Zuwanderer einreisten, denen die deutsche Sprache und Kultur weitgehend oder gänzlich fremd war – sei es, weil sie diese nicht mehr bei ihren Eltern kennen-

gelernt hatten (deutsche Schulen gab es seit über 50 Jahren nicht mehr), oder weil sie die nichtdeutschstämmigen Ehepartner von Russlanddeutschen waren. Da Deutschkenntnisse als Schlüssel zur Integration galten, wurde das erfolgreiche Bestehen eines Deutschtests als zusätzliches Aufnahmekriterium eingeführt. Zunächst musste nur ein Familienmitglied diesen Sprachtest bestehen, seit Inkrafttreten des Zuwanderungsgesetzes im Jahr 2005 alle über 16-jährigen Ausreisewilligen. Seither kommen kaum noch Spätaussiedler ins Land. 2011 waren es nur noch 2148 Personen. Durch die 10. Änderung des Bundesvertriebenengesetzes im Jahr 2013 wurde der Familiennachzug für Spätaussiedler etwas erleichtert, sodass die Zuzugszahlen auf 6118 Personen im Jahr 2015 angestiegen sind.

Heute leben etwa vier Millionen (Spät-)Aussiedler in Deutschland, etwa 80 % von ihnen wurden nicht in Deutschland geboren. Wie gut sie heute in die deutsche Gesellschaft integriert sind, darüber gibt die amtliche Statistik keinerlei Auskunft, denn (Spät-)Aussiedler sind Deutsche und werden daher statistisch nicht gesondert erfasst. Zur sozialen und wirtschaftlichen Integration von (Spät-)Aussiedlern gibt es nur wenige verlässliche wissenschaftliche Untersuchungen, darunter v. a. die Sinus-Studie über Migrantenmilieus in Deutschland (2008) und die Studie *Ungenutzte Potenziale* des Berlin-Instituts für Bevölkerung und Entwicklung (2009). Diese beiden Studien untersuchten die (Spät-)Aussiedler erstmals als separate Gruppe und verglichen sie mit anderen Zuwanderergruppen. Die zentralen Ergebnisse sind: (Spät-)Aussiedler gehören zu den am besten integrierten Migrantengruppen in Deutschland. Sie kamen – verglichen mit anderen Zuwanderergruppen – mit einem relativ hohen Bildungsstand nach Deutschland, finden sich relativ gut auf dem Arbeitsmarkt zurecht, haben ein durchschnittliches Lohnniveau erreicht und bemühen sich aktiv um Integration. Die Lage der in Deutschland geborenen Kinder von (Spät-)Aussiedlern hat sich gegenüber der Situation ihrer Eltern deutlich verbessert. Der Anteil von (Spät-) Aussiedlerkindern auf dem Gymnasium liegt mit etwa 25 % nicht weit unter dem einheimischer Kinder. Die (Spät-)Aussiedler der zweiten Generation, die bereits geheiratet haben, haben zu 67 % einen einheimischen Ehepartner. Experten gehen davon aus, dass Aussiedler in ein oder zwei Generationen nicht mehr als Zuwanderungsgruppe in Deutschland wahrgenommen werden. Sie seien »auf dem Weg zur Normalität«. Bei einer Minderheit meist weniger gut integrierter Russlanddeutscher lässt sich jedoch bedingt durch den verbesserten Zugang zu russischen Medien eine tendenzielle Beeinflussung durch antiwestliche Propaganda feststellen. Diese wurde erstmals öffentlich deutlich, als mehrere Tausend Russlanddeutsche im Februar 2016, aufgehetzt durch Falschmeldungen in der russischen Presse, deutschlandweit gegen Flüchtlinge demonstrierten. Am generellen Befund der erfolgreichen Integration der Spätaussiedler dürfte diese Tatsache jedoch nichts ändern.

Literatur

Bade, Klaus J./Oltmer, Jochen (Hrsg.): Aussiedler: deutsche Einwanderer aus Osteuropa, 2. Aufl. Göttingen 2003.

Ternès, Anabel: Fremd im eigenen Land: Aussiedler in Deutschland: Situation, Identität, Bildung und Integration, München 2011.

Tröster, Irene: Wann ist man integriert? Eine empirische Analyse zum Integrationsverständnis Russlanddeutscher, Frankfurt/M. 2003.

Vogelsang, Waldemar: Jugendliche Aussiedler. Zwischen Entwurzelung, Ausgrenzung und Integration, Weinheim 2008.

Worbs, Susanne/Bund, Eva/Kohls, Martin/Babka von Gostomski, Christian: (Spät-)Aussiedler in Deutschland. Eine Analyse aktueller Daten und Forschungsergebnisse. Forschungsbericht 20 des Bundesamtes für Migration und Flüchtlinge 2013 (www.bamf.de/SharedDocs/Anlagen/¬ DE/Publikationen/Forschungsberichte/fb20-¬ spaetaussiedler.pdf;jsessionid=C8F1A03¬ C13085993B0F73BCF99380B94.1_cid368?__¬ blob=publicationFile).

www.aussiedlerbeauftragter.de/AUSB/DE/Home/¬ startseite_node.html (Beauftragter der Bundesregierung für Aussiedlerfragen und nationale Minderheiten)

www.bamf.de

www.berlin-institut.org/fileadmin/user_upload/¬ Zuwanderung/Integration_RZ_online.pdf (Berlin-Institut für Bevölkerung und Entwicklung: Studie *Ungenutzte Potenziale*, 2009)

www.sinus-institut.de/uploads/tx_mpdownload¬ center/MigrantenMilieus_Zentrale_Ergebn-isse_09122008.pdf (zentrale Ergebnisse der Sinus-Studie über Migrantenmilieus in Deutschland, 2008)

Jüdische Kontingentflüchtlinge

Irene Tröster

Seit 1991 finden Juden und ihre Angehörigen aus dem Gebiet der ehemaligen Sowjetunion als Kontingentflüchtlinge Aufnahme in Deutschland. Als Kontingentflüchtlinge werden Flüchtlinge bezeichnet, die in Deutschland im Rahmen humanitärer Hilfsaktionen aufgenommen und nach einem festgelegten Prozentsatz, also nach Kontingenten, auf die Bundesländer verteilt werden.

Die Aufnahme jüdischer Zuwanderer begann bereits Anfang 1990. Die letzte, demokratisch gewählte Regierung der DDR sicherte damals Juden aus der Sowjetunion, die mit einem Touristenvisum ins Land kamen, ein ständiges Aufenthaltsrecht zu. Dies sollte eine Geste der Entschuldigung dafür sein, dass die SED stets jegliche historische Verantwortung für die Opfer des Holocaust und ihre Nachkommen abgelehnt hatte. Nach der deutschen Wiedervereinigung legte die Innenministerkonferenz im Januar 1991 fest, dass die Aufnahme jüdischer Zuwanderer auf der Grundlage des *Gesetzes über Maßnahmen für im Rahmen humanitärer Hilfsaktionen aufgenommenen Flüchtlinge* (HumHAG) erfolgen solle. Die Gründe für diese gesetzliche Regelung waren vielfältig. Starker Antisemitismus in den Herkunftsländern spielte ebenso eine Rolle wie der Wunsch, eine Art »Wiedergutmachung« für den Holocaust zu leisten. Darüber hinaus war man bestrebt, die jüdischen Gemeinden in Deutschland zu erhalten und zu stärken.

Das Aufnahmeverfahren, das bis zum Inkrafttreten des Zuwanderungsgesetzes 2005 galt, war relativ unkompliziert. Zuwanderungsberechtigt waren alle Personen, die selbst jüdisch waren oder von mindestens einem jüdischen Elternteil abstammten, sowie deren Ehepartner und Kinder. Zum Nachweis der jüdischen Abstammung mussten die Antragsteller ihren sowjetischen Pass vorlegen. In diesem war bei jedem Bürger der Sowjetunion die Nationalität eingetragen. Anders als in Deutschland galt »Jude« in der Sowjetunion als Nationalität im Sinne der Volkszugehörigkeit. Das Bekenntnis zum jüdischen Glauben spielte dabei nicht nur keinerlei Rolle, sondern war sogar unerwünscht. Nur wenige Juden hatten nach 70 Jahren staatlich verordnetem Atheismus überhaupt noch einen Bezug zur Religion ihrer Vorfahren.

Die Kontingentflüchtlinge fanden in Deutschland – ähnlich wie die (Spät-)Aussiedler – relativ privilegierte Integrationsvoraussetzungen vor. So erhielten sie gleich bei der Einreise eine unbefristete Aufenthalts- und Arbeitserlaubnis, Sozialleistungen und besondere Eingliederungshilfen wie umfassende Sprachkurse und Unterstützung bei der beruflichen Integration.

Das unkomplizierte Aufnahmeverfahren, die umfassende staatliche Unterstützung sowie die – verglichen mit Israel – relative Nähe zur Heimat und nicht zuletzt die politische Stabilität machten Deutschland nach Israel und den USA zum drittwichtigsten Einwanderungsland für Juden aus der ehemaligen Sowjetunion. 1989 lebten dort etwa drei Millionen Juden. Über die Hälfte von ihnen wanderte in den folgenden 15 Jahren wegen des wachsenden Antisemitismus und der schlechten wirtschaftlichen Lage aus – etwa 200 000 davon nach Deutschland.

Die 2012 eröffnete Synagoge mit jüdischem Gemeindezentrum in Ulm – modern und mitten in der Stadt.

Jüdische Kontingentflüchtlinge unterscheiden sich in zweierlei Hinsicht von den übrigen Zuwanderungsgruppen in Deutschland: durch ihren hohen Bildungsgrad und durch das hohe Einreisealter. Über 70 % der Eingewanderten sind Akademiker. Ihre Kinder und Enkel, die in Deutschland zur Schule gingen, haben ebenfalls zu über 70 % Abitur. Dieses hohe Bildungsbestreben ist sowohl Folge des traditionellen jüdischen Bildungsverständnisse als auch des Bestrebens der sowjetischen Juden, ethnische Identität durch Bildung zu erwerben. Dass so viele junge jüdische Zuwanderer in Deutschland Abitur gemacht haben, ist als Zeichen gelungener Integration zu werten.

Für die Neueinwanderer erwies sich ihr hoher Bildungsstand zusammen mit dem hohen Einreisealter (über 40 % waren bei der Einreise älter als 50 Jahre) jedoch häufig als Integrationshürde. Vor allem die vielen älteren Einwanderer, die in den Herkunfts-ländern in Wissenschaft und Forschung oder im Bildungswesen tätig waren, fanden in Deutschland keine Anstellung. Zudem reisten über 20 % der Kontingentflüchtlinge erst im Rentenalter nach Deutschland ein. Und so waren im Jahr 2004 rund 60 % der jüdischen Kontingentflüchtlinge dauerhaft auf staatliche Unterstützung angewiesen.

Als problematisch gestaltete sich vielfach auch die Integration in die jüdischen Gemeinden. Nur etwa 90 000 Einwanderer sind Mitglied einer jüdischen Gemeinde geworden. Das hat zum einen damit zu tun, dass nach der jüdischen Abstammungslehre (Halacha) nur die Abstammung von einer jüdischen Mutter zum Beitritt zur jüdischen Gemeinde berechtigt. Nach Deutschland einreisen durften jedoch auch Personen, die lediglich einen jüdischen Vater hatten sowie nichtjüdische Familienangehörige. Zum anderen gab es zwischen den alteingesessenen

123

Gemeindemitgliedern und den Neuankömmlingen viele Reibungspunkte: Sprachprobleme, Unkenntnis der jüdischen Religion seitens der Zuwanderer sowie Angst vor Überfremdung angesichts ihrer großen Zahl (1990 hatte die jüdische Gemeinde in Deutschland etwa 30 000 Mitglieder, 2003 waren es 105 000).

Aufgrund der aus ihrer Sicht unbefriedigenden Integration der jüdischen Kontingentflüchtlinge in den Arbeitsmarkt und in die jüdischen Gemeinden beschlossen die Innenminister der Länder, deren Zuzug im Rahmen des Zuwanderungsgesetzes zu begrenzen. Seit 2005 müssen jüdische Zuwanderer neben ihrer Abstammung auch noch Grundkenntnisse der deutschen Sprache und eine positive Integrationsprognose nachweisen sowie die Möglichkeit, in einer jüdischen Gemeinde in Deutschland aufgenommen zu werden. Wer jedoch vor dem 1. Januar 1945 geboren wurde, gilt als Opfer der nationalsozialistischen Verfolgung und ist von dieser Neuregelung ausgenommen. Die Verschärfung der Aufnahmebedingungen führte dazu, dass kaum noch jüdische Kontingentflüchtlinge nach Deutschland kommen. Im Jahr 2013 waren es gerade noch 246 Personen. Eine zahlenmäßig bedeutende Zuwanderung der russisch-jüdischen Kontingentflüchtlinge ist damit schon Geschichte geworden.

Literatur

Schoeps, Julius H./Jasper, Willi/Vogt Bernhard (Hrsg.): Russische Juden in Deutschland. Integration und Selbstbehauptung in einem fremden Land, Weinheim 1996.

Haug, Sonja (unter Mitarbeit von Michael Wolf): Soziodemographische Merkmale, Berufsstruktur und Verwandtschaftsnetzwerke jüdischer Zuwanderer, hrsg. vom Bundesamt für Migration und Flüchtlinge (BAMF), Working Paper 9, Nürnberg 2007 (www.bamf.de/SharedDocs/¬Anlagen/DE/Publikationen/WorkingPapers/¬wp08-merkmale-juedische-zuwanderer.html).

Weiss, Yfaat/Gorelik, Lena: Die russisch-jüdische Zuwanderung, in: Michael Brenner (Hrsg.): Geschichte der Juden in Deutschland. Von 1945 bis zur Gegenwart. Politik, Kultur und Gesellschaft, München 2012, S. 379–418.

www.bamf.de/DE/Migration/JuedischeZuwan¬derer

https://hildok.bsz-bw.de/solrsearch/index/search/¬searchtype/authorsearch/author/Lena+Lok¬schin/rows/10 (Lena Loschkin: Migration und Bildungsbiographie. Bildungskarrieren jüdischer Einwanderer aus den Ländern der ehemaligen Sowjetunion, 2011)

Sinti und Roma

Max Matter

Roma ist die Sammelbezeichnung für ein Konglomerat unterschiedlicher, miteinander verwandter ethnischer Gruppen und schließt auch die in Deutschland und weiteren westeuropäischen Staaten seit langer Zeit lebenden Sinti (die sich aber als eigene Gruppe sehen) mit ein. Ihre Vorfahren stammen aus dem Norden des indischen Subkontinents, von dem sie um 1000 n. Chr. (eventuell aber auch schon früher) in mehreren Gruppen über Persien nach Westen aufbrachen, sich lange Zeit auf dem Gebiet des Byzantinischen Reiches aufhielten, bevor sie weiter westwärts wanderten. Der größere Teil, die Roma, verblieb auf dem Balkan, ein kleinerer Teil, u. a. die Sinti, erreichte im 14./15. Jahrhundert Westeuropa. Quellen belegen, dass sich Gruppen von Sinti unter Führung eines »Herzogs«, »Vojvoden« usw. als Pilger aus Ägypten (daher die Bezeichnungen *Gypsies* usw.) ausgaben und mit königlichen Schutz- und Geleitbriefen versehen waren. Ab dem Ende des 15. Jahrhundert wurden die Sinti überall in Westeuropa als angebliche Spione der Türken verfolgt.

Über Jahrhunderte wurden die Sinti und Roma verfemt, vertrieben, ausgegrenzt und verfolgt. Da sie sich einerseits nirgends niederlassen durften und immer weitergetrieben wurden und andererseits ihre Nischengewerbe und Dienstleistungen nur fahrend oder handelnd oder beweglich betreiben konnten, entstand bei der Mehrheitsbevölkerung die Vorstellung, die Sinti seien von ihrer Natur her Wandernde, wollten und könnten nicht sesshaft leben und geregelten Tätigkeiten nachgehen. Ein großer Teil der im östlichen Europa verbliebenen Roma-Bevölkerungsgruppen lebte sesshaft in großer, fast sklavenartiger Abhängigkeit von Adel und Klerus. Andere Roma mussten wie die Sinti ihr Auskommen wandernd – erst in Zelten, dann in Wagen lebend – suchen.

Die Mehrheitsbevölkerung war zum einen auf die von den Sinti und Roma erbrachten Dienstleistungen angewiesen und erfreute sich an ihren musikalischen und schaustellerischen Darbietungen, zum anderen fürchtete man sich vor den Fremden, denen man übernatürliche Fähigkeiten zuschrieb. Es war also die Mehrheitsbevölkerung, die mit ihren Vorstellungen, Projektionen und Bildern von den Sinti und Roma sowie ihren Rollenzuweisungen an diese den – wie man damals noch sagte – »Zigeuner« schuf. Antiziganismus hat in Europa eine lange Geschichte. Vorstellungen vom angeblich unsteten, faulen, wilden, schmutzigen, diebischen »Zigeuner« sind in ganz Europa tief verwurzelt. In der Zeit der Aufklärung versuchte man die Sinti und Roma »umzuerziehen«, sie zu Bauern oder niedergelassenen Handwerkern zu machen. Dabei nahm man ihnen ihre Kinder weg, um diese bei Angehörigen der Mehrheit zu »guten Bürgern« erziehen zu lassen. Kindeswegnahmen und Erziehung in Pflegefamilien oder Heimen kommen bis in die Gegenwart vor.

Im 19. Jahrhundert setzte eine stetig zunehmende Überwachung, Registrierung und Reglementierung der Sinti und Roma ein. Die Daten der 1899 gegründeten Münchner »Zigeunerzentrale« dienten später den Nationalsozialisten als Grundlage für die Erfassung, Festsetzung, Deportation und Ermordung der Sinti und Roma. Bereits in den »Nürnberger

Rassegesetzen« von 1935 wurden die Sinti und Roma als »rassisch minderwertig« eingestuft. Die Staatsbürgerrechte wurden ihnen aberkannt. Mit dem Überfall auf die UdSSR 1941 begann die systematische Vernichtung der europäischen Sinti und Roma durch Einsatzgruppen im Osten und durch die Deportation nach Auschwitz-Birkenau. Man geht davon aus, dass in der Zeit der NS-Diktatur in Europa 500 000 Sinti und Roma ums Leben kamen. Anders als die Verbrechen an den Juden wurde nach dem Zweiten Weltkrieg die Verfolgung der Sinti und Roma in der Bundesrepublik Deutschland nicht anerkannt. Erst 1982 bekannte der damalige Bundeskanzler Helmut Schmidt (SPD), die Verbrechen an den Sinti und Roma seien ein Völkermord aus rassistischen Gründen gewesen.

Am 24. Oktober 2012, erst rund 20 Jahre, nachdem die Bundesregierung die Errichtung eines nationalen Denkmals in Erinnerung an die Ermordung der als »Zigeuner« verfolgten europäischen Sinti und Roma beschlossen hatte, konnte die Gedenkstätte – zwischen Brandenburger Tor und Reichstagsgebäude gelegen – in Anwesenheit der Bundeskanzlerin Angela Merkel und zahlreichen Vertretern der Minderheit eingeweiht werden. Die lange Dauer zwischen Planung und Eröffnungsfeier hat ihren Grund darin, dass sich der Zentralrat der deutschen Sinti und Roma einerseits und die Sinti Allianz Deutschland sowie die Bundesregierung andererseits nicht über die Bezeichnung der Opfergruppe einigen konnten. Die Bundesregierung hatte den Begriff »Zigeuner« vorgesehen, den Begriff, unter dem diese Menschen in der Zeit des Nationalsozialismus verfolgt und ermordet worden waren. Während die Sinti Allianz dagegen nichts einzuwenden hatte, wies der Zentralrat »Zigeuner« als unwürdig und unzumutbar zurück. Ein weiteres, kaum zu lösendes Problem lag in der Frage, ob der Genozid an den Sinti und Roma aus den gleichen rassenpolitischen Gründen erfolgt sei wie der an den Juden.

Umfragen in ganz Europa zeigen, dass die Sinti und Roma in allen Ländern als die unbeliebteste Minderheit gelten. Rund zwei Drittel der jeweiligen Mehrheitsbevölkerungen gaben bei Befragungen an, nicht neben Roma leben zu wollen.

Roma leben in allen Ländern Europas, gut zwei Drittel von ihnen in den postkommunistischen Staaten des östlichen Europa. Über die Zahl der Roma in den einzelnen Ländern Europas kann man keine genauen Angaben machen. Die offiziellen, in der Regel bei Volkszählungen ermittelten Zahlen entsprechen nicht den wirklichen Verhältnissen, da sich viele Roma nicht als solche zählen lassen. Nichtregierungsorganisationen schätzen die Roma-Bevölkerungen Europas auf etwa acht bis zwölf Millionen Menschen. Während die angestammte Sinti- und Roma-Bevölkerung in Deutschland lediglich 1 ‰ der Gesamtbevölkerung ausmacht, sind es in Mazedonien schätzungsweise über 10 %, in Rumänien, Bulgarien und der Slowakischen Republik um die 9 %. Sie bilden keine in sich geschlossene Einheit, sondern unterscheiden sich vielmehr in Sprache, Religion, ihren ehemalig ausgeübten traditionellen Berufen, ihrem Grad der Integration in die Mehrheitsgesellschaften und in vielem weiteren mehr. Nur etwa ein Drittel der Roma spricht Romani (auch Romanes genannt), das mit dem Sanskrit verwandt ist. Zudem kennt das Romani viele Formen und Dialekte. Andere Gruppen sprechen eine andere Minderheitensprache, so etwa Roma-Gruppen in Bulgarien Türkisch und die ungarischen Beash eine Form des Rumänischen. Viele sprechen ausschließlich die jeweilige Landessprache. Religiös haben sich die meisten Gruppen schon seit langem der Mehrheitsreligion ihres Landes angepasst. Evangelikale Gruppierungen, insbesondere Pfingstgemeinden, erfuhren und erfahren in ganz Europa einen starken Zulauf durch Roma. Da die Roma die Kriterien der Soziologie und Ethnologie für eine »ethnische Gruppe« nur teilweise erfüllen, scheint es problematisch, sie insge-

Das 2012 eingeweihte Denkmal für die ermordeten Sinti und Roma des Künstlers Dani Karavan besteht aus einem Brunnen mit einem versenkbaren Stein, auf dem täglich eine frische Blume liegt. Tafeln informieren über Ausgrenzung und Massenmord der Sinti und Roma während der NS-Terrorherrschaft.

samt als »größte ethnische Minderheit Europas« – wie es auch Sprachgebrauch der EU ist – zu bezeichnen.

Vor dem politischen Umbruch von 1989 und noch eine geraume Zeit danach war das Interesse in Westeuropa an der Lage der Roma im östlichen Europa gering. Kaum jemand wusste, dass längst Zehntausende von Roma aus Zentral- und Südosteuropa gut integriert im Westen lebten. Sie waren als Flüchtlinge nach dem Ungarnaufstand 1956 und nach der Niederschlagung des »Prager Frühlings« 1968 sowie als »Gastarbeiter« aus Jugoslawien gekommen und galten hier als Ungarn, Tschechen, Slowaken oder Jugoslawen.

Bereits kurz nach der Öffnung der Grenzen kamen osteuropäische Roma als Asylsuchende in die Länder Westeuropas. Sie verwiesen darauf, dass ihre Herkunftsstaaten sie nicht gegen Übergriffe von Rechtsradikalen schützten und dass staatliche Stellen an pogromartigen Überfällen beteiligt gewesen seien. In den Jahren zwischen 1990 und 1999 erhielten rund 7000 Roma aus dem östlichen Europa eine Anerkennung als Flüchtling. Im Laufe der Zeit nahm die Anerkennungsrate aber stetig ab. Zunehmend wurde ihre Migration als freiwillig und wirtschaftlich motiviert gedeutet, die Roma als »unechte Flüchtlinge« oder als »Wirtschaftsflüchtlinge« bezeichnet. Nach dem »Asylkompromiss« von 1993 schloss die Bundesrepublik Deutschland ein Rückübernahmeabkommen mit Rumänien; ähnliche Abkommen mit weiteren Staaten Zentral- und Südosteuropas folgten.

Die 2004 und 2007 erfolgten Osterweiterungen der Europäischen Union (EU) führten zu einer vertieften Beschäftigung mit den Lebensumständen der Roma. Dies auch deshalb, weil dadurch rund fünf Millionen Roma neue EU-Bürger wurden. Ängste über eine massenhafte Zuwanderung von Angehörigen dieser diskriminierten Gruppen nach Westeuropa führten dazu, dass man versuchte, sich ein Bild von diesen Minderheiten zu machen. Dabei zeigte sich, dass die Armutsrate der Roma um ein Mehrfaches höher war als bei den Mehrheitsbevölkerungen der Aufnahmeländer. Roma wurden und werden überall räumlich und sozial ausgegrenzt. Deshalb verpflichtete die EU-Bürokratie die beitrittswilligen Staaten dazu, die »Kopenhagener Kriterien« einzuhalten, d. h. den nationalen, ethnischen und religiösen Minderheiten wenigstens minimalen Schutz zu gewähren. Für mehrere Länder Zentraleuropas, etwa für Tschechien, für die Slowakische Republik und für Ungarn spielte die Behandlung der Roma-Populationen eine zentrale und kritische Rolle, an der die Beitrittsverhandlungen fast gescheitert wären. Sprecher der aufnahmewilligen Staaten wiesen damals gegenüber der EU zu Recht daraufhin, dass auch Länder, die längst Mitglieder der EU waren, wie etwa Griechenland, Spanien und Frankreich, ihren Verpflichtungen gegenüber den dort lebenden Roma-Minderheiten auch nur ungenügend nachgekommen seien. Die EU messe hier offensichtlich mit zweierlei Maß.

Es zeigte sich rasch, dass sich die wirtschaftliche, gesellschaftliche und kulturelle Situation der Roma nach der politischen Wende von 1989/90 nicht verbessert, sondern zum Teil dramatisch verschlechtert hat. Die Roma sind die eigentlichen Verlierer des Transformationsprozesses. In der Zeit des Kommunismus waren alle verpflichtet zu arbeiten; andererseits bestand aber auch ein Recht auf Arbeit für jedermann. Nach der Wende waren es die Roma, die als erste ihre Arbeitsplätze verloren. Zum einen lag es daran, dass Roma meist einfache Arbeiten verrichtet hatten, die zuerst wegrationalisiert

wurden. Sie waren als Hilfsarbeiter auch überproportional stark in Wirtschaftssektoren tätig, die nach dem Zusammenbruch des kommunistischen Wirtschaftsblocks in einem besonderen Maße darniederlagen. Zum anderen dürften aber auch Abneigungen und Ausgrenzungstendenzen gegen die Roma zu den Entlassungen geführt haben. Ergebnis der Transformations- und Konversionsprozesse war, dass rund drei Viertel der Roma arbeitslos wurden und viele dies bis heute geblieben sind. Roma-Familien ohne Arbeit und Lohn waren somit gezwungen, aus Städten und Industrieagglomerationen in ihre peripheren ländlichen Herkunftsgebiete zurückzukehren, wo sie wenigstens eine gewisse Unterstützung durch ihre Verwandten erwarten konnten. Dadurch wuchsen etwa in der Slowakischen Republik slumartige ländliche Siedlungen in den östlichen Landesteilen enorm an.

Das Leben der Menschen dort ist geprägt von einem Kreislauf der Armut und Abhängigkeit. Die arbeitslosen Eltern müssen ihre vielen Kinder in schlechten, ungesunden Behausungen und ohne ausreichende Nahrung und Kleidung aufziehen. Viele Kinder können nicht regelmäßig zur Schule gehen, weil der Weg zu weit und kein Geld für den Bus da ist, sie keine geeignete Kleidung haben oder auch, weil sie häufig krank sind. Dazu kommt, dass Roma-Kinder noch immer in schlecht ausgestatteten reinen Roma-Schulen unterrichtet und dass viele von ihnen in Sonderschulen abgeschoben werden. Unregelmäßiger Schulbesuch führt dazu, dass sie keinen Schulabschluss erwerben können. Ohne Schulabschluss findet man keinen Ausbildungsplatz und hat auf dem Arbeitsmarkt kaum Chancen. Die Resignation führt leicht zu Alkoholismus und Drogenkonsum. Frustrationen entladen sich in Gewalt. Zum Teil lebt man schon generationenübergreifend von staatlichen Transferleistungen. Und dann beginnt der Kreislauf wieder von vorne.

Neben der drückenden Armut, den unwürdigen Lebensbedingungen (Slumbehausungen ohne Wasser, Strom und ohne Anschluss an das Kanalisationssystem) und der Perspektivlosigkeit sind es vor allem die vielfältigen Ausgrenzungen und Missachtungen, die den Roma das Leben in ihren Residenzstaaten schwer machen. Immer wieder sind Roma-Siedlungen von staatlichen Stellen, aber auch von privaten Unternehmen mit dem Hinweis abgerissen worden, der Boden gehöre den Roma nicht, oder unhygienische Wohnbezirke müssten saniert werden. Selbst ihre Anerkennung als Staatsbürger ist in verschiedenen Ländern – trotz internationaler Proteste – immer wieder in Frage gestellt worden. So haben die Tschechische Republik, Slowenien und Kroatien nach der Auflösung der Tschechoslowakei bzw. dem Zusammenbruch Jugoslawiens Staatsbürgergesetze erlassen, nach denen ein Teil der Roma-Bevölkerung faktisch staatenlos geworden ist.

Dass die Lebensbedingungen für Roma anderswo besser sein können, wissen die Leute aus den Medien und von Verwandten und Bekannten, denen eine Umsiedlung in ein westeuropäisches Land oder nach Kanada gelungen ist. Über internationale Netzwerke sind Roma auch in abgelegenen Dörfern des Balkans gut über bestehende und sich verändernde Migrationsmöglichkeiten, damit verbundene rechtliche Schwierigkeiten und Umgehungstaktiken informiert. Waren in den 1990er-Jahren Mazedonien, Bosnien und Jugoslawien (Serbien, Montenegro und Kosovo) sowie Rumänien die Hauptherkunftsländer von Roma-Migranten, so sind es heute hauptsächlich Bulgarien, Rumänien und die Slowakische Republik. Hauptzielländer sind Deutschland, Frankreich und Italien, aber auch Österreich, Großbritannien und Spanien, wo noch immer tief verwurzelte Ressentiments gegen Roma in der Bevölkerung politisch instrumentalisiert werden.

Ein Großteil der in Deutschland lebenden Roma (einschließlich Aschkali und Kosovo-Ägypter) stammt aus dem Kosovo, wo sie sowohl von Serben als auch von Albanern verdächtigt worden waren, jeweils mit den anderen zusammenzuarbeiten und so von beiden Seiten bedrängt oder zur Flucht gezwungen wurden. Längere Zeit galt für sie ein »Abschiebestopp«, da sie im Kosovo immer noch stark diskriminiert werden. Einige konnten inzwischen ein Aufenthaltsrecht bekommen, andere sind »freiwillig« (mit einer Abfindung versehen) oder gegen ihren Willen »zurückgeführt« worden.

Von der Tagung *Expanding Europe: Challenges for the Future* (Budapest 2003) ging die Initiative zur »Dekade der Roma-Integration« 2005 bis 2015 aus, an der sich heute elf osteuropäische Länder und Spanien beteiligen. Alle diese Staaten haben Aktionspläne zur Verbesserung der Lage der Roma ausgearbeitet und verabschiedet. Die erhofften positiven Entwicklungen in den Bereichen Bildung, Arbeit, Wohnen und Gesundheit lassen aber immer noch auf sich warten. Die Arbeitslosigkeitsrate der Roma ist nach wie vor um ein mehrfaches höher als in den Mehrheitsbevölkerungen.

Mit den Erweiterungen der EU 2004 und 2007 sind auch die Roma dieser Länder EU-Bürger geworden und können legal in die anderen Länder der EU einreisen und sich drei Monate aufhalten. Seit 2007 (insbesondere ab 2010) sind viele Menschen aus Rumänien und Bulgarien – darunter viele Roma – nach Westeuropa, auch nach Deutschland (hauptsächlich nach Berlin und in Ruhrgebietsstädte) gekommen. Übergangsbestimmungen, die bis Ende 2013 gültig waren, ließen eine unselbstständige Arbeitstätigkeit kaum zu, weshalb viele Zuwanderer ein Gewerbe anmeldeten, um ein Aufenthaltsrecht zu bekommen. Da ein Teil der zugewanderten Bulgaren und Rumänen (darunter gerade auch Roma) von den Einkünften aus ihrer (schein-)selbstständigen Tätigkeit den Lebensunterhalt nicht bestreiten konnten, beantragten sie »aufstockende« Hartz-IV-Leistungen. Bald war von »Armutszuwanderung«, »Sozialtourismus«, der Ausplünderung der Sozialkassen durch EU-

Binnenmigranten bzw. durch Roma die Rede. Zu Beginn des Jahres 2014 sprach die CSU von einem fortgesetzten Missbrauch der europäischen Freizügigkeitsrechte durch Armutszuwanderung, die die Kommunen an die Grenzen ihrer finanziellen Leistungsfähigkeit bringe. Kritiker wiesen darauf hin, dass Probleme nicht bundesweit aufträten, sondern sich auf etwa ein Dutzend große Städte konzentrierten und sich dort soziale Probleme in einigen wenigen Stadtteilen ballten, dass die Mehrheit der Zuwanderung aus Südosteuropa arbeitet und arbeiten wolle und eine alleinige Betonung von »Sozialleistungsmissbrauch« populistisch sei und damit Gefahr laufe, Vorurteile zu verstärken. Antiziganistische Untertöne bestimmten auch stark die Diskussionen über Asylsuchende – unter ihnen wiederum viele Roma – aus den angeblich sicheren Ländern des Westbalkans.

Städte wie Berlin, Duisburg, Mannheim u. a. mussten und müssen mit der schulischen, sozialen und medizinischen Versorgung der neu zugewanderten Roma-Kinder fertig werden und haben auch große finanzielle Lasten für Kindergeld und »aufstockendes Hartz IV« zu tragen. Bemühungen, die Zugewanderten zu integrieren, machen vielerorts Fortschritte. Einige besonders betroffene Kommunen fühlen sich jedoch von der Bundesregierung und der EU, die die Aufnahmebedingungen für Bulgarien und Rumänien damals ausgearbeitet hatten, immer noch zu wenig unterstützt.

Berichte über Maßnahmen »zur Integration und Teilhabe der Sinti und Roma«, die die Bundesregierung im »Rahmen für nationale Strategien zur Integration der Roma

bis 2020« der Europäischen Kommission zugeleitet hat, zeigen, dass die »Roma-Problematik« von ihr immer noch nicht genügend wahrgenommen wird. Eine Integration der Roma wird sich nur in einer gesamteuropäischen Zusammenarbeit lösen lassen.

Literatur

Bogdal, Klaus-Michael: Europa erfindet die Zigeuner. Eine Geschichte von Faszination und Verachtung, Berlin 2011.

Guy, Will: Roma: Living Conditions, Social Perception and State Policy in the Macro-Region of »Eastern Europe« before and after 1989, München 2009.

Liégois, Jean-Pierre: Roma in Europe, Strasbourg 2007.

Mappes-Niediek, Norbert: Arme Roma, böse Zigeuner. Was an den Vorurteilen über die Zuwanderer stimmt, Berlin 2012.

Matter, Max: Nirgendwo erwünscht: zur Armutsmigration aus Zentral- und Südosteuropa in die Länder der EU-15 unter besonderer Berücksichtigung von Angehörigen der Roma-Minderheiten, Schwalbach 2015.

Okely, Judith: Constructing Difference. Gypsies as »Others«, in: Anthropological Journal on European Cultures, 3.2. (1994), S. 55–73.

Reuter, Frank: Der Bann des Fremden. Die fotografische Konstruktion des »Zigeuners«, Göttingen 2014.

Sinti und Roma. Aus Politik und Zeitgeschichte 22–23/2011.

Tcherenkov, Lev/Laederich, Stéphane: The Rroma. Otherwise Known as Gypsies, Gitanos, Tsiganes, Tigani, Çingene, Zigeuner, Bohémiens, Travellers, Fahrende, 2 Bde., Muttenz 2004.

www.sintiundroma.de
www.romasinti.eu
www.romasintigenocide.eu
www.romanistudies.eu

Irreguläre Migranten

Maren Wilmes

Marina studierte Biologie in Quito, Ecuador und arbeitete nebenbei in einem kleinen Krämerladen. Große Hoffnungen, nach ihrem Studium eine Arbeit zu finden und davon gut leben zu können, hatte sie nicht. Ihre Freundin Paola lebt und arbeitet seit einigen Jahren irregulär in Deutschland. Sie telefonieren regelmäßig. 2005 entscheidet sich Marina dann, mit einem Touristenvisum nach Deutschland zu kommen. Sie wohnt bei Paola und findet zunächst Arbeit in einem spanischen Restaurant. Aufgrund der schlechten Arbeitsbedingungen dort arbeitet sie als Reinigungskraft in mehreren Privathaushalten, die sie wöchentlich für einige Stunden aufsucht. 2006 kommt ihr Partner Pedro nach. Über Kontakte anderer Lateinamerikaner erhält er unregelmäßige Aufträge als Handwerker in Privathaushalten, sodass sie gemeinsam ein Zimmer anmieten können. Am Ende des Monats schicken sie manchmal Geld an ihre Familie nach Ecuador und versuchen zu sparen, um sich in naher Zukunft ein gemeinsames Leben in Ecuador aufbauen zu können. Die Einkünfte sind jedoch weniger geworden, seitdem ihre Tochter Claudia im Jahr 2008 geboren wurde.

Marina und Pedro halten sich nach Ablauf ihres dreimonatigen Touristenvisums irregulär in Deutschland auf. Sie gehören damit zu der Gruppe von Migranten, die keinen Aufenthaltstitel haben oder nicht über eine formelle Duldung oder Aufenthaltsgestattung verfügen. Schätzungen gehen davon aus, dass diese Gruppe zwischen 180 000 und 520 000 Personen umfasst (Stand: 2014). Ein fehlender Aufenthaltstitel bedeutet jedoch nicht nur eine Irregularität im Sinne des Aufenthaltsgesetzes. Irreguläre Migranten arbeiten zumeist auch unregistriert in der Schattenwirtschaft oder leihen sich Papiere, um ein scheinlegales Arbeitsverhältnis einzugehen.

In den Medien werden die hier dargestellten Menschen meist als »Illegale« bezeichnet. In der Forschungsliteratur ist dieser Begriff jedoch umstritten. Zwar ist der illegale Aufenthalt in Deutschland eine Straftat im Sinne des Strafgesetzbuches (StGB § 95), der Begriff »Illegale« impliziert jedoch eine Kriminalisierung der Betroffenen, obwohl diese lediglich versuchen, ihr Handeln der Beobachtung durch den Rechtsstaat zu entziehen. Alternative Bezeichnungen sind u. a. »Menschen ohne Aufenthaltsstatus«, »Statuslose« oder »Menschen ohne Papiere«. Als Übersetzung der internationalen Form wird jedoch vor allem auch auf den Begriff »irreguläre Migranten« zurückgegriffen.

Die Wege in die Irregularität, die Migrationsmotive und die konkreten Lebensumstände sind äußerst heterogen. Ein klassischer Weg ist der Verbleib in der Bundesrepublik trotz Ablauf eines Visums oder eines Aufenthaltstitels, wie es im Beispiel von Marina und Pedro schon benannt wurde. Diese Gruppe hält sich nach einer legalen Einreise für eine befristete Zeit je nach Aufenthaltszweck (z. B. Tourismus, Studium oder Arbeit als Au-pair) legal im Bundesgebiet auf. Durch Ablauf des Aufenthaltstitels und Verbleib im Land werden sie zu irregulären Migranten. Ziel kann der Aufenthalt zu Bildungszwecken, ein Familiennachzug, Tourismus oder auch Arbeit sein. Eine zweite Gruppe umfasst Personen, die die Voraussetzungen für einen Aufenthaltstitel oder eine Duldung nicht mehr erfüllen und nicht ausreisen. Der größte Teil von ihnen sind abgelehnte Asylbewerber, von denen einige ein Leben in der Irregularität einer Abschiebung vorziehen. Es ist anzunehmen, dass diese Gruppe aufgrund der verschärften Asylgesetzgebung und der darin implizierten Festsetzung sicherer Herkunftsstaaten (z. B. für die Westbalkanstaaten und – zum Stand Juli 2016 geplant – auch für einige Länder Nordafrikas) sowie aufgrund der steigenden Fluchtbewegungen in den letzten Jahren größer geworden ist. So können Menschen aus Syrien relativ sicher sein, einen humanitären Status zu bekommen, während dies für Menschen aus Afghanistan, Pakistan oder vielen afrikanischen Ländern nicht gilt. Fast unmöglich wird es gar für Menschen, deren Herkunftsland als sicher gilt, beispielsweise Kosovo, Mazedonien und Serbien. Ganz anders stellt sich ein dritter Weg dar, bei dem die betroffenen Personen nie einen legalen Aufenthaltstitel besessen haben. Sie sind entweder mit gefälschten oder manipulierten Papieren über Flughäfen, Landgrenzen oder über die »grüne Grenze« außerhalb von Kontrollpunkten eingereist. Mit zunehmender Intensität der Grenzkontrollen wird dies für Einzelne immer schwieriger, sodass sie sich in der Regel von Schmugglern helfen lassen, die gegen Geld die Einreise arrangieren. Manchmal entpuppt sich der vermeintliche Schmuggler am Ende als Menschenhändler, der die Migranten täuscht, ihr Leben gefährdet oder sie zu Prostitution oder nicht vereinbarten Arbeiten zwingt. Wege aus dem irregulären Aufenthalt sind eine Ausreise, die Heirat oder Elternschaft mit einem Partner, der einen festen Aufenthaltstitel besitzt oder Deutscher ist, die Beantragung von Asyl oder einer Duldung (z. B. für Schwangere drei Monate vor und nach der Geburt) oder eine Regelung über die Härtefallkommissionen der Bundesländer.

Irregularität bedeutet, stets darauf zu achten, im Alltag nicht in den Fokus der Sicherheitsbehörden zu geraten, d. h. auch nicht im Geringsten gegen Gesetze und Regeln zu verstoßen. Dieses Grundprinzip bestimmt den kompletten Alltag, von der Arbeit über die Gesundheitsversorgung bis zur Kindererziehung.

Wie Marina und Pedro werden viele Betroffene über Berichte von Bekannten und Familienangehörigen in Deutschland (bzw. Europa) auf die Beschäftigungsmöglichkeiten in der Schattenwirtschaft aufmerksam. Vor dem Hintergrund des großen Lohngefälles zwischen ihren Heimatländern und Deutschland scheinen ihnen diese attraktiv, denn in Deutschland können irreguläre Migranten auch in unqualifizierten und vertraglich nicht abgesicherten Tätigkeiten oft ein vielfach höheres Einkommen erzielen als in ihrem Herkunftskontext. Vor allem im Bereich der Dienstleistungen (Reinigungskraft, Pflege, Kinderbetreuung, Handwerk u. a.) in Privathaushalten, im Gaststättengewerbe und auf dem Bau bieten sich ihnen Beschäftigungsmöglichkeiten, denn hierbei finden Produktion und Konsum am gleichen Ort statt. Nur durch Migration und die Akzeptanz von Löhnen und Arbeitsbedingungen, die schlechter sind als die von Einheimischen, können Betroffene den hiesigen Arbeitnehmern Konkurrenz machen. Gerade die Strukturbedingungen des Wohlfahrtsstaats (z. B. das soziale Sicherungssystem) reizen zur Umgehung und Vermeidung dieser Strukturen und fördern damit Schwarzarbeit. Irreguläre Migration lässt somit in verschiedenen Dienstleistungsbereichen Beschäftigungsverhältnisse entstehen, an deren Aufrechterhaltung sowohl Migranten als auch Arbeitgeber (Firmen wie Privathaushalte) aufgrund niedriger Löhne für hohe Arbeitsleistungen interessiert sind. Die Konfliktfähigkeit irregulärer Migranten ist gegenüber den Arbeitgebern stark eingeschränkt. Sie glauben, dass sie sich bei Lohnbetrug und Übergriffe durch den Arbeitgeber nicht zur Wehr setzen können – und tatsächlich ist dies auch schwierig. Es ist nicht auszuschließen, dass im Zuge eines Verfahrens der Aufenthaltsstatus aktenkundig wird. Allerdings hat es in jüngster Zeit mehrere Fälle gegeben, in denen Ausländer ohne Aufenthaltsstatus erfolgreich klagten. Die EU hat in einer Richtlinie festgelegt, dass der Staat nicht nur die Beschäftigung »illegal Aufhältiger« bekämpfen muss, sondern dass er auch effektiv sicherstellen muss, dass sie ausstehende Löhne vom Arbeitgeber einfordern können.

Über eine gesetzliche Krankenversicherung verfügen irreguläre Migranten nicht, private Krankenversicherungen können sie sich nur in Ausnahmefällen leisten. Dies bedeutet, dass jede akute oder chronische Krankheit, jeder Unfall oder jede Schwangerschaft sie vor das Problem der fehlenden medizinischen Versorgung stellt. Viele irreguläre Migranten befürchten, dass ihr unrechtmäßiger Aufenthalt im Krankenhaus oder in Arztpraxen aufgedeckt wird und sie abgeschoben werden. Sie schließen sich somit von den Leistungen des Gesundheitssystems bewusst aus. Krankheit kann damit durch Verschleppung oder auch Nichtbehandlung zum lebensbedrohlichen Risiko werden. In vielen Städten haben sich vor diesem Hintergrund Initiativen oder Sprechstunden in Gesundheitsämtern gebildet, die versuchen, schnell, anonym und kostenlos zu helfen. Damit kann in einigen Städten eine gewisse Regelversorgung im »Parallelsystem« gewährleistet werden. Geburten oder Notfälle, die stationäre Aufenthalte oder sofortige Versorgung notwendig machen, können jedoch nur sehr begrenzt abgedeckt werden. Eine Änderung der Verwaltungsvorschriften zum Aufenthaltsgesetz im Jahr 2009 besagt zwar, dass irreguläre Migranten, die als Notfälle ins Krankenhaus eingewiesen werden, keine Angst vor Aufdeckung des Status bzw. drohender Abschiebung haben müssen. Ein Blick in die Praxis zeigt jedoch, dass sie im Notfall trotzdem kaum medizinische Hilfe im Krankenhaus in Anspruch nehmen.

Auch die Frage, ob Kinder von irregulären Migranten eine Schule besuchen können, ist trotz rechtlicher Regelungen unklar. Zwar hat sich gesetzlich nach langen Jahren der Unsicherheit im Jahr 2011 etwas getan: Die Bundesregierung hat die aufenthaltsrechtliche Übermittlungspflicht für Schulen sowie Bildungs- und Erziehungseinrichtungen aufgehoben. Bisher sind öffentliche Stellen (Sozial-, Schul-, Gesundheitsämter usw.) dazu verpflichtet, Ausländer ohne gültige Aufenthaltspapiere der Ausländerbehörde zu melden. Schulen sind nun davon ausgenommen. Aber der Schulbesuch ist damit trotzdem noch einigen Unsicherheiten unterworfen. Einen gesetzlichen Anspruch auf Schulbesuch haben Kinder ohne Papiere in nur wenigen Bundesländern und je nach rechtlicher Auslegung bzw. Anmeldeverfahren (teilweise müssen z. B. behördliche Bescheinigungen vorgelegt werden). In den letzten Jahren haben Kommunen und Länder über Erlasse und Rundschreiben versucht, die Bereitschaft von Schulleitern zu erhöhen, Kinder ohne Papiere bei sich aufzunehmen. Eine Garantie haben Eltern jedoch nicht. Ohne gesetzlichen Anspruch und immer in der Angst, dass der fehlende Aufenthaltstitel bei Datenabgleichen oder Schulausflügen entdeckt wird, müssen sie immer noch auf das Wohlwollen der Schulleitungen oder einzelner Lehrer hoffen.

In den letzten Jahren ist auf nationaler wie auf internationaler Ebene klargestellt worden, dass Menschen ohne Aufenthaltsstatus grundlegende soziale Rechte in Anspruch nehmen können. Im Notfall können sie sich medizinisch versorgen lassen, Lohn für geleistete Arbeit einklagen und Kinder zur Schule schicken. Die Wahrnehmung dieser Rechte unterliegt jedoch immer noch großen Unsicherheiten und Einzelfallentscheidungen. Erste Schritte sind durch immer breitere Diskussionen auf kommunaler, nationaler und internationaler Ebene getan (z. B. Abkommen der Internationalen Arbeitsorganisation ILO zu Haushaltsarbeitern). Die Betroffenen wissen jedoch zumeist nichts über ihre Rechte und benötigen Unterstützung bei deren Durchsetzung. Hilfreich ist dabei sicherlich eine Diskussion über irreguläre Migration, die weniger die aufenthaltsrechtlichen und damit im deutschen Fall auch strafrechtlichen Aspekte in den Vordergrund rückt, sondern die Migranten mit ihren sozialen und humanitären Rechten in den Mittelpunkt stellt.

Literatur

Alt, Jörg/Bommes, Michael: Illegalität. Grenzen und Möglichkeiten der Migrationspolitik, Wiesbaden 2006.

Schneider, Jan: Maßnahmen zur Verhinderung und Reduzierung irregulärer Migration. Working Paper 41, hrsg. vom Bundesamt für Migration und Flüchtlinge (BAMF), Nürnberg 2012.

Diakonisches Werk Hamburg (Hrsg.): Leben ohne Papiere. Eine empirische Studie zur Lebenssituation von Menschen ohne gültige Aufenthaltspapiere in Hamburg, Hamburg 2009.

Heinrich-Böll-Stiftung (Hrsg.): Leben in der Illegalität (www.migration-boell.de/web/migra¬tion/46_1371.asp).

Vogel, Dita: Menschen ohne Aufenthaltsstatus in der Erwerbsarbeit. Eine sozialwissenschaftliche Einführung, in: Andreas Fischer-Lescano/Eva Kocher/Ghazaleh Nassibi (Hrsg.): Arbeit in der Illegalität. Die Rechte der Menschen ohne Aufenthaltspapiere, Frankfurt/M. 2012, S. 13–37.

Schwenken, Helen: Irregular Migration: European Union Policies and Space of Manoevre for NGOs, 2008 (www.migrationeducation.org/¬28.1.html?&rid=98&cHash=d40c1d95504¬35f94a257411b26adcfbc).

Wilmes, Maren: Kommunaler Umgang mit Menschen ohne Papiere, in: Aus Politik und Zeitgeschichte, 47/2013, S. 33–39.

https://correctiv.org/recherchen/unsichtbare
www.forum-illegalitaet.de
www.picum.org/de

Wirtschaft und Recht

Arbeitsmarkt, Fachkräftemangel und Anerkennungsgesetz

Hans Dietrich von Loeffelholz

Die Erwerbstätigkeit von Männern ist auf den unterschiedlichen Arbeitsmärkten in Deutschland aus vielerlei Gründen – unabhängig vom Migrationshintergrund – generell höher als bei Frauen. Haben die weiblichen Erwerbspersonen Migrationshintergrund, stehen sie dem Arbeitsmarkt heute stärker zur Verfügung als noch ihre Mütter. Männer mit Migrationshintergrund waren schon immer ebenso häufig erwerbstätig wie die ohne; heute stellen sie mit einem Fünftel des (männlichen) Erwerbspersonenpotenzials einen wichtigen Teil des Arbeitsmarktes dar.

Die Erwerbstätigkeit, die sich in der Erwerbstätigenquote als Anteil der Erwerbstätigen an der erwachsenen Bevölkerung bis 65 bzw. 67 Jahren ausdrückt, hat bei Frauen mit Migrationshintergrund in den vergangen Jahrzehnten zwar wesentlich zugenommen, bleibt aber noch spürbar hinter dem Durchschnitt zurück. Dies trifft vor allem auf türkeistämmige Frauen zu. Vergleichsweise hohe Quoten zeigen sich bei Frauen mit (Spät-)Aussiedlerstatus sowie mit einem kroatischen oder italienischen Migrationshintergrund. Unter den Männern mit Migrationshintergrund erreichen insbesondere die (Spät-)Aussiedler annähernd so hohe Erwerbstätigenquoten wie einheimische Männer (jeweils über 75 %), während Männer mit Migrationshintergrund aus der Türkei, Serbien und der Russischen Föderation wegen höherer Betroffenheit von Arbeitslosigkeit etwas weniger häufig erwerbstätig sind.

Die Zahl der sozialversicherungspflichtig beschäftigten Ausländer hat in Deutschland aufgrund von Arbeitsmarktreformen sowie von anhaltenden konjunkturellen und strukturellen Impulsen mit über 2,9 Millionen Personen (Dezember 2015) auf einen bisher in der Bundesrepublik nicht erreichten Rekordwert zugenommen. Dieser Höchststand gilt für deutsche wie für ausländische Frauen ebenso wie für die ausländischen Männer, wobei hier erhebliche nationalitätsspezifische Unterschiede bestehen. Seit dem Jahr 2000 ist auch der Anteil der Teilzeitverträge an den sozialversicherungspflichtigen Beschäftigungsverhältnissen insgesamt gestiegen, vor allem bei Frauen. Diese Beschäftigungsform ist mehr durch den Geschlechterunterschied als durch Unterschiede zwischen Ausländern und Deutschen geprägt.

Die Verteilung der sozialversicherungspflichtig Beschäftigten auf die Wirtschaftszweige zeigt, dass ausländische Beschäftigte insbesondere im primären und sekundären Sektor (Land- und Forstwirtschaft, Verarbeitendes Gewerbe) sowie im Gastgewerbe häufiger tätig sind als deutsche Beschäftigte. Im längeren Zeitverlauf von Mitte der 1970er-Jahre bis heute zeigt sich bei allen Beschäftigten eine Verschiebung hin zum Dienstleistungssektor und ein Bedeutungsverlust des Baugewerbes und des Verarbeitenden Gewerbes, auf die sich die Anwerbungen der »Gastarbeiter« in den 1950er- bis 1970er-Jahren bezogen. Vom sektoralen Strukturwandel waren deshalb die ausländischen Beschäftigten besonders betroffen.

Während die angeworbene Generation der ausländischen Arbeitskräfte vorwiegend Arbeiter in der Montan-, Bau- und Autoindustrie waren, sind ihre hier aufgewachsenen Kinder und Enkel in diesen

Branchen und darüber hinaus in den Dienstleistungssektoren als Angestellte tätig. Insbesondere jüngere Frauen mit Migrationshintergrund haben sich aufgrund verbesserter Qualifikationen und eines spürbaren intergenerationalen Bildungsaufstiegs stark an die beruflichen Stellungen der Bevölkerung ohne Migrationshintergrund angenähert.

Ähnlich wie bei der Teilzeitbeschäftigung sind es vor allem Frauen (unabhängig vom Migrationsstatus), die geringfügig entlohnt werden oder an Wochenenden oder Feiertagen arbeiten. Regelmäßige Schichtarbeit wird dagegen öfter von Männern als von Frauen ausgeübt. Erwerbstätige mit Migrationshintergrund sind in allen betrachteten atypischen und schlecht bezahlten Beschäftigungssituationen u. a. aufgrund ihres niedrigeren Anspruchsniveaus und der anhaltenden Konkurrenz durch Neuzuwanderer, die seit 2011 – und insbesondere seit dem Herbst 2015 im Zuge der Flüchtlingszuwanderung – wieder vermehrt nach Deutschland kommen, häufiger anzutreffen als Erwerbstätige ohne Migrationshintergrund, insbesondere auch ältere Menschen.

Motorenmontage durch türkische Arbeitsmigranten »beim Daimler« in Stuttgart um 1970 – ein typisches Bild der »Boomphase«.

Nach dem Mikrozensus 2014 der amtlichen Statistik sind rund 732 000 Personen mit Migrationshintergrund (Ausländer und Deutsche mit Migrationsgeschichte) selbstständig (einschließlich der mithelfenden Familienangehörigen), darunter kommt die Hälfte aus den EU-Ländern. Die Selbstständigenquote als Anteil der selbstständigen Personen mit Migrationshintergrund an allen acht Millionen Erwerbstätigen mit einem solchen Hintergrund liegt mit 9 % noch spürbar unter der entsprechenden Quote von 11 % der Erwerbstätigen ohne Migrationshintergrund (3,7 Millionen Selbstständige von 34 Millionen). Im längerfristigen Zeitablauf hat sich die Selbstständigenquote der Migranten – mit erheblichen nationalitätsspezifischen Unterschieden – immer mehr der der Nichtmigranten angenähert, was als ein wichtiger Integrationsindikator angesehen werden kann. Allerdings besteht hier noch Potenzial, wenn man den oben genannten Unterschied der Selbstständigenquoten von zwei Prozentpunkten betrachtet.

Fachkräftemangel ist bisher schon immer in konjunkturellen Aufschwungphasen der Wirtschaft in der Bundesrepublik gerade von Seiten der Industrie und des Handwerks reklamiert worden. Auch in der seit der Überwindung der Finanzkrise von 2008/09 aufwärtsgerichteten Wirtschaft ist dies der Fall. Damit verbunden sind regelmäßig migrationspolitische Forderungen an die jeweilige Regierung nach Erleichterungen der Zuwanderung von Erwerbstätigen aus dem Ausland und ihre bessere Integration. Im Abschwung verstummen diese Forderungen mehr oder weniger schnell und lösen solche nach konjunkturstützenden Programmen ab.

Seit indes immer stärker – auch durch die aktuelle Flüchtlings- und Asylmigration nach Deutschland – ins Bewusstsein getreten ist, dass hierzulande der demographische Wandel einer alternden und schrumpfenden Bevölkerung längst im Gange ist und zu erheblichen Herausforderungen in allen Politikbereichen führen wird, wird der Fachkräftemangel stärker mit Blick auf die mittel- und längerfristigen Projektionen eines Arbeitsmarkts thematisiert. Schon in naher Zukunft werden immer mehr ältere und einen Migrationshintergrund aufweisende Arbeitskräfte tätig sein und zur Fachkräftesicherung aus bevölkerungs- und arbeitsmarktpolitischen Gründen an Bedeutung gewinnen. Indes ist die Bevölkerungsentwicklung, die auch unter dem Einfluss der aktuell gestiegenen Zuwanderung nach Deutschland steht, nur ein Faktor für den Fachkräftemarkt. Ebenfalls wichtig ist – neben den technologischen Anpassungen der Unternehmer und der damit verbundenen Produktivitätsentwicklung in der immer stärker digitalisierten »Industrie 4.0« – die Erwerbsbeteiligung der jeweiligen aktiven Generationen, unter denen Personen mit Migrationshintergrund umso stärker vertreten sind, je jünger diese sind. Mit dem demographischen Wandel kommt mithin der Aus- und Weiterbildung der jüngeren Generationen, zu denen gerade auch die aktuellen Flüchtlinge und Asylbewerber mit einer dauerhaften Bleibeperspektive zählen, eine erhöhte Bedeutung zur Bewältigung der demographischen Herausforderung zu.

Der entscheidende Knappheitsindikator für Fachkräfte sind insbesondere die Löhne und die übrigen Arbeitsbedingungen. Die Lohnentwicklung zeigt heute – wie früher auch schon – besonders im Aufschwung Knappheiten beim Angebot auf den regionalen und sektoralen Arbeitsmärkten sowie bei bestimmten Qualifikationen in sogenannten MINT-Berufen (Fachbereich Mathematik, Informatik, Naturwissenschaft und Technik) an. Gerade hier steigen die Chancen für ausländische und deutsche Fach- und Führungskräfte mit Migrationshintergrund. Dies gilt auf längere Sicht auch für die aktuellen Asylbewerber und Flüchtlinge aus den heutigen Bürgerkriegsgebieten rund um das Mittelmeer. Erfahrungsgemäß werden einige von ihnen, die zu drei Viertel unter 35 Jahre alt sind, schon nach einem Jahr bei entsprechenden Sprachkenntnissen erste Schritte auf dem Ausbildungs- und Arbeitsmarkt gemacht haben. Viele von ihnen werden nach fünf Jahren dauerhaft Fuß gefasst und die Mehrzahl unter ihnen sich nach zehn Jahren integriert haben. Diese Integration setzt, wie in früheren Zuwanderungsphasen auch, hohe Investitionen auf allen privaten wie öffentlichen Ebenen voraus.

Dies gilt auch in reglementierten Bereichen, Sektoren und Berufen, in denen der Markt nur eingeschränkt funktioniert – etwa bei Pflege und Gesundheitsleistungen mit permanentem Kostendämpfungsdruck im Verteilungskonflikt der Generationen. Hier herrscht chronische Knappheit auf der Angebotsseite infolge geringer Entlohnung und unattraktiver Arbeitsbedingungen. Der personelle Bedarf wird nur zum Teil durch die Zuwanderung aus dem Ausland gedeckt werden können. Hinzukommen muss die Bereitschaft der jüngeren Generation mit und ohne Migrationshintergrund, sich finanziell und personell zu engagieren.

Mit dem Anerkennungsgesetz des Bundes wurden seit dem 1. April 2012 die Verfahren zur Bewertung ausländischer Berufsqualifikationen im Zuständigkeitsbereich des Bundes weiter geöffnet, vereinfacht und verbessert. Dabei wurde im Vorfeld davon ausgegangen, dass in Deutschland etwa 300 000 Personen mit einem ausländischen akademischen oder beruflichen Abschluss wegen dessen fehlender Anerkennung unterhalb ihrer Qualifikation am Arbeitsmarkt tätig sind.

Ziel der erleichterten Anerkennung ist es, die Qualifikationspotenziale hier lebender Menschen, die im Ausland einen Beruf erlernt haben, besser zu erschließen und eine adäquate Beschäftigung im erlernten Beruf zu ermöglichen. Damit wird die Integration von Migranten – auch die seit dem Herbst 2015 verstärkt zuwandernden Flüchtlinge und Asylbewerber – in die Arbeitswelt gefördert und ein Anreiz für Fachkräfte im Ausland gesetzt, nach Deutschland zu kommen.

Um diese Ziele zu erreichen, wurden Rechtsansprüche auf ein Verfahren zur Überprüfung der Gleichwertigkeit von im Ausland erworbenen beruflichen Qualifikationen mit einem deutschen Berufsabschluss eingeführt. Das schafft für Fachkräfte mit ausländischen Abschlüssen bessere Arbeitsmarktchancen und für Arbeitgeber und Betriebe nachvollziehbare, verlässliche und vereinfachte Grundlagen zur Bewertung ausländischer Berufsqualifikationen. Ein Vergleich des im Ausland erworbenen Berufsabschlusses mit den Anforderungen an diesen Beruf in Deutschland ist vor allem dann wichtig, wenn die Tätigkeit in einem reglementierten Beruf in Deutschland, wie im Gesundheitswesen als Arzt oder Krankenschwester bzw. -pfleger, ausgeübt werden soll. Anerkennungsverfahren werden von unterschiedlichen Behörden der Länder und Institutionen durchgeführt. Die jeweilige Zuständigkeit richtet sich entweder nach den Abschlüssen oder nach dem Wohnort. Bis zum 31. Dezember 2014 wurden 44 000 Anträge auf Anerkennung der im Ausland erworbenen beruflichen Qualifikationen oder von Teilen gestellt, was für ein relativ neues Gesetz als beachtlich gelten kann. Die – mit großem Abstand – meisten Anerkennungsverfahren betrafen medizinische Gesundheitsberufe.

In nichtreglementierten Berufen wurden dagegen kaum Anträge auf formelle Anerkennung des Abschlusses vorgenommen, um arbeiten zu dürfen (z. B. als Angestellter im Einzelhandel, als Mechaniker oder als Elektriker). Hier kann die Bewerbung auch ohne eine Bewertung der Qualifikationen auf dem Arbeitsmarkt erfolgen. Eine Prüfung der individuellen Qualifikationen kann aber trotzdem sinnvoll sein, damit der Arbeitgeber die jeweiligen Qualifikationen besser einschätzen und so Informationskosten einsparen kann. In arbeitsmarktlicher Hinsicht dürfen indes die Erwartungen – auch mit Blick auf die bisherigen Antragszahlen – auf einen wesentlichen Beitrag der Anerkennung zur Fachkräftesicherung nicht übersteigert werden.

Literatur

Babka von Gostomski, Christian: Fortschritte der Integration. Zur Situation der fünf größten in Deutschland lebenden Ausländergruppen. Forschungsbericht 8 der Forschungsgruppe des Bundesamts für Migration und Flüchtlinge (BAMF), Nürnberg 2010.

Bundesministerium für Bildung und Forschung: Bericht zum Anerkennungsgesetz 2016, Berlin 2016.

Statistik der Bundesagentur für Arbeit: Analytikreport der Statistik, Analyse des Arbeitsmarktes für Ausländer, Juli 2016, Nürnberg 2016.

Vollmer, Michael: Bestimmung von Fachkräfteengpässen und Fachkräftebedarfen in Deutschland. Studie der deutschen nationalen Kontaktstelle für das Europäische Migrationsnetzwerk (EMN), Working Paper 64 des Forschungszentrums des Bundesamtes für Migration und Flüchtlinge (BAMF), Nürnberg 2015.

www.iza.org (Forschungsinstitut zur Zukunft der Arbeit)

www.iab.de (Institut für Arbeitsmarkt- und Berufsforschung der Bundesagentur für Arbeit, Nürnberg)

www.bamf.de (Bundesamt für Migration und Flüchtlinge, Nürnberg)

Arbeits- und Erwerbslosigkeit von Migranten

Hans Dietrich von Loeffelholz

Wer zwischen 15 und 65 Jahren alt ist, weniger als 15 Stunden pro Woche arbeitet, Arbeit sucht, dem Arbeitsmarkt zur Verfügung steht und bei einer Agentur für Arbeit oder einem Träger der Grundsicherung arbeitslos gemeldet ist, gilt als arbeitslos. Die Zahl arbeitsloser Ausländer ist seit dem Höchststand von fast 673 000 Arbeitslosen im Jahresdurchschnitt 2005 auf 474 000 im Jahr 2012 zurückgegangen und befindet sich damit auf dem niedrigsten Niveau seit 2005; von 2013 bis 2015 stieg die Zahl wieder um jeweils 30 000 auf 563 000 Personen. Die längerfristige Abnahme der Ausländerarbeitslosigkeit in zehn Jahren seit 2005 um mehr als 100 000 Personen konnte allerdings aus konjunkturellen und strukturellen Gründen sowie wegen qualifikatorischer Defizite nicht mit der allgemeinen Verringerung der Arbeitslosigkeit Schritt halten. Dadurch ist der Anteil arbeitsloser Ausländer an allen Arbeitslosen im Jahresdurchschnitt von 15,8 % im Jahr 2011 auf über 20 % im Jahr 2015 gestiegen.

Die genannten Gründe sind auch dafür verantwortlich, dass die Arbeitslosenquote von Ausländern im Jahresdurchschnitt 2015 mit 14,6 % fast das Dreifache der Quote von Deutschen (5,6 %) betrug. Dieser markante Niveauunterschied hat sich relativ schnell schon im Konjunkturabschwung zwischen Anfang und Mitte der 1980er-Jahre aufgebaut und ist seitdem aus vielerlei Gründen (mangelnde Bildungsausstattung, unzureichende Sprachkompetenzen sowie geringe regionale wie sektorale Mobilität) nicht wieder auf das gesamtwirtschaftliche Niveau zurückgegangen, sondern hat sich in den folgenden Abschwüngen immer mehr ausgeweitet, ohne in den folgenden Boomphasen zurückzufallen. Dies gilt insbesondere für die Quote der türkischen Erwerbstätigen, die am stärksten vom sektoralen Strukturwandel und dem Niedergang der Schwer- und Montanindustrie betroffen waren, für die sie in den 1960er-Jahren angeworben wurden. Die Ausländerbeschäftigung auch der zweiten und dritten Generation folgt aufgrund immer noch geringerer Qualifikation im Vergleich zur Mehrheitsbevölkerung bis heute dem Konjunkturverlauf und wirkt weiter als eine Art »Konjunkturpuffer«. Nach neueren Forschungen verschlechtert sich zusätzlich ihre Arbeitsmarktsituation durch die aktuelle Zuwanderung von jungen und ambitionierten Migranten.

Der aktuelle Vergleich struktureller Merkmale arbeitsloser Ausländerinnen und Ausländer mit arbeitslosen Deutschen offenbart deutliche Unterschiede. In Abb. 1 werden einige Strukturmerkmale der Arbeitslosen zum Juli 2016 dargestellt: Der stärkste Unterschied bestand beim Anteil der Arbeitslosen ohne abgeschlossene Ausbildung. Dieser lag bei Ausländern im Juli 2016 bei 71 %, während 39 % der deutschen Arbeitslosen keine Berufsausbildung abgeschlossen hatten. Unter den arbeitslosen Ausländern befinden sich mit 31 % etwas weniger Langzeitarbeitslose als unter den deutschen Arbeitslosen (39 %), d. h. solche, die mehr als ein Jahr arbeitslos sind. Bemerkenswert niedrig ist in Deutschland der Anteil von arbeitslosen Jugendlichen von 15 bis unter 25 Jahren. Diese Personengruppe ist in anderen EU-Ländern aufgrund extrem regulierter Arbeitsmärkte, die hohe

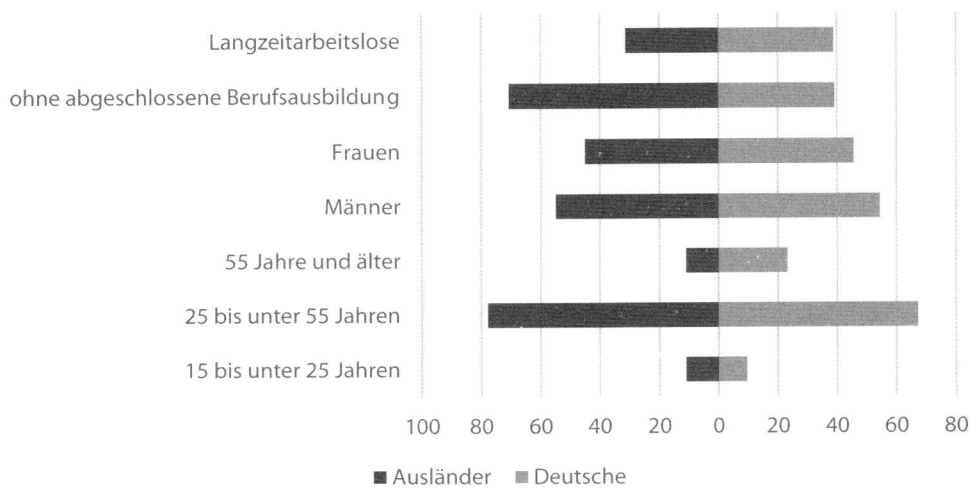

Abb. 1: Arbeitslosigkeit von Ausländern und Deutschen nach Strukturmerkmalen (Juli 2016, Anteile in %). Quelle: Statistik der Bundesagentur für Arbeit

Hürden gegenüber Jugendlichen aufrichten, von hoher Arbeits-, Erwerbs- und damit Perspektivlosigkeit betroffen. Dies betrifft insbesondere die dortigen jungen Migranten.

Von der Arbeitslosigkeit zu unterscheiden ist die Erwerbslosigkeit. Entsprechende Daten werden in Deutschland vom Statistischen Bundesamt erhoben. Als erwerbslos gilt, wer mindestens 15 Jahre alt ist, keine Beschäftigung ausübt und eine Beschäftigung von mindestens einer Stunde pro Woche sucht. Die Daten der amtlichen Statistik zur Erwerbslosigkeit unterscheiden – anders als die oben verwendete Arbeitsmarktstatistik der Arbeitsagentur, die nur die Unterscheidung Deutsche gegenüber Ausländern vornimmt – nach dem jeweiligen Migrationsstatus. Danach hatten 2014 unter den 2,1 Millionen Erwerbslosen mit 642 000 Personen rund 30 % einen Migrationshintergrund. Fast 70 % davon kommen aus Europa (440 000). Stellt man dem genannten Erwerbslosenanteil von 30 % den Anteil der Erwerbspersonen mit Migrationshintergrund an allen Erwerbspersonen von 23,5 % gegenüber, wird die

1,3 Mal so hohe Betroffenheit von Erwerbslosigkeit bei Personen mit Migrationshintergrund gegenüber denen ohne dieses Merkmal deutlich. Jedenfalls ist die Betroffenheit von Erwerbslosigkeit bei Migranten gegenüber Nichtmigranten insgesamt geringer als die von Arbeitslosigkeit bei Ausländern gegenüber Deutschen.

Ähnlich wie die Arbeitslosenquote von Ausländern in Deutschland ist auch die Erwerbslosenquote von Menschen mit Migrationshintergrund in den vergangenen Jahren erheblich gesunken. Die Quote ist aber mit 8 % im Jahr 2014 weiterhin – anders als die Vergleichsquote der Arbeitslosigkeit bei Ausländern gegenüber Deutschen – nur knapp doppelt so hoch wie die der Bevölkerung ohne Migrationshintergrund (2014: 4,3 %). Grund auch für diesen Unterschied ist, dass mehr als die Hälfte der Erwerbslosen mit Migrationshintergrund keinen berufsqualifizierenden Abschluss in Deutschland aufwies. Dieser Anteil war bei Erwerbslosen ohne Migrationshintergrund, also meist den Deutschen mit regelmäßigen Abschlüssen im hiesigen Bildungssystem, nur etwa halb so hoch. Auch der Anteil der Nichtqualifizierten ist bei ausländischen Erwerbslosen deutlich höher als der Anteil bei deutschen Erwerbslosen mit Migrationshintergrund. Wie bei den Arbeitslosen sind auch unter den Erwerbslosen kaum Jugendliche aufgrund ihrer hohen Bildungs- und Ausbildungsbeteiligung vertreten.

Zusammenfassend kann festgehalten werden: Sowohl die Arbeitslosenquoten der Menschen mit ausländischer Staatsangehörigkeit als auch die Erwerbslosenquoten von Personen mit Migrationshintergrund sind in den vergangenen Jahren im Zuge der Arbeitsmarkt- und Sozialreformen sowie der anhaltend guten Konjunktur spürbar zurückgegangen; sie sind – auf einem niedrigeren Niveau – indes wieder fast dreimal so hoch wie die der Menschen mit deutscher Staatsangehörigkeit bzw. fast doppelt so hoch wie die der Personen ohne Migrationshintergrund. Die entsprechend schlechteren Arbeitsmarktchancen und -beteiligungen ergeben sich zu einem großen Teil aus der immer noch geringeren Qualifikation des Personenkreises. Erschwerend kommt hinzu, dass er in höherem Maße im industriellen Sektor beschäftigt ist, der im Zuge der Globalisierung und Digitalisierung der Wirtschaft vom sektoralen Strukturwandel

stärker betroffen ist als andere Wirtschaftssektoren. Positiv ist die relativ geringe Arbeits- und Erwerbslosigkeit von Jugendlichen – seien es junge Leute mit oder ohne Migrationshintergrund, mit denen Deutschland in der EU und darüber hinaus mit Hinweis auf sein leistungsfähiges Bildungs- und insbesondere auf das duale Ausbildungssystem als beispielgebend gesehen wird.

Literatur

Die Beauftragte der Bundesregierung für Migration, Flüchtlinge und Integration: 10. Bericht der Beauftragten über die Lage der Ausländerinnen und Ausländer in Deutschland, Berlin 2014.

Statistik der Bundesagentur für Arbeit, Analytikreport der Statistik, Analyse des Arbeitsmarktes für Ausländer, Juli 2016, Nürnberg 2016.

Statistisches Bundesamt (Hrsg.): Bevölkerung und Erwerbstätigkeit. Bevölkerung mit Migrationshintergrund – Ergebnisse des Mikrozensus – 2014. Fachserie 1, Reihe 2.2., Wiesbaden 2015.

www.iab.de (Institut für Arbeits- und Berufsforschung bei der Bundesagentur für Arbeit)
www.iza.org (Institut für die Zukunft der Arbeit)
www.iaq.uni-due.de (Institut Arbeit und Qualifikation an der Universität Duisburg-Essen)

Migrantenökonomie

Hans Dietrich von Loeffelholz

Unter Migrantenökonomie ist der Bereich der Volkswirtschaft zu verstehen, der durch die Selbstständigkeit von Personen mit Migrationshintergrund im Allgemeinen und mit ausländischer Staatsangehörigkeit im Besonderen als Unternehmer, Geschäftsinhaber, Gewerbetreibende, Handwerker oder handwerksähnliche Beschäftigte mit eigener Buchführung oder als Freiberufler (z. B. als Anwalt oder Arzt) geprägt ist.

Unternehmensgründungen von Personen mit Migrationshintergrund stellen seit jeher einen wichtigen Weg zur persönlichen, gesellschaftlichen und ökonomischen Integration in die Aufnahmegesellschaft dar. Mit der Gründung von Unternehmen tragen Menschen mit Migrationshintergrund gleichzeitig positiv zur Entwicklung der deutschen Wirtschaft und des Arbeitsmarktes bei. Im Jahr 2014 waren nach den Daten des Mikrozensus insgesamt mehr als 4,4 Millionen Personen in Deutschland selbstständig, was einem Anteil von 11 % an der erwerbstätigen Gesamtbevölkerung entspricht. Unter allen Selbstständigen befinden sich rund 732 000 Personen (16,5 %) mit Migrationshintergrund und 3,7 Millionen Personen ohne diesen (83,5 %). Damit ist die Migrantenselbstständigkeit eine nicht zu vernachlässigende Größe auf dem Arbeitsmarkt, denn jedes Unternehmen und Geschäft stellt im Durchschnitt zusätzlich drei bis fünf Arbeitsplätze bereit. Darüber hinaus ist die Rolle der migrantischen Unternehmer, der Betriebs- und Geschäftsinhaber als Investoren, Ausbilder und Anbieter qualifizierter Dienstleistungen und Produkte zu berücksichtigen. In volkswirtschaftlicher Hinsicht resultiert die jährliche Wertschöpfung

der Bundesrepublik in Gestalt des Bruttoinlandsprodukts, das 2015 über drei Billionen Euro betrug, grob gerechnet zu einem Zehntel aus der Migrantenökonomie.

Bei der herkunftsspezifischen Unterscheidung stehen an erster Stelle selbstständige Personen mit türkischer Staatsbürgerschaft (ca. 60 000) und deutsche Selbstständige mit türkischem Migrationshintergrund (etwa 35 000). Es folgen ca. 55 000 polnische und deutsche Selbstständige mit polnischem Migrationshintergrund (ebenfalls etwa 35 000 Personen). An dritter Stelle folgen die ca. 43 000 italienischen Selbstständigen und 9500 deutschen Selbstständigen mit italienischem Migrationshintergrund. Eine unterdurchschnittliche Selbstständigenquote – als Anteil der selbstständigen Erwerbstätigen an allen Erwerbstätigen in der genannten Herkunftsgruppe – weist die Gruppe der türkischen und türkeistämmigen Selbstständigen mit noch unter 10 % auf, eine überdurchschnittliche mit jeweils über einem Zehntel die Gruppen der polnischen bzw. polnischstämmigen und der italienischen bzw. italienischstämmigen Betriebsinhaber.

Die Gründungsneigung der in der Migrantenökonomie in Deutschland Tätigen, die schon mehr oder weniger lange im Lande leben und arbeiten, wird vor allem vom individuellen Bildungsniveau beeinflusst. Selbstständigkeit kann für Migranten ein Weg zur sozialen und ökonomischen Mobilität sowie zur verbesserten Integration sein. Aber (angebotsseitig) wurde wahrscheinlich lange Zeit die Bedeutung »ethnischer Gruppenressourcen« im Vergleich zum Einfluss von individuellen Res-

»Genuss kennt nur eine Sprache«: ein gelungenes Motto eines erfolgreichen Unternehmens, das einst von einem Zuwanderer gegründet wurde.

sourcen überschätzt. Soweit Ethnizität (nachfrageseitig) überhaupt eine Rolle spielt, geht diese aber nicht mit Abschottung, sondern vielfach eher mit dem strategischen Einsatz kultureller und wissensbezogener Kompetenzen einher.

Die ethnische Ökonomie wurde in Deutschland lange Zeit stark durch die Arbeitsmigranten aus den ehemaligen Anwerbeländern geprägt. Sie wurde oft als Ergebnis einer vermeintlichen »Flucht aus der tatsächlichen oder drohenden Arbeitslosigkeit« missverstanden. Dies ist indes nur ein Grund. Arbeits- und Erwerbslosigkeit ist je nach der Entwicklung von Konjunktur und Arbeitsmarkt im Allgemeinen und der Arbeitsmärkte, auf denen die Ausländer relativ stark vertreten waren, im Besonderen aber nur eine von vielen Ursachen. Das Streben nach Eigenständigkeit und besseren Einkommens- und Entwicklungsmöglichkeiten überwog in der Regel als Motivation für die Selbstständigkeit von Ausländern, wenn diese auch lange eher ein Nischendasein führten.

Diese einseitigen Charakteristika veränderten sich zum einen mit der Zuwanderung aus Osteuropa im Zuge der EU-Erweiterung seit 2004 durch eine (teilweise nur zeitweilig bis zur vollen Herstellung der Arbeitnehmer-

freizügigkeit ab 2011 bestehende) verstärkte Selbstständigkeit in Bau- und Dienstleistungsbranchen. Zum anderen erhielt die Migrantenökonomie jüngst durch gesetzlich gesteuerte Neuzuwanderung von Nicht-EU-Migranten wichtige Impulse in Richtung auf wertschöpfungsintensivere und differenziertere Betätigungen im Zuge der Globalisierung und Digitalisierung der Wirtschaft.

Bei den unter den seit 2005 geltenden rechtlichen Rahmenbedingungen für die Selbstständigkeit für Nicht-EU-Ausländer zeigen jüngste Forschungsergebnisse des Bundesamtes für Migration und Flüchtlinge (BAMF) folgende regionale Profile: Die Hauptherkunftsländer sind heute die Vereinigten Staaten von Amerika, die Volksrepublik China und die Russische Föderation. US-Amerikaner sind sehr stark in den Branchen Erziehung und Unterricht vertreten, chinesische Selbstständige im Handel. Russische Selbstständige verteilen sich recht gleichmäßig über alle Wirtschaftszweige. Der Großteil der selbstständigen und freiberuflichen Migranten ist männlich, relativ jung und überdurchschnittlich gut gebildet. Fast alle können einen Schulabschluss vorweisen, 84 % haben einen Berufsabschluss. Insgesamt besitzen knapp 70 % einen Hochschulabschluss und weitere 10 % eine berufliche Ausbildung bzw. einen Meistertitel.

Diese »neuen« Selbstständigen sind zu einem Viertel im Wirtschaftszweig Kunst, Unterhaltung und Erholung, zu reichlich einem Fünftel im Wirtschaftszweig Handel sowie im Bereich Erziehung und Unterricht tätig. Die Betriebsstruktur besteht zu großen Teilen aus Einzelunternehmern (50,3 %), gefolgt von Unternehmen in der Form einer GmbH (38,7 %). Weitere Unternehmensformen spielen eine geringe Rolle. Die größte Gruppe mit fast 41 % bilden die freiberuflich Tätigen, z. B. Ärzte, Anwälte oder Architekten. In weiteren wissensintensiven Dienstleistungen sind ein Zehntel der Selbstständigen engagiert, zum Teil auch in der Forschung.

»Flucht« aus der tatsächlichen oder drohenden Arbeitslosigkeit ist hier als Grund für den Schritt in die Selbstständigkeit naturgemäß irrelevant. Umsätze und Gewinne dieser Selbstständigen sind in der Anfangsphase noch relativ gering. Der durchschnittlich investierte Betrag liegt immerhin bei 184 000 Euro. Die Bleibeabsichten der Selbstständigen sind zum Großteil langfristiger Natur. Über 70 % der Befragten gaben an, länger als zehn Jahre in Deutschland bleiben zu wollen. Sie tragen damit als Investoren, Arbeitgeber, Ausbilder und Anbieter qualifizierter Dienstleistungen und Produkte weiter zur nachhaltigen Entwicklung von Wirtschaft, Arbeitsmarkt und Gesellschaft in der Bundesrepublik bei.

Inwieweit, in welcher Frist und in welchem Sektor der Wirtschaft der Bundesrepublik solche Beiträge auch von aktuell aufgenommenen Flüchtlingen und anerkannten Asylbewerber mit Bleibeperspektive aus Syrien und anderen Bürgerkriegsländern in Nahost erwartet werden können, muss vorerst dahingestellt bleiben. Erfahrungen aus früheren Zuwanderungsphasen und die anschließenden Entwicklungen lassen freilich erwarten, dass je qualifizierter sie z. B mit einer Arzt-, Ingenieurs- oder Informatikausbildung aus dem Herkunftsland oder als bisheriger Handwerker nach Deutschland kommen, umso wahrscheinlicher werden auch sie nach diversen Anerkennungsverfahren grob geschätzt mit einem Zehntel selbstständig werden und einen wesentlichen Teil der zukünftigen Migrantenökonomie von bald 800 000 Selbstständigen mit Migrationshintergrund in Deutschland darstellen.

Literatur

Block, Andreas/Klingert, Isabell, Zuwanderung von selbstständigen und freiberuflichen Migranten aus Drittstaaten nach Deutschland. Ergebnisse einer schriftlichen Befragung von Selbstständigen und Freiberuflern nach § 21 AufenthG. Working Paper 48 der Forschungsgruppe des Bundesamts für Migration und Flüchtlinge (BAMF), Nürnberg 2012.

Leicht, René u. a.: Die Bedeutung der ethnischen Ökonomie in Deutschland. Push- und Pull-Faktoren für Unternehmensgründungen ausländischer und ausländischstämmiger Mitbürger. Studie im Auftrag des Bundesministeriums für Wirtschaft und Arbeit. Institut für Mittelstandsforschung, Universität Mannheim, 2004.

Leicht, René u. a.: Existenzgründungen und berufliche Selbstständigkeit unter Aussiedlern (Russlanddeutsche). Studie im Auftrag des Bundesamts für Migration und Flüchtlinge (BAMF). Institut für Mittelstandsforschung, Universität Mannheim, 2005.

Loeffelholz, Hans Dietrich von/Gieseck, Arne/Buch, Holger: Ausländische Selbstständige in der Bundesrepublik – unter besonderer Berücksichtigung von Entwicklungsperspektiven in den neuen Bundesländern, Berlin 1994.

www.ifm.uni-mannheim.de (Institut für Mittelstandsforschung an der Universität Mannheim)

www.ifm-bonn.org (Institut für Mittelstandsforschung Bonn)

www.zfti.de (Stiftung Zentrum für Türkeistudien und Integrationsforschung, Institut an der Universität Duisburg-Essen)

Europäische Freizügigkeitsrechte

Thomas Groß

Mehr als die Hälfte der in Deutschland lebenden Ausländer unterliegt nicht dem allgemeinen Aufenthaltsrecht (→ S. 148 ff.), sondern genießt besondere Freizügigkeitsrechte, deren Grundlage das EU-Recht bietet. Hierzu zählen auf der einen Seite die Staatsangehörigen der anderen EU-Mitgliedstaaten (Unionsbürger) mit ihren Familienangehörigen sowie auf der anderen Seite die türkischen Arbeitnehmer und ihre Familienangehörigen.

Unionsbürger und Familienangehörige. Schon mit der Gründung der Europäischen Wirtschaftsgemeinschaft (EWG) im Jahr 1957 wurde die Freizügigkeit für Arbeitnehmer eingeführt, um einen gemeinsamen europäischen Arbeitsmarkt zu schaffen. Seit dem Vertrag von Maastricht (1993) wurde das Freizügigkeitsrecht auf alle Unionsbürger ausgedehnt, auch wenn es keinen Bezug zum Arbeitsmarkt gibt. Inzwischen ist das Recht auf Freizügigkeit in der Grundrechte-Charta der EU abgesichert.

Rechtsgrundlage in Deutschland ist heute das Freizügigkeitsgesetz/EU. Es regelt das Recht auf Einreise und Aufenthalt von Unionsbürgern und gilt auch für ihre Familienangehörigen, auch wenn diese aus Drittstaaten stammen. Familienangehörige sind Ehegatten, Verwandte in der absteigenden Linie, die noch nicht 21 Jahre alt sind, sowie Verwandte in auf- oder absteigender Linie, denen Unionsbürger oder ihre Ehegatten Unterhalt gewähren. Das Gesetz gilt nach § 12 zudem für Staatsangehörige des Europäischen Wirtschaftsraumes (EWR), d. h. Island, Liechtenstein und Norwegen. Auch im Verhältnis zur Schweiz wird die Freizügigkeit schrittweise eingeführt.

Die vom Freizügigkeitsrecht erfassten Personen haben ein Recht auf Einreise und Aufenthalt und benötigen keinen Aufenthaltstitel. Bei nicht erwerbstätigen Personen ist das Freizügigkeitsrecht aber an die Voraussetzung geknüpft, dass sie über einen ausreichenden Krankenversicherungsschutz und ausreichende Existenzmittel verfügen.

Während der ersten drei Monate nach der Einreise haben diese Personen keinen Anspruch auf Sozialhilfe. Die Freizügigkeitsberechtigten unterliegen lediglich der allgemeinen Meldepflicht. Sie erhalten eine Bescheinigung bzw. für Familienangehörige aus Drittstaaten eine Aufenthaltskarte. Nach fünf Jahren ständigen rechtmäßigen Aufenthalts im Bundesgebiet erhalten sie ein Daueraufenthaltsrecht. Unter bestimmten Umständen kann sich die Frist auf zwei oder drei Jahre verkürzen.

Der Aufenthalt der Freizügigkeitsberechtigten unterliegt nur geringfügigen Einschränkungen. Eine Ausweisung ist nicht möglich, doch kann ein Verlust des Aufenthalts aus Gründen der öffentlichen Ordnung, Sicherheit oder Gesundheit eintreten. Eine strafrechtliche Verurteilung für sich genügt dafür nicht, sondern es muss eine tatsächliche und hinreichend schwere Gefährdung vorliegen. Nach zehn Jahren Aufenthalt im Bundesgebiet kann das Aufenthaltsrecht nur noch aus zwingenden Gründen der öffentlichen Sicherheit aberkannt werden.

Türkische Arbeitnehmer. Einen Sonderstatus genießen türkische Arbeitnehmer und ihre Familienangehörigen aufgrund des Assoziationsabkommens aus dem Jahr 1963, mit dem der Beitritt der Türkei zur EU vorbereitet werden sollte. Auf seiner Grundlage wurde im Jahr 1970 ein Zusatzabkommen geschlossen, das u. a. die schrittweise Herstellung der Freizügigkeit der Arbeitnehmer vorsieht. Diese Vorschrift ist durch Beschlüsse des Assoziationsrats konkretisiert worden, auf die sich die begünstigten Personen auch vor Gericht berufen können.

Die Sondervorschriften gewähren den türkischen Arbeitnehmern zwar kein Recht zur Einreise. Für zum Arbeitsmarkt in einem EU-Mitgliedstaat einmal zugelassene türkische Arbeitnehmer besteht aber nach einem Jahr ordnungsgemäßer Beschäftigung ein Recht auf Erneuerung der Arbeitserlaubnis und damit auch ein Aufenthaltsrecht, das der Freizügigkeit nach EU-Recht angenähert ist. Nach vier Jahren Beschäftigung besteht ein genereller Arbeitsmarktzugang. Ein gestuftes Aufenthaltsrecht mit unbeschränktem Arbeitsmarktzugang genießen auch Familienangehörige und Kinder türkischer Arbeitnehmer, wenn ein Elternteil mindestens drei Jahre ordnungsgemäß beschäftigt war. Für türkische Staatsangehörige mit einer verfestigten Rechtsstellung ist eine Ausweisung nur nach der Vorbehaltsklausel im Fall der Gefährdung der öffentlichen Sicherheit, Ordnung oder Gesundheit zulässig, die wie die für Unionsbürger geltenden Klauseln eng auszulegen ist.

Literatur

Gutmann, Rolf: Die Assoziationsfreizügigkeit türkischer Staatsangehöriger: Ihre Entdeckung und ihr Inhalt, 2. Aufl. München 1999.
Schönberger, Christoph: Unionsbürger. Europas föderales Bürgerrecht in vergleichender Sicht, Tübingen 2005.
Sachverständigenrat deutscher Stiftungen für Integration und Migration (Hrsg.): Erfolgsfall Europa? Folgen und Herausforderungen der EU-Freizügigkeit für Deutschland. Jahresgutachten 2013, Berlin 2013.

www.ec.europa.eu/justice/citizen/index_de.htm

Ausländerrecht

Thomas Groß

Allgemeine Rechtsvorschriften über die Einreise von ausländischen Staatsangehörigen gibt es seit dem 19. Jahrhundert. Das erste deutsche Ausländergesetz wurde 1965 verabschiedet und 1990 grundlegend novelliert.

Am 1. Januar 2005 ist das neue Aufenthaltsgesetz (AufenthG) als Teil des Zuwanderungsgesetzes in Kraft getreten. Das Recht auf Einreise und Aufenthalt von Unionsbürgern, d. h. Staatsangehörigen eines Mitgliedstaats der Europäischen Union (EU), und ihren Familienangehörigen wird allein durch das Freizügigkeitsgesetz/EU geregelt, das auch für Staatsangehörige der Staaten des Europäischen Wirtschaftsraums (EWR), d. h. für Island, Liechtenstein und Norwegen, gilt.

Mit dem Vertrag von Amsterdam (1999) hat die EU umfangreiche Kompetenzen in den Bereichen Visa, Asyl und Einwanderung erhalten, die nunmehr in Art. 77–80 des Vertrags über die Arbeitsweise der Europäischen Union (AEUV; »Vertrag von Lissabon«) geregelt sind. Auf ihrer Grundlage sind unzählige Verordnungen und Richtlinien erlassen worden, die Vorrang vor dem nationalen Recht haben und bei seiner Auslegung zu beachten sind.

Recht auf Einreise und Aufenthalt. Generelle Voraussetzung für die Einreise ist der Besitz eines gültigen Passes. Ferner bedürfen Ausländer für die Einreise und den Aufenthalt im Bundesgebiet eines Aufenthaltstitels. Ausgenommen sind Unionsbürger und spezielle Gruppen, insbesondere die Staatsangehörigen privilegierter Länder.

Das Schengen-Visum gibt ein Recht zu einem kurzfristigen Aufenthalt in der EU bis maximal drei Monate. Es gilt für alle EU-Mitgliedstaaten. Zuständig ist grundsätzlich der Mitgliedstaat, in dem das Hauptreiseziel liegt. Die Voraussetzungen der Erteilung eines Schengen-Visums sind der Besitz eines gültigen Reisedokuments und der Nachweis der Sicherung des Lebensunterhalts für die Dauer des Aufenthalts. Außerdem dürfen keine Ausschreibung zur Einreiseverweigerung und keine Gefahr für die öffentliche Ordnung, innere Sicherheit, öffentliche Gesundheit oder die internationalen Beziehungen eines Mitgliedstaates vorliegen. Zudem ist zu prüfen, ob das Risiko einer rechtswidrigen Einwanderung besteht. Auch bei Vorliegen der Voraussetzungen kann die Einreise verweigert werden. Für längerfristige Aufenthalte ist ein nationales Visum, d. h. ein Aufenthaltstitel, erforderlich.

Arten und Voraussetzungen von Aufenthaltstiteln. Bei der erstmaligen Einreise wird grundsätzlich eine Aufenthaltserlaubnis erteilt. Sie ist befristet und wird nur zu einem bestimmten Aufenthaltszweck ausgestellt. Es muss ausdrücklich geregelt sein, ob eine Erwerbstätigkeit ausgeübt werden darf. Eine Aufenthaltserlaubnis kann verlängert werden, wenn ihre Voraussetzungen weiterhin vorliegen.

Die Niederlassungserlaubnis ist ein unbefristeter Aufenthaltstitel, der zur Ausübung einer Erwerbstätigkeit berechtigt und nicht mit sonstigen Einschränkungen versehen werden darf. Zum Erhalt einer Niederlassungserlaubnis muss in der Regel eine Aufenthaltserlaubnis seit fünf Jahren vorliegen. Der Lebensunterhalt, eine Rentenversicherung und ausreichender Wohnraum müssen gesichert sein. Ferner müssen ausreichende Kenntnisse der deutschen Sprache sowie Grundkenntnisse der Rechts- und Gesellschaftsordnung vorliegen. Der Niederlassungserlaubnis ist die Erlaubnis zum Daueraufenthalt-EG gleichgestellt.

Allgemeine Voraussetzungen für die Erteilung eines Aufenthaltstitels sind, dass der Lebensunterhalt gesichert ist, dass die Identität und die Staatsangehörigkeit feststehen und dass kein Ausweisungsgrund vorliegt. Im Fall von Ermessen dürfen keine Belange der Bundesrepublik Deutschland aus einem sonstigen Grund beeinträchtigt werden.

Die besonderen Voraussetzungen der verschiedenen Aufenthaltstitel sind in §§ 16–38 a AufenthG geregelt, die überwiegend Ermessensnormen darstellen und fünf Arten von Aufenthaltszwecken unterscheiden:

Erstens: Der Aufenthalt zum Zweck eines Hochschulstudiums setzt eine Zulassung durch die Ausbildungseinrichtung und Kenntnisse der Ausbildungssprache voraus.

Zweitens: Bei einer Einreise zum Zweck der Beschäftigung sind die Erfordernisse des deutschen Arbeitsmarktes ausschlaggebend. In der Regel ist im Einzelfall durch die Bundesagentur für Arbeit (BA) festzustellen, ob nachteilige Wirkungen auf den Arbeitsmarkt entstehen und ob Deutsche und Unionsbürger nicht für den konkreten Arbeitsplatz zur Verfügung stehen. Es gibt jedoch einige privilegierte Gruppen. Absolventen deutscher Hochschulen können eine Niederlassungserlaubnis erhalten, wenn sie u. a. einen ihrem Abschluss angemessenen Arbeitsplatz innehaben. Qualifizierten Fachkräften kann zur Arbeitsplatzsuche ein Aufenthaltstitel für bis zu sechs Monaten erteilt werden. Türkische Arbeitnehmer erhalten nach vier Jahren ordnungsgemäßer Beschäftigung einen unbeschränkten Arbeitsmarktzugang. Ihre Familienangehörigen erhalten nach fünf Jahren Aufenthalt einen unbeschränkten Arbeitsmarktzugang mit unbefristetem Aufenthaltsrecht. Gleiches gilt für ihre Kinder mit einer im Aufnahmestaat abgeschlossenen Berufsausbildung, wenn ein Elternteil mindestens drei Jahre beschäftigt ist. Hochqualifizierte können ausnahmsweise sofort eine Niederlassungserlaubnis erhalten. Außerdem kann Ausländern zur Ausübung einer hochqualifizierten Beschäftigung bei erstmaliger Einreise eine »Blaue Karte EU« (*Blue Card*) für höchstens vier Jahre erteilt werden; schon nach 33 Monaten können sie eine Niederlassungserlaubnis erhalten. Erleichterungen gibt es auch für Forscher und für die Zulassung zu selbstständiger Tätigkeit.

Drittens: Der Familiennachzug (→ S. 183 ff.) ist grundsätzlich erlaubt, sofern keine Zweck- oder Zwangsehe vorliegt. Engere Familienangehörige von Deutschen haben einen Anspruch auf eine Aufenthaltserlaubnis. Beim Familiennachzug zu Ausländern muss u. a. ausreichender Wohnraum nachgewiesen werden. Ehegatten und Kinder über 16 Jahre müssen einfache bzw. ausreichende Deutschkenntnisse nachweisen, sofern kein Härtefall vorliegt. Nachgezogene Familienangehörige eines Deutschen erwerben nach drei Jahren einen Regelanspruch auf eine Niederlassungserlaubnis. Nach einer dreijährigen rechtmäßigen Ehe im Bundesgebiet

kann nach ihrer Aufhebung ein eigenständiges Aufenthaltsrecht von einem Jahr gewährt werden. Ähnliches gilt für Kinder.

Viertens: Für den Aufenthalt aus völkerrechtlichen, humanitären oder politischen Gründen gibt es ausgesprochen differenzierte Regeln. Aufgrund von politischen Entscheidungen können ganze Gruppen von Ausländern aus bestimmten Ländern ein Aufenthaltsrecht erhalten. Im Einzelfall kann Ausländern aus völkerrechtlichen oder dringenden humanitären Gründen eine Aufenthaltserlaubnis erteilt werden. Einen Anspruch auf eine Aufenthaltserlaubnis hat ein Ausländer nur bei Anerkennung als Asylberechtigter oder Flüchtling. Eine Aufenthaltserlaubnis soll erteilt werden, wenn ein Abschiebungshindernis vorliegt. Weitere Sonderfälle humanitärer oder persönlicher Art sind z. B. gesundheitliche oder familiäre Gründe, oder wenn eine Ausreise langfristig aus rechtlichen oder tatsächlichen Gründen unmöglich ist. Außerdem kann in Härtefällen auf Empfehlung einer unabhängigen Kommission ein Aufenthaltsrecht gewährt werden. Ausländer können auch eine Niederlassungserlaubnis als Folge von Aufenthaltstiteln aus humanitären Gründen erhalten.

Fünftens: Ein Recht auf Wiederkehr besteht nach langjährigem Aufenthalt und bei Rentnern. Ähnlich ist das Recht auf einen Aufenthaltstitel für ehemalige Deutsche. Neu ist das Aufenthaltsrecht für langfristig Aufenthaltsberechtigte aus anderen EU-Ländern. *Beendigung des Aufenthalts.* Endet das Aufenthaltsrecht durch Fristablauf oder durch eine behördliche Entscheidung, entsteht automatisch eine Ausreisepflicht. Von den neun verschiedenen Beendigungsgründen für Aufenthaltstitel sind der Widerruf und die Ausweisung besonders wichtig. Der Widerruf eines Aufenthaltstitels ist insbesondere möglich, wenn kein gültiger Pass mehr vorliegt, die Staatsangehörigkeit wechselt oder die Einreise noch nicht erfolgt ist. Die Ausweisung führt zur Beendigung eines legalen Aufenthalts. Notwendig ist eine Abwägung der Interessen an der Ausreise mit den Interessen an einem weiteren Verbleib des Ausländers im Bundesgebiet unter Berücksichtigung aller Umstände des Einzelfalles. Ein Ausweisungsinteresse besteht v. a. bei Straftaten und Gefahren für die öffentliche Sicherheit und Ordnung. Ein Bleibeinteresse ergibt sich aus der Dauer des Aufenthalts, den persönlichen, wirtschaftlichen und sonstigen Bindungen im Bundesgebiet und im Herkunftsstaat oder in einem anderen zur Aufnahme bereiten Staat sowie den Folgen der Ausweisung für Familienangehörige und Lebenspartner. Die Abschiebung ist das Instrument zur Durchsetzung der Ausreisepflicht, sofern ihre freiwillige Erfüllung nicht gesichert ist oder aus Gründen der öffentlichen Sicherheit und Ordnung eine Überwachung der Ausreise erforderlich erscheint. Sie ist mit einer Frist anzudrohen. Die Abschiebung kann aus menschenrechtlichen Gründen verboten sein. Für humanitäre Fälle oder bei rechtlicher oder tatsächlicher Unmöglichkeit der Abschiebung ist eine Duldung vorgesehen. Abschiebungshaft ist nur zulässig, wenn der Zweck der Haft nicht durch ein milderes Mittel erreicht werden kann. Sie ist auf-grund richterlicher Anordnung zur Vorbereitung einer Ausweisung für eine Dauer von höchstens sechs Wochen oder zur Sicherung der Ausweisung für maximal 18 Monate zulässig und grundsätzlich in speziellen Haftanstalten zu vollziehen.

Ausweisung und Abschiebung haben ein Einreise- und Aufenthaltsverbot zur Folge. Einem Ausländer, der ausgewiesen oder abgeschoben wurde, darf kein Aufenthaltstitel erteilt werden. Diese Rechtsfolge muss von Amts wegen bis maximal fünf Jahre befristet werden.

Literatur

Bast, Jürgen: Aufenthaltsrecht und Migrationssteuerung, Tübingen 2011.
Bergmann, Jan/Dienelt, Klaus: Ausländerrecht. Kommentar, 11. Aufl. München 2016.
Thym, Daniel: Migrationsverwaltungsrecht, Tübingen 2010.

www.bamf.de
www.bmi.bund.de/DE/Themen/Migration-Integ¬ration/migration-integration_node.html
www.migrationsrecht.net

Staatsangehörigkeitsrecht

Falk Lämmermann

Die Staatsangehörigkeit beschreibt rechtlich-formal die Zugehörigkeit einer Person zu einem Staat. Sie wird auch als rechtliches Band zwischen einem Staat und seinem An-gehörigen bezeichnet und beinhaltet gegenseitige Rechte und Pflichten. Staatsbürgerliche Rechte sind dabei in erster Linie Schutz- und Abwehrrechte sowie die demokratischen

Mitwirkungsrechte. Bei den staatsbürgerlichen Pflichten sind v. a. Dienstpflichten (z. B. Wahlhelfer- und Schöffentätigkeit) zu nennen. Die Staatsangehörigkeit kann vor diesem Hintergrund auch als »Bündel von Rechten (und Pflichten)« betrachtet werden.

Die Staatsangehörigkeit qualifiziert ein Individuum als Mitglied eines sogenannten Staatsverbands. Sie hat aus diesem Blickwinkel den Sinn, Angehörige von Nichtangehörigen, Inländer von Ausländern zu trennen. Allerdings tritt diese Funktion mit der zunehmenden Annäherung der Rechtspositionen beider Gruppen mehr und mehr in den Hintergrund. In Deutschland wird dies besonders deutlich bei den nichtdeutschen Unionsbürgern, die zwar formal Ausländer, mit Blick auf die ihnen zukommenden Rechte aber eher Inländer als Ausländer sind. Dies betrifft mittlerweile die Mehrzahl der in Deutschland lebenden Ausländer. Nicht nur Unionsbürger, sondern beispielsweise auch die assoziationsberechtigten türkischen Staatsangehörigen gehören zu diesem Personenkreis.

Die Staatsangehörigkeit ist konstituierendes Merkmal des Staatsvolkes: Es wird durch die Gesamtheit der Staatsangehörigen gebildet. Das Staatsvolk ist eines von drei Elementen, die nach der Drei-Elemente-Lehre des Staatsrechtlers Georg Jellinek (1851–1911) einen souveränen Staat kennzeichnen. Die beiden anderen Elemente sind das Staatsgebiet und eine auf diesem Gebiet herrschende Staatsgewalt.

Der Begriff der Staatsbürgerschaft bezieht sich gegenüber der Staatsangehörigkeit v. a. auf Aspekte der politischen Mitwirkungsrechte und die konkrete Nutzung der durch die Staatsangehörigkeit vermittelten Rechte. Der Begriff der Staatsbürgerschaft wird besonders in politik- und sozialwissenschaftlichen Zusammenhängen gebraucht. Trotz der unterschiedlichen inhaltlichen Prägungen werden die Begriffe zunehmend synonym verwendet.

Oftmals wird zwischen einem ethnisch-kulturellen Nationenverständnis wie in Deutschland auf der einen und einem republikanischen Nationenverständnis wie in Frankreich auf der anderen Seite unterschieden. Eng verbunden sind damit auch die verschiedenen Auffassungen von Integration eines Ausländers in den Aufenthaltsstaat und in die Gesellschaft. Aus der republikanischen Perspektive kommt es entscheidend auf den subjektiven Willen und die Bereitschaft zur Zugehörigkeit und Identifikation mit Staat und Gemeinwesen an. Loyalität und Gemeinsinn werden aus dieser Sicht wesentlich durch die gleichberechtigte, v. a. politische Partizipation beeinflusst. Das ethnisch-kulturelle Verständnis basiert dagegen auf eher objektiven Kriterien: der Zugehörigkeit zur ethnischen, kulturellen und sprachlichen Gemeinschaft, die insbesondere auch durch Abstammung bestimmt ist. Aus diesem Blickwinkel stellt das Bewusstsein gleicher ethnischer Herkunft und kultureller Zugehörigkeit erst die Voraussetzung für gleiche politische Mitgliedschaft dar.

Die rechtlichen Grundlagen der Staatsangehörigkeit finden sich im Völkerrecht, teils im Unionsrecht (EU), v. a. aber im deutschen Verfassungs- und im einfachen Bundesrecht. Im Völkerrecht finden sich allgemeine Grundsätze. So ist es etwa völkerrechtlich anerkannt, dass jeder Staat das Recht hat, seine Staatsangehörigkeit selbst zu regeln. Umgekehrt ist es einem Staat verboten, eine andere Staatsangehörigkeit zu regeln. Für die völkerrechtliche Wirksamkeit der Staatsangehörigkeit wird zudem ein *Genuine Link* zwischen Staat und seinem Angehörigen gefordert, also eine wie auch immer geartete Anknüpfung oder Verbindung. Von einiger praktischer Relevanz für die deutsche Staatsangehörigkeitspraxis ist das im Rahmen des Europarats verhandelte Europäische Übereinkommen über die Staatsangehörigkeit vom 6. November 1997. Es regelt detailliert Erwerb und Verlustmöglichkeiten der Staatsangehörigkeit. Auch die im Primärrecht der Europäischen Union (EU) enthaltenen Vorschriften zur Unionsbürgerschaft haben Einfluss auf das nationale Staatsangehörigkeitsrecht der Mitgliedstaaten. Das Grundgesetz (GG) enthält für das Staatsangehörigkeitsrecht bedeutsame Regelungen v. a. in seinen Art. 16 und 116. Das deutsche Recht kennt verschiedene Begriffe des »Deutschen«. Das Grundgesetz erfasst mit Art. 116 zwei Personengruppen: Zum einen sind dies »Statusdeutsche«. Damit waren nach dem Zweiten Weltkrieg die Flüchtlinge und Vertriebenen deutscher Volkszugehörigkeit sowie deren Ehegatten und Kinder aus den ehemaligen Reichsgebieten (Stand Ende 1937) gemeint. Daneben – und wesentlich bedeutsamer – gehören zu den Deutschen im Sinne des Grundgesetzes die deutschen Staatsangehörigen. Hierfür enthält die Verfassung trotz der staatsrechtlich fundamentalen Bedeutung selbst keine Definition, sondern überlässt dies dem einfachen Gesetzesrecht. Gleichwohl schützt Art. 16 Abs. 1 GG die Staatsangehörigen besonders davor, dass die Staatsangehörigkeit entzogen wird und richtet auch für gesetzliche Verlusttatbestände einige Hürden auf. Unter dem verfassungsrechtlich verbotenen Entzug ist aber nicht jeder Verlust der Staatsangehörigkeit zu verstehen. Was im Einzelnen unter dem verbotenen Entzug zu verstehen ist, ist noch nicht abschließend gerichtlich konkretisiert. Wesentliche Kriterien dürften aber darin bestehen, dass der Entzug als Einzelmaßnahme des Staates gegen den Willen des Betroffenen geschieht und von diesem nicht oder nicht unter zumutbaren Bedingungen vermieden werden kann. Wer unter diesen Schutz fällt, legt letztlich wesentlich das Staatsangehörigkeitsgesetz (StAG) fest. In seiner Systematik ist »deutscher Staatsangehöriger«, wer die Staatsangehörigkeit erworben und nicht wieder verloren hat. Deshalb ist entscheidend, was das Gesetz zu Erwerb und Verlust regelt.

§ 3 StAG benennt die Erwerbstatbestände der deutschen Staatsbürgerschaft. Auch hier haben sich historisch einige Dinge verändert. Der Erwerb durch Heirat eines Deutschen – wohlgemerkt: eine Deutsche, die einen aus-

ländischen Mann heiratete, konnte ihm nicht die deutsche Staatsangehörigkeit vermitteln; staatsangehörigkeitsrechtlich »folgte« früher die Frau stets dem Mann – ist genauso entfallen wie etwa der Erwerb durch Verbeamtung oder den Eintritt in deutsche Streitkräfte. Die heute wichtigsten Erwerbstatbestände sind der Erwerb durch Geburt und durch Einbürgerung (→ S. 155 ff.). Der Erwerb durch Geburt bedeutete im deutschen Staatsangehörigkeitsrecht lange Zeit »Abstammungserwerb«, d. h. ein Kind konnte mit der Geburt deswegen Deutsche/r werden, weil eines oder beide seiner Eltern Deutsche/r waren. Dieses Prinzip wird auf Lateinisch *Ius Sanguinis* genannt und in der politischen Diskussion mitunter als »Blutrecht« bezeichnet. Es unterlag auch in Deutschland einem steten Wandel: Während es etwa bei der Weitergabe der Staatsangehörigkeit zunächst Männer und ehelich geborene Kinder bevorzugte, wurde es unter der Geltung des Grundgesetzes schrittweise an die verfassungsrechtlichen Gleichheitsgebote angepasst. Heute kommt es für den Abstammungserwerb darauf an, dass ein Elternteil Deutsche/r ist, egal ob Vater oder Mutter. Unerheblich ist auch, ob das Kind in oder außerhalb einer Ehe geboren wird.

Erst in jüngster Zeit wurde das *Ius Sanguinis* auch im deutschen Recht durch das *Ius Soli* ergänzt. In seiner Reinform sieht dieses als Geburtsortprinzip vor, dass auch ein Kind zweier Ausländer von Beginn seines Lebens Staatsangehöriger werden kann, wenn es auf dem Staatsgebiet des betreffenden Staates geboren wurde. Das *Ius Soli* ist vor allem in »klassischen« Einwanderungsländern verbreitet, etwa in den USA. In Deutschland gilt seit dem 1. Januar 2000 ein modifiziertes *Ius Soli*. Heute wird ein Kind zweier Ausländer bei Geburt im Inland Deutscher, wenn mindestens ein Elternteil seit acht Jahren rechtmäßig und gewöhnlich in Deutschland lebt und ein unbefristetes Aufenthaltsrecht hat.

Ebenso wie es verschiedene Wege des Erwerbs der Staatsangehörigkeit gibt, kann sie auch auf verschiedene Arten verloren gehen. Darunter sind freiwillige Varianten wie Entlassung und Verzicht. Zudem kann der Verlust mehr oder minder als automatische Folge eines bestimmten Handelns bei Erwerb einer ausländischen Staatsangehörigkeit eintreten, bei Adoption eines Kindes durch einen Ausländer oder durch Eintritt in die Streitkräfte ausländischer Staaten. Ist eine Einbürgerung rechtswidrig erfolgt und hat der Betroffene dies durch schuldhaftes Handeln herbeigeführt, kann die Einbürgerung unter Umständen zurückgenommen werden. Eine weitere Variante ist die mit dem oben beschriebenen Erwerb nach dem *Ius-Soli*-Prinzip verbundene Optionspflicht. Diese schreibt für diejenigen Kinder, die aufgrund des Geburtsortsprinzips Deutsche geworden sind, vor, dass sie sich ab dem 18. Geburtstag innerhalb von fünf Jahren endgültig für ihre deutsche oder ihre ausländische Staatsangehörigkeit entscheiden sollen. Wollen sie Deutsche bleiben, müssen sie grundsätzlich ihre ausländische Staatsangehörigkeit aufgeben. Tun sie das nicht, verlieren sie ihre deutsche Staatsangehörigkeit mit ihrem 23. Geburtstag.

Der Grund für diesen und ähnliche Verlusttatbestände ist, dass der Gesetzgeber in diesen Fällen Mehrstaatigkeit (auch als »doppelte Staatsangehörigkeit« bezeichnet) verhindern möchte. Bei den Kindern, die Deutsche durch das Geburtsortsprinzip geworden sind, ist Mehrstaatigkeit in der ganz überwiegenden Zahl der Fälle z. B. mit Geburt eingetreten. Dies liegt am Zusammenwirken ausländischen und inländischen Staatsangehörigkeitsrechts. Während nach deutschem Recht durch Geburt im Inland die deutsche Staatsangehörigkeit verliehen ist, erwirbt das Kind aufgrund ausländischen Rechts oft durch Abstammung vom – aus deutscher Sicht – ausländischen Elternteil zusätzlich diese ausländische Staatsangehörigkeit. Dann hat das Kind zwei oder mehr Staatsangehörigkeiten.

Mehrstaatigkeit kann auch infolge anderer Erwerbsarten entstehen. Bei Kindern aus binationalen Partnerschaften tritt diese fast immer ein, weil die verschiedennationalen Elternteile jeweils ihre Staatsangehörigkeit an das Kind weitergeben. Auch wenn z. B. eine Einbürgerung »unter Hinnahme« der alten Staatsangehörigkeit erfolgt, entsteht Mehrstaatigkeit.

Das deutsche Recht enthält erst seit kurzer Zeit eingehende Vorschriften zur Vermeidung von Mehrstaatigkeit. International wird diese aber überwiegend akzeptiert. Sie nimmt auch infolge der Gleichberechtigung der Frau, die ihre Staatsangehörigkeit im Gegensatz zur früheren Rechtslage immer öfter gleichberechtigt an das Kind weitergibt, zu. Ähnliches gilt für die Gleichbehandlung ehelicher und nichtehelicher Kinder.

Das genau entgegengesetzte Phänomen ist die Staatenlosigkeit. Davon spricht man, wenn eine Person von keinem Staat aufgrund seines Rechts als Staatsangehöriger anerkannt wird. Zwar sind Staatenlose nicht rechtlos – für sie gelten etwa die Menschenrechte wie für Staatsangehörige. Jedoch ist ihr Schutz gemindert, etwa weil sie in keinem Staat Bürgerrechte genießen. Und es gibt keinen Staat, der etwa das diplomatische Schutzrecht zu ihren Gunsten ausüben könnte. Staatenlosigkeit kann verschiedene Ursachen haben und z. B. infolge eines Staatenzerfalls oder durch Ausbürgerung entstehen. Staatenlosigkeit zu verhindern, ist ein Anliegen vieler rechtlicher Regelungen, angefangen auf der Ebene des Völkerrechts bis hin in das einzelstaatliche Recht. Bereits die Allgemeine Erklärung der Menschenrechte (1948) normiert in Art. 15 Abs. 1: »Jeder hat das Recht auf eine Staatsangehörigkeit.«

Mit dem Vertrag von Maastricht ist 1993 die Unionsbürgerschaft geschaffen worden. Sie bildet – ähnlich der Staatsangehörigkeiten auf einzelstaatlicher Ebene – eine Bürgerschaft auf der Ebene der EU, obwohl diese kein Staat ist. Daher ist die Unionsbürgerschaft auch ein bürgerschaftliches Recht eigener Art und bisher ohne Beispiel. Sie steht damit neben den nationalen Staatsangehörigkeiten, ohne diese aber zu ersetzen. Sie kann – ebenfalls wie die nationalen Staatsangehörigkeiten für ihre jeweilige Rechtsordnung – als ein Bündel an Rechten (und Pflichten) für die Unionsrechtsordnung begriffen werden. Wesentliche Rechte sind etwa das Wahlrecht zum Europäischen Parlament und auf kommunaler Ebene, das Petitionsrecht und das europäische Freizügigkeitsrecht, das z. B. das freie Reisen und die Erwerbstätigkeit ohne Rücksicht auf die Binnengrenzen ermöglicht. Für den Erwerb und den Verlust der Unionsbürgerschaft knüpft das Unionsrecht an die nationale Staatsangehörigkeit der Mitgliedstaaten an: Wer Letztere hat, ist zugleich Unionsbürger.

Literatur

9. Bericht der Beauftragten der Bundesregierung für Migration, Flüchtlinge und Integration über die Lage der Ausländerinnen und Ausländer in Deutschland, Berlin 2012.

Fritz, Roland/Vormeier, Jürgen (Hrsg.): Gemeinschaftskommentar zum Staatsangehörigkeitsrecht, Neuwied.

Gosewinkel, Dieter: Schutz und Freiheit? Staatsbürgerschaft in Europa im 20. und 21. Jahrhundert, Frankfurt/M. 2016.

Schönberger, Christoph: Unionsbürger. Europas föderales Bürgerrecht in vergleichender Sicht, Tübingen 2005.

www.eudo-citizenship.eu
www.zar.nomos.de (Zeitschrift für Ausländerrecht und Ausländerpolitik)

Einbürgerung

Falk Lämmermann

Der Begriff Einbürgerung wird heute auch in der allgemeinen Integrationsdebatte in ganz verschiedenen Zusammenhängen gebraucht. Wenn etwa von der Einbürgerung des Islam die Rede ist, meint man etwas anderes, als wenn von der Einbürgerung eines Ausländers gesprochen wird. Wenn mit dem Begriff Einbürgerung im jeweiligen Kontext das Heimischwerden zugewanderter Lebensweisen – oft über längere Zeit und unter gegenseitiger Anpassung – gemeint ist, wird dieser Zusammenhang eher durch die Begriffe Integration, Inklusion oder rechtliche Gleichstellung erfasst. Aber auch in rein staatsangehörigkeitsrechtlichen Zusammenhängen wird der Begriff zuweilen als Oberbegriff für eine ganze Reihe von recht unterschiedlichen Wegen gebraucht, auf denen die deutsche Staatsangehörigkeit erworben werden kann. Mitunter wird beispielsweise auch der Erwerb kraft Gesetzes darunter gefasst, der etwa bei der Adoption von Kindern durch deutsche Staatsangehörige oder beim Geburtserwerb von Kindern zweier Ausländer vorliegt.

Unter Einbürgerung versteht man im rechtlichen Sinne allein die Verleihung der deutschen Staatsangehörigkeit durch einen Verwaltungsakt. Sie erfolgt nach Antragstellung und ist an die Erfüllung bestimmter Voraussetzungen gebunden. Trotz der in Deutschland schwerpunktmäßig verwaltungsrechtlichen Betrachtung der Einbürgerung sollte aber das emotionale Moment der Einbürgerung nicht verkannt werden. Für die meisten Eingebürgerten bedeutet es die innerliche Hinwendung zum neuen Staat, dessen Teil sie werden, indem sie in das Staatsvolk aufgenommen werden. Dieser Vorgang hat eine wichtige identifikatorische Bedeutung und trägt so auch zur Integration bei. Gleiches gilt für den Umstand, dass der Eingebürgerte deutscher Staatsangehöriger ohne Wenn und Aber ist. Er genießt volle staatsbürgerliche Rechte, insbesondere die Wahl- und Abstimmungsrechte auf allen staatlichen Ebenen. Hinzu kommt für alle Eingebürgerten, die nicht aus einem Mitgliedstaat der EU stammen, etwa das Wahlrecht zum Europäischen Parlament oder auch das Freizügigkeitsrecht der EU.

Die konkreten Einbürgerungsvoraussetzungen finden sich in der Hauptsache im Staatsangehörigkeitsgesetz (StAG). Es kennt zwei grundlegende Möglichkeiten der Einbürgerung: Die Ermessenseinbürgerung und die Anspruchseinbürgerung. Der Gesetzgeber hat die Voraussetzungen der Anspruchseinbürgerung recht detailliert ab § 10 StAG geregelt. Im Folgenden finden sich die wichtigsten Voraussetzungen. Ein Anspruch besteht, wenn ein Ausländer einen entsprechenden Antrag stellt und

- seit acht Jahren rechtmäßig seinen gewöhnlichen Aufenthalt in Deutschland hat;
- eine sogenannte Verfassungstreueerklärung abgibt;
- ein unbefristetes Aufenthaltsrecht hat. Auch ein befristetes Aufenthaltsrecht kann ausreichen. Hier folgt das Gesetz dem Gedanken, dass diese nach ihrem Zweck zumindest eine dauerhafte Bleibeperspektive eröffnen muss;

- den Lebensunterhalt für sich und seine Familienangehörigen bestreiten kann (wenn Grundsicherungs- oder Sozialhilfeleistungen in Anspruch genommen werden, kommt die Einbürgerung nur in Betracht, wenn der Betroffene dies nicht verschuldet hat);
- seine bisherige Staatsangehörigkeit aufgibt oder verliert;
- strafrechtlich unbescholten ist;
- über ausreichende Kenntnisse der deutschen Sprache (Niveau B2 GER) sowie
- über staatsbürgerliche Kenntnisse verfügt.

Von der Vorgabe, die bisherige Staatsangehörigkeit verlieren zu müssen (Vermeidung der Mehrstaatigkeit), gibt es eine ganze Reihe von Ausnahmen. In der Praxis überwiegen mittlerweile die Fälle, in denen die andere Staatsangehörigkeit beibehalten werden darf.

Die staatsbürgerlichen Kenntnisse können z. B. über eine (Schul-)Ausbildung erworben worden sein. Wenn nicht anderweitig nachweisbar, werden sie über den »Einbürgerungstest« geprüft. Er besteht aus 33 *Multiple-Choice*-Fragen, darunter drei zu dem Bundesland, in dem die Einbürgerung erfolgen soll. Innerhalb einer Stunde muss zu jeder Frage aus den vier vorgegebenen Antworten die jeweils richtige ausgewählt werden. Bestanden hat, wer mindestens 17 Fragen richtig beantwortet.

Ausgeschlossen kann die Einbürgerung trotz Erfüllung aller Voraussetzungen sein, wenn – untechnisch gesprochen – Anhaltspunkte für verfassungsfeindliche, extremistische oder sicherheitsgefährdende Bestrebungen oder Betätigung vorliegen.

Ermessenseinbürgerungen spielen zahlenmäßig eine untergeordnete Rolle. Der Gesetzgeber hat die Voraussetzungen in § 8 StAG nur grob normiert. Eine Einbürgerung im Ermessen kommt überhaupt nur in Betracht, wenn gewisse gesetzliche Mindestvoraussetzungen erfüllt werden: wenn der Betroffene einen Antrag stellt, rechtmäßig und gewöhnlich in Deutschland lebt, strafrechtlich unbescholten ist, eine eigene Wohnung oder ein Unterkommen hat und den Unterhalt für sich und seine Angehörigen bestreiten kann.

In der Praxis liegt der Schwerpunkt der Prüfung eines Antrags aber nicht bei den gesetzlichen Voraussetzungen. Der größte Teil der behördlichen Entscheidung betrifft die Ermessenserwägungen. In der Praxis haben sich dabei für bestimmte Personen- und Fallgruppen aufgrund der Verwaltungsvorschriften zum Teil gewisse Erleichterungen im Vergleich zu den Anforderungen der Anspruchseinbürgerung entwickelt. Hierzu zählen z. B. anerkannte Flüchtlinge, Spitzensportler oder ältere Menschen. Eine Sonderform der Ermessenseinbürgerung ist die Ehegatteneinbürgerung. Ehegatten und Lebenspartner von Deutschen haben *regelmäßig* Anspruch auf Einbürgerung, wenn sie die gesetzlichen Voraussetzungen der Ermessenseinbürgerung erfüllen, ausreichende Deutschkenntnisse haben und ihre alte Staatsangehörigkeit aufgeben. Sie müssen zudem mindestens drei Jahre in Deutschland gelebt haben und die Ehe oder Lebenspartnerschaft muss bereits seit mindestens zwei Jahre bestehen.

Alle diese Einbürgerungsmöglichkeiten gehen davon aus, dass nur eingebürgert werden kann, wer gewöhnlich – also auch auf Dauer – in Deutschland lebt oder dies jedenfalls beabsichtigt (Grundsatz der Inlandseinbürgerung). Die Einbürgerung aus dem Ausland (§§ 13 und 14 StAG) ist eine absolute Ausnahme. Sie kann ausnahmsweise bei ehemaligen Deutschen erfolgen. Bei Ausländern kommt sie in Betracht, wenn u. a. ausreichende Bindungen, z. B. familiärer Art, in Deutschland vorliegen.

Einbürgerungen werden erst mit der Überreichung der Einbürgerungsurkunde wirksam. Da die Einbürgerung rechtlich gesehen ein Verwaltungsakt ist, wirkt der Akt der Annahme der deutschen Staatsangehörigkeit oft sehr formell. Um diesem Umstand entgegenzuwirken, sollen die Einbürgerungsurkunden im Rahmen von Einbürgerungsfeiern überreicht werden. Der neue Staatsbürger gibt dabei ein feierliches Bekenntnis ab: »Ich erkläre feierlich, dass ich das Grundgesetz und die Gesetze der Bundesrepublik Deutschland achte und alles unterlassen werde, was ihr schaden könnte.«

Die Zahl der Einbürgerungen ist nach einer ersten großen Reform im Jahr 2000 stark angestiegen. Hier spielte auch die Abarbeitung des zuvor entstandenen Antrags- bzw. Einbürgerungsstaus eine gewisse Rolle. Seither hat die Zahl aber wieder deutlich abgenommen und sich in etwa um 100 000 Einbürgerungen pro Jahr eingepegelt. Die Einbürgerungsquote gibt Auskunft darüber, wie viele der in Deutschland lebenden Ausländer tatsächlich eingebürgert werden. Diese Quote liegt in Deutschland im internationalen Vergleich recht niedrig. 2011 lag sie bei etwa 1,4, während beispielsweise die Niederlande oder Schweden eine Quote von 4,1 bzw. 5,1 verzeichneten. Auch daran ist erkennbar, dass Deutschland insgesamt noch erheblichen Nachholbedarf bei der Einbürgerung hat.

Literatur

Wunderlich, Tanja: Die neuen Deutschen – Subjektive Dimensionen des Einbürgerungsprozesses, Stuttgart 2005.
Fritz, Roland/Vormeier, Jürgen (Hrsg.): Gemeinschaftskommentar zum Staatsangehörigkeitsrecht, München 2015.

www.einbuergerung.de
www.einbuergerung.rlp.de

Zuwanderungsgesetz

Karl-Heinz Meier-Braun

In den Jahren 2001 bis 2004 entwickelte sich in Deutschland eine kontroverse und bisweilen dramatisch zu nennende Debatte um das Zuwanderungsgesetz. Mit großer Mehrheit verabschiedete der Bundestag schließlich nach langem Hin und Her am 1. Juli 2004 den Zuwanderungskompromiss. Das in der Öffentlichkeit als Zuwanderungsgesetz bezeichnete Reformwerk stand von Anfang an unter der Überschrift »Gesetz zur Steuerung und Begrenzung der Zuwanderung und zur Regelung des Aufenthalts und der Integration von Unionsbürgern und Ausländern (Zuwanderungsgesetz)«. Zur Klarstellung wurde im Vermittlungsverfahren auf Wunsch der Unionsparteien im § 1 (»Zweck des Gesetzes«) die Formulierung aufgenommen, dass das Gesetz Zuwanderung »unter Berücksichtigung der Aufnahme- und Integrationsfähigkeit« ermöglicht und gestaltet. Die ursprüngliche Forderung der Union – »unter Berücksichtigung der nationalen Interessen und der nationalen Identität« – wurde allerdings nicht im Gesetz verankert. Ob im Ergebnis der langwierigen Verhandlungen das von der rot-grünen Bundesregierung und Innenminister Otto Schily (SPD) angekündigte »modernste Zuwanderungsrecht Europas« steht, erscheint fraglich. Für viele Beobachter war am Ende des Allparteienkompromisses eher der kleinste gemeinsame Nenner geblieben, auch wenn das Gesetz immer noch besser bewertet wurde als der frühere Zustand.

Auf die Forderung der Unionsparteien hin wurde der § 20 (»Zuwanderung im Auswahlverfahren«) mit der Möglichkeit der Einwanderung nach einem Punktesystem bereits in den Vermittlungsgesprächen gestri-chen. Von dieser Möglichkeit wollte die Bundesregierung überhaupt erst nach etwa zehn Jahren Gebrauch machen. Zum ersten Mal in der Geschichte der Bundesrepublik Deutschland wäre damit aber Zuwanderung durch ein solches Auswahlverfahren möglich gewesen. Eine genau festgelegte Anzahl von qualifizierten Bewerbern hätte unabhängig von einem konkreten Arbeitsplatzangebot – ausgerichtet nach den wirtschaftlichen Interessen Deutschlands – ins Land geholt werden können. Dies wäre eine historische Neuerung in der deutschen Migrationspolitik gewesen, angelehnt an den Erfolgen »klassischer« Einwanderungsländer wie Kanada, Australien und den USA. In der Praxis hätten Bundestag und Bundesrat einem solchen Verfahren zustimmen müssen, sodass auf keinen Fall – wie von den Gegnern der Regelung unterstellt – mit diesem § 20 Tür und Tor für eine erhöhte Zuwanderung geöffnet worden wäre. Auch eine Nullzuwanderung wäre aus arbeitsmarktpolitischen Gründen durchaus möglich gewesen.

Das Zuwanderungsgesetz enthält eine komplette Novellierung des Ausländerrechts, das – so wurde immer wieder kritisiert – selbst von Rechtsanwälten nicht mehr zu durchschauen war. Statt fünf Aufenthaltstitel gibt es jetzt nur noch zwei: eine (befristete) Aufenthaltserlaubnis und eine (unbefristete) Niederlassungserlaubnis. Ein neues Bundesamt für Migration und Flüchtlinge (BAMF) wurde geschaffen, das aus dem bisherigen Bundesamt für die Anerkennung ausländischer Flüchtlinge in Nürnberg hervorging. Gestrichen wurde allerdings der § 76 (»Sachverständigenrat für Zuwanderung und Integration«). Dieser vom Bundesinnenminister eingerichtete Zuwanderungsrat hatte sich bereits im Mai 2003 unter dem Vorsitz von Rita Süssmuth (CDU) konstituiert. Nach dem Gesetzentwurf sollte der Zuwanderungsrat einen den »Wirtschaftsweisen« vergleichbaren Stellenwert bekommen. Sang- und klanglos wurde dieses wichtige Gremium allerdings zu Grabe getragen, nachdem es seinen ersten Bericht veröffentlicht und vorgeschlagen hatte, in stark begrenztem Umfang Zuwanderung zuzulassen. Dadurch war der Expertenkreis beim Bundesinnenminister offensichtlich in Ungnade gefallen.

Zum ersten Mal wurde durch das Zuwanderungsgesetz ein Integrationsanspruch für Neuzuwanderer eingeführt. Wer nicht an den Integrationskursen teilnimmt, muss mit aufenthaltsrechtlichen Sanktionen rechnen. Sogenannte »Bestandsausländer« – solche also, die schon länger in Deutschland leben –, können zu Kursen verpflichtet werden, wenn sie das Arbeitslosengeld II beziehen, besonders integrationsbedürftig sind und entsprechend Plätze zur Verfügung stehen. Bei Verletzung der Teilnahmepflicht sollen die Sozialleistungen gekürzt werden. Die Kosten der Integrationskurse trägt der Bund.

Unter dem Eindruck der Terroranschläge in Madrid am 11. März 2004 wurden im Vermittlungsverfahren umfangreiche Vorschläge der Unionsparteien zu Sicherheitsaspekten aufgenommen. Zur Verwirklichung der Freizügigkeit in der Europäischen Union (EU) schaffte das Gesetz die Aufenthaltserlaubnis für Unionsbürger ab. Seither besteht nur noch – wie für Deutsche – eine Meldepflicht bei den Behörden. Bei Familienangehörigen von Spätaussiedlern wurde der Nachweis über Grundkenntnisse der deutschen Sprache als Voraussetzung für die Einbeziehung in den Aufnahmebescheid eingeführt, wodurch die Zugangszahlen in diesem Bereich weiter verringert werden sollten.

Nach anderthalb Jahren wurde vom Bundesinnenministerium ein Erfahrungsbericht zum Zuwanderungsgesetz vorgelegt. In dem Bericht zur Evaluierung des Gesetzes kommt das Ministerium zu dem Ergebnis, »dass sich das Zuwanderungsgesetz grundsätzlich bewährt« habe und dass die mit ihm verfolgten Ziele erreicht worden seien. Punktuell bestünde aber »Optimierungsbedarf«. Im Jahr 2007 wurde dann das Zuwanderungsgesetz novelliert, um EU-Richtlinien umzusetzen. Die weitreichenden Änderungen brachten zum Teil auch Verschärfungen im Ausländerrecht sowie eine Altfallregelung für sogenannte »Geduldete«. Nachdem sie Bundestag und Bundesrat passiert hatte, trat die Novelle am 28. August 2007 in Kraft. Kritik wurde vor allem an den Verschärfungen beim Familiennachzug geübt. Nach den Änderungen dürfen Ehepartner aus Nicht-EU-Ländern nur dann nach Deutschland nachziehen, wenn sie volljährig sind und bereits vor der Einreise einfache Deutschkenntnisse nachweisen können. Ausgenommen von dieser Regelung sind aber Staaten, deren Bürger ohne ein Visum nach Deutschland einreisen können. Migrantenverbände, Politiker und Juristen kritisierten, dass damit der Gleichheitsgrundsatz der Verfassung verletzt sei und die neuen Bestimmungen sich vor allem gegen Türken richten würden. Verschiedene Verbände wie die Türkische Gemeinde in Deutschland boykottierten deshalb aus Protest den zweiten Integrationsgipfel im Juli 2007.

Acht Jahre später nahm der Bundestag im § 30 des Aufenthaltsgesetzes eine allgemeine Härtefallklausel auf, wonach in Zukunft auf den Sprachnachweis verzichtet werden soll, wenn »es dem Ehegatten aufgrund besonderer Umstände des Einzelfalls nicht möglich oder nicht zumutbar ist, vor der Einreise Bemühungen zum Erwerb einfacher Kenntnisse der deutschen Sprache zu unternehmen«. Der Bundesrat, der am 10. Juli 2015 diesem Gesetz zur Neubestimmung des Bleiberechts und der Aufenthaltsbeendigung, das am 1. August 2015 in Kraft trat, zustimmte, betonte in einer Entschließung, dass er an der Forderung nach Abschaffung des sogenannten Sprachnachweises vor Einreise beim Ehegattennachzug festhalte. Es sei auch aus integrationspolitischer Sicht sinnvoll, so der Bundesrat, die deutsche Sprache dort zu erlernen, wo sie auch im Alltagsleben verwendet wird, also in Deutschland. Es wird sich zeigen, ob die Härtefallklausel in der Praxis greift oder ob die Überprüfung des einzelnen Falles von vornherein realitätsfern ist.

Eine umfassende Evaluierung des gesamten Zuwanderungsgesetzes wäre dringend notwendig, denn die Lage ist inzwischen wieder unübersichtlicher geworden. Zweck des Gesetzes sollte es sein, klare und einfache Aufenthaltsbestimmungen zu schaffen. Inzwischen ist es aber für Behörden und vor allem für die Betroffenen selbst immer schwieriger geworden, die verschiedenen Regelungen zu durchschauen. So gab es 2015 nach der Feststellung von Gerda Kinateder, die in Stuttgart eine der größten Ausländerbehörden in Deutschland leitet, wieder sage und schreibe 77 befristete und 15 unbefristete Aufenthaltstitel, also 92 verschiedene Bestimmungen, zum Beispiel aus familiären oder humanitären Gründen, zur Ausbildung oder zum Studium. Allein die Verwaltungsvorschriften zum Aufenthaltsgesetz umfassen 390 Seiten.

Zum zehnjährigen Jubiläum des Zuwanderungsgesetzes im Jahre 2015 zog der damalige Präsident des Bundesamtes für Migration und Flüchtlinge, Manfred Schmidt, eine positive Bilanz der Integrationskurse als Kernpunkt des Gesetzes. Die Kurse würden einer ständigen Qualitätssicherung und -entwicklung unterworfen. Weit über eine Million Teilnehmer hätten seit 2005 an einem Kurs teilgenommen. Mit dem sogenannten »Integrationspanel« sei bereits im Jahr 2007 eine breit angelegte Evaluierung der Kurse begonnen worden. Bei den Integrationskursen könne von einer Erfolgsgeschichte gesprochen werden. Schmidt reagierte damit auf eine kritische Bilanz von Sprachwissenschaftlern, die grundsätzliche Bedenken gegen die Kurse vorgebracht hatten. Es wurde bezweifelt, ob die Kurse wirklich zur Integration führten, weil sie in erster Linie Sprachkurse seien, auch wenn sie Kenntnisse über das Leben in Deutschland vermitteln sollen. Eine Besonderheit der Integrationskurse sei die Vielfalt der Teilnehmer. Sie würden sich nicht nur in Bezug auf ihre Herkunft, ihren Bildungsgrad und ihre sprachlichen Vorkenntnisse, sondern u. a. auch in Bezug auf die Gründe, weshalb sie ihre Heimat verlassen haben, unterscheiden. Diese hohe Heterogenität würde besondere Anforderungen an den Lehrplan und an die Methoden der Sprachvermittlung mit sich bringen. Einige würden freiwillig teilnehmen, andere seien dazu verpflichtet und müssten mit rechtlichen Folgen rechnen, wenn sie den Test nicht mit »ausreichenden Deutschkenntnissen« abschließen. Das Curriculum würde aber vom Bundesamt nicht diskutiert und evaluiert. Als Lehrkräfte würden in der Regel nur Honorarkräfte angestellt, die mit 20 bis 25 Euro pro Unterrichtsstunde bezahlt würden, was zu prekären Arbeitsbedingen führe.

Literatur

Meier-Braun, Karl-Heinz: Deutschland, Einwanderungsland, 2. Aufl. Frankfurt/M. 2003.
Meier-Braun, Karl-Heinz: Einwanderung und Asyl. Die 101 wichtigsten Fragen, 3. Aufl. München 2017.
Krüger-Potratz, Marianne (Hrsg.): Zuwanderungsgesetz und Integrationspolitik, Göttingen 2006.

www.mediendienst-integration.de
www.bmi.bund.de
www.bamf.de

Integrationsgesetz

Karl-Heinz Meier-Braun

Von Bundestag und Bundesrat noch vor der Sommerpause im Juli 2016 im Eilverfahren verabschiedet, steht das Integrationsgesetz unter dem Motto »Fördern und Fordern«. Die Bundesregierung stufte das Gesetz als »historisch« ein – ähnlich wie es die damalige Regierung mit dem Zuwanderungsgesetz im Jahre 2005 tat. Seitdem wurde bereits das »Fördern und Fordern« als Leitmotiv auf die »Integrationsfahne« geschrieben, was die Regierung jetzt aber als Innovation darstellte. Was als »großer Wurf« dargestellt wurde, stieß bei Sozialverbänden und Nichtregierungsorganisationen als »Desintegrationsgesetz« auf Ablehnung. Licht und Schatten liegen auf jeden Fall auf dem neuen Gesetz, wie schon auf dem Zuwanderungsgesetz. Das Integrationsgesetz konzentriert sich auf Sprache und Zugang zum Arbeitsmarkt als wichtige Integrationsbereiche. Integration ist aber viel mehr. Sie beinhaltet u. a. Herstellung von Chancengleichheit und gesellschaftliche Teilhabe auf unterschiedlichen Ebenen. Das Integrationsgesetz erweckt den Eindruck, ein umfassendes Gesetzeswerk zu sein, das die Integration aller Migranten regelt. In Wirklichkeit konzentriert es sich auf die Flüchtlinge, die in den Jahren 2015/16 ins Land gekommen sind und bei denen Handlungsbedarf besteht. Sie sind aber nur ein kleiner Teil der über 16 Millionen Menschen mit Migrationshintergrund in Deutschland. Das Bundesintegrationsgesetz ist auch insofern nichts absolut Neues, als es auf Länderebene bereits verschiedene Integrationsgesetze (→ S. 270 ff.) gibt, mit denen offensichtlich keine Abstimmung stattgefunden hat.

Kern des Bundesgesetzes sind die Änderungen bestehender bzw. die Fortschreibung vorhandener Gesetze. Betroffen sind das Aufenthaltsgesetz, das Asylbewerberleistungsgesetz oder auch das Sozialgesetzbuch. Als positiv zu bewerten ist die Rechtssicherheit, die jetzt für Jugendliche während der Ausbildung geschaffen wird. Auszubildende erhalten eine Duldung für die Gesamtdauer der Ausbildung. Wer in einem Betrieb bleibt, erhält ein Aufenthaltsrecht für zwei Jahre. Darüber hinaus sollen mehr Flüchtlinge frühzeitig Integrationskurse besuchen. Auch sollen Flüchtlinge mit »guter Bleibeperspektive« – wobei dieser Kernbergriff des Gesetzes nicht definiert wird, wie die Integrationsbeauftragte der Bundesregierung Aydan Özoğuz im Vorfeld der Verabschiedung kritisierte – leichter eine Arbeit aufnehmen können. Die Arbeitsagentur verzichtet für drei Jahre auf die Vorrangprüfung, das heißt, dass abhängig von der regionalen Arbeitsmarktlage nicht mehr geprüft wird, ob ein Deutscher oder gleichgestellter Arbeitnehmer vorrangig zu vermitteln ist. Junge Flüchtlinge mit guter Bleibeperspektive und andere Schutzsuchende sollen möglichst eine qualifizierte Berufsausbildung aufnehmen und absolvieren. Dazu wird die Ausbildungsförderung für sie ausgeweitet. Der Bund legt ein »Arbeitsmarktprogramm Flüchtlingsintegrationsmaßnahmen« (FIM) für 100 000 Asylbewerber auf. Geflüchtete können dabei verpflichtet werden, gemeinnützige Aufgaben in den Unterkünften oder außerhalb etwa bei der Pflege von Grünanlagen anzunehmen. Sie erhalten eine Aufwandsentschädigung von 80 Cent pro Stunde, ähnlich der Ein-Euro-

Jobs für Hartz-IV-Empfänger. Die FIM können bis zu sechs Monate dauern und bis zu 30 Stunden pro Woche umfassen. Wer sich weigert, an solchen Maßnahmen teilzunehmen, muss mit Sanktionen wie Leistungskürzungen rechnen. Das Programm startete am 1. August 2016. Von 2017 bis 2020 stellt der Bund dafür jährlich 300 Millionen Euro zur Verfügung. Im Rahmen der Kritik, die aus dem Bundesrat am Integrationsgesetz kam, bemängelte Thüringen in diesem Zusammenhang die Absenkung dieser Aufwandsentschädigung von 1,05 Euro auf 80 Cent, weil dies gegen den Gleichbehandlungsgrundsatz verstoße.

Einen wichtigen Integrationsanreiz setzt die Bundesregierung im Hinblick auf die Erteilung einer unbefristeten Niederlassungserlaubnis. Diese bekommt nur, wer als anerkannter Flüchtling Integrationsleistungen wie den Nachweis von Deutschkenntnissen erbracht hat. Außerdem kann künftig Asylbewerbern ein Wohnort zugewiesen werden. Flüchtlinge müssen in den ersten drei Jahren in dem Bundesland bleiben, dem sie nach ihrer Ankunft zugewiesen wurden. Diese Regelung gilt rückwirkend ab dem 1. Januar 2016. Die Bundesländer können Schutzberechtigten in diesen drei Jahren einen konkreten Wohnsitz zuweisen. Außerdem können sie den Flüchtlingen verbieten, in Ballungsräume zu ziehen, wobei es eine Härtefallregelung gibt. Besonders die neue Wohnsitzregelung, mit der die Bundesregierung die Integration erleichtern und beispielsweise vermeiden will, dass soziale Brennpunkte entstehen, ist auf Kritik gestoßen. Man wird abwarten müssen, wie die komplizierte Wohnsitzauflage in der Praxis gehandhabt wird und ob sie juristisch überhaupt haltbar ist. Die UNHCR-Vertretung für Deutschland erinnerte beispielsweise daran, dass die freie Wahl des Wohnsitzes für Flüchtlinge völkerrechtlich geschützt sei. Kurz vor der endgültigen Abstimmung wurden die Bestimmungen sogar noch verschärft. Die Möglichkeit, sich selbst angemessenen Wohnraum zu suchen und auch dann dorthin ziehen zu dürfen, wurde gestrichen. Erfahrungen, die früher mit Zuzugssperren in Ballungsräume, vor allem mit der sogenannten Regionalsteuerung in Baden-Württemberg gemacht wurden, zeigen, dass sie wenig integrationsfördernd waren und den Zugang zum Arbeitsmarkt eher erschwert haben. So wurden diese Maßnahmen in Baden-Württemberg in den 1970er-Jahren vor allem auf den Druck der Wirtschaft, die Arbeitskräfte suchte, bald wieder aufgehoben. Wirtschaftliche Aspekte werden im Integrationsgesetz an mehreren Stellen hervorgehoben. Auch auf die immer älter werdende Gesellschaft und den Fachkräftemangel wird hingewiesen, der durch Flüchtlinge teilweise abgedeckt werden könnte. So spiegeln sich im Integrationsgesetz arbeitsmarktpolitische Gesichtspunkte wider und die Flüchtlinge werden offensichtlich auch als Arbeitsmigranten gesehen.

Alles in allem ist das Integrationsgesetz (wieder einmal) ein Schritt in die richtige Richtung, vor allem auch was die angestrebten verbesserten Sprachangebote angeht. Allerdings war die Nachfrage seit dem Zuwanderungsgesetz in den letzten Jahren schon größer als das Angebot. Außerdem berichten Experten, dass es kaum Verweigerer dieser Angebote gibt und dass bereits zuvor Sanktionen wie die Streichung von Leistungen möglich waren. Insgesamt gesehen bleibt das Integrationsgesetz Stückwerk. Die Umsetzung, die mit einem hohen bürokratischen Aufwand versehen ist, wird man kritisch begleiten müssen. Nachbesserungen bei den Bestimmungen, die mit heißer Nadel gestrickt wurden, sind vonnöten. Die Chance für ein Einwanderungsgesetz, das die Bereiche Arbeitsmigration, Flüchtlingsrecht und Integration in einem Guss regelt, wurde wieder einmal vertan. Das gilt auch für die Möglichkeit, die Themen Migration und Integration in der Öffentlichkeit breit zu diskutieren und die Weichen für die Zukunft im Einwanderungsland Deutschland zu stellen.

Literatur

Meier-Braun, Karl-Heinz: Deutschland, Einwanderungsland, 2. Aufl. Frankfurt/M. 2003.
Meier-Braun, Karl-Heinz: Einwanderung und Asyl. Die 101 wichtigsten Fragen, 3. Aufl. München 2017.

www.bmi.bund.de
www.bamf.de
www.exzellenzcluster.uni-konstanz.de/integrationsgesetz-expertise.html
www.mediendienst-integration.de
www.proasyl.de
www.rat-fuer-migration.de
www.svr-migration.de

Gesellschaft und Religion

Migration und Demographie

Hans Dietrich von Loeffelholz

Mit Blick auf die seit Herbst 2015 sprunghaft auf rund 890 000 gestiegene Flüchtlings- und Asylmigration aus den Bürgerkriegsregionen rund um das Mittelmeer und vom Balkan vor allem nach Deutschland rücken neben den praktischen Versorgungs- und Unterbringungsproblemen immer mehr auch die demographischen Aspekte dieser »neuen« Wanderungsbewegungen von Ost nach West in den Vordergrund des Interesses. Drei Viertel dieser Zuwanderer sind männlich und unter 35 Jahre alt. Damit hat die aktuelle Entwicklung gesellschaftliche, insbesondere ökonomische und soziale Auswirkungen auf die Bundesrepublik.

Politische, gesellschaftliche und wirtschaftliche Push- und Pull-Faktoren in den Herkunfts- und Zielländern haben an Bedeutung und Dynamik gewonnen. Unter den Push-Faktoren dominieren Bürgerkriege und politische Umwälzungen in Nahost. Hinzu kommen enttäuschte Erwartungen bei Jugendlichen auf dem Balkan und in Nordafrika über die baldige Verbesserung ihrer Lebenslagen. Unter den Pull-Faktoren gerade für die Zielrichtung der Migration nach Mittel- und Westeuropa und hier insbesondere neben Deutschland nach Österreich, in die Niederlande und nach Schweden wirken zunächst jeweils die dortigen ethnischen Netzwerke für Syrer, Afghanen, Iraker und andere Flüchtlinge. Hinzu kommen relativ attraktive wirtschaftliche Perspektiven in Europa, die verlässlichen Rechtssysteme, das transparente Regierungshandeln und die Arbeitsmärkte, die sozialen Sicherungen und die materiellen wie die immateriellen Infrastrukturen in den nationalen Bildungs- oder Gesundheitsbereichen. Alle diese Faktoren üben besondere Anziehungskraft auf Flüchtlinge aus. Sie machen sich auf den Weg und suchen in der EU den »Raum der Freiheit, der Sicherheit und des Rechts«, den die Union erstmals 1997 im Vertrag von Amsterdam reklamiert und in den Verträgen von Nizza (2000) und Lissabon (2009) bekräftigt und weiterentwickelt hat.

Die Migrationspolitik hat auf europäischer wie nationaler Ebene etwa seit Beginn des vergangenen Jahrzehnts nicht nur hierzulande, sondern in vielen anderen EU-Staaten und weiteren hochentwickelten Industrieländern die Signale und damit die Anziehungskraft für Zuwanderer dadurch verstärkt, indem Migration *und* Integration als demographisch-ökonomische Handlungsoptionen akzentuiert wurden. Migration und Integration als »zwei Seiten einer Medaille« (Wolfgang Schäuble, 2005) sollen – ohne Vernachlässigung von internationalen humanitären Verpflichtungen – wirtschaftlichen *und* demographischen Anforderungen im Globalisierung- und Digitalisierungszeitalter entsprechen. Deutlich kommt dies im Begriff *Managing Migration* zum Ausdruck, indem neben der Gewinnung von *The Best And The Brightest* als (hoch-)qualifizierten Migranten am globalisierten Arbeitsmarkt mit der Förderung der Einwanderung Jüngerer nicht nur wirtschaftlichen, sondern auch demographischen Aspekten Rechnung getragen werden soll.

Die Organisation für wirtschaftliche Zusammenarbeit und Entwicklung (OECD) stellt regelmäßig die hohe Bedeutung der Migration und Integration für die ökonomische Entwicklung in den Industrieländern heraus. Sie attestiert Deutschland erhebliche Fortschritte bei der Steuerung der qualifizierten Arbeitsmigration seit Mitte des vergangenen Jahrzehnts. Die *Global Commission on International Migration* (GCIM) hatte in ihrem Bericht von 2005 an die Vereinten Nationen (UN) darauf hingewiesen, dass im Jahr 2000 rund um den Globus etwa 190 Millionen Menschen über internationale Grenzen hinweg unterwegs gewesen seien und sich länger als ein Jahr außerhalb ihres Herkunftsland aufgehalten hatten. Dies entspricht einer Verdoppelung der internationalen Wanderungen von 1970 bis zur Jahrtausendwende. In den zurückliegenden zehn Jahren hat sich die Zahl der Migranten nach UN-Angaben weiter um 27 % auf 243 Millionen (Mitte 2015) erhöht, darunter in Europa (einschließlich Russische Föderation und Türkei) von 64 auf 76 Millionen Personen bzw. um 19 %.

Stellt man diese Angaben in Relation zur Weltbevölkerung bzw. zur Bevölkerung in Europa, so hat sich die globale Migrationsquote von 2,9 % in 2005 auf 3,3 % im Jahr 2015 erhöht. Die europäische Quote ist im Betrachtungszeitraum von 8,8 % auf 10,3 % gestiegen, davon in Nordeuropa von 10 % auf 13 %, in Westeuropa von 12,3 % auf 14,4 %, in Osteuropa nur von 6,6 % auf 6,7 % und in Südeuropa von 8 % auf 10,3 %. Darin sind indes die aktuellen Entwicklungen der Flucht- und Asylmigration nach West- und Nordeuropa seit Herbst 2015 noch nicht enthalten. Halten sie weiter an, werden die europäische Migrationspolitik auf der Grundlage des Lissaboner EU-Vertrags und in diesem Rahmen die nationalen Migrationspolitiken der Zielländer noch stärker als schon in der vergangenen Dekade versuchen, die Migration weiter zu begrenzen und nach den ökonomischen, insbesondere arbeitsmarktspezifischen Erfordernissen im demographischen und gesellschaftlichen Wandel des jeweiligen Landes sowie nach der Aufnahmebereitschaft seiner Bürger für Flüchtlinge zu steuern. Wenn Mitte dieses Jahrhunderts

nach den vorliegenden Projektionen der UN je nach den Varianten und demographischen Annahmen zwischen fast acht und mehr als elf Milliarden Menschen auf dem Erdball leben, werden bei einer weiter leicht auf 3,5 % steigenden Migrationsquote weltweit zwischen 280 und 380 Millionen Personen nicht in ihrem Geburtsland leben, darunter 87 bis 120 Millionen in Europa bei einer projizierten Bevölkerung von 800 Millionen bis 1,1 Milliarden Bewohnern. Inwieweit es sich dabei neben Bürgerkriegsflüchtlingen sowie Arbeits-, Familien- oder Bildungsmigranten auch um mehr Umweltflüchtlinge im Zuge des Klimawandels handeln wird, inwieweit sie im Rahmen der jeweiligen rechtlichen Rahmenbedingungen oder irregulär zuwandern, und auf welche Kontinente sowie Länder und Regionen innerhalb und außerhalb Europas und der EU sie sich konzentrieren werden, ist von den genannten politischen und wirtschaftlichen Push- und Pull-Faktoren abhängig.

Demographische Auswirkungen von internationalen Wanderungen von meist jüngeren Migranten auf die wegen geringer Geburtenraten anhaltende Alterung und partiell auch spürbare Schrumpfung der Bevölkerung werden hierzulande nicht nur aus aktuellem Anlass der Flucht- und Asylmigration aus dem Süden in den Blick genommen, sondern schon seit dem Rückgang der Geburtenraten seit Mitte der 1970er-Jahre. Migration und Demographie wurden schon damals von der Wissenschaft zunehmend als Megatrends erkannt, vor allem unter sozioökonomischen Aspekten analysiert und in die politische Debatte eingebracht, z. B. über die erforderlichen Arbeitsmarkt- und Rentenreformen. In Deutschland legten Enquetekommissionen des Deutschen Bundestages dem jeweiligen Gesetzgeber zwischen 1992 und 2002 entsprechende Berichte vor. Die Ergebnisse, in denen bereits auf die längerfristig bevorstehende Schrumpfung und Alterung der hiesigen Bevölkerung hingewiesen wurde, sind allerdings infolge der deutschen Einigung und der damaligen massiven Aussiedler- und Asyl-zuwanderungen zunächst in den Hintergrund gedrängt worden. Politische Reaktionen auf die immer ungünstiger erscheinenden demographischen Perspektiven erfolgten erst Mitte des vergangenen Jahrzehnts durch Maßnahmen zur Verlängerung der Erwerbsphase. Diese sollen der steigenden Lebenserwartung und der niedrigen Geburtenhäufigkeit Rechnung tragen. Halten diese Tendenzen aller Voraussicht nach weiter an, wird die Zahl der Einwohner in Deutschland – ebenso wie in anderen EU-Mitgliedsländern, so in Polen, in der Slowakei, in den baltischen Staaten und in Irland sowie in den mediterranen Ländern, aber anders als in Frankreich, Großbritannien und Skandinavien – bis 2060 spürbar zurückgehen. Nach amtlichen Vorausberechnungen und Projektionen der EU-Kommission in den vergangenen Jahren, d. h. also noch vor der aktuellen Flüchtlingsmigration, auf Basis der entscheidenden demographischen Variablen (Geburtenhäufigkeit, Lebenserwartung und [Netto-]Immigration) – also auch ohne Berücksichtigung politischer, wirtschaftlicher und gesellschaftlicher Anpassungsreaktionen – wird sich die Bevölkerung in Deutschland bis zum Jahr 2060 je nach Variante von heute 81 bis 82 Millionen Personen auf einen Schätzkorridor zwischen 62 und 77 Millionen verringern. Die aktuelle Flüchtlingsmigration nach Deutschland wird an diesem Trend kaum etwas ändern, vorausgesetzt sie wird wie in solchen früheren Migrationsphasen auch durch politische Maßnahmen auf ein Niveau von jährlich 100 000 bis 300 000 Zuwanderern begrenzt. Die UN schätzt in ihrer Revision 2015 die Bevölkerung in Deutschland im Jahr 2050 auf knapp 75 Millionen Einwohner und hält sich damit im oberen Bereich des genannten Korridors. Damit verbunden ist eine erhebliche und politisch, gesellschaftlich und wirtschaftlich höchst relevante Verschiebung der Altersstruktur der Bevölkerung. Während heute rund 35 Personen im Alter von 65 und mehr Jahren von 100 Personen im Alter

zwischen über 20 und unter 65 Jahren versorgt werden müssen, verdoppelt sich diese Altersrelation bis 2060 auf 67 Ältere zu 100 Jüngeren. Erhöht man die Altersgrenze, wie in den Rentenreformen für den Eintritt ins Rentenalter beschlossen, von 65 auf 67 Jahre bis zum Jahr 2029 und danach in Abhängigkeit von der weiteren Zunahme der Lebenserwartung um zusätzlich zwei Jahre auf 69 Jahre bis zum Jahr 2050, könnte bei einem spürbaren Anstieg des Renteneintrittsalters die Erhöhung der Versorgungsrelation auf etwa 45 Ältere zu 100 Jüngeren begrenzt werden. Jedenfalls steigt das Durchschnittsalter der Bevölkerung in Deutschland, das die Produktivitätsentwicklung der weiter globalisierten und digitalisierten Wirtschaft und damit das Wirtschaftswachstum maßgeblich beeinflusst, von 44 auf 50 Jahre.

Vor diesem Hintergrund interessiert nicht nur die gegenwärtige und voraussichtlich in den nächsten Jahren weiter steigende Migration nach Europa und nach Deutschland. Zur historischen Einordnung dieser aktuellen Entwicklungen sind auch die früheren Wanderungen nach Deutschland interessant, die bei Arbeitskräften dem Auf und Ab der Konjunktur seit Mitte der 1950er-Jahre folgten, aber auch aus nichtwirtschaftlichen Gründen wie Vertreibung, Flucht, Asyl, Familienzusammenführung oder zum Zwecke der Bildung und Ausbildung erfolgten. Dadurch erhöhte sich der Gesamtbestand an Ausländern in Deutschland von 506 000 Personen im Jahr 1951 bis auf den Höchststand von fast 7,5 Millionen im Jahr 1996. Dies entsprach einem Ausländeranteil in Bezug auf die Bevölkerung von 9,1 %. Bis Ende 2009 gab die Zahl – auch durch Einbürgerungen – auf etwas mehr als 7,1 Millionen nach. Der Ausländeranteil fiel damit auf 8,7 %. Im Zensusjahr 2011 wurden nur 6,3 Millionen Ausländer (7,9 %) festgestellt. Bis 2014 hat sich die Zahl wieder auf fast 7,5 Millionen (9,3 %) erhöht. Fast die Hälfte der Einwanderer stammt dabei aus EU-Ländern, darunter wiederum die Hälfte aus den südost- und osteuropäischen EU-Ländern (EU-14), für die seit Mai 2011 bzw. Januar 2013 die volle Arbeitnehmerfreizügigkeit gilt. Nach dem aktuellen Zuwanderungsmonitor des Instituts für Arbeitsmarkt- und Berufsforschung (IAB) vom Januar 2016 war die Zahl der Ausländer in Deutschland im Dezember 2015 um 955 000 Personen höher als im gleichen Vorjahresmonat und stieg damit auf knapp 8,5 Millionen Ausländer im Dezember 2015 (Ausländeranteil erstmals über 10 %). Unter den Zuwanderern stammen 341 000 Personen aus den EU-28-Mitgliedsländern und 408 000 aus den Kriegs- und Krisenländern sowie 99 000 Personen vom Westbalkan. Zu beachten ist hierbei, dass viele Flüchtlinge noch nicht registriert wurden. Seit dem europäischen »Krisenjahr« 2011 ist die ausländische Bevölkerung in Deutschland zuwanderungsbedingt um ein Drittel und damit so stark gewachsen wie seit der Arbeitsmigration der 1950er- bis 1970er-Jahre und in den Jahren der Deutschen Einheit nicht mehr.

Zusätzlich zu den Personen mit einem ausländischen Pass leben in Deutschland 8,4 Millionen Deutsche mit Migrationshintergrund, also zusammen 17 Millionen mit einem solchen Hintergrund, was einem Bevölkerungsanteil von mehr als einem Fünftel (21 %) entspricht. Dieser Bevölkerungsanteil wird zukünftig selbst ohne weitere Zuwanderung nach Deutschland noch zunehmen. Die Menschen werden also nicht nur älter und weniger, sondern die Gesellschaft wird immer »bunter«, vor allem wenn auch in Zukunft die Migration nach Deutschland wie in der Vergangenheit anhält. Die skizzierten Niveau- und Strukturveränderungen gelten naturgemäß auch in Bezug auf die Erwerbstätigen und Arbeitslosen sowie in Bezug auf die sogenannte »Stille Reserve«, also für das zivile Erwerbspersonenpotenzial. In welchem Ausmaß diese Einwohner in welcher Frist tatsächlich als effektives Arbeitskräfteangebot zur Verfügung stehen und erwerbstätig sind, ist dann von einer Vielzahl

von wirtschaftlichen, gesellschaftlichen und rechtlich-institutionellen Rahmenbedingungen sowie allfälligen Anpassungsmechanismen im Unternehmensbereich abhängig. Vor allem aber sind erhebliche Integrationsanstrengungen auf allen privaten und öffentlichen Ebenen bei den Migranten selbst bzw. bei den privaten und staatlichen Akteuren vor allem im Bildungsbereich erforderlich. »Integration heißt Investitionen«, um aus Zuwanderern Einwanderer nach Deutschland zu machen und – anders als vielfach in der Vergangenheit – um hohe ökonomische und gesellschaftliche Kosten der Nichtintegration dieser aktuellen Flüchtlingen und Asylbewerber zu vermeiden. Solche bestehen in entgangenen Wertschöpfungsbeiträgen sowie fehlenden Steuern und Beiträgen zum Gemeinwesen sowie erhöhten Transfer- und Sicherheitsausgaben des Staates.

Jedenfalls bedeutet die aktuell hohe Zuwanderung nach Deutschland, wie sie seit den 1990er-Jahren nicht mehr zu registrieren war, dass sich der Trend zur demographisch bedingt weiter abnehmenden Zahl der jüngeren Personen bei zunehmender Zahl der älteren vorübergehend abschwächt und damit die Anpassungsanforderungen an alle Altersgruppen ein Stück weit sinken. Vor diesem Hintergrund liegt es nahe, auf eine einschlägige Untersuchung der Bundesagentur für Arbeit (BA) zurückzugreifen, die zu Beginn dieses Jahrzehnts vorgelegt wurde, als nur wenige nach Deutschland kamen und zeitweise sogar viel mehr Deutsche ab- als zuwanderten. Es wurden damals die sich schon rein demographisch für 2025 abzeichnenden Arbeitsmarktperspektiven skizziert, nach denen eine Fachkräftelücke in Höhe von bis zu 6,5 Millionen Personen entstehen könnte. Auch aus heutiger Sicht ist in etwa eineinhalb Jahrzehnten bis 2030 mit einer Lücke bis zu dieser Größenordnung zu rechnen.

Die Bundesagentur für Arbeit nannte zehn Handlungsfelder, um eine nachhaltige und sichere Versorgung der deutschen Wirtschaft mit Fachkräften zu erreichen. Neben neun internen Feldern, wie z. B. die Verringerung der Zahl der Ausbildungsabbrecher und die Erhöhung der Arbeitszeit sowie die Steigerung der Erwerbsbeteiligung von Frauen und Älteren, wird die Gewinnung von 400 000 bis 800 000 Fachkräften aus dem Ausland, also jahresdurchschnittlich 28 000 bis 56 000 Personen, gefordert. 2011 sind aus Nicht-EU-Staaten etwa 25 000 Fachkräfte gekommen, bis 2014 stieg ihre Zahl auf 37 000. Wie viele zusätzlich aus der EU im Zuge der Arbeitnehmerfreizügigkeit gekommen sind, ist nicht bekannt. Noch im Jahreswirtschaftsbericht 2011 betonte die Bundesregierung, dass der Zugang von ausländischen Hochqualifizierten und Fachkräften zum deutschen Arbeitsmarkt in Fortsetzung des Ziels des Zuwanderungsgesetzes von 2004 systematisch an den Bedürfnissen des deutschen Arbeitsmarktes ausgerichtet und nach klaren Kriterien wie Bedarf, Qualifizierung und Integrationsfähigkeit gestaltet werden muss.

Im Jahreswirtschaftsbericht 2016 betont die Bundesregierung, dass die Integration der aktuellen Flüchtlinge und Asylbewerber in den Arbeitsmarkt aufgrund erheblicher Hemmnisse wie Sprachbarrieren oder Qualifizierungserfordernissen nur langsam erfolgen wird. Es wurden indes bereits zahlreiche Maßnahmen beschlossen, um die Hürden für eine rasche Integration der Flüchtlinge mit guter Bleibeperspektive in den Arbeitsmarkt abzubauen. Mit Blick auf den hohen Zeitbedarf für die nachhaltige Arbeitsmarktintegration der jetzigen Migranten – schätzungsweise bei männlichen Zuwanderern nicht mehr als 10 % in einem Jahr, 50 % erst in fünf Jahren und zwei Drittel bis drei Viertel in zehn Jahren, und darunter auch nicht alle als Fachkräfte – besteht das Erfordernis zur Gewinnung qualifizierter Zuwanderungen im globalen Wettbewerb um junge Migranten weiter. Dazu dient die *Managed Migration* zur Anwerbung hoch- und gutqualifizierter Arbeitskräfte einschließlich vielversprechender Unternehmer und Selbstständiger sowie Forscher aus dem Ausland. Dies sind wichtige Stichworte der nationalen und internationalen Debatte über moderne Migrationsregime, die auch bei den hohen praktischen Herausforderungen durch die Migration von Flüchtlingen und Asylbewerbern in die EU und Deutschland nicht in den Hintergrund gedrängt werden dürfen. In der EU sollten die Staaten – gerade auch in Osteuropa bei allen innenpolitischen Schwierigkeiten und Widerständen – zunehmend versuchen, die Migration in ihre Länder jeweils nach ihren ökonomischen Bedarfen, insbesondere nach dem zukünftigen Bedarf ihrer demographisch tendenziell schrumpfenden Arbeitsmärkte zu beeinflussen. Das beginnt schon mit der Gewinnung von ausländischen Studenten und Auszubildenden und reicht über die Adressierung (hoch-)qualifizierter Arbeitskräfte, Hochqualifizierter und Rückkehrer aus dem Ausland bis zur Reduzierung von Abwanderungen. Dies dürfte umso leichter fallen, je geringer die Vorbehalte und Vorurteile gegen Ausländer und alles Fremde und somit die Fremdenfeindlichkeit in der Gesellschaft verbreitet und ausgeprägt sind.

Alterung und Schrumpfung der Bevölkerung in Deutschland betreffen nicht nur die Mehrheitsbevölkerung, sondern auch die Personen mit Migrationshintergrund. Diese machen heute, wie erwähnt, im Durchschnitt mehr als ein Fünftel der Bevölkerung aus, bei jüngeren Altersgruppen noch wesentlich mehr. Bei anhaltend niedrigen Geburtenraten der ansässigen Bevölkerung und bei anhaltender Migration nach Deutschland werden die Anteile in Zukunft tendenziell auf 30 % und mehr steigen.

Wenn durch Zuwanderung längerfristig Alterung und Schrumpfung der Migranten-*Community* anders als bei der Mehrheitsbevölkerung abgeschwächt werden und damit auch die Personen mit Migrationshintergrund jünger bleiben und insgesamt zunehmen, verschieben sich die oben gezeigten Altersrelationen weniger in Richtung der älteren Bevölkerung als ohne Migration. Die Verschiebung tritt umso langsamer ein, je mehr neue und damit üblicherweise viel jüngere Migranten nach Deutschland kommen und damit ihre zugewanderte Vorgängergeneration am Arbeitsmarkt ersetzen.

Bei hoher Migration *und* Integration werden die jüngeren Generationen langsamer zahlen- und anteilmäßig abnehmen, die älteren einschließlich der alternden Zuwanderer früherer Phasen werden langsamer zunehmen. Fiskalisch betrachtet kann nun die jüngere Generation, die im Erwerbsleben steht, wegen der demographischen Vorteile der Migration *und* Integration die Steuer- und Beitragslasten zur Versorgung der Älteren ebenso wie die angehäufte Staatsschuld auf mehr Schultern verteilen. Der schon durch hohe Migration *und* Integration abgeschwächte intergenerationale Verteilungskonflikt zwischen Jüngeren und Älteren kann dadurch weiter entschärft und damit dem Gebot der Generationengerechtigkeit Rechnung getragen werden, dass auch die älteren und relativ umfangreichen Gruppen einschließlich der früheren und zukünftigen Zuwanderer länger aktiv bleiben und so die Jüngeren durch eine erhöhte Erwerbsbeteiligung sowie durch eine entsprechende Verlängerung ihrer Lebensarbeitszeit – wie oben angedeutet – entlasten. Dies setzt freilich die effiziente Gestaltung der Arbeitsbedingungen und die bessere Vereinbarkeit von Beruf und Familie und damit mehr Investitionen der privaten und öffentlichen Arbeitgeber in die entsprechenden Infrastrukturen voraus. Die Herausforderungen können aber auch noch weiter abgefedert werden, indem es einer effizienten Migrations- und Integrationspolitik gelingt, mehr junge, gut qualifizierte Zuwanderer als Fachkräfte für Deutschland zu interessieren, zu gewinnen und zu integrieren. Damit wäre es auch für die ansässigen Personen mit und ohne Migrationshintergrund leichter, die zukünftigen Ausgaben der Gesellschaft z.B. für Gesundheit und Pflege sowie für medizinische Versorgung insgesamt in einer alternden Bevölkerung zu schultern.

Literatur

Börsch-Supan, Axel/Wilke, Christina B.: Zur mittel- und langfristigen Entwicklung der Erwerbstätigkeit in Deutschland, in: Zeitschrift für Arbeitsmarktforschung, Heft 1, 2009, S. 29–48.

Bundesagentur für Arbeit: Perspektive 2025, Nürnberg 2011.

Bundesministerium für Arbeit und Technologie: Jahreswirtschaftsbericht 2011. Deutschland im Aufschwung – den Wohlstand von morgen sichern, Berlin 2011.

Bundesministerium für Arbeit und Technologie: Jahreswirtschaftsbericht 2016. Zukunftsfähigkeit sichern – Die Chancen des digitalen Wandels nutzen, Berlin 2016.

Demografischer Wandel. Aus Politik und Zeitgeschichte 10–11/2011.

Kohls, Martin/Schmid, Susanne: Generatives Verhalten und Migration. Forschungsbericht 10 des Bundesamts für Migration und Flüchtlinge (BAMF), Nürnberg 2011.

Schimany, Peter: Migration und demographischer Wandel. Forschungsbericht 5 des Bundesamts für Migration und Flüchtlinge (BAMF), Nürnberg 2008.

www.bib.bund.de (Bundesinstitut für Bevölkerungsforschung, Wiesbaden)

www.mea.mpisoc.mpg.de (Munich Center for the Economics of Ageing als Teil des Max-Planck-Instituts für Sozialrecht und Sozialpolitik, München)

www.berlin-institut.org (Berlin-Institut für Bevölkerung und Entwicklung, Berlin)

www.fiwi1.uni-freiburg.de (Institut für Volkswirtschaftslehre und Finanzwissenschaft I an der Universität Freiburg)

www.demogr.mpg.de/de/default.htm (Max-Planck-Institut für demografische Forschung, Rostock)

Multikulturelle Gesellschaft und Leitkultur

Stefan Rother

Für die Kontroverse um den Begriff Multikulturalismus markierte der Deutschlandtag der CDU-Nachwuchsorganisation Junge Union (JU) im Oktober 2010 einen markanten Einschnitt: Die Parteivorsitzende und Bundeskanzlerin Angela Merkel verkündete bei dem Treffen: »Der Ansatz für Multikulti ist gescheitert, absolut gescheitert!«. Der Vorsitzende der Schwesterpartei CSU Horst Seehofer sekundierte ihr: »Wir als Union treten für die deutsche Leitkultur und gegen Multikulti ein – Multikulti ist tot.« Die Äußerungen belegten zwei Entwicklungen: Zum einen war die Opposition gegen den Begriff Multikulturalismus endgültig von den rechten Rändern des Parteienspektrums in das etablierte konservative Lager gerückt, wie ähnliche Äußerungen von Nicolas Sarkozy in Frankreich und David Cameron in Großbritannien unterstrichen. Zum anderen wurde der Eindruck erweckt, bei »Multikulti« handele es sich um ein klar umrissenes Konzept, das mit ebenso spezifischen Politiken einhergehe.

Tatsächlich ist das Gegenteil der Fall. In der Fachliteratur findet sich eine Vielzahl von Definitionen und Unterscheidungen. So kann für Irene Bloemraad Multikulturalismus ein demographisches Phänomen, eine politische Philosophie oder einen Politikprozess bedeuten. Demographischer Multikulturalismus beschreibt eine mehr oder minder messbare Tatsache: Die meisten Gesellschaften sind pluralistisch zusammengesetzt, umfassen also mehrere Gruppen, etwa aufgrund von Sprache (Minderheiten in Belgien, Kanada und der Schweiz), aufgrund von historischen Entwicklungen (USA) oder in jüngerer Zeit stattgefundenen Einwanderungen.

Philosophischer Multikulturalismus geht über die Beschreibung des Ist-Zustands hinaus und diskutiert die Grundlagen des Zusammenlebens in einer auch kulturell pluralistischen Gesellschaft. Dabei handelt es sich aber nicht etwa – wie von Gegnern des Begriffs oft unterstellt wird – um eine geschlossene Ideologie, sondern um eine Vielzahl von Ansätzen. Diese können beispielsweise Grundsätze von traditionellen Einwanderungsgesellschaften wie das amerikanische Ideal vom »Schmelztiegel« sein. Die aktuelle Debatte geht aber vor allem auf Ansätze zurück, die in den letzten beiden Jahrzehnten entwickelt worden sind. Dabei spielen Konzepte wie Identität, Anerkennung von Unterschieden und Zugehörigkeit eine große Rolle. Einer der führenden Vertreter ist der kanadische Philosoph Charles Taylor, der auch für die Verbindung von Philosophie und Praxis steht. Nach Medienberichten über Probleme im alltäglichen Zusammenleben der Kulturen in Kanada wurde er zum Vorsitzenden einer Kommission ernannt, die sich mit dem Ausgleich solcher kulturellen Unterschiede befasste. Neben der Erkenntnis, dass viele der diskutierten Konflikte auf einer falschen Darstellung kultureller Praktiken beruhten, lieferte die Kommission auch Empfehlungen für die Politikpraxis.

Dieser Multikulturalismus als Politikprozess (*Public Policy*) übertrifft an Vielfältigkeit noch die philosophischen Grundlagen des Begriffs. Selbst in »klassischen« Einwanderungsländern lässt sich hier selten von einer »Politik aus einem Guss« sprechen. Bei den meisten westlichen Staaten wie der Bundesrepublik steht hier eine Vielzahl von Politikansätzen und Regelungen nebeneinander, die sich oft von Bundesland zu Bundesland oder auch auf der kommunalen Ebene unterscheiden. An einer Messung solcher Politikanstrengungen versucht sich etwa der *Multiculturalism Policy Index*, der die Entwicklung von Multikulturalismus in 21 westlichen Demokratien untersucht. Neben historisch etablierten Minderheiten und Einwanderern werden hier auch indigene Bevölkerungsgruppen erfasst. Für jede dieser drei Gruppen wird in einem Index erfasst, wie viele multikulturelle Politiken ein Land verwirklicht hat. Für Deutschland ist hier seit 1980 zwar eine Zunahme zu verzeichnen, dennoch findet sich die Bundesrepublik eher im hinteren Drittel, während Länder wie Australien, Kanada oder Schweden an der Spitze stehen. Zu den Kriterien zählen die Existenz von Regierungsinstitutionen, die Berücksichtigung von Multikulturalismus bei der Erstellung der Lehrpläne oder die Möglichkeit der doppelten Staatsbürgerschaft. Die Untersuchung zeigt, dass in den meisten Ländern – mit Ausnahmen wie den Niederlanden – solche Politiken zwischen den Jahren 1980 und 2010 zugenommen haben. Die in dieser Zeit aufgekommene Debatte über Multikulturalismus scheint also keinen direkten Effekt auf die öffentliche Politik zu haben. Nicht berücksichtigt werden dabei allerdings gegenläufige Maßnahmen wie restriktivere Gesetze.

Dieser Aspekt zeigt, dass zu den drei Dimensionen von Multikulturalismus auch Entwicklungen zählen, die diesen ablehnen oder hinterfragen. Der philosophischen Ebene zuzurechnen sind hier etwa Samuel P. Huntington mit seinen Ausführungen über den *Kampf der Kulturen* und der Politikwissenschaftler Bassam Tibi, der einen »wertebeliebigen Multikulturalismus« ablehnt und diesem eine »europäische Leitkultur« entgegenstellt. Ebenso warnte der Historiker Arnulf Baring vor »multikulturellen Träumen«. Er bediente sich damit aber eher des populistischen Argumentationsmusters von Politikern und Kommentatoren in den Medien.

Steven Vertovec und Susanne Wessendorf haben die zentralen Argumentationspunkte, die seit rund 20 Jahren im »Gegenschlag« zum Multikulturalismus in Deutschland, Großbritannien und andernorts aufgeführt werden, zusammengefasst. So werde Multikulturalismus als eine einheitliche »Doktrin« verstanden und deren Vertreter als naive »Gutmenschen«– in Deutschland »Unwort des Jahres« 2011 – verhöhnt. Ihnen werde mangelnder Patriotismus oder gar eine Feindseligkeit gegenüber dem eigenen Lande unterstellt. Weiterhin werde die »Tyrannei der politischen Korrektheit« beklagt. Wer unangenehme Wahrheiten anspreche, werde mit Denkverboten belegt. Weiterhin stelle Multikulturalismus real existierende Probleme in Abrede, toleriere nicht akzeptable Praktiken, untergrabe gemeinsame Werte und sei die eigentliche Ursache für mangelnde Integration.

Die beiden Autoren kommen aber wie der britische Soziologe zu dem Schluss, dass mit diesen Kampfbegriffen Multikulturalismus eine verzerrte oder schlichte Bedeutung zugeschrieben werde. Dennoch gilt der Begriff Multikulturalismus durch diese Auseinandersetzungen selbst vielen Vertretern des Ansatzes mittlerweile als zu belastet, um noch eine ernsthafte Auseinandersetzung zu ermöglichen. So wurde er nicht nur in der Theorie, sondern auch in der Praxis mittlerweile durch das Konzept der »Diversität« ersetzt. Kommunen wie Stuttgart, die im Bereich Integration eine Vorreiterrolle einnehmen, setzten auf das neudeutsch betitelte *Diversity Management* (→ S. 302 ff.), das nicht ausschließlich auf Migranten beschränkt bleiben muss. Auch die Bundesbeauftragte für Migration, Flüchtlinge und Integration startete eine Kampagne unter dem Titel »Vielfalt als Chance«. Und nicht zuletzt bezeichnet auch die Europäische Union (EU) in ihren Richtlinien zur Integration von Immigranten kulturelle Vielfalt als eine potenzielle Bereicherung von Einwanderungsgesellschaften.

Während Multikulturalismus somit gewissermaßen in neuem Gewand fortlebt, hat die als Gegenbegriff entwickelte Vorstellung einer »Leitkultur« stark an Bedeutung eingebüßt. In Deutschland wird dieser Begriff oft mit dem früheren Fraktionsvorsitzenden der CDU-Bundestagsfraktion Friedrich Merz in Verbindung gebracht, der im Jahre 2000 von Migranten verlangte, diese hätten sich an die deutsche »Leitkultur« anzupassen. Hartwig Pautz sieht diese Argumentation, die auf die oben genannten Politikwissenschaftler Huntington und Tibi aufbaut, als Zeichen einer »Kulturalisierung« von Politik, bei der anstatt von »Rasse« nun der weniger belastete Begriff der »Kultur« verwendet werde. So sei das in Deutschland lange vorherrschende *Ius Sanguinis* (»Recht des Blutes«), bei dem sich Staatsbürgerschaft aufgrund von Abstammung verliehen werde, durch ein *Ius Cultus*, durch eine kulturelle Deutung der Zugehörigkeit also, ersetzt worden.

In Politik und Medien entspann sich daraufhin eine bedingt erbauliche Debatte, die vor allem eine klare Definition vermissen ließ, was diese »Leitkultur« denn nun ausmache. Ironisch wurde darauf hingewiesen, dass sich etwa Alltagspraktiken in Deutschland auch zwischen Land und Stadt oder verschiedenen Regionen unterscheiden. So dürfte etwa die in Stuttgart vorherrschende »Kehrwochen-Leitkultur« für einen Zugezogenen wenig erstrebenswert sein, während die Aversion gegen zugezogene Schwaben in Berlin nicht erst seit der Klage von Bundestagsvizepräsident Wolfgang Thierse über Bestellpraktiken beim Bäcker öffentliche Aufmerksamkeit erregt hat. Auch etwas grundlegendere Interpretationsversuche blieben diffus und liefen oft auf eine Mischung aus »christlichem Abendland« und »Grundgesetz« hinaus – dabei ignorierend, dass die deutsche Demokratie keine religiös legitimierte Herrschaftsform (Theokratie) ist und Religionsfreiheit in ebenjenem Grundgesetz festgeschrieben ist.

In erster Linie wird der Begriff »Leitkultur« nicht im Sinne von Integration, sondern im Sinne von Abgrenzung verwendet. Statt einer »deutschen« wurde zunehmend von einer »europäischen Leitkultur« gesprochen. Damit verbunden war aber oft eine Ablehnung muslimischer Migranten oder eine negative Haltung zur Aufnahme der Türkei in die EU. Im Jahr 2010 lebte die Debatte im Rahmen der Kontroverse um die Thesen von Thilo Sarrazin wieder auf und bescherte dem Begriff »Leitkultur« eine unerwartete Erweiterung. Politiker wie der damalige Außenminister der Bundesrepublik Guido Westerwelle (FDP) verkündeten: »Unsere kulturelle Wurzel ist die christlich-jüdische Tradition.« Hier wurde, wie etwa Adam Soboczynski anprangerte (*DIE ZEIT* vom 14.10.2010), das über lange Zeiträume in Abrede gestellte oder diskreditierte jüdische kulturelle Erbe instrumentalisiert, um sich nun von einer neuen Gruppierung abzugrenzen.

So verfahren diese Debatten auch erscheinen, so gilt es doch nach wie vor, sie aufzubrechen oder auf eine neue Grundlage zu stellen. So plädiert etwa der indische Wirtschaftswissenschaftler und Philosoph Amartya Sen (*DIE ZEIT* vom 6.12.2007) dafür, die Idee der multikulturellen Gesellschaft nicht aufzugeben. Diese müsse aber mit den Prinzipien der Gleichheit und Freiheit in Einklang gebracht werden. Dem freiheitsorientierten Verständnis von Multikulturalismus droht demnach nicht nur von denjenigen Gefahr, die Multikulturalismus offen ablehnen, sondern auch von denjenigen, die einen »Multikulturalismus der singulären Identitäten« befürworten, der sich zu stark auf Religion ausrichte und zu Spaltung und Separatismus führe.

Literatur

Bloemraad, Irene: The Debate over Multiculturalism: Philosophy, Politics, and Policy, 2011 (www.migrationpolicy.org/article/debate-over-¬multiculturalism-philosophy-politics-and-poli¬cy).

International Journal on Multicultural Societies (IJMS): Themenheft: Multiculturalism and Political Integration in Modern Nation-States, Vol. 5, No. 1, 2003.

Pautz, Hartwig: Die deutsche Leitkultur. Eine Identitätsdebatte: Neue Rechte, Neorassismus und Normalisierungsbemühungen, Stuttgart 2005.

Vertovec, Steven/Wessendorf, Susanne: Assessing the Backlash Against Multiculturalism in Europe. Working Paper 09–04 des Max-Planck-Institus zur Erforschung multireligiöser und multiethnischer Gesellschaften, Göttingen 2004 (www.mmg.mpg.de/workingpapers).

www.queensu.ca/mcp (Multiculturalism Policy Index)

www.plato.stanford.edu/entries/multiculturalism (Definition der Stanford Encyclopedia of Philosophy)

Parallelgesellschaft – Segregation – Ausgrenzung

Stefan Rother

Der Begriff Parallelgesellschaft mag erst in den letzten Jahren an Konjunktur gewonnen haben, historisch lassen sich aber durchaus Beispiele für dieses Phänomen aufführen: So wies etwa im 19. Jahrhundert in Deutschland das katholische Milieu Züge einer solchen abgeschotteten Gesellschaft auf (Micus/Walter). Gleiches galt laut Dieter Oberndörfer über längere Zeit für eine sprachlich und strukturell nur sehr schlecht integrierte Gruppe in den Vereinigten Staaten: die der deutschen Zuwanderer. Die beiden Beispiele zeigen Dimensionen des Begriffs Parallelgesellschaft auf, die in der öffentlichen Diskussion eher selten thematisiert werden. So muss dieser sich zum einen nicht zwangsläufig auf den Zuwanderungsstatus oder die ethnische Zusammensetzung beschränken, sondern kann vielmehr auf sozialen Faktoren beruhen. Zum anderen muss Segregation in Bezug auf Wohnraum und soziale Netzwerke nicht von Dauer sein, sondern kann ein Übergangsphänomen bleiben.

Für die deutsche Debatte bleibt »Parallelgesellschaft« dagegen, um ausnahmsweise einmal *Wikipedia* zu zitieren, »ein vage definierter politischer Kampfbegriff«. Dieser wird vorwiegend in alarmistischem Tonfall vorgetragen und umfasst mehr oder minder explizit Themen, die von segregierten Wohnvierteln und mangelnder Integration über von der Mehrheitsgesellschaft als abweichend empfundene kulturelle Eigenarten bis hin zu »Ehrenmorden« (→ S. 236 ff.), Zwangsheiraten (→ S. 233 ff.) und Diskriminierung von Migrantinnen reichen. So behandelnswert diese Themen sind, so diskutabel ist, inwiefern diese mit dem Bestehen von Parallelgesellschaften zusammenhängen – und ob solche Parallelgesellschaften in Deutschland überhaupt existieren. Während der Begriff in der politischen Diskussion um Integration bzw. deren Fehlen einen festen Platz eingenommen hat, bezweifeln viele Migrationsforscher von Klaus J. Bade bis Hartmut Esser die Existenz von Parallelgesellschaften in

Deutschland. Zudem ist die empirische Datenlage noch sehr begrenzt.

Eingeführt wurde der Begriff im Zusammenhang mit Migration allerdings von einem Wissenschaftler. Wilhelm Heitmeyer gilt, so die *tageszeitung (taz)*, als der »Vater der Parallelgesellschaft«. Im Jahr 1996 warnte der Direktor des seinerzeit neugegründeten Instituts für interdisziplinäre Konflikt- und Gewaltforschung an der Universität Bielefeld in der *ZEIT* vor der Gefahr, dass »religiös-politische Gruppen eine schwer durchschaubare ›Parallelgesellschaft‹ am Rande der Mehrheitsgesellschaft aufbauen könnten«. Als Beispiel diente ihm eine Untersuchung zu islamischem Fundamentalismus unter türkischen Jugendlichen. Dass der Begriff aber nicht auf Migranten beschränkt sein müsse, machte Heitmeyer elf Jahre später ebenfalls in der *ZEIT* deutlich: »Es gibt eine elitäre Parallelgesellschaft, in der ein eisiger Jargon der Verachtung herrscht und kaum Interesse an gesellschaftlichen Integrationsproblemen.« Gemeint war damit die abgeschottete Klasse der wohlhabenden Deutschen. Eine nochmals andere, durchaus positive Bedeutung hatte der Begriff zur Zeit des Kalten Krieges, als damit die Versuche von oppositionellen Gruppen beschrieben wurden, in den kommunistisch regierten Ländern des Ostblocks eigene Strukturen und Institutionen aufzubauen.

Wie bei so vielen Begriffen im Politikfeld Migration und Integration mangelt es also auch bei den »Parallelgesellschaften« an einer klaren Definition. Ansätze hierzu gibt es etwa von Klaus J. Bade und Thomas Meyer. Den Versuch einer umfasenderen Definition im Hinblick auf Migration hat zudem Johannes Kandel (2004) unternommen. Er schlägt vor, soziale Kollektive als »Parallelgesellschaften« zu bezeichnen, wenn bei diesen sechs Grundelemente im Entstehen begriffen seien und dieser Entstehungsprozess empirisch einigermaßen präzise beobachtet werden könne. Dazu zählen der Kommunikationsabbruch zur Mehrheitsgesellschaft durch nachhaltige

sprachliche, religiös-kulturelle und alltagsweltliche Segregation, die sozialökonomische Segregation (Aufbau alternativer Ökonomien und Arbeitsmärkte) sowie die Abgrenzung durch den Aufbau von Parallelinstitutionen etwa im Bereich Bildung und Freizeit. Weiterhin nennt Kandel die Verdichtung sozialer Kontrolle gegenüber den Mitgliedern des sozialen Kollektivs bis zu psychischem und physischem Zwang (das Kollektiv wird zum »Gefängnis« und die Geltung der von der demokratischen Rechtsordnung gewährten individuellen Menschen- und Grundrechte wird faktisch verhindert). Schließlich zählt zu den Grundelementen auch die Forderung nach Ausbildung eines selbstverwalteten Rechtsbezirks, in dem islamisches Recht (z. B. in der Form von *Fiqh Al-Aqalliyat*, d. h. islamisches Recht für muslimische Minoritäten in der Diaspora) neben der für alle geltenden Rechtsordnung Anwendung finden soll.

Die Definition belegt einmal mehr, dass der Begriff Parallelgesellschaft nicht nur klar auf Menschen mit Migrationshintergrund gemünzt ist, sondern hier auf eine ganz spezifische Gruppe: die der Muslime. Der strittigste Punkt bei den bestehenden Institutionen ist wohl der der parallel bestehenden Institutionen. So hatte Thomas Meyer (2002) hier noch ein strikter definiertes Merkmal für eine Definition vorgeschlagen: Die »nahezu *komplette* Verdoppelung der mehrheitsgesellschaftlichen Institutionen«. Eine solche ist zumindest in der bundesdeutschen Praxis allerdings kaum vorstellbar. Kandel fasst das Kriterium daher enger und nennt als Beispiele die Bereiche Bildung und Freizeit. Im Falle der von Heitmeyer aufgeführten »elitären Parallelgesellschaften« existieren diese mit Sicherheit in Form etwa von Privatschulen oder Golfclubs – und oft sind sie auch als gezielte Abgrenzung zu verstehen. Im Falle von Migranten ist allerdings umstritten, ob es sich bei entsprechenden Angeboten nun eher um ein Merkmal von Abgrenzung oder von Ausgrenzung handelt.

So kommen Dirk Halm und Martina Sauer (2007) zu dem Schluss, die eigenethnische Organisation erfolge »selektiv und hauptsächlich in denjenigen Bereichen, in denen kompatible Angebote der Aufnahmegesellschaft tatsächlich fehlen – wie nicht anders zu vermuten im Bereich Religion, Kultur und – da kulturelle Differenz zur Aufnahmegesellschaft mitunter auch hier eine Rolle spielen mag – im Sport«. Für die hier oft als Beispiel genannten türkischen Fußballvereine stellen Huhn, Kunstreich und Metzger (2013) fest, dass diese allenfalls teilweise als Dopplung zivilgesellschaftlicher Strukturen angesehen werden könnten. Eher kämen diese spezifischen Interessen von Bevölkerungsgruppen nach, denn lange Zeit hätten sich Spieler mit Migrationshintergrund in den bestehenden deutschen Fußballvereinen schwer getan. In Fällen wie diesen räumte der sonst für seine provokativ-drastischen Ansichten bekannte frühere Bezirksbürgermeister von Berlin-Neukölln Heinz Buschkowsky (SPD) ein, könnten Parallelgesellschaften im positiven Sinne auch Schutzräume sein, in denen sich eine Gemeinschaft Hilfestellung und Rückhalt gebe.

Negativ gewendet kann allerdings auch das Gefühl von Ablehnung und Ausgrenzung durch die Mehrheitsgesellschaft zu Rückzug und Segregation führen. Zudem könne, so Heitmeyer, die ökonomisch oft prekärere Lage der Migranten dazu führen, dass diese sich auf ihr verbliebenes »kulturelles Kapital« besinnen, zu dem insbesondere die Religion zähle. In einer der seltenen Studien mit vergleichsweise breiter empirischer Grundlage des Zentrums für Türkeistudien an der Universität Duisburg-Essen kommen die Autoren zu dem Schluss, dass ein zentraler Teil der Mitgliedschaft in türkischen Organisationen auf einem Bedürfnis nach kultureller und religiöser Anbindung gründe, das deutsche Organisationen nicht einlösen könnten: »Damit erfüllen die türkischen Organisationen aber eine Komplementär-

und keine Dopplungsfunktion zu deutschen Angeboten« (APuZ 1–2/2006).

Neben der sozialen zählt somit auch die wirtschaftliche Teilhabe zu den Dimensionen von »Parallelgesellschaften«. Hier kann es bewusste Abgrenzung geben, die Ursache kann aber auch schlicht ein Mangel an Teilhabemöglichkeiten sein. Dies wird auch in einer Studie von Andrea Janßen und Ayça Polat deutlich, die sich mit den sozialen Netzwerken türkischer Migranten befasst haben (APuZ 1–2/2006). Beide Autorinnen nennen die Familienzentriertheit türkischer Migranten als zentralen Grund für die ethnische Segregation in bestimmten Stadtvierteln. Die räumliche Nähe zu den wichtigsten Mitgliedern des eigenen sozialen Netzwerks, den Familienangehörigen, lasse selbst Migranten in stigmatisierten Vierteln verbleiben, die sich auch einen Umzug leisten könnten. Nehme man noch die soziale Homogenität und das geringe soziale Kapital der Migranten hinzu, seien auch schichtspezifische Ursachen ein Grund für die mögliche Distanz dieser Gruppe zur Mehrheitsbevölkerung. Vergleichbare Muster ließen sich auch bei Arbeiterhaushalten feststellen. Schließlich lässt sich ein eher gleichgültiges Nebeneinander bei vielen sozialen Gruppen städtischer Gesellschaften – etwa von Subkulturen – feststellen, was Janßen und Polat zu dem Schluss kommen lässt: »In diesem Sinne könnten verschiedene kulturelle Milieus verschiedene Parallelgesellschaften bilden, womit die unterschwellige ›Bedrohlichkeit‹ des Begriffs abhandenkommt.«

Literatur

Halm, Dirk/Sauer, Martina: Bürgerschaftliches Engagement von Türkinnen und Türken in Deutschland, Wiesbaden 2007.

Huhn, Daniel/Kunstreich, Hannes/Metzger, Stefan: Gründungsmotive türkisch geprägter Fußballvereine, in: Uwe Hunger/Roswitha Pioch/Stefan Rother (Hrsg.): Migrations- und Integrationspolitik im europäischen Vergleich. Jahrbuch Migration 2012/13, Berlin 2013.

Kandel, Johannes: Organisierter Islam in Deutschland und gesellschaftliche Integration, Bonn 2004 (www.library.fes.de/pdf-files/akademie/¬online/50 372.pdf).

Krichner, Tanja: Warum wir Parallelgesellschaften brauchen, in: Cicero online, 1. November 2012 (www.cicero.de/blog/goettinger-demokratie-¬forschung/2012_10_31/eine-gefahr-fuer-die-¬gesellschaft-0#).

Meyer, Thomas (2002): Parallelgesellschaft und Demokratie, in: Herfried Münkler/Marcus Llanque/Clemens K. Stepina (Hrsg.): Der demokratische Nationalstaat in den Zeiten der Globalisierung. Politische Leitideen für das 21. Jahrhundert, Berlin 2002, S. 193–229.

Micus, Matthias/Walter, Franz: Integration durch Separation. Zur Paradoxie der »Parallelgesellschaften«, in: Blätter für deutsche und internationale Politik 52 (2007), S. 87–92.

Parallelgesellschaften, in: Aus Politik und Zeitgeschichte 1–2/2006.

Worbs, Susanne: Parallelgesellschaften von Zuwanderern in Städten?, in: Frank Gesemann/Roland Roth (Hrsg.): Lokale Integrationspolitik in der Einwanderungsgesellschaft. Migration und Integration als Herausforderung von Kommunen, Wiesbaden 2009, S. 217–233.

Migration und Familie

Veronika Fischer

Die Familie ist soziologisch gesehen schon immer von besonderem Interesse gewesen, weil sie einerseits als Sozialisationsinstanz für das Individuum und andererseits als Reproduktionsinstanz für die Gesellschaft gilt. Entsprechend zahlreich sind die Definitionen von Familie und die damit verbundenen Theorien. Familie ist einem historisch gesellschaftlichen Wandel unterworfen und das Verständnis von Familie ist kulturell geprägt. Neben der klassischen Paarbeziehung mit Kind(ern) existieren noch andere Familienformen wie Alleinerziehende, Patchworkfamilien, Pflege- und Adoptionsfamilien, gleichgeschlechtliche Paare mit Kind(ern) usw. Neue gelebte Konzepte von Familie und Zusammengehörigkeit verlangen daher auch nach neuen theoretischen Ansätzen.

Familie wird hier als eine Beziehungskonstellation definiert, die aus Eltern(-teilen) und mindestens einem Kind unter 18 Jahren im selben Haushalt besteht, unabhängig davon, ob die Eltern in einer ehelichen oder nicht-ehelichen Lebensgemeinschaft leben oder ob die Elternschaft eine »leibliche« oder »soziale« Elternschaft ist. Der Begriff »Familie mit Migrationshintergrund« wurde vom Statistischen Bundesamt (2012) im Rahmen des Mikrozensus eingeführt und bezieht sich auf die in einem Haushalt zusammenlebende Eltern-Kind-Gemeinschaft mit Kindern unter 18 Jahren, »bei denen mindestens ein Elternteil eine ausländische Staatsangehörigkeit besitzt, die deutsche Staatsangehörigkeit durch Einbürgerung erhielt oder Spätaussiedler ist, unabhängig davon, ob diese Personen zugewandert sind oder in Deutschland geboren wurden«.

Grenzüberschreitende Wanderungen, bei denen der Lebensmittelpunkt auf Dauer in ein anderes Land verlegt wird (Migration), verändern Familien, haben Einfluss auf Familienform und -umfang, Geschlechterverhältnisse, Beziehungen der Familienmitglieder untereinander und ihre Rollen innerhalb des Familienverbunds. Migration hat zur Folge, dass die Familienverhältnisse über nationalstaatliche Grenzen hinweg aufgespannt werden. Teile des engeren bzw. weiteren Familien- und Verwandtschaftsnetzwerks werden im Herkunftsland zurückgelassen und neue Strukturen im Zielland aufgebaut. Transnationale Kontakte zur Herkunftsfamilie werden in der Regel weiterhin gepflegt, was in Zeiten moderner Kommunikationsmedien zunehmend leichter fällt.

Auch Einzelwanderungen sind im Familienkontext zu sehen, z. B. die sogenannte »Gastarbeitermigration«, die Mitte der 1950er-Jahre durch die Anwerbepolitik der Bundesregierung angestoßen wurde. Vielfach wanderten einzelne Familienmitglieder in die Industrieregionen Westdeutschlands, um das Familieneinkommen im Herkunftsland durch zusätzlichen Gelderwerb aufzustocken. Später wurden im Rahmen einer Familienzusammenführung Ehepartner und -partnerinnen sowie Kinder nachgeholt, wenn sich ein dauerhafter Aufenthalt im Zielland als wahrscheinlich herausstellte. Der Nachzug von Familienangehörigen macht in vielen OECD-Ländern ein Drittel und mehr der Zuwanderung aus (Pries 2011, S. 29). Eine weitere Variante familiärer Migration sind die mitreisenden Ehepartner und Kinder. Das ist meistens in den »klassischen« Einwanderungsländern (USA, Kanada, Australien) der Fall, weniger in Deutschland und in den übrigen EU-Ländern, wo dieser Migrationstypus bei qualifizierten Fachkräften vorkommt, die die Mitreise ihrer Familienangehörigen als Bedingung für ihre Wanderung aushandeln. Darüber hinaus gibt es

noch die Heiratsmigration, bei der verschiedene Formen transnationaler Eheschließung unterschieden werden, nämlich die Zwangsheirat (→ S. 233 ff.), die arrangierte Ehe und die selbstorganisierte Liebesehe, wobei die Unterscheidung zwischen diesen Typen nicht trennscharf möglich ist (Straßburger, 2003). Hinzuzufügen sei noch eine Form der Heiratsmigration, die durch kommerziell arbeitende Heiratsagenturen zustande kommt. Schließlich gibt es noch den Typus der Migration von unterstützten Verwandten, deren Zuwanderung von jenen Familienmitgliedern betrieben wird, die bereits längere Zeit im Ausland leben. Dieser Wanderungstyp ist insbesondere in den traditionellen Einwanderungsländern verbreitet.

Insofern kann man verschiedene Familientypen unterscheiden, die sich speziell durch Migration gebildet haben: Unfreiwillige Alleinstehende, die als Einzelne gewandert sind und ihre Familien im Herkunftsland zurücklassen mussten; die Rumpffamilie, bei der Teile der Kernfamilie voneinander getrennt im Herkunftsland und im Zielland der Migration leben; die komplette Kernfamilie (Vater-Mutter-Kind[er]), die als Ganze migriert ist oder durch Familienzusammenführung vervollständigt wurde, und die erweiterte Kernfamilie, zu der auch die Verwandten zählen, die aus dem Ausland geholt wurden und nun durch das Familieneinkommen unterstützt werden. Außerdem steigt die Zahl der bikulturellen Ehen und Partnerschaften kontinuierlich an. Bei allen transnationalen Familienformen zeigt sich, dass Familie nicht auf die Vater-Mutter-Kind(er)-Konstellation einer Kleinfamilie reduziert werden kann, sondern ein über nationale Grenzen hinweg weit verzweigtes Netzwerk umfasst, in das auch die Verwandtschaft und mehrere Generationen einbezogen sind.

Die dargestellten Formen familiärer Migration haben Auswirkungen auf den Familienverbund und die Verwandtschaftsnetzwerke sowohl im Herkunfts- als auch im Ankunftsland. Sie können mit Verlusten und

Gewinnen einhergehen. Die Etablierung in einem neuen sozialen Umfeld zwingt zur Neupositionierung. Geschlechterverhältnisse, Rollen und normative Orientierungen müssen ausgehandelt werden. Auch die Arbeitsteilung innerhalb der Familie steht oft zur Disposition. Die Tatsache, dass unterstützende Verwandte und Familienangehörige wie z. B. Großeltern oft im Herkunftsland leben und bei der Betreuung der Kinder nicht zur Verfügung stehen, führt zu anderen innerfamiliären Rollenmustern als den in der Gesamtbevölkerung vorherrschenden. So erbrachte eine Befragung des Instituts für Demoskopie Allensbach das Ergebnis (2009), dass Eltern mit Migrationshintergrund deutlich häufiger als der Durchschnitt der Eltern (53 % gegenüber 43 %) angeben, sich gleichermaßen an der Erziehung und Betreuung der Kinder zu beteiligen. Die Aufgabe, in einer fremden Umwelt zurechtkommen zu müssen, schmiedet die Familie zusammen und führt zu einem starken innerfamiliären Zusammenhalt. Ein Anzeichen für den hohen Kohäsionsgrad in Familien mit Migrationshintergrund sind die Einstellungen von Kindern und Eltern, die stärker übereinstimmen als in Familien ohne Migrationshintergrund (Nauck, 2007). Hinzu kommt die Tendenz, bei persönlichen Problemen zuallererst die Familienmitglieder anzusprechen (Babka von Gostomski, 2010). Ansonsten unterscheiden sich die Beziehungen zwischen den Generationen nicht wesentlich von denen einheimischer deutscher Familien.

Umgekehrt ergeben sich für die zurückgebliebenen Familienangehörigen in den Herkunftsländern neue Herausforderungen. Kinder, die getrennt von den Eltern leben, werden von Großeltern oder anderen Verwandten erzogen, was oft mit einschneidenden psychosozialen Belastungen verbunden ist, darüber hinaus aber auch zu einer frühen Selbstständigkeit führen kann. Ein Anteil von über 40 % der Migranten und Migrantinnen, die als Minderjährige nach Deutschland gewandert sind, haben einen vorüber-

gehenden Verlust eines Elternteils (meistens des Vaters) erlebt (Hajii, 2008). Gravierend sind auch die Erfahrungen, die unbegleitete minderjährige Flüchtlinge gemacht haben. Neben den oft traumatisierenden Erlebnissen der Flucht müssen sie zusätzlich die Trennung von ihren Familien verarbeiten und sich im Aufnahmeland auf neue Betreuungskonstellationen durch ihren Vormund einstellen. Eine restriktive staatliche Politik, die die Fristen für den Familiennachzug heraufsetzt, erschwert die Situation der betroffenen Kinder und Jugendlichen.

Findet ein regelmäßiges Hin- und Herpendeln zwischen Herkunfts- und Ankunftsland statt, entstehen transnationale soziale Räume mit einem dichten Netz von Beziehungen, Kommunikationsmustern und Alltagspraktiken, in die Familienmitglieder aus beiden Ländern eingebunden sind (Pries, 2011). Ein typisches Beispiel sind ältere Familienmitglieder, die aus dem Erwerbsleben ausgeschieden sind und einen Teil des Jahres im Heimatort und einen anderen Teil bei ihren erwachsenen Töchtern und Söhnen in Deutschland verbringen.

Migrationsprozesse haben darüber hinaus zu einer weiteren Ausdifferenzierung und Heterogenität der Bevölkerung des Aufnahmelandes geführt, die sich auch an den Familienstrukturen ablesen lassen. In Deutschland haben – gemäß einer Sonderauswertung des Mikrozensus 2012 – von den 8,1 Millionen Familien 2,4 Millionen (28,4 %) einen Migrationshintergrund. 85 % aller Familien leben in Paarfamilien mit einem oder zwei Kindern und unterscheiden sich somit nicht von den Familien ohne Migrationsgeschichte. Dagegen ist der Anteil der Alleinerziehenden und der unverheirateten Paaren mit Migrationshintergrund deutlich seltener. Bei türkischen Ehepaaren und solchen aus dem ehemaligen Jugoslawien ist eine überdurchschnittlich hohe Quote an Mehrkindfamilien zu verzeichnen. Entsprechend dem höheren Anteil an Mehrkindfamilien liegt die durchschnittliche Kinderzahl in den Familien mit

Migrationshintergrund (1,9 Kinder) geringfügig über dem Durchschnitt der Familien ohne dieses Merkmal (1,7 Kinder). Das generative Verhalten nähert sich allerdings bei den jüngeren Geburtsjahrgängen einander an. Ebenso ist der Anteil der Mehrgenerationenhaushalte bei den oben genannten beiden Herkunftsgruppen sowie bei Aussiedlern und Migranten aus Südeuropa höher als bei den Deutschen ohne Migrationshintergrund (Wöllert u. a., 2011). Ehen mit einem einheimischen deutschen Partner oder einer Partnerin sind insbesondere bei Menschen aus dem Fernen Osten und aus Afrika verbreitet. Darüber hinaus zeigt die Sinus-Studie (Merkle, 2011) die Vielfalt familiärer Milieus auf, die sich – unabhängig von ethnonationalen Zuordnungen – nach Unterschieden in Lebensstilen, Wertvorstellungen, ästhetischen Vorlieben und sozialen Lagen ausdifferenzieren lassen. Die Studie verdeutlicht auch, dass sich die Mehrzahl der Migrantenmilieus im Hinblick auf ihre soziale Lage im unteren Drittel der Gesellschaft verorten lässt.

Literatur

Babka von Gostomski, Christian: Fortschritte der Integration. Zur Situation der fünf größten in Deutschland lebenden Ausländergruppen. Forschungsbericht 8 des Bundesamts für Migration und Flüchtlinge (BAMF), Nürnberg 2010.

Boos-Nünning, Ursula: Migrationsfamilien als Partner von Erziehung und Bildung. Expertise im Auftrag der Abteilung Wirtschafts- und Sozialpolitik der Friedrich-Ebert-Stiftung, Bonn 2011 (www.library.fes.de/pdf-files/wiso/087¬25.pdf).

Haug, Sonja: Interethnische Kontakte, Freundschaften, Partnerschaften und Ehen von Migranten in Deutschland. Working Paper 33 der Forschungsgruppe des Bundesamts für Migration und Flüchtlinge (BAMF), Nürnberg 2010.

Bundesministerium für Familie, Senioren, Frauen und Jugend (Hrsg.): Familien mit Migrationshintergrund. Lebenssituation, Erwerbsbeteiligung und Vereinbarkeit von Familie und Beruf, 2. Aufl. Berlin 2010.

Fischer, Veronika/Springer, Monika (Hrsg.): Handbuch Migration und Familie. Grundlagen für die Soziale Arbeit mit Familien, Schwalbach/Ts. 2011.

Hajii, Rahim: Transnationale Familienverhältnisse, Verlusterfahrung und Bindungserfahrung. WZB Discussion Paper Nr. SP IV 2008-705, Berlin 2008 (www.econstor.eu/bitstream/¬10419/49773/1/614428238.pdf).

Institut für Demoskopie Allensbach: Zuwanderer und ihre Familien. Einstellungen der Migranten in Deutschland zu Fragen mit Bedeutung für die Familienpolitik, Allensbach 2009.

Merkle, Tanja: Milieus von Familien mit Migrationshintergrund, in: Veronika Fischer/Monika Springer (Hrsg.): Handbuch Migration und Familie. Grundlage für die Soziale Arbeit mit Familien, Schwalbach/Ts. 2011, S. 83–99.

Nauck, Bernhard: Integration und Familie, in: Aus Politik und Zeitgeschichte 22–23/2007, S. 19–25.

Pries, Ludger: Familiäre Migration in Zeiten der Globalisierung, in: Veronika Fischer/Monika Springer (Hrsg.): Handbuch Migration und Familie. Grundlage für die Soziale Arbeit mit Familien, Schwalbach/Ts. 2011, S. 23–35.

Straßburger, Gaby: Heiratsverhalten und Partnerwahl im Einwanderungskontext. Eheschließungen der zweiten Migrantengeneration türkischer Herkunft. Würzburg 2003.

Wöllert, Franziska: Migration und demografischer Wandel, in: Veronika Fischer/Monika Springer (Hrsg.): Handbuch Migration und Familie. Grundlage für die Soziale Arbeit mit Familien, Schwalbach/Ts. 2011, S. 68–81.

www.bamf.de

www.destatis.de/DE/Publikationen/STATmagazin/¬Bevoelkerung/2012_03/ErlaeuterungMigrations¬hintergrund.html?nn=197682#Link2

www.sinus-institut.de

Familienzusammenführung

Anne Walter

Millionen von Menschen ist es nicht möglich, das für »jedermann« geltende Recht auf Familie zu nutzen, weil sie Migranten sind. Familienzusammenführung stellt als juristischer Begriff die Frage, welche Bedeutung das Recht auf Schutz der Familie für diese Menschen hat. Der Begriff wird häufig synonym mit dem Begriff Familiennachzug verwendet. Er beschreibt einen grenzüberschreitenden Vorgang und unterscheidet ihn zugleich von den weiteren rechtlich geregelten Zugängen – oder auch Einwanderungspfaden – zu einem Aufnahmeland: Die Einreise und der Aufenthalt von wandernden Familienmitgliedern erfolgen im Gegensatz zu wirtschaftlichen oder schutzsuchenden aus familiären Gründen.

Familienzusammenführung ist angesichts der Einwanderungsrealitäten in ganz Europa nicht nur eine gesellschaftliche, sondern auch eine rechtliche Herausforderung. Dies verdeutlicht die überaus wechselhafte Entwicklungsgeschichte des neuen Zuwanderungsgesetzes bis heute. Die rechtliche Gestaltung der Familienzusammenführung ist von einer erheblichen Vielfalt bezüglich der Rechtsebene und der Migrantengruppe gekennzeichnet. Das Gemeinschaftsrecht steht dabei im Zentrum (1). Mit der Schaffung eines gemeinsamen Einwanderungs- und Asylrechts in der Europäischen Union (EU) ist zudem ein Wechsel der rechtlichen Perspektive verbunden (2). Zum Dritten entwickelte sich in den letzten Jahren in Deutschland verstärkt ein politisches Bewusstsein des Zusammenhangs von Migration und Integration (3). Diese Wandlungsprozesse haben im Recht der Familienzusammenführung erhebliche Spuren hinterlassen.

(1) Die zahlreichen Regelungen zur Familienzusammenführung finden sich querschnittsartig auf allen drei rechtlichen Ebenen. So verpflichten internationale Menschenrechtskonventionen Deutschland als Vertragsstaat zur Achtung des Familienlebens. Das bedeutet insbesondere den Schutz der Einheit von Migrantenfamilien. Zudem enthalten die Richtlinien der EU zwingende Vorgaben zur Familienzusammenführung von Drittstaatsangehörigen oder Unionsbürgern. Beides ist durch die deutschen Zuwanderungsbestimmungen umzusetzen. Nicht zuletzt enthält auch das deutsche Verfassungsrecht ein Grundrecht auf Schutz der Familie, auf das sich auch Migranten berufen können.

Des Weiteren betrifft Familiennachzug alle Migrantengruppen, d. h. zunächst unterschiedlicher Herkunftsländer: Drittstaatsangehörige sind im Aufenthaltsgesetz und Unionsbürger im Freizügigkeitsgesetz geregelt. Daneben unterscheidet das Aufenthaltsgesetz im Interesse staatlicher Einwanderungssteuerung nach den Wanderungsgründen der zusammenführenden Person. Es privilegiert z. B. den Familiennachzug zu Hochqualifizierten oder Asylberechtigten gegenüber dem Nachzug zu Niedrigqualifizierten, Studierenden oder Flüchtlingen ohne dauerhaften Aufenthaltstitel. Auch der Familiennachzug zu Deutschen ist im Aufenthaltsgesetz geregelt. Typologisch ist dieser im Vergleich zu Drittstaatsangehörigen weitergehend und unter weniger engen Voraussetzungen zulässig. Diese Privilegierung ergibt

183

sich daraus, dass die deutschen Staatsangehörigen ein absolutes Recht auf Verbleib in Deutschland besitzen und daraus das Recht auf Verwirklichung von Ehe und Familie mit nichtdeutschen Partnern im Inland folgt.

Zu guter Letzt sind die Antworten auf die Frage, wer zur Familie zu zählen ist, recht unterschiedlich. Das Recht differenziert nach den verschiedenen Familienmitgliedern wie Ehegatten, Lebenspartnern, Kindern, Geschwistern oder weiteren Verwandten wie Großeltern oder Enkelkindern. Übereinstimmendes Minimum der personellen Begrenzung ist die Kernfamilie, d. h. Ehegatten und minderjährige Kinder.

(2) Mit der Europäisierung des Rechts der Einreise und des Aufenthalts Drittstaatsangehöriger wurden – wie Günter Renner schon früh erkannte – »die Grundlagen für ein einheitliches europäisches Migrationsrecht geschaffen«. Das ist besonders relevant im Bereich der Familienzusammenführung. Zeichnete sich das Freizügigkeitsrecht der EU als grundlegender Bestandteil des europäischen Integrationsprozesses von Anfang an durch eine besondere Familienfreundlichkeit aus, wirkt dieses besondere Verständnis nunmehr schrittweise auch auf das Nachzugsrecht für Drittstaatsangehörige. Die Familienzusammenführungsrichtlinie der EU von 2003 enthält ebenso wie für Unionsbürger ein gemeinschaftliches Recht für Drittstaatsangehörige auf Familiennachzug. Allerdings wohnt dem Gemeinschaftsrecht derzeit noch eine gewisse Janusköpfigkeit inne, denn es mangelt an einem klaren Konzept familiärer Wanderung nach Europa und differenziert zwischen verschiedenen Wanderungsmotiven wie Erwerb, Bildung oder humanitärem Schutz. Die prinzipiell allen Migranten gemeinsame Frage nach dem Verbleib im Familienverband findet dabei unterschiedliche Antworten für Flüchtlinge oder Personen mit subsidiärem Schutz sowie drittstaatsangehörige Arbeitnehmer, Forscher oder Studenten. Insoweit besteht kein einheitliches Gemeinschaftsrecht.

Durch diese Unterschiede in der Gestaltung der Familienzusammenführung zwischen familiärer Wanderung *nach* Europa und familiärer Wanderung *innerhalb* von Europa kommt es für die Familienangehörigen zwar immer noch auf die Nationalität des Zusammenführenden an. Dennoch bleibt die auf politischer und rechtlicher Ebene zum Ausdruck gebrachte Absicht der Verknüpfung der Rechte und Pflichten von Drittstaatsangehörigen und Unionsbürgern auf vergleichbarem Niveau trotz dieser Ambivalenz maßgebend für die weiteren Schritte. Sie verbietet ihre bisherige getrennte Betrachtung ebenso wie eine Unterschreitung der unionsrechtlich geregelten Standards. Zudem ist die EU-Perspektive auf Migrationsrecht von einer anderen Dynamik als derjenigen des deutschen Ausländerrechts getragen. Infolgedessen wird das innerstaatliche Recht von den gemeinschaftsrechtlichen Vorgaben der Familiennachzugsrichtlinie zunehmend überformt.

Eine hohe nationale Dynamik zeigte sich auch im Spätsommer 2015, als angesichts der hohen Flüchtlingszahlen nach Deutschland in kurzen Abständen gesetzliche Änderungen auf den Weg gebracht wurden. Hierbei spielte auch die Einschränkung des Familiennachzugs zu subsidiär Geschützten eine Rolle. Nachdem noch kurz zuvor – im August 2015 – mit Blick auf die reformierte Qualifikationsrichtlinie die nachzugsrechtlichen Bestimmungen für subsidiär Geschützte an die privilegierten Vorgaben für Konventionsflüchtlinge angeglichen worden waren, trat am 17. März 2016 eine zweijährige »Aussetzung« dieser verstärkten Rechte in Kraft. Demnach wird bis zum 16. März 2018 ein Familiennachzug zu Personen, denen nach dem 17. März 2016 eine Aufenthaltserlaubnis als subsidiär Geschützter erteilt worden ist, »nicht gewährt«. Die unions- und völkerrechtliche Zulässigkeit dieser unterschiedlichen Behandlung ist problematisch. Die Aussetzung ist aber vor allem angesichts der Bedeutung des familiären Lebens für Flüchtlinge im Aufnahmeland integrationspolitisch fragwürdig.

(3) Angestoßen durch die demographische Entwicklung und dem daraus folgenden Bedürfnis des Arbeitsmarktes nach Zuwanderung entwickelt sich auch in Deutschland das Bewusstsein des Zusammenhangs von Migration und Integration. Familiennachzug bedarf insoweit der besonderen Aufmerksamkeit. Migration und Integration sind nicht nur Prozesse, die in aller Regel Familien betreffen. Die Zuwanderung der Familienmitglieder zur Herstellung der Familieneinheit und der Prozess der (langfristigen) Eingliederung der Familie in die Aufnahmegesellschaft stehen auch in gegenseitigem sachlichem Zusammenhang. Nachdem im alten Ausländerrecht die familiäre Wanderung lange Zeit stark von dem staatlichen Anliegen der Kontrolle »erwünschter« Migration geprägt war, stellt sich nunmehr die Frage, inwieweit der Zusammenhang von wandernder Familie und Integration in den aufenthaltsrechtlichen Bestimmungen des Zuwanderungsgesetzes Anerkennung findet. Ein vollständiger Konzeptwandel würde ein rechtspolitisches Umdenken voraussetzen, das Einwanderung und Familieneinheit als wechselseitige Normalität versteht. Davon kann derzeit noch nicht gesprochen werden.

Es wird schrittweise nach dem unverändert maßgeblichen Prinzip von Tampere, wie es in der Präambel der Familiennachzugs- und in weiteren Migrationsrichtlinien verankert ist, das gemeinschaftliche Nachzugsrecht für Drittstaatsangehörige und ihre Familienmitglieder (weiter) zu entwickeln sein, das sich gegenüber dem einzelfallorientierten EGMR nicht mehr auf Sonderfälle beschränkt.

Literatur

Caroni, Martina: Privat- und Familienleben zwischen Menschenrecht und Migration. Eine Untersuchung zu Bedeutung, Rechtsprechung und Möglichkeiten von Art. 8 EMRK im Ausländerrecht, Berlin 1999.

Davy, Ulrike: Einwanderung und Integrationspfade, in: Zeitschrift für Ausländerrecht und Ausländerpolitik (ZAR) 2004, S. 231–236.

Groenendijk, Kees: Familienzusammenführung als Recht nach Gemeinschaftsrecht, in: Zeitschrift für Ausländerrecht und Ausländerpolitik (ZAR) 2006, S. 191–198.

Renner, Günter: Ausländerrecht, Kommentar, 11. Aufl. München 2016.

Walter, Anne: Familienzusammenführung in Europa. Völkerrecht, Gemeinschaftsrecht, Nationales Recht, Baden-Baden 2009.

www.netzwerk-migrationsrecht.akademie-rs.de
www.migrationsrecht.net

Ältere Migranten in Deutschland

Cüneyt Özadali

In Deutschland macht sich zunehmend der demographische Wandel bemerkbar. Die Gesellschaft wird immer älter. Experten gehen davon aus, dass der Anteil der über 65 Jahre alten Menschen stetig ansteigen wird. Diese Entwicklung zeichnet sich auch bei den Menschen mit Migrationshintergrund ab. Die Zahl der über 65-Jährigen mit Migrationshintergrund betrug 2016 knapp 1,6 Millionen Personen und wird 2030 nach Schätzungen auf etwa 3,5 Millionen anwachsen. Wenn man die Altersgruppe der Migranten ab dem 55. Lebensjahr berücksichtigt, dann leben in Deutschland heute schon mehr als 3,2 Millionen Menschen, die bald in den wohlverdienten Ruhestand gehen werden oder schon in Rente sind.

Aus ein paar Jahren Aufenthalt sind Jahrzehnte geworden. Immer mehr Migranten bleiben auch im Alter in Deutschland und wollen ihren Lebensabend hier verbringen. Doch die Frage nach der optimalen Versorgung der hilfs- und pflegebedürftigen älteren Migranten ist nicht ausreichend gelöst.

Der 10. Bericht über die Lage der Ausländerinnen und Ausländer in Deutschland der Bundesregierung geht auf diese Frage ein. Demnach fehlt es an »repräsentativen Daten zur gesundheitlichen Situation von Migrantinnen und Migranten«. Die Schlussfolgerung des Bundesamts für Migration und Flüchtlinge (BAMF) in Nürnberg lautet: »Zentrale Konsequenz der eingeschränkten Datenerfassung ist, dass nicht repräsentativ festgestellt werden kann, ob Menschen mit Migrationshintergrund häufiger an bestimmten gesundheitlichen Problemen leiden als die Bevölkerung ohne Migrationshintergrund. Weiterhin können ambulante und stationäre Versorgungsleistungen nicht eingehend beurteilt werden«.

Der Sachverständigenrat deutscher Stiftungen für Integration und Migration (SVR) stellt in seiner Expertise vom September 2015 fest: »Die Datenlage zum Thema Migration und Pflege in Deutschland ist insgesamt lückenhaft und im Fall der einzigen Studie (Bundesministerium für Gesundheit 2011) noch nicht hinreichend verlässlich. […] Was fehlt, sind repräsentativ, vor allem systematisch angelegte Untersuchungen zu Bedarfen und Bedürfnissen der wachsenden und sehr heterogenen Gruppe von Pflegebedürftigen mit Migrationshintergrund und ihrer pflegenden Angehörigen.«

Erst seit der Pflegereform von 2008 werden die Bedürfnisse von älteren Migranten in den Leistungsangeboten berücksichtig. Eine Studie im Auftrag des Bundesgesundheitsministeriums von 2011 untersuchte dabei die häusliche, ambulante und stationäre Pflege. Demnach beträgt der Anteil der älteren Migranten, die pflegebedürftig sind, etwa 8 %. Außerdem werden ältere Migranten im Vergleich zu ihren deutschen Altersgenossen deutlich früher pflegebedürftig. Geringere Deutschkenntnisse führen darüber hinaus dazu, dass sie über die Pflegeversicherungen schlechter informiert sind und deshalb auch seltener diese Leistungen in Anspruch nehmen. In den ambulanten Pflegediensten haben 7 % der Versorgten einen Migrationshintergrund, in den vollstationären Pflegeeinrichtungen sind es schon 9 %.

Seit ein paar Jahren machen Begriffe wie »kultursensible Pflege« oder die »interkulturelle Öffnung der Pflege« die Runde. Im Jahr 2002 haben die Wohlfahrtsverbände und die Integrationsbeauftragte der Bundesregierung ein Memorandum für eine kultursensible Altenhilfe verabschiedet. Beim ambulanten wie auch stationären Pflegealltag ist es wichtig, auf kulturelle und religiöse Besonderheiten der Migranten Rücksicht zu nehmen. Zum Beispiel sollte das Pflegepersonal darauf achten, vor dem Betreten der Wohnung die Schuhe auszuziehen. Darauf legen beispielsweise türkische Senioren besonderen Wert. Für die muslimischen Bewohner eines Altenheims sollten keine Gerichte mit Schweinefleisch auf der Speisekarte stehen. Auch wäre ein Gebetsraum für Muslime von Bedeutung. Mittlerweile stellen sich kirchliche wie auch städtische Alten- und Pflegeheime auf kultursensible Betreuung ein. Ambulante Pflegedienste lassen ihre Mitarbeiter »kultursensibel« schulen. Die Pflegebranche setzt auch auf Fachkräfte mit Migrationshintergrund. Besondere Kenntnisse über Sprache, Kultur und Religion der Migranten sind erwünscht und sollen die Versorgung der pflegebedürftigen Migranten optimieren.

Unter den Beschäftigten haben 11 % in den ambulanten Pflegediensten und 15 % in den vollstationären Einrichtungen einen Migrationshintergrund. Altenheime oder Pflegeheime speziell für ältere Migranten sind noch selten in Deutschland. Eine stationäre Altenpflege wollen noch wenige Migrantinnen und Migranten in Anspruch nehmen. Viele wünschen sich eher, im Familienverbund zu altern und von ihren Kindern gepflegt zu werden. Und umgekehrt: Die Kinder fühlen sich verpflichtet, ihre Eltern zu pflegen. Allerdings haben sie sich längst den Lebensumständen in Deutschland angepasst. Berufstätigkeit und/oder Wohnen in einer anderen Stadt sowie allgemeine Mobilitätsanforderungen sind wichtige Gründe dafür, warum sie für ihre Eltern die mobile oder die stationäre Pflege in Betracht ziehen (müssen).

Die Gesundheit und Pflege von Migranten sind im Laufe der Jahre zu einem wichtigen Thema geworden. Daher hat die Bundesregierung dieses Feld im Jahr 2011 in den Nationalen Integrationsplan (NIP) (→ S. 282 ff.) aufgenommen. Neue Informationswege auch in Herkunftssprachen für ältere Migranten, mehr Fachkräfte mit Migrationshintergrund sowie eine kultursensible Öffnung der Pflegedienste sollen die Versorgung von älteren Migranten verbessern.

Die Politik hat aus der Relevanz des Themas Konsequenzen gezogen. Die interkulturelle Öffnung im Gesundheits- und Pflegebereich hat in der 18. Legislaturperiode (seit 2013) erstmals Eingang in einen Koalitionsvertrag der Bundesregierung gefunden: »Zur Willkommens- und Anerkennungskultur gehört die interkulturelle Öffnung von Staat und Gesellschaft. Wir setzen uns dafür in allen Lebensbereichen ein, insbesondere im Bereich des ehrenamtlichen Engagements (z. B. Feuerwehr, Rettungsdienste) und der Kultur, im Sport und im Gesundheits- und Pflegebereich.« Im 10. Bericht über die Lage der Ausländerinnen und Ausländer in Deutschland heißt es: »Das Gesundheitswesen steht vor der Herausforderung, zeitgemäße Antworten auf die gesellschaftliche, religiöse, kulturelle und sprachliche Vielfalt zu finden. Denn Menschen mit Migrationshintergrund sind sowohl als Patientinnen und Patienten wie auch als Beschäftigte im Gesundheitswesen und in der Versorgung von Pflegebedürftigen präsent.«

Der 8. Integrationsgipfel im November 2015 im Bundeskanzleramt legte den Schwerpunkt auf das Thema »Gesundheit und Pflege in der Einwanderungsgesellschaft«. Eine vorrausschauende und nachhaltige Integrationspolitik müsse sich auch mit dem Thema Gesundheit und Pflege beschäftigen, so die Integrationsbeauftragte der Bundesregierung, Aydan Özoğuz (SPD). Gerade in der Altenpflege seien Kultursensibilität und Mehrsprachigkeit des Personals wichtig.

»Für mich gehört hier dazu, dass mehr junge Menschen mit Einwanderungsgeschichten in die Pflegeberufe gehen und dass die Anerkennung ausländischer Abschlüsse weiter verbessert wird. Ebenso brauchen wir noch mehr Einwanderung von Pflegekräften, um den immensen Bedarf decken zu können«, so Özoğuz. Die Staatsministerin betonte auf dem 8. Integrationsgipfel, dass über 5,6 Millionen Menschen mit Einwanderungsgeschichten seit 20 oder mehr Jahren in Deutschland leben und ihren Lebensabend hier verbringen werden.

Hier leben, aber auch hier sterben? Viele ältere Migranten wollen zwar ihren Lebensabend in Deutschland verbringen, aber beerdigen lassen wollen sie sich meist doch (noch) in ihrer ursprünglichen Heimat. Die emotionale Bindung zum Herkunftsland ist bei den »Gastarbeitern« der ersten Stunde noch stark ausgeprägt, insbesondere bei den Muslimen. Manche türkische Migranten schließen beispielsweise eine Sterbegeldversicherung bei islamischen Verbänden ab. Nach dem Tod kümmert sich der Verband dann um die Rückführung in die Heimat.

Durch die wachsende Zahl der muslimischen Bürger haben sich viele Bundesländer und Gemeinden überlegt, wie sie islamische Bestattungen ermöglichen können. Denn immerhin leben über vier Millionen Muslime in Deutschland. Bundesweit ist der Islam nach dem Christentum die zweitgrößte Religionsgemeinschaft. So hat sich in den vergangenen Jahren auf Friedhöfen und in Bestattungsgesetzen ein merkbarer Wandel vollzogen. In zahlreichen Städten gibt es mittlerweile auf Friedhöfen islamische Grabfelder. Die Gräber sind hier in aller Regel Richtung Mekka gerichtet. Oft gibt es eigens für Muslime einen Raum für die rituelle Waschung von Verstorbenen. Außerdem gibt es einen Aussegnungsstein, auf den der Sarg gelegt und vor dem das Totengebet mit der Trauergemeinde vollzogen wird.

Die Sargpflicht ist inzwischen in vielen Bundesländern aufgehoben. Muslime können so – wie es in islamischen Ländern üblich ist – nur in Leintücher gehüllt bestattet werden. Im Jahr 2014 hat beispielsweise der Landtag von Baden-Württemberg grundlegende Änderungen im Bestattungsgesetz beschlossen. Neben der Aufhebung der Sargpflicht ist auch eine Bestattung innerhalb von 24 Stunden erlaubt. Die Vorgabe, Verstorbene erst 48 Stunden nach Eintritt des Todes zu beerdigen, ist damit weggefallen. An den Wochenenden und Feiertagen bleiben die Standesämter allerdings geschlossen, sodass es schwierig sein kann, eine Beerdigung innerhalb von 24 Stunden vorzunehmen.

Als weiterer Punkt kommt hinzu: Während die islamische Bestattungskultur die »ewige Ruhe« kennt, gibt es in Deutschland bestimmte Ruhefristen. Sie laufen für die Reihen- bzw. Wahlgräber spätestens nach 15 bzw. 25 Jahren aus. Das baden-württembergische Gesetz sieht zwar keine konkrete Regelung zur »ewigen Ruhe« vor, aber schon nach dem bereits geltenden Recht konnten Anschlussverlängerungen vorgenommen werden. »Integration muss sich auf die Spanne des Lebens beziehen – von der Geburt bis zum Tod eines Menschen«, sagte die ehemalige Integrationsministerin von Baden-Württemberg, Bilkay Öney (SPD).

Wie sieht es in anderen Bundesländern aus? Brandenburg, Mecklenburg-Vorpommern und Nordrhein-Westfalen sehen den Sargzwang gar nicht erst vor. Länder wie Bremen, Hamburg, Rheinland-Pfalz, Saarland oder Schleswig-Holstein lassen Ausnahmen vom Sargzwang aus religiösen Gründen ausdrücklich zu, wenn öffentliche Belange (z. B. gesundheitliche Risiken) nicht entgegenstehen. Die Bestattungsgesetze anderer Bundesländer sehen vor, dass der Friedhofsträger die Ruhezeit aus religiösen Gründen, wie zum Beispiel im Islam überliefert, auch auf Dauer festlegen kann, wie zum Beispiel in Berlin, Brandenburg, Rheinland-Pfalz oder Thüringen. Nur Körperschaften des öffentlichen Rechts dürfen Träger von Friedhöfen sein. Deshalb konnten muslimische Gemeinschaften bisher keine eigenen Friedhöfe gründen.

Wenn auch auf den islamischen Grabfeldern noch wenige Bestattungen stattfinden, so dürfte ihre Zahl in der Zukunft doch steigen – nicht nur wegen der Möglichkeit der sarglosen Bestattung. Der Grund liegt auf der Hand. Viele der Migranten leben mittlerweile in der dritten oder vierten Generation in Deutschland. Sie gehen hier zur Schule, sie arbeiten hier und gründen eine Familie, pflegen ihre kulturellen und religiösen Bräuche. Sie sind hier stärker verwurzelt als ihre Eltern. Außer einigen wenigen Verwandten haben sie niemanden mehr in ihren Herkunftsländern. Die Familienangehörigen wollen die Gräber zunehmend in ihrer Nähe haben, um sie regelmäßig besuchen zu können. Auch bei den »Gastarbeitern« der ersten Stunde findet, wenn auch zaghaft, ein Umdenken statt. Wenn die ganze Familie hier lebt, wer soll dann mein Grab in der Heimat besuchen, fragen sich viele. Nach über 60 Jahren Einwanderungsgeschichte ist mittlerweile Heimat dort, wo die ganze Familie lebt – und eben auch dort, wo man stirbt. Und das ist Deutschland.

Literatur

10. Bericht der Beauftragten der Bundesregierung für Migration, Flüchtlinge und Integration über die Lage der Ausländerinnen und Ausländer in Deutschland, Berlin 2014.

Ceylan, Rauf/Kiefer, Michael. Muslimische Wohlfahrtspflege in Deutschland. Eine historische und systematische Einführung, Wiesbaden 2015.

Pflege und Pflegeerwartungen in der Einwanderungsgesellschaft. Expertise im Auftrag der Beauftragten der Bundesregierung für Migration, Flüchtlinge und Integration, Bielefeld 2015.

Bundesamt für Migration und Flüchtlinge (Hrsg.): Pflegebedürftigkeit und Nachfrage nach Pflegeleistungen von Migrantinnen und Migranten im demographischen Wandel. Forschungsbericht 12, Nürnberg 2012.

Bundesministerium für Gesundheit (Hrsg.): Abschlussbericht zur Studie »Wirkungen des Pflege-Weiterentwicklungsgesetzes«. Bericht zu den Repräsentativerhebungen im Auftrag des BMG von TNS Infratest Sozialforschung, Berlin 2011.

Statistisches Bundesamt (Hrsg.): Bevölkerung und Erwerbstätigkeit. Bevölkerung mit Migrationshintergrund. Ergebnisse des Mikrozensus, Fachserie 1, Reihe 2.2, Berlin 2011.

www.bamf.de
www.bmg.bund.de
www.gesundheitliche-chancengleichheit.de
www.kultursensible-altenhilfe.de
www.tdg-stiftung.de

Migration und Gender

Marina Liakova

Mit dem Begriff Gender werden in den Sozialwissenschaften die Prozesse der sozialen Konstruktion und Reproduktion der Geschlechter und Geschlechterverhältnisse bezeichnet. Es wird zwischen biologischem Geschlecht (*Sex*) und sozialem Geschlecht (*Gender*) unterschieden. Das biologische Geschlecht umfasst die sichtbaren und objektiv feststellbaren körperlichen Merkmale (Körperbau, Geschlechtsorgane, Körpergröße, Stimme usw.). Die Kategorie des sozialen Geschlechts hingegen beinhaltet die subjektive Wahrnehmung des gegebenen biologischen Hintergrunds und die soziale Konstruktion des Körperlichen. Essenziell für das Genderkonzept ist die Annahme, dass das Geschlecht nicht ausschließlich biologisch gegeben ist, sondern vor allem sozial produziert und kulturell definiert wird. In jeder Gesellschaft existieren Vorstellungen, wie Männer und Frauen sein sollen, damit sie den Idealbildern einer Frau bzw. eines Mannes entsprechen können. Diese Vorstellungen umfassen sowohl das äußerliche Erscheinungsbild als auch den beruflichen und privaten Werdegang. Sie werden in Institutionen wie Schule, Familie, Medien und in Teilbereichen der Gesellschaft wie Wirtschaft, Politik, Kunst usw. konstruiert und reproduziert.

Seit den 1960er-Jahren etablierte sich die Genderforschung als eine Teildisziplin der Sozialwissenschaften. Zunächst als Frauenforschung entstanden, thematisierte die Genderforschung die Probleme der sozialen Ungleichbehandlung der Frauen in den modernen westlichen Gesellschaften. Die frühe Genderforschung stellte die Frage, inwieweit die Geschlechterzugehörigkeit soziale Un-gleichheiten produziert und reproduziert. Vor dem Hintergrund von Themen wie Transsexualität, Intersexualität, Transgender usw. wird die Prämisse in Frage gestellt, dass lediglich zwei Geschlechter existieren, die objektiv voneinander zu unterscheiden sind. Seit Beginn des 21. Jahrhunderts konzentriert sich die Genderforschung zunehmend auf die Problematik der Männlichkeit.

Unabhängig von der Genderforschung entwickelte sich in Deutschland seit den 1960er-Jahren die Migrationsforschung. Zu Beginn nahm sie vor allem die soziale Stellung der ausländischen männlichen »Gastarbeiter« in den Blick. Sie blieb lange Zeit für die Problematik von Gender verschlossen. Ohne explizite Begründung erfassten die ersten Migrationsforscher unter den Begriffen »Ausländer« und »Migranten« vor allem – wenn auch nicht ausschließlich – die männlichen Migranten: »Im Mainstream der Migrationsforschung gelten Männer als prototypische Migranten« (Helma Lutz). Die Migrantinnen wurden gar nicht berücksichtigt bzw. ihre Problemlagen wurden »geschlechtsneutral« behandelt. In wenigen Studien der 1980er-Jahre wird die gesellschaftliche Positionierung ausländischer Frauen erläutert. Diese werden als Opfer einerseits der fremden Gesellschaft und andererseits der eigenen patriarchal-familiären Ordnung dargestellt.

Mit dem zunehmenden Einfluss der Genderforschung in Gesellschaft und Wissenschaft während der 1980er- und 1990er-Jahre öffnete sich die Migrationsforschung für Genderthemen. Die Besonderheiten der Frauenmigration wurden in unterschiedlichen Studien problematisiert. Die beiden

Oft unterschätzt: Der Anteil der Frauen unter den »Gastarbeitern« der ersten Generation war hoch. Die Arbeitsmigrantinnen waren vor allem in der Textilindustrie gesuchte Arbeitskräfte.

Themenkomplexe Migration und Emanzipation wurden verbunden und in ihrer gegenseitigen Bedingtheit analysiert. Die 1990er-Jahre brachten auch eine Wende im wissenschaftlichen Diskurs. Sie stand im Einklang mit der veränderten gesellschaftlichen Realität. In den 1990er-Jahren verfestigte sich die Tendenz, dass weltweit mehr Frauen als Männer migrieren. Die Migration wurde, im Einklang mit der weltweit zunehmenden Bedeutung der Dienstleistungen, »weiblicher«. Dieses Phänomen wird als »Feminisierung der Migration« bezeichnet.

Auch im deutschen Einwanderungskontext der 1990er-Jahre zeichneten sich Veränderungen ab. Die 1990er-Jahre wurden durch die zunehmende Einwanderung der aus Osteuropa stammenden Frauen nach Deutschland bestimmt. Sie wanderten als Spätaussiedlerinnen, Wirtschaftsmigrantinnen, Studentinnen, Asylbewerberinnen, Bürgerkriegsflüchtlinge, Au-Pairs oder aber als Irreguläre ein. Die zum Teil zwangsweise durchgeführte Modernisierungs- und Emanzipationspolitik in Osteuropa nach dem Zweiten Weltkrieg etablierte einen »emanzipierten« gesellschaft-

lichen *Common Sense* über die Rolle und gesellschaftliche Stellung der Frauen.

Diese Besonderheiten der Einwanderung nach Deutschland wirkten sich auf die wissenschaftliche Rezeption aus. Waren die Migrationsbewegungen der 1960er- und 1970er-Jahre durch temporäre Einwanderung von relativ niedrig qualifizierten Männern bestimmt, war die Migration der 1990er-Jahre durch die Heterogenität der Zuwanderer charakterisiert. Nach Deutschland wanderten Hoch- und Niedrigqualifizierte, Männer und Frauen, Menschen, die dauerhaft, und solche, die temporär bleiben möchten. Auch die Gradlinigkeit der Migrationsprozesse nach Deutschland, die typisch für die 1960er-, 1970er- und zum Teil auch für die 1980er-Jahre war, änderte sich in den 1990er-Jahren: Die Rückkehrmigration und die erneute Einwanderung nach Deutschland sind keine Einzelfälle.

Generell wurde die Migrationsforschung der 1990er-Jahre offener für die Thematisierung der Stellung von Frauen als Migrantinnen, wobei eine Art Diversifizierung der Rezeption der Migrantinnen und ihrer Probleme einsetzte. In den 1990er-Jahren wurde zunehmend das Augenmerk auf die unterschiedlichen Migrationshintergründe gelegt. Neben den türkeistämmigen Frauen wurden auch Frauen anderer Nationalitäten von der Forschung verstärkt berücksichtigt. Wichtige Themen waren die unterschiedliche rechtliche Stellung (z. B. der Flüchtlinge, Irregulären und Prostituierten), die sich differenzierenden Lebenslagen und generell die Pluralisierung der Lebensstile der ausländischen Frauen, die im Übrigen nun zunehmend als »Migrantinnen« bezeichnet wurden. Die Forschung bezog sich vornehmlich auf die spezifischen gesellschaftlichen Probleme der Frauen (z. B. Gesundheit der Migrantinnen).

Wurden die »Ausländer« und die »Migranten« in den 1980er- und 1990er-Jahren in ihrer nationalen bzw. ethnischen Fremdheit wahrgenommen, wird in den Diskursen der letzten zehn Jahren die religiöse Differenz betont. Die Kulturalisierung der Migrations- und Integrationsdebatte in Deutschland nimmt zu. In den Jahren nach 2001 intensivierte sich die Auseinandersetzung mit der Stellung der muslimischen Frau. Auf der einen Seite wird verfassungsrechtlich und gesellschaftspolitisch die Bedeutung der kulturellen Selbstbestimmung und des Rechts, sich frei für eine Religionsausübung zu entscheiden, betont. Auf der anderen Seite werden die kulturellen Praktiken bestimmter Religionsformen (z. B. Kopftuchtragen) als Unterdrückung der Frau und sogar als politisches Symbol des Islamismus indiziert. So bezeichnet Alice Schwarzer das Kopftuch als »die Flagge des Islamismus«, als »Zeichen, das die Frauen zu den anderen, zu Menschen zweiter Klasse macht«. Von Autorinnen wie Necla Kelek und Seyran Ateş wird die Kompatibilität von Islam und Emanzipation sowie generell von Islam und westlichen Werten in Frage gestellt.

In den letzten rund zehn Jahren hat der Anteil der Studien über Migrantinnen zugenommen. Die Frauen werden zu einem »gleichberechtigten« Thema im Migrationsdiskurs. Dabei redet man nicht mehr über »ausländische Frauen«, sondern über »Migrantinnen« und über »Frauen mit Migrationshintergrund« oder mit »Zuwanderungsgeschichte«, was einerseits die Verfestigung ihres Aufenthalts widerspiegelt und andererseits symptomatisch für die veränderte gesellschaftlich-politische Konzipierung der Migrationsproblematik ist.

Intensiv werden die Bildungssituation und die wirtschaftliche Lage der Migrantinnen beleuchtet. Die Forschung konzentriert sich weiterhin auf den für Migrantinnen erschwerten Übergang von der Schule in den Beruf und generell auf Frauen in schwierigen Lebenslagen (Arbeitslose, Sozialhilfeempfängerinnen, Hausfrauen, irreguläre Migrantinnen). Parallel dazu wird aber das sozialwissenschaftliche Augenmerk auf »erfolgreiche« Frauen mit Migrationshintergrund oder auf

Migrantinnen in Führungspositionen gelegt. Im Zuge der Etablierung der Transnationalisierungsproblematik in der Migrationsforschung werden zunehmend Studien zu Migrantinnennetzwerken und zur Transnationalisierung der Migrantinnenorganisationen durchgeführt. Ein wichtiger Aspekt dieser Entwicklung ist die Transnationalisierung des kulturellen Kapitals und insbesondere die Problematik der Anerkennung von Bildungsabschlüssen.

Generell ist in den letzten zehn Jahren festzustellen, dass sich ein vielschichtiges und heterogenes Bild der Migrantin bzw. der Frau mit Migrationshintergrund in der deutschen Migrationsforschung etabliert. Es werden die differenzierten Herkunftsmilieus, Einwanderungsmotive, Lebenslagen und Altersgruppen der Migrantinnen analysiert. Neben den Problemen der Heiratsmigrantin werden die Lebenssituationen der Studentin, Wirtschaftsmigrantin, Flüchtlingsfrau und der irregulären Migrantin analysiert. Auch unterschiedlichen Nationalitäten wird Rechnung getragen: Neben der türkeistämmigen Migrantin werden der Aussiedlerin und der Frau aus dem Fernen Osten Studien gewidmet. Trotzdem ist, wie Helma Lutz anmerkt, die akademische Institutionalisierung des Themenkomplexes »Gender und Migration« im Sinne der Gründung eines universitären Fachbereichs in Deutschland immer noch nicht gelungen.

Parallel zu diesen Entwicklungen nimmt seit der Jahrtausendwende die Anzahl der Studien, die sich mit dem Themenkomplex »Männlichkeit in der Migration« befassen, zu. Diese Studien zeigen ein problemzentriertes Bild der männlichen Migranten in Deutschland auf, das von Gewaltaffinität geprägt ist. Haci Halil Uslucan, Ahmet Toprak, Dirk Baier und Christian Pfeiffer analysieren die gesellschaftlichen Bedingungen, unter denen die männlichen Jugendlichen mit Migrationshintergrund als Täter und Opfer von Gewalt agieren. Sonja Haug thematisiert die Einstellungen zur Gewalttätigkeit der männlichen Migranten. Ralf Bohnsack befasst sich mit der Problematik der männlichen Ehrenkonzepte und ihren Auswirkungen auf das Leben der Männer mit Migrationshintergrund. Michael Tunç problematisiert die unterschiedlichen Aspekte der Vaterschaft in der Migration. Eine neue Dimension der öffentlichen Debatten über die Gewaltaffinität der männlichen Migranten ist im Zusammenhang mit den Ereignissen der Silvesternacht 2015 in Köln zu beobachten. Dabei werden diese Debatten in der Gesamtdiskussion über die gesellschaftlichen Auswirkungen der zunehmenden Asyl- und Fluchtzuwanderung in den Jahren 2015 und 2016 eingebettet. Die These, dass viele männliche Asylbewerber zu einer höheren Gewaltaffinität tendieren, kann aktuell empirisch nicht belegt werden. Bei der Analyse der Gewaltaffinität sind vielmehr die sozialen, millieu- und schichtspezifischen Unterschiede sowie die Besonderheiten der individuellen Lebenserfahrung der neu zugewanderten Flüchtlinge und Asylsuchenden zu berücksichtigen. Trotz dieser inhaltlichen Breite ist die Verknüpfung der Themenkomplexe »Migration« und »Männlichkeit« in der Fachliteratur bei Weitem noch nicht so ausführlich wie »Migration« und »Weiblichkeit«.

Die kumulative Behandlung der Themen Gender und Migration führt zu neueren Interpretationen der Korrelation zwischen Migration und Emanzipation. Lange Zeit wurde dieser Zusammenhang in der Migrationsforschung übersehen. Die weiblichen Migranten wurden per se als nicht emanzipiert oder als Opfer angesehen, die ihren Männern folgten. Die Genderperspektive in der Migrationsforschung ermöglicht die Fragestellung, ob die bereits emanzipierten Frauen migrieren oder ob das Leben in der Migration zur Emanzipation der Frauen beiträgt? Die Annahme, dass die Migrantinnen emanzipierter sind, kann nach Annette Treibel nicht pauschal nachgewiesen werden. Die Einbettung in (transnationale) familiäre Netzwerke wirkt sich nicht automatisch emanzipatorisch aus.

Die Genderperspektive in der Migrationsforschung eröffnet die Möglichkeit, neue Wanderungsphänomene zu analysieren. Ein solches Phänomen, das migrations- und genderspezifisch zugleich ist, sind die »globalen Versorgungsketten«. Der Begriff wurde von Arlie Russell Hochschild geprägt und bezeichnet die Wanderung von Frauen von ärmeren in reichere Regionen mit dem Ziel, eine bezahlte Versorgungsarbeit am Einwanderungsort zu verrichten. Dadurch kann wiederum in den Herkunftsregionen eine »Versorgungslücke« entstehen. Neben diesem *Care Drain* verlaufen auch Prozesse der Wanderung hochqualifizierter Frauen, die unter dem Begriff *Brain Drain* zusammengefasst werden können.

Die kumulative Behandlung von »Gender und Migration« ermöglicht auch eine Kulturalisierung der Genderforschung, die vor der Herausforderung steht, Zuwanderungsgeschichten aus einer Genderperspektive zuzulassen. Besonders wichtig ist nicht nur die »Sichtbarmachung von Frauen in der Migration« (Helma Lutz), sondern die Thematisierung der »Herrschaftsdimensionen der Geschlechterverhältnisse« in der Migration.

Literatur

Bohnsack, Ralf: Die Ehre des Mannes – Orientierung am tradierten Habitus zwischen Identifikation und Distanz bei Jugendlichen türkischer Herkunft, in: Margret Kraul/Winfried Marotzki (Hrsg.): Biographische Arbeit, Opladen 2002, S. 117–141.
Han, Petrus: Frauen und Migration: Strukturelle Bedingungen, Fakten und soziale Folgen der Frauenmigration, Stuttgart 2003.
Haug, Sonja: Jugendliche Migranten – muslimische Jugendliche. Gewalttätigkeit und geschlechterspezifische Einstellungsmuster. Kurzexpertise für das Bundesministerium für Familie, Senioren, Frauen und Jugend, Berlin 2010.

Hochschild, Arlie Russell/Barbara Ehrenreich: Global Woman: Nannies, Maids, and Sex Workers in the New Economy, New York 2004.

Lutz, Helma: Migrations- und Geschlechterforschung. Zur Genese einer komplizierten Beziehung, in: Ruth Becker/Beate Kortendiek (Hrsg.): Handbuch Frauen- und Geschlechterforschung. Themen, Methoden, Empirie, 2. Aufl. Wiesbaden 2008.

Treibel, Annette: Migration als Form der Emanzipation? Motive und Muster der Wanderung von Frauen, in: Gudrun Hentges/Christoph Butterwegge (Hrsg.): Zuwanderung im Zeichen der Globalisierung. Migrations-, Integrations- und Minderheitenpolitik, Wiesbaden 2009, S. 103–120.

www.gender-mainstreaming.net
www.bpb.de/gesellschaft/migration/dossier-migration/57289/migration-von-frauen
www.bpb.de/apuz/33149/care-migration-und-geschlechtergerechtigkeit?p=all
www.iom.int/gender-and-migration (Dossier Gender and Migration der International Organization for Migration, IOM)

Migration und Bildung

Wilfried Bos, Heike Wendt und Anna Vaskova

Bildung gilt als eine entscheidende Komponente sowohl für individuelle Entfaltungs- und Teilhabechancen als auch für die wirtschaftliche Entwicklung einer Gesellschaft und deren sozialen Zusammenhalt. Entsprechend wird Bildung eine zentrale Rolle bei der erfolgreichen Integration von Zuwanderergruppen in die Aufnahmegesellschaft zugesprochen. Viele Studien zeigen jedoch, dass in Deutschland der Bildungserfolg stark von der sozioökonomischen und soziokulturellen Herkunft der Schülerinnen und Schüler abhängt. Seit den 1960er-Jahren steht die Problematik der herkunftsbedingten Ungleichheit im Fokus des bildungspolitischen und erziehungswissenschaftlichen Diskurses. Vor allem durch die Veröffentlichung der Ergebnisse international vergleichender Schulleistungsuntersuchungen, die Deutschland deutliche Unterschiede bei der Bildungsbeteiligung sowie beim Bildungserfolg zwischen Schülerinnen und Schülern mit und ohne Migrationsgeschichte attestierten, gewann die Diskussion um Chancengleichheit und Bildungsgerechtigkeit im deutschen Bildungssystem an Bedeutung.

Noch bis in die jüngste Zeit wurde der Zuwanderungsstatus von Schülerinnen und Schülern über die Staatsangehörigkeit ermittelt. Dieses Vorgehen hatte zur Folge, dass viele Schülerinnen und Schüler mit Migrationsgeschichte (z. B. eingebürgerte Personen oder Spätaussiedler) gar nicht oder nicht differenziert erfasst wurden. Um die Vielschichtigkeit von Migrationskonstellationen adäquat zu erfassen, werden in der erziehungswissenschaftlichen Forschung verschiedene Indikatoren erhoben (z. B. das Geburtsland des Kindes, das Herkunftsland der Eltern sowie der familiäre Sprachgebrauch).

Spätestens mit den international vergleichenden Schulleistungsuntersuchungen kann man von einem Übergang vom Ausländer- zum Migrationskonzept sprechen. Im Rahmen dieser Studien fand die Unterscheidung von vier Teilgruppen Verbreitung und Akzeptanz:

- Familien ohne Migrationsgeschichte: Beide Elternteile sind in Deutschland geboren;
- Familien mit partieller Migrationsgeschichte: Ein Elternteil wurde in Deutschland, der andere im Ausland geboren;
- Familien mit Migrationsgeschichte: Beide Elternteile wurden im Ausland geboren;
- In PISA (*Programme for International Student Assessment*) und beim Ländervergleich des Instituts zur Qualitätsentwicklung im Bildungswesen (IQB-LV) wird die Migrationsgeschichte von Familien weiter differenziert und zwischen einer ersten Generation (beide Elternteile sowie das Kind sind im Ausland geboren und nach Deutschland eingewandert) und einer zweiten Generation (die Schülerinnen und Schüler wurden in Deutschland geboren) unterschieden. Zudem wird in diesen Studien eine Differenzierung nach Herkunftsland vorgenommen.

Grundlegende Informationen zur Bildungssituation von Menschen mit Migrationsgeschichte in Deutschland liefern die amtliche Bildungsstatistik und repräsentative Umfragen der Wohnbevölkerung wie der Mikrozensus oder das Sozioökonomische Panel (SOEP). In Bezug auf die Bildungsbeteiligung von Schülerinnen und Schülern mit Migrationshintergrund können u. a. folgende Befunde aufgezeigt werden:

- Mehr als ein Drittel aller Grundschülerinnen und Grundschüler in Deutschland haben einen Migrationshintergrund.
- Infolge von migrationsbezogenen Entwicklungen in den einzelnen Bundeslän-

dern besteht allerdings eine große Varianz bei den Verteilungen von Schülerinnen und Schülern mit Migrationshintergrund auf Schulen. In über der Hälfte der Grundschulen in Deutschland liegt der Anteil an Schülerinnen und Schülern mit einem Migrationshintergrund bei maximal 10 %, während an 6 % der Grundschulen dieser Anteil zwischen 50 und 75 % liegt (▶ Abb. 1).

- Beim Übergang in die weiterführende Schule verteilen sich die Schülerinnen und Schüler mit Migrationshintergrund ungleich auf die Schulformen des Sekundarbereichs I. Während an Hauptschulen beinah jeder zweite Jugendliche einen Migrationshintergrund hat, beträgt der Anteil an Schülerinnen und Schülern mit Migrationsgeschichte an Gymnasien etwa 25 %.

- Auch für den Sekundarbereich I konnten Segregationseffekte beobachtet werden. In PISA 2006 lag der Anteil an Schülerinnen und Schülern mit Migrationsgeschichte an einem Drittel der Hauptschulen bei über 50 %, während lediglich an etwa 7 % der Hauptschulen der Anteil an Jugendlichen mit Migrationshintergrund weniger als 10 % betrug. Ein umgekehrtes Bild in der Schülerzusammensetzung ließ sich für Gymnasien feststellen: An nur unter 3 % aller Gymnasien ist der Anteil an Jugendlichen mit Migrationshintergrund höher als 50 %.

- Darüber hinaus ließ sich feststellen, dass das Risiko, eine Klassenstufe wiederholen zu müssen, für Kinder mit Migrationsgeschichte in den ersten drei Jahrgangsstufen vier Mal höher ist als für Kinder ohne Migrationsgeschichte. Im Alter von 15 Jahren weisen Jugendliche mit mindestens einem im Ausland geborenen Elternteil einen etwa doppelt so hohen Anteil (29 %) an verzögerten Schullaufbahnen auf wie Jugendliche ohne Migrationsgeschichte (14 %).

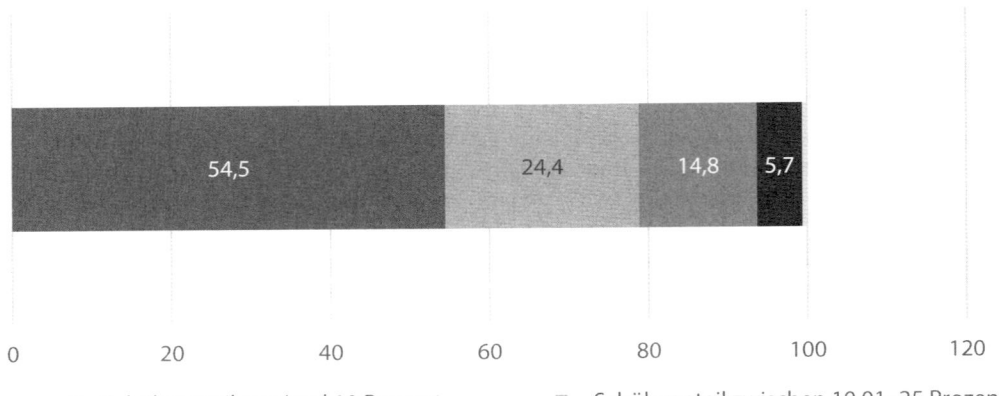

Abb. 1: Anteile an Grundschulen in Deutschland mit unterschiedlich hohen Anteilen an Schülerinnen und Schülern, deren Eltern beide im Ausland geboren wurden (Quelle: IGLU/TIMSS 2011).

Internationale Schulleistungsstudien wie PISA, IGLU (*Internationale Grundschul-Lese-Untersuchung*) oder TIMSS (*Trends in International Mathematics and Science Study*) sowie die nationale Vergleichsuntersuchung IQB-LV betrachten das Abschneiden von Schülerinnen und Schülern mit und ohne Migrationsgeschichte in verschiedenen Kompetenzbereichen an zentralen Schnittstellen des Schulsystems. Zu den wichtigsten Ergebnissen zählen folgende Befunde:

Am Ende der Grundschulzeit beträgt laut IGLU 2011 der Leistungsunterschied von Schülerinnen und Schülern mit zwei im Ausland geborenen Elternteilen im Lesen im Vergleich zu ihren Mitschülern ohne Migrationshintergrund 42 Skalenpunkte, was einem Lernrückstand von einem Schuljahr entspricht. Auch in TIMSS 2011 zeigte sich in den Kompetenzbereichen Mathematik und Naturwissenschaften ein Leistungsvorsprung von Schülerinnen und Schülern ohne Migrationshintergrund gegenüber denjenigen mit Migrationshintergrund. Dieser betrug für den Bereich Mathematik 40 und für die Naturwissenschaften 58 Leis-

tungspunkte für Schülerinnen und Schüler mit beiden im Ausland geborenen Eltern und 18, 19 bzw. 28 Punkte für Schülerinnen und Schüler mit einem im Ausland geborenen Elternteil (▶ Abb. 2). In beinahe allen Ländern, die an IGLU/TIMSS 2011 teilgenommen haben, wurden signifikante Unterschiede im Leistungsvorsprung zwischen den Schülerinnen und Schülern mit Migrationshintergrund in Abhängigkeit vom familiären Sprachgebrauch festgestellt. Dabei lag der Leistungsvorsprung von deutschen Schülerinnen und Schülern, die zu Hause immer oder fast immer deutsch sprechen, im Vergleich zu denen, die manchmal oder nie zu Hause deutsch sprechen, in allen Kompetenzbereichen über dem OECD-Durchschnitt. Die differenzierte Betrachtung von Leistungsunterschieden im Kompetenzbereich Lesen im Ländervergleich zeigt, dass das Ausmaß der Unterschiede zwischen Kindern mit und ohne Migrationshintergrund zwischen den Bundesländern erheblich variiert (min. 48 Leistungspunkte in Nordrhein-Westfalen – max. 70 Leistungspunkte in Berlin). Im Vergleich der Leis-

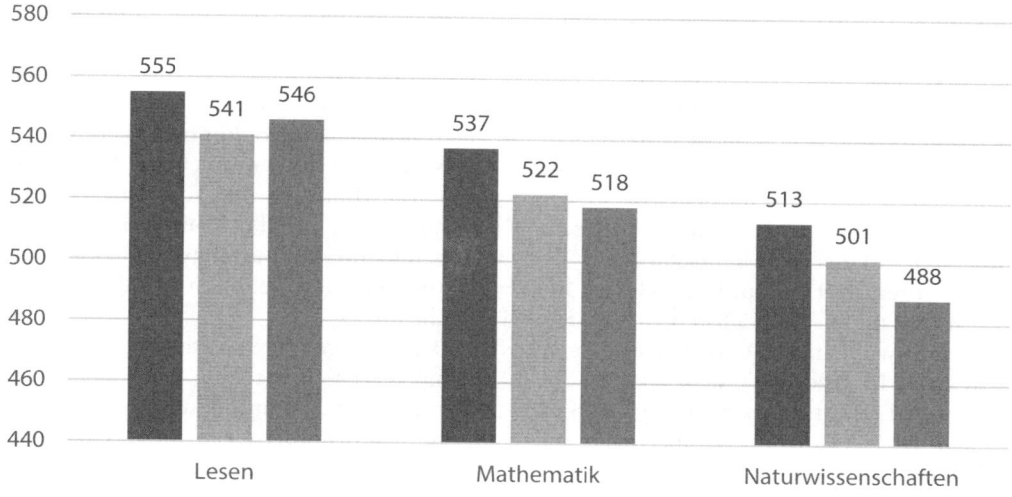

Abb. 2: Lesekompetenz, mathematische und naturwissenschaftliche Kompetenz von Schülerinnen und Schülern mit unterschiedlichem Migrationshintergrund in Deutschland (Quelle: IGLU/TIMSS 2011).

tungsdisparitäten von IGLU 2001 zu IGLU 2011 sowie TIMSS 2007 und TIMSS 2011 zeichnet sich ein positiver Trend ab. So lässt sich für Kinder aus Familien mit Migrationshintergrund eine stärkere Kompetenzsteigerung feststellen als bei ihren Mitschülerinnen und Mitschülern ohne Migrationsgeschichte, sodass die Leistungsunterschiede im Jahr 2011 geringer ausfielen als noch vor zehn Jahren.

Auch für die Altersgruppe der 15-Jährigen konnten in PISA 2012 deutliche Leistungsunterschiede in Abhängigkeit vom Migrationsstatus festgestellt werden. Der Leistungsunterschied im Lesen von Schülerinnen und Schülern mit Migrationshintergrund im Vergleich zu ihren Mitschülern ohne Migrationshintergrund betrug 39 Skalenpunkte, was einem Lernrückstand von über einem Schuljahr entspricht. In Mathematik betrug der Leistungsunterschied 46 Leistungspunkte und in den Naturwissenschaften 51 Leistungspunkte. In den meisten Ländern, die an PISA 2012 teilge-

nommen haben, wurden die signifikanten Unterschiede im Leistungsvorsprung zwischen den Schülerinnen und Schülern mit Migrationshintergrund in Abhängigkeit vom familiären Sprachgebrauch festgestellt. Dabei lag der Leistungsvorsprung von Schülerinnen und Schülern, die zu Hause deutsch sprechen, im Vergleich zu denen, die zu Hause eine andere Sprache sprechen, auch nach der Berücksichtigung des sozioökonomischen Status der Familie über dem OECD-Durchschnitt. Auch in PISA zeichnet sich ein positiver Trend im Hinblick auf eine Reduktion von Leistungsdisparitäten zwischen Kindern mit und ohne Migrationshintergrund ab. Innerhalb einer Dekade wuchsen die Kompetenzwerte in den Bereichen Mathematik und Lesen um 26 bzw. 24 Leistungspunkte, was einem Kompetenzzuwachs von etwa einem Schuljahr entspricht. Die differenzierte Betrachtung von Leistungsunterschieden im Ländervergleich anhand der Daten vom IQB-LV 2012 (für die 9. Jahrgangstufe) zeigt, dass in Bezug auf das Ausmaß der Unterschiede zwischen den Schülerinnen und Schülern, bei denen kein bzw. beide Elternteile im Ausland geboren wurden, zwischen den Bundesländern erhebliche Unterschiede bestehen. Während in Niedersachsen der Unterschied in allen gemessenen Bereichen am niedrigsten ausfällt (max. Differenz 49 Punkte), fällt der Unterschied für die Länder Bremen, Hamburg und Hessen mit bis zu 88 Punkten am höchsten aus. Zudem konnte sowohl in PISA 2012 als auch im IQB-LV 2012 gezeigt werden, dass die gefundenen Leistungsdisparitäten in Abhängigkeit der Herkunft der Schülerinnen und Schüler mit Migrationshintergrund variieren. So zeigten beispielsweise Schülerinnen und Schüler mit polnischer Herkunft in PISA 2012 unabhängig von ihrem Generationenstatus vergleichbar hohe Kompetenzen wie ihre Mitschülerinnen und Mitschüler ohne Migrationshintergrund. Hingegen erzielten die Schülerinnen und Schüler mit türkischen Wurzeln deutlich schwächere Leistungen als ihre Mitschülerinnen und Mitschüler, und zwar unabhängig davon, ob sie in der ersten oder zweiten Generation in Deutschland leben.

Zusammenfassend lässt sich für den Primar- und Sekundarbereich feststellen, dass zwischen Kindern mit und ohne Migrationsgeschichte ein deutlicher Leistungsunterschied in den zentralen Kompetenzbereichen Lesen, Mathematik und Naturwissenschaften besteht, wobei sich dieser im Vergleich zwischen den Messzeitpunkten langsam verringert. Zu den Einflussfaktoren, die für die geringeren schulischen Leistungen von dieser Schülergruppe verantwortlich sind, werden sozioökonomische, soziokulturelle und schulorganisatorische Merkmale gezählt. Schülerinnen und Schüler aus Familien mit Migrationsgeschichte verfügen seltener als ihre Mitschülerinnen und Mitschüler ohne Migrationsgeschichte über ausreichende Ressourcen, die für einen schulischen Erfolg vorausgesetzt sind. Statistisch stammen Schülerinnen und Schüler mit Migrationsgeschichte viel häufiger als ihre Mitschülerinnen und Mitschüler ohne Migrationsgeschichte aus Familien mit einem niedrigen sozioökonomischen Status. Dabei erweist sich vor allem die Kombination von Migration und sozialer Herkunft als ungünstig für die Kompetenzentwicklung und für die Bildungsbeteiligung von Schülerinnen und Schülern mit Migrationsgeschichte.

Die Verringerung von Disparitäten in den Kompetenzen sowie die Herstellung der Chancengleichheit im Bildungswesen stellen große Herausforderungen für das pädagogisch tätige Personal an Schulen sowie für die Bildungs- und Sozialpolitik dar. Zu den Maßnahmen zur Verringerung der soziokulturellen Disparitäten zählen unter anderem die Etablierung der kontinuierlichen Förderung für Schülerinnen und Schülern mit Migrationsgeschichte, der Ausbau der Ganztagsschulen sowie die Einführung von Bildungsstandards.

Literatur

Autorengruppe Bildungsberichterstattung (2014): Bildung in Deutschland 2014. Ein indikatorengestützter Bericht mit einer Analyse zur Bildung von Menschen mit Behinderungen, Bielefeld 2014.

Bos, Wilfried/Wendt, Heike: Bildungsungerechtigkeit in Deutschland: Zur Situation von Kindern und Jugendlichen mit Migrationshintergrund, in: Bertelsmann Stiftung (Hrsg.): Integration braucht faire Bildungschancen, Gütersloh 2008, S. 47–65.

Gebhardt, Markus/Rauch, Dominique/Mang, Julia/Sälzer, Christine/Stanat, Petra: Mathematische Kompetenz von Schülerinnen und Schülern mit Zuwanderungshintergrund, in: Manfred Prenzel (Hrsg.): PISA 2012. Fortschritte und Herausforderungen in Deutschland, Münster 2013, S. 275–308.

Kasper, Daniel/Smith, Daniel Scott/Wendt, Heike/Foy, P.: Kompositionseffekte und Schuleffektivität an Grundschulen in Deutschland. Vertiefende Analysen zu IGLU/TIMSS 2011, Hamburg 2012.

Konsortium Bildungsberichterstattung (2006): Bildung in Deutschland. Ein indikatorengestützter Bericht mit einer Analyse zu Bildung und Migration, Bielefeld 2006.

OECD: Die Herausforderung der Vielfalt, in: OECD (Hrsg.): Exzellenz durch Chancengerechtigkeit. Allen Schülerinnen und Schülern die Voraussetzungen zum Erfolg sichern, Bielefeld 2014, S. 67–92.

Pöhlmann, Claudia/Haag, Nicole/Stanat, Petra: Zuwanderungsbezogene Disparitäten, in: Hans Anand Pant u. a. (Hrsg.): IQB-Ländervergleich 2012. Mathematische und naturwissenschaftliche Kompetenzen am Ende der Sekundarstufe I, Münster 2013, S. 297–329.

Schwippert, Knut/Wendt, Heike/Tarelli, Irmela: Lesekompetenzen von Schülerinnen und Schülern mit Migrationshintergrund, in: Wilfried Bos u. a. (Hrsg.): IGLU 2011. Lesekompetenzen von Grundschulkindern in Deutschland im internationalen Vergleich, Münster 2012, S. 191–207.

Stanat, Petra/Pant, Hans Anand/Böhme, Katrin/Richter, Dirk (Hrsg.): Kompetenzen von Schülerinnen und Schülern am Ende der vierten Jahrgangsstufe in den Fächern Deutsch und Mathematik. Ergebnisse des IQB-Ländervergleichs 2011, Münster 2012.

Tarelli, Irmela/Schwippert, Knut/Stubbe, Tobias C.: Mathematische und naturwissenschaftliche Kompetenzen von Schülerinnen und Schülern mit Migrationshintergrund in: Wilfried Bos u. a. (Hrsg.): TIMSS 2011. Mathematische und naturwissenschaftliche Kompetenzen von Grundschulkindern in Deutschland im internationalen Vergleich, Münster 2012, S. 247–267.

Walter, Oliver: Ethno-linguale Kompositionseffekte in neunten Klassen: Befunde aus der Klassenstichprobe von PISA 2006, in: Manfred Prenzel/Jürgen Baumert (Hrsg.): Vertiefende Analysen zu PISA 2006, Wiesbaden 2009, S. 169–184.

www.bildungsbericht.de (Studie »Bildung in Deutschland 2014«)

Spracherwerb und sprachliche Vielfalt im Kontext der Migration

Rosemarie Tracy

Zwischen individueller und kollektiver Migrationsgeschichte und dem Erwerb, Wandel und Verlust von Sprachen besteht ein enger und intuitiv einleuchtender Zusammenhang. Ortsveränderungen über Distanzen hinweg führen typischerweise zum Kontakt mit Sprecherinnen und Sprechern anderer Sprachen und zu Gelegenheiten, sich weitere sprachliche Systeme anzueignen und somit mehrsprachig zu werden. Im Minimalfall erweitert man den eigenen Wortschatz um Bezeichnungen für vormals unbekannte Objekte und Ereignisse, im günstigsten Fall gelingt es, sich der muttersprachlichen Kompetenz einer neuen Umgebungssprache weitgehend anzunähern, auch wenn man – insbesondere beim Spracherwerb im Erwachsenenalter – vor allem aufgrund der Aussprache als zugewandert erkennbar bleiben dürfte.

Gibt es nach der Auswanderung immer weniger Gelegenheit, die eigene Muttersprache aktiv zu verwenden, so kommt es zunächst typischerweise zu Verzögerungen bei der Wortfindung und mit den Jahren zu Attritionserscheinungen, einem selektiven

Abbau der Muttersprache durch den Einfluss anderer Sprachen (lat. *attritio* = Abreibung). Ein Rückgang des Kontakts zu den im Herkunftsland verbliebenen Sprecherinnen und Sprechern bedeutet auch, dass sich das sprachliche Wissen, das sich Kinder von Ausgewanderten und ihnen folgende Generationen aufgrund des sprachlichen Inputs ihrer Eltern und Großeltern aneignen, notwendigerweise von der Sprache unterscheidet, die von den Migrantinnen und Migranten der ersten Generation vor dem Verlassen des Herkunftslands gesprochen wurde. Kinder und Jugendliche werden dafür nicht selten als »halbsprachig« gescholten, eine aus linguistischer Perspektive nicht nur naive, sondern auch unfaire Bewertung. Denn Migrationshintergrund oder nicht: *Kein Kind erzeugt beim Spracherwerb eine exakte Kopie der Sprachkompetenzen seiner Eltern*. Wenn im Migrationskontext oft von einer Erbsprache (*heritage language*) die Rede ist, so hat diese Metapher zwar einen gewissen emotionalen *Appeal*, darf aber nicht darüber hinwegtäuschen, dass eine Sprache keineswegs wie ein Erbstück ist, das man als Ganzes in Empfang nehmen und für die eigene Nachwelt unversehrt konservieren könnte. Jeder Mensch, der eine Sprache erwirbt, muss sie für sich aufs Neue aufgrund von Indizien, d. h. von Äußerungen seiner Gesprächspartnerinnen und -partner, rekonstruieren. Unterstützt wird sie bzw. er durch eine dem Menschen angeborene Begabung zum multiplen Sprachenlernen. Ungeachtet strittiger Meinungen über den Anteil unserer Gene besteht weitgehend Einhelligkeit in der Erkenntnis, dass jedweder Spracherwerb ein von Prinzipien gesteuerter, systematischer Prozess ist, der in einer Abfolge von Lernergrammatiken zu einer mehr oder weniger gelingenden Annäherung an eine Zielsprache führt.

In der aktuellen Forschung werden folgende Erwerbstypen unterschieden: Wenn von der Muttersprache eines Menschen die Rede ist, so ist eigentlich – und letztlich akkurater – seine Erstsprache gemeint. Dies kann, muss aber nicht die (Erst-)Sprache der Mutter sein – man denke an Adoptionen oder an Mütter, die mit ihren Kindern nicht in ihrer eigenen Erstsprache kommunizieren. Der Erstspracherwerb gilt als besonders »robust«, d. h. er ist, anderen Reifungsprozessen vergleichbar, im Grunde nicht zu unterdrücken. Abgesehen von spezifischen Sprachentwicklungsstörungen – mit einer Auftretenshäufigkeit (Prävalenz) von etwa 6 % bis 8 % durchaus nicht selten! – und Fällen extremer Vernachlässigung verfügen typisch entwickelte Kinder bereits im Alter von etwa drei Jahren über die wichtigsten Baupläne der Grammatiken ihrer Erstsprache(n).

Kinder können dabei mit mehr als einer Erstsprache aufwachsen, z. B. wenn Vater und Mutter von Geburt an in unterschiedlichen Sprachen mit ihnen sprechen. Diesen Fall bezeichnet man als doppelten oder bilingualen Erstspracherwerb. Natürlich können auch noch mehr Sprachen im Spiel sein, sofern Vater und Mutter oder sonstige Personen in der Umgebung regelmäßig in einer dritten Sprache miteinander kommunizieren, weil sie möglicherweise die Erstsprachen der anderen nicht beherrschen. Doppelte Erstsprachen entwickeln sich nicht langsamer als die sprachlichen Systeme einsprachiger Kinder, wobei sich der Erwerb spezifischer Teilbereiche mal in der einen, mal in der anderen Sprache schneller vollziehen kann. Wenn man jede Sprache isoliert betrachtet, mag der Wortschatz in beiden zeitweise einen geringeren Umfang haben als das mentale Lexikon gleichaltriger monolingualer Kinder. Addiert man aber die in beiden Sprachen verfügbaren Wörter, so entspricht der Gesamtwortschatz dem monolingualer Kinder. Kinder, die zwei Erstsprachen erwerben, liefern uns schon zum Zeitpunkt erster Wortkombinationen Belege für ihre Fähigkeit, parallele grammatische Systeme aufbauen zu können. Sie durchlaufen aber dennoch in vielen Fällen vor allem bis zum Alter von etwa drei Jahren recht intensive Mischphasen (vgl. für deutsch-englische Kinder Äußerungen wie *Was für noise it makes? Ich cover mich self up*). Sie können auch eine Sprache nutzen, um lexikalische und strukturelle Lücken der anderen, möglicherweise langsamer voranschreitenden Sprache zu füllen.

Erfolgreiche frühe Zwei- und Mehrsprachigkeit bedeutet nicht, dass sich Kinder in allen ihren Sprachen einen gleichermaßen differenzierten Wortschatz oder stilistische Feinheiten aneignen können. Inwieweit dies möglich ist, hängt von dem in diesen Sprachen verfügbaren Angebot, dem »Input«, seitens ihrer Umgebung ab. Bilinguale Kinder erweisen sich früh als ausgesprochen empfänglich für das Ansehen und den Status einer Sprache und machen sich Gedanken über die Sprachverteilung in ihrer Umgebung, z. B. indem sie vermuten, dass nur Väter, Omas oder Frauen eine bestimmte Sprache sprechen. In jedem Fall zeigt uns der doppelte Erstspracherwerb etwas ganz Entscheidendes: Kinder müssen nicht erst eine Sprache bis zu einem bestimmten Niveau beherrschen, bevor eine zweite ohne Schaden hinzutreten kann. Diese Erkenntnis ist für das im Folgenden angesprochene Erwerbsszenario, den Zweitspracherwerb, deshalb relevant, weil es sich dabei um einen im Migrationskontext besonders wichtigen Erwerbstyp handelt und weil man immer wieder hört, dass nur eine möglichst vollständig erworbene Erstsprache Voraussetzung für einen geglückten Zweitspracherwerb ist. Der doppelte Erstspracherwerb belegt die hervorragende Fähigkeit von Kindern, sich gleichzeitig mehr als eine Sprache anzueignen. Welche dieser frühen Sprachen schließlich ein Leben lang erhalten bleibt, steht auf einem gänzlich anderen Blatt, und natürlich kann es auch in bestimmten Bereichen zu Strukturangleichungen zwischen den beteiligten Sprachen kommen.

Vom simultanen Erwerb mehrerer Sprachen unterscheidet man den sukzessiven, zeitversetzt einsetzenden Erwerb einer zweiten oder weiteren Sprache. Üblicherweise differenziert man in Abhängigkeit vom Alter den frühen Zweitspracherwerb im Vorschulalter (also etwa im Alter von drei bis fünf Jahren), der bei Kindern aus Zuwandererfamilien in Deutschland in der Regel mit Eintritt in eine Kindertagesstätte anhebt, vom Spracherwerb im Grundschulalter. Dabei stehen die Aussichten auf einen besonders zügigen Einstieg in das grammatische System einer neuen Sprache im Fall des frühen Zweitspracherwerbs gut, sofern die Kinder in intensiven Kontakt mit kompetenten Sprachvorbildern kommen, die ihnen variationsreichen und komplexen Input anbieten.

Nach der Pubertät spricht man vom Zweitspracherwerb (bzw. Drittspracherwerb usw.) bei Erwachsenen. Die Gründe dafür, dass der Erstspracherwerb erfolgreich, also im bereits erwähnten Sinne robust ist, der Erwerb von Zweitsprachen oder neuer Sprachen hingegen mit steigendem Alter in der Regel weniger erfolgreich verläuft und auf dem Weg stagniert – man spricht hier auch von Fossilisierung –, sind noch nicht völlig geklärt. Angenommen wird, dass die besonders leistungsfähigen, intuitiven Erwerbsstrategien der frühen Kindheit nach Ablauf sensibler oder kritischer Phasen nicht mehr vollumfänglich verfügbar sind und durch andere Lernstrategien kompensiert werden müssen.

Entsteht der Kontakt mit neuen Sprachen nicht in natürlichen Alltagssituationen, sondern im institutionellen Kontext der Schule nach einem vorgegebenen Curriculum oder mit Blick auf spezifische Bildungsstandards, spricht man vom Fremdspracherwerb. In der Realität sind die Grenzen zwischen unterschiedlichen Erwerbstypen jedoch oft fließend, wie im Fall einer Grundschülerin in Freiburg, die Französisch als erste schulische Fremdsprache lernt, aber bereits im Vorschulalter durch häufige Besuche im benachbarten Frankreich Kontakt mit gleichaltrigen Französischsprechenden hatte und im Radio oder Fernsehen gerne französische Kindersendungen verfolgt.

Unabhängig davon, in welchen Szenarien und Kontexten sich Menschen Sprachen aneignen: Sie können es erstaunlich gut. Im Übrigen sind Mehrsprachigkeit und sprachliche Heterogenität keine Ausnahme, sondern – weltweit betrachtet – der Normalfall. Dies gilt nicht nur für die Koexistenz typologisch unterschiedlicher Erst- und Zweitsprachen (oder weiterer Sprachen) im Kopf des Individuums und ganzer Sprechergemeinschaften. Aus linguistischer Perspektive schließt dies sprachliche Vielfalt durch Koexistenz von sozialen und regionalen Dialekten, Sprech- und Schreibstilen ein. Auch der Wandel bereits erworbener Sprachen, unter anderem bedingt durch weiteren Sprachkontakt, ist eine natürliche Folge von Koexistenz und Koaktivierung im Kopf. Normal und keineswegs ein Zeichen sprachlicher Inkompetenz ist es auch, wenn bilinguale Menschen ihre Sprachen mischen, d. h. *Codeswitching* betreiben und mitten im Satz von einer Sprache in die andere wechseln.

Mehrsprachigkeit und sprachliche Vielfalt an sich sind also kein Problem. Problematisch hingegen ist die Abwertung von Sprachen, mit denen man in unserem Bildungssystem oder auf dem Arbeitsmarkt nicht »punkten« kann, obwohl sie für die Kommunikation innerhalb der Familie und der Gruppe von Menschen gleicher Herkunftssprachen wichtig bleiben, wenngleich sich dieser Wert nicht im Sinne eines *Return on Investment* messen lässt. Weil unsere Sprachen in der eigenen Wahrnehmung eng mit unserem Selbstwertgefühl verknüpft sind, bleiben Anerkennung und – im negativen Fall – Geringschätzung unserer erstsprachlichen Kompetenzen nicht ohne Konsequenzen für Lernmotivation und Bildungsbereitschaft. Problematisch ist auch, dass vielen Kindern mit Migrationshintergrund eine frühe Mehrsprachigkeit durch ungünstige Rahmenbedingungen, beispielsweise ein unzureichendes Sprachangebot, geradezu verwehrt bleibt.

Schließlich gilt es zu unterstreichen, dass der Mehrwert der Mehrsprachigkeit über die Verwertbarkeit im Bildungs- und Arbeitskontext hinausgeht. Die Kognitionsforschung hat eine Reihe von Vorteilen sowohl des mehrsprachigen Aufwachsens als auch der Mehrsprachigkeit im Alter identifiziert. So entwickeln bilinguale Kinder sehr früh ein ausgeprägtes metasprachliches Bewusstsein, da sie früher als monolinguale Kinder erkennen, dass Gegenstände und Ereignisse unterschiedlich bezeichnet werden können. Bei älteren Mehrsprachigen schließlich erweist sich die Notwendigkeit, blitzschnell zu entscheiden, welche Sprache im jeweiligen Gesprächskontext angemessen ist und welche unterdrückt (»inhibiert«) werden sollte, als positive Herausforderung für das Gehirn, weil die damit verbundenen Monitoring- und Kontrollprozesse zu jenen kognitiven Leistungen zählen, die das kognitive Altern hinauszögern.

Abgesehen vom kommunikativen Potenzial, das jede einzelne Sprache bringen kann, sofern es entsprechende Verwendungsgelegenheiten und Gesprächspartner gibt, darf man auch den spielerischen Mehrwert nicht unterschätzen, der sich durch das spontane Zusammenspiel von Sprachen ergibt. Diese der Mehrsprachigkeit eigene, sehr spezifische Ressource zeigt sich beispielsweise in der folgenden Äußerung einer über 80-jährigen Deutschamerikanerin, die als 19-Jährige in die USA ausgewandert war und ihr Leben in der neuen Heimat mit den Worten kommentiert: » *Well, it wasn't easy, but irgendwie, da hat sich's rentiert, net?* «

Literatur

Anstatt, Tanja (Hrsg.): Mehrsprachigkeit bei Kindern und Erwachsenen, Tübingen 2007.
Bialystok, Ellen/Craik, Fergus I. M./Klein, Raymond/Viswanathan, Mythili: Bilingualism, Aging, and Cognitive Control: Evidence from the Simon Task, in: Psychology and Aging 19 (2004), S. 290–303.

Gogolin, Ingrid/Neumann, Ursula (Hrsg.): Streitfall Zweisprachigkeit – The Bilingualism Controversy, Berlin 2009.

Müller, Natascha/Kupisch, Tanja/Schmitz, Katrin/Cantone, Katja: Einführung in die Mehrsprachigkeitsforschung, 2. Aufl. Tübingen 2007.

Myers-Scotton, Carol: Multiple Voices, Malden 2006.

Stolberg, Doris/Tracy, Rosemarie: Mehrsprachigkeit im Spannungsfeld von Verlust und Mehrwert, in: Babylonia 2 (2008), S. 19–25.

Tracy, Rosemarie: Mehrsprachigkeit: Vom Störfall zum Glücksfall, in: Manfred Krifka u. a. (Hrsg.): Das mehrsprachige Klassenzimmer. Über die Muttersprachen unserer Schüler, Berlin, 2014, S. 13–33.

Tracy, Rosemarie: Mehrsprachigkeit: Realität, Irrtümer, Visionen, in: Ludwig M. Elchinger/Albrecht Plewnia/Melanie Steinle (Hrsg.): Sprache und Integration, Tübingen 2011, S. 69–100.

Tracy, Rosemarie/Lattey, Elsa: »It wasn't easy but irgendwie äh da hat sich's rentiert, net?«: A Linguistic Profile, in: Michela Albl-Mikasa/Sabine Braun/Sylvia Kalina (Hrsg.): Dimensionen der Zweitsprachenforschung, Tübingen 2010, S. 53–73.

Tracy, Rosemarie: Wie Kinder Sprachen lernen. Und wie wir sie dabei unterstützen können, Tübingen 2008.

Wiese, Heike: Kiezdeutsch. Ein neuer Dialekt entsteht, München 2012.

www.goethe.de/ges/spa/prj/sog/deindex.htm
www.lesen-in-deutschland.de
www.verein-mehrsprachigkeit.de

Wohnen und Integration

Frank Gesemann

Der Wohnort und die Wohnsituation von Migrantinnen und Migranten gehören zu den zentralen Dimensionen des Integrationsprozesses. Gemeindegröße, Siedlungstyp, Wohnlage und Wohnumfeld prägen die Lebensqualität und die Teilhabechancen der Bevölkerung mit Migrationshintergrund ebenso wie die Versorgung mit ausreichendem, qualitativ gutem und bezahlbarem Wohnraum. Die Frage, wie Migranten wohnen, steht dabei weniger im Zentrum der öffentlichen Diskussion als die Frage, wo Migranten wohnen. Die starke räumliche Konzentration von Zuwanderern in Großstädten und sozial benachteiligten Quartieren wird dabei häufig als Zeichen einer mangelnden oder sogar gescheiterten Integration skandalisiert oder als Ghettoisierung stigmatisiert.

Seit der Anwerbung von Arbeitskräften in den 1950er- und 1960er-Jahren konzentrieren sich Zuwanderer und ihre Nachkommen in den städtischen Ballungsregionen der alten Bundesländer mit einem hohen Anteil an Industrie, verarbeitendem Gewerbe und spezialisierten Dienstleistungen. Hierzu gehören vor allem das Rhein-Ruhr-Gebiet, die Rhein-Main-Region, der Stuttgarter Raum und der Großraum München. Die Daten des Mikrozensus 2014 zeigen, dass knapp zwei Drittel der Personen mit Migrationshintergrund, aber weniger als die Hälfte der Bevölkerung ohne Migrationshintergrund in Agglomerationsräumen leben. Knapp die Hälfte der Personen mit Zuwanderungsgeschichte, aber nur etwas mehr als ein Viertel der alteingesessenen Bevölkerung lebt in Großstädten mit mehr als 100 000 Einwohnern. In diesen Städten verfügt inzwischen jeder vierte Einwohner über einen Migrationshintergrund.

Im Unterschied zu anderen europäischen Ländern gibt es in Deutschland kein einzelnes, besonders ausgeprägtes Zentrum der Ansiedlung von Einwanderern, da sich die Bevölkerung mit Migrationshintergrund – zumindest in den alten Bundesländern – auf eine Vielzahl von Städten und Gemeinden auch kleinerer und mittlerer Größenordnung verteilt. Die Zuwanderung von Aus- und Spätaussiedlern hat dieses dezentrale Verteilungsmuster noch verstärkt, sodass eine Mehrheit der Menschen mit Migrationshintergrund in Klein- und Mittelstädten oder Gemeinden mit weniger als 5000 Einwohnen lebt. Dieser Sachverhalt wird in der öffentlichen Debatte über Zuwanderung und Integration allerdings selten thematisiert. Migration ist in vielen Klein- und Mittelstädten zu einem prägenden Phänomen geworden. Das Wissen über den Verlauf von Integrationsprozessen in kleineren Kommunen ist demgegenüber immer noch begrenzt.

Die sozialräumliche Wohnsituation, die Ausstattung und Qualität der Wohnungen sowie die Merkmale des Wohnumfeldes und der öffentlichen Infrastruktur prägen die Integrations- und Teilhabechancen der Bevölkerung mit Migrationshintergrund sowie das Zusammenleben von schon länger Einheimischen und neu Zugewanderten. Zu den wesentlichen Unterschieden gehört, dass die Bevölkerung ohne Migrationshintergrund häufig im selbstgenutzten Wohneigentum und in individuellen Wohnformen (Ein- oder Zweifamilienhäusern) lebt, während die Mehrheit der Migranten in Mehrfamilienhäusern zur Miete wohnt. Zuwanderer leben zudem – bezogen auf die ihnen pro Person zur Verfü-

gung stehende Wohnfläche – deutlich beengter (Daten nach dem Mikrozensus 2010):

- Der Anteil des selbstgenutzten Wohneigentums ist in der Bevölkerung mit Migrationshintergrund (26,2 %) deutlich geringer als in der Bevölkerung ohne Migrationshintergrund (47,3 %);
- Personen mit Migrationshintergrund steht mit 46,2 m^2 im Durchschnitt knapp 10 m^2 weniger Wohnraum pro Person zur Verfügung als Personen ohne Migrationshintergrund.

Die im Vergleich zur Mehrheitsbevölkerung qualitative Unterversorgung von Migranten im Wohnbereich spiegelt sich auch in einer etwas geringeren Wohnzufriedenheit wieder. Allerdings messen Migranten dem Thema Wohnen insgesamt eine etwas geringere Bedeutung zu als Nichtmigranten, wobei sich hierbei sehr große Unterschiede zwischen verschiedenen Migrantenmilieus und Zuwanderergruppen zeigen.

Mit der enormen Zuwanderung von Flüchtlingen seit 2015 ist die Frage, wie diese von Ländern und Kommunen untergebracht werden, zu einer der drängendsten Herausforderungen geworden. Während die Bundesländer für die Unterbringung der Asylsuchenden in Erstaufnahmeeinrichtungen zuständig sind, liegt die Verantwortung für die sogenannte Anschlussunterbringung zumeist bei Landkreisen und kreisfreien Städten. Die Unterbringung erfolgt dort entweder in Gemeinschaftsunterkünften oder in Wohnungen, wobei sich große Unterschiede zwischen einzelnen Ländern und Kommunen zeigen. Um einer zu starken Konzentration von Flüchtlingen in Städten mit angespannten Wohnungsmärkten entgegenzuwirken, wird zudem die Frage diskutiert, inwieweit Asylbewerber stärker auf Kommunen mit freien Wohnraum- und Versorgungskapazitäten verteilt werden sollten.

Die räumliche Konzentration der Bevölkerung mit Migrationshintergrund in Städten und einzelnen Stadtteilen wird wissenschaftlich mit dem Begriff der ethnischen Segregation beschrieben. Ausmaß, Ursachen und Folgen der ethnischen Segregation werden allerdings sehr kontrovers diskutiert. Als gesichert kann gelten, dass die ethnische Segregation in Deutschland im europäischen und internationalen Vergleich eher gering ist. Stadtviertel mit einem hohen Zuwandereranteil sind hinsichtlich der Herkunftsgruppen zudem meist gemischt und eben nicht ethnisch homogen. Als problematisch erweist sich aber vor allem, dass die ethnische Segregation vielfach von einer sozialen Segregation überlagert wird, die die Chancen von Migranten auf Integration und Teilhabe beeinträchtigen.

Eine bundesweite Bestandsaufnahme zur Identifikation und Quantifizierung von Stadtteilen bzw. Wohnquartieren in Kommunen mit besonderem integrationspolitischen Handlungsbedarf hat ergeben, dass es mehr als 550 Kommunen mit etwa 1500 von Zuwanderung geprägten Stadtteilen gibt, in denen sozialräumliche Segregation mit ökonomischen Problemlagen einhergeht. Zwei Drittel der Migranten, insbesondere jene mit besonders ungünstigen Voraussetzungen und Chancen für Integration und Teilhabe, leben demnach in diesen sozial benachteiligten Wohnquartieren. Von besonderer Bedeutung ist dabei, dass die ungleiche ethnische Wohnverteilung aufgrund des Schulwahlverhaltens der Eltern noch durch die ethnische Segregation in den Grundschulen übertroffen wird – mit negativen Auswirkungen auf die Bildungschancen der Kinder mit Migrationshintergrund.

In der Integrationspolitik von Bund und Ländern wird dem Thema »Integration vor Ort« und der Umsetzung integrierter sozialräumlicher Ansätze inzwischen eine zentrale Bedeutung beigemessen. Dabei wird die Frage, welche Strategien und Handlungsansätze beim Umgang mit den negativen Folgen von ethnischer und sozialer Segregation verfolgt werden sollten,

meist kontrovers diskutiert. Allerdings hat sich inzwischen aufgrund der Forschungslage die Einsicht verbreitet, dass Integration trotz Segregation möglich ist. Als Erfolgsfaktoren einer sozialräumlichen Integration gelten hierbei die Entwicklung eines integrationspolitischen Gesamtkonzepts in der Kommune, eine stärkere Verzahnung der Steuerung von Prozessen auf der Stadt- und Stadtteilebene sowie weitreichende Reformen im Bildungssystem. Denn über die Chancen auf Integration und Teilhabe entscheiden nicht in erster Linie der Wohnort, sondern die Zugänge zu allgemeiner Bildung und beruflicher Qualifikation sowie die Integration in den Arbeitsmarkt.

Literatur

Aumüller, Jutta/Daphi, Priska/Biesenkamp, Celine: Die Aufnahme von Flüchtlingen in den Bundesländern und Kommunen. Behördliche Praxis und zivilgesellschaftliches Engagement. Expertise gefördert und hrsg. von der Robert Bosch Stiftung, Stuttgart 2015 (www.bosch-stiftung.de/content/language1/downloads/Studie_Aufnahme_¬Fluechtlinge_2015.pdf).

Beck, Sebastian: Migranten-Milieus und Wohnen, in: Sebastian Beck (Hrsg.): Migranten-Milieus. Ein Kompass für die Stadtgesellschaft, Berlin 2009.

Bosswick, Wolfgang/Lüken-Klaßen, Doris/Heckmann, Friedrich: Schlussbericht Wohnen und die Integration von Migranten in Europa, Bamberg 2008.

Gesemann, Frank/Roth, Roland/Aumüller, Jutta: Stand der kommunalen Integrationspolitik in Deutschland, Berlin 2012.

Krings-Heckemeier, Marie-Therese/Heyn, Timo/Kleinhans, Katrin/Wilbert, Katrin: Migration/Integration und Stadtteilpolitik – Städtebauliche Strategien und Handlungsansätze zur Förderung der Integration, Berlin 2010 (www.¬bbsr.bund.de/BBSR/DE/Veroeffentlichungen/¬BMVBS/Online/2010/DL_ON082010.pdf?__¬blob=publicationFile&v=2).

Reimann, Bettina: Wohnsituation und Wohneigentumserwerb von Migrantinnen und Migranten, in: Frank Gesemann/Roland Roth (Hrsg.): Lokale Integrationspolitik in der Einwanderungsgesellschaft, Wiesbaden 2016.

Robert Bosch Expertenkommission zur Neuausrichtung der Flüchtlingspolitik 2016: Themendossier Unterbringung und Wohnen von Flüchtlingen: Engpässe überwinden – Kommunen entlasten, hrsg. von der Robert Bosch Stiftung, Stuttgart 2016 (www.bosch-stiftung.de/con¬tent/language1/downloads/RBS_Kommissions¬bericht_Unterbringung_Wohnen_ES.pdf).

Sachverständigenrat deutscher Stiftungen für Integration und Migration: Integration im föderalen System: Bund, Länder und die Rolle der Kommunen. Jahresgutachten 2012, Berlin 2012.

Statistisches Bundesamt 2012: Bauen und Wohnen. Mikrozensus-Zusatzerhebung 2010. Bestand und Struktur der Wohneinheiten. Wohnsituation der Haushalte, Wiesbaden 2012.

www.bbsr.bund.de (Bundesinstitut für Bau-, Stadt- und Raumforschung zum Forschungsfeld »Integration und Stadtteilpolitik«)

www.schader-stiftung.de/wohn_wandel/483.php (Ergebnisse des Projekts »Zuwanderer in der Stadt«)

www.muenster.de/stadt/zuwanderung/hf-woh¬nen.html (zum Handlungsfeld »Wohnen und Stadtentwicklung«)

Kirchen, Wohlfahrtsverbände, Gewerkschaften, Betriebsräte, Nichtregierungsorganisationen und Migranten

Dietrich Thränhardt

Kirchen begleiten seit jeher Aus- und Einwanderer, führen Traditionen fort und sind soziale Treffpunkte. Während die Kirchen den deutschstämmigen Vertriebenen, Flüchtlingen und Aussiedlern nach dem Zweiten Weltkrieg dabei halfen, sich möglichst schnell in die Gesellschaft zu integrieren und nur übergangsweise besondere Dienste einrichteten, schuf die katholische Kirche für die angeworbenen Migranten aus dem Mittelmeerraum dauerhafte Parallelstrukturen. Im Einklang mit der von Regierung und Öffentlichkeit lange verfolgten Idee der Zeitweiligkeit des Aufenthalts und der späteren Rückkehr errichtete sie für Italiener, Spanier, Portugiesen, Kroaten und einige kleinere Gruppen besondere Gemeinden und warb Geistliche aus den Herkunftsländern an, um Ausländer in ihrer Muttersprache zu betreuen. Polnischsprachige Gemeinden bestanden schon seit der Nachkriegszeit. 2015 gab es in Deutschland etwa 400 muttersprachliche Gemeinden mit 500 Geistlichen in 35 Sprachgruppen, darunter 104 polnische, 94 kroatische, 70 italienische, 29 spanischsprachige und 22 portugiesische. Diese »Nebenkirchen« haben mit den einheimischen kirchlichen Gemeinden wenig Berührung und sind in den oberen Stufen der Hierarchie nicht vertreten. Einige Bistümer nehmen im Kontext der allgemeinen Integrationsdebatte und finanzieller Engpässe inzwischen die Migrantengemeinden in die ortskirchlichen Strukturen auf. Zwei Millionen Katholiken in Deutschland sind Ausländer, weitere drei Millionen haben einen Migrationshintergrund. Tendenziell sind sie religiöser als die einheimische Bevölkerung. Per Saldo hat die katholische Kirche mit den Zuwanderern in den letzten Jahrzehnten die Schrumpfung bei den Einheimischen ausgleichen können und ist heute zahlenmäßig etwas stärker als die evangelischen Kirchen.

Vor allem in der Anfangszeit waren diese »Missionen« wichtige Orientierungspunkte für katholische Migranten. Die Aktivitätsprofile in den einzelnen Nationalitäten gestalteten sich unterschiedlich. Die kroatischen Priester, meist Franziskaner, orientierten ihre Gemeinden gegen die kommunistische jugoslawische Regierung auf kroatisches Nationalgefühl und eine spätere Rückkehr in die Heimat, schufen aber gleichzeitig gut funktionierende Zentren mit Kultur- und Bildungsangeboten. Die spanischen Priester gaben einen Elternbrief heraus, unterstützten die Bildung von Elternvereinen, arbeiteten mit säkularen Kräften zusammen und orientierten integrativ auf die deutsche Gesellschaft. Die italienischen Priester kamen aus dem norditalienischen Scalabrini-Orden und fanden es schwierig, ihre süditalienischen Gemeindemitglieder sprachlich und mental zu verstehen. Insgesamt trugen die spanischen und die kroatischen Priester wesentlich zur funktionalen Integration bei, die italienischen dagegen weniger – ein Grund für die unterschiedlichen Bildungserfolge dieser Gruppen.

Die Aussiedler aus Polen waren überwiegend katholisch, die aus Russland mehrheitlich evangelisch. Aus Russland kamen auch Mennoniten und Baptisten, die ihr intensives religiöses Leben in Deutschland weiterführen und wirtschaftlich erfolgreich sind. Für griechische Zuwanderer hat sich eine orthodoxe Nationalkirche etabliert. 1983 lud die Bundesregierung die türkische Religionsbehörde ein, Geistliche nach Deutschland zur religiösen Betreuung türkeistämmiger Zuwanderer zu entsenden. Daraus entwickelte sich die Türkisch Islamische Union der Anstalt für Religion e. V. (DITIB), die heute die größte islamische Organisation in Deutschland ist.

Die Sozialberatung wurde den *Wohlfahrtsverbänden* übertragen. Die Caritas sorgte für Italiener, Spanier, Portugiesen und Kroaten, die Diakonie für Griechen und die Arbeiterwohlfahrt für Türken, Jugoslawen, Marokkaner und Tunesier. Seit dem Jahr 2000 wurden diese Zuordnungen aufgegeben und die Sozialberatung für weitere Wohlfahrtsverbände, für Migrantenorganisationen und Kommunen geöffnet. Es zeichnet sich ein Integrationsprozess in die allgemeinen Sozialdienste ab, mit Ausnahme der Erstberatung für neu Zuziehende. Über Jahrzehnte war die kirchliche und wohlfahrtsverbandliche Betreuung paternalistisch organisiert, was die Diakonie einmal mit dem biblischen Wort vom »Mund der Stummen« beschrieb. Während Migrantenorganisationen lange Zeit in der Öffentlichkeit kaum wahrgenommen wurden, sprachen Kirchen und Wohlfahrtsverbände für sie und vertraten sie auch in kontroversen Situationen in der Öffentlichkeit und gegenüber der Bundesregierung, etwa in Zeiten zugespitzter Ausländerfeindlichkeit, vor allem in den frühen 1990er-Jahren. Viele Kirchengemeinden treten für Flüchtlinge ein, bis hin zur Gewährung von »Kirchenasyl« gegen den Willen der Bundes- und Landesregierungen.

Seit den Integrationsgipfeln der Bundesregierung werden die Migrantenorganisationen in der Öffentlichkeit stärker wahrgenommen und die kirchliche Stellvertreterrolle nimmt an Bedeutung ab. Sie ist aber immer noch für schwache Gruppen wie »Illegale« und Flüchtlinge von Bedeutung. Evangelische und Katholische Akademien haben seit den 1970er-Jahren wesentlich zur Information und Aufklärung der Öffentlichkeit beigetragen. Trotz des kirchlichen Einsatzes für Migranten gibt es jedoch auch strukturelle Probleme. Wo Caritas und Diakonie Kindergärten und soziale Dienste dominieren, besteht für Nichtchristen ein Beschäftigungshindernis, weil diese Wohlfahrtsorganisationen nur Christen einstellen.

Die *Gewerkschaften* setzten zu Beginn der Anwerbung durch, dass Migranten im deutschen Tarifsystem gleiche Bezahlung erhalten wie Einheimische. Sie warben aktiv um Mig-

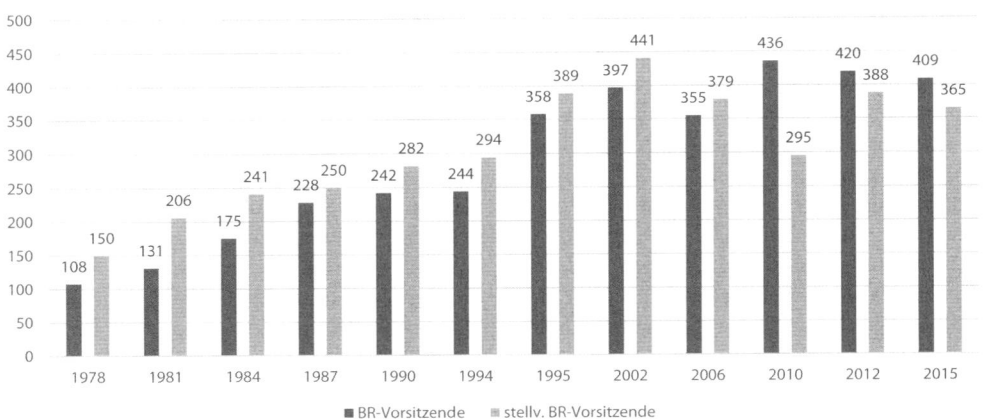

Abb. 1: Betriebsratsvorsitzende und stellvertretende Vorsitzende ausländischer Herkunft im IG-Metall-Bereich 1975–2015 (Quelle: IG Metall, 2016)

ranten als Mitglieder und hatten damit Erfolg, vor allem im Bereich der IG Metall. Unter den Vertrauensleuten in den Betrieben sind Migranten vielfach vertreten, Migranten beteiligen sich vielfach aktiv an Tarifauseinandersetzungen, ohne sie wären die Gewerkschaften nicht streikfähig.

1972 beschloss der Bundestag einstimmig, allen Beschäftigten ohne Unterschied der Staatsangehörigkeit volles aktives und passives Wahlrecht für die *Betriebsräte* zu geben – ein eklatanter Unterschied zur politischen Sphäre. Nach einer gewissen Anlaufzeit wurden daraufhin immer mehr Migranten in die Betriebsräte gewählt. Wo sie sich nicht vertreten fühlten, haben sie auch eigene Listen gebildet, um auf diese Weise ihre Interessen im Betriebsrat durchzusetzen, so etwa bei Ford in Köln. Darüber hinaus sind allein im Bereich der Metall- und Elektroindustrie über 400 Migranten zu Vorsitzenden von Betriebsräten gewählt worden (▶ Abb. 1), haben also das Vertrauen der Mehrheit der Betriebsangehörigen gewonnen. Dieser Erfolg ist singulär und findet keine Parallele in anderen Lebensbereichen. Betriebsräte haben auch den gesetzlichen Auftrag, für Gleichbehandlung in den Betrieben zu sorgen. Sie verhinderten gemeinsam mit den

Unternehmen auch in kritischen Phasen das Übergreifen von Ausländerfeindlichkeit auf die Betriebe. Umfragen zeigen, dass die Migranten hohes Vertrauen zu ihren Betriebsräten haben und sich von ihnen vertreten fühlen. Betriebsräte haben auch Mitspracherechte bei personellen Umsetzungen und bei Kündigungen. Dies gilt allerdings nur für die tariflich Beschäftigten und nicht für das Führungspersonal der Unternehmen, in dem sich wenig Migranten finden.

Während die Anwerbung von Arbeitskräften aus dem Mittelmeerraum zwischen 1955 und 1973 dazu führte, dass viele Migranten in die Kernarbeiterschaft der deutschen Betriebe hineinwuchsen, war die wirtschaftliche Verankerung späterer Einwanderer prekärer. Insbesondere entwickelte sich seit der zweiten Ölpreiskrise 1980 und verstärkt nach der Wiedervereinigung eine hohe Arbeitslosigkeit, die Migranten stärker betraf als Einheimische. Auch die Flexibilisierung des Arbeitsmarktes und der Übergang zu atypischen Arbeitsverhältnissen betrifft Migranten besonders stark.

Zivilgesellschaft und Nichtregierungsorganisationen (NGOs): Seit Beginn der Zuwanderung haben sich Einheimische für Migranten engagiert und sind für gleichberechtige Integration eingetreten. Der 1979 gegründete Verband für interkulturelle Arbeit, hervorgegangen aus einer Initiative der katholischen Studentengemeinden (KDSE) und zunächst Verband der Initiativgruppen in der Ausländerarbeit (VIA) benannt, kümmerte sich besonders um Kinder und Jugendliche. Er gestaltete sich schrittweise von einer Hilfsorganisation Einheimischer zu einem Verband Gleichberechtigter um und wählte Migranten in Führungsfunktionen. Heute ist er Mitglied im »Forum der Migrantinnen und Migranten im Paritätischen« des Paritätischen Wohlfahrtsverbandes, in dem sich auch andere Initiativgruppen organisieren.

Seit Beginn der Asyldebatte 1974 haben sich viele lokale und bundesweite Gruppen gebildet, die Flüchtlinge unterstützen und gegen Diskriminierungen vorgehen. PRO ASYL hat 2012 die Klagen eines zwölfjährigen Mädchens und eines 35-jährigen irakischen Asylbewerbers auf angemessenen Lebensunterhalt unterstützt und vor dem Bundesverfassungsgericht zum Erfolg geführt. Auch *amnesty international* hat vielfältige Aktionen und Aufklärungskampagnen durchgeführt. Die zahlreichen Aktivitäten der Zivilgesellschaft sind in den Zeiten der Asylkrise spektakulär gewesen, etwa mit den Lichterketten 1993. In ruhigeren Zeiten werden sie von den Medien weniger beachtet, sind aber gleichwohl für den Zusammenhalt der sich verändernden Gesellschaft wichtig. Ein Aufruf des Bundespräsidenten und der Bertelsmann Stiftung zur Meldung bürgerschaftlicher Aktivitäten im Migrationsbereich zeigte 2003 eine große Vielfalt unterschiedlicher Initiativen in vielen Lebensbereichen – von Begegnung, Kinder- und Jugendarbeit,

Sport und Kultur bis hin zur Gestaltung multikultureller Stadtgärten. In der großen Flüchtlingszuwanderung seit 2015 hat sich eine beispiellose bürgerschaftliche Aktivität entwickelt, die an vielen Stellen fehlendes staatliches Handeln substituierte oder ergänzte. Vielfach wurden dabei auch funktionierende Strukturen geschaffen. Kirchengemeinden waren dabei wichtig, weil sie über ein gemeinsames Ethos, dichte Netzwerke, Räume und Strukturen verfügten. Über 10 % der Bevölkerung haben sich an der Hilfe beteiligt, ein Drittel hat Sachspenden geleistet.

Literatur

Ahrens, Petra-Angela: Skepsis oder Zuversicht? Erwartungen der Bevölkerung zur Aufnahme von Flüchtlingen in Deutschland, Hannover 2015.

Bertelsmann Stiftung (Hrsg.): Auf Worte folgen Taten, Gütersloh 2003.

Puskeppeleit, Jürgen/Thränhardt, Dietrich: Vom betreuten Ausländer zum gleichberechtigten Bürger. Perspektiven der Beratung und Sozialarbeit, der Selbsthilfe und Artikulation und der Organisation und Integration der eingewanderten Ausländer aus den Anwerbestaaten in der Bundesrepublik Deutschland, Freiburg 1990.

Thränhardt, Dietrich/Winterhagen, Jenni: Der Einfluss der katholischen Migrantengemeinden auf die Integration südeuropäischer Einwanderergruppen in Deutschland, in: Jochen Oltmer/Axel Kreienbrink/Carlos Sanz Díaz (Hrsg.): Das Gastarbeiter-System, München 2012, S. 199–215.

www.amnesty.de/die-fluechtlingsarbeit-von-am¬nestyinternational
www.der-paritaetische.de/fachinfos/migration
www.jesuiten-fluechtlingsdienst.de
www.proasyl.de

Sport und Integration

Klaus Seiberth

Wenn von Seiten der Politik oder den Medien nach besonderen *Settings* für die Integration von Menschen mit Migrationshintergrund gesucht wird, so rückt zumeist der Sport in den Blickpunkt. Längst ist er zum Sinnbild für Völkerverständigung, Vielfalt und Toleranz geworden. Der Slogan »Sport spricht alle Sprachen« steht stellvertretend hierfür und erhebt den Sport zum universellen Medium der Verständigung. Dieser Anspruch ist kennzeichnend für das Selbstverständnis des organisierten Sports in Deutschland nach 1945 – hat sich doch der Deutsche Sportbund seit seiner Gründung dem Ideal der Offenheit verschrieben. Sport soll für alle Menschen zugänglich sein, unabhängig von Hautfarbe, Religion oder ethnischer Zugehörigkeit. Verweise wie der auf die aktuellen deutschen Fußballnationalmannschaften, in denen zahlreiche Spielerinnen und Spieler mit Migrationshintergrund vertreten sind, dienen in der Öffentlichkeit als Beleg dafür, dass die Integration von Menschen mit Migrationshintergrund im Sport längst zum Regelfall geworden ist. Auf der Ebene des Breitensports steht vor allem das Programm »Integration durch Sport« des Deutschen Olympischen Sportbundes (DOSB) stellvertretend für die vielfältigen Integrationsbemühungen des organisierten Sports. Es liefert unzählige Beispiele für gelungene Integrationsarbeit im bzw. durch Sport.

Dass dem Sport so viel zugetraut wird, wenn es um die Integration von Menschen mit Migrationshintergrund geht, hängt vor allem damit zusammen, dass er einige Besonderheiten aufweist. Eine dieser Besonderheiten besteht zweifelsohne in seiner immensen Anziehungskraft und dem damit verbundenen Kontaktpotenzial. Dies wird besonders deutlich beim Blick auf die Mitgliederzahlen der Sportvereine. In keiner anderen Freiwilligenorganisation der Bundesrepublik sind so viele Menschen organisiert.

Eine weitere Besonderheit besteht darin, dass der Sport ein explizit körperbezogener Sozialbereich ist. Sporttreibende interagieren also primär körperlich. Während also die Sprachkompetenz in anderen gesellschaftlichen Zusammenhängen (z. B. Schule) eine der zentralen Bedingungen für Integration darstellt, tritt diese im Sport in den Hintergrund. Internationale Regelwerke sorgen dafür, dass ein gemeinsames Sporttreiben selbst dann möglich ist, wenn die Sporttreibenden nicht dieselbe (Landes-) Sprache sprechen. Dies macht den Sport zu einem besonderen *Setting* – insbesondere für zugewanderte und geflüchtete Menschen. Denn diese Menschen befinden sich in einem Land, dessen Sprache sie nicht sprechen und dessen Normen und Gepflogenheiten sie in der Regel noch kaum kennen. In dieser Situation bietet der Vereinssport eine besondere Chance, neue Netzwerke aufzubauen und Einblicke in Werte, Normen und Ordnungen der Aufnahmegesellschaft zu bekommen. Insofern bieten Sportvereine eben nicht »nur« Gelegenheiten, um sich sportlich zu betätigen, Wettkämpfe zu bestreiten oder sich fit zu halten. Menschen können hier neue Kontakte knüpfen, Zugehörigkeit erfahren und demokratische Mitbestimmung üben.

Vielfalt in Aktion: Das Programm »Integration durch Sport« begeistert junge Menschen für gemeinsame Bewegung bei einer Sport-Spiel-Veranstaltung in Brandenburg.

Daher überrascht es auch nicht, wenn der Sportverein immer wieder zum idealen und universalen Integrationsraum stilisiert wird.

Die Selbstverständlichkeit, mit der dem Sport allgemein und den Sportvereinen im Besonderen die Integration von Menschen mit Migrationshintergrund zugetraut wird, zeigt zum einen die hohen Erwartungen, die an den Sport gestellt werden. Zum anderen verweist sie auf die Etablierung einer regelrechten Integrationsrhetorik. Kennzeichnend für diese ist, dass die Darstellungen häufig normativ sind und einen stark idealisierenden Unterton haben. Sie transportieren dabei in erster Linie Integrationserwartungen und zeichnen ein Bild vom Sport, wie er sein soll. Dabei sind die Aussagen zumeist sehr allgemein gehalten und weisen eine hohe Tendenz zur Verallgemeinerung auf. Typisch ist außerdem, dass dem Sport multiple Wirkun-

gen zugeschrieben werden, ohne jedoch konkrete Mechanismen der Integration im Sport zu benennen; d. h. es wird behauptet, dass Sport zur Verständigung zwischen Menschen unterschiedlicher Herkunft beiträgt. Wie diese Verständigungsprozesse konkret ablaufen, was sie also antreibt und befördert, wird in der Regel nicht dargelegt. Schließlich fällt auf, dass nur selten auf wissenschaftliche Analysen und empirische Erkenntnisse zurückgegriffen wird.

Die Sportwissenschaft beschäftigt sich seit den 1980er-Jahren mit der Frage, inwieweit der Sport diesen hohen ideellen Erwartungen nachkommen kann. Es ist insbesondere die Sportsoziologie, die Zweifel an den universellen Integrationsbehauptungen anmeldet – ohne dabei generell in Frage zu stellen, dass dem Sport besondere Potenziale der Integration zugrunde liegen. Von zentraler Bedeutung ist die Erkenntnis, dass es neben den Potenzialen eben auch Barrieren gibt, die Integrationsprozesse im Sport stören, erschweren oder gar verhindern können.

So zeigt der Blick in den Sportalltag, dass der Sport – entgegen den universellen Integrationsbehauptungen – nicht sicher vor ethnischen Grenzziehungsprozessen, stereotypen Zuschreibungen oder rassistischen Provokationen ist. Verschiedene Studien verweisen darauf, dass Diskriminierung gegenüber Menschen mit Migrationshintergrund auch im Sport zu beobachten ist. So zeigen einige Studien aus dem Fußballsport, dass Spieler mit ausländisch klingendem Name von Sportgerichten für ähnliche Vergehen höher bestraft werden als Spieler mit »deutschen« Namen. Hinzu kommt, dass sich gerade der (Wettkampf-)Sport als Bühne für die Zuschreibung und Inszenierung von ethnischen oder kulturellen Differenzen zu eignen scheint. Gewöhnliche Amateurfußballspiele werden dabei nicht selten zu prestigeträchtigen Auseinandersetzungen zwischen »Deutschen«, »Türken«, »Griechen« oder »Kroaten«. Dass solche symbolisch aufgeladenen Wettkämpfe ein hohes Eskalationspotenzial in sich tragen, ist vielfach belegt. Hierzu tragen auch die zahlreichen stereotypen Wissensbestände bei, die sich im Sport etabliert haben und hartnäckig halten. Bilder, wie das vom temperamentvollen, leicht provozierbaren und ballverliebten »Südländer«, gehören im Sport – und insbesondere in der Sportberichterstattung – fast schon zum »guten« Ton. Erklären lässt sich dies wiederum mit der prominenten Rolle des Körpers im Sport. Denn der Körper ist im Sport nicht nur das zentrale Interaktionsmedium, sondern er stellt zugleich das zentrale Zuschreibungsobjekt dar. Gerade weil im Sport körperlich interagiert wird, setzen Kategorisierungen in der Regel am Körper der Sporttreibenden an. Das äußere Erscheinungsbild kann dabei regelrechte Zuschreibungsketten in Gang setzen – bei-

spielsweise wenn von der Haut- oder Haarfarbe auf die ethnische Herkunft, Nationalität, Werte, Charakter oder Spielweise geschlossen wird. Die Gefahr, dass ausgehend vom körperlichen Erscheinungsbild Differenzen unterstellt bzw. naturalisiert werden, ist darum im Sport vergleichsweise hoch. Aus diesem Grund sind auf dieser unmittelbar körperlichen Ebene der Interaktion Erfahrungen von Fremdheit ebenso angelegt wie Erfahrungen von Gemeinsamkeit.

Der Blick auf die Mitgliederstatistiken des organisierten Sports wirft ebenfalls Fragen auf. Denn obwohl der Vereinssport Millionen von Menschen bindet, sind hier Menschen mit Migrationshintergrund unterrepräsentiert; d. h. sie sind nicht in dem Maße in Sportvereinen organisiert, wie es ihr Anteil an der Gesamtbevölkerung erwarten lassen würde. Hinzu kommt, dass Ehrenämter in Sportvereinen (z. B. Abteilungsleiter, Vorstand) nur äußerst selten von Menschen mit Migrationshintergrund besetzt werden. Auf viele Menschen mit Migrationshintergrund – und dies gilt in besonderer Weise für Mädchen und Frauen – üben Sportvereine offenbar keine (dauerhafte) Anziehungskraft aus.

Doch wie lässt sich dies erklären? Die Erkenntnisse der Sportforschung geben Grund zu der Annahme, dass es kurzsichtig wäre, dieses Phänomen primär auf fehlendes Interesse der Menschen mit Migrationshintergrund an Sport generell oder gar auf eine fehlende allgemeine Integrationsbereitschaft zurückzuführen. Denn tatsächlich haben Menschen mit Migrationshintergrund durchaus Interesse an sportlicher Betätigung. Die Tatsache, dass sie Sport vergleichsweise selten im Verein treiben, kann als Hinweis darauf interpretiert werden, dass Sportvereine trotz ihrer prinzipiellen Offenheit eben auch Zugangsbarrieren aufweisen können, die dazu führen, dass Menschen mit Migrationshintergrund ihnen erst gar nicht beitreten oder sie bald wieder verlassen. Fragen wirft auch die Beobachtung auf, dass vor allem männliche Jugendliche und Heranwachsende mit Migrationshintergrund nach jahrelanger Mitgliedschaft in einem »deutschen« Sportverein häufig in sogenannte Migrantensportvereine wechseln. Begründet wird dies nicht selten damit, dass sie im »deutschen« Sportverein nicht das Gefühl hatten, gleichwertige Mitglieder zu sein. Folgern lässt sich daraus, dass eine Mitgliedschaft im Sportverein eben noch kein hinreichendes Kriterium darstellt, an dem sich Integration festmachen lässt. Wesentlich bedeutender scheint die Qualität zu sein, mit der Personen mit Migrationshintergrund in den Verein eingebunden sind. Integration im Sportverein zeigt sich also nicht zuletzt darin, inwieweit sich Personen im Verein zugehörig fühlen und von anderen Vereinsmitgliedern als vollwertige Mitglieder wahrgenommen werden. Zwar haben viele Sportvereine Integration längst zu einem Leitziel gemacht. Die sportbezogene Integrationsforschung zeigt deutlich, dass dies nicht für alle Sportvereine gilt und dass sich nicht jeder Sportverein der Idee der Integration verpflichtet fühlt. Für die Sportverbände bedeutet dies ein Dilemma. Einerseits haben sie Integration zu einem zentralen Thema und zum Anspruch des organisierten Sports erklärt. Andererseits können sie Sportvereine nicht dazu zwingen, diesen Anspruch umzusetzen. Das hängt damit zusammen, dass Integration kein genuines Ziel von Sportvereinen ist. Und da Sportvereine autonome Organisationen sind, die primär ihren Mitgliedern verpflichtet sind, bestimmen die Mitglieder, ob Integration zum Ziel eines Vereins gemacht werden soll – oder eben nicht. Folglich besteht auch die Möglichkeit, dass sich Sportvereine den ideellen Integrationsansprüchen der Sportverbände entziehen.

Grundsätzlich kann davon ausgegangen werden, dass die Integrationsfähigkeit von Sportvereinen an mindestens zwei Bedingungen geknüpft ist. Integration muss zum einen von der Mehrheit der Mitglieder eines Sportvereins gewollt sein. Um Integration im Verein zum Thema zu machen und um Vereinsmitglieder für das Thema zu gewinnen, braucht es Personen im Verein, die sich dafür einsetzen und als Multiplikatoren fungieren. Die zweite Bedingung bezieht sich auf die Kultur bzw. das spezifische Selbstverständnis eines Sportvereins. Diese Vereinskultur enthält alle Traditionen, Werte und Regeln, die sich in einem Verein im Laufe seiner Geschichte herausgebildet haben und das Vereinsleben prägen. In ihr sind informelle Kriterien von Zugehörigkeit ebenso angelegt wie Strategien des Umgangs mit Fremden. Nur unter der Voraussetzung, dass Vielfalt als Chance und Integration als wechselseitiger, auf gleichberechtigter Teilhabe basierender Prozess verstanden wird, sind konstruktive Prozesse des Austauschs zu erwarten. Umgekehrt gilt: Wird Zuwanderung im Verein als Problem und wird Vielfalt als Gefahr verstanden, so laufen die ideellen Integrationsansprüche der Sportverbände ins Leere.

Zusammenfassend lässt sich festhalten: Der Sport verfügt über eine ganze Reihe von Voraussetzungen, die ihn zu einem besonderen *Setting* machen. Die Anziehungskraft des Sports, seine prinzipielle Offenheit sowie die internationalen Regelwerke liefern hervorragende Bedingungen für den Kontakt und den Austausch zwischen Menschen. Eine Garantie dafür, dass Menschen mit Migrationshintergrund den Weg in den Sportverein finden und im Verein als vollwertige Mitglieder akzeptiert werden, ist dies jedoch nicht. Die sportbezogene Integrationsforschung zeigt deutlich, dass im Sport Prozesse der Integration ebenso möglich sind wie Prozesse der Ausgrenzung. Auch wenn die zahlreichen Imagekampagnen dies immer wieder suggerieren: Integration ist kein Automatismus des Sports, der sich einstellt, nur weil Menschen gemeinsam Sport treiben. Vielmehr ist davon auszugehen, dass Integration auch im Sport an entsprechende Rahmenbedingungen und Ressourcen, engagierte und kompetente Personen sowie an konkrete Ziele und nachhaltige Konzepte gebunden ist. Dies gilt umso mehr für geflüchtete Menschen, die in besonderer Weise von den integrativen Potenzialen des (Vereins-)Sports profitieren könnten. In Anbetracht zunehmender Flüchtlingszahlen eröffnet sich darum gerade für den organisierten Sport eine besondere Gelegenheit, sich an den eigenen Ansprüchen, Idealen und Erwartungen zu messen.

Literatur

Braun, Sebastian/Nobis, Tina (Hrsg.): Migration, Integration und Sport – Zivilgesellschaft vor Ort, Wiesbaden 2011.

Kleindienst-Cachay, Christa/Cachay, Klaus/Bahlke, Steffen: Inklusion und Integration. Eine empirische Studie zur Integration von Migrantinnen und Migranten im organisierten Sport, Schorndorf 2012.

Seiberth, Klaus: Fremdheit im Sport. Eine kritische Auseinandersetzung mit den Möglichkeiten und Grenzen der Integration im Sport, Schorndorf 2012.

Seiberth, Klaus. Migration – Sport – Integration: Die Entwicklung der sportbezogenen Integrationsforschung, in: Migration und Soziale Arbeit 27 (3), 2015, S. 196–204.

Seiberth, Klaus/Thiel, Ansgar. Fremd im Sport? – Barrieren der Integration von Menschen mit Migrationshintergrund in Sportorganisationen, in: Reinhard Johler/Ansgar Thiel/Josef Schmid/Rainer Treptow (Hrsg.): Europa und seine Fremden, Bielefeld 2007, S. 197–212.

Soeffner, Hans-Georg/Zifonun, Dariuš: Fußballwelten: Die Ordnungen interethnischer Beziehungen, in: Sighard Neckel/Hans-Georg Soeffner (Hrsg.): Mittendrin im Abseits. Ethnische Gruppenbeziehungen im lokalen Kontext, Wiesbaden 2008, S. 133–161.

Thiel, Ansgar/Seiberth, Klaus/Mayer, Jochen: Sportsoziologie. Ein Lehrbuch in 13 Lektionen, Aachen 2012.

www.integration-durch-sport.de
www.projekt-spin.de
www.kickfair.org

Medien und Migranten

Rainer Geißler

Erst seit gut einem Jahrzehnt wird in Deutschland intensiver zur Rolle der Medien bei der Integration von Migranten geforscht. Wenn im Folgenden von Migranten oder Einwanderern die Rede ist, sind damit immer auch deren Nachkommen gemeint. Trotz der bisherigen lückenhaften Forschungsergebnisse sind Politiker, Medienschaffende und die meisten Sozial- und Kommunikationswissenschaftler mit Recht davon überzeugt, dass die Medien bei der Integration der Einwanderer eine wichtige Rolle spielen. Denn was die Bevölkerung über Migration und Integration weiß, das weiß sie vor allem aus den Massenmedien. Die Einstellungen der Bevölkerung zu Migration und Integration werden stark davon beeinflusst, wie diese Thematik in den Medien behandelt wird.

Die Darstellung der Migranten in den deutschen Medien ist derjenige Bereich, der mit Abstand am besten erforscht ist. Die zahlreichen Inhaltsanalysen stimmen dabei in einem wichtigen Punkt überein: Migration und Integration werden häufiger in negativen als in positiven Kontexten präsentiert. Die Kommunikationsforschung spricht daher vom »Negativismus« bei der medialen Darstellung von Migranten. Dieser »Negativismus« hat drei wichtige Facetten:

- Migranten bedrohen die öffentliche Sicherheit. Sie werden sehr häufig als Kriminelle und Gewalttäter dargestellt – als Terroristen, Schläger, Geiselnehmer, Erpresser, Mörder, Sexualstraftäter;
- Migranten kosten den deutschen Steuerzahler Geld. Sie belasten die sozialen Sicherungssysteme und die öffentlichen Haushalte;
- Migranten sind Problemgruppen. Sie machen den Deutschen Probleme und haben selbst viele Probleme.

Gegen diese Forschungsergebnisse lassen sich zwei Einwände ins Feld führen: Zum einen wurde bisher im Wesentlichen der Sektor Nachrichten/Information/Dokumentation untersucht, und dies vor allem bei den Printmedien. Radiosendungen wurden hingegen bislang gar nicht analysiert. Die wenigen Studien zur Fernsehunterhaltung zeigen, dass neben klischeehaften und negativ besetzten Migrantenfiguren auch häufig positive Modelle des Miteinanders von Migranten und Einheimischen gezeigt werden.

Gravierender ist der zweite Einwand. Exakte Forschung braucht Zeit. Zwischen der Veröffentlichung der Forschungsergebnisse und einer dynamischen Realität entsteht ein *Time Lag*. Darüber hinaus hat sich im Bereich Migration und Integration in Deutschland im letzten Jahrzehnt eine besondere Dynamik entwickelt. In der öffentlichen Debatte zu diesem Bereich hat ein Paradigmenwechsel stattgefunden. Aus einer Debatte über den »unerwünschten Ausländer«, in der das Dogma »Deutschland ist kein Einwanderungsland!« dominierte und der Begriff Integration nicht vorkam, ist eine Debatte über die Notwendigkeit von Migration und Integration geworden. Dieser qualitative Schub hat sich auch auf die mediale Darstellung der Migranten niedergeschlagen.

Eine Studie gibt Hinweise auf diese Veränderungen zwischen 1996 und 2006: In den Siegener Lokalzeitungen hat sich der »Negativismus« im überregionalen Teil etwas abgeschwächt, lebt dort allerdings weiterhin fort. Im Lokalteil überwiegen jedoch inzwischen die positiven Kontexte. Migranten werden hier häufig als wichtige Arbeitnehmer oder erfolgreiche Selbstständige dargestellt, als gute Nachbarn, als integrierte oder integrationswillige Bürger, die sich zivilgesellschaftlich, kulturell oder im schulischen Bereich engagieren. Es gibt allerdings eine Ausnahme von dieser erfreulichen Tendenz: Mehrere Studien belegen, dass der Islam und die Muslime weiterhin in einer negativ eingefärbten Andersartigkeit mit bedrohlichen, gewaltbereiten Zügen präsentiert werden. Islam und Islamismus werden dabei nicht klar voneinander getrennt. Dies trifft nicht nur auf die *Bild-Zeitung* zu, sondern auch auf den *Spiegel* sowie auf die Magazine, Reportagen und Talkshows von ARD und ZDF.

Für die Verzerrungen ins Negative mit ihrer grellen Facette von Terror, Gewalt und Kriminalität lassen sich drei Ursachen ausmachen. Die Hauptursache liegt in der gut erforschten international verbreiteten Hierarchie der sogenannten »Nachrichtenwerte«. Eine Nachricht wert – weil für das Publikum attraktiv – ist das Sensationelle,

Darstellungen des Islam auf Titelblättern des Magazins *Spiegel* aus den Jahren 2004 und 2007.

Erschreckende und Skandalöse, das Schockierende und Schädliche: Kriege und Krisen, Terror, Gewalt und Kriminalität. Die Amerikaner haben die Theorie der Nachrichtenwerte auf die zynische Formel komprimiert: *The Only Good News is Bad News.*

Die zweite Ursache ist etwas Positives: Massenmedien haben in demokratischen Gesellschaften eine Kritikfunktion. Sie haben die Aufgabe, eine kritische Öffentlichkeit herzustellen, erkannte Probleme öffentlich zu machen und nicht zu tabuisieren. Und in keinem Einwanderungsland laufen Migration und Integration ohne Probleme ab.

Die dritte Ursache liegt in der ethnischen Zusammensetzung des Medienpersonals. Die Beteiligung der Migranten an der Herstellung der Medieninhalte ist am schlechtesten erforscht – oder genauer gesagt: so gut wie gar nicht erforscht. Aussagen dazu sind – von zwei Ausnahmen abgesehen – Schätzungen. In der Regel wird der Anteil der Migranten am journalistischen Medienpersonal auf mindestens 2 % und höchstens 4 % geschätzt. Die erste Ausnahme bildet eine im Jahr 2007 an der Universität Siegen durchgeführte Studie zu den Redaktionen der deutschen Tageszeitungen. Eine Vollerhebung unter den 1229 Chef- und Lokalredaktionen der 600 Tageszeitungen des Jahres 2008 ergab: Nur 200 der 16 000 hauptberuflich tätigen Journalisten sind eingewandert oder stammen aus Einwandererfamilien. Etwa ein Fünftel der Bevölkerung Deutschlands hat einen Migrationshintergrund, aber dieses Fünftel ist nur mit gut einem Prozent in den Zeitungsredaktionen vertreten. In 84 % der deutschen Tageszeitungen sind die Einheimischen unter sich.

Wer es als Migrant geschafft hat, in einer Redaktion Fuß zu fassen, ist dort in der Regel gut integriert. Die wenigen Journalisten mit Migrationshintergrund sind ähnlich auf die verschiedenen Ressorts verteilt wie die Einheimischen. Da sie deutlich jünger sind als die einheimischen Journalisten, haben sie (bisher) selten einen Chefsessel erklimmen können, aber unter den Ressortleitern oder Chefs vom Dienst sind sie ähnlich stark vertreten wie die Einheimischen. Im Gegensatz zu den Einheimischen, die in der Regel aus oberen oder mittleren Schichten kommen, stammen 40 % der Migranten aus Familien von Arbeitern oder einfachen Angestellten bzw. Beamten. Für sie ist der Beruf des Journalisten ein sozialer Aufstieg.

Nachweisbar ist, dass Migranten in den öffentlich-rechtlichen Rundfunkanstalten besser vertreten sind als in den Zeitungen. Denn die öffentlich-rechtlichen Medien haben einen offiziellen Integrationsauftrag. In zweien von ihnen – im SWR und im WDR – wurde vor über einem Jahrzehnt das Amt eines Integrationsbeauftragten eingerichtet und vor wenigen Jahren der Anteil der Migranten im Sender untersucht.

Der Integrationsbeauftragte des SWR Karl-Heinz Meier-Braun hat 2013 den Migrationshintergrund der Mitarbeiterinnen und Mitarbeiter dieses Senders über einen Online-Fragebogen ermittelt, der immerhin von fast 2400 Personen ausgefüllt wurde. 19 % von ihnen haben einen Migrationshintergrund, zwei Drittel davon sind bereits in Deutschland geboren. 34 % der Mitarbeiterinnen und Mitarbeiter mit Migrationshintergrund sind journalistisch tätig. In einigen Bereichen liegt dieser Anteil höher – im Bereich Fernsehen bei 50 % und im Bereich Hörfunk bei 56 %. Die Herkunftsländer sind eine bunte Mischung aus 65 Staaten. Am häufigsten vertreten ist Polen mit 11 %, das ehemalige Jugoslawien, Tschechien und die Slowakei folgen mit jeweils 10 %, Österreich mit 8 %, Rumänien, Frankreich und die Türkei mit jeweils 6 %, Italien und Ungarn mit 5 % sowie Griechenland und Russland bzw. die Russische Föderation mit 4 %.

Die Gründe für das krasse Defizit an ethnischer Vielfalt unter den Medienschaffenden sind bisher nicht empirisch untersucht. Sie dürften sowohl auf der Nachfrageseite als auch auf der Angebotsseite zu suchen sein. Auf der Nachfrageseite gibt es bei einem Teil der Medien Vorbehalte, Migranten einzustellen. Auf der Angebotsseite schlagen die schlechten Bildungschancen der jungen Menschen aus Einwandererfamilien zu Buche. Die Qualifikationen für den Journalistenberuf werden heute fast ausschließlich an Hochschulen erworben. Dort sind aber Studierende mit Migrationshintergrund stark unterrepräsentiert. Darüber hinaus haben sie die Tendenz, sprachorientierten Fächern aus verschiedenen Gründen auszuweichen.

In Deutschland hat sich – wie in anderen Einwanderungsgesellschaften auch – ein duales Mediensystem herausgebildet: Die deutschen Mehrheitsmedien haben immer stärker Konkurrenz durch die Ethnomedien erhalten. Mit Ethnomedien sind Medien gemeint, die sich an spezifische ethnische Gruppen von Einwanderern richten – meist in deren Herkunftssprache, manchmal zweisprachig, selten auch auf Deutsch. Zur Rolle der Ethnomedien bei der Integration lassen sich die bisherigen Forschungsergebnisse in drei Punkten zusammenfassen:

Erstens: Ethnomedien bilden für viele Migranten eine wichtige informative, kulturelle und emotionale Brücke zu ihrem Herkunftsland und leisten dadurch einen Beitrag zur Integration. Diese Aussage klingt zunächst widersprüchlich. Aber internationale Forschungen belegen, dass die Mehrheit der Migranten – in Deutschland sind es etwa 75 % – bikulturelle, in zwei Kulturen verankerte Persönlichkeiten sind. Belegt ist auch, dass diese Bikulturalität die Integration nicht behindert, sondern sogar fördert. Die deutschen Medien können die wichtige Brücke zur Herkunftskultur für die vielen in Deutschland lebenden ethnischen Gruppen nicht herstellen. Es fehlt ihnen dafür an Zeit oder Raum, aber auch an Kompetenz.

Zweitens: Die Vorstellung von »Medienghettos« – sie geht davon aus, dass ethnische Gruppen ausschließlich oder überwiegend ihre eigenen Ethnomedien nutzen – ist eindeutig widerlegt. Nur kleine Minderheiten der Migranten konzentrieren sich ausschließlich auf ihre ethnischen Medien; die Mehrheit nutzt auch deutsche Medien. Auch vom Internet gehen keine Ghettoisierungsgefahren aus. So beschränken sich z. B. lediglich 6 % der Migranten aus der Türkei ausschließlich auf türkischsprachige Internetangebote.

Drittens: Es ist sinnvoll, bei den Ethnomedien zwei Typen zu unterscheiden: Auslandsmedien und Inlandsmedien. Auslandsmedien werden im Ausland oder in der Regie des Auslands hergestellt – z. B. die türkischen Fernsehsender und Tageszeitungen wie *Hürriyet*. Inlandsmedien werden in Deutschland von den Einwanderern selbst in eigener Regie produziert – z. B. viele Zeitungen der Russlanddeutschen wie *Russki Berlin*. Analysen zu den türkischen und russlanddeutschen Ethnomedien zeigen, dass Inlandsmedien einen erheblich besseren Beitrag zur Integration leisten als Auslandsmedien. So bieten die russlanddeutschen Medien regelmäßig viele Hilfen für das Sich-Zurechtfinden im Einwanderungsland an und fördern nach der Einschätzung vieler Nutzer ein gutes Klima zwischen Einheimischen und Russlanddeutschen. Bei den türkischen Medien fehlen diese Hilfen zur Integration. Ihre Nutzer schätzen den Beitrag der türkischen Medien zu einem guten Klima zwischen Einheimischen und Einwanderern aus der Türkei genauso skeptisch ein wie den Beitrag der deutschen Medien. Auch die zentral gelenkten russischen Auslandsmedien – insbesondere das in Deutschland viel genutzte Fernsehen – stiften Unruhe unter Teilen der Russlanddeutschen, indem sie sehr negativ über die Flüchtlingsprobleme in Deutschland berichten. Aufsehen erregte z. B. die Falschmeldung im Januar 2016, ein 13-jähriges Mädchen sei in Berlin von einem Flüchtling vergewaltigt worden.

Die sogenannte »Flüchtlingskrise« hat in Deutschland einen enormen Schub auf dem Weg von einem Gastarbeiterland über ein Zuwanderungsland wider Willen zu einem modernen Einwanderungsland ausgelöst. Nahezu täglich gibt es in den Medien eine Fülle von Meldungen über den dringenden Bedarf an Fachkräften mit Migrationshintergrund, weil wegen der seit vier Jahrzehnten niedrigen Geburtenraten viel zu wenig Deutsche ohne Migrationshintergrund zur Verfügung stehen. Die Mediennutzer kommen kaum umhin, die Probleme von Migration und Integration, die teilweise durchaus umstritten sind, zur Kenntnis zu nehmen. Dazu gehören auch die Berichte über fremdenfeindliche, zum Teil auch terroristische Reaktionen. In den Lokalmedien wird nahezu täglich über die große Hilfsbereitschaft unter der Bevölkerung und bei den gesellschaftlichen und politischen Organisationen berichtet. Da, wie bereits erwähnt, empirische Forschung zeitaufwändig ist, wird es noch eine Weile dauern, bis präzise und differenzierte Analysen zur Rolle der Medien bei der Flüchtlingskrise vorliegen. Generell aber haben viele Medien in Deutschland rasch auf die »Flüchtlingskrise« reagiert und bieten über das Radio und über das Internet oftmals mehrsprachige Angebote für Flüchtlinge in den Bereichen Information, Alltagstipps und Unterhaltung an.

Literatur

Geißler, Rainer/Pöttker, Horst (Hrsg.): Massenmedien und die Integration ethnischer Minderheiten in Deutschland, Bd. 1: Problemaufriss – Forschungsstand – Bibliographie, Bielefeld 2005.

Geißler, Rainer/Pöttker, Horst (Hrsg.): Massenmedien und die Integration ethnischer Minderheiten in Deutschland, Bd. 2: Forschungsbefunde, Bielefeld 2009.

Herbert-Quandt-Stiftung (Hrsg.): Migration und Medien. Standortbestimmungen aus Wissenschaft, Politik und Journalismus, Frankfurt/M. 2009.

www.funkhauseuropa.de
www.mediendienst-integration.de
www.swr.de/international

Migrationsliteratur

Sibel Kara

Die Literatur von Migranten und Autoren mit Migrationshintergrund bildet heute einen wichtigen Bestandteil der deutschen Kulturproduktion. Seit Beginn der Anwerbung von »Gastarbeitern« Mitte der 1950er-Jahre haben sich Migranten kreativ mit ihrer neuen Lebenssituation in der Bundesrepublik auseinandergesetzt. Damit haben die literarischen Spracherkundungen und interkulturellen Perspektiven migrantischer Autorinnen und Autoren Einzug in die deutsche Gegenwartsliteratur gehalten. Zahlreiche Autoren publizieren seither in verschiedenen Formaten, haben Verlage und Künstlerkollektive gegründet und äußern sich zu aktuellen oder migrantenspezifischen Themen. Daneben erscheinen sie zunehmend auch als Theater- und Drehbuchautoren, Songtexter, Kabarettisten oder Satiriker in der medialen Öffentlichkeit. Ihre (interkulturelle) Schreibhaltung bietet seit nunmehr drei Generationen einen Einblick in die Erfahrungswelten, Alltagserfahrungen und in das Selbstverständnis von Migranten in Deutschland.

Um die Typologisierung der Literatur von Autoren mit Migrationshintergrund, ihren Stellenwert in der Literaturwelt sowie ihr Verhältnis zum deutschen Literaturkanon hat sich jedoch seit ihren Anfängen eine rege Debatte entfacht. Gerade in Deutschland, das sich von jeher als »Kulturnation« und in besonderem Maße über die Sprache und die Zugehörigkeit zum deutschen Sprachraum definiert hat und auch heute noch die Integration von Migranten stark an ihrer Sprachkompetenz bemisst, spielt die Haltung gegenüber Autoren mit Migrationshintergrund eine entscheidende Rolle bei der Bestimmung dessen, was im Allgemeinen als deutsche Nationalliteratur oder Hochkultur anerkannt wird.

Im Zuge der wachsenden Wahrnehmung der Literatur von Migranten in den Wissenschaften und der Öffentlichkeit hat sich eine Reihe von Gattungsbegriffen herausgebildet, die mitunter durch ein starkes nationales »Wir-Gefühl« geprägt sind. Oft verwendete Begriffe in diesem Kontext sind beispielsweise Gastarbeiter- oder Ausländerliteratur, Migranten-, Minderheiten- oder Exilantenliteratur, Literatur der Anderen, Literatur von Nichtmuttersprachlern, deutschsprachige Literatur von Autoren nichtdeutscher Herkunft, minoritäre, multikulturelle, interkulturelle, transkulturelle, hybride Literatur usw. Die Bandbreite und Variabilität spiegelt in ihren generationsspezifischen Facetten gleichermaßen die in den politischen Debatten um Einwanderung, Integration und kulturelle Anpassung diskutierten Leitfragen nach der Zugehörigkeit und Inklusion von Migranten in die deutsche Gesellschaft und Kultur wider.

Gegenwärtig dient der Begriff »Migrationsliteratur« als weitgefasster Sammelbegriff für die Literatur von Migranten und Autoren mit Migrationshintergrund, die aus einem anderen Sprach- und Kulturraum stammen und ihre Werke auf Deutsch verfassen. Er wird mittlerweile häufig auch durch den Begriff der »interkulturellen Literatur« ersetzt. Eine besondere Förderung erhält die Migrationsliteratur seit 1985 durch den Adelbert-von-Chamisso-Preis, mit dem die Robert Bosch Stiftung die Literatur migrantischer Autoren auszeichnet und ihnen ein eigenes Forum bietet.

Kritik an den Typisierungen wurde insbesondere auch seitens der Autoren selbst laut, die sich durch die Zuordnung zu einer untergeordneten Sondersparte, deren Gattungskriterien sich hochgradig auf die ethnische oder kulturelle Herkunft konzentrieren und die die unterschiedlichen Stile, Motive und Selbstverortungen der Autoren jedoch zweitrangig behandeln. Die Autoren sehen sich auf ihre Biographie und ihren Migrationshintergrund reduziert und somit innerhalb des deutschen Literaturbetriebs stereotypisiert und immer wieder auch marginalisiert. Die Auseinandersetzung der Autoren mit der wechselnden Etikettierung ihrer Literatur kann daher ebenso als andauernder Kampf um Anerkennung in einem oftmals als homogen oder monokulturell empfundenen nationalen Sprachraum betrachtet werden.

Feridun Zaimoğlu, Schriftsteller, Drehbuch- und Theaterautor sowie Journalist, 1964 in Bolu (Türkei) geboren, war im Jahr 2005 Träger des Adelbert-von-Chamisso-Preises der Robert Bosch Stiftung.

Als früheste Niederschriften der eingewanderten »Gastarbeiter« zählen die in Form von Briefen, Liedern, Gedichten und Prosa verfassten Texte, die mittlerweile durch das gestiegene Interesse an den Zeitdokumenten migrantischen Schreibens der ersten Stunde in Anthologien zusammengetragen und neu herausgegeben werden. In ihnen verarbeiten sie in ästhetischer Form ihre Eindrücke und Gefühle, die sie in der neuen Heimat erlebt haben. Zu den Hauptthemen gehören die Entwurzelung aus der Heimat, die Sehnsucht nach den Familienangehörigen oder Ehepartnern in der Ferne, die neuen Lebensbedingungen im Gastland sowie die Arbeitsbedingungen in den Fabriken, das Unterwegssein und Leben aus dem Koffer, Fremdheit, das Ausgegrenztsein und die Isolation in der neuen Heimat, mitunter bereits frühe Erfahrungen mit Rassismus sowie die Schwierigkeit, sich in der neuen Sprache zurechtzufinden, sowie die Rückkehroption oder der Rückkehrmythos.

Die oftmals noch in gebrochenem »Gastarbeiter-« oder »Ausländerdeutsch« verfassten Texte sind insbesondere durch ihre persönliche bzw. authentische Ich-Perspektive und ihren einfachen volkstümlichen Duktus häufig als den ästhetischen Kriterien fiktionaler Literatur nicht genügend empfunden worden. Besonders die Darstellung der eigenen Betroffenheit für ein deutsches Publikum wurde später von einigen Rezipienten wie auch jüngeren migrantischen Autoren als Selbstethnisierung bzw. -exotisierung oder als weinerliche Opferhaltung kritisiert. In diesem Kontext haben sich die kritischen bis abfälligen Begriffe »Betroffenheits-« und »Opferliteratur« entwickelt.

Insbesondere das 1981 gemeinschaftlich von den Autoren Franco Biondi, Rafik Schami, Jusuf Naoum und Suleman Taufiq verfasste Manifest *Literatur der Betroffenheit* hatte jedoch viel eher den Versuch unternommen, dem weithin monokulturellen Blick auf die sogenannten Ausländer mit einer ersten Stellungnahme zur Lage der »Gastarbeiter«-

Literatur und einer kulturpolitischen Selbstverortung zu begegnen. Einige der Autoren der ersten Generation haben sich in diesem Zusammenhang aktiv an Künstlerkollektiven wie dem 1980 gegründeten »südwind gastarbeiterdeutsch« oder »PoLiKunst« (1980–1987) beteiligt. Ihre Publikationen können daher insbesondere auch als politischer Beitrag zu einer engagierten Arbeiterliteratur betrachtet werden.

Zur zweiten Generation der Migrationsliteratur zählen Autoren, die vor allem durch den Familiennachzug bereits in frühen Jahren nach Deutschland gekommen sind und sowohl im Herkunftsland als auch in Deutschland eine Schulbildung erfahren haben oder für das Studium nach Deutschland gekommen sind. Sie gehen selbstbewusst mit ihrer Mehrfachzugehörigkeit um, fühlen sich oft in beiden oder mehreren Sprachen heimisch, publizieren in beiden Sprachen oder haben sich für Deutsch als Literatursprache entschieden. Zu ihren Hauptmotiven zählen daher insbesondere die Mehrsprachigkeit, Identitätsfragen im Spannungsfeld zweier Kulturen, Motive wie der Zwischenraum, die Brücke, die Schwelle, die Gespaltenheit der Identität, das geteilte Herz, der Spiegel, das eigene Bild als Fremdbild, Doppel- oder Zwillingsfiguren, die Doppelzunge, Schreiben im oder gerade jenseits des »Dazwischen« sowie das Verhältnis zum eigenen Körper als Träger von ethnisierenden Markierungen.

Ihre Texte spielen gekonnt – mitunter durch Sprachverfremdungen oder Kauderwelsch – mit den Erwartungshaltungen des deutschen Publikums. Ihr Stil bricht damit auch mit den Vorurteilen über das korrekte Beherrschen der deutschen Sprache. Mit ihren kreativen Betrachtungen der Sprache schließen sie oftmals vielmehr an Erzähltraditionen und Gattungen der deutschen Literaturgeschichte an, die auch für deutsche Autoren Vorbilder sind.

Ungeachtet zunehmender Publikationen migrantischer Autoren durch größere Verlage und der Anerkennung, die Autoren gerade aufgrund ihres Migrationshintergrunds erfahren, wird der Ruf nach Normalität bereits bei dieser Generation immer lauter. Zahlreiche Autoren verweigern sich mittlerweile dem Etikett, definieren sich selbst als deutsche Autoren und begegnen den Fremdzuschreibungen deutscher Medien durch Absagen an Interviewanfragen und Veröffentlichungen zu migrantenspezifischen Themen. In diesem Zusammenhang lässt sich feststellen, dass insbesondere auch die ökonomischen Bedingungen des Literaturmarkts eine identitätspolitische Vermarktung der Literatur von Migranten oftmals fördert, die gerade durch das Label der Ethnizität vermeintlich ein Bedürfnis nach Exotik bei dem Lesepublikum abdeckt, eine Marktlücke füllt und somit höhere Publizität oder Verkaufszahlen verspricht. Nicht selten haben daher Autoren, die sich dem Label des Migranten entziehen möchten, mitunter größere Schwierigkeiten, einen Verlag zu finden.

In Reaktion auf die im Kontext der Multikulturalismusdebatte entstandene Parallelisierung und Exotisierung von Fremdkulturen ist insbesondere das politisch engagierte Netzwerk »Kanak Attak« zu nennen, dessen Mitglieder sich dezidiert gegen ethnische Zuschreibungen eingesetzt und mit ihrem Manifest von 1998 Stellung jenseits kulturalistischer Klischees bezogen haben. Wichtige Autoren der zweiten Generation sind u. a. Zafer Şenocak, Yoko Tawada, Wladimir Kaminer oder Feridun Zaimoğlu.

Insbesondere für die dritte Generation der in Deutschland geborenen jungen Autoren, die mittlerweile Inhaber der deutschen Staatsbürgerschaft sind und vollständig hierzulande sozialisiert wurden, wird der Begriff einer Migranten- oder Minderheitenliteratur immer problematischer. Oftmals beherrschen sie die deutsche Sprache besser als die Sprache ihrer Eltern, sodass sie sich auf Deutsch nicht mehr in einer Fremdsprache, sondern bereits in ihrer »Muttersprache« ausdrücken. Selbstbewusst bezeichnen sie sich immer öfter als »neue

Deutsche« und ringen um Gleichbehandlung in ihrem Land.

Eine besondere Aufmerksamkeit in den Medien erfährt seit den 1990er-Jahren die rege Textproduktion der dritten Generation im deutschsprachigen Hip-Hop. Die gesprochene Lyrik der jungen Deutschrapper, die nach amerikanischem Vorbild auch in Deutschland starken Anklang in der Jugend- und Popkultur gefunden hat, zeichnet sich durch eine starke Identifikation mit den schwarzen Ghettos in den USA aus und bildet insbesondere durch ihre Nähe zu den sozialen Brennpunkten eine wichtige Referenzquelle für Jugendliche mit Migrationshintergrund. Ihre lyrischen Alltagsbeschreibungen sind weit mehr als Außenperspektiven von Einwanderern. Sie bilden vielmehr Lebensrealitäten urbaner Milieus in Deutschland ab, die weithin geprägt sind durch Arbeitslosigkeit, Diskriminierung oder soziale bzw. ethnische Segregation. Ihre Themen und Motive umfassen daher u. a. das Leben im Ghetto, einen starken Bezug zum Stadtbezirk oder Block, Fragen der Identität und Identitätsfindung als marginalisierte Gruppe, die Entfremdung gegenüber den migrantischen Eltern, Erfahrungen und Stigmatisierungen als Kinder aus Mischehen, Identitätsfragen in Bezug auf die ethnische Herkunft des geschiedenen Elternteils bei Scheidungskindern, Erfahrungen aus der Jugendhaft, die Abwesenheit der Väter, soziale Probleme, Diskriminierung trotz deutschem Pass sowie Diskriminierungen aufgrund von Hautfarbe.

Ihre Texte sind meist in Slang oder der Milieusprache vorgetragen, die auch von deutschen Jugendlichen gesprochen wird und somit vielmehr ein gemeinsames Kiezdeutsch bildet, das zusätzlich mit einzelnen Vokabeln aus den Herkunftssprachen oder eigenen Vokabeln versetzt wird. Ihre im Tagebuchstil verfassten Ansichten, die in der »Sprache der Straße« gespittet werden, bilden derzeit wohlmöglich den größten Gegensatz zur deutschen Hochkultur.

In Reaktion auf die rassistisch motivierten Anschläge und Ausschreitungen Anfang der 1990er-Jahre in Hoyerswerda, Rostock-Lichtenhagen, Mölln und Solingen hat sich vor allem die Gruppe »Advanced Chemistry« 1992 mit ihrem programmatischen Polit-Rap-Titel *Fremd im eigenen Land* zu den aktuellen Anlässen zu Wort gemeldet. Daneben ist auch das aus afrodeutschen Künstlern bestehende Musikerkollektiv »Brothers Keepers« als Initiative gegen Rassismus und Fremdenhass aktiv, das u. a. 2001 mit dem Album *Lightkultur* auf die politische Leitkulturdebatte geantwortet hat.

Gerade bei der dritten Generation stellt sich parallel zu der Diskussion um den Migrationshintergrund als »ewiges Stigma« für »Bindestrich-Deutsche« (Deutsch-Türken, Deutsch-Russen, usw.) zunehmend die Frage, ob sie durch eine herkunftsspezifische oder kulturalistische Interpretation ihrer Werke mittlerweile nicht vielmehr stigmatisiert als gefördert werden.

Eine neue Perspektive auf die Migrantenliteratur ergibt sich in den letzten Jahren vor allem durch den Einfluss der im angloamerikanischen Sprachraum im Rahmen der *Cultural Studies* stark diskutierten postkolonialen Identitäts- und Kulturkonzepte, die eine vielmehr auf sprachliche Kreolisierung und kulturelle Hybridisierung von Identitäten angelegten Ansatz vorschlagen. Der in diesem Kontext diskutierte Begriff des *Thirdspace* als eigenständiger Zwischenraum in der Schnittmenge verschiedener, in der Person des Migranten vereinten Kulturen, haben immer größeren Einfluss auch auf die Rezeption der Migrationsliteratur. Hier hat sich in Deutschland vor allem auch durch Shermin Langhoff und Fatih Akin im Bereich des Theaters und Films in Anlehnung an den Begriff des Postkolonialen auch das »postmigrantische Theater« als Ort der künstlerischen Auseinandersetzung mit den kulturellen Bezügen und der gemeinsamen Erarbeitung neuer Identitätskonzepte jenseits der Zuordnung zum migrantischen

Background etabliert. Gleichzeitig findet auch der Begriff der Interkulturalität zunehmend Anwendung, der auch rückblickend auf die vergangenen Generationen angewandt wird.

Anfangs noch als Nischenphänomen in der deutschen Literaturwelt betrachtet, zählen heute die Werke von Autoren mit Migrationshintergrund zu den international beachteten Stimmen einer global immer stärker vernetzten Welt. Durch die allgegenwärtige kulturelle Globalisierung wie auch durch ein neues europäisches Selbstverständnis gewinnt der von Goethe geprägte Begriff der »Weltliteratur« oder der Begriff der »globalen Literatur« zunehmend an Bedeutung, da er sowohl einen Ausweg aus dem Zuordnungsdilemma zur Nationalliteratur bietet als auch der Tatsache gerecht wird, dass durch Transnationalisierung und rege Migrationsbewegungen innerhalb von Europa auch Deutschland durch eine wachsende Heterogenität und kulturelle Vielfalt geprägt ist. Insofern bleibt der Blick auf die Migrationsliteratur weiterhin ebenso ein Gradmesser und Spiegelbild für das Selbstverständnis der deutschen Gesellschaft. Grundsätzlich wird auch in Zukunft zu fragen sein, inwieweit Interkulturalität als selbstverständlich oder gar Teil des eigenen Selbstbewusstseins und Schreibens wird.

Literatur

Amodeo, Immacolata/Hörner, Heidrun/Kiemle, Christine (Hrsg.): Literatur ohne Grenzen. Interkulturelle Gegenwartsliteratur in Deutschland. Porträts und Positionen, Sulzbach/T. 2009.

Arnold, Heinz Ludwig (Hrsg.): Literatur und Migration, München 2006.

Chiellino, Carmine (Hrsg.): Interkulturelle Literatur in Deutschland. Ein Handbuch, Stuttgart/Weimar 2000.

Kara, Sibel (Hrsg.): Migrationsliteratur – Eine neue deutsche Literatur? Online-Dossier der Heinrich-Böll-Stiftung, 2009 (www.migration-boell.de/¬web/integration/47_1990.asp)

Schenk, Klaus (Hrsg.): Migrationsliteratur. Schreibweisen einer interkulturellen Moderne, Tübingen 2004.

Schmitz, Helmut (Hrsg.): Von der nationalen zur internationalen Literatur. Transkulturelle deutschsprachige Literatur und Kultur im Zeitalter der globalen Migration, Amsterdam/New York 2009.

www.bosch-stiftung.de/content/language1/html/¬4595.asp (Adelbert-von-Chamisso-Preis der Robert Bosch Stiftung)

www.globale-literaturfestival.de (»globale – Festival für grenzüberschreitende Literatur«)

Islam in Deutschland

Rauf Ceylan

Der Islam in Deutschland blickt auf eine längere Geschichte zurück, als in der Öffentlichkeit meist angenommen wird. Unabhängig vom kulturellen Einfluss des Islam – spätestens seit dem Mittelalter – auf Handel, Technologie, Naturwissenschaften und Philosophie in Europa sind sichtbare Spuren von Muslimen seit dem 18. Jahrhundert auf deutschem Boden nachweisbar. So lassen sich hierfür etwa die von König Friedrich Wilhelm I. für türkische Soldaten errichtete Gebetsstätte in der Garnisonkirche in Potsdam oder die im gleichen Jahrhundert im Namen der Aufklärung errichtete Rote Moschee im Schlosspark von Schwetzingen, die nur zeitweise als Gebetsstätte fungierte, anführen. Aufgrund der engen Beziehungen zum Osmanischen Reich kamen in den folgenden Jahrhunderten zudem muslimische Diplomaten, Geschäftsleute und Studierende nach Preußen. Die muslimischen Gräber auf dem Grundstück der heutigen »Sehitlik Moschee« (»Moschee der Märtyrer«) im Berliner Stadtteil Neukölln zeugen von diesen Aufenthalten. In der Metropole Berlin entstand in den 1920er-Jahren ein pulsierendes muslimisches Gemeindeleben. Es wurde von muslimischen Akademikern und Geschäftsleuten initiiert, die auch publizistisch wirkten. Berlin sollte bis zur Machtübernahme der Nationalsozialisten seine Bedeutung für Muslime und vor allem für muslimische Akademiker beibehalten. Namhafte Persönlichkeiten wie Muhammad Asad alias Leopold Weiß haben in der Hauptstadt der Weimarer Republik gewirkt und waren in das Gemeindeleben der 1922 gegründeten »Islamischen Gemeinde zu Berlin e. V.« integriert.

In der zweiten Hälfte des 20. Jahrhunderts blühte das islamische Leben wieder auf. Allerdings unterschied es sich qualitativ und quantitativ von seiner früheren Geschichte. Qualitativ in der Hinsicht, dass ab 1961 Arbeitsmigranten aus islamischen Ländern angeworben wurden. Es waren in der Regel Menschen, die nur wegen ihrer Arbeitskraft benötigt wurden und entsprechend über ein geringes schulisches Bildungsniveau verfügten. Aufgrund der geringen sozialen Mobilitätschancen von benachteiligten Menschen in Deutschland wirkt sich – trotz positiver Entwicklungen bei den nachfolgenden Generationen – diese Bildungsarmut bis heute negativ auf die Bildungskarrieren der jungen Muslime aus. In Ländern wie Kanada oder USA, in denen eine muslimische Elitenmigration stattfand, sind die Muslime dagegen überdurchschnittlich qualifiziert und sehr gut integriert. Anders als in England und Frankreich, die koloniale Verbindungen zum nordafrikanischen bzw. indopakistanischen Raum hatten und deshalb in diesen europäischen Ländern der Islam als Weltreligion nicht fremd war, hat Deutschland erst mit den »Gastarbeitern« verstärkt Erfahrungen mit Muslimen gesammelt. Das Bild der Muslime als »Gäste« aus dem Ausland und der Islam als fremde Religion prägen die Einstellung der deutschen Mehrheitsgesellschaft bis heute. Der Islam wird trotz einer jahrzehntelangen Migrationsgeschichte als »Ausländerreligion« wahrgenommen und von Medien und Politik oftmals entsprechend dargestellt. Allerdings zeichnet sich auch ein Gegenprozess ab durch die Akademisierung der Islamischen Theologie seit 2012 an deutschen Universitäten sowie durch den Aufbau des muslimischen Begabtenförderwerks »Avicenna«. Mit diesen beiden strukturellen Neuerungen ist nicht nur eine »Intellektualisierung« der Islamdebatte zu erwarten, sondern auch langfristig eine Veränderung des Islambildes.

Quantitativ unterscheidet sich der Prozess seit den 1960er-Jahren deshalb, weil die Muslime zuvor zahlenmäßig nur ein Randphänomen dargestellt hatten. Mit der Arbeitsmigration stieg ihre Zahl jedoch kontinuierlich an. Heute zählt Deutschland ca. 4,3 Millionen Muslime, die etwa 5 % der Gesamtbevölkerung ausmachen. Nach dem Christentum sind sie die zweigrößte Religionsgemeinschaft in Deutschland. Die demographischen Entwicklungen in der muslimischen *Community* zeigen darüber hinaus, dass es sich um eine junge Bevölkerungsgruppe handelt. Vor allem der Anteil der Kinder und Jugendlichen ist deutlich höher als bei der Mehrheitsgesellschaft. Dies spiegelt sich auch im Bildungssystem wider, das etwa 900 000 muslimische Schülerinnen und Schüler besuchen. Fast die Hälfte aller Muslime mit Migrationshintergrund verfügen über die deutsche Staatsbürgerschaft und etwa 70 % aller Muslime sind türkeistämmig.

Die Muslime sind allerdings kein monolithischer Block. Sie unterscheiden sich sowohl hinsichtlich ihrer ethnisch-kulturellen Wurzeln als auch hinsichtlich ihrer religiösen Orientierungen. Anders als in islamischen Ländern sind in Deutschland nahezu alle ethnisch-kulturellen, religiösen und politischen Strömungen in konzentrierter Form vertreten. In diesem muslimischen Mosaik bilden die Sunniten mit ca. 74 % die größte konfessionelle Strömung, gefolgt von den Aleviten (13 %) und den Schiiten (7 %). Bei den »Sonstigen« handelt es sich um eher kleinere Gruppen wie die Ibaditen oder Ahmadiyya. Aufgrund der jüngsten Flüchtlingsströme aus Kriegsgebieten wie Syrien ist eine Veränderung sowohl in ethnischer (Araber, Kurden) als auch in quantitativer Hinsicht zu erwarten. Gegenwärtig kann diese neue Zahl für die Muslime jedoch nicht ermittelt werden.

Diese interne Vielfalt spiegelt sich auch in der muslimischen Infrastruktur wider. Über 2500 islamische Einrichtungen – überwiegend Moscheegemeinden – existieren mittlerweile und über 2000 Imame (muslimische Prediger) betreuen die Muslime hierzulande. Die meisten dieser Moscheegemeinden sind in muslimischen Dachverbänden organisiert, die sich nach dem deutschen Vereinsrecht organisiert haben und sich in ihren theologischen Orientierungen unterscheiden. Dass hierbei auch der ethnische Faktor eine Rolle für die Organisationsstruktur spielen kann, führen die Mitgliedschaften der größten Verbände wie etwa der »Tür-

Die Merkez Moschee in Duisburg-Marxloh ist eine der größten in Deutschland und bietet rund 1200 Gläubigen Platz. Zu ihr gehört auch eine interreligiöse und interkulturelle Begegnungsstätte, die unter dem Motto »Dialog unter der Kuppel« arbeitet.

kisch-Islamischen Union der Anstalt für Religion e. V.« (über 900 Gemeinden) oder der »Verband der Islamischen Kulturzentren« (über 300 Gemeinden) vor Augen, die fast ausschließlich türkeistämmige Mitglieder haben. Unabhängig von dieser Binnendifferenzierung belegen jedoch alle bisherigen Studien, dass die meisten Muslime eines gemeinsam haben: Die subjektive Selbsteinschätzung ihrer Religiosität fällt sehr hoch aus. Über 80 % bezeichnen sich als religiös bzw. als eher religiös. Daher nimmt der Islam – abgesehen von der alltäglichen Glaubenspraxis, der theologischen Orientierung bzw. der Verbandsmitgliedschaft – eine identitätsstiftende Funktion ein, die im Integrationsprozess berücksichtig werden

muss. Der Migrationseffekt ist eine mögliche Erklärung für diese hohe Selbsteinschätzung, da sich beispielsweise auch christliche Migranten in Deutschland als eher religiös definieren.

Die bundesdeutsche Integrationspolitik hat die Bedeutung des Islam lange Zeit verkannt, obwohl sich mit der zweiten und dritten Generation ein Diaspora-Islam – eine auf deutsche Zustände und Verhältnisse funktional ausgerichtete Religion – entwickelt hat. Dies ist ein deutliches Zeichen für den Niederlassungsprozess. Dieser zeigt sich auch durch Transformationsprozesse in vielen Bereichen wie etwa in der Entwicklung der Moscheegemeinden, die sich durch den Einfluss der jüngeren Muslime zu soziokulturellen Zentren entwickeln. Darüber hinaus zeigt sich dieser Wandel auch dadurch, dass die muslimischen Gemeinden zunehmend die Hinterhöfe verlassen und repräsentative Bauten erstellen. Über 200 Gotteshäuser mit Kuppel und Minarett sind bereits in Deutschland gebaut, und weitere sind in Planung. Dieser Prozess ist lediglich ein weiterer Beweis der »Zementierung« der Integration in Deutschland. Außerdem ist die Forderung der jüngeren Muslime nach deutschsprachigen, gut ausgebildeten Imamen anzuführen. Dies ist insofern wichtig, weil vielerorts massive Kommunikationsprobleme zwischen den jüngeren Gemeindemitgliedern und den aus dem Ausland importierten Imamen bestehen. Einige dieser Imame fühlen sich sogar berufen, den muslimischen Kindern und Jugendlichen ihre nationale und kulturelle Identität aus dem Herkunftskontext einzuimpfen. Sie verkennen dabei völlig die Lebensrealität der Muslime in Deutschland. Ein weiteres Problem in diesem Kontext ist es, dass die jungen Muslime bei wichtigen theologischen Fragen muslimische Autoritäten konsultieren (z. B. übers Internet), die in islamischen Ländern leben – also außerhalb europäischer Länder. Dies ist einem Integrationsprozess insofern nicht dienlich, weil diese Autoritäten kein Gespür für das Leben in einem europäischen Land haben und entsprechend keine theologisch kompetenten Antworten liefern können. Die Einführung eines flächendeckenden Islamischen Religionsunterrichts ist insofern ein weiterer wichtiger Schritt im Integrations- und Gleichstellungsprozess der Muslime in Deutschland. Schließlich drängen die jüngeren Gemeindemitglieder auch auf die rechtliche Anerkennung der Muslime als Religionsgemeinschaft nach Art. 140 des Grundgesetzes. Neben den bereits erwähnten Gründungen von Instituten für Islamische Theologie und eines Begabtenförderwerks für muslimische Studierende wird auch diese junge Generation das nächste Ziel, die Gründung einer muslimischen Wohlfahrtsorganisation, wesentlich mitgestalten.

Der erfolgreiche Verlauf dieses Transformations- und Reformprozesses hängt – neben externen Faktoren wie politische Anerkennung und Unterstützung (Akzeptanz, Ressourcen usw.) – von internen Faktoren ab, konkret von den gemeindeinternen Dynamiken. Diese Dynamiken lassen sich auf drei Ebenen analysieren: *Erstens* auf der zentralen Ebene, d. h. auf der Ebene der muslimischen Dachverbände und deren Öffnungsprozessen. *Zweitens* ist die Ebene der Landesverbände zu nennen, die im Gegensatz zu den zentralen Dachverbänden zwar etwas flexibler sind, aber ein Abhängigkeitsverhältnis zu den Zentralen ist noch eindeutig ausgeprägt. Schließlich ist *drittens* die lokale Ebene zu nennen, konkret die Stadtteile, wo die Moscheen stehen und wo sich der muslimische Alltag abspielt. Aufgrund der lokalen Herausforderungen sind die Moscheegemeinden auf Stadtteilebene eher pragmatisch ausgerichtet und bieten günstige Partizipationsmöglichkeiten für jüngere Mitglieder. Von hier aus sind Veränderungen eher herbeizuführen, gewissermaßen als eine Entwicklung von unten nach oben, die im Lauf der Zeit auch die Zentralen erreichen wird.

Auf lokaler Ebene sind in dieser Hinsicht unterschiedliche Reaktionen und Strategien festzustellen. Einerseits versuchen jüngere Gemeindemitglieder trotz mancher Widerstände durch die älteren Gemeindemitglieder, den Wandel mittel- und langfristig von innen her zu forcieren. Andererseits geht einem anderen Teil der jungen Muslime dieser Prozess nicht schnell genug. Die wenigen Hochgebildeten verlassen vor diesem Hintergrund oftmals ihre Organisationen und gründen eigene Vereine. Dieser *Braindrain*-Prozess ist nicht ganz unproblematisch, denn wenn die Eliten ihre Organisationen verlassen, verlieren sie auch den Kontakt zur muslimischen Basis. Das ist ein Verlust von wichtigem kulturellem Kapital, weil die junge Generation ein wesentlicher Motor für positive Transformationsprozesse innerhalb der muslimischen Organisationen ist. Wenn sie wegfällt, dann verlangsamt sich auch der Öffnungsprozess. Die muslimischen Organisationen haben dieses Problem noch nicht erkannt. Andererseits sind die Entwicklungen in der muslimischen *Community*, die Abspaltungen und Gründungen neuer Vereine, ein typisches Merkmal für moderne, säkulare Gesellschaften. Es entstehen neue, kleine und dynamische Formen von Gemeinden, die nicht in großen Organisationen eingebunden sind, sondern von Individuen getragen werden, die sich durch bestimmte Affinitäten wie Bildung, Lebensstil und kulturelle Interessen sowie politische Präferenzen auszeichnen. Der Islam bietet sich für diese zeitgemäße Entwicklung besonders an, weil er ohnehin kein kirchenähnliches Gefüge bzw. keine Monopolstellung von religiösen Persönlichkeiten oder Institutionen aufweist. Zudem zeichnet sich auch bereits innerhalb der muslimischen *Community* eine Pluralisierung der Lebensstile ab, die zu Säkularisierungsprozessen im Sinne von »Entkirchlichungen« führen wird. Plural verfasste Gesellschaften wie Deutschland bieten den günstigen Boden für derartige Emanzipations- und Neuorientierungsprozesse.

Literatur

Asad, Muhammad: Der Weg nach Mekka, Düsseldorf 2009.

Beinhauer-Köhler, Bärbel/Leggewie, Claus: Moscheen in Deutschland. Religiöse Heimat und gesellschaftliche Herausforderung, München 2009.

Bundesamt für Migration und Flüchtlinge (Hrsg): Muslimisches Leben in Deutschland, Nürnberg 2009. (www.bmi.bund.de/cae/servlet/content¬blob/566008/publicationFile/31710/vollversion_¬studie_muslim_leben_deutschland_.pdf).

Ceylan, Rauf: Ethnische Kolonien. Entstehung, Funktion und Wandel am Beispiel türkischer Moscheen und Cafés, Wiesbaden 2006.

Ceylan, Rauf: Cultural Time Lag. Moscheekatechese und islamischer Religionsunterricht im Kontext von Säkularisierung, Wiesbaden 2014.

Ceylan, Rauf/Kiefer, Michael. Muslimische Wohlfahrtspflege in Deutschland. Eine historische und systematische Einführung, Wiesbaden 2015.

Rohe, Mathias: Der Islam in Deutschland: Eine Bestandsaufnahme, München 2016.

Sachverständigenrat deutscher Stiftungen für Integration und Migration: Viele Götter, ein Staat: Religiöse Vielfalt und Teilhabe im Einwanderungsland. Jahresgutachten 2016 mit Integrationsbarometer, Berlin 2016 (www.svr-migra¬tion.de/wp-content/uploads/2016/04/SVR_¬JG_2016-mit-Integrationsbarometer_WEB.¬pdf).

www.koordinationsrat.de (Koordinierungsrats der Muslime)

Kopftuch

Yasemin Karakaşoğlu

Am Fall der muslimischen Lehramtsanwärterin Fereshta Ludin entzündete sich 1998 die breite öffentliche Diskussion um die Bedeutung des muslimischen Kopftuches in Deutschland. Ihren ersten Höhepunkt fand sie mit dem 2003 verkündeten Urteil des Bundesverfassungsgerichts (BVG), das die Notwendigkeit betonte, entsprechende Ländergesetze zu erlassen, wenn Lehrerinnen das Kopftuchtragen an Schulen verboten werden soll. Acht der 16 Bundesländer sind dieser Aufforderung gefolgt und haben entsprechende Ländergesetze erlassen. Die Diskussion um die Bedeutung des Kopftuches für Integration und gesellschaftlichen Wandel in Deutschland ist damit jedoch nicht verstummt. Im Jahr 2015 präzisierte das Bundesverfassungsgericht sein Urteil. Die Verfassungsrichter erklärten ein pauschales Kopftuchverbot für Lehrkräfte für nicht mit der Religionsfreiheit vereinbar, nachdem zwei Musliminnen mit deutscher Staatsangehörigkeit gegen das nordrhein-westfälische Schulgesetz geklagt hatten. Die Verfassungsrichter wiesen darauf hin, dass der Eingriff in die Glaubensfreiheit der Beschwerdeführerinnen schwer wiegt. Ein Verbot des Kopftuchs im Schuldienst könne für sie sogar den Zugang zum Beruf verstellen. Dieses faktische Fernhalten von muslimischen Frauen mit Kopftuch von der qualifizierten beruflichen Tätigkeit als Pädagoginnen stehe zudem in einem rechtfertigungsbedürftigen Spannungsverhältnis zum Gebot der tatsächlichen Gleichberechtigung von Frauen. Aufgabe der Schule sei es, »den Schülerinnen und Schülern Toleranz auch gegenüber anderen Religionen und Weltanschauungen zu vermitteln«. Dieses Ideal müsse gelebt werden dürfen, und vom Tragen eines islamischen Kopftuchs gehe für sich genommen noch »kein werbender oder gar missionierender Effekt aus« (1 BVR 471/10, Urteil vom 27.1.2015). Das Bundesverfassungsgericht hatte damit zwar nur Teile des nordrhein-westfälischen Schulgesetzes für verfassungswidrig erklärt, aber auch das Kopftuchverbot in anderen Bundesländern muss nach dieser Entscheidung überarbeitet werden. Denn die Karlsruher Richter halten ein Verbot nur dann für gerechtfertigt, wenn durch das Tragen eines Kopftuchs eine »hinreichend konkrete Gefahr« für den Schulfrieden oder die staatliche Neutralität ausgehe. Die Klärung der umstrittenen »Kopftuch-Frage« wurde damit letztlich in die Schulen verlagert.

Der Diskussionsverlauf um die Verabschiedung entsprechender Gesetze macht deutlich, dass es nicht nur um die Frage geht, ob eine Lehrerin ein Kopftuch tragen darf oder nicht. Die Kopftuchdiskussion verbindet sich ebenso mit der grundsätzlichen Diskussion um die Vereinbarkeit des Islam mit der Demokratie, die Integrationsfähigkeit und -willigkeit muslimischer Migrantinnen und Migranten wie auch mit der Diskussion um das bundesdeutsche Verständnis von Säkularismus als Verhältnis zwischen Staat und Kirche sowie die Repräsentanz und Duldung religiöser Symbole im öffentlichen Raum. Unabhängig vom Feld Schule wird das muslimische Kopftuch daher auch in seiner Bedeutung für die Wertigkeit der Frau in der (muslimischen) Gesellschaft und den Einfluss verschiedener Interpretationen des koranischen Bedeckungsgebots (zentral dazu: Koran Sure 24, Vers 31) bei Muslimen in Deutschland insgesamt diskutiert. In medialen Repräsentationen des Migrations- und Integrationsdiskurses scheint das Kopftuch für »das Fremde« an sich zu stehen.

Aktuelle Brisanz hat das Tragen des Kopftuchs auch wieder im Bereich der Justiz gewonnen. Das Augsburger Verwaltungsgericht erklärte im Juni 2016 das Kopftuchverbot für Rechtsreferendarinnen in Bayern für unzulässig. Das Gericht gab einer muslimischen Jurastudentin Recht, die seit 2014 im sogenannten Vorbereitungsdienst bei der Justiz ist und dabei die Auflage erhalten hatte, wonach sie bei Auftritten mit Außenwirkung kein Kopftuch tragen dürfe. Bayern kündigte umgehend Berufung an. Das Münchner Oberlandesgericht, das die Muslimin eingestellt hatte, berief sich auf eine Verordnung des bayerischen Justizministeriums aus dem Jahre 2008. Danach müssen Referendarinnen zum Beispiel im Gerichtssaal oder bei Zeugenvernehmungen auf ihr Kopftuch verzichten. Die Augsburger Richter kritisierten nun, dass es für einen solchen Eingriff in die Religions- und Ausbildungsfreiheit keine gesetzliche Grundlage gebe. Die zu erwartende Berufung beim Bayerischen Verwaltungsgerichtshof in München ist noch abzuwarten.

Nicht nur an Schulen und in der Justiz, sondern auch in der freien Wirtschaft kommt immer wieder die Frage auf, wie viel Ausdruck religiöser Zugehörigkeit im Erscheinungsbild von Individuen zugelassen werden muss. Hier wird von den Gerichten bislang überwiegend zugunsten der Kopftuchträgerin entschieden, so auch im Fall einer Verkäuferin, der gekündigt worden war, weil sie ein Kopftuch getragen hat (BAG, Urteil vom 10.10.2002, 2 AZR 474/01). Auch 2012 entschied das Arbeitsgericht Berlin (Az. 55 C 12426/12), dass die Ablehnung einer Bewerberin um eine Stelle in einer Zahnarztpraxis mit Hinweis auf ihr Kopftuch gegen den Gleichbehandlungsgrundsatz des Allge-

meinen Gleichbehandlungsgesetzes (AGG) verstößt. Auch für den Bereich der privaten Wirtschaft steht noch ein grundsätzliches Urteil des Europäischen Gerichtshofs (EuGH) aus.

An sich ist das Kopftuch der Musliminnen nichts Neues in Deutschland. Mit der Zuwanderung von Arbeitskräften aus den muslimisch geprägten Ländern des Mittelmeerraumes (Türkei, Marokko, Tunesien) kamen zwar bereits seit Beginn der 1960er-Jahre auch angeworbene Frauen nach Deutschland. Ihr überwiegend städtischer Hintergrund und ihre westliche Orientierung trugen jedoch dazu bei, dass Kopftuchträgerinnen unter ihnen eher selten waren, galt dieses Symbol doch auch in ihren Herkunftsländern als Zeichen der Rückschrittlichkeit. Als ab Mitte der 1970er-Jahre im Zuge der Familienzusammenführung die Ehefrauen angeworbener Arbeitnehmer aus traditionell orientierten dörflichen Regionen nachzogen, kamen verstärkt auch Kopftuch tragende Frauen nach Deutschland.

Ein möglicherweise religiös-fundamentalistischer Bedeutungsgehalt des Kopftuchs wurde verstärkt angenommen, als es auf dem Kopf von Schülerinnen Eingang in die Schulen fand. Schon in den 1980er-Jahren wurde in Ballungsgebieten gefragt, ob das Kopftuch in der Schule verboten werden sollte. Die islamische Revolution im Iran (1978/79) schien zu bestätigen, dass das Kopftuch ein Zeichen religiösen Fanatismus sei. Das Kopftuch erhielt in den Augen der Mehrheitsgesellschaft eine Bedeutungsaufladung als Ausdruck einer antidemokratischen und damit integrationsfeindlichen Gesinnung. Vielen Kopftuch tragenden Mädchen und jungen Frauen war das Kleidungsstück allerdings über die Praxis ihrer Mütter, Großmütter oder Tanten vertraut, für die es in der Regel ein selbstverständlicher Bestandteil ihres Lebensalltags ist. Während ein Teil der Töchter und Enkelinnen das Kleidungsstück als traditionell und mit ihrem Lebensstil nicht vereinbar ablehnt und ein anderer es trägt, um dem Elternwillen bzw. dem Druck der umgebenden *Community* gerecht zu werden, entscheidet sich ein weiterer Teil der jungen Frauen zum selbstbestimmten Tragen des Kopftuches. Sie haben sich den Zugang zu ihrer Religion häufig durch Selbststudium oder Teilnahme an religiösen Zirkeln angeeignet. Dies gilt insbesondere für studentische Kopftuchträgerinnen, die seit Mitte der 1990er-Jahre als die ersten Bildungsaufsteigerinnen mit Arbeitsmigrationshintergrund den Zugang zur Hochschule geschafft haben. Eine kleidungssemiotische Studie zu jungen muslimischen Kopftuchträgerinnen in Deutschland verweist auf die individuell durchaus verschiedenen religiösen wie modischen Sinngehalte und Intentionen, die dem Kopftuchtragen wie auch mit der mit ihm verbundenen, von seiner Trägerin als religiös angemessen deklarierten Kleidung verbunden sind.

Erst mit dem Ende der 1990er-Jahre zunehmenden Auftreten von Absolventinnen der ersten Phase der Lehramtsausbildung an Pädagogischen Hochschulen und Universitäten, die über den Zugang zum Referendariat an staatlichen Schulen ihre begonnene akademische Ausbildung als Lehrerinnen fortsetzen wollten, wurde das Kopftuch als Problem diskutiert. Dabei können die Argumentationslinien in der öffentlich und später auch gerichtlich ausgetragenen kontroversen Diskussion wie folgt zusammengefasst werden: Während die einen im humanistischen Bildungsauftrag der Schule Raum für den Ausdruck des individuellen religiösen Bekenntnisses auch nichtchristlicher Lehrerinnen und Lehrer sehen, stellen die anderen christliche Ursprünge des Bildungsauftrags in den Mittelpunkt und sehen im Kopftuchtragen einen Widerspruch zur Vermittlung christlicher Werte. Während die einen Lehrende an Schulen an ein relatives Neutralitätsgebot gebunden sehen, demzufolge sie selbst nicht religionsneutral in Erscheinung treten müssen, sondern lediglich in ihrem Verhalten gegenüber den Schülern religionsneutral sein müssen, betonen die anderen die Notwendigkeit absoluter Neutralität der Lehrperson (und damit auch ihres äußeren Erscheinungsbildes). Nur dadurch wäre die Gleichbehandlung aller Schülerinnen und Schüler gewährleistet, die im Übrigen aufgrund der Schulpflicht keine Ausweichmöglichkeit gegenüber einem von ihnen nicht gewünschten Ausdruck von Religiosität in Gestalt ihrer Lehrerin hätten.

Vor allem auf die Signalwirkung des Kopftuchs im Hinblick auf die Einstellungen zum Geschlechterverhältnis und als Zeichen des islamischen Fundamentalismus zielt ein weiterer Diskussionsstrang ab. Während die einen in einer Kopftuch tragenden muslimischen Frau ein negatives Vorbild sehen, da sich im Kopftuch eine Überzeugung von der Unterordnung der Frau unter den Willen des Mannes und schließlich auch die mögliche Zugehörigkeit zu einer fundamentalistischen Orientierung ausdrücke, sehen andere in der Präsenz einer Kopftuch tragenden Lehrerin an der Schule, die durch ihre Berufswahl bereits ausgedrückt habe, dass sie sich für gesellschaftliche Partizipation und Gleichberechtigung der Frau einsetze, ein positives Signal an muslimische Schülerinnen, die dadurch mit einem modernen weiblichen Rollenmodell konfrontiert würden. Für alle anderen Schülerinnen und Schüler könne die Präsenz einer Lehrerin mit Kopftuch an der Schule zur Erziehung zur Toleranz und Anerkennung von Pluralismus beitragen. Während die Befürworter eines Kopftuchverbots damit möglichen (Religions-)Konflikten vorbeugen wollen, halten die Gegner eines Kopftuchverbots die dienstrechtlichen Möglichkeiten für ausreichend, um im konkreten Konfliktfall durch eine Einzelfallbeurteilung zu einer Lösung des Konflikts zu kommen.

Die hier skizzierten Diskurse um das Kopftuch werden den komplexen und durchaus auch individuellen Begründungszusammenhängen der Trägerinnen kaum gerecht, die inzwischen in zahlreichen empirischen Untersuchungen belegt werden konnten. Weder kann pauschal davon ausgegangen werden, dass Kopftuchträgerinnen grundsätzlich religiös motivierte, antidemokratische Ideale vertreten, noch kann grundsätzlich das Gegenteil unterstellt werden. Kopftuchträgerinnen argumentieren in der Begründung ihrer Entscheidung zum Kopftuchtragen je nach Bildungshintergrund sehr individuell von fundamentalistisch über religiös-traditionell bis hin zu einer zeitgenössischen Reinterpretation von Koran und Tradition. Auch modisch-jugendkulturelle Ausdrucksformen einer multikulturellen Stadtgesellschaft kommen zum Tragen. Vor diesem Hintergrund kann das Kopftuch als solches also nicht als Maßstab für religiöse Rigidität oder Ablehnung westlicher Wertmaßstäbe herangezogen werden. Auch diejenigen, die mit dem Kopftuch die Absicht verbinden, »islamische Verhaltensweisen« zu befolgen, legen diese durchaus unterschiedlich aus. Als Maßstab z. B. für die Akzeptanz des Kopftuchs im Raum Schule bietet sich die Handlungsfähigkeit und die Erfüllung der Amtspflichten vor dem Hintergrund eines Bekenntnisses zu den Inhalten des Grundgesetzes an, nicht aber eine Übereinstimmung mit einem nicht näher bestimmbaren *Common Sense* im äußeren Erscheinungsbild in der eindimensionalen Annahme, damit

wäre ein Konsens in den Werten und Normen garantiert. Dies ist z. B. Handlungsgrundlage für ähnliche Entscheidungen in Großbritannien, wo die unterschiedliche Bekleidung bei Lehrenden als Ausdruck der gesellschaftlichen Multikulturalität verstanden wird. Der überwiegende Teil von Musliminnen in Deutschland, die derzeit Lehramt studieren oder im Schuldienst tätig sind, trägt kein Kopftuch.

Literatur

Amir-Moazami, Shirin: Politisierte Religion. Der Kopftuchstreit in Deutschland und Frankreich, Bielefeld 2007.

Karakaşoğlu, Yasemin: Das Kopftuch als Herausforderung für den pädagogischen Umgang mit Toleranz. Ein empirisch fundierter Beitrag zur Kopftuch-Debatte, in: bildungsforschung, 2. Jg., Heft 2/2006, S. 1–21 (www.bildungsforschung.¬org/Archiv/2006_02/kopftuch/3).

Korteweg, Anna C./Yurdakul, Gökçe: Kopftuchdebatten in Europa. Konflikte um Zugehörigkeit in nationalen Narrativen, Bielefeld 2016.

Şahin, Reyhan: Die Bedeutung des muslimischen Kopftuchs. Eine kleidungssemiotische Untersuchung Kopftuch tragender Musliminnen in der Bundesrepublik Deutschland, Münster 2014.

www.bpb.de/politik/innenpolitik/konfliktstoff-¬kopftuch

www.uni-trier.de/index.php?id=24373#c48122 (Sammlung der Kopftuchgesetze seit 2004)

Zwangsheirat

Sibylle Thelen

Zwangsheirat wird in Deutschland ausdrücklich geächtet. Um dies hervorzuheben, hat der Bundestag sie zum 1. Juli 2011 als eigenen Straftatbestand in das Strafgesetzbuch (StGB) aufgenommen. Seither heißt es in § 237 Abs. 1 StGB: »Wer einen Menschen rechtswidrig mit Gewalt oder durch Drohung mit einem empfindlichen Übel zur Eingehung der Ehe nötigt, wird mit Freiheitsstrafe von sechs Monaten bis zu fünf Jahren bestraft.« Am Strafmaß hat sich durch die Neuerung nichts geändert. Es ist dasselbe, das auf besonders schwere Formen der Nötigung steht, und als Beispiel dafür galt Zwangsheirat bereits zuvor. 2005 war der Begriff in die Reihe der Regelbeispiele aufgenommen worden. Er hatte damit erstmals Erwähnung im deutschen Strafrecht gefunden. Seit 2015 kann Zwangsheirat auch jenseits deutscher Grenzen verfolgt werden – wie andere Auslandtaten mit besonderem Inlandsbezug, die deutsche Staatsbürger oder in Deutschland Ansässige betreffen (§ 5 Abs. 6 StGB).

Mit den Stimmen der Koalitionsfraktionen beschloss der Bundestag im März 2011 das neue »Gesetz zur Bekämpfung der Zwangsheirat« (BT-Drs. 17/4401). Es beinhaltet zugleich Erleichterungen für die Opfer. Strittig blieb im Parlament, wie lange ausländische Ehepartner warten müssen, bis sie ein eigenständiges Aufenthaltsrecht in Deutschland erhalten. Parteiübergreifend unstrittig war hingegen, dass Zwangsheirat eine schwere Menschenrechtsverletzung darstellt. Sie beeinträchtigt die menschliche Würde des Betroffenen, seine persönliche Freiheit und selbstbestimmte Lebensfüh-

rung, und sie verstößt gegen das Recht auf Freiheit der Eheschließung, das bereits seit 1948 in der Allgemeinen Erklärung der Menschenrechte der Vereinten Nationen (UN) verankert ist: »Die Ehe darf nur auf Grund der freien und uneingeschränkten Willenserklärung der zukünftigen Ehegatten geschlossen werden.«

Die UN-Menschenrechtscharta hat somit von Anbeginn auch hier Grundlagen gelegt. Dennoch wird erst seit der Jahrtausendwende verstärkt über die erzwungene Verehelichung und ihre Folgen gesprochen. In vielen Ländern ist die Diskussion in dieser Zeit aufgebrochen. Das gilt auch für Deutschland. Die Änderungen im Strafgesetzbuch, die Vorstöße in dieser Sache auf unterschiedlichen politischen Ebenen und auch die diversen Berichte zum Thema, die etwa im Auftrag des Bundesfamilienministeriums und einzelner Länderregierungen angefertigt worden sind, flankieren den gesellschaftlichen Diskussionsprozess. Er hat das Bewusstsein für diese Form der Eheschließung geschärft.

Heute ist die Definition des Begriffs weithin Konsens: Eine Zwangsheirat liegt vor, wenn eine Ehe gegen den Willen einer oder beider Personen geschlossen wird, wenn also die Braut, der Bräutigam oder beide zugleich unter psychischen Druck gesetzt oder mittels körperlicher Gewalt zur Ehe gezwungen werden. Von Zwangsheirat können beide Geschlechter betroffen sein, aber in den meisten Fällen sind es Mädchen und junge Frauen, die von ihren Angehörigen in eine Ehe gezwungen werden. Dies kann auf unterschiedliche Weise geschehen: Die betroffene Person wird aus Deutschland in die Heimat der Familie geschickt und dort verehelicht, oftmals in den Ferien, oder sie wird aus dem Ausland nach Deutschland geholt und hier verheiratet. Die Bezeichnung »Importbraut«, die sich dafür eingebürgert hat, verdeutlicht die eingeschränkte Selbstbestimmung.

Dem Konsens ist ein Lernprozess vorausgegangen. Dieser war von heftigen Kontroversen begleitet. Sie wurden von Frauenorganisationen wie Terre des Femmes und vor allem von Betroffenen vorangetrieben. Nicht nur in Deutschland legten Migrantinnen, die eigene Erfahrungen mit Zwangsheirat gemacht hatten, Veröffentlichungen vor. 1999 erschien Serap Çilelis Bericht mit dem Titel *Wir sind eure Töchter, nicht eure Ehre*; 2005 brachte die Berliner Rechtsanwältin Seyran Ateş ihre Autobiographie *Große Reise ins Feuer* heraus; im selben Jahr erschien *Die fremde Braut* der Berliner Soziologin Necla Kelek. Das Buch wurde zum Bestseller. Weitere Veröffentlichungen folgten. Alle Frauen schildern, wie sie einer drohenden oder bereits geschlossenen Zwangsheirat entkommen. Sie wagen den Kampf mit dem Vater, lösen sich aus autoritär geprägten Familienstrukturen, setzen dem patriarchalischen Weltbild ein freiheitliches entgegen.

Die Emanzipationsliteratur löste unterschiedliche Reaktionen aus: Entsetzen, aber auch Kritik, Schock und Ablehnung. In der deutschen Mehrheitsgesellschaft kam es zu Debatten. Zum einen wurde über die Folgen eines multikulturalistischen Verständnisses von Toleranz gesprochen. Zum anderen wurde um ein differenziertes Bild der heterogenen Bevölkerungsgruppe der Zuwanderer gerungen. Auch unter Migranten war Zwangsheirat ein heiß diskutiertes Thema. Autorinnen wie Çileli, Ateş und Kelek wurden angegriffen. Von Verbänden, aber auch in Medien der Zuwanderergemeinschaft wurde ihnen vorgeworfen, Einzelfälle zu verallgemeinern. Manche sprachen von »Nestbeschmutzung«; es kam zu Kampagnen gegen die Kritikerinnen.

Das mediale Interesse in der Mehrheitsgesellschaft war in der Zeit auch auf den Fall Sürücü gerichtet. Seinen Lauf hatte er mit einer Zwangsheirat genommen. Am Ende kulminierte er in einen sogenannten Ehrenmord (→ S. 236 ff.): Am 7. Februar 2005 wurde Hatun Sürücü an einer Bushaltestelle in Berlin getötet. Die 23-jährige Tochter aus türkisch-kurdischem Elternhaus erlag den Schüssen, die ihr Bruder Ayhan Sürücü aus kürzester Distanz auf sie abgegeben hatte. Die Familie geriet unter Verdacht. Wenige Tage nach der Tat wurden drei Söhne festgenommen, bald darauf begann der Prozess. 2006 fällte das Berliner Landgericht sein Urteil. Ayhan Sürücü wurde zu neun Jahren und drei Monaten Jugendstrafe verurteilt, die älteren Brüder wurden mangels Beweisen freigesprochen. Der Bundesgerichtshof hob dieses Urteil im Jahr 2007 auf. Die Brüder hatten sich zu diesem Zeitpunkt bereits in die Türkei abgesetzt. Seit Januar 2016 stehen sie dort vor Gericht.

Bei der Berliner Urteilsverkündung im Jahr 2006 stellte der Richter fest, Hatun Sürücü habe sterben müssen, »weil sie ihr Leben lebte, wie sie es wollte«. Das Verfahren stieß die Debatte über Zwangsverheiratung noch weiter an. Das Opfer war in der Türkei mit einem Cousin verheiratet worden. Die Eltern hatten die damals 16-Jährige von der Schule in Berlin genommen. Die Ehe scheiterte und die junge Frau kam zurück. Anhand solcher Fälle wurde diskutiert, was Zwangsheirat von arrangierten Ehen unterscheidet. Kritikerinnen wie Necla Kelek, die auf die Selbstbestimmung der Frau pochen, fassen beides in eins. Doch dieser Auffassung wollen nicht alle folgen. Einigen kann man sich auf die Feststellung, dass eine arrangierte Ehe unter bestimmten Bedingungen den Kern von Zwangsheirat in sich bergen kann.

Auch fünf Jahre nach Einführung des Gesetzes zur Bekämpfung von Zwangsheirat liegen zum tatsächlichen Ausmaß der erzwungenen Eheschließungen nur wenige verlässliche Zahlen vor. Dies zeigt die Antwort der Bundesregierung auf eine Kleine Anfrage von Bündnis 90/Die Grünen (BT-Drs. 18/7749) im März 2016. Unter anderem wird auf die Polizeiliche Kriminalstatistik (PKS) verwiesen, nach der zwischen 2012 und 2015 insgesamt 226 Fälle registriert wurden. Im November 2011 wurde die bisher umfangreichste, im Auftrag des Bundesfamilienministeriums erstellte Studie vorgelegt, der zufolge die Opferzahlen über den bisherigen Schätzungen liegen. Aus dem Jahr 2008 wurden insgesamt 3443 Fälle von Zwangsverheiratung untersucht, die bei 830 Beratungsstellen im Bundesgebiet aktenkundig geworden waren. Ein Drittel der Betroffenen war minderjährig; fast die Hälfte hatte einen deutschen Pass; zwei Drittel kamen aus stark religiös geprägten Familien; viele waren aus der Türkei, gefolgt von Serbien, dem Irak und Afghanistan; 6 % der Zwangsverheirateten waren Männer.

Die Studie verweist auf einen Zusammenhang, der in der Präventionsarbeit eine wichtige Rolle spielt. Die Mehrheit der betroffenen Frauen hat demnach bereits Erfahrung mit Gewalt machen müssen, vielfach in der eigenen Familie. Mehr als 70 % haben Beleidigungen, Beschimpfungen und Erpressung erlebt, mehr als die Hälfte ist körperlich attackiert worden. Betroffene Frauen können sich seit 2013 an das Hilfetelefon »Gewalt gegen Frauen« wenden. Dort ist man auch auf Anruferinnen vorbereitet, denen »Gewalt im Namen der Ehre« widerfahren ist. Die Beratungsgespräche werden in 15 Sprachen angeboten, darunter Türkisch, Serbisch und Arabisch.

Literatur

Ateş, Seyran: Große Reise ins Feuer. Die Geschichte einer deutschen Türkin, Berlin 2003.

Çilelis, Serap: Wir sind eure Töchter, nicht eure Ehre, München 2006.

Europäisches Parlament (Hrsg.): Forced Marriage from a Gender Perspective. Study for the Fem Committee, Brüssel 2016 (www.europarl.¬europa.eu/RegData/etudes/STUD/2016/5569¬26/IPOL_STU(2016)556926_EN.pdf).

Justizministerium Baden-Württemberg (Hrsg.): Zwangsverheiratung ächten, Opferrechte stärken, Opferschutz gewährleisten, Prävention und Dialog ausbauen! Bericht der Fachkommission Zwangsheirat der Landesregierung Baden-Württemberg, Stuttgart 2006.

Kelek, Necla: Die fremde Braut – Ein Bericht aus dem Inneren des türkischen Lebens in Deutschland, Köln 2005.

Toprak, Ahmet: Das schwache Geschlecht – die türkischen Männer. Zwangsheirat, häusliche Gewalt, Doppelmoral der Ehre, 2. Aufl. Freiburg 2007.

Zwangsverheiratung in Deutschland – Anzahl und Analyse von Beratungsfällen. Wissenschaftliche Untersuchung im Auftrag des Bundesministeriums für Familie, Senioren, Frauen und Jugend. Autoren: Thomas Mirbach, Lawaetz-Stiftung; Torsten Schaak, Büro für Sozialpolitische Beratung; Katrin Triebl, Lawaetz-Stiftung. Unter Mitarbeit von Christin Klindworth, Lawaetz-Stiftung; Sibylle Schreiber, Terre des Femmes e. V., Berlin 2011.

www.frauenrechte.de
www.hilfetelefon.de
www.zwangsheirat.de

Ehrenmord

Yasemin Karakaşoğlu

Ehrenmorde schienen in westlichen Gesellschaften als eine in archaischen Gesellschaftsordnungen verwurzelte Form der Selbstjustiz der Vergangenheit anzugehören. Aktualität bekommt die öffentliche Auseinandersetzung mit Morden im Namen der Ehre durch entsprechende Vorfälle in Migrantengemeinschaften in Deutschland. Besondere öffentliche Aufmerksamkeit erlangte der Fall von Hatun Sürücü, einer türkeistämmigen Migrantin zweiter Generation aus Berlin, bei der die gesamte Familie den Mord an der jungen Frau, die sich dem Rollendiktat der Familie durch einen »westlichen Lebensstil« zu entziehen versucht hatte, beschlossen und ein Familienmitglied mit dessen Durchführung beauftragt hatte (2005). Damit trug der Mord an Hatun Sürücü die »klassischen Merkmale« eines Ehrenmordes.

Eine kriminologische Definition für Ehrenmord bieten Dietrich Oberwittler und Julia Kasselt (2011), die auf dieser Basis alle 78 bekannt gewordenen Fälle von Ehrenmorden in Deutschland im Zeitraum zwischen 1996 und 2005 einer detaillierten Analyse unterzogen haben: »Wir definieren Ehrenmorde als vorsätzlich begangene versuchte oder vollendete Tötungsdelikte, die im Kontext patriarchalisch geprägter Familienverbände oder Gesellschaften vorrangig von Männern an Frauen verübt werden, um die aus Tätersicht verletzte Ehre der Familie oder des Mannes wiederherzustellen. Die Verletzung der Ehre erfolgt in jedem Fall durch einen wahrgenommenen Verstoß einer Frau gegen Verhaltensnormen, die auf die weibliche Sexualität im weitesten Sinne bezogen

sind. Sowohl die Existenz patriarchalisch geprägter Verhaltensnormen für Frauen als auch der Einfluss kollektivistischer Familienwerte ist für das Verständnis des Ehrenmordes zentral.« Mit der weiblichen Ehre verbunden werden Jungfräulichkeit vor der Ehe, eheliche Treue sowie die Berücksichtigung bestimmter, als »sittlich« definierter spezifisch weiblicher Kleidungs- und Verhaltensregeln. Hüter der so definierten Ehre ist nicht allein das Mädchen bzw. die Frau selbst, sondern es sind auch die direkten Verwandten, deren gesellschaftliche Achtung vom solchermaßen definierten »ehrbaren« Verhalten der weiblichen Familienmitglieder abhängt.

Einem Mord gehen in der Regel verschiedene Maßnahmen voraus, um die Betroffene von ihrem als unehrenhaft definierten Verhalten abzubringen bzw. zur »Umkehr« im Sinne des Kodex zu bewegen. Dazu zählen vor allem psychischer Druck, »erzieherische« Sanktionen und körperliche Gewalt. Nach erfolgloser Intervention der Familie wird in Einzelfällen, um die es sich nach aktuellen Forschungserkenntnissen bei Ehrenmorden handelt, die Ermordung der Frau als letztes Mittel gesehen, die Familienehre bzw. die männliche Ehre wiederherzustellen. Vor diesem Hintergrund wird er meist von mehreren Mitgliedern der Verwandtschaft gemeinschaftlich geplant und in vielen Fällen – wegen des Schutzes durch das Jugendstrafrecht – von jüngeren Familienmitgliedern in die Tat umgesetzt. Mitverantwortlich für die Mordentscheidung zeichnen allerdings durchaus auch weibliche Mitglieder der Familie, die die traditionelle Ordnung ebenfalls aufrecht erhalten wissen wollen und in dem Verhalten der abweichenden jungen Frau eine Bedrohung ihrer Lebensweise sehen.

Zentral für die Durchführung eines Ehrenmordes ist neben den meist in dörflichen Traditionen wurzelnden Familienstrukturen mit festen, zu Ungunsten der Frauen hierarchisch definierten Rollenzuschreibungen entlang der Geschlechter- und Generationenzugehörigkeit vor allem die Akzeptanz eines solchen Vorgehens in der unmittelbaren sozialen Umgebung, die für die Zuschreibung von Ehre verantwortlich ist. Sie legitimiert aus Sicht der Täter eine auch gegen staatliche Gesetze verstoßende Selbstjustiz, da es den Tätern primär um das eigene und das Ansehen der Familie in der höher bewerteten, unmittelbaren soziokulturellen Gemeinschaft geht. Während in der Vergangenheit Gerichte häufig die Einbindung der Täter in diese soziokulturellen Eigenlogiken strafmildernd berücksichtigten, wird inzwischen – sicherlich auch aufgrund einer erhöhten öffentlichen Aufmerksamkeit – der Ehrenmord stärker eindeutig als »Tat aus niedrigen Beweggründen« eingeordnet und entsprechend streng bestraft. Auch in den Herkunftsländern (u. a. in der Türkei) wurde lange Zeit verhältnismäßig milde mit den Tätern umgegangen. Unter dem Druck, sich der europäischen Rechtsprechung anzupassen, haben aber z. B. Gesetzesnovellen seit 2005 in der Türkei dazu geführt, dass die Befolgung der Tradition nicht mehr als strafmildernder Grund bei Ehrenmorden geltend gemacht werden kann. Im Kontext des Europarats werden Ehrenmorde in einem direkten Zusammenhang mit Zwangsverheiratung (→ S. 233 ff.) – beides Formen von familiärer Gewalt an Frauen – betrachtet. Nicht selten sind Opfer von Ehrenmorden auch (überwiegend) junge Frauen, die versucht haben, aus einer Zwangsehe auszubrechen oder dieser zu entgehen.

Tötungsdelikte unter Migranten werden, wenn Sie im Rahmen eines Beziehungsdramas an einer Frau begangen werden, aller-dings manchmal auch zu Unrecht als »Ehrenmorde« bezeichnet. Ebenfalls wird häufig ein linearer Zusammenhang mit der Religionszugehörigkeit der Betroffenen zum Islam hergestellt und geschlussfolgert, ein Ehrenmord sei grundsätzlich islamisch motiviert. Hier spielen auch Stereotype über eine grundsätzliche kulturelle Andersartigkeit der muslimischen Migranten und ihrer Werte und Normen eine Rolle. Auch wenn bei den bekannt gewordenen Fällen die Betroffenen überwiegend Muslime waren, so sind auch Angehörige der Jesiden (also einer unter Kurden verbreiteten monotheistischen Religion) sowie Angehörige altchristlicher Religionsgemeinschaften (z. B. Syrisch-Orthodoxe) unter den Tätern und Opfern. Auch haben sich die großen muslimischen Dachverbände in Deutschland eindeutig dazu positioniert, dass sich weder theologisch noch über die gelebte islamische Tradition ein Ehrenmord legitimieren lässt.

Eine Studie der Vereinten Nationen aus dem Jahr 2000 stellt fest, dass weltweit jährlich etwa 5000 Mädchen und Frauen im Namen der Ehre ermordet werden. Organisationen wie Terre des Femmes gehen jedoch von einer hohen Dunkelziffer aus. Doch es sind keinesfalls nur Mädchen und Frauen, die Ehrenmorden zum Opfer fallen, wie Dietrich Oberwittler und Julia Kasselt in ihrer Vollerhebung feststellen. Demnach war in 43 % der Fälle ein Mann das Opfer eines Ehrenmordes. Dabei handelt es sich häufig um diejenigen, die für die »Entehrung« der Frau mitverantwortlich gemacht werden. Eine im Zeitverlauf erfolgte Häufung von Ehrenmorden konnte in der Untersuchung nicht festgestellt werden. Ein Viertel der 78 untersuchten Fälle wird im Sinne der oben angeführten Definition als »Ehrenmorde im engeren Sinne« eingestuft. Täter sind in 90 % der Fälle Männer der ersten Zuwanderergeneration mit längeren Aufenthaltszeiten in Deutschland. Sie gehören ausnahmslos der bildungsfernen und sozial marginalisierten ethnischen Unterschicht an. Angehörige der zweiten oder dritten Zuwanderungsgeneration spielen hingegen keine bedeutende Rolle als Täter von Ehrenmorden, was im Zusammenspiel mit dem im Generationenverlauf steigenden Bildungserfolg hoffen lässt, dass die Zahl der Ehrenmorde zurückgehen wird.

Literatur

Cöster, Anna Carolina: Ehrenmord in Deutschland, Marburg 2009.

Oberwittler, Dietrich/Kasselt, Julia: Ehrenmorde in Deutschland. Eine Untersuchung auf der Basis von Prozessakten. Polizei + Forschung Bd. 42, hrsg. vom Bundeskriminalamt, Köln 2011, Köln 2011.

Karakaşoğlu, Yasemin/Subaşi, Sakine (2007): Ausmaß und Ursachen von Zwangsverheiratungen in europäischer Perspektive. Ein Blick auf Forschungsergebnisse aus Deutschland, Österreich, England und der Türkei, in: Bundesministerium für Familie, Senioren, Frauen und Jugend (Hrsg.): Zwangsverheiratungen in Deutschland. Konzeption und Redaktion: Deutsches Institut für Menschenrechte, Baden-Baden 2007, S. 103–130.

www.frauenrechte.de/online/index.php/themen/¬gewaltim-namen-der-ehre.html

Islamismus – ideologischer Import oder eine globalisierte Erscheinung mit deutschen Eigenheiten?

Benno M. Köpfer und Tobias W. Selge

Befasst man sich mit den beiden Phänomenen Islamismus und Migration, so denkt man im Jahr 2016 vermutlich zunächst an die »Flüchtlingskrise«. Dies geschieht nicht zuletzt deswegen, weil sich beispielsweise auch unter den Attentätern der Anschläge von Paris im November 2015 Menschen befanden, die auf der »Balkanroute« in die Europäische Union (EU) eingereist und als Flüchtlinge registriert waren. Reduziert man die Verbindung von Islamismus und Migration jedoch auf die »eingereisten Attentäter«, erfasst man die Phänomene unzureichend. Menschen, die sich in Deutschland in den letzten Jahrzehnten niedergelassen haben oder nach den Wanderungsbewegungen der jüngsten Zeit sesshaft werden, bringen häufig neue religiöse Überzeugungen, Traditionen und Praktiken mit. Diese kulturellen Normen und Werte basieren auf Narrativen, die sich ideologisch aufladen lassen. Besonders in einer Diasporasituation werden die manchmal diskriminierenden Erfahrungen mit der eingesessenen Bevölkerung im politischen Diskurs pointiert genutzt. Es geht dann immer um Identitäten und Etikettierungen, die von Akteuren in den muslimischen *Communitys* auf demagogische Weise genutzt werden können, um (gesellschafts-)politische Ziele zu erreichen. Da politische Akteure häufig seit Jahrzehnten in Deutschland wirken, sind einige Positionen nicht immer mit dem deutschen Grundgesetz vereinbar oder widersprechen den demokratischen Regeln eines europäischen Rechtsstaates. Hierbei sollte man beachten, dass wir es mit einer Dynamik sehr unterschiedlicher Prozesse und Beeinflussungen zu tun haben. Bringt der politische Akteur einfach sein Ideologiegerüst mit und setzt es hier unverändert um? Oder reagiert er nicht vielmehr auf die vorgefundenen Alltagsrealitäten und passt seine Aktivitäten und politischen Vorstellungen diesen an? Überspitzt formuliert gründet der Islamist dann beispielsweise eine Gemeinschaft nach deutschem Vereinsrecht, um seine Interessen zu vertreten.

Schließlich ist Islamismus offenkundig kein reines Migrationsphänomen. Im Gegenteil finden Radikalisierungsprozesse sowohl bei Menschen mit Einwanderungsgeschichte als auch bei Menschen, die den Islam angenommen haben und bereits lange in Deutschland oder anderen europäischen Staaten leben, statt. Radikalisierung wird hier verstanden als Hinwendung zu islamistischen Einstellungen, die im schlimmsten Fall in militanter Ablehnung der Gesellschaftsordnung münden kann. Wie ist hier das Verhältnis von Einwanderung und Islamismus? Wandert der Islamist ein oder radikalisiert sich der Einwanderer etwa der »Generation Y« und adaptiert islamistische Einstellungen als Reaktion auf ein Gefühl des Mangels in der aufnehmenden Gesellschaft?

Islamismus: der Islam als die Lösung aller gesellschaftlichen Probleme. Sätze, die mit »Der Islam ist …« beginnen, sind immer mit größter Vorsicht zu genießen. In den allermeisten Fällen sind dies irreführende Verallgemeinerungen, wie sie von islamfeindlichen Populisten ausgesprochen werden. Aber auch apodiktische Anhänger spezieller sunnitischer oder schiitischer Strömungen, besonders in ihren islamistischen Ausprägungen, führen den Diskurs mit Vorstellungen eines einzig gültigen »wahren Islams«. »Der Islam ist die Lösung.« Mit diesem Slogan trat die Muslimbruderschaft als älteste islamistische Organisation 1928 an, um auf Grundlage islamischer Glaubensvorstellungen eine ideale Gesellschaft

zu formen. Daher versteht man heute Islamismus als eine politische Ideologie des 20. Jahrhunderts. Religiöse Lehren und Denkrichtungen werden ideologisch aufgeladen. Aus einer individuell praktizierbaren Religion wird durch eine Absolutsetzung aus »dem Islam« (bestimmbarer Interpretationen!) eine Lebens- und Staatsordnung. Gültigkeit wird für die gesamte Gesellschaft dadurch beansprucht, dass die Volkssouveränität abgelehnt wird und ausschließlich »göttliche Gesetze« (Gebote und Verbote sowie Sanktionen gemäß der Scharia) zu gelten hätten. Dadurch wird eine islamische Sozialordnung angestrebt, die sich gegen demokratisch verfasste und plurale Gesellschaften richtet. Wer diese Vorstellungen aktiv verfolgt und zur Wirkung bringen möchte, gilt in der Bundesrepublik Deutschland als verfassungsfeindlich. Bei teilweise ideologischen Gemeinsamkeiten der verschiedenen islamistischen Strömungen sind jedoch bei genauerer Betrachtung sehr unterschiedliche Konzepte zu erkennen. Dies gilt etwa für die mögliche Beteiligung an demokratischen Wahlen oder für eine totale Ablehnung der Demokratie. Bei den Mitteln und Methoden sowie der Gewaltorientierung oder Strukturen islamistischer Organisationen sind die Unterschiede jedoch erheblich.

Einige Gruppen gehen so weit, dass sie zur Durchsetzung ihrer Ziele Gewalt befürworten und anwenden. Ein Großteil des islamistischen Spektrums bewegt sich jedoch im Feld einer legalistischen Ausprägung, das weniger gewaltorientiert agiert. Anhänger dieses Islamismus streben nach Verwirklichung ihrer Ziele innerhalb eines gesetzlich vorgegebenen Rahmens. Zu den vorrangigen Betätigungsfeldern dieser Bewegungen zählen identitätsstiftende Aktionen. Häufig sind es karitative Aktivitäten und Bildungsangebote, mit denen sie öffentlich auftreten. Hier versucht etwa ein Konvertit oder eine Konvertitin islamistischer Prägung einen Menschen, der nach Deutschland einwandert, zu beeinflussen. Wenn Flüchtlinge oder Einwanderer möglicherweise eine muslimische Identität pflegen, werden sie unter dem Vorwand humanitärer Unterstützung mit ideologischen Versatzstücken konfrontiert, die sie von einem vermeintlich »wahren Islam« überzeugen sollen. Dabei werden Agitatoren auch nicht davor zurückschrecken, die aufnehmende Gesellschaft als »verdorben« und »unislamisch« zu charakterisieren. Demgegenüber werden immer vermeintlich »authentische islamische« Normen und Werte propagiert, die den Grundstein für eine angeblich »wahrhaft islamische« Gesellschaft legen sollen. Dabei gilt es zu beachten, dass Authentizität hier ein sehr modernes Konstrukt darstellt, das als Antwort auf die Herausforderungen der kolonialen Moderne formuliert wurde.

Salafismus: Identitätsstifter in der postmodernen Welt. Heute versteht man unter Salafismus, dass sich Menschen ausschließlich am Vorbild der ersten drei Generationen von Prophetengefährten, den »ehrbaren Vorfahren« (*as-Salaf as-salih*), orientieren. Dies versuchen die Anhänger durch eine wortwörtliche Anwendung aller Regeln, wie sie in den islamischen Quellen, Koran und Sunna (Prophetenüberlieferungen) zu finden sein sollen. Dies gelte sowohl im privaten Umfeld als auch im öffentlichen Alltag. Salafismus ist damit nicht nur eine mögliche religiöse Lesart des Islam, sondern vielmehr eine totalitäre politische Ideologie und damit eine islamistische Strömung. Mithin finden sich hier die radikalsten und kompromisslosesten Auffassungen innerhalb des islamistischen Spektrums.

Prägend für diese Bewegung sind sehr unterschiedliche Autoritäten, die – ähnlich wie Popstars oder YouTube-Promis – versuchen, vor allem ein jugendliches Zielpublikum für ihre Vorstellungen zu gewinnen. Seit den ersten öffentlichen Auftritten salafistischer Akteure in der deutschen Öffentlichkeit seit etwa Ende der 1990er-Jahre war klar, dass es sich beim Salafismus auch um ein jugendkulturelles Phänomen handelt. Dies wird deutlich in einer spezifischen Sprache, die sich aus arabischen Versatzstücken, religiösen Floskeln und jugendsprachlicher Elemente zusammensetzt. Weitere Erkennungsmerkmale sind eine Kleidung, Barttracht und eine spezifische Form der Zahnpflege durch ein Holzstäbchen (*miswak*), die sich vermeintlich am Vorbild der Prophetengefährten orientieren.

Radikalisierungsprozesse: nicht nur eine Frage der Einwanderung. Besonders im jugend- und protestkulturellen Kontext zeigt sich, dass die Phänomene Migration und Islamismus keinesfalls gleichzeitig auftreten. Vielmehr zeigt sich im Rahmen von Radikalisierungsprozessen durchaus eine zeitliche Verzögerung – womöglich generationenüberschreitend – zur direkten Einwanderung. Die Befunde der Radikalisierungsforschung zeigen, dass der Großteil der Salafisten mit Migrationshintergrund aus nur wenig religiösen Elternhäusern mit schwach gelebter traditionaler Religiosität stammt. Auch Religiosität scheint damit Wandlungsprozessen unterworfen zu sein. Radikalisierung hat somit eine Dynamik, die sich erst *nach* der Migration und in der Umgebungsgesellschaft abzuspielen scheint. Zudem wird an dieser Stelle noch etwas anderes deutlich: Radikalisierungsprozesse beinhalten zwar ab einem bestimmten Zeitpunkt eine starke ideologische Komponente (nämlich ab dem Moment, an dem die islamistische Ideologie, zumindest funktional, als neues Sinnsystem angenommen wird); gleichzeitig sind sie allerdings auch eine Protestbewegung einer jungen Generation nicht nur gegen die Mehrheitsgesellschaft, sondern auch gegen die Elterngeneration, deren traditionell gelebte Religiosität die Bedürfnisse der Kinder nicht mehr befriedigen kann.

In den letzten zehn Jahren hat sich in Deutschland eine dynamische Bewegung mit sehr unterschiedlichen Facetten entwickelt. Sie eint eine dualistische Geisteshaltung, die die Welt in »gut« und »böse« bzw. in »Gläubige« und »Ungläubige«, in »Wir« und »Ihr« einteilt. Dabei kommt ein religiöses Konzept zur Anwendung, das als »Liebe und Hass« oder »Loyalität und Lossagung« (*al-wala' wal-bara'*) bekannt ist. Damit wird bedingungslose Loyalität zu gläubigen »Brüdern« ebenso eine Pflicht wie der Abbruch aller Beziehungen zu einer als vermeintlich »ungläubig« betrachteten Umgebung. Viele Vertreter des Salafismus propagieren darüber hinaus einen aggressiven Antisemitismus und verunglimpfen nicht nur Andersgläubige, d. h. Juden und Christen, sondern auch alle nichtsalafistischen Muslime als Ungläubige (*kuffar*). Dadurch stilisieren sich etwa Jugendliche – ungeachtet ihres familiären Hintergrundes – zu »Fremden« (*ghuraba*), die selbst in einem muslimisch geprägten Umfeld als einzig wahre Gläubige auf »dem richtigen Weg« seien. Sie geben vor, sich kompromisslos an alle Regeln der Scharia zu halten und erklären diese für alle für verpflichtend. Dabei lassen sich vier für das Zusammenleben besonders relevante Punkte herausstellen.

- Die im Grundgesetz verankerte Gleichberechtigung der Frau wird unter Verweis auf eine angeblich gottgegebene Höherstellung des Mannes abgelehnt.
- Für Menschen, die nicht mehr praktizierende Muslime sein wollen, gilt keine Religionsfreiheit. Vielmehr müssten diese als Apostaten, die den Islam verlassen haben, getötet werden.
- Strafgesetzbücher werden abgelehnt. Es werden die im Koran formulierten »Haddstrafen« (Körperstrafen wie Steinigung, Auspeitschen, Köpfen, Amputationen von Händen) gefordert.
- *Jihad* wird ausschließlich als bewaffnete Auseinandersetzung und als Pflicht in bestimmten Situationen definiert.

Opfernarrative: eine Begründungsmöglichkeit der Desintegration. Migration und Islamismus sind dabei keine Phänomene, die allein auf individueller Ebene zu verorten sind. Ideen und Narrative sind Gegenstände von transnationalen Diskursen und werden entsprechend rezipiert. Besonders an einem Diskurs internationaler Verfolgung und Unterdrückung der muslimischen Gemeinschaft (*umma*), einem üblichen Topos innerhalb des islamistischen Spektrums, wird die Transnationalität von Ideen in Verbindung mit tatsächlich handelnden Personen deutlich. Egal um welchen Konflikt es sich in der islamischen Welt seit rund 40 Jahren (seit dem Einmarsch der Sowjetunion 1979 in Afghanistan) handelt, werden die zivilen Opfer der Kriege etwa in Afghanistan, Jemen, Iran, Algerien, Palästina, Somalia, Irak oder Syrien von islamistischen Propagandisten ausschließlich als Muslime definiert. Dann verfängt das eingängige Narrativ vom häufig »westlichen, kreuzzüglerischen Feind«, der »den Islam« bekrige und die Muslime töten wolle. Die Dimensionen dieser Opferdiskurse lassen sich am Beispiel des Nahostkonflikts verdeutlichen. Da etwa in arabischen Staaten, in Iran oder auch in der Türkei der Diskurs über den Nahostkonflikt auch eindeutig judenfeindliche Inhalte transportiert, herrscht häufig Unverständnis darüber, wenn dies in der Bundesrepublik dann als Antisemitismus zu verurteilen ist oder verurteilt wird.

Als Fazit lassen sich folgende Thesen festhalten: Die Ideologisierung von Menschen mit Einwanderungsgeschichte innerhalb islamistischer Bewegungen muss nichts mit deren Migration zu tun haben. Daher lassen sich islamistische Radikalisierungsprozesse nur bedingt verstehen, wenn sie ausschließlich unter migrationspolitischen Gesichtspunkten betrachtet werden, etwa nach dem Muster, dass hier Islam oder Islamismus importiert würden. Vielmehr werden religiöse Vorstellungen, Normen oder Werte an die Gegebenheiten vor Ort adaptiert und weiterentwickelt. Diese wirken dann als Integrationshemmer, wenn sie beispielsweise die Rechte und Entwicklungsmöglichkeiten von Frauen einschränken.

Der häufig postulierte Wirkmechanismus von Migration und Islamismus kann sich bisweilen umkehren, wenn etwa Konvertiten zugewanderten Muslimen den »wahren Islam« erklären und die Befolgung besonderer Regeln erwarten.

Ein weiterer Aspekt ist die Identität besonders der Männer, die mit ihren teilweise patriarchalen Einstellungen und entsprechendem Rollenverhalten in einer pluralen demokratischen Gesellschaft Identitätskrisen durchleben. Aber hierbei ist die Religion nur ein Bestandteil vielfältig kulturell erlernter Verhaltensweisen.

Neben Frauen und Männern migrieren in einer globalisierten Welt vor allem Ideen und Narrative, die wiederum die Diskurse bestimmen. Sie alle können dann durch aktuelle politische Entwicklungen in den jeweiligen Herkunftsländern erheblich an Schärfe gewinnen. Indirekt und beispielhaft werden diese Konflikte in der neuen Studie *Integration und Religion aus der Sicht von Türkeistämmigen in Deutschland* deutlich. Somit gehören Islam und Islamismus als zwei Seiten einer Medaille zu Deutschland und bilden hier spezifisch deutschsprachige Erscheinungsformen transnationaler Ideen. Sie sind insofern nicht nur eine Herausforderung für Sicherheitsbehörden, sondern für die gesamte Gesellschaft.

Literatur

Dantschke, Claudia/Mansour, Ahmad/Müller, Jochen/Serbest, Yasemin: »Ich lebe nur für Allah«. Argumente und Anziehungskraft des Salafismus. Eine Handreichung für Pädagogik, Jugend- und Sozialarbeit, Familien und Politik. Schriftenreihe Zentrum Demokratische Kultur, Berlin 2011 (www.zentrum-demokratische-kultur.de).

Mansour, Ahmad: Generation Allah. Warum wir im Kampf gegen religiösen Extremismus umdenken müssen, Frankfurt/M. 2015.

Pollack, Detlef/Müller, Olaf/Rosta, Gergely/Dieler, Anna: Integration und Religion aus der Sicht von Türkeistämmigen in Deutschland. Repräsentative Erhebung von TNS Emnid im Auftrag des Exzellenzclusters »Religion und Politik« der Universität Münster, Münster 2016 (www.uni-muenster.de/imperia/md/content/religion_und_politik/aktuelles/2016/06_2016/studie_integration_und_religion_aus_sicht_t__rkeist__mmiger.pdf)

Said, Behnam T./Fouad, Hazim (Hrsg.): Salafismus. Auf der Suche nach dem wahren Islam. 2. Aufl. Freiburg/Br. 2016.

Seidensticker, Tilman: Islamismus: Geschichte, Vordenker, Organisationen, München 2016.

www.bmi.de

www.team-mex.de (Projekt »Mit Zivilcourage gegen Extremismus« der Landeszentrale für politische Bildung Baden-Württemberg)

www.verfassungsschutz-bw.de (mit Angeboten für Veranstaltungen und Vorträge)

www.verfassungsschutz.de

Migranten und Kriminalität

Kerstin Reich

Menschen mit Migrationshintergrund und kriminelle Handlungen scheinen von jeher in der Wahrnehmung der einheimischen Bevölkerung ursächlich miteinander verbunden zu sein, so als ob eine bestimmte Staatsangehörigkeit oder eine andere ethnische Herkunft einen spezifischen Faktor zur Entwicklung von Straffälligkeit darstellen würde. Migranten stehen somit oftmals im Ruf, eine Gefahr für die innere Ordnung und für den sozialen Frieden darzustellen. Die Zusammenhänge zwischen Migration und Kriminalität werden entsprechend mit einer Zusammenziehung beider Begriffe zur »Ausländerkriminalität« diskutiert. Da die Begriffe »Ausländer« bzw. »Migrationshintergrund« breit gefächert sind und vor allem junge Menschen mit Migrationshintergrund für die gestiegene Kriminalitätsbelastung verantwortlich gemacht werden, sollte jedoch »Zuwandererkriminalität« als Begriff bevorzugt werden. Darunter können sowohl Personen gefasst werden, die Migration selbst erlebt haben, als auch Personen, die Migration sozusagen aus »zweiter Hand« erfahren haben.

Für die ungerechtfertigte Verallgemeinerung des Zusammenhangs zwischen Kriminalität und Migration scheint die Tendenz zu existieren, die Problemwahrnehmung von Kriminalität auf solche Tätergruppen zu fokussieren, die ohnehin marginalisierte soziale Positionen innerhalb der Gesellschaft einnehmen. Dabei wird vollkommen übersehen, dass der weitaus größte Anteil von Zuwanderern sich in krimineller Hinsicht völlig unauffällig verhält. In der Konsequenz besteht die Gefahr der Diskreditierung einer ganzen Gruppe, obwohl nur einzelne Mitglieder für entsprechendes Fehlverhalten verantwortlich gemacht werden können.

Da das Thema »zu den politischen und ideologischen Minenfeldern des öffentlichen Diskurses« gehört (Frank Gesemann), ist eine sachliche und differenzierte Diskussion darüber erforderlich. Um einem Kriminalisierungsprozess nicht Vorschub zu leisten, sollte im Mittelpunkt der öffentlichen, (kriminal-)politischen und medialen Diskussion des Themas deshalb nicht die Annahme, sondern die Frage nach dem Vorliegen einer überproportionalen Häufigkeit (bezogen auf ihren Anteil, den sie an der Wohnbevölkerung haben) abweichenden bzw. delinquenten Verhaltens von Menschen mit einer anderen ethnischen Herkunft stehen. Sofern sich dies als zutreffend feststellen ließe, müssten sich als weitere Fragen anschließen, worauf diese Höherbelastung basiert und welche Ursachen zugrunde liegen bzw. welche Erklärungsansätze es dafür gibt.

Die zentrale Grundlage für die Einschätzung des Kriminalitätsaufkommens stellt die Polizeiliche Kriminalstatistik (PKS) dar. Die PKS spiegelt kein exaktes Abbild der Realität wider, sondern zeigt auf, welche und wie viele Straftaten von der Polizei im Berichtszeitraum von jeweils einem Jahr registriert worden sind. Kriminologisch bedeutsam ist darüber hinaus, dass es sich dabei um das sogenannte Hellfeld der Kriminalität handelt, um den Anteil des Kriminalitätsgeschehens also, der von der Polizei durch Anzeige oder eigene Ermittlungstätigkeit offiziell registriert wird. Im Hinblick auf den Migrationshintergrund unterscheidet die PKS nur zwischen den Kategorien »deutsch« und

»nichtdeutsch«. Unberücksichtigt bleibt bei dieser Unterteilung die Differenzierung nach relevanten Integrationskriterien und unterschiedlichen Migrationszeitpunkten, Migrationsmotiven und völlig unterschiedlichen Lebenssituationen in Deutschland, die jedoch wichtige Kriterien für Integrationschancen darstellen.

Betrachtet man die langfristige Entwicklung der Kriminalitätsbelastungszahlen, die sich bei der Auswertung des polizeilichen Datenmaterials ergibt, zeigt sich bis 1980 ein stetiger moderater Anstieg bei den Anteilen nichtdeutscher Tatverdächtiger. Nach der Öffnung der osteuropäischen Grenzen und nach dem Jugoslawienkonflikt hat sich ab 1989/90 ein sprunghafter Anstieg der nichtdeutschen Tatverdächtigenanteile bis zu einem Höhepunkt im Jahr 1993 ergeben. Danach ist der Anteil der nichtdeutschen Tatverdächtigen an allen Tatverdächtigen – ganz entgegen dem Meinungsbild in der Öffentlichkeit – stetig gesunken. Waren 1993 noch 33,6 % aller Tatverdächtigen Nichtdeutsche, so war dieser Wert 1995 bereits um 5 % gefallen, um danach kontinuierlich und deutlich – etwa jeweils um einen halben Prozentpunkt – weiter abzunehmen, was mit der Asylverfahrensgesetzgebung in Zusammenhang stehen dürfte.

Andererseits legen die aktuellen Jahresstatistiken auf den ersten – ungeprüften bis unkritischen – Blick auch tatsächlich nahe, dass die Kriminalitätsbelastung bei den Nichtdeutschen deutlich höher zu sein scheint als bei den Deutschen. So beträgt der Anteil nichtdeutscher Tatverdächtiger an allen Tatverdächtigen bei nahezu allen Straftaten ca. 17 %, nachdem die Daten um die Delikte, die nur von Ausländern begangen werden können (z. B. Verstöße gegen das Aufenthaltsgesetz) und um die nichtdeutschen Tatverdächtigen, die nicht melderechtlich erfasst sind (z. B. Touristen), bereinigt wurden. Er liegt damit deutlich über dem Anteil, den die ausländische Bevölkerung an der Gesamtbevölkerung (ca. 9 %) hat. Auch bei den 14- bis 17-jährigen nichtdeutschen Tatverdächtigen zeigt sich eine vergleichbare überproportional hohe Belastung mit Kriminalität, wenn alle Tatverdächtigen und alle registrierten Delikte einbezogen werden.

Vor allem die Medien, aber auch Politiker bedienen sich gerne dieser Lesart und leisten dabei Vorurteilen und Stereotypenbildung in der Gesellschaft gegenüber »Fremden« erheblichen Vorschub. Von wissenschaftlicher Seite wurde schon lange bezweifelt, ob man aus den Befunden der polizeilichen Registrierung nichtdeutscher Personen schlussfolgern kann, Menschen mit Migrationshintergrund würden häufiger Straftaten begehen als die einheimische Bevölkerung. Vielmehr wurde darauf hingewiesen, dass die Realität der Kriminalität von Migranten, wie sie sich in der PKS darstellt, kritisch zu betrachten sei, da Verzerrungsfaktoren die Vergleichbarkeit der Belastungszahlen der deutschen und der zugewanderten Bevölkerung erschweren bzw. in ein falsches Licht rücken. Das Kernproblem dabei ist, dass Statistik in erster Linie zählt, aber nicht wägt (Wolfgang Heinz). Dies gilt entsprechend auch für manche undifferenzierte bzw. unkritische Aussage, die auf dieser Grundlage getroffen wird.

Ein Verzerrungsfaktor, der gleichzeitig in ursächlichem Zusammenhang mit einer höheren Kriminalitätsbelastung steht, ist die unterschiedlich gelagerte Sozialstruktur der jeweiligen Bevölkerungsgruppen. Die in Deutschland ansässigen Zuwanderer sind häufiger jung und männlich. Darüber hinaus leben sie in städtischen Ballungszentren, was die kriminelle Auffälligkeit im Hellfeld erhöht. Ein weiterer Faktor, der sich verzerrend in Richtung Höherbelastung auswirken kann, ist das Registrierungsrisiko, das in erster Linie von der Kontrolltätigkeit der Polizei abhängig ist. Darüber hinaus ist in einigen Studien aufgefallen, dass ein ethnisch-selektives Anzeigeverhalten vorliegt, bei dem sowohl Anzeigeerstatter als auch die Polizei dazu neigen, Sachverhalte bei nichtdeutschen Jugendlichen dramatischer zu interpretieren und als kriminelles Verhalten zu kategorisieren, als dies bei deutschen Jugendlichen der Fall ist. Studien zeigen, dass die Anzeigebereitschaft zunimmt, wenn Täter und Opfer unterschiedlichen Ethnien angehören. Allerdings sind die Befunde hierzu nicht einheitlich, denn in anderen Dunkelfelduntersuchungen hat sich gezeigt, dass vor allem Tatschwere und Tatfolgen die Anzeigebereitschaft maßgeblich bedingen.

Die öffentliche Aufmerksamkeit gilt insbesondere dem Gewalthandeln junger männlicher Nichtdeutscher, da diese zum einen für die erhöhte Kriminalitätsbelastung verantwortlich sein sollen. Zum anderen geben spektakuläre Gewaltvorfälle, über die in den Medien berichtet wird, immer wieder den Anlass zu der Vermutung, dass die Gewaltbereitschaft junger Migranten durch ihre kulturelle Prägung erhöht ist.

Aus kriminologischer Perspektive zeigt sich die überproportionale Belastung der tatverdächtigen nichtdeutschen Jugendlichen und Heranwachsenden an der gegen Personen gerichteten Gewaltdelinquenz (z. B. Körperverletzungs- und Raubdelikte) als ein konstantes Phänomen. Deutsche Tatverdächtige sind dagegen mit einem höheren Anteil bei Gewaltdelikten gegen Sachen vertreten. Die Befunde der Schülerbefragung des Kriminologischen Forschungsinstituts Niedersachsen (KFN, Baier & Pfeiffer, 2007) bestätigen dies und weisen für nichtdeutsche männliche Befragte bei Körperverletzungsdelikten eine Häufigkeit von kriminellem Verhalten (sog. Prävalenzrate) aus, die im Vergleich mit gleichaltrigen deutschen Jugendlichen um das Zwei- bis Dreifache erhöht waren, wobei den höchsten Wert türkische Migranten – gefolgt von jungen Zuwanderern aus dem ehemaligen Jugoslawien – aufwiesen. Als geringer belastet weist die PKS junge nichtdeutsche Tatverdächtige bei den ebenfalls jugendtypischen Delikten wie einfacher Diebstahl und Betrug aus. Bei den jungen Aussiedlern ist die Datenlage uneinheitlich. Während in einigen

Studien im Hinblick auf Gewaltdelinquenz die Belastungszahlen junger Aussiedler die der einheimisch deutschen Jugendlichen übersteigen, zeigen sich in anderen Untersuchungen keine signifikanten Unterschiede.

Regelhaft zeigt sich bei jugendlicher Gewaltdelinquenz auch, dass Tatausführungen aus der Gruppe heraus bzw. im Gruppenkontext begangen werden. Die weitaus meisten Gewalttaten begehen Tatverdächtige, die sich in kleineren Gruppierungen von zwei bis etwa vier Jugendlichen bewegen. Auch im Hinblick auf kriminelle Mehrfachauffälligkeit bzw. Intensivtäterschaft sind junge Männer mit Migrationshintergrund in den Fokus geraten. Mehrfachtäter mit Migrationshintergrund sind mit überdurchschnittlich hohen Straftatenanteilen im Bereich der Gewaltdelinquenz vertreten. Überwiegend fallen sie mit Raubdelikten, schwerer Gewalt gegen Personen, aber auch mit schweren Eigentumsdelikten auf. Intensivtäter ohne Migrationshintergrund treten dagegen eher mit Widerstandsdelikten, Verstößen gegen die öffentliche Ordnung, Sachbeschädigung und leichteren Eigentumsdelikten in Erscheinung. Dunkelfeldstudien belegen, dass die Gruppe der jungen Türken den höchsten Anteil an mehrfach auffälligen Gewalttätern (fünf und mehr Gewaltdelikte) stellt.

Die Vorstellung, dass Kriminalität quasi mit den Migranten in das Aufnahmeland wandert, ist längst hinfällig und wurde von kriminalsoziologischen Ansätzen, die sich den Ursachen von Gewalthandeln widmen, abgelöst. Einigkeit besteht darin, Migration als ein belastendes Ereignis zu betrachten, das nur dann angemessen bewältigt werden kann, wenn Integration auf sozialer, sozioökonomischer und kultureller Ebene gelingt. Gerade bei dem Personenkreis der Migranten findet sich aber eine Häufung von Problemen und Risikofaktoren hinsichtlich materieller Mangelsituation sowie Bildungs- und Ausbildungsdefiziten, die geringe Chancen auf gesellschaftliche Teilhabe bieten und die Wahrscheinlichkeit für dauerhafte soziale

Ausgrenzung fördern. Da nach wissenschaftlicher Befundlage die sozioökonomische Benachteiligung einen hohen Anteil des Zusammenhangs von schwerer Jugendkriminalität und Migrationsstatus erklären kann, bildet dieser Faktor meist den Ausgangspunkt für theoretische Ansätze, die die Unterschiede in der Delinquenzbelastung von zugewanderter und einheimischer Bevölkerung erklären wollen.

Nach der Anomietheorie der Kriminalwissenschaften verhalten sich Personen abweichend, wenn ihnen nicht ausreichend legitime Mittel zur Verfügung stehen, um gesellschaftlich allgemein anerkannte Ziele wie materiellen Wohlstand und soziale Anerkennung zu erlangen. Subkulturtheoretische Überlegungen heben hingegen die Bedeutung von Cliquen und Banden für delinquentes Verhalten hervor und gehen davon aus, dass diese sich als Reaktion auf sozioökonomische Benachteiligung und daraus resultierender Perspektivlosigkeit bilden. Sowohl in der Anomietheorie als auch in der Subkulturtheorie wird das (gewalt-)kriminelle Verhalten von – jungen – Zuwanderern mit ihrem Hineinwachsen in die Aufnahmegesellschaft in Beziehung gesetzt und aufgezeigt, dass die Wahrnehmung von sozialer Ungleichheit und Ausgrenzung einen Prozess in Gang setzen kann, der mit der Bildung von Subkulturen, abweichenden Wert- und Normvorstellungen und speziellen Männlichkeitsvorstellungen einhergeht, der in Gewalthandlungen mündet. Wer soziales Prestige wegen Herkunft und ärmlicher Verhältnisse nicht besitzt, nimmt bevorzugt Beziehungen zu gleichfalls randständigen Jugendlichen auf. In solchen Gruppierungen entwickelt sich als Reaktion auf die soziale Ausgrenzungserfahrung ein alternatives Werte- und Normensystem.

Die geringen legitimen Ressourcen von jungen Zuwanderern bilden auch die Rahmenbedingungen für die Inszenierung von Männlichkeit. Da sie anderweitig kaum Chancen haben, soziale Anerkennung zu erfahren, wird der »Körper als – einzig verfügbare – Ressource« (Tekin, 2007) eingesetzt, was dann dazu führt, dass Gewalt als legitimes Mittel zur Durchsetzung eigener Bedürfnisse betrachtet wird. Der männliche Ehrenkodex besteht dabei nicht nur in der Idealisierung aggressiver körperlicher Stärke, sondern wird auch in Begrifflichkeiten wie Zusammenhalt, Treue und Ehre gefasst. Dies hat zur Folge, dass Gewalthandlungen dann zum Einsatz kommen, wenn die eigene Ehre oder die eines Gruppenmitglieds geschützt bzw. verteidigt werden müssen. Damit repräsentieren bestimmte Männlichkeitsbilder nicht zwangsläufig Spezifika der Herkunftskultur, sondern sind vielmehr Ausdruck dafür, dass gerade junge Migranten über mangelnde soziale Ressourcen verfügen und kein legitimes Mittel finden, mit dem sie sich die für die Identitätsfindung notwendige Anerkennung verschaffen können.

Zusammenfassend lässt sich sagen: Die Kriminalität von Zuwanderern zeigt sich im Hellfeld im Vergleich zur Kriminalitätsbelastung der Deutschen erhöht. Überproportional belastet zeigen sich vor allem jugendliche Immigranten einzelner Zuwanderergruppen bei der Gewaltkriminalität. Dennoch bleibt Kriminalität von Zuwanderern ein seltenes Phänomen; zudem scheint die Kriminalitätsbelastung tendenziell abzunehmen.

Die Annahme eines direkten und spezifischen Zusammenhangs von Migrationshintergrund und Kriminalitätsbelastung ist unzutreffend. Die Debatte darum erscheint ideologieträchtig. Eine andere Staatsangehörigkeit verursacht – für sich genommen – kein kriminelles Handeln. Sie stellt auch nicht den einzigen Faktor dar, der Deutsche von Nichtdeutschen unterscheidet. Vielmehr ist es ein Geschehen, in dessen Verlauf bestimmte Ereignisse auftreten (soziostrukturelle Benachteiligung, soziale Ausgrenzung usw.), die kriminelle Verhaltensweisen begünstigen. Dennoch darf kein genereller Abweichungsverdacht gegenüber denjenigen Zuwanderern etabliert werden, die von sozialer Benachtei-

ligung betroffen sind, da damit eine ungerechtfertigte Kriminalisierung benachteiligter Gruppen vorangetrieben würde. Sozioökonomische Benachteiligung ist eine Folge
integrationspolitischer Versäumnisse, wes-
wegen die Verbesserung der sozialen Integrationschancen den »kriminalitätsfördern-
den Kreislauf « eher unterbrechen kann als
die Verschärfung kriminalpolitischer Maßnahmen.

Spätestens seit im Herbst 2015 die Zuwanderung von Flüchtlingen und Asylbewerbern nach Deutschland so stark zugenommen hat, dass von einer Flüchtlingskrise
gesprochen wird, taucht wie immer in unübersichtlichen Situationen die Frage auf, ob
dies Einfluss auf das Kriminalitätsaufkommen haben wird. Um nicht nur subjektive
Eindrücke zu haben, sondern über einen
objektiven Überblick über die Situation zu
verfügen, erstellt das Bundeskriminalamt
(BKA) regelmäßige Lagebericht (»Kriminalität im Kontext von Zuwanderung«), die die
Auswirkungen der hohen Flüchtlingszahlen
auf das Kriminalitätsaufkommen statistisch
erfassen sollen. Wie jede Statistik, die sich mit
Zuwanderern befasst, enthält auch dieser
Lagebericht Unschärfen, v. a. weil Asylbewerber in der Kriminalstatistik nicht extra
erfasst werden und man sich deshalb mit dem
Begriff »Zuwanderer« behelfen und auf die
Staatsangehörigkeit oder auf die Registrierung in einer Asylbewerberunterkunft zurückgreifen musste. (Darunter fallen Asylbewerber, Personen mit einer Duldung, Kon-
tingents- oder Bürgerkriegsflüchtlinge und
Personen, die sich in Deutschland »un-
erlaubt« aufhalten).

Dennoch stellen diese Lageberichte auf-
schlussreiche Tendenzaussagen zur Verfügung, die mit einigen Mythen der Flüchtlingskriminalität aufräumen dürften und
damit extremistischen Parolen, die meist auf
Halbwahrheiten oder Gerüchten basieren,
den Nährboden entziehen können. Die wichtigste Mitteilung, die der amtierende Bundesinnenminister Thomas de Maizière

(CDU) daraus berichten konnte, lautete, dass
Flüchtlinge im Durchschnitt genauso wenig
oder häufig straffällig werden wie Vergleichs-
gruppen der hiesigen Bevölkerung, sodass
keine überproportionale Kriminalitätsbelastung von Flüchtlingen vorliegt. Die meisten
Flüchtlinge würden überhaupt keine Straftaten begehen, sodass nur ein Bruchteil der
Zuwanderer bislang straffällig geworden ist.
Diese würden dann aber häufig vielfach in
strafrechtlicher Hinsicht in Erscheinung treten, so das Fazit des stellvertretenden Bun-
desvorsitzenden des Bundes Deutscher Kri-
minalbeamter Ulf Küch. Bestimmte Nationalitäten seien unter den Tatverdächtigen
überrepräsentiert. Flüchtlinge aus den Bal-
kanländern, aus den Maghreb-Staaten, aus
Georgien sowie aus Eritrea und Nigeria
würden – gemessen an ihrem Anteil am
gesamten Flüchtlingsstrom – häufiger mit
Straftaten auffallen, als es ihr Anteil an der
Gesamtzahl der Asylbegehrenden erwarten
lassen würde. Besonders wenige Straftaten
begehen laut BKA-Bericht die zahlenmäßig
größten Flüchtlingsgruppen, das heißt
Flüchtlinge aus Syrien, Afghanistan und Irak.

Der Blick auf die Deliktstruktur macht
deutlich, dass es sich bei dem größten Anteil
der von Zuwanderern begangenen Straftaten
um Bagatelldelikte handelt. Die Verteilung
auf die einzelnen Deliktgruppen sieht dabei
laut BKA so aus, dass Vermögens- und
Fälschungsdelikte mit rund 30 % den größten Anteil an den begangenen Straftaten
ausmachen, wobei es sich bei zwei Drittel
der Fälle um Schwarzfahren mit öffentlichen
Verkehrsmitteln handelt. Mit einem Anteil
an den Delikten von ebenfalls rund 30 %
folgen Diebstähle. Gewaltdelikte wie Raub
oder Körperverletzung belaufen sich in der
Statistik auf circa 15 %. Gerüchte, dass
Flüchtlinge besonders oft schwere Straftaten
wie z. B. Vergewaltigungen begehen würden,
wurden besonders nach den Ereignissen in
der Silvesternacht 2015 in Köln, in der es zu
massenhaften sexuellen Übergriffen gekommen ist, geschürt. Diese lassen sich aber bei

247

einem Anteil von unter 1 % von Straftaten gegen die sexuelle Selbstbestimmung nicht bestätigen.

Kriminelle Handlungen scheinen vor allem im Kontext überfüllter Erstaufnahmeeinrichtungen und Unterkünften präsent zu sein. Dass hier schwerpunktmäßig Raub- und Eigentumsdelikte begangen werden, aber auch Drogenhandel betrieben wird und Aggressionen körperlich ausgetragen werden, ist nicht verwunderlich, wenn vor allem junge, männliche Zuwanderer mit einem geringen Status in solchen Einrichtungen untergebracht sind. Ethnisch-kulturelle und religiöse Konflikte tragen darüber hinaus dazu bei, dass es dort gehäuft zu Straftaten kommt.

Gegenüber dem eher geringen Anstieg von Straftaten, bei denen Flüchtlinge als Tatverdächtige in Erscheinung treten, sind Straftaten gegen Asylbewerber und Asylbewerbereinrichtungen, bei denen Flüchtlinge Opfer von Straftaten werden, »quantitativ und qualitativ stark angestiegen«. Im Vergleich der Gesamtzahlen der Jahre 2015 und 2014 haben sich Übergriffe auf Einrichtungen, darunter Gewaltstraftaten, Sachbeschädigung und Propagandadelikte, bei denen das BKA ein rechtsextremistisches Motiv vermutet, bereits mehr als verdreifacht – Tendenz steigend.

Zu ergänzen ist, dass im Zusammenhang von Zuwanderung auch das Phänomen der politisch motivierten Kriminalität auftaucht. Dabei handelt es sich um eine zunehmende Zahl von Delikten, die in Zusammenhang mit migrations- und integrationspolitischen Entscheidungen stehen und dementsprechend gegen Kommunal-, Landes- und Bundespolitiker gerichtet sind. Besonders auffallend zeigt sich dies in dem im Internet verbreiteten »Verbalradikalismus«.

Nicht zuletzt stellt sich im Zusammenhang mit Zuwanderung die Frage, ob die Terrorgefahr ansteigt. Experten gehen derzeit davon aus, dass die Terrorgefahr in Deutschland »abstrakt hoch« ist, was bereits vor der Flüchtlingskrise so eingeschätzt wurde. Das BKA stellt zwar im Lagebild eine »zunehmende Tendenz« bei Hinweisen auf Terrorverdächtige fest, jedoch konnten die Ermittler bisher viele solcher Hinweise entkräften.

Literatur

Baier, Dirk/Pfeiffer, Christian: Gewalttätigkeit bei deutschen und nichtdeutschen Jugendlichen – Befunde der Schülerbefragung 2005 und Folgerungen für die Prävention. Forschungsberichte Nr. 10, hrsg. vom Kriminologischen Forschungsinstitut Niedersachsen e. V. (KFN), Hannover 2007.

Elsner, Erich/Steffen,Wiebke/Stern, Gerhard: Kinder- und Jugendkriminalität in München. Untersuchung von Ausmaß und Ursachen der Deliktszahlen im Bereich der Kinder- und Jugendkriminalität am Beispiel eines Großstadtpräsidiums, hrsg. vom Bayerischen Landeskriminalamt, München 1998.

Geissler-Frank, Isolde/Sutterer, Peter: Migration, Integration und Kriminalität, in: Deutsche Vereinigung für Jugendgerichte und Jugendgerichtshilfen e. V. (Hrsg.): Fördern – Fordern – Fallenlassen. Aktuelle Entwicklungen im Umgang mit Jugenddelinquenz, Mönchengladbach 2008, S. 525–577.

Geißler, Rainer/Marißen, Norbert: Kriminalität und Kriminalisierung junger Ausländer. Die tickende soziale Zeitbombe – ein Artefakt der Kriminalstatistik, in: Kölner Zeitschrift für Soziologie und Sozialpsychologie 42 (1990), S. 663–687.

Heinz, Wolfgang: Jugendkriminalität in Deutschland. Kriminalstatistische und kriminologische Befunde. Eine Internetveröffentlichung im Konstanzer Inventar Kriminalitätsentwicklung, Konstanz 2003 (www.uni-konstanz.de/¬ rtf/kik/Jugendkriminalitaet-2003–7-e.pdf).

Köllisch, Tilman/Oberwittler, Dietrich: Wie ehrlich berichten männliche Jugendliche über ihr delinquentes Verhalten? Ergebnisse einer externen Validierung, in: Kölner Zeitschrift für Soziologie und Sozialpsychologie 56 (2004), S. 708–735.

Küch, Ulf: SOKO Asyl. Eine Sonderkommission offenbart überraschende Wahrheiten über Flüchtlingskriminalität, München 2016.

Lukas, Tim: Kriminalisierung als Diskriminierung. Schichtbezogene und ethnische Ungleichheit im Prozess der strafrechtlichen Sozialkontrolle, in: Sozial Extra 35 (2011), Nr. 11–12, S. 43–47.

Naplava, Thomas: Jugenddelinquenz und Migration aus kriminalsoziologischer Perspektive, in:

Annette Boeger (Hrsg.): Jugendliche Intensiv-täter: Interdisziplinäre Perspektiven, Wiesbaden 2011, S. 203–225.

Simonin, Mathieu/Killias, Martin: Anzeige von Gewaltdelikten: Eine Frage der Tatumstände oder der Merkmale von Täter und Opfer?, in: Crimiscope 7 (2003), S. 1–5.

Tekin, Ugur: Der Weg ins Gefängnis, in: Wolf-Dietrich Bukow/Claudia Nikodem/Erika Schul-ze/Erol Yildiz (Hrsg.): Was heißt hier Parallel-gesellschaft? Zum Umgang mit Differenzen, Wiesbaden 2007, S. 287–296.

Weber, Martina: Ethnisierung und Männlichkeits-inszenierungen. Symbolische Kämpfe von türki-schen Jungen mit Migrationshintergrund, in: Christine Riegel/Thomas Geisen (Hrsg.): Ju-gend, Zugehörigkeit und Migration: Subjekt-positionierung im Kontext von Jugendkultur, Ethnizitäts- und Geschlechterkonstruktionen, Wiesbaden 2007, S. 307–322.

www.bmi.bund.de/SharedDocs/Kurzmeldungen/¬DE/2016/06/bka-lagebild-kriminalitaet-zu¬wandeung.html

www.bpb.de/politik/innenpolitik/innere-sicher¬heit/76639/auslaenderkriminalitaet (Bundes-zentrale für politische Bildung: »Ausländerkri-minalität« – statistische Daten und soziale Wirklichkeit)

www.bmfsfj.de/RedaktionBMFSFJ/Abteilung2/¬Pdf-Anlagen/gewaltphaenomene-maennliche-¬muslimischen-jugendliche,property=pdf,be¬reich=bmfsfj,sprache=de,rwb=true.pdf (Stu-die im Auftrag des Bundesministeriums für Familie, Senioren, Frauen und Jugend von Ah-met Toprak und Katja Nowacki aus dem Jahr 2010 zu Gewaltphänomenen bei männlichen, muslimischen Jugendlichen mit Migrationshin-tergrund und zu Präventionsstrategien)

www.mediendienst-integration.de/desintegration/¬kriminalitaet.html

Fremdenfeindlichkeit, Rechtsextremismus und Rechtspopulismus

Kurt Möller

Der Begriff »Fremdenfeindlichkeit« bezeich-net ablehnende, ja zum Teil abwertende Gestimmtheiten, Einstellungen und Verhal-tensweisen gegenüber Menschen, die als fremd definiert werden. Im Unterschied zur »Ausländerfeindlichkeit« zielen solche Hal-tungen seitens ihrer Träger nicht nur auf Angehörige von Gruppierungen, die nicht die eigene Staatsangehörigkeit haben, sondern können auch andere Personen treffen, die als »fremd« erachtet werden, hierzulande etwa schwarze Deutsche oder deutsche Staatsbür-ger mit persönlicher bzw. familiärer Migra-tionsgeschichte. Fremdenfeindlichkeit kann als eigenständiges Orientierungsmuster auf-treten, stellt aber auch (oft) einen Aspekt von Rechtsextremismus und Rechtspopulismus dar.

Rechtsextremismus wiederum ist sozial-wissenschaftlich als das Zusammenfließen von Ungleichheitsvorstellungen und Gewalt-akzeptanz zu verstehen. Man vertritt dann Auffassungen, wonach verschiedene Men-schen von Natur aus ungleichwertig sind und ungleich behandelt werden dürfen. Diese Ansichten werden mit der Akzeptanz von Gewalt verbunden, sei es, dass man selbst bereit ist, Gewalt anzuwenden, oder dass man fremdausgeübte Gewalt toleriert oder sogar gutheißt. Neben Fremdenfeindlichkeit

249

sind vor allem Nationalismus, Rassismus, Antisemitismus, autoritäre Staatsauffassungen und Führungsmuster sowie die Verherrlichung des Nationalsozialismus Kennzeichen von Rechtsextremismus. Rechtspopulismus gibt sich etwas gefälliger. In seinem Zentrum stehen vorrangig drei Aspekte: 1. Ausländer- und Muslim- bzw. Islamfeindlichkeit, Ablehnungen von Asylsuchenden sowie Antiziganismus; 2. gesellschaftliche *Law-and-order*-Vorstellungen; 3. ein Demokratiemisstrauen, das mit einer prinzipiellen Skepsis gegenüber Eliten einhergeht.

Fremdenfeindlichkeit und Rechtsextremismus bzw. -populismus stellen gesellschaftliche Probleme dar, die die freiheitliche Grundordnung und das friedliche Mit- und Nebeneinander im Integrationsland Deutschland seit jeher belasten. In verschärfter Form grassieren sie allerdings seit Ende der 1980er-Jahre. Seitdem verweisen *erstens* diverse Wahlerfolge und Mandatsgewinne rechtsextremer Parteien wie »Republikaner«, DVU und NPD – vor allem bei verschiedenen Landtagswahlen – auf un- und antidemokratische Haltungen in der deutschen Wahlbevölkerung. Hinzu kommen seit 2013 erhebliche Wahlerfolge der »Alternative für Deutschland« (AfD). Sie verleihen rechtspopulistischen Haltungen, die fremden- und islamfeindlich ausgerichtet sind – z. B. Aktionen der »Patriotischen Europäer gegen die Islamisierung des Abendlandes« (PEGIDA) oder die noch gewaltförmiger auftretenden »Hooligans gegen Salafisten« (HogeSa) –, parteiförmigen Ausdruck und verschaffen ihnen Einzug in Parlamente.

Zweitens ist die Zahl rechtsextrem konturierter und hierbei primär fremdenfeindlich motivierter Straf- und Gewalttaten in Ost und West erheblich angestiegen. Nach jüngsten Daten des Bundeskriminalamtes (BKA) hat sie sich auf einem Niveau etabliert, deren Zahl bei den Straftaten insgesamt mit gut 16 000 bis 20 000 pro Jahr innerhalb der letzten halben Dekade mehr als das Zehnfache und bei den Gewalttaten mit 750 bis

1000 Delikten pro Jahr im selben Zeitraum etwa das Vierfache der 1980er-Jahre beträgt. Besonders eklatant sind die Anstiege im Bereich der Übergriffe, die sich gegen Geflüchtete richten. Ihre Zahl stieg nach BKA-Angaben innerhalb der letzten fünf Jahre um über das Fünfzigfache (2011: 18 Fälle; 2012: 24; 2013: 55; 2014: 199; 2015: 924).

Drittens hat sich laut Verfassungsschutzangaben das rechtsextremistische Personenpotenzial nach einem vorübergehenden quantitativen Anstieg auf über 60 000 im Jahre 1993 zwar wieder auf rund 21 000 Personen (2014) verringert, zugleich hat es aber eine qualitative Veränderung in Richtung auf eine kontinuierliche Erhöhung des Anteils von persönlich Gewaltbereiten erfahren. Dabei ist nicht nur an die über 180 Todesopfer zu denken, die die extrem rechte Gewalt seit 1990 zur Folge hatte (vgl. www.¬mut-gegen-rechte-gewalt.de) – eine Zahl, die im Übrigen um ein Vielfaches die Anzahl der Tötungsakte übertrifft, die der linksextreme Terrorismus der RAF und ihrer Nachfolgeorganisationen zu verantworten hat. Auch die Blutspur des sogenannten Nationalsozialistischen Untergrunds (NSU) mit zehn Mordfällen ist nur die Spitze eines Eisberges. Je nach Region rechnen Experten rund 40 % bis 50 % der rechten Szene zu den Gewaltbereiten.

Viertens – und dieser Befund gibt besonders zu denken – lassen darüber hinaus Studien zur Verbreitung von Bestandteilen rechtsextremer Einstellungen in der Gesamtbevölkerung, also auch außerhalb rechtextremer Kreise, ein erhebliches Potenzial an extrem rechten Orientierungen und speziell auch insbesondere an Ablehnungen von Migrierten erkennen. So stellt eine große Studie (Baier u. a., 2009) z. B. bei etwa 40 % der deutschen Neuntklässler Ausländerfeindlichkeit, dabei insbesondere auch Muslimfeindlichkeit, und bei immerhin gut einem Viertel rechtsextremes Verhalten (einschließlich niedrigschwelligem Verhalten wie Rechtsrockkonsum, Tragen einschlägiger Aufnäher, Verwenden rechtsextremer und fremdenfeindlicher Ausdrücke) fest. Auf deutsche Erwachsene bezogene Einstellungsstudien registrieren über die letzten Jahre hinweg ein relativ stabiles Potenzial von Fremden- bzw. Ausländer- und Asylbewerberfeindlichkeit bei 40 bis 50 %, in Teilaspekten auch darüber. Deutliche rechtspopulistische Haltungen finden sich bei rund 20 %, Tendenzen in diese Richtung bei mehr als doppelt so vielen. International nimmt Deutschland mit solchen Daten im Vergleich mit anderen Ländern Europas zurzeit eine Position im Mittelfeld ein, gehört aber speziell in Bezug auf Islamfeindlichkeit mit Ungarn, Polen und Italien zur Spitzengruppe der besonders belasteten Länder.

Die Anlässe, Ursachen und Beweggründe von Menschen, sich rechtsextrem zu orientieren bzw. fremdenfeindlich zu geben, sind im Einzelnen ebenso unterschiedlich wie insgesamt komplex. Meist erfolgt eine Hinwendung im Alter zwischen 13 und 16 Jahren, also in einer Lebensphase, die für die Herausbildung von Identität, u. a. auch einer politischen Identität, besonders bedeutsam ist. Vor allem wenn es darum geht, Einstellungen auch Taten folgen zu lassen, sind Jungen und junge Männer besonders gefährdet. Keinesfalls handelt es sich dabei immer um die Verlierer auf dem Bildungs-, Arbeits- und Konsummarkt. Kennzeichnend für Anfällige ist allerdings, dass sie eine Bedrohung des erreichten oder angestrebten eigenen Status und der Kollektive, die sie als die »eigene« betrachten, also beispielsweise der »Deutschen«, durch Gruppierungen wahrnehmen, die als »fremde« und/oder Minderwertige definiert werden. Zugleich erleben sie die etablierte Politik und gesellschaftliche Autoritäten als Instanzen, die gegen ihre aktuellen Bedrohtheitsgefühle und Zukunftsängste vermeintlich nichts unternehmen, sodass der Gedanke naheliegt, selbst aktiv zu werden bzw. sich am rechten Rand des politischen Spektrums zu verorten.

Affinitätsfaktoren sind vor allem erfahrene Lebensbewältigungsdefizite und das Ausbleiben von Befriedigungen für Bedürfnisse nach Lebensgestaltung auf vier Feldern. *Erstens* wird ein weitreichendes Kontrollvakuum erlebt: Man hat nicht oder nur unzureichend das Gefühl, das eigene Leben im Griff zu haben. *Zweitens* spielen Integrationsdefizite eine Rolle: Zugehörigkeit zu gesellschaftlich starken Gruppierungen, Anerkennung sowie Teilhabe in diesen Kontexten sind nicht vorhanden, nicht erreichbar oder erscheinen gefährdet, sodass vermeintlich durch die Abwertung von Anderen und Diskriminierung von »Fremden« Selbstaufwertung betrieben werden kann. *Drittens* bleibt das sinnliche Erleben auf einem unbefriedigenden Niveau: Möglichkeiten, außerhalb von Aggressionsgehabe, Überlegenheitsinszenierungen und Gewalt sich selbst körperlich zu spüren und entsprechend auszudrücken, erscheinen beschränkt. *Viertens* bleiben Sinnfragen ungelöst: Das eigene Denken, Fühlen und Handeln kann nur unzureichend in einen Zusammenhang gestellt werden, der ihm individuellen, gesellschaftlichen oder auch spirituellen Sinn zuweist. Hinzu kommt: Innerhalb eines derart zu skizzierenden Erfahrungsrahmens kann die Entwicklung von Fähigkeiten zur Verarbeitung gemachter Erfahrungen nicht soweit voranschreiten, dass Selbst- und Sozialkompetenzen aufgebaut werden könnten, die befriedigende Lebensgestaltungsbilanzen ermöglichen: ein positiv-kritischer Selbstwertaufbau, Empathie, Sensibilität gegenüber eigenen Bedürfnissen und den Bedürfnissen anderer, Reflexivität, Konfliktfähigkeit, Impulskontrolle, Frustrationstoleranz u. a. m.

Kurzum: Weniger ideologische Indoktrination als bestimmte Alltagserfahrungen sowie deren Strukturierungsbeschränkungen in persönlichen Verarbeitungsprozessen bewirken politische Wendungen nach Rechtsaußen. Ideologische Angebote fremdenfeindlicher bzw. rechtsextremer Organisationen, Medien und Einzelpersonen spielen nur eine nachgeordnete Rolle, indem sie Lösungen für Probleme versprechen, die im Alltag erlebt werden. Sie haben jedoch umso weitreichendere Durchsetzungschancen, je unwidersprochener sie gesellschaftlich hingenommen und je breiter sie als »normal« akzeptiert werden oder gar (situations- und milieuspezifische) Deutungshoheit bekommen. Ähnliches gilt für ihre (jugend-)kulturellen Rahmungen, also etwa für die Symbolik aus Kleidung, Frisur und Musikstil oder für das martialische Männlichkeitsbild, das in weiten Teilen der extremen Rechten zelebriert wird. Auch ihre Tarnungen mit dem Mantel sozialer Fürsorge für deutsche tatsächlich oder angeblich Zukurzgekommene, wie sie sich vor allem in manchen sozial ausgedünnten Gebieten Ostdeutschlands seit einigen Jahren als eine Art »Nationalsozialarbeit« gerieren, sind in dieser Hinsicht höchst problematisch.

Dass man hinsichtlich gesellschaftlicher Gegenstrategien nicht nur auf die Arbeit der Sicherheitsbehörden vertrauen sollte, ist politisch interessierten Bürgerinnen und Bürgern nicht erst seit dem skandalösen Versagen dieser Institutionen bei der Verfolgung und Aufarbeitung der sogenannten NSU-Verbrechen klar. Dementsprechend werden seit längerem von Einzelpersonen, zivilgesellschaftlichen Initiativen, Kirchen, Gewerkschaften, lokalen und interkommunalen Aktionsplänen, pädagogischen Einrichtungen und weiteren Institutionen verschiedene Bearbeitungsweisen entwickelt. Sie werden seit der ersten Hälfte der 1990er-Jahre auch mithilfe verschiedener staatlicher Programme auf EU-, Bundes- und Landesebene differenziert entfaltet und breit gefördert (vgl. aktuell vor allem das Bundesprogramm »Demokratie leben!«). Die Ausgestaltung dieser Programme, die Zuschnitte einzelner Projektbereiche sowie die inhaltlichen Ansätze mancher Maßnahmen sind nicht unumstritten. Festzuhalten ist aber, dass sie, soweit sie dies durch wissenschaftliche Evaluationen nachweisen können – und dies ist zunehmend der

Fall –, alles in allem positive Wirkungen zu entfalten vermögen und daher grundsätzlich unverzichtbar sind. Die zivilgesellschaftliche Gegenwehr gegen Rechtsextremismus, Fremdenfeindlichkeit, weitere Vorurteile und Diskriminierung(-sbereitschaft-)en gegenüber sogenannten schwachen Gruppen generell wird dadurch gestärkt.

Literaturhinweise

Baier, Dirk/Pfeiffer, Christian/Simonson, Julia/Rabold, Susanne: Jugendliche in Deutschland als Täter und Opfer von Gewalt. Erster Forschungsbericht zum gemeinsamen Forschungsprojekt des Bundesministeriums der Innern und des Kriminologischen Forschungsinstituts Niedersachsen. Forschungsbericht Nr. 107, Hannover 2009.

Decker, Oliver/Kiess, Johannes/Brähler, Elmar: Die stabilisierte Mitte. Rechtsextreme Einstellung in Deutschland 2014, Leipzig 2014 (www.uni-leipzig.de/~kredo/Mitte_Leipzig_Internet.pdf).

Heitmeyer, Wilhelm (Hrsg.): Deutsche Zustände. Folge 1 bis 10, Frankfurt/M. 2002/2012.

Möller, Kurt/Schuhmacher, Nils: Rechte Glatzen. Rechtsextreme Orientierungs- und Szenezusammenhänge – Einstiegs-, Verbleibs- und Ausstiegsprozesse von Skinheads, Wiesbaden 2007.

Möller, Kurt/Grote, Janne/Nolde, Kai/Schuhmacher, Nils: »Die kann ich nicht ab!« – Ablehnung, Diskriminierung und Gewalt bei Jugendlichen in der (Post-)Migrationsgesellschaft. Wiesbaden 2016.

Zick, Andreas/Klein, Anna: Fragile Mitte – Feindselige Zustände. Rechtsextreme Einstellungen in Deutschland 2014, Bonn 2014.

Zick, Andreas/Küpper, Beate: Wut, Verachtung, Abwertung. Rechtspopulismus in Deutschland, Bonn 2015.

Zick, Andreas/Küpper, Beate/Hövermann, Andreas: Die Abwertung der Anderen. Eine europäische Zustandsbeschreibung zu Intoleranz, Vorurteilen und Diskriminierung, Berlin 2011.

Internet
www.demokratie-leben.de
www.mut-gegen-rechte-gewalt.de
www.netz-gegen-nazis.de
www.team-mex.de
www.vielfalt-mediathek.de

Integrationspolitik und politische Teilhabe

Die Migrations- und Asylpolitik der Europäischen Union

Martin Große Hüttmann

Im Sommer 2015 löste eine europäische Krise die andere ab. Die noch nicht ausgestandenen Euro- und Finanzkrisen wurden in der öffentlichen Wahrnehmung von der sogenannten »Flüchtlingskrise« verdrängt, die im Kern eine Krise des europäischen Grenzmanagements ist. Die »Krise« hat die Schwächen dieses Systems sichtbar gemacht, auf die Experten schon seit Jahren hingewiesen haben. Ähnlich wie bei der Eurokrise schien auch jetzt wieder die Zukunft der gesamten Europäischen Union (EU) von einer Frage abzuhängen. Die EU und ihre Mitgliedstaaten erlebten im Zuge der schnell wachsenden Zahl an Flüchtlingen und Asylbewerbern einen neuerlichen »Stresstest«. Die über eine Million Migranten aus Syrien, Afghanistan, Irak, Kosovo und anderen Teilen der Welt, die 2015 in der EU Schutz suchten, waren nicht nur in organisatorischer und humanitärer Hinsicht eine enorme, aber zu bewältigende Herausforderung, sondern auch in europapolitischer Hinsicht, weil sich zwischen den EU-Staaten ein heftiger Streit über ihre Verteilung entwickelt hat. Vergleicht man die Zahlen der Asylbewerber, die 2015 in einem der 28 EU-Staaten einen Antrag gestellt haben, mit denen aus den Jahren davor, zeigt sich ein rapider Anstieg: Während 2008 nur etwa 225 000 Asylbewerber in der EU einen Antrag gestellt haben, waren es 2013 bereits 431 000, im Jahr 2014 schon 627 000, und 2015 wurde mit 1,3 Millionen Personen ein neuer Rekord erreicht. Verglichen mit den Zahlen der Flüchtlinge und Migranten, die weltweit auf der Suche nach Schutz vor Krieg, Elend und Not sind, und verglichen mit Ländern wie Jordanien oder vielen afrikanischen Staaten, die gemessen an ihrer Bevölkerungszahl sehr viel mehr Flüchtlinge aufnehmen als die Europäer, sind die europäischen Zahlen vergleichsweise gering. Die geschätzt gut 65 Millionen Flüchtlinge, die weltweit unterwegs sind, machen deutlich, dass das Thema Migration im globalen Maßstab eine ganz andere Dimension besitzt und letztlich auch nur global angegangen werden kann.

Da die Flüchtlinge aus dem Jahr 2015 in den EU-Staaten sehr ungleich verteilt waren, stand die Frage nach der Solidarität und Verteilungsgerechtigkeit ganz oben auf der politischen Agenda der EU. Die Ungleichverteilung, die es auch schon früher gegeben hatte, war angesichts der deutlich niedrigeren Gesamtzahlen in der Vergangenheit kaum als gesamteuropäisches Problem wahrgenommen worden; nur einzelne Staaten wie Italien oder Griechenland hatten sich für eine europaweite Verteilung eingesetzt. Während Deutschland im Jahr 2001 nur 53 000 Asylbewerber zählte, waren es im sehr viel kleineren Schweden damals schon 30 000, in Italien 40 000 und in Belgien 32 000. Nimmt man die Zahlen aus dem Jahr 2015 der vier EU-Mitgliedstaaten, die die Hauptlast der Asylbewerber zu tragen hatten, dann wird die Veränderung und die Ungleichverteilung offensichtlich: Während in der Bundesrepublik Deutschland, dem bevölkerungsreichsten Land der EU, 477 000 Asylbewerber gezählt wurden, waren es im sehr viel kleineren Ungarn 177 000, in Schweden 162 000 und in Österreich 88 000 (Zahlen nach Eurostat). Rechnet man die Asylbewerberzahlen auf die Bevölkerung um, dann haben

Schweden, Ungarn und Österreich prozentual die meisten Schutzsuchenden aufgenommen. Nur neun der 28 EU-Staaten haben 2015 zusammen etwa 90 % aller Asylbewerber aufgenommen. Bei der Frage, aus welchen Regionen und Staaten die Mehrzahl der Asylbewerber im Jahr 2015 nach Europa gekommen ist, stand Syrien mit 368 000 Personen an der Spitze, gefolgt von Afghanistan und Irak. So wird deutlich, dass Krieg, Elend und auch Unsicherheit in den Heimatländern zu den wichtigsten Push-Faktoren gehörten, die Menschen zur Flucht zwangen. Viele syrische Bürgerkriegsflüchtlinge hatten zunächst in den Lagern im Nachbarland Türkei Schutz gefunden und sind dann weiterzogen, als die Zustände in den Camps aufgrund der Kürzungen der finanziellen Mittel, die dem UN-Flüchtlingswerk UNHCR zur Verfügung standen, unzumutbar wurden.

Die EU hat jedoch auch in der Vergangenheit immer wieder »Flüchtlingskrisen« erlebt. Damals waren es vor allem Italien und Spanien, die angesichts des Anstiegs von Flüchtlingen und Migranten auf Lampedusa oder in den spanischen Exklaven Ceuta und Melilla bzw. auf den Kanarischen Inseln die Grenzen ihrer Aufnahmekapazität erreicht hatten. Die Wahrnehmung und Reaktion aufseiten der meisten EU-Staaten war damals jedoch eine völlig andere: Die berechtigten Rufe der spanischen und italienischen Regierungen nach europäischer Solidarität und einem Umverteilungsmechanismus verhallten weitgehend ungehört; beide Mittelmeeranrainerstaaten mussten sich – auch von der Bundesregierung in Berlin – vorwerfen lassen, sie seien nicht in der Lage, ihre Grenzen, die ja EU-Außengrenzen sind, zu schützen. Im Zuge des »Arabischen Frühlings« 2011 und den damit verbundenen politischen und gesellschaftlichen Umbrüchen in Staaten wie Ägypten und Libyen verschärfte sich die Situation nochmals deutlich. Erst Ende August 2016 hat Bundeskanzlerin Angela Merkel zugegeben, dass die Deutschen die damaligen Rufe »zu lange ignoriert und die Notwendigkeit einer gesamteuropäischen Lösung verdrängt« hätten. Man habe Spanien und andere EU-Staaten damals im Stich gelassen.

Dieser Rückblick macht deutlich, dass die EU auch schon in der Vergangenheit immer wieder mit dem Thema konfrontiert war – neu war 2015 »nur« die rasch anwachsende Zahl an Flüchtlingen, die die EU und ihre Mitgliedstaaten nun auch in der Mitte und im Norden Europas vor große Herausforderungen stellte und die Schwächen des EU-Asylsystems offensichtlich werden ließ. Die Ausgangslage für eine Reform des bestehenden Systems war freilich alles andere als günstig. Der Streit wurde nicht nur innerhalb der Gesellschaften vieler EU-Staaten ausgetragen, sondern auch zwischen den Mitgliedstaaten. Viele europäische Regierungen standen unter dem Druck rechtspopulistischer Parteien (z. B. Frankreich und Österreich), aber auch in der Bundesrepublik hatte die Alternative für Deutschland (AfD) durch die »Flüchtlingskrise« neuen Auftrieb bekommen. Heftig umstritten war und ist die Frage, ob die Entscheidung, wer nach Europa kommen darf, als gesamteuropäische Frage behandelt werden muss, oder ob die Mitgliedstaaten in dieser Frage – trotz der im EU-Vertrag festgeschriebenen Regelungen einer gemeinsamen Asyl- und Einwanderungspolitik auf der Basis von Art. 77 bis 79 des Vertrags über die Arbeitsweise der Europäischen Union (AEUV) – noch nationale Spielräume haben.

Ein Unterschied zur Eurokrise waren die allgegenwärtigen Bilder und Berichte über tragische Unglücke mit Tausenden von toten Flüchtlingen auf dem Mittelmeer auf der einen Seite und Nachrichten von Grenzschließungen und der Verlegung von Stacheldraht zur Abwehr von Flüchtlingen auf der anderen Seite. Dies hat zu einem Maß an Emotionalisierung, Politisierung und zu einer martialischen Rhetorik geführt, in der von »Verteidigungslinien« und »kriegsähnlichen Zuständen«, so der ungarische Ministerpräsident Viktor Orbán, gesprochen wurde; dies wiederum hat einen Konsens im Kreis der Mitgliedstaaten erschwert. Die biblisch anmutenden Bilder von Flüchtlingstrecks mitten in Europa haben die Flüchtlingspolitik der EU und ihrer Mitgliedstaaten im europäischen Selbstverständnis, aber auch in der internationalen Öffentlichkeit zum Maßstab für die Zukunftsfähigkeit der EU und zum Gradmesser ihrer Glaubwürdigkeit als »Wertegemeinschaft« gemacht.

Probleme der EU-Flüchtlingspolitik: Die Entwicklung eines einheitlichen Europäischen Asyl- und Migrationssystems folgt einem typischen Muster europäischer Politik: Aus den ersten, meist kleinen Schritten der Zusammenarbeit und Harmonisierung in einem Politikfeld folgen weitere, die zur Errichtung neuer Institutionen führen, zur Bereitstellung finanzieller Mittel und schließlich zur (teilweisen) Übertragung von Kompetenzen von der nationalen auf die europäische Ebene. In der Asyl- und Migrationspolitik waren diese Schritte begleitet von meist zähen Verhandlungen im Kreis der EU-Mitgliedstaaten. Eine Erklärung dafür, dass die europäischen Regierungen sich damit besonders schwer tun, ist die Sensibilität aller Fragen, die mit nationalen Grenzen und ihrer Kontrolle zusammenhängen. Hier geht es um Kernfragen der staatlichen Souveränität. Die Regierungen der meisten EU-Staaten folgen hier, wie es Wolfgang Wessels beschreibt, einem »Souveränitätsreflex«. Das heißt, sie sind nur in Ausnahmefällen – Juristen sprechen hier vom »Prinzip der begrenzten Einzelermächtigung« – bereit, Kompetenzen auf die EU zu übertragen. Gleichzeitig ist die Europapolitik der Mitgliedstaaten jedoch von einem »Koordinationsreflex« geprägt, denn sie müssen auch einsehen, dass mit dem Wegfall der Binnengrenzkontrollen, der Mitte der 1980er-Jahre beschlossen wurde, eine europäisch abgestimmte Politik an die Stelle einer nationalen Asyl- und Migrationspolitik treten muss. Auch hier gilt das Motto: Wer A sagt, muss auch B sagen.

Zwischen beiden Reflexen – und darin besteht das Dilemma der europäischen Politik – sind die Mitgliedstaaten hin- und hergerissen. Da alle wichtigen Entscheidungen innerhalb der EU im Europäischen Rat, also dem Organ, in dem die europäischen Staats- und Regierungschefs versammelt sind, einstimmig getroffen werden müssen, dauert es häufig sehr lange, bis eine Einigung zustande kommt. Die Europäische Kommission versucht seit jeher, die mitgliedstaatlichen Regierungen von einer wirklich »europäischen« Lösung zu überzeugen, scheitert dabei aber immer wieder. Vor allem die nordeuropäischen EU-Staaten, darunter auch Deutschland, hatten sich lange geweigert, den Rufen aus Italien und Griechenland oder von Seiten der EU-Kommission zu folgen, die Migrationspolitik stärker zu vergemeinschaften und ein System der solidarischen Lastenteilung aufzubauen. Deutschland war nach den Regelungen des sogenannten Asylkompromisses von 1993 aufgrund seiner geographischen Lage nur noch von »sicheren« Nachbarstaaten umgeben und profitierte von den europäischen Regelungen, die die Hauptlast den Mittelmeeranrainerstaaten aufbürdete.

Charakteristisch für die Politikfelder Asyl und Migration ist die »Interdependenz« der eng miteinander verflochtenen Entscheidungsebenen, die in einem »Mehrebenensystem« wie der EU aus der supranationalen, der mitgliedstaatlichen, der regionalen und der lokalen Ebene bestehen. Wenn eine Ebene oder auch nur ein Mitgliedstaat in diesem System die ihm zugewiesene Aufgabe nicht oder nur unzureichend erledigt, dann gerät die Handlungsfähigkeit des gesamten Systems in Gefahr. Wenn also Beschlüsse, die in Brüssel gefasst werden, nicht auf nationaler, regionaler und lokaler Ebene tatsächlich umgesetzt werden, läuft jede Maßnahme ins Leere. »Mehrebenensystem« heißt aber auch, dass die nationale Politik in den 28 Mitgliedstaaten unmittelbar auf die Politik der EU zurückwirkt: Jeder Regierungswechsel in einem EU-Staat, jeder Stimmungsumschwung in einem Land oder der Aufstieg rechtspopulistischer Parteien, die eine gemeinsame EU-Einwanderungspolitik ablehnen, kann die Handlungsfähigkeit der EU einschränken.

Unabhängig von solchen Unwägbarkeiten gibt es jedoch einen festen Bestand an Normen und Werten, auf dem die Asylpolitik der EU und ihrer Mitgliedstaaten gründet. Das sind zum einen die im EU-Vertrag festgeschriebenen Normen, die zu beachten sind. Darüber hinaus gibt es völkerrechtliche Vorgaben, die etwa in der Genfer Flüchtlingskonvention von 1951, in der Europäischen Konvention zum Schutz der Menschenrechte und Grundfreiheiten (EMRK) von 1953 sowie in der Europäischen Grundrechte-Charta (2009) verankert sind. Darüber hinaus haben der Europäische Gerichtshof in Luxemburg und der Europäische Gerichtshof für Menschenrechte in Straßburg durch wichtige Urteile, mit denen sie die Rücksendung von Asylbewerbern aus einem EU-Land in ein anderes verhindert haben, weil dort menschenunwürdige Zustände herrschten, den Rahmen abgesteckt, in dem die europäische Politik eingebettet ist. Zusätzlich überwacht wird die Politik der EU von europaweit und international eng vernetzten Zivilgesellschaften und auf Flüchtlingspolitik spezialisierten Gruppen, die streng darauf achten, dass die EU und ihre Mitgliedstaaten in ihrer Asylpolitik die humanitären Vorgaben tatsächlich auch befolgen (Pries 2016).

Ein Grundproblem war schon immer – und dies zeigte sich in der »Krise« erneut –, dass die EU zwar viele Vorkehrungen getroffen hat, um eine humanitäre Asyl- und Migrationspolitik zu gewährleisten, dass aber auch eine militärische Logik der Abwehr und Abschottung für die europäische Politik kennzeichnend ist. In diesem Dilemma zwischen humanitärem Anspruch und dem »Koordinationsreflex« auf der einen Seite und einer Abschottungslogik, die dem »Souveränitätsreflex« der Mitgliedstaaten geschuldet ist, auf der anderen Seite, scheint

die Asyl- und Migrationspolitik der EU gefangen zu sein. Berichte über Selbstmordattentäter, die 2015 als »Flüchtlinge« getarnt nach Europa gekommen sind und für terroristische Anschläge in Frankreich, Belgien und Deutschland verantwortlich waren, haben ihren Teil dazu beigetragen, dass in der Öffentlichkeit das Flüchtlingsproblem auch als Sicherheitsproblem wahrgenommen wird.

Asyl- und Migrationspolitik der EU seit den 1990er-Jahren: Die Vision eines Europas ohne Grenzen und Grenzkontrollen war erst Mitte der 1980er-Jahre in greifbare Nähe gerückt. Den Vertrag von Schengen hatten 1985 zunächst nur fünf Mitgliedstaaten der Europäischen Gemeinschaft unterzeichnet; sein Ziel war es, die Binnengrenzkontrollen zwischen Deutschland, Frankreich, Belgien, Luxemburg und den Niederlanden abzuschaffen. Mit »Schengen« war ein erster Schritt in Richtung einer neuen Qualität der europäischen Zusammenarbeit unternommen worden, denn von nun an würden die Migrations-, Asyl- und auch die Visapolitik, die bislang zum Kernbestand der nationalstaatlichen Souveränität gezählt wurden, gemeinsam ausgeübt oder zumindest eng aufeinander abgestimmt werden. Im Kern ging es mit »Schengen« darum, durch die engere Zusammenarbeit zwischen den nationalen Behörden den Wegfall der Binnengrenzkontrollen zu kompensieren. Das umfasst die Vereinheitlichung der Vorschriften für die Einreise und die Ausgabe von Visa an Angehörige von Drittstaaten, die Harmonisierung der Asylpolitik, die Bekämpfung des Drogenhandels sowie die Zusammenarbeit der Polizei- und Justizbehörden.

Zwar schlossen sich nach und nach weitere EG-Staaten dem Vertrag von Schengen an, aber bis heute sind noch immer nicht alle EU-Staaten Teil der Kooperation. Von den 28 Mitgliedstaaten sind Großbritannien, Irland, Dänemark sowie Bulgarien, Zypern, Rumänien und Kroatien (noch) keine Vollmitglieder, das heißt, sie wenden die Schengen-Regeln gar nicht oder nur in Teilen an. Gleichzeitig sind aber mit der Schweiz, Liechtenstein, Island und Norwegen auch Staaten dabei, die nicht in der EU sind.

Es war von Anfang an klar, dass durch die Abschaffung der Kontrollen an den europäischen Binnengrenzen die Überwachung an die europäische Außengrenzen verlagert werden musste. Dies übertrug Staaten wie Italien, Spanien oder Griechenland aufgrund ihrer geographischen Lage als »Randstaaten« eine gesamteuropäische Verantwortung. Diese Staaten müssen also, wenn »Schengen-Europa« funktionieren soll, ihre eigenen Staatsgrenzen, die gleichzeitig auch »europäische« Außengrenzen sind, stellvertretend für die gesamte EU kontrollieren. Mit »Schengen« wurde die Europäische Gemeinschaft von außen betrachtet zu einem geschlossenen politischen Raum. Durch verschiedene Änderungen am EU-Vertrag sollte die mit »Schengen« gefundene Form der Zusammenarbeit, die außerhalb des Gemeinschaftsvertrags angesiedelt war, nun im »Primärrecht« verankert werden.

Nach der Unterzeichnung des Vertrags von Schengen 1985 erfolgte mit dem Vertrag von Maastricht (1993) ein Integrationsschritt, der die europarechtlichen Grundlagen für die nachfolgende »Europäisierung« und Harmonisierung schuf, also die Angleichung von Standards der nationalen Asyl- und Visapolitik. Der Vertrag von Maastricht hatte die Bereiche der Justiz- und Innenpolitik in der sogenannten »Dritten Säule« verankert. Das bedeutete, dass in der Asyl- und Migrationspolitik die Zusammenarbeit zwischenstaatlich (»intergouvernemental«) organisiert war, also die mitgliedstaatlichen Regierungen weiterhin die Hauptrolle spielten und die EU-Kommission und das Europäische Parlament nur eine Nebenrolle einnehmen sollten. Erst mit dem Vertrag von Amsterdam (1999) wurden die Themen Asyl- und Migrationspolitik tatsächlich »vergemeinschaftet«, sodass die EU-Kommission ihre traditionelle Rolle als »Motor der Inte-

gration« nun voll ausspielen konnte. Für eine Übergangszeit musste sich die Kommission ihr Initiativrecht mit den mitgliedstaatlichen Regierungen teilen. Die im Vertrag festgeschriebene Initiativfunktion der Kommission erlaubt es der Brüsseler Behörde, wie eine Art »Regierung« aufzutreten und Vorschläge für europäische »Gesetze« auch in diesen politisch sensiblen Bereichen vorzulegen. Da die Kommission laut EU-Vertrag verpflichtet ist, die gesamteuropäischen Interessen im Blick zu behalten, verfolgt sie eine Politik, die über den Tellerrand der einzelnen Mitgliedstaaten hinausschaut. Sie muss aber gleichzeitig immer auch darauf achten, dass die Mitgliedstaaten, die am Ende – zusammen mit dem Europäischen Parlament – über die Vorschläge der Kommission abstimmen, ihr auch folgen. Selbst wenn die Regierungen entsprechende Maßnahmen beschlossen haben, ist dies trotzdem keine Gewähr dafür, dass sie in allen Mitgliedstaaten in der vorgesehenen Frist und im Sinne des Erfinders tatsächlich umgesetzt werden. Gerade auf dem Gebiet der Asyl- und Migrationspolitik ist die Quote der Umsetzung (»Implementation«) vergleichsweise schlecht. Die Kommission sieht sich immer wieder gezwungen, die Mitgliedstaaten in Mahnverfahren daran zu erinnern, ihren Pflichten nachzukommen.

Mit dem Vertrag von Lissabon (2009) wurden schließlich die Kontroll- und Mitwirkungsrechte des Europäischen Parlaments auf dem Feld der Innen- und Justizpolitik gestärkt. Das Straßburger Parlament ist nun ein wichtiger Kontrolleur und eine hörbare Stimme, die sich für die Einhaltung der Menschenrechte und der völkerrechtlichen Vorgaben in der europäischen Asyl- und Migrationspolitik stark macht. So setzte sich das Europäische Parlament etwa dafür ein, dass das Ende 2013 in Betrieb genommene Europäische Grenzkontrollsystem EUROSUR, das mithilfe von Satelliten und Drohnen die europäischen Außengrenzen überwacht, nicht nur zur Bekämpfung »illegaler Einwanderung« zum Einsatz kommt, sondern auch zur Rettung von in Seenot geratenen Flüchtlingsbooten im Mittelmeer herangezogen wird. Ein besonderes Augenmerk hatte das Europäische Parlament immer auch auf die EU-Grenzschutzagentur Frontex (*Agence européenne pour la gestion de la coopération opérationnelle aux frontières extérieures*) gerichtet. Die 2004 gegründete Agentur, die ihren Sitz in Warschau hat, gehört wohl zu den bekanntesten Einrichtungen der EU, die, ähnlich wie die Polizeibehörde Europol, zu einem speziellen Zweck gegründet wurden. Frontex koordiniert und unterstützt die Mitgliedstaaten der EU in ihren Einsätzen zur Sicherung der gemeinsamen EU-Außengrenzen, etwa bei Patrouillenfahrten auf dem Mittelmeer. Die Agentur ist auch verantwortlich für die Aus- und Weiterbildung des Grenzschutzpersonals, das von den mitgliedstaatlichen Behörden gestellt wird. Sie organisiert Rückführungs- und Abschiebeaktionen und erstellt »Risikoanalysen«, um frühzeitig auf neue Migrationsbewegungen eingestellt zu sein, und sie setzt Soforteinsatzteams (*Rapid Border Intervention Teams*) ein, um die nationalen Kräfte vor Ort zu entlasten. Das Europäische Parlament hatte – zusammen mit Menschenrechtsgruppen – einen wichtigen Beitrag dazu geleistet, dass Frontex die völker- und menschenrechtlichen Grundsätze in ihren Einsätzen beachtet, nachdem es in den Anfangsjahren hier immer wieder Grund zur Klage gegeben hatte.

Da bei der Europawahl 2014 jedoch die Zahl der rechtspopulistischen und rechtsextremen Mitglieder im Europäischen Parlament gestiegen ist, gibt es nun vermehrt auch Stimmen, die sich für eine strikte Abschottungspolitik unter dem Stichwort »Festung Europa« einsetzen. Der Begriff »Festung Europa« spielt seit den 1990er-Jahren in der öffentlichen Debatte eine zentrale Rolle und wird von Kritikern verwendet, um die aus ihrer Sicht zu sehr auf Abschottung ausgerichtete EU-Politik anzugreifen. »Festung Europa« ist jedoch ein höchst proble-

matischer und historisch belasteter Begriff: Er entstammt dem »Vokabular des Nationalsozialismus« (Cornelia Schmitz-Berning) und steht für den »Abwehrkampf« des nationalsozialistischen Deutschland gegen die Alliierten. Jeder, der diesen Begriff im Zusammenhang mit der Asyl- und Migrationspolitik der EU verwendet, sollte sich also im Klaren darüber sein, aus welchem historischen Zusammenhang er stammt.

Rechtliche Maßnahmen im Einzelnen: Eine wichtige Rolle bei der Etablierung der europäischen Asyl- und Migrationspolitik spielten sogenannte Aktionsprogramme, die seit Ende der 1990er-Jahre von den Staats- und Regierungschefs beschlossen wurden und jeweils für fünf Jahre politische Leitlinien festschrieben. Dass die »Chefs« sich persönlich um diese Fragen kümmerten, zeigt die politische Bedeutung dieser Themen.

Das erste der Aktionsprogramme mit dem Ziel des Aufbaus eines europaweiten »Raums der Freiheit, der Sicherheit und des Rechts« wurde 1999 auf einem EU-Sondergipfel im finnischen Tampere verabschiedet (Zeitraum 1999–2004). Es folgten das Haager (2004–2009) und das Stockholmer Programm (2009–2014). Mit Letzterem schlug der Europäische Rat Maßnahmen für eine »dynamische und umfassende Migrationspolitik« vor. Angedacht waren schon damals der Ausbau von Frontex und die Errichtung einer Europäischen Grenzschutztruppe – diese Ideen wurden im Zusammenhang mit der »Flüchtlingskrise« 2015 wieder hervorgeholt. Ein »Pakt zu Einwanderung und Asyl« folgte im Jahr 2008. Auch dieser Pakt, eine Initiative der damaligen französischen Regierung, ist typisch für die intergouvernementale Ausrichtung der Migrations- und Asylpolitik in der EU. Mit solchen Programmen und Beschlüssen stecken die europäischen Staats- und Regierungschefs und insbesondere auch die zuständigen Innen- und Justizminister der Mitgliedstaaten den Rahmen ab, den die EU-Kommission dann durch konkrete Richtlinien und Verordnungen füllen soll.

Die Entwicklung einer »europäischen« Politik wurde und wird von der Gründung neuer EU-Institutionen wie der bereits erwähnten Grenzschutzagentur Frontex begleitet, die seit Oktober 2016 als »Europäischer Grenz- und Küstenschutz« firmiert und mehr Kompetenzen besitzt, oder das EU-Asylunterstützungsbüro EASO im Jahr 2013. So bekommt Frontex mehr Personal: 1500 Grenzschützer aus den EU-Ländern sollen kurzfristig einsatzbereit sein. Deutschland will 225 Mitarbeiter der Bundespolizei und Polizisten aus den Bundesländern schicken. Der neue europäische Grenz- und Küstenschutz soll sich stärker an Abschiebungen beteiligen und auch in Drittstaaten Grenzen – z. B. in Nordafrika – mit kontrollieren. Außerdem ist beabsichtigt, den Einsatz von Frontex in Bulgarien an der türkischen Landgrenze aufzustocken.

Frontex und EASO bieten den mitgliedstaatlichen Verwaltungen und Grenzschutzorganen personelle Hilfestellung und finanzielle Unterstützung. Sie tragen damit zu einer »Professionalisierung« der Asylpolitik auch in den Staaten bei, die, wie etwa Griechenland, von der Aufgabe, die EU-Außengrenzen zu sichern, objektiv überfordert sind und deshalb häufig eine »Politik des Durchwinkens« verfolgten. Weitere wichtige Regelungen sind die Dublin-Verordnung aus dem Jahre 2003 (»Dublin II«), die nach einem komplizierten Verfahren die Zuständigkeit des Staates ermittelt, der für die Bearbeitung eines Asylantrags verantwortlich ist. Das Ziel dieser Verordnung ist es, Mehrfachanträge von Asylbewerbern aus Drittstaaten, auch »Asyl-Shopping« genannt, zu verhindern. Technisch umgesetzt wird dies u. a. durch ein Informationssystem und eine Datenbank namens »Eurodac«, in der die Fingerabdrücke aller Asylbewerber, die älter als 14 Jahre sind, gespeichert und europaweit von den zuständigen Stellen abgerufen werden können. Durch dieses System soll sichergestellt werden, dass ein Asylbewerber, nachdem er in einem EU-Staat abgelehnt worden ist, in keinem anderen einen neuen Asylantrag stellen kann.

Darüber hinaus hat die EU in den letzten Jahren weitere Richtlinien verabschiedet, die zu einer Vereinheitlichung der Asylpolitik in den EU-Mitgliedstaaten führen sollten. Die Jahreszahlen zeigen, dass die Kommission in den 2000er-Jahren eine ganz Palette von Themen abgearbeitet hat: Zu den wichtigsten Maßnahmen, die zusammen das Gemeinsame Europäische Asylsystem (GEAS) bilden, gehören neben den Dublin-Bestimmungen die Verordnung 2725/2000 zur Einrichtung des bereits erwähnten »Eurodac«-Systems; sodann die Richtlinie 2003/9/EG über Mindestnormen für die Aufnahme von Asylbewerbern in den Mitgliedstaaten der EU (Bestimmungen zu Wohnsitz sowie zu den Themen Bewegungsfreiheit, Existenzminimum, Gesundheitsversorgung und Bildungsrechte für Asylbewerber und den Zugang zum Arbeitsmarkt spätestens nach neun Monaten); die Richtlinie 2004/83/EG über Mindestnormen für die Anerkennung und den Status von Drittstaatsangehörigen als Flüchtlinge oder subsidiär Geschützte (z. B. Grundsatz der Nichtzurückweisung, auch *non-refoulment*-Gebot genannt); die Richtlinie 2005/85/EG über Mindestnormen für Verfahren zur Anerkennung und Aberkennung der Flüchtlingseigenschaft (Regelung des Zugangs zu Verfahren und Rechtsbehelfen mit aufschiebender Wirkung sowie des Rechts auf persönliche Anhörung; Mitgliedstaaten dürfen etwa auf der Grundlage dieser Richtlinie Regelungen zu »offensichtlich unbegründeten Herkunftsstaaten« treffen oder auch beschleunigte Verfahren an den Grenzen durchführen, dazu gehört etwa das in Deutschland geltende »Flughafenverfahren«). Im August 2001 trat die Richtlinie 2001/55/EG über Mindestnormen zum vorübergehenden Schutz in Kraft (auch »Massenzustrom-Richtlinie« genannt). Der Hintergrund dieser Richtlinie waren die Erfahrungen, die in den 1990er-Jahren insbesondere in Deutschland mit der Aufnahme von Bürgerkriegsflüchtlingen aus Ex-Jugoslawien gemacht worden waren. Diese Richtlinie legte nicht nur Mindeststandards für die Aufnahme fest, sondern sah für die einzelnen EU-Staaten bereits Aufnahmequoten vor. Es ging hier aber um eine zeitlich befristete Aufnahme auf freiwilliger Basis.

Die genannten Richtlinien und Verordnungen wurden nach ihrem Inkrafttreten immer wieder aktualisiert und den neuen Bedingungen angepasst. Wichtig ist zu wissen, dass Richtlinien und Verordnungen eine unterschiedliche rechtliche Qualität besitzen. Während Richtlinien nur einen Rahmen vorgeben, den die Mitgliedstaaten bei der Umsetzung in nationales Recht berücksichtigen müssen, müssen Verordnungen eins zu eins umgesetzt werden. Sie lassen den mitgliedstaatlichen Verwaltungen keinen Spielraum. In der Praxis hat sich immer wieder gezeigt, dass die EU-Staaten bei der Umsetzung von Richtlinien die Spielräume zum Teil auch nutzten, um ein möglichst »unattraktives« Asylsystem zu schaffen, um so Bewerber abzuschrecken bzw. zur »Weiterreise« in andere EU-Staaten zu verleiten. So warf Nils Muiznieks, der für Menschrechte zuständige Kommissar des Europarates in Straßburg, dem ungarischen Regierungschef Orbán vor, er betreibe eine Politik der »institutionalisierten Fremdenfeindlichkeit«.

Die Idee hinter all diesen Richtlinien und Verordnungen ist es, dass Asylbewerber, egal in welchem EU-Staat sie ihr Verfahren durchlaufen, im Prinzip die gleichen Bedingungen antreffen und sie nach den gleichen rechtlichen Vorgaben behandelt werden. Das ist die Theorie, die Praxis sieht jedoch – trotz aller Erfolge der Harmonisierung in den letzten Jahren – oft anders aus. Staaten wie Griechenland oder Italien, die bereits seit der Finanz- und Wirtschaftskrise (seit 2010) an der Grenze ihrer finanziellen Möglichkeiten operieren, waren 2015, aber auch schon Anfang der 2000er-Jahre durch die große Zahl an Migranten und Flüchtlingen, die über die Türkei oder die Mittelmeerroute

kamen, in doppelter Hinsicht überfordert: Kürzungen und Einsparungen im öffentlichen Dienst in Griechenland trafen auch die für die Asylpolitik zuständigen Behörden, die sich nun aufgrund der schwachen personellen Ausstattung außerstande sahen, ihren Aufgaben bei der Versorgung und Registrierung der Geflüchteten so nachzukommen, wie es den europäischen Vorgaben entsprochen hätte. In der Hochphase der »Flüchtlingskrise« 2015/16 betrieben sie dann eine »Politik des Durchwinkens«, mit der Folge, dass sich Zehntausende ohne Registrierung von Griechenland oder Italien auf den Weg Richtung Nordeuropa gemacht haben. Das Beispiel zeigt: Wenn einzelne EU-Staaten die Regelungen des »Gemeinsamen Europäischen Asylsystems« nicht anwenden können oder den politischen Willen dazu vermissen lassen, dann fällt dieses Land als schwächstes Glied der Kette aus und gefährdet damit das gesamte System.

Maßnahmen und Beschlüsse seit 2015: Die seit Sommer 2015 anhaltende Krise des europäischen Grenzregimes offenbarte die Schwächen des »Gemeinsamen Europäischen Asylsystems« (GEAS). Tatsächlich ist GEAS (noch) kein »gemeinsames« System, sondern ein Nebeneinander von 28 nationalen Asylsystemen mit teilweise unterschiedlichen Regeln und Logiken. Ein zusätzliches Problem ist, dass die bereits beschlossenen Maßnahmen zur Angleichung der Asylsysteme in vielen EU-Staaten nicht vollständig umgesetzt sind. In der Krise musste nun aber rasch reagiert werden. Auf der einen Seite stand – zumindest zu Beginn der Krise – eine von Deutschland, Österreich und Schweden favorisierte Politik, die Flüchtlinge und Migranten aufzunehmen (»Willkommenskultur«), während auf der anderen Seite vor allem Regierungen ost- und ostmitteleuropäischer Staaten standen, die sich für die Schließung der Grenzen einsetzten und eine europaweite Umverteilung der Geflüchteten ablehnten. Dies führte dazu, dass die EU-Mitgliedstaaten zunächst kaum reaktionsfähig waren und eine unilaterale, das heißt eine mit den Partnern nicht abgestimmte Politik der Abschottung und Abschreckung (etwa durch den Bau von Grenzanlagen) verfolgten – mit weitreichenden Folgen und Dominoeffekten für die Staaten, die an den Wanderungswegen (z. B. sog. Balkanroute) lagen. Die EU-Kommission konnte im Vergleich zu den untereinander uneinigen Regierungen kohärenter reagieren und übernahm dadurch eine Führungsrolle bei der Entwicklung eines europäischen Krisenmanagements, die aber natürlich von der Folgebereitschaft der Mitgliedstaaten abhängig war. Diese Rolle übte die Kommission zusammen mit der jeweils amtierenden EU-Ratspräsidentschaft und insbesondere in enger Abstimmung mit der Regierung in Berlin aus. Kanzlerin Angela Merkel spielte in der »Flüchtlingskrise« – ähnlich wie schon in der Eurokrise – eine herausgehobene Rolle, allerdings mit dem Unterschied, dass in der Flüchtlingspolitik die Gräben zwischen den Mitgliedstaaten zunächst sehr viel tiefer waren.

Noch ehe das Wort von der »Flüchtlingskrise« die öffentliche Debatte bestimmte, hatte die Kommission am 13. Mai 2015 eine »Migrations-Agenda« vorgelegt, in der sie eine Reihe von neuen Maßnahmen präsentierte, die zum Teil auf frühere Vorschläge zurückgingen. Dazu gehörten etwa der Vorschlag, die laufenden Überwachungs- und Rettungsoperationen im Mittelmeer (»Triton« und »Poseidon«) für die Jahre 2015/16 besser auszustatten, ein Notfallmechanismus zur Umverteilung (*relocation*) von Geflüchteten aus den EU-Staaten, die besonders betroffen waren und einem plötzlichen »Ansturm« nicht gewappnet waren, Vorschläge für Maßnahmen zur Umsiedlung (*resettlement*) von 20 000 Flüchtlingen, die sich noch außerhalb der EU befinden, sowie schließlich militärisch abgesicherte Maßnahmen zur Bekämpfung des Menschenschmuggels und der Schlepperorganisationen. Am 18. Mai 2015 beschloss der Rat eine Marineoperation im Mittelmeer, die die Schleuser- und Menschenhändlernetze aufspüren und bekämpfen sollte. Diese Mission startete unter dem Kürzel EUNAFOR MED und wurde dann umbenannt in Mission »Sophia« (benannt nach dem Namen eines Mädchens, das auf einem bei der Mission eingesetzten deutschen Marineschiff zur Welt gekommen ist).

Ende September 2015 hatte die Kommission dann eine Liste mit *priority actions* vorgelegt, mit denen die »Migrations-Agenda« operativ umgesetzt werden sollte. Dazu gehörten Umsiedlungs- und Unterstützungsteams, die in sogenannten »Hotspots« in Griechenland und Italien den Behörden vor Ort unter die Arme greifen sollten, sowie weitere Bemühungen, durch die Zusammenarbeit mit Drittstaaten den Migrationsdruck dort zu lindern und gleichzeitig diese Staaten dazu zu verpflichten, ihre Küsten zu überwachen und dadurch zu verhindern, dass von dort immer neue, meist seeuntüchtige Flüchtlingsboote in Richtung Europa aufbrechen. Eine große Rolle in diesem Maßnahmenpaket spielte die massive personelle und finanzielle Aufstockung von Frontex und des EASO-Unterstützungsbüros, die Unterstützung der von Migration besonders betroffenen EU-Staaten sowie die strikte Überwachung der Einhaltung der bereits beschlossenen, aber nicht vollständig umgesetzten Richtlinien und Verordnungen des Gemeinsamen Europäischen Asylsystems (GEAS).

Ende September 2015 kündigte die Kommission eine Reihe von Gesetzesvorschlägen an. Dazu gehörten die Umwandlung von Frontex in einen echten Europäischen Grenz- und Küstenschutz, Vorschläge zur legalen Einreise in die EU (Anpassung der sog. *Blue-Card*-Regeln), eine Reform der aktuellen Dublin-III-Verordnung, ein Vorschlag zur Umsiedlung von Flüchtlingen sowie eine Strategie gegen Menschenschmuggel. Diese Vorschläge wurden im Laufe des Jahres 2015 in einer Reihe von formellen und informellen Ratstreffen und auf Europäischen Gipfeln ausführlich diskutiert. Besonders kontrovers war dabei das Thema der Umsiedlung. Die zuständigen europäischen Minister beschlossen am 14. September 2015, innerhalb der nächsten zwei Jahre 40 000 Menschen auf freiwilliger Basis aus Griechenland und Italien in andere EU-Staaten umzusiedeln. Wenig später, am 22. September, beschlossen die europäischen Minister die Umsiedlung von zusätzlichen 120 000 Flüchtlingen aus Italien und Griechenland. Dieses Mal wurde die Entscheidung jedoch mit qualifizierter Mehrheit getroffen, gegen den Widerstand der Regierungen aus Ungarn, der Tschechischen Republik, der Slowakei und Rumänien. Die ungarische und die slowakische Regierung klagten Anfang Dezember 2015 vor dem Europäischen Gerichtshof gegen diese Entscheidung, da sie ihrer Ansicht nach gegen den EU-Vertrag verstoße und keine »zwangsweise« Ansiedlung von Flüchtlingen und Asylbewerbern in denjenigen EU-Staaten erlaubt sei, die dies ablehnen. Damit wurde offensichtlich, wie tief der Graben ist, der die EU-Staaten voneinander trennt. Einzelne Mitgliedstaaten, nicht nur die Visegrád-Staaten, aber diese unter der Führung von Polen und Ungarn ganz besonders, lehnen solche Pläne strikt ab; sie fürchten, die EU zwinge ihnen damit eine »multikulturelle Gesellschaft« auf. Die ungarische Regierung hatte für den 2. Oktober 2016 deshalb ein Referendum anberaumt, in dem die Bevölkerung ihre Unterstützung für die Position der Orbán-Regierung artikulieren konnte. Das Referendum erreichte trotz des enormen Mobilisierungsaufwandes, den die Regierung betrieben hat, jedoch nicht die nötige Beteiligungsquote von 50 % der Stimmberechtigten, sodass es politisch und rechtlich gescheitert ist. Trotzdem hat die ungarische Regierung mit Verweis auf die überwältigende Zustimmung (98 %) für ihre Flüchtlingspolitik, die in dem Referendum zum Ausdruck gekommen ist, angekündigt, die Verfassung zu ändern, um eine quotenmäßige Verteilung von Flüchtlingen in Ungarn

dauerhaft auszuschließen. Hier kommt eine tiefe Abneigung gegen »kosmopolitisches Denken« zum Tragen, das in den ost- und ostmitteleuropäischen Gesellschaften tief verwurzelt ist und sie eint, während in den westeuropäischen Gesellschaften die Flüchtlingsdebatte die gesellschaftliche Spaltung vergrößert hat (Ivan Krastev).

Weil die Bemühungen einer EU-internen Umverteilung von Flüchtlingen und Asylbewerbern offensichtlich nicht den nötigen Rückhalt im Kreis der Mitgliedstaaten gefunden hat und die Staaten nur sehr zögerlich ihren Verpflichtungen nachgekommen sind, musste die EU über alternative Wege des Umgangs mit der wachsenden Zahl an Geflüchteten nachdenken. Eine Übersicht der Kommission zeigte, dass bis Anfang Oktober 2016 alle EU-Staaten das ihnen zugewiesene Soll bei Weitem nicht erreicht haben: Von den 16 827 Flüchtlingen, die Frankreich aufnehmen soll, sind bis zu diesem Zeitpunkt nur 1987 tatsächlich aufgenommen worden; auch die Bundesrepublik Deutschland hat von den 27 320 Flüchtlingen, die sie im Rahmen diese *Resettlement*-Programms aufnehmen soll, bis zum 5. Oktober 2016 gerade einmal 216 aufgenommen. Dass Polen und Ungarn angesichts ihres Widerstandes bis dato keinen einzigen Flüchtling aufgenommen haben, hat Beobachter dagegen nicht überrascht.

Angesichts dieser Probleme musste die EU einen Plan B entwickeln. Eine zentrale Bedeutung kam hier der Türkei als Transitland der Flüchtlinge zu, die über Griechenland und dann auf der »Balkanroute« Richtung Nordeuropa weiterwanderten. Ein erster Schritt der Einbindung der Regierung in Ankara in die EU-Flüchtlingspolitik war der EU-Türkei-Aktionsplan vom November 2015. Mit einer finanziellen Hilfe in Höhe von drei Milliarden Euro sollte die Türkei dabei unterstützt werden, die Zustände in den eigenen Flüchtlingslagern zu verbessern und damit die syrischen Bürgerkriegsflüchtlinge davon abzuhalten, in Richtung Europa weiterzuziehen. Fortgeschrieben wurde dies durch ein EU-Türkei-Abkommen, das am 18. März 2016 auf einem EU-Gipfel unterzeichnet wurde. Im Zentrum dieses Abkommens stand ein Tauschgeschäft: Es ging darum, die irreguläre Migration, also die kurze, aber nicht ungefährliche Überfahrt von der türkischen Küste in Richtung Griechenland, zu unterbinden und an deren Stelle den Flüchtlingen eine »legale« Möglichkeit zur Ansiedlung in der EU zu eröffnen. Damit sollte, wie es in einer Pressemitteilung von Europäischem Rat und Rat der EU stand, das »Geschäftsmodell der Schleuser zerschlagen und den Migranten eine Alternative geboten werden, damit diese ihr Leben nicht aufs Spiel setzen«. Alle »irregulären« Migranten, die seit dem 20. März 2016 auf den griechischen Inseln ankommen, sollen auf der Basis dieses Abkommens in die Türkei zurückgeführt werden. Gleichzeitig soll für jeden syrischen Flüchtling, der auf diese Weise in die Türkei zurückgebracht wird, ein Flüchtling legal aus der Türkei in einen EU-Staat umgesiedelt werden. Mit dieser Vereinbarung wurden der türkischen Seite weitere drei Milliarden Euro an finanzieller Unterstützung zugesagt sowie eine Visaliberalisierung und die Belebung der ins Stocken geratenen, schon seit Oktober 2005 laufenden EU-Beitrittsverhandlungen.

Dieser »Deal«, der nicht zuletzt auf Drängen der deutschen Regierung zustande kam, hat breite Kritik erfahren. Er gab aber gleichzeitig den unter massivem innenpolitischen Druck stehenden europäischen Regierungen ein Instrument an die Hand, die Zahl der über die Türkei nach Europa kommenden Flüchtlinge rasch zu reduzieren. Die von der EU-Kommission gemeldeten Zahlen zeigen die Wirksamkeit der Vereinbarung und die Kooperationsbereitschaft der türkischen Seite: Während am 20. März 2016, dem Tag des Inkrafttreten des Abkommens, noch 1667 Geflüchtete in Griechenland registriert wurden, sanken die Zahlen in den Folgetagen rasch auf null, um dann aber wieder auf

Werte über 700 anzusteigen. Vergleicht man die Durchschnittswerte der täglich angekommenen Migranten auf griechischen Inseln von Anfang Januar bis Anfang März 2016 – das waren 1846 täglich – mit denen im Zeitraum vom 20. März bis 23. Mai 2016 – da waren es im Schnitt nur noch 148 –, dann zeigt sich, wie erfolgreich offensichtlich die türkischen Behörden ihre Küste zu überwachen in der Lage waren. In Verbindung mit der Schließung der Balkanroute im März 2016 sanken die Zahlen von Geflüchteten deutlich. Das brachte zumindest eine vorübergehende Beruhigung der Lage und der Debatten in den EU-Staaten. Eine »Lösung« des Flüchtlingsproblems, da waren sich alle Experten einig, war dies freilich nicht. Die Vereinbarung mit der Türkei dient jedoch als Modell für entsprechende Abkommen mit anderen Staaten in Nordafrika, die durch finanzielle Anreize und politischen Druck dazu angehalten werden sollen, ihre Küsten zu kontrollieren und dadurch zu verhindern, dass von dort Flüchtlingsboote in See stechen und sich auf dem Weg nach Europa machen.

Ausblick: Ob die EU und ihre Mitgliedstaaten den Herausforderungen, die sich im Zusammenhang mit der »Flüchtlingskrise« gezeigt haben, wirklich gewachsen sind, hängt von vielen Faktoren ab. Dazu gehört die Frage, ob es gelingt, eine gemeinsame und wirklich kohärente Politik zu entwickeln und solidarisch umzusetzen, die dem Selbstverständnis der EU als »Wertegemeinschaft« gerecht wird. Die Debatten innerhalb und zwischen den EU-Staaten haben gezeigt, wie sehr gerade die Themen Asyl und Migration die alte Frage neu befeuern, ob und wie eine europäische Zusammenarbeit gelingen kann. Im Kern geht es jedoch nicht nur um Fragen der politischen Handlungsfähigkeit, sondern um die Frage, ob die EU und ihre Mitgliedstaaten sich als »Einwanderungsland« verstehen, ob sie ein »Europa des Asyls« (Löhr 2010) oder eines der Abschottung bauen wollen. Diese Fragen sind bislang nicht beantwortet, sie werden aber die nächsten

Jahre die Tagesordnung der EU bestimmen. Ob die im Zuge der Krise vorgeschlagenen und verabschiedeten Maßnahmen zu einer »Orbanisierung« der europäischen Asyl- und Migrationspolitik führen, wie Kritiker monieren (Peers 2016), und ob die Zukunft in der Errichtung von Lagern und dem Bau von neuen Grenzzäunen liegen wird (Angenendt u. a. 2016), oder ob es der EU und ihren Mitgliedstaaten gelingt, einen Weg zu finden, der dem eigenen Selbstverständnis als eines Horts der Menschrechte gerecht wird, ist und bleibt eine Herausforderung für die EU und ein Gradmesser für ihre Zukunftsfähigkeit. Es ist eine Binsenweisheit, dass Europa nicht alle Probleme und das ganze Elend der Welt durch die Aufnahme von Geflüchteten wird lösen können. Jedoch mahnen Experten seit langem, dass die EU und ihre Mitgliedstaaten sowohl ihre Außen-, Wirtschafts- und Handelspolitik als auch ihre Entwicklungspolitik noch sehr viel stärker an den Anforderungen einer humanitären Asyl- und Migrationspolitik ausrichten sollte und auch könnte. Das Ziel muss sein, dass die Hauptgründe für Migration, Flucht und Vertreibung, also Krieg, Unterentwicklung, Not und Perspektivlosigkeit in der Welt, an Gewicht verlieren und die EU ihren Teil dazu beiträgt.

Literatur

Angenendt, Steffen/Kipp, David/Koch, Anne: Grenzsicherung, Lager, Kontingente: Die Zukunft des europäischen Flüchtlingsschutzes?, SWP-Aktuell 30, Berlin 2016.

Bendel, Petra: Flüchtlingspolitik der Europäischen Union. Menschrechte wahren!, FES-Analyse, Bonn 2015.

Bundeszentrale für politische Bildung (Hrsg.): Flucht und Asyl. Aus Politik und Zeitgeschichte (APuZ) 25/2015.

Bungenberg, Marc/Giegerich, Thomas/Stein, Torsten (Hrsg.): Asyl und Migration in Europa – rechtliche Herausforderungen und Perspektiven, Sonderband der Zeitschrift für Europarechtliche Studien (ZEuS), Baden-Baden 2016.

Engler, Marcus/Schneider, Jan: Deutsche Asylpolitik und EU-Flüchtlingsschutz im Rahmen des Gemeinsamen Europäischen Asylsystems (GEAS), Osnabrück 2015.

Große Hüttmann, Martin/Wehling, Hans-Georg (Hrsg.): Das Europalexikon. Begriffe – Namen – Institutionen, 2. Aufl. Bonn 2013.

Hailbronner, Kay/Thym, Daniel (Hrsg.): EU Immigration and Asylum Law. A Commentary, 2. Aufl. Baden-Baden 2016.

Krastev, Ivan: Die Utopie vom Leben jenseits der Grenze, in: Frankfurter Allgemeine Zeitung vom 1.3.2016.

Löhr, Tillmann: Schutz statt Abwehr. Für ein Europa des Asyls, Berlin 2010.

Muiznieks, Nils: Hungary's Duty to Refugees, in: International New York Times vom 29.9.2016.

Oltmer, Jochen: Globale Migration. Geschichte und Gegenwart, 2. Aufl. München 2016.

Peers, Steve: The Orbanisation of EU Asylum Law: The Latest EU Asylum Proposals, Blog EU Law Analysis, 6.5.2016 (http://eulawanalysis.¬blogspot.de).

Pries, Ludger: Migration und Ankommen. Die Chancen der Flüchtlingsbewegung, Frankfurt/M. 2016.

Wessels, Wolfgang: The European Council, London 2016.

Zaun, Natascha: Europäische Flüchtlingspolitik: Keine Kooperation in Sicht, in: Politikum, Heft 3/2016, S. 17–25.

www.ceps.eu (Centre for European Policy Studies)

www.ec.europa.eu/index_de.htm (Europäische Kommission)

www.ec.europa.eu/eurostat/de (Statistisches Amt der Europäischen Union)

www.europarl.europa.eu/portal/de (Europäisches Parlament)

www.frontex.europa.eu (European Border and Coast Guard Agency)

www.network-migration.org (Netzwerk Migration in Europa)

www.proasyl.de/thema/eu-asylpolitik

Bund und Länder

Bernd Geiß

Die verschiedenen politischen Ebenen in der Bundesrepublik Deutschland – Bund, Länder und Kommunen – haben unterschiedliche Zuständigkeiten für die Politikbereiche Migration und Integration. Neben dem nationalen Recht spielen auch das Recht der Europäischen Union (EU) und völkerrechtliche Verträge wie z. B. die Genfer Flüchtlingskonvention eine Rolle.

Auf der Bundesebene ist das Bundesministerium des Innern (BMI) zuständig für das Aufenthaltsrecht, das Freizügigkeitsgesetz/EU (→ S. 147 ff.), das Asyl- und Flüchtlingsrecht (→ S. 38 ff.), das Staatsangehörigkeitsrecht (→ S. 151 ff.) sowie (seit 2005) für Integrationsmaßnahmen nach dem Zuwanderungsgesetz (→ S. 158 ff.). Im Rahmen seiner Zuständigkeit für Integration und Religionsangelegenheiten lädt das BMI auch zur Deutschen Islam Konferenz (DIK) ein (→ S. 286 ff.). Mit dem Inkrafttreten des Zuwanderungsgesetzes im Jahr 2005 erhielt das Bundesamt für Migration und Flüchtlinge (BAMF, bis dahin Bundesamt für die Anerkennung ausländischer Flüchtlinge) Integration als zusätzliche Aufgabe (Integrationskurse, Integrationsprogramm, Migrationsberichte). Das BAMF ist eine dem BMI nachgeordnete Behörde. Wegen der sehr hohen Anzahl unerledigter Asylanträge wird die Behörde seit September 2015 vom Vorstandsvorsitzenden der Bundesagentur für Arbeit in Personalunion geleitet.

Auf den jährlich zweimal stattfindenden Konferenzen der Innenminister und -senatoren der Länder sowie des Bundesinnenministers können u. a. auch Fragen des Aufenthalts- und Flüchtlingsrechts (z. B. »Altfallregelungen« für Flüchtlinge) erörtert und entschieden werden. Wegen der starken Zunahme der Zahl der Flüchtlingsmigranten wurde im Oktober 2015 im Bundeskanzleramt ein Arbeitsstab Flüchtlingspolitik eingerichtet, der dem Chef des Bundeskanzleramtes zuarbeitet. Das Bundeskanzleramt bestimmt dadurch nun die Grundlinien der Flüchtlingspolitik, was früher die Aufgabe des BMI war.

Das Bundesministerium für Arbeit und Soziales (BMAS), das mit dem Inkrafttreten des Zuwanderungsgesetzes im Jahre 2005 die Zuständigkeit für Integrationspolitik an das BMI abgegeben hat, war und bleibt weiterhin zuständig für die integrationspolitisch so wichtigen Themen wie Ausländerbeschäftigung, Arbeitsförderung, Grundsicherung für Arbeitssuchende, Sozialversicherung, Alterssicherung und Sozialhilfe. Während das BMAS Integrationsfragen früher oft nur unter dem engen Aspekt der Beschäftigung ausländischer Arbeitnehmer sah, vertritt es heute eine ganzheitliche Sichtweise. Ein Beispiel dafür ist das langfristig geplante und finanziell gut ausgestattete Programm »Integration durch Qualifizierung«.

Das Amt der Beauftragten der Bundesregierung für Migration, Flüchtlinge und Integration bereitet u. a. die Integrationsgipfel (→ S. 282 ff.) der Bundeskanzlerin vor, koordiniert den Nationalen Aktionsplan Integration (NAP-I) (→ S. 282 ff.) sowie die Charta der Vielfalt, erarbeitet eine Integrationsindikatorenberichterstattung und berichtet alle zwei Jahre über die Lage der Ausländerinnen und Ausländer in Deutschland an den Deutschen Bundestag. Auch lädt es jährlich zu

Bundeskonferenzen der Ausländer- bzw. Integrationsbeauftragten ein, die dem Informationsaustausch dienen sollen. Gemäß der Freizügigkeitsrichtlinie/EU ist bei der Beauftragten eine unabhängige Stelle eingerichtet worden, die die Mobilität und Freizügigkeit innerhalb der Europäischen Union fördern soll. Das Amt der Beauftragten versteht sich nicht zuletzt als Ombudsman und als kritische Stimme zur Integrationspolitik der Bundesregierung.

Ähnlich der Innenministerkonferenz gibt es seit 2007 eine Integrationsministerkonferenz der Länder, an der die Integrationsbeauftragte der Bundesregierung teilnimmt. Die Konferenz dient der Erörterung der länderübergreifenden Angelegenheiten der Integration, der Koordinierung der Länderpolitik sowie dem Austausch von Informationen und Erfahrungen. So hat die Integrationsministerkonferenz beispielsweise die Beiträge der Länder zum Nationalen Aktionsplan Integration (NAP-I) festgelegt.

Zuständig für die Erteilung der Visa zu Zwecken des Besuchs oder der Familienzusammenführung ist das Auswärtige Amt bzw. seine Auslandsvertretungen. Familienzusammenführungen oder Aufenthalte zum Zweck der Arbeit, des Studiums oder der Ausbildung werden allerdings nur nach Abstimmung mit den kommunalen Ausländerbehörden bzw. der Agentur für Arbeit erlaubt.

Das Bundesministerium für Familien, Senioren, Frauen und Jugend (BMFSFJ) ist zuständig für die Förderung junger Migrantinnen und Migranten. Im BMFSFJ befindet sich auch die Antidiskriminierungsstelle des Bundes. Das Allgemeine Gleichbehandlungsgesetz verbietet u. a. Benachteiligungen, soweit sie an personenbezogene Merkmale wie »Rasse« und »ethnische Herkunft« anknüpfen.

Am 1. April 2012 ist das Gesetz zur Anerkennung ausländischer Berufsqualifikationen in Kraft getreten. Federführend zuständig für dieses Thema ist das Bundesministerium für Bildung und Forschung. Das Gesetz schafft erstmals für Unionsbürger und Drittstaatsangehörige einen allgemeinen Anspruch auf eine individuelle Gleichwertigkeitsprüfung – innerhalb eines Zeitraums von drei Monaten. Der Vollzug des Gesetzes ist Sache der Länder.

Der Sachverständigenrat deutscher Stiftungen für Integration und Migration (SVR) empfahl in seinem Jahresgutachten 2012 eine bessere Abstimmung der unterschiedlichen Ministerien bei integrationspolitischen Maßnahmen. Er nannte die Themen Arbeitsmarkt, Soziales, Wirtschaft und Inneres. Man könnte Bildung, Wohnen, Außen- und Entwicklungspolitik hinzufügen. Auch forderte er eine Klärung des unübersichtlichen Institutionengefüges ebenso wie eine kohärente und konzeptionsorientierte Integrationspolitik mit klaren und für die Bürger transparenten Zielvorgaben. Die Empfehlungen des SVR sind bis heute leider nur unzureichend umgesetzt.

Viele der Kompetenzen, die das tägliche Zusammenleben von Migranten und Einheimischen betreffen, liegen bei den Ländern, so z. B. alle Schulangelegenheiten. Die Bundesländer selbst haben unterschiedliche Traditionen im Hinblick auf Einwanderung und Integration entwickelt. Grundsätzlich ist jedoch festzuhalten, dass die Gesetzgebungskompetenzen für Aufenthaltsrechts-, Flüchtlingsrechts- und Staatsangehörigkeitsrechtsfragen beim Bund liegen. Da die Länder diese Gesetze auszuführen haben, sind sie durch den Bundesrat zustimmungspflichtig. Das bedeutet, dass die Länder in den entsprechenden Gesetzgebungsverfahren mitwirken. Die Ausführung der Bundesgesetze lassen teilweise Spielräume z. B. für eine informative und werbende Einbürgerungspraxis oder auch eine knallharte Abschiebungspolitik; Letztere kann auch dem gewünschten politischen Profil eines Länderinnenministers dienen.

Früher lagen in allen Ländern die Ausführungskompetenzen für Aufenthalts-, Flüchtlings- und Einbürgerungsfragen bei den Innenressorts, die Kompetenzen für die soziale Integration bei den Arbeits- und Sozialressorts. In den letzten Jahren haben sich Organisation und Namen einiger Länderressorts geändert. So führen schon zehn Ministerien bzw. Senatsbehörden den Begriff Integration im Namen (Baden-Württemberg, Bayern, Berlin, Brandenburg, Hamburg, Hessen, Niedersachsen, Nordrhein-Westfalen, Rheinland-Pfalz und Sachsen). Eine Senatsbehörde (Berlin) wird von einer Migrantin türkischer Herkunft geleitet. In Baden-Württemberg wurde das 2011 von der grün-roten Landesregierung geschaffene Integrationsministerium mit der alleinigen Aufgabe Integration 2016 wieder abgeschafft und dem Sozialministerium zugeschlagen. Die »Integrationsministerien« haben zuzüglich zur Aufgabe Integration andere Aufgaben wie z. B. Arbeit, Justiz, Soziales, Familie, Jugend und Frauen. Einzig das für Integration zuständige Ministerium in Rheinland-Pfalz hat jedoch auch die Zuständigkeit der Ausführung des Aufenthalts-, des Flüchtlings- und des Einbürgerungsrechts, die in den anderen Ländern weiterhin bei den Innenministerien und -behörden liegen.

Einige Länder haben weiterhin »klassische« Integrationsbeauftragte (Brandenburg, Bremen, Sachsen, Sachsen-Anhalt, Schleswig-Holstein und Thüringen) oder neben Integrationsressorts zusätzlich auch Integrationsbeauftragte (Berlin, Niedersachsen, Rheinland-Pfalz). Die Beauftragten in Sachsen und Schleswig-Holstein sind den Landtagen, nicht der Regierung zugeordnet.

Seit etwa zehn bis 15 Jahren ist eine deutliche Tendenz erkennbar, Integration als normalen Politikbereich der Landespolitik zu verstehen und dies auch im Namen der Ressorts widerzuspiegeln. Mehr als die Hälfte der Länder hat inzwischen Integrationsres-

sorts, andere haben neben Referaten und Abteilungen zusätzlich Integrationsbeauftragte; nur Mecklenburg-Vorpommern hat lediglich Referate in Sozial- und Innenministerien.

Das SVR-Gutachten von 2012 stellte wegen der Verteilung der Gesetzgebungskompetenzen und Verwaltungsaufgaben auf den politischen Ebenen Bund, Länder und Kommunen zahlreiche parallele, sich überschneidende und sogar konkurrierende Zuständigkeiten fest, die eine effektive Bündelung integrationspolitischer Maßnahmen erschweren. Es empfahl vor allem eine engere Zusammenarbeit und dichtere Vernetzung von Bund, Ländern und Gemeinden.

Literatur

Bergmann, Jan/Dienelt, Klaus: Ausländerrecht, München 2016.

Frings, Dorothee/Tießler-Marenda, Elke: Ausländerrecht für Studium und Beratung, Frankfurt/M. 2015.

Marx, Reinhard: Aufenthalts-, Asyl- und Flüchtlingsrecht, Baden-Baden 2015.

Sachverständigenrat deutscher Stiftungen für Integration und Migration (Hrsg.): Integration im föderalen System: Bund, Länder und die Rolle der Kommunen. Jahresgutachten 2012 mit Integrationsbarometer, Berlin 2012.

Thränhardt, Dietrich: Zur Bedeutung der Länder im Konzept einer nachhaltigen Integrationspolitik. Gesprächskreis »Migration und Integration« der Friedrich-Ebert-Stiftung, Konferenz »Integrationspolitik in Nordrhein-Westfalen« am 10. März 2012 in Bonn (www.fes.¬de).

Thränhardt, Dietrich/Weiss, Karin: Flüchtlingspolitik im deutschen Föderalismus, hrsg. von der Friedrich-Ebert-Stiftung, Bonn 2016 (http://¬library.fes.de/pdf-files/wiso/12762.pdf).

www.bamf.de
www.bmi.bund.de
www.integrationsbeauftragte.de
www.svr-migration.de

Integrationsgesetze in den Bundesländern

Karin Weiss und Birsan Alan

Im Zuge der Anerkennung Deutschlands als Zuwanderungsland und des neuen Zuwanderungsgesetzes von 2005 kam es zunehmend zu einer Institutionalisierung von Integrationspolitik. Landesministerien haben eigene Fachabteilungen eingerichtet, in Baden-Württemberg wurde 2011 sogar ein Ministerium für Integration geschaffen, das jedoch von der neuen grün-schwarzen Regierung im Frühjahr 2016 wieder abgeschafft wurde. Die Zuständigkeit für Migration wurde wieder dem Innenministerium übergeben, der Bereich Integration fiel dem Sozialministerium zu. Auch auf der Bundesebene wurden neue Gremien geschaffen, wie z. B. der Beirat Integration. Im Nationalen Integrationsplan (→ S. 282 ff.) haben sich Bund, Länder, Kommunen und Verbände zu vielfältigen Integrationsmaßnahmen verpflichtet. Dennoch gab es eine gesetzliche Regelung der Integration zunächst lediglich im Rahmen des Zuwanderungsgesetzes von 2005 (→ S. 158 ff.). Dieses legte aber neben der Schaffung von Integrationskursen vor allem auch eine Pflicht der Zugewanderten zur Teilnahme fest. Erst in den letzten Jahren trat mehr und mehr auch die Seite der aufnehmenden Gesellschaft in den Vordergrund, die ebenfalls, z. B. durch interkulturelle Öffnung, zu einem gelingenden Integrationsprozess beitragen muss. So ist es nur folgerichtig, dass zunächst in zwei Bundesländern, nämlich in Berlin und in Nordrhein-Westfalen, auch Landesintegrationsgesetze verabschiedet wurden, die – durchaus unterschiedlich in Reichweite und Regelungsbereichen – vor allem den Aufgaben des Staates für die Integrationsarbeit einen gesetzlichen

Rahmen geben und die Rechte von Menschen mit Migrationshintergrund sichern sollen. Im Dezember 2015 folgte dann auch Baden-Württemberg mit einem Landesintegrationsgesetz.

Berlin hat als erstes Bundesland im Dezember 2010 ein Integrationsgesetz verabschiedet, das vor allem die Funktion der/des Beauftragten für Integration und die Partizipation von Menschen mit Migrationshintergrund in verschiedenen Gremien regelt. Ähnlich geht Baden-Württemberg vor. Nordrhein-Westfalen hat im Frühjahr 2012 ein Integrationsgesetz verabschiedet, regelt aber neben der Beteiligung und Vertretung in Gremien vor allem Strukturen und sichert diese durch eine gesetzlich geregelte institutionelle Förderung von Integrationsagenturen in allen Kreisen und kreisfreien Städten auch langfristig ab. Eine solche materielle Grundlage für die Integrationsarbeit als staatliche Verpflichtung ist weder im Berliner Gesetz noch im Gesetz aus Baden-Württemberg enthalten. Das Gesetz aus Baden-Württemberg enthält nur eine Selbstverpflichtung des Landes, integrationsfördernde Strukturen auf Landes- und kommunaler Ebene zu entwickeln und zu unterstützen und dabei insbesondere mit den kommunalen Landesverbänden, den kommunalen Integrationsbeauftragten und mit Migrantenorganisationen zusammenzuarbeiten. In den Gesetzen werden zwar primär die Menschen mit Migrationshintergrund als Zielgruppe genannt, aber es wird auch festgehalten, dass Integration ein gesamtgesellschaftlicher Prozess ist.

Alle drei Gesetze regeln ausschließlich staatliche Strukturen. Bemerkenswert ist, dass in Berlin zwar die Position der/des Beauftragten des Senats gesetzlich verankert wird, diese/r aber ausdrücklich als »im Auftrag« handelnd – und damit weisungsgebunden – definiert wird. Es wird hier ebenfalls geregelt, dass alle die Integration betreffenden Gesetze, Verordnungen oder sonstige wichtige Vorhaben der Senatsverwaltung der/dem Beauftragten zur Stellungnahme vorgelegt werden müssen. Ein Einspruchsrecht ergibt sich daraus jedoch nicht. Damit ist die/der Berliner Beauftragte zwar als Position abgesichert, aber im Konfliktfall ohne jede Durchsetzungskraft. Positiv hervorzuheben ist aber, dass durch die Ernennung einer/eines Bezirksbeauftragten für Integration und Migration in jedem Bezirk von Berlin einheitliche Bezirksstrukturen geschaffen werden. Auch Baden-Württemberg regelt vor allem die Vertretung in Gremien und die Position einer/eines Beauftragten.

Eine vergleichbare Position einer/eines Beauftragten des Senats von Berlin für Integration und Migration sehen die Gesetze in Nordrhein-Westfalen und Baden-Württemberg nicht vor. In Baden-Württemberg ist wie in Berlin auf Landesebene ein Landesbeirat für Integration mit einer beratenden und unterstützenden Funktion vorgesehen. Beim Integrationsministerium sollte eine Geschäftsstelle für den Beirat eingerichtet werden. Das bestehende Partizipations- und Integrationsgesetz Baden-Württemberg soll von der neuen grün-schwarzen Regierungskoalition evaluiert und zu einem Landesintegrationsgesetz weiterentwickelt werden. Dagegen umfasst das nordrhein-westfälische Gesetz die flächendeckende Institutionalisierung von Beratungs- und Betreuungsstrukturen in allen Kreisen und kreisfreien Städten. Das Land geht hiermit weitreichende finanzielle Verpflichtungen ein. Auch die Regelungen des früheren Landesaufnahmegesetzes, das die Erstaufnahme von Neuzuwanderern regelt, wurden in das Integrationsgesetz integriert. Damit geht das Gesetz hinsichtlich der Sicherung von Strukturen

weit über die beiden anderen Gesetze hinaus. Auch wird in Nordrhein-Westfalen die Einbindung und Förderung von Migrantenorganisationen als Partner der Integrationsarbeit zumindest angestrebt. In Baden-Württemberg ist die finanzielle Förderung des Landesverbands der kommunalen Migrantenvertretungen sogar festgeschrieben. In Berlin haben die örtlichen Migrantenorganisationen auf Bezirksebene eine beratende bzw. unterstützende Funktion.

Alle drei Gesetze gehen auf die interkulturelle Öffnung insbesondere in der Landesverwaltung ein. Offen bleibt dabei, was darunter zu verstehen ist. Berlin und Baden-Württemberg definieren den Begriff in der Gesetzesbegründung. Das Berliner Gesetz definiert zwar die interkulturelle Kompetenz als eine auf Kenntnissen über kulturell geprägte Regeln, Normen, Werthaltungen und Symbole beruhende Form der fachlichen und sozialen Kompetenz – eine Reflexion eigener kultureller Prägungen wird aber nur in der Begründung angesprochen und nicht im Gesetz selbst. Auch das nordrhein-westfälische Gesetz drückt sich hier eher unklar aus (und nur in der Gesetzesbegründung). Das baden-württembergische Gesetz erwähnt im Gesetzestext nur, dass das Land u. a. das Ziel verfolgt, einen Wissens- und Kompetenzerwerb bzw. -zuwachs bei allen Beschäftigten zu erreichen mit dem Ziel, die Reflexions- und Kommunikationsfähigkeit im Umgang mit einer vielfältigen Gesellschaft zu fördern.

Alle drei Gesetze treffen jedoch Aussagen zur Erhöhung des Anteils von Migrantinnen und Migranten im öffentlichen Dienst und zur Förderung der interkulturellen Kompetenz in Aus- und Weiterbildung. Das Berliner Gesetz geht noch einen Schritt weiter und trifft Aussagen zum Einbezug interkultureller Kompetenz im Rahmen von Einstellung und Beförderung von Beschäftigten im öffentlichen Dienst. Die konsequente interkulturelle Öffnung des öffentlichen Dienstes ist als ein zentraler Baustein zur Öffnung der aufnehmenden Gesellschaft zu sehen. Eine gleich-

271

berechtigte Teilhabe an der Gesellschaft kann nur gelingen, wenn Zugangsbarrieren abgebaut werden. Die vorliegenden Gesetze greifen die Kernaussage auf, verbleiben jedoch eher im Rahmen von Absichtserklärungen ohne weitergehende verpflichtende Regelungen.

Erwähnenswert ist, dass Baden-Württemberg und Berlin die Dienst- oder Arbeitsfreistellung aus religiösen Gründen regeln. Baden-Württemberg regelt dies im Integrationsgesetz und beschränkt sich dabei nur auf die Beschäftigten islamischen und alevitischen Glaubens. Diese Personengruppe kann an ihren drei wichtigsten religiösen Feiertagen den Gottesdienst besuchen und sich dafür vom Dienst oder von der Arbeit freistellen lassen. Die Berliner haben hierfür ihr Gesetz über die Sonn- und Feiertage geändert. Die Regelung in Berlin ist weiter als die baden-württembergische, da sie alle Konfessionen umfasst. In beiden Regelungen dürfen unabweisbare betriebliche Notwendigkeiten der Freistellung nicht entgegenstehen.

Alle drei Integrationsgesetze regeln die Vertretung und Partizipation in anderen Gremien, wie z. B. im Jugendhilfeausschuss nach dem Kinder- und Jugendhilfegesetz, wobei Berlin weitreichendere Gremienvertretungen sichert. Alle drei Länder regeln die Vertretung der Menschen mit Migrationshintergrund auch auf der kommunalen Ebene.

Weiterhin ändern alle drei Gesetze in weiteren Artikeln – allerdings durchaus unterschiedlich – in Einzelvorschriften z. B. das Bestattungsgesetz (Berlin), das Schiedsamt-, Kinder- und Jugendförderungsgesetz, das Landesaltenpflegegesetz (Nordrhein-Westfalen), das Justizvollzugsgesetzbuch und die Ausbildungs- und Prüfungsordnungen im Verwaltungsdienst (Baden-Württemberg). Ein Bereich fehlt jedoch in den bisher vorliegenden Gesetzen. In keinem sind Regelungen zum Abbau von Benachteiligung und Diskriminierungen enthalten. Berlin verweist nur auf die verfassungsrechtlichen Vorgaben

zum Diskriminierungsschutz gemäß Art. 3 Abs. 1 Satz 1 des Grundgesetzes und Art. 10 Abs. 2 der Verfassung von Berlin. Nordrhein-Westfalen erwähnt lediglich, dass es jede Form von Diskriminierung einzelner Bevölkerungsgruppen bekämpfen werde und Angebote fördere, die sich dem aktiven Einsatz gegen Diskriminierung von Menschen mit Migrationshintergrund stellen. Baden-Württemberg gibt an, dass es Maßnahmen zur Bekämpfung von Diskriminierung, Rassismus und anderen Formen gruppenbezogener Menschenfeindlichkeit ergreift. Dies soll insbesondere durch Sensibilisierung der Bevölkerung für diese Themen und durch die Förderung der Arbeit von Vernetzungsstellen und Antidiskriminierungsnetzwerken geschehen. Des Weiteren sieht Baden-Württemberg für die Hochschulen des Landes Antidiskriminierungsbeauftragte vor. Der Schutz vor Benachteiligung und Diskriminierung muss aber als grundlegend angesehen werden, wenn man die Sicherung der gleichberechtigten Teilhabe von Menschen mit Migrationshintergrund als Ziel eines Integrationsgesetzes ansieht. Ohne Chancengleichheit werden die Integrationsleistungen der Zugewanderten immer an Grenzen stoßen.

Die bisher vorliegenden Gesetze zur Teilhabe von Menschen mit Migrationshintergrund sind als ein wichtiger Schritt für die Integrationsarbeit anzusehen. Es ist ihr Verdienst, zum ersten Mal auch die Aufgaben und Pflichten der aufnehmenden Gesellschaft für eine gelingende Integration in den Blick zu nehmen. Auf ihrer Basis sollten zukünftig auch weitergehende gesetzliche Regelungen getroffen werden, die Menschen mit Migrationshintergrund einen gleichberechtigten Zugang zu allen gesellschaftlichen Bereichen sichern.

Allerdings gewann angesichts der hohen Zugangszahlen von Asylsuchenden seit 2015 eine andere Debatte wieder an Gewicht. Mit dem Bundesintegrationsgesetz (→ S. 161 ff.), das neben Rechten von Zugewanderten vor allem Verpflichtungen bzw. den Grundsatz des »Förderns und Forderns« in den Fokus stellt, hat sich der Schwerpunkt wieder verlagert. So sollen alle Zugewanderten die deutsche Sprache erlernen, auch Asylsuchende mit sicherer Bleibeperspektive sollen einen besseren Zugang zu Integrationskursen erhalten. Allerdings enthält das Gesetz keine staatliche Verpflichtung, allen Interessenten auch einen Kursplatz zur Verfügung zu stellen. Der Zugang zu Arbeit und Ausbildung wurde deutlich verbessert, aber es wurden auch die Sanktionsmöglichkeiten bei Nichtmitwirkung bei Integrationsmaßnahmen verschärft. Weitere Ländergesetze dürften sich ebenfalls eher am »Fördern und Fordern« orientieren, wie es sich z. B. im Koalitionsvertrag der neuen Landesregierung in Baden-Württemberg abzeichnet.

Internet

www.gesetze.berlin.de/jportal/?quelle=jlink&¬query=PartIntergrG+BE&psml=bsbeprod.¬psml&max=true&aiz=true (Gesetzestext Berlin)

https://recht.nrw.de/lmi/owa/br_text_anzeigen?¬v_id=10000000000000000486 (Gesetzestext Nordrhein-Westfalen)

www.landesrecht-bw.de/jportal/?quelle=jlink&¬query=PartIntG+BW&psml=bsbawueprod.¬psml&max=true&aiz=true (Gesetzestext Baden-Württemberg)

Kommunale Integrationspolitik

Frank Gesemann

Für die soziale Integration von Migranten ist die kommunale Ebene von zentraler Bedeutung. In Städten und Gemeinden, Stadtvierteln und Quartieren erfolgt die Integration in die zentralen Bereiche der Gesellschaft (wie z. B. in das Bildungssystem oder in den Arbeitsmarkt). In der Nachbarschaft und im Wohnumfeld finden die alltäglichen Begegnungen von Menschen mit und ohne Migrationshintergrund statt. Hier werden die Grundlagen für Anerkennung, Vertrauen und sozialen Zusammenhalt gelegt. Integrationserfolge, aber auch die Folgen einer mangelnden Integration von Zugewanderten zeigen sich vor allem auf lokaler Ebene. Die Kommunen haben daher ein großes Interesse an einer gelingenden Integration von Menschen mit Migrationshintergrund. Angesichts des demographischen Wandels (Bevölkerungsrückgang, Veränderung der Altersstruktur) werden die Potenziale von Zuwanderern stärker in den Blick genommen.

Viele Kommunen unternehmen seit Jahrzehnten erhebliche Anstrengungen zur Förderung der Integration von Zuwanderern. Konkret setzt kommunale Integrationspolitik sehr unterschiedlich an und umfasst oft eine Vielzahl unterschiedlicher Handlungsfelder. Hierzu gehören beispielsweise Sprachförderung, Arbeitsmarkt- und Bildungsintegration, Jugend- und Sozialarbeit, Wohnen und Stadtentwicklung, Bekämpfung von Diskriminierung und Fremdenfeindlichkeit sowie die Förderung der politischen Partizipation. Beträchtliche Anstrengungen unternehmen die Kommunen vor allem im Kindergarten-, Schul- und Freizeitbereich. Viele Gemeinden fördern Vereine, die sich um einen interkulturellen Dialog bemühen, und unterstützen entsprechende Initiativen im Kulturbereich. Die Kommunen unterstützen zudem die Integrationsarbeit von Wohlfahrtsverbänden und Kirchen sowie von Migrantenorganisationen und Moscheevereinen.

Entwicklung und Ausrichtung der kommunalen Integrationspolitik werden vor allem durch lokale Faktoren wie Größe und Struktur der Kommune, Anteil der Migranten an der Gesamtbevölkerung, den spezifischen wirtschaftlichen Rahmenbedingungen und politischen Konstellationen, der Geschichte und Struktur der Integrationsarbeit sowie den Initiativen und dem Zusammenwirken verschiedener Akteure vor Ort beeinflusst. Die mangelnde Klarheit der migrations- und integrationspolitischen Rahmensetzungen von Bund und Ländern in einem lange Zeit unerklärten Einwanderungsland hat zudem die Herausbildung verschiedener Pfade kommunaler Integrationspolitik und vielfach auch eine mangelnde Kontinuität lokaler Integrationsbemühungen in den vergangenen Jahrzehnten begünstigt.

Die Möglichkeiten der kommunalen Integrationspolitik werden bisweilen kontrovers bewertet. Sie sollten aber weder über- noch unterschätzt werden. Überschätzt werden die Handlungsspielräume der Kommunen, wenn nicht berücksichtigt wird, dass die Rahmenbedingungen der Integration von Zuwanderern in vielfacher Hinsicht durch nationale, europäische und globale Entwicklungen geprägt werden, die sich der Reichweite der lokalen Politik entziehen. Ebenso ist zu sehen, dass die Kommunen von Entscheidungen, Finanzzuweisungen, Förderprogrammen und Vorgaben heterogener Ak-

teure (Bund, Länder, Europäische Union) abhängig sind. Die Handlungsmöglichkeiten von Städten, Kreisen und Gemeinden werden unterschätzt, wenn übersehen wird, dass die Kommunen nicht nur bei der eigenverantwortlichen Regelung von Angelegenheiten der örtlichen Gemeinschaft, sondern auch bei der Erledigung der ihnen von Bund und Ländern übertragenen Aufgaben über einen Handlungsspielraum verfügen, den sie unterschiedlich nutzen können.

Bund und Länder haben seit Mitte der 2000er-Jahre ihre Bemühungen zur Entwicklung von Strategien und Konzepten zur Förderung der Integration von Zuwanderern verstärkt. Hierzu gehören die nationalen Integrationskonferenzen, eine umfassende Neugestaltung der Integrationsförderung auf Bundesebene und die Entwicklung von integrationspolitischen Konzepten und Leitlinien in den Bundesländern. Im Zuge der Neuausrichtung der Integrationspolitik von Bund und Ländern ist auch in Städten, Gemeinden und Landkreisen eine bemerkenswerte Aufwertung und Dynamik der Integrationspolitik zu beobachten, die inzwischen auch von Bund und Ländern anerkannt und gefördert wird.

Viele Kommunen lösen sich zunehmend von dem Ansatz, Migranten nur als benachteiligte und defizitäre Gruppe zu sehen. Sie versuchen, die Chancen und Potenziale der Zuwanderung systematischer in den Blick zu nehmen. Dem demographischen Wandel und dem zunehmenden Fachkräftemangel sowie der seit 2015 stark gestiegenen Zuwanderung von Asylbewerbern und Flüchtlingen kommen hierbei verstärkende Rollen zu. Die Integration von Zugewanderten wandelt sich in diesem Prozess von einer kommunalpolitischen Nischenrolle zu einer zentralen Zukunftsaufgabe von Städten, Gemeinden und Landkreisen. Es geht nicht mehr nur um die soziale Integration einer einzelnen Bevölkerungsgruppe, sondern um die Zukunftschancen der gesamten Kommune. Integrationspolitik wird daher zunehmend als Querschnittsaufgabe gesehen, die stärker mit anderen zentralen Politikfeldern in der Kommune verknüpft werden muss und die das Spektrum der einzubeziehenden Akteure erweitert. Von zentraler Bedeutung sind dabei die folgenden Handlungsbereiche:

Entwicklung der kommunalen Integrationspolitik als systematisches und strategisches Handlungsfeld. Integrationspolitik ist mehr als eine Addition einzelner Maßnahmen. Sie verlangt lokal fortzuschreibende Gesamtkonzepte, die über Leitbilder und Strategien, lokalen Bedarf, Herausforderungen und Potenziale, Aufgaben und Handlungsfelder, Ergebnisse und Wirkungen Auskunft geben und dafür die entsprechenden Akteurskonstellationen und Instrumente (Integrationsforen und -konferenzen, Netzwerke innerhalb und außerhalb der Verwaltung, Umsetzungsberichte, Monitoringsysteme) schaffen. Die Ergebnisse solcher Konzepte gewinnen ihre besondere Qualität und Legitimation durch kooperative Diskussions- und Planungsprozesse und durch das Ausmaß der Mitwirkung der lokalen Bevölkerung mit und ohne Migrationshintergrund.

Verankerung von Integration als Querschnittsaufgabe in der Kommunalverwaltung. Integration ist nicht nur eine Angelegenheit von Integrationsbeauftragten oder -fachstellen, sondern findet in allen Lebensbereichen und Handlungsfeldern der Kommune statt. Entsprechend geht es darum, Angebote und Maßnahmen zu entwickeln, die auf die Bedürfnisse von Zugewanderten abgestimmt sind, die kommunalen Dienstleistungen für alle Bevölkerungsgruppen zu öffnen und Zugangsbarrieren für Migranten abzubauen. Die interkulturelle Öffnung der Kommunalverwaltung ist dabei ein zentrales, aber auch besonders schwieriges Handlungsfeld insbesondere angesichts der schwierigen Haushaltslage vieler Kommunen, die eine Einstellung von Beschäftigten mit Migrationshintergrund und

interkulturellen Kompetenzen nur begrenzt zulassen.

Potenziale der Bevölkerung mit Migrationshintergrund stärker in den Blick nehmen und nutzen. Migranten werden mit ihren spezifischen Potenzialen und Ressourcen als Gewinn und Chance für das Gemeinwesen betrachtet und auch entsprechend behandelt. Der erwartete Nutzen kann dabei in verschiedenen Dimensionen liegen: ökonomisch als sprachlich-interkulturelle Ressource in einer sich globalisierenden Ökonomie, demographisch als dynamisches Element angesichts des prognostizierten Bevölkerungsrückgangs in einer alternden Gesellschaft, kulturell als Zugewinn an kreativer Vielfalt. Diese potenzial- und ressourcenorientierte Sicht blendet Problemlagen und Konflikte nicht aus, wendet sich jedoch gegen überwiegend problem- und belastungsorientierte Sichtweisen auf Zuwanderung und Integration.

Entwicklungen lokaler Integrationsprozesse und Wirkungen von Integrationsmaßnahmen bewerten. Bei der Entwicklung von Indikatoren und Monitoringsystemen zur Integration kommt insbesondere den Großstädten in Deutschland eine Vorreiterrolle zu. Monitoringsysteme können Stand und Entwicklung von Integrationsprozessen dokumentieren und integrationspolitische Entscheidungen erleichtern. Sie können zu einer Versachlichung der Debatte beitragen, längerfristige Entwicklungen oder sozialräumliche Problemlagen abbilden und Hinweise auf integrationspolitische Bedarfe und Handlungsschwerpunkte geben. Monitoringsysteme sollten mit Berichten zur Umsetzung sowie Evaluationen von Programmen und Maßnahmen einhergehen.

Anerkennungs- und Willkommenskultur in der Kommune entwickeln. Die Entwicklung einer lokalen Anerkennungs- und Willkommenskultur gehört zu den Handlungsfeldern, in denen Städte, Gemeinden und Kreise auch mit begrenzten Mittel nachhaltige Wirkungen entfalten können. Zentrale

Elemente sind die Einrichtung von mehrsprachigen Integrationsportalen, die Schaffung zentraler Servicestellen für Zuwanderer, mehrsprachige Willkommensaktionen und Einbürgerungsfeiern. Von Bedeutung ist zudem die Entwicklung einer aktiven und überzeugenden Kommunikationsstrategie, die über Ziele, Maßnahmen und Wirkungen der kommunalen Integrationspolitik informiert, für die Entwicklung einer lokalen Anerkennungs- und Willkommenskultur wirbt und einen nachhaltigen Beitrag zur Förderung positiver Einstellungen gegenüber Migranten und gesellschaftlicher Vielfalt leistet.

Aufnahme und Integration von Asylbewerbern und Flüchtlingen in der Kommune aktiv gestalten: Die enorme Zuwanderung von Asylbewerbern und Flüchtlingen ist seit 2015 in vielen Städten, Gemeinden und Kreisen zur zentralen kommunalpolitischen Aufgabe geworden. Anfangs standen Unterbringung und Versorgung im Vordergrund. Zumindest auf mittlere Sicht aber wird es darum gehen, die vielfältigen Integrationsaufgaben in den Kommunen erfolgreich zu bewältigen. Viele Kommunen können dabei auf das bewährte Instrumentarium einer strategisch ausgerichteten Integrationspolitik, ein beispielloses Engagement der lokalen Bevölkerung für Flüchtlinge sowie gute Kooperationsbeziehungen zwischen Politik, Verwaltung und Zivilgesellschaft zurückgreifen.

Begegnungen zwischen Einheimischen und Zugewanderten auf Augenhöhe fördern. Zuwanderer werden als Subjekte gesellschaftlicher und politischer Integration betrachtet. Ihre aktive Beteiligung und ihr bürgerschaftliches Engagement sind erwünscht. Integrationskonzepte und -strategien lassen sich folglich nur gemeinsam mit Migranten entwickeln. Dies setzt eine interkulturelle Öffnung der Verwaltung und zentraler Institutionen der Zuwanderungsgesellschaft voraus. Integration wird in dieser Perspektive zu einem dynamischen Prozess

mit offenem Ausgang, in dem sich beide, Migranten und Zuwanderungsgesellschaft, aufeinander zu bewegen. Kommunale Integrationspolitik kann Brücken zwischen verschiedenen Milieus und Gelegenheiten für Begegnungen und Kooperationen auf Augenhöhe schaffen.

Eine Studie zum Stand der kommunalen Integrationspolitik in Deutschland zeigt, dass eine deutliche Mehrheit der Städte, Gemeinden und Landkreise in Deutschland der Integration von Zugewanderten eine hohe oder sehr hohe Bedeutung zuschreibt. Viele Kommunen haben Integration als Querschnittsaufgabe in der Verwaltung verankert und eigene, den Bedingungen vor Ort angepasste Integrationskonzepte entwickelt. Sie vernetzen die für das Integrationsgeschehen zentralen Akteure und bemühen sich um eine aktive Teilhabe von Menschen mit Migrationshintergrund.

Entwicklungsbedarf zeigt sich vor allem in Klein- und Mittelstädten und bei einzelnen Handlungsfeldern wie der interkulturellen Öffnung der kommunalen Verwaltungen, in der stärkeren Nutzung der wirtschaftlichen Potenziale von Zugewanderten, in der Entwicklung kommunaler Monitoringsysteme sowie in der Evaluation von Programmen und Maßnahmen. Die Ergebnisse der Studie zeigen zudem, dass eine gezielte strategische Ausrichtung die Umsetzung einer erfolgversprechenden kommunalen Integrationspolitik in allen zentralen Handlungsfeldern fördert. Eine strategische Orientierung hilft zudem bei der Bewältigung der aktuellen Aufgaben und Herausforderungen, die sich den Kommunen bei der Aufnahme und Integration von Flüchtlingen stellen.

Literatur

Aumüller, Jutta/Gesemann, Frank: Forschungs-Praxis-Projekt: Integrationspotenziale ländlicher Regionen im Strukturwandel, hrsg. von der Schader-Stiftung, Darmstadt 2014.

(www.integrationspotenziale.de/wp-content/¬uploads/2012/04/Abschlussbericht_Integrations¬potenziale-l%C3%A4ndlicher-Regionen-im-¬Strukturwandel.pdf).

Bertelsmann Stiftung (Hrsg.): Diversität gestalten. Erfolgreiche Integration in Kommunen. Handlungsempfehlungen und Praxisbeispiele, Gütersloh 2011.

Bertelsmann Stiftung/Bundesministerium des Innern (Hrsg.): Erfolgreiche Integration ist kein Zufall. Strategien kommunaler Integrationspolitik, Gütersloh 2005.

Bommes, Michael: »Integration findet vor Ort statt« – Über die Neugestaltung kommunaler Integrationspolitik, in: Michael Bommes/Marianne Krüger-Potratz (Hrsg.): Migrationsreport 2008. Fakten – Analysen – Perspektiven, Frankfurt/M. 2008, S. 159–194.

Gesemann, Frank: Von der pragmatischen Reaktion zur strategischen Steuerung – Stand und Entwicklungsperspektiven der kommunalen Integrationspolitik in Deutschland, in: Migration und Soziale Arbeit, 35/1, S. 51–58.

Gesemann, Frank/Roth, Roland (Hrsg.): Lokale Integrationspolitik in der Einwanderungsgesellschaft, Wiesbaden 2009.

Gesemann, Frank/Roth, Roland: Kommunale Flüchtlings- und Integrationspolitik, hrsg. vom Institut für Demokratische Entwicklung und Soziale Integration (DESI) und der Beauftragten der Bundesregierung für Migration, Flüchtlinge und Integration, Berlin 2016.

Gesemann, Frank/Roth, Roland (Hrsg.): Handbuch Lokale Integrationspolitik in der Einwanderungsgesellschaft, Wiesbaden 2016.

Gesemann, Frank/Roth, Roland/Aumüller, Jutta: Stand der kommunalen Integrationspolitik in Deutschland, Berlin 2012 (www.bundes¬regierung.de/Content/DE/_Anlagen/IB/2012-¬05-04-kommunalstudie.pdf?__blob=publi¬cationFile).

Sachverständigenrat deutscher Stiftungen für Integration und Migration: Integration im föderalen System: Bund, Länder und die Rolle der Kommunen. Jahresgutachten 2012 mit Integrationsbarometer, Berlin 2012.

www.bertelsmann-stiftung.de (Ergebnisse des Wettbewerbs »Erfolgreiche Integration ist kein Zufall. Strategien kommunaler Integrationspolitik«)

www.citiesofmigration.ca

www.integrationspotenziale.de (Ergebnisse der Projekte »Integrationspolitik in kleinen Städten und Landkreisen« und »Integrationspotenziale ländlicher Regionen im Strukturwandel« der Schader-Stiftung)

Integrationsbeauftragte

Bernd Geiß

Mit dem deutsch-italienischen Anwerbeabkommen (1955) begann – ohne dass sich die Beteiligten damals darüber im Klaren gewesen waren – eine geregelte, umfassende und letztlich auf Dauer angelegte Einwanderung. In den ersten 15 bis 20 Jahren wurden die »Gastarbeiter« überwiegend nur als flexibel einsetzbare und anspruchslose Arbeitskräfte angesehen. Dies änderte sich mit dem Umzug aus betrieblichen Wohnheimen in eigene Wohnungen und mit dem zunehmenden Familiennachzug. Aus den anfangs isoliert in Wohnheimen lebenden ausländischen Arbeitskräften waren allmählich Eltern geworden, die Kinder zu erziehen und zur Schule zu schicken hatten, Gesundheitsdienste und andere kommunale Einrichtungen in Anspruch nahmen und einheimische Nachbarn hatten. In dieser Situation wurde deutlich, dass in den Kommunen die erforderlichen Strukturen und Integrationshilfen fehlten. Dies waren die Gründe dafür, dass zuerst einzelne Kommunen Stellen für Ausländerbeauftragte schufen. Erst später sind Stellen für Ausländerbeauftragte auf Länder- und Bundesebene eingerichtet worden. Die Gründe dafür waren auch hier fehlende Verwaltungsstrukturen für Integrationsmaßnahmen.

Im Jahr 1978 stellte die damalige Bundesregierung fest, dass sich die ausländischen Arbeitnehmer und ihre Familien besser integrieren müssten. Sie beschloss deshalb die Berufung eines »Beauftragten zur Förderung der Integration der ausländischen Arbeitnehmer und ihrer Familienangehörigen«. Der Beauftragte wurde dem Bundesministerium für Arbeit und Sozialordnung zugeordnet, das für die Anwerbung ausländischer Arbeitnehmer (bis 1973), für die Erteilung von Arbeitserlaubnissen und für arbeitsmarktbezogene Integrationsmaßnahmen zuständig war. Der Beauftragte sollte sich ressortübergreifend mit der Lage der ausländischen Bevölkerung befassen und Vorschläge zur Bewältigung der Probleme erarbeiten. Der Sozialdemokrat Heinz Kühn, zuvor Ministerpräsident von Nordrhein-Westfalen, wurde im November 1978 als Ausländerbeauftragter der Bundesregierung bestellt. Knapp ein Jahr später (September 1979) legte er ein Memorandum vor, das die Lage der Ausländer beschrieb und Vorschläge zur Verbesserung der Situation enthielt. Er forderte u. a. die Anerkennung der Tatsache der erfolgten Einwanderung, die erhebliche Intensivierung der integrativen Maßnahmen vor allem für Kinder und Jugendliche, die Ablösung aller segregierenden Maßnahmen (z. B. Nationalklassen), religiöse Unterweisung analog dem entsprechenden Unterricht der deutschen Schüler, den Anspruch der Jugendlichen auf ungehinderten Zugang zu Ausbildungs- und Arbeitsplätzen, das Optionsrecht der in der Bundesrepublik geborenen und aufgewachsenen Jugendlichen auf Einbürgerung sowie das kommunale Wahlrecht (das es heute für Drittstaatsangehörige immer noch nicht gibt). Für die damalige Zeit waren seine Analysen erstaunlich realistisch und hellsichtig, seine Vorschläge präzise und weitsichtig.

Im Jahr 1980 wurde Liselotte Funcke (FDP) seine Nachfolgerin. Sie konnte die Aufgabenstellung und die personelle Ausstattung des Amts verbessern. Sie sollte die Bundesregierung bei ihren ausländerpolitischen Bemühungen unterstützen und für die Weiterentwicklung der Integrationspolitik Anregungen geben, auf eine Verstärkung und bessere Koordinierung der Integrationsmaßnahmen hinwirken, das Verständnis der Deutschen und Ausländer füreinander fördern und die Regierungen der Herkunftsländer für eine Förderung der freiwilligen Rückkehr von ausländischen Arbeitnehmern gewinnen helfen. Letzteres hat sie unterlassen, weil sie die Rückkehrförderung eher als Hindernis bei der Integration ansah. Sie kritisierte die zwiespältige Erwartung, nach der sich die ausländische Bevölkerung integrieren und gleichzeitig rückkehrbereit halten sollte.

In ihrer mehr als zehnjährigen Amtszeit hat Liselotte Funcke das Amt der Beauftragten nachhaltig geprägt und bekannt gemacht. Ihre schärfsten politischen Auseinandersetzungen führte sie in der ersten Hälfte der 1980er-Jahre, als der damalige Bundesinnenminister Friedrich Zimmermann (CSU) das Nachzugsalter für Kinder von 16 auf sechs Jahre herabsetzen wollte. Ihr Widerspruch hat entscheidend dazu beigetragen, dass das Nachzugsalter unverändert blieb. Weitere Themen ihrer Amtszeit bezogen sich auf Kunst und Kultur der Einwanderer, die Verständigung zwischen Einheimischen und Einwanderern, die Verbesserung der politischen Teilhabe auf kommunaler Ebene sowie die Rolle der Einwanderer in den Medien. Das Resümee ihrer Tätigkeit hat sie in einem

Bericht gezogen, den sie zusammen mit ihrem Rücktrittsschreiben im Juni 1991 Bundeskanzler Helmut Kohl (CDU) zusandte. Sie begründete ihren Schritt vor allem mit der mangelnden Unterstützung seitens der Bundesregierung. So waren alle ihre Briefe mit Vorschlägen zur Integrationspolitik vom Bundeskanzler unbeantwortet geblieben.

Mit Cornelia Schmalz-Jacobsens (FDP) Amtsübernahme im Jahr 1991 änderte sich auch der Name des Amtes. Es hieß jetzt »Beauftragte der Bundesregierung für die Belange der Ausländer«. Mit der Änderung des Namens sollte zum Ausdruck gebracht werden, dass sich die Beauftragte längst nicht mehr nur mit Fragen der Arbeitsmigranten befasste. Gleichzeitig wurde eine Außenstelle des Amtes in Berlin eingerichtet, um den besonderen Herausforderungen, die durch den Beitritt der DDR zur Bundesrepublik Deutschland entstanden waren, besser genügen zu können.

1989 lebten in der DDR etwa 91 000 kollektiv angeworbene Vertragsarbeitnehmer, vor allem Vietnamesen (ca. 60 000), Mosambikaner (ca. 15 000) und Kubaner (ca. 8000). Es war falsch, ihnen keine unbefristeten Aufenthaltserlaubnisse zu erteilen, weil dadurch die Integration erschwert wurde. Auch nahmen insbesondere nach der politischen Wende rassistische Übergriffe zu. Unter anderem deshalb ist 1990 Almuth Berger zur Ausländerbeauftragten der letzten DDR-Regierung unter Lothar de Maizière (CDU) berufen worden.

1997 wurden Stellung und Aufgaben der Ausländerbeauftragten erstmals im Ausländergesetz geregelt. Dies stellte eine deutliche Aufwertung des Amtes dar, welches nun »Beauftragte der Bundesregierung für Ausländerfragen« hieß. Eine der neuen Aufgaben lautete, dem Deutschen Bundestag alle zwei Jahre einen Bericht über die Lage der Ausländer in Deutschland vorzulegen. Die Amtszeit von Schmalz-Jacobsen war besonders schwierig, war sie doch durch hohe Flüchtlingszahlen (v. a. durch die Kriege im ehema-

ligen Jugoslawien), eine unsägliche Asyldebatte und häufige und gewalttätige rassistische Straftaten geprägt. Fragen der erleichterten Einbürgerung, der Umgang mit Flüchtlingen und die Bekämpfung des Rassismus waren denn auch die Hauptthemen in der Amtszeit von Cornelia Schmalz-Jacobsen. So hatte sie bereits im Februar 1993 einen Vorschlag für einen Gesetzentwurf zur Änderung und Ergänzung des Staatsangehörigkeitsrecht vorgelegt, der das *Ius Soli* (»Recht des Bodens«) für in Deutschland geborene Ausländerkinder, Erleichterungen bei der Einbürgerung sowie die Hinnahme von Mehrstaatigkeit vorsah. Als erste Politikerin hat sie ein »Gesamtkonzept Zuwanderung« skizziert (*Jugend ohne deutschen Pass – Bestandsaufnahme und Perspektiven für ein Land, das Einwanderer braucht*, Dez. 1992), das Aufgaben der Migrations-, der Flüchtlings-, der Integrations- und Minderheitenpolitik in einem Gesamtzusammenhang betrachtete. Sie forderte damals schon einen umfassenden Politikansatz und eine entsprechende Einwanderungsgesetzgebung. Leider fand die Veröffentlichung damals kaum Resonanz in einem Land, das noch überwiegend die Tatsache der bereits erfolgten Einwanderung ignorierte bzw. leugnete. Mit dem Ende der Legislaturperiode 1998 schied Schmalz-Jacobsen aus dem Amt aus.

Neue Ausländerbeauftragte wurde Marieluise Beck (1998–2005, Bündnis 90/Die Grünen). Zu Beginn ihrer Amtszeit nannte sie als Hauptziele ihrer Arbeit die Modernisierung des Staatsangehörigkeitsrechts, eine an menschenrechtlichen Grundwerten orientierte Flüchtlingspolitik sowie die Bekämpfung von Diskriminierungen. Sie legte 1999 den ersten »Migrationsbericht« vor, der versachlichend auf die politische Einwanderungsdebatte wirken sollte. Flankierend zur Reform des Staatsangehörigkeitsrechts (2000) führte sie eine große Werbekampagne über die rechtlichen Möglichkeiten der Einbürgerung durch. Sie wirkte am zähen und langjährigen Prozess der Zuwanderungsgesetzgebung (2001–2005) mit. Neben Änderungen der nationalen Politik (Anerkennung der erfolgten Einwanderung als unumkehrbarer Prozess; Diskussion über weitere Einwanderung wegen ungünstiger demographischer Entwicklung und fehlender IT-Experten) bestand das andere Charakteristikum einer neuen Politik in der Tatsache, dass der Vertrag von Amsterdam der EU erstmals eine Zuständigkeit für die Bereiche Einwanderung und Asyl zuwies. Damit änderten sich Rolle und Arbeitsweise der Beauftragten. Nach der Bundestagswahl 2002 wurde das Amt in »Beauftragte der Bundesregierung für Migration, Flüchtlinge und Integration« umbenannt und dem Bundesministerium für Familie, Senioren, Frauen und Jugend zugeordnet. Am Ende ihrer Amtszeit hat Marieluise Beck ein Memorandum über die Integrationspolitik als Gesellschaftspolitik in einer Einwanderungsgesellschaft verfasst.

Nachfolgerin von Marieluise Beck wurde Maria Böhmer (2005–2013, CDU). Das Amt wurde nun mit dem Rang einer Staatsministerin dem Bundeskanzleramt zugeordnet. Damit hatte die Beauftragte regelmäßigen Kabinettzugang. Einige Schwerpunkte ihrer Arbeit waren die Entwicklung eines Nationalen Integrationsplans (→ S. 282 ff.), einer Integrationsindikatorenberichterstattung sowie eine Initiative im Bereich des *Diversity Managements* (→ S. 302 ff.) und der Übernahme gesellschaftlicher Verantwortung von Unternehmen (»Charta der Vielfalt«). Außerdem haben in ihrer Amtszeit sieben Integrationsgipfel (→ S. 282 ff.) stattgefunden, zu denen jeweils von der Bundeskanzlerin eingeladen worden ist. Auch ein Integrationsbeirat wurde von der Beauftragten berufen. Im Gegensatz zu ihren Vorgängerinnen nahm Maria Böhmer ihre Aufgabe weniger als Ombudsman wahr. Auch waren – wenigstens von außen betrachtet – keine kritischen Akzente zur Regierungspolitik erkennbar. Insgesamt sind allerdings auch auf allen politischen Ebenen die Spannungen zwischen Beauftragten und Verwaltungen

geringer geworden, nicht zuletzt weil Einwanderung und Integration zunehmend als Normalität angesehen werden, die es sachbezogen und möglichst ohne Vorurteile zukunftsorientiert zu gestalten gilt.

Die gegenwärtig amtierende Integrationsbeauftragte Aydan Özoguz (seit Dezember 2013, SPD) ist die erste Beauftragte auf Bundesebene mit Migrationshintergrund. Sie hat die ersten beiden Jahre ihrer Amtszeit insbesondere den Themen Bildung (2014) sowie Gesundheit und Pflege (2015) gewidmet. Themenschwerpunkt für das Jahr 2016 ist die Partizipation (Motto: »Teil haben – Teil sein: Partizipation in der Einwanderungsgesellschaft«). Gemäß der Freizügigkeitsrichtlinie/EU wurde beim Amt der Beauftragten eine unabhängige Stelle eingerichtet, die die Mobilität und Freizügigkeit innerhalb der EU fördern soll. Eine besondere Herausforderung für das Amt stellt gegenwärtig die stark gewachsene Flüchtlingsmigration dar. Einige Parallelen zu der Situation Anfang der 1990er-Jahre drängen sich auf. Zwar gibt es heute eine beeindruckende Willkommenskultur, die damals fehlte, gleichzeitig aber auch eine bedrohlich wachsende Fremdenfeindlichkeit, Gewalt und Islamophobie. Auch wird zurzeit – wie 1992 – das Asylrecht weiter ausgehöhlt.

Entscheidend für die Erfolge der Integrationsarbeit in den Kommunen war die Berufung von Ausländer-/Integrationsbeauftragten, weil Integration vor Ort stattfindet. Mitte der 1980er-Jahre gab es etwa 40 bis 50 kommunale Beauftragte. Ihre Zahl wuchs bis zur Jahrtausendwende auf etwa 200 an. Heute wird von etwa 1000 kommunalen Integrationsbeauftragten gesprochen, die zwar nicht immer so heißen, aber doch die typischen Aufgaben und Funktionen von Beauftragten erfüllen. Die ersten Stellen für Länderbeauftragte wurden in Berlin (Barbara John) und Niedersachsen (Gabriele Erpenbeck) geschaffen. Bis Ende der 1980er-Jahre hatte die Mehrheit der deutschen Länder Ausländerbeauftragte benannt. Auch in den neuen Ländern wurden relativ schnell entsprechende Stellen sowohl auf kommunaler wie auch auf Länderebene eingerichtet. Heute gibt es auf der Länderebene einen Mix aus Integrationsministerien, Stabsstellen und Referaten in den klassischen Ressorts sowie Integrationsbeauftragte.

Seit Mitte der 1980er-Jahre lädt die Ausländer-/Integrationsbeauftragte der Bundesregierung zu jährlichen Bundeskonferenzen der Ausländer-/Integrationsbeauftragten ein, die vor allem dem Informationsaustausch, aber auch der integrationspolitischen Willensbildung dienen. Bis 2005 verabschiedeten deshalb die Bundeskonferenzen auch zahlreiche migrations- und integrationspolitische Resolutionen, die in einer Zeit, in der von Teilen der Politik die Tatsache der erfolgten Einwanderung bestritten worden ist, als modernes und zukunftsorientiertes Integrationsprogramm hätten gelesen werden können. Seit 2005 ist der Teilnehmerkreis der Bundeskonferenzen um Vertreter der Ausländer- und Sozialbehörden erweitert worden. Die Erweiterung wurde damit begründet, dass seit etwa zehn bis 15 Jahren eine deutliche Tendenz zu verzeichnen sei, Integrationspolitik als normale Aufgabe der Regelverwaltung zu verstehen. Seit zwei Jahren besteht aber die Tendenz, den Teilnehmerkreis der Bundeskonferenzen wieder stärker auf »echte« Integrationsbeauftragte zu konzentrieren. So gibt es doch wesentliche Unterschiede zwischen Ausländer-/Integrationsbeauftragten und der Regelverwaltung. Die Beauftragten sind meist nicht nur als Amt, sondern auch als Person und für ihr Engagement in der »Sache« Integration bekannt. Man erwartet von ihnen, dass sie die »wahren« Anliegen und Nöte der Migranten kennen und sich auch persönlich für Einzelfälle einsetzen (Ombudsman-Funktion). Als »Einzelkämpfer« setzen sie sich mit unterschiedlichen Verwaltungsstellen, Vereinen und Verbänden, Unternehmen und Religionsgemeinschaften auseinander; sie sind wahre Netzwerkknüpfer und Querschnittsarbeiter.

Einige der Beauftragten können durchaus als Leuchttürme der Integration bezeichnet werden (die Aufzählung ist selbstverständlich unvollständig): Barbara John war als Ausländerbeauftragte des Berliner Senats eine der ersten Ausländerbeauftragten überhaupt. Sie hat nicht nur in unzähligen Einzelfallberatungen Migranten geholfen, sondern auch zu fast allen Fragen der Migrations- und Integrationspolitik konstruktive Beiträge geleistet. Sie war und ist über die Grenzen Berlins und Deutschlands hinaus als Expertin bekannt und gefragt. Heute arbeitet sie noch als Beraterin und Helferin für die Angehörigen der Opfer der NSU-Morde. Almuth Berger, Ausländerbeauftragte der letzten DDR-Regierung und spätere Integrationsbeauftragte des Landes Brandenburg, hat sich stark für die Rechte der Vertragsarbeitnehmer der ehemaligen DDR eingesetzt, die nach der Wende ohne sicheren Aufenthaltsstatus leben mussten. Außerdem hat sie – zusammen mit anderen – gegen Fremdenfeindlichkeit und Rassismus gekämpft. Über Brandenburg hinaus hat sie in den ostdeutschen Bundesländern wichtige Akzente für ein friedliches Zusammenleben gesetzt. Wolfgang Richter, Ausländerbeauftragter der Stadt Rostock, war bei den rassistischen Ausschreitungen in Rostock-Lichtenhagen im August 1992 zusammen mit Flüchtlingen im brennenden Asylbewerberheim eingeschlossen. Für sein mutiges, umsichtiges und fürsorgliches Verhalten erhielt er das Bundesverdienstkreuz. Integrationsbeauftragte haben auch immer wieder wichtige Beiträge zu Integrationsprogrammen und -konzepten geleistet. Besonders hervorzuheben ist Gari Pavkovic, der als Integrationsbeauftragter der Stadt Stuttgart ein modernes und erfolgreiches Konzept (»Integration – der Stuttgarter Weg«) umsetzt. Es ist und war auch Beispiel für andere deutsche Großstädte und darüber hinaus (»Stuttgarter Erklärung des Kongresses der Gemeinden und Regionen Europas« von 2003).

Literatur

Geiß, Bernd: Die Ausländerbeauftragten der Bundesregierung in der ausländerpolitischen Diskussion, in: Edda Currle/Tanja Wunderlich (Hrsg.): Deutschland – ein Einwanderungsland? Rückblick, Bilanz und neue Fragen, Stuttgart 2001.

Gesemann, Frank/Roth Roland (Hrsg.): Lokale Integrationspolitik in der Einwanderungsgesellschaft. Migration und Integration als Herausforderung von Kommunen, Wiesbaden 2009.

www.integrationsbeauftragte.de

Integrationsgipfel, Nationaler Integrationsplan (NIP) und Nationaler Aktionsplan Integration (NAP-I)

Havva Engin

Das Jahr 2006 markiert in der Migrations- und Zuwanderungspolitik der Bundesrepublik ein historisches Datum: Ein halbes Jahrhundert nach der Ratifizierung des ersten »Gastarbeiter«-Anwerbeabkommens befasste sich eine Bundesregierung zum ersten Mal auf höchster politischer Ebene mit der Migrationsthematik und lud zu einem Integrationsgipfel ins Bundeskanzleramt ein. Diesem Gipfel folgten bis 2016 acht weitere.

Der Erste Integrationsgipfel fand unter der Leitung von Bundeskanzlerin Angela Merkel (CDU) am 14. Juli 2006 im Bundeskanzleramt statt. Neben ausgewählten Mitgliedern der im Parlament vertretenen Parteien, Gewerkschafts- und Religionsvertretern sowie Vertretern weiterer gesellschaftlicher Gruppen nahmen auch Mitglieder von Migrantenorganisationen teil. Sie stellten ein Drittel der geladenen Teilnehmer.

Die Bundesregierung begründete die Einberufung eines Integrationsgipfels mit dem Wunsch, bisher auf verschiedenen Ebenen von Staat und Gesellschaft laufende migrationspolitische Maßnahmen für eine nachhaltigere Integrationspolitik zu bündeln und deren Ziele und Inhalte – unter aktiver Beteiligung vielfältiger Migrantengruppen – in einem Nationalen Integrationsplan (NIP) festzuschreiben. Dementsprechend wurden auf dem Ersten Integrationsgipfel sechs Arbeitsgruppen eingerichtet, die unter Leitung der jeweiligen Bundesministerien konkrete Vorschläge zur Verbesserung der Bedingungen für Integration erarbeiten sollten, die im NIP festgeschrieben würden. Die Arbeitsgruppen hatten folgenden thematischen Zuschnitt: Integrationskurse; deutsche Sprache; Bildung, Ausbildung und Ausbildungsmarkt; Situation von Frauen und Mädchen; Integrationsaktivitäten vor Ort; Integrationsaktivitäten zur Stärkung der gemeinsamen Bürgergesellschaft.

Bereits im Vorfeld des Integrationsgipfels wurde Kritik am Vorhaben der Bundesregierung laut. So wurde der Integrationsgipfel in der Presse als »Plauderstunde im Kanzleramt« (*FAZ* vom 9.7.2006) bezeichnet, die ohne Auswirkungen auf die Migrationspolitik bleiben werde, da bei der inhaltlichen Vorbereitung die Innenminister der Bundesländer nicht beteiligt worden seien. Im Laufe der folgenden Monate erarbeiteten die einberufenen Arbeitsgruppen zu den genannten Themenfeldern die Grundlagen der entsprechenden Fachkapitel des Nationalen Integrationsplans.

Der Nationale Integrationsplan wurde der Öffentlichkeit auf dem Zweiten Integrationsgipfel am 11. Juli 2007 von der Bundeskanzlerin vorgestellt. Das Kernstück des NIP wird von 150 Maßnahmen und Selbstverpflichtungen der Bundesregierung sowie weiteren 250 Selbstverpflichtungen der Länder bzw. Kommunen und der nichtstaatlichen Akteure gebildet. Als wichtigste Maßnahmen und Selbstverpflichtungen gelten:

- Die Integrationskurse werden ausgebaut und künftig inhaltlich zielgruppenorientierter gestaltet. So werden Sprachkurse für Jugendliche, Mütter und Analphabeten eingerichtet und deren Stundenumfang von bisher 600 auf 900 Stunden aufgestockt.
- Damit für Migrantenkinder der Schulstart gelingt, beginnt die Sprachförderung bereits in den Kindertagesstätten.
- Die Zahl von Schulabbrechern mit Migrationshintergrund wird durch spezielle Modellprogramme zur schulischen Wiedereingliederung innerhalb von fünf Jahren signifikant abgesenkt und an den Gesamtdurchschnitt der Schülerinnen und Schüler angeglichen.
- Bis 2010 sollen – mit Unterstützung des Deutschen Industrie- und Handelskammertags – 10 000 zusätzliche Ausbildungsplätze in Unternehmen mit Migrationshintergrund entstehen. Darüber hinaus sollen Jugendliche mit Migrationshintergrund leichteren Zugang zu Berufsausbildungshilfen und BAföG erhalten.

- Frauen und Mädchen mit Migrationshintergrund werden gestärkt und konsequent gegen Zwangsverheiratungen und häusliche Gewalt geschützt.
- Ein bundesweites Netzwerk von Bildungspaten wird Kinder und Jugendliche aus Zuwanderfamilien in der Schule und bei der Ausbildung vor Ort fördern.
- Das Programm »Integration durch Sport« und die Kampagne »Integration – wir machen mit« wird die Integrationsbemühungen auch im Bereich Sport unterstützen.

Um die Umsetzung der geplanten Maßnahmen und Selbstverpflichtungen zu überwachen, verpflichtete sich die Bundesregierung zur Implementierung eines Monitoringverfahrens.

Auf dem Dritten Integrationsgipfel am 6. November 2008 zog die Bundeskanzlerin auf der Grundlage des Ersten Fortschrittsberichts zum Nationalen Integrationsplan ein Zwischenresümee der bis dahin umgesetzten Maßnahmen und Selbstverpflichtungen. Als anschließend in den Medien von Seiten einiger Organisationen Kritik an der schleppenden Umsetzung der geplanten Inhalte geäußert wurde, verwies der Migrationsforscher Klaus J. Bade darauf, dass es sich beim NIP nicht um einen operativen Plan mit klaren Handlungsvorgaben handle, sondern dass dieser bis dato einen konzeptionellen Rahmen für die künftige Integrationspolitik der Bundesregierung darstelle, der mithilfe von empirisch überprüfbaren Integrationsindikatoren inhaltlich weiterzuentwickeln sei.

Drei türkische Migrantenverbände blieben dem Dritten Integrationsgipfel fern, da sie die Verschärfung des Zuwanderungsgesetzes unmittelbar vor dem Gipfeltermin kritisierten. Insbesondere richtete sich ihre Kritik gegen die Einführung einer neuen Regelung, wonach der Nachweis von Deutschkenntnissen bei nachziehenden Ehepartnern bereits im Herkunftsland zu erbringen ist.

Im Juni 2009 stellte die Integrationsbeauftragte der Bundesregierung den Ersten Integrationsindikatorenbericht *Integration in Deutschland* vor. Darin wurde ein bundesweites Integrationsmonitoring erprobt, in dem eine statistische Analyse zum Einfluss der sozialstrukturellen Hintergründe auf die Integration von Migranten vorgenommen wird. Auf Empfehlung von Fachexperten wurde die Reduzierung der dem Bericht zugrunde liegenden Indikatoren von 100 auf 64 Indikatoren verabschiedet.

Am 3. November 2010 tagte der Vierte Integrationsgipfel, auf dem durch Bundeskanzlerin Merkel der Startschuss für die Erarbeitung eines Nationalen Aktionsplans Integration (NAP-I) erfolgte. Damit sollen die Integrationsziele des Nationalen Integrationsplans verbindlicher definiert werden. Es wurden zu folgenden Bereichen Arbeitsgruppen gebildet: frühkindliche Förderung; Bildung, Ausbildung, Weiterbildung; Arbeitsmarkt und Erwerbsleben; Migranten im öffentlichen Dienst; Gesundheit und Pflege; Integration vor Ort; Sprache und Integrationskurse; Sport; Bürgerschaftliches Engagement; Medien; Kultur.

Während der Erste Indikatorenbericht die Entwicklung von Maßnahmen über drei Messzeitpunkte (2005, 2006, 2007) zusammentrug, bildet der Zweite Indikatorenbericht die Daten von sechs Zeitpunkten (2005 bis 2010) ab. Insofern erlaubt der zweite Bericht aufgrund des längeren Beobachtungszeitraums eine bessere Überprüfung von Entwicklungen und Trends im Bereich von Migration und Integration.

Das Zwischenergebnis der Arbeitsgruppentreffen zur Erarbeitung des NAP-I wurde der Öffentlichkeit am 12. Januar 2012 durch die Beauftragte der Bundesregierung für Migration, Flüchtlinge und Integration, Staatsministerin Maria Böhmer (CDU), als Zweiter Indikatorenbericht vorgestellt. Der Bericht fokussiert insbesondere auf positive Entwicklungen in den Bereichen Bildung und Ausbildung zwischen 2005 und 2010. Die wichtigsten Ergebnisse des Zweiten Integrationsberichts, der auf Daten des Mikrozensus, der Bundesarbeitsagentur, der Rentenversicherung sowie der polizeilichen Kriminalitätsstatistik zurückgreift, lauten:

- Während im Jahr 2005 9,1 % der unter Dreijährigen mit Migrationshintergrund eine Kindertagesstätte besuchten, stieg der Wert bis 2010 auf 12,2 % an.
- Auch bei Kindern mit Migrationshintergrund im Alter zwischen vier und sechs Jahren stieg der Anteil, der eine Kindertagesstätte besuchte, signifikant an und lag 2010 bei 85,7 %.
- Die Zahl der Jugendlichen mit Migrationshintergrund, die die Schule ohne einen Abschluss verlassen, ging von 5,1 % im Jahr 2005 auf 4,4 % im Jahr 2010 zurück. Bei den Einheimischen lag der Wert 2010 bei 1,6 %.
- Die Arbeitslosigkeit unter Migranten ging ebenfalls von 25,1 % im Jahr 2005 auf 15,8 % im Jahr 2010 zurück.

Insbesondere diese Ergebnisse wurden in der öffentlichen Diskussion als positiv bewertet. Damit wurde auch die Bedeutung eines kontinuierlichen Integrationsmonitorings unterstrichen. Jedoch wurde auch Kritik am Bericht geübt. Insbesondere richtete sich diese auf die Art und Weise der Erklärung fehlender Bildungserfolge von Migranten durch die Verfasser der Studie. Es würde der Eindruck erweckt, als seien die Unterschiede zwischen Einheimischen und Zugewanderten, die durch die im Bericht zugrunde gelegten Indikatoren abgebildet würden, lediglich auf sozialstrukturelle Probleme zurückzuführen. Weiter wurde bemängelt, es entstehe der Eindruck, als läge es allein an den Migranten selbst, durch mehr Anstrengung diese Lücken zu schließen. Völlig unerwähnt ließe der Bericht auch die existierende Selektion im deutschen Bildungssystem, die Kinder und Jugendliche mit Migrationshintergrund überproportional benachteilige sowie die Nichtnennung struktureller Barrieren für Migranten im dualen Ausbildungssystem und auf dem Arbeitsmarkt. Insofern müsse der Bericht die Aspekte um Diskriminierung und Rassismus von Migranten – insbesondere im (Aus-)Bildungssystem und auf dem Arbeitsmarkt – stärker in den Fokus nehmen, um künftig mit entsprechenden Maßnahmen nachhaltig gegensteuern zu können.

Auf dem Fünften Integrationsgipfel im Jahr 2012 verabschiedete die Bundesregierung den Nationalen Aktionsplan Integration (NAP-I), der als eine ausdifferenzierte und zielgerichtete Weiterentwicklung des Nationalen Integrationsplans zu verstehen ist. Aufgenommen wurden darin drei weitere Bereiche: Migranten im öffentlichen Dienst; Gesundheit und Pflege von Menschen mit Migrationshintergrund; Medien und Integration. Staatsministerin Maria Böhmer wies auf dem Gipfel darauf hin, dass mit dem NAP-I nunmehr die Chance gegeben sei, effektive Integrationsmaßnahmen aus ihrem zeitlich befristeten Projektstatus in ein Regelangebot zu überführen um damit Nachhaltigkeit sicherzustellen.

Weiterhin stark im Fokus des NAP-I stehen Maßnahmen zur Verbesserung der Bildungssituation von Kindern und Jugendlichen mit Migrationshintergrund durch die weitere Aufstockung von Sprachfördermaßnahmen. Staatsministerin Böhmer verkündete die Weiterentwicklung von 4000 Kindertagesstätten zu Schwerpunkteinrichtungen für die kindliche Sprachförderung mit einem Fördervolumen von 400 Millionen Euro über vier Jahre. Ihr Resümee bezüglich der künftigen Integrationspolitik fasste sie mit folgenden Worten zusammen: »Der Nationale Aktionsplan ist ein Navigationssystem, das uns bei unseren Anstrengungen langfristig den Weg weist.«

Den Sechsten Integrationsgipfel im Jahr 2013 eröffnete Bundeskanzlerin Merkel mit der Aussage: »Wir wollen ein Integrationsland sein.« Auf dem Gipfel wurde eine Zwischenbilanz des nationalen Integrationsplans (NIP) mit dem Schwerpunkt auf den Themen Arbeit, Arbeitsmarkt, Qualifikation und Sprache gezogen. Man stellte fest, dass sich der Anteil arbeitsloser Migranten seit 2005 halbiert habe und die Zahl der Schulabbrecher gesunken, aber immer noch zu hoch sei. Betont wurden vor allem die Fortschritte in der Integrationspolitik und der Wille, in Deutschland eine »echte Willkommens- und Anerkennungskultur« zu etablieren.

Beim Siebten Integrationsgipfel unter der neuen Staatsministerin Aydan Özoguz (SPD) stand im Jahr 2014 das Thema Ausbildung im Fokus. Vertreter der Länder, der Wirtschaft und der Gewerkschaften sowie Migrantenorganisationen diskutierten unter anderem darüber, wie die Ausbildungsbeteiligung von jungen Migrantinnen und Migranten erhöht und die Ausbildungsbereitschaft der Betriebe verbessert werden können.

Der Achte Integrationsgipfel im Jahr 2015 widmete sich den Herausforderungen für Gesundheit und Pflege in der Einwanderungsgesellschaft. Aydan Özoğuz forderte dabei eine interkulturelle Öffnung von Krankenhäusern, Arztpraxen oder Beratungsstellen. Seniorenpolitik und Altenpflege stehen ihrer Meinung nach vor einer großen Herausforderung, weil die Zahl der Senioren mit Einwanderungsbiographien bis zum Jahr 2032 auf 3,5 Millionen steigen wird. Der Neunte Integrationsgipfel im Jahr 2016 stand unter der Überschrift »Chancen auf Teilhabe und Partizipation stärken«.

Inwieweit politische Maßnahmen wie der Nationale Integrationsplan (NIP) oder der Nationale Aktionsplan Integration (NAP-I) die richtigen Schritte zu einer besseren Integration von Menschen mit Migrationshintergrund darstellen, werden die Berichte zeigen, die künftig kontinuierlich die Entwicklungen im Bereich Migration und Integration dokumentieren sollen.

Literatur

Der Nationale Integrationsplan. Neue Wege – Neue Chancen, hrsg. von der Beauftragten der Bundesregierung für Migration, Flüchtlinge und Integration, Berlin 2007 (www.bundes¬regierung.de/Content/DE/Artikel/IB/Artikel/¬Nationaler%20Integrationsplan/2007_07_12-¬der-nationaler-integrationsplan.html).

Nationaler Aktionsplan Integration. Zusammenhalt stärken – Teilhabe verwirklichen, hrsg. von der Beauftragten der Bundesregierung für Migration, Flüchtlinge und Integration, Berlin 2011 (www.bundesregierung.de/Webs/Breg/¬DE/Bundesregierung/BeauftragtefuerIntegra¬tion/nap/nationaler-aktionsplan/_node.html) (Nationaler Aktionsplan Integration).

www.bundesregierung.de/Webs/Breg/DE/Bun¬desregierung/BeauftragtefuerIntegration/be¬auftragte-fuer-integration.html

Deutsche Islamkonferenz

Rauf Ceylan

»Der Islam ist Teil Deutschlands und Teil Europas, er ist Teil unserer Gegenwart und er ist Teil unserer Zukunft. Muslime sind in Deutschland willkommen. Sie sollen ihre Talente entfalten und sie sollen unser Land mit weiter voranbringen.« Diese historischen Worte äußerte der ehemalige Bundesinnenminister Wolfgang Schäuble zum Auftakt der ersten Deutschen Islam Konferenz (DIK). Noch deutlicher kann eine Willkommenskultur seitens eines Spitzenpolitikers in einer Einwanderungsgesellschaft nicht ausgedrückt werden. In der Atmosphäre dieser »verbalen Umarmung« startete am 27. September 2006 – fast zeitgleich zum Nationalen Integrationsgipfel – die DIK. Mit diesen unterschiedlichen Foren wurde eine Demarkationslinie zwischen reinen Zuwandererfragen und Angelegenheiten, die speziell die Muslime als heterogene Glaubensgemeinschaft betreffen, gezogen. Die unter der Federführung des Bundesinnenministeriums

(BMI) etablierte DIK verfolgte von Anbeginn das Ziel, die Vielfalt der Muslime weitgehend in Form von religiösen Organisationen und Einzelpersonen des öffentlichen Lebens (nichtorganisierten Muslimen) anzusprechen und einen langfristigen Dialogprozess in Gang zu setzen. Schwierigkeiten waren daher bereits vorprogrammiert, da eine Selektivität bei der Berufung der Teilnehmer seitens des BMI unumgänglich war.

Organisatorisch war die Arbeit der DIK in zwei Ebenen aufgeteilt: Auf der einen Ebene waren drei Arbeitsgruppen und ein Gesprächskreis nach unterschiedlichen thematischen Schwerpunkten implementiert worden, die im Diskurs akute Handlungsfelder identifizieren und Empfehlungen bzw. Ergebnisse präsentieren sollten. Aufgrund der Aktualität der Inhalte und der notwendigen Realisierung der Ziele der AGs sollen sie im Folgenden ausführlicher dargestellt werden:

286

Arbeitsgruppe 1: Deutsche Gesellschaftsordnung und Wertekonsens. In dieser AG ging es um Fragen des Zusammenlebens im Rahmen des Grundgesetzes sowie um Fragen wie Gleichberechtigung der Geschlechter, Erziehung und Wertevermittlung in Familien. Ein wichtiges Ergebnis dieser AG stellt die Initiierung der repräsentativen Studie *Muslimisches Leben* in Deutschland dar, die zahlreiche Daten und Fakten zu Muslimen in Deutschland bundesweit empirisch ermitteln konnte.

Arbeitsgruppe 2: Religionsfragen im deutschen Verfassungsverständnis. In dieser AG wurden vielfältige Themen behandelt wie etwa die erfolgreiche flächendeckende Einführung eines islamischen Religionsunterrichts als dritte Säule in der religiösen Erziehung – neben Familie und Moscheegemeinden. Ein wichtiges Produkt dieser AG war u. a. die Konzeption eines Grundlagenpapiers bezüglich der Einführung eines Islamischen Religionsunterrichts.

Arbeitsgruppe 3: Wirtschaft und Medien als Brücke. Zentrale Frage in dieser AG war die nach dem Beitrag der Wirtschaft und der Medien zur Anerkennung und Eingliederung der Muslime. Zum einen also die Integration im Bildungs- und Ausbildungsbereich sowie auf dem Arbeitsmarkt, zum anderen die Rolle der Medien im Integrationsprozess durch die Art und Weise der Darstellung des Islam. Vor diesem Hintergrund war ein bedeutsames Ergebnis dieser AG die Formulierung von Empfehlungen für eine differenziertere Berichterstattung über Muslime.

Gesprächskreis Sicherheit und Islamismus. Schließlich sollte das Thema Extremismus und Islamismus nicht ausgelassen werden, sodass der Gesprächskreis gesondert über die Gefahren dieser Strömungen diskutierte. In diesem Kreis ging es um konkrete Gegenstrategien sowie um eine Kooperation von Muslimen und Sicherheitsbehörden zur Bekämpfung demokratiefeindlicher, religiös motivierter Bewegungen.

Die erarbeiteten Inhalte und Empfehlungen wurden an die zweite Ebene, das Plenum als höchstes Gremium der Islamkonferenz mit 30 Mitgliedern (15 staatliche und 15 muslimische), vermittelt. Das Plenum als Schnittstelle zwischen Staat und Muslimen und als Steuerungsgruppe diskutierte diese weiter und formulierte konkrete Vorschläge für die Facharbeit. Ein positives Resümee der ersten Phase der Islamkonferenz konnte nach der vierten und letzten Plenumssitzung, die am 25. September 2009 stattfand, gezogen werden. Diese Erträge wurden dann in der zweiten Phase ab 2010 mit dem neuen Bundesinnenminister Thomas de Maizière (CDU) aufgegriffen und an deren konkreten Umsetzungen gearbeitet. Neben einem Wechsel an der politischen Spitze gab es – auch aufgrund einer praxisorientierten Ausrichtung – neue Teilnehmer. Es wurden mehr Vertreter von Kommunen und Ländern sowie neue muslimische Einzelpersönlichkeiten aus Wissenschaft, Medien, Politik und sogar ein Imam berufen. Ebenso hat man im Interesse einer effizienteren Arbeitsstruktur und Kommunikation die Arbeitsgruppen und den Gesprächskreis zu einem einheitlichen Vorbereitungsausschuss zusammengeführt. Dieser bereitet die Plenarsitzungen vor und kann Projektgruppen zur Bearbeitung konkreter Fragestellungen einberufen.

Der Beginn der zweiten Phase der DIK gestaltete sich jedoch kontrovers. Einer bis dahin beteiligten Organisationen, dem Islamrat (IRD), hatte das BMI aufgrund strafrechtlicher Ermittlungen gegen führende Mitglieder der Milli Görüs eine ruhende Mitgliedschaft angeboten, die er jedoch ablehnte. Der Zentralrat der Muslime (ZMD) lehnte wiederum von sich aus eine Mitgliedschaft – sowohl aus Kritik an der Zusammensetzung des Plenums als auch aus Solidarität mit dem IRD – ab. Diese Plätze nahmen zwei andere muslimische Verbände, die Islamische Gemeinschaft der Bosniaken in Deutschland – Zentralrat e. V. (IGBD) und der Zentralrat der Marokkaner in Deutschland e. V. (ZMaD), ein. Dieser Disput führte u. a. zu inneren Spannungen bei den islamischen Dachverbänden, weil man den teilnehmenden Organisationen mangelnde Solidarität, uneinheitliches Vorgehen und kritiklose Teilnahme an der Konferenz vorwarf. Ferner wurde die Türkische Gemeinde Deutschlands (TGD) als weitere Organisation aufgenommen.

Vor dem Hintergrund der bisherigen Arbeit beschloss das Plenum ein Arbeitsprogramm (Umsetzung bis 2012). Thematische Schwerpunkte bildeten dabei: die DIK in der Gesellschaft zu verankern (Umsetzung der Ergebnisse der ersten Phase wie rechtliche Voraussetzungen zu Einführung eines Islamischen Religionsunterrichts, Einrichtung Islamisch-theologischer Lehr- und Forschungsangebote an deutschen Hochschulen), institutionalisierte Kooperation und integrationsbezogene Projektarbeit fördern (u. a. Erfüllung verfassungsrechtlicher Voraussetzungen zur Anerkennung der Muslime als Religionsgemeinschaft), Geschlechtergerechtigkeit als gemeinsamen Wert leben (u. a. Partizipationschancen muslimischer Mädchen und Frauen fördern) und Prävention von Extremismus, Radikalisierung und gesellschaftlicher Polarisierung (Islamismus, Islamfeindlichkeit).

Die DIK erlebte im März 2011 einen erneuten Wechsel an der Spitze, als Thomas de Maizière zum neuen Bundesverteidigungsminister ernannt wurde und Hans-Peter Friedrich (CSU) seinen Platz als neuer Bundesinnenminister einnahm. Dieser Wechsel mitten im Arbeitsprozess der zweiten Phase der DIK sorgte aufgrund der Äußerungen von Friedrichs (»der Islam gehört nicht zu Deutschland«) am Tage seines Amtsantritts im Vorfeld erneut für eine Missstimmung. Diese Worte wurden vom Minister in seiner ersten Plenarsitzung der DIK wiederholt. Überdies kündigte er an, außerhalb der DIK zwischen Muslimen und dem Staat eine Sicherheitspartnerschaft gegen Islamismus etablieren zu wollen. Die Akzentuierung der beiden Aspekte – Islam ist nicht Teil Deutschlands (und daher fremd) und die Gefahr des islamischen Extremismus – riefen erheblichen Widerstand und schriftlichen Protest

bei den muslimischen Vertretern der DIK aus, die ihm Populismus und eine reduktionistische bzw. verzerrte Sichtweise auf den Islam vorwarfen. Mit diesen Kontroversen starteten die Sitzungen des DIK. Ergebnisse abgeschlossener Projekte wurden regelmäßig vorgestellt und Fachtagungen zu Themen wie »Muslime auf dem Arbeitsmarkt – Vielfalt fördern, Potenziale besser nutzen« wurden angeregt. Neben der Frage der Prävention wurde zwar schließlich auch die zunehmende Islamfeindlichkeit als ein Hauptthema auf die Agenda gesetzt, doch insgesamt waren die erfolgreichen vertrauensbildenden Maßnahmen in der vorherigen Phase des DIK durch den Konflikt zwischen dem Bundesinnenminister Friedrich und den muslimischen Vertretern zerrüttet.

Einen Neuanfang markierte die Rückkehr von de Maizière in das Amt des Bundesinnenministers ab Dezember 2013, der dann schließlich 2014 mit neuen Themen die dritte Phase der DIK eröffnete. Schwerpunkt dieser Phase war die Frage der Etablierung einer muslimischen Wohlfahrtspflege sowie einer islamischen Seelsorge. Anders als in den vorherigen Phasen wurden diesmal nur die Vertreter der muslimischen Organisationen in das Plenum berufen, um gemeinsam über die Rahmenbedingungen zur Realisierung von religions- und kultursensiblen Dienstleistungen zu diskutieren. Ein wichtiges Produkt dieser Phase ist dabei die vom DIK in Auftrag gegebene Studie zu sozialen Dienstleistungen in islamischen Gemeinden, die als eine strukturelle und konzeptionelle Bestandsanalyse zu lesen ist. Diese Themensetzung hat sich innerhalb kurzer Zeit in wissenschaftlichen Diskussionen wiedergefunden, sodass die Institute für Islamische Theologien ab dem Wintersemester 2016/17 neue Studiengänge für »muslimische Sozialarbeit« einrichten werden.

Bewertet man vor diesem Hintergrund die bisherige Arbeit der DIK, kann man trotz aller Kritik wichtige Fortschritte in der strukturellen Integration der Muslime in Deutschland identifizieren: die Anerkennung der

Existenz der über vier Millionen Muslime (Botschaft auch in Richtung Mehrheitsgesellschaft), die Identifikation wichtiger Handlungsfelder im Anerkennungs- und Gleichstellungsprozess, die Beleuchtung der muslimischen Landschaft (Organisationen, nichtorganisierte Persönlichkeiten) und deren unterschiedliche Standpunkte, die Etablierung einer Kommunikationsplattform zwischen Staat und Muslimen, die Initiierung wichtiger Studien (Daten und Fakten über muslimisches Leben, Studie über islamische Organisationen und Religionsbedienstete, Studie zu sozialen Dienstleistungen in Moscheegemeinden), neue Kommunikationserfahrungen für muslimische Verbandsvertreter auf höchster politischer Ebene, die Schaffung einheitlicher Arbeitsdefinitionen sowie verbesserte Vertrauensgrundlagen.

In verschiedenen Bundesländern wurden seit Jahren Maßnahmen wie die Einführung eines Islamischen Religionsunterrichts in Form von Schulversuchen eingeleitet, doch die Diskussion im DIK hat die Bedeutung dieses Unterrichts nochmals untermauert und seine Einführung intensiviert. Eine weitere Leistung stellen die bereits erwähnten Empfehlungen zur Ausbildung von Imamen bzw. zur Schaffung Islamisch-theologischer Lehrangebote dar, die die DIK an den Wissenschaftsrat weitergeleitet hat. Dieses höchste wissenschaftliche Beratungsgremium hat dann schließlich 2010 Empfehlungen zur Etablierung von Zentren für Islamische Studien (Theologie) ausgesprochen. Diesen Empfehlungen sind das Bundesministerium für Bildung und Forschung sowie einige große Bundesländer gefolgt, sodass hierfür die finanziellen und personellen Ressourcen als Rahmenbedingungen für Institute an den Standorten Münster/Osnabrück, Frankfurt/Gießen, Erlangen-Nürnberg und Tübingen geschaffen worden sind. Schließlich ist bereits jetzt absehbar, dass sich das nächste große Projekt »Muslimische Wohlfahrtspflege« in den nächsten Jahren realisieren wird. Wie bei der Implementierung der Islamischen

Theologie auch, fungiert also wieder die DIK als Impulsgeber für innovative Projekte.

Wie das BMI selbst bei der Konzeption dieses Konferenzformats bereits zu Beginn mitteilte, handelt es sich um ein Übergangskonzept, dass die Vielfalt der Muslime ansprechen möchte. Bis in Deutschland der Islam und die Muslime als Religionsgemeinschaft anerkannt sind, wird man in verschiedenen Kontexten und auf verschiedenen politischen Ebenen (Bund, Länder, Kommunen) mit solchen temporären Konstrukten arbeiten müssen. Insofern ist die DIK ein Experimentierfeld. Das Ziel war von Beginn an die Initiierung eines langfristigen Dialogprozesses sowie die Aussendung wichtiger Impulse für den Integrationsprozess der Muslime. Allerdings müssen diese Prozesse auch an die muslimische Basis durchdringen und mit ihr kommuniziert werden. Dass nur ein kleiner Teil der Muslime (11 %) die DIK gut kennt ist höchst bedauerlich. Schließlich wird über Maßnahmen gesprochen, die die vier Millionen Muslime in diesem Land betreffen. Daher müssen in Zukunft alle Informations- und Kommunikationskanäle genutzt werden, um die Basis zu erreichen und sie einbeziehen zu können.

Literatur

Busch, Reinhard/Goltz, Gabriel: Die Deutsche Islam Konferenz – ein Übergangsformat für die Kommunikation zwischen Staat und Muslimen in Deutschland, in: Hendrik Meyer/ Klaus Schubert (Hrsg.): Politik und Islam, Wiesbaden 2011, S. 29–47.

Ceylan, Rauf/Kiefer, Michael: Muslimische Wohlfahrtspflege in Deutschland. Eine historische und systematische Einführung, Wiesbaden 2016.

Hermani, Gabriele: Die Deutsche Islamkonferenz 2006 bis 2009 – der Dialogprozess mit den Muslimen in Deutschland im öffentlichen Diskurs, Berlin 2010.

www.deutsche-islam-konferenz.de
www.faz.net/aktuell/feuilleton/faz-net-spezial-is¬ lamkonferenz-an-den-grenzen-des-respekts-¬ 1439962.html

Migrantenorganisationen

Dietrich Thränhardt

»Migrantenorganisationen sind Vereine, die überwiegend von Zuwanderern gegründet wurden und deren Mitglieder überwiegend Migrantinnen und Migranten sind. [...] Neben religiösen, kulturellen oder politischen Vereinen gibt es Vereine bestimmter Zuwanderergruppen, Vertriebenenverbände, Studierendenvereinigungen, Fachverbände, Sportvereine, Unternehmerverbände oder Bildungsträger, [...] Vereine von Frauen, Müttern, Männern, Vätern, Eltern, Senioren oder Jugendlichen« (BAMF 2010). Ebenso wie Deutsche haben Ausländer das Recht, Vereinigungen zu bilden. Ausländervereine werden im Ausländervereinsregister registriert, seit 2002 mit Ausnahme der Vereine von EU-Bürgern. 2012 wurden in diesem Register insgesamt 10 346 Ausländervereine gezählt. Besonders vereinsaktiv sind Menschen türkischer Abstammung. Dagegen organisieren sich Polen besonders wenig in eigenen Vereinen. Am zahlreichsten sind Vereinsgründungen in Nordrhein-Westfalen und in Berlin, wo die Landesregierungen Migrantenvereine früh anerkannt und gefördert haben. In den ostdeutschen Ländern dagegen wurden erst in den letzten Jahren Vereine gegründet. Dort gibt es eher informelle Netzwerke. Sehr unterschiedlich ist der Anteil Einheimischer. Albanische Vereine hatten am wenigsten Deutsche unter ihren Vorstandsmitgliedern, am meisten dagegen polnische und chinesische Vereine, wo jedes fünfte Vorstandsmitglied ein Deutscher war. Ein Viertel der Vereine gab als primären Vereinszweck Kultur an, 17 % Begegnung, 8,8 % Religion, 9,3 % Sport.

Migrantenvereine bestehen mehr und mehr auch aus deutschen Staatsbürgern. Ein Beispiel für diesen Wandel ist die »Türkische Gemeinde«, die von Deutschen mit türkischem Migrationshintergrund geleitet wird und sich als Vertretung der Einwanderer aus der Türkei in Deutschland versteht. Migranten sind aber keineswegs nur in eigenen Vereinen aktiv, sondern ebenso zahlreich Mitglieder allgemeiner deutscher Vereine und Verbände. In den DGB-Gewerkschaften sind Migranten ebenso häufig organisiert wie Einheimische. Im religiösen Bereich haben die katholischen Bischöfe besondere »muttersprachliche Gemeinden« gebildet, die wenig Bezug zu den deutschen Gemeinden haben. Die muslimischen Gemeinden sind ebenfalls überwiegend herkunftsgeprägt. Sport treiben Migranten mehrheitlich in deutschen Vereinen (→ S. 210 ff.). Daneben haben Migranten eigene Vereine gegründet, die sich aber vielfach geöffnet haben und Sportler unterschiedlicher Herkunft aufnehmen.

Viele Vereine beziehen sich auf die Herkunftsnationen (z. B. Griechische Gemeinden), andere auf regionale oder lokale Zusammenhänge (Sarden, Kreter, Pontos-Griechen usw.), auf Herkunftsgruppen wie die Kurden oder auf religiöse oder weltanschauliche Zusammenhänge (z. B. katholische italienische Arbeitervereine, irakische Studentenvereine). Daneben gibt es auch Vereine mit offener Mitgliederstruktur. Ein erfolgreiches Beispiel ist das »Multikulturelle Forum Lünen«, das Bildung, Ausbildung, Beratung, internationale Beziehungen, Kulturveranstaltungen und andere Aktivitäten organisiert, überwiegend von aktiven Migranten betrieben wird und Migranten ebenso wie Einheimische zu seinen Mitgliedern zählt. Viele Migrantenorganisationen haben sich dem Paritätischen Wohlfahrtsverband angeschlossen, der als Dachorganisation fungiert und Kontakte zu den Verwaltungen und Förderstrukturen erleichtern kann. In den letzten Jahren haben sich auch Vereine in Deutschland Aufgewachsener gebildet, die die Zugehörigkeit zu Deutschland betonen und Gleichberechtigung fordern. Beispiele sind die »Neuen deutschen Medienmacher« und »Deutscher Soldat«.

Je nach Herkunftskultur, sozialen und politischen Traditionen, Anwesenheitsdauer und Anknüpfungspunkten an deutsche Institutionen und Organisationen haben sich unterschiedliche Vereinsmuster herausgebildet. Zu Beginn der Einwanderung aus den Mittelmeerländern war Opposition gegen autoritäre Regierungen in den Herkunftsstaaten ein wichtiges Motiv. Die Griechischen Gemeinden formierten sich in Opposition zu der von 1967 bis 1974 herrschenden Militärdiktatur. Sie unterhalten bis heute viele Kindergärten und Schulen bis hin zum Abitur und orientieren sich stark an der Erhaltung der griechischen Kultur. Auch die spanischen Elternvereine entstanden in Opposition zum autoritären Staat der Franco-Zeit. Sie entwickelten Anfang der 1970er-Jahre ein Konzept der Integration in die deutsche Gesellschaft, insbesondere ins deutsche Schulsystem, und versuchten, über Hausaufgabenhilfen und Elternschulung die Defizite der deutschen Halbtagsschule auszugleichen. Die kroatischen Vereine wurden unter dem Schutz der katholischen Kirche gegründet und opponierten gegen den kommunistischen jugoslawischen Staat. Diese drei Gruppen erreichten in den Einwanderungsjahren hohe Gruppenkohärenz und gute Bildungserfolge für ihre Kinder. Nach der Jahrhundertwende verloren die Vereinigungen an Bedeutung, weil die folgenden Generationen sich individuell zurechtfinden können.

Opposition gegenüber dem Religionsregime der Türkei war ein Gründungsmotiv der Aleviten-Vereine in Deutschland. Während sie ihre Religion im Herkunftsland nicht frei ausüben konnten, schufen sie in Deutschland Organisationen, deren Aktivitäten dann auch auf die Türkei ausstrahlten. Die Aleviten durchliefen einen transnationalen Organisations- und Selbstfindungsprozess, verbunden mit dem Streben nach Anerkennung als Religionsgemeinschaft, der Einbürgerung der meisten Mitglieder und vielfältigen Kontakten zu deutschen Kirchen und zur Politik.

Organisationen, die von den Regierungen der Herkunftsländer geschaffen wurden, haben die Migranten weniger aktivieren können. Dies galt etwa für die »Jugo-Clubs«, die die jugoslawische Regierung von 1968 bis zum Ende des Staates unterstützte. Auch die Organisationen der Italiener, die Staatsgelder bekamen und den italienischen »polarisierten Pluralismus« (Giovanni Sartori) der Parteien und Verbände in Deutschland reproduzierten, blieben quantitativ schwach und ohne gemeinsames Konzept. Ergebnisse sind eine verbreitete Orientierungslosigkeit der italienischen Einwanderer und geringe Schulerfolge, die bis heute feststellbar sind. Sehr erfolgreich ist dagegen die vom staatlichen türkischen Religionsamt abhängige muslimische Religionsorganisation DITIB, die in den letzten Jahren viele große Moscheen gebaut hat. Sie wurde 1984 aufgrund einer Absprache mit der deutschen Regierung gegründet und ist heute die größte muslimische Organisation in Deutschland.

Während die Verbände der Vertriebenen nach dem Krieg lange Zeit großes öffentliches Ansehen genossen, finanziell gefördert wurden und in Vertriebenenbeiräten institutionell auf Landes- und Kommunalebene verankert waren, blieben Zuwanderervereine aus dem Mittelmeerraum lange Zeit unbeachtet. Stattdessen vertraten Wohlfahrtsverbände, Kirchen und Gewerkschaften ihre Interessen. Aufmerksamkeit gab es hauptsächlich bei Konflikten, etwa bei kurdischen Protesten gegen den türkischen Staat. Erst seit der integrativen Wende der deutschen Politik werden Migrantenvereine als »zivilgesellschaftliche Partner« gewürdigt (so der Nationale Integrationsplan 2007) und auch zu symbolischen Anlässen eingeladen, so bei den Integrationsgipfeln im Kanzleramt und bei der Islamkonferenz im Innenministerium. Seit 2014 fördert die Bundesregierung überregionale Migrantenvereine auch finanziell. Dagegen werden Aussiedler inzwischen immer weniger beachtet. Ihre Zuwanderung wurde mit dem Zuwanderungsgesetz weitgehend beendet.

Allerdings wird der Integrationsgedanke in der Öffentlichkeit zum Teil auch so interpretiert, dass jedwede sprachliche oder kulturelle Unterschiedlichkeit als »Parallelgesellschaft« denunziert wird. Im Rahmen der Verfassung und der Gesetze ist die Pflege und Weiterentwicklung vielfältiger kultureller Traditionen aber legitim und geboten. Sie wird im Integrationsdiskurs auch immer wieder gefordert, z. B. unter dem Stichwort »europäischer Islam«. Migrantenorganisationen können kulturellen Wandel entscheidend fördern, weil sie tief in das jeweilige Milieu hineinwirken. Sie können aber auch abschottende Effekte haben, vor allem wenn professionelles Personal auf Zeit aus den Herkunftsländern entsandt wird, wie es bei den katholischen Nebenkirchen und der türkischen DITIB der Fall ist. Allerdings lässt sich inzwischen feststellen, dass Moscheevereine in Deutschland ähnliche Aufgaben im Sozial- und Jugendbereich übernehmen wie die deutschen Kirchen, behindert allerdings durch den Mangel an hauptamtlichem Personal.

Nachdem in den USA seit Jahrzehnten der transnationale Charakter von Migrantengemeinschaften diskutiert worden ist, wird auch in Deutschland das entwicklungspolitische Potenzial von Migrantenorganisationen immer mehr beachtet. Sie werden als ideale Brücke betrachtet, über die Entwicklungsimpulse transportiert werden können – mit weniger Reibungsverlusten als in der staatlichen Entwicklungszusammenarbeit mit ihren kulturellen und kommunikativen Hürden. Dabei kann gleichzeitig eine Vernetzung mit der deutschen Umwelt und eine Aktivierung erreicht werden, die Innovation und Inklusion im Zielland ebenso wie in Deutschland fördert.

Literatur

Aksünger, Handan: Jenseits des Schweigegebotes. Alevitische Migrantenselbstorganisationen und zivilgesellschaftliche Integration in Deutschland und den Niederlanden, Münster 2013.

Haase, Marianne/Müller, Bettina: Entwicklungspolitisch engagierte Migrantenorganisationen: Potenziale für die Integration in Deutschland?, hrsg. vom BAMF, Nürnberg 2012.

Halm, Dirk: Soziale Dienstleistungen der in der DIK vertretenen Dachverbände und ihrer Gemeinden, Duisburg 2015.

Schultze, Günther/Thränhardt, Dietrich (Hrsg.): Migrantenorganisationen. Engagement, Transnationalität und Integration, Bonn 2013.

www.bamf.de/DE/Infothek/Projekttraeger/Struk¬turfoerderung-MO/strukturfoerderung-mo¬node.html

www.migration.paritaet.org/migrantenorganisa¬tionen/forum

www.lmdr.de (Landsmannschaft der Deutschen aus Russland)

www.bagiv.de (Bundesarbeitsgemeinschaft der Immigrantenverbände e. V.)

www.multikulti-forum.de (multikulturelles Forum Lünen)

Wahlen und politische Repräsentation

Andreas M. Wüst

Wahlrecht. In einer Demokratie bestehen viele Möglichkeiten, politisch zu partizipieren. Mit Abstand am häufigsten wird von den Bürgerinnen und Bürgern die Beteiligung an Wahlen genutzt. Nach Art. 38 Abs. 1 des Grundgesetzes (GG) ist die Wahl allgemein (alle Deutschen können teilnehmen), unmittelbar (die Vertreterinnen und Vertreter werden direkt gewählt), frei (es besteht kein Zwang oder Druck), gleich (jede Stimme zählt gleich viel) und geheim (Entscheidung der Wählerinnen und Wähler ist nicht erkennbar). Wahlberechtigt und wählbar ist das Volk (Art. 20 Abs. 2 GG), das der Summe der deutschen Staatsbürger entspricht. Somit sind bei Wahlen auf Bundesebene (Bundestag) oder auf Landesebene (Landtag) nur Deutsche ab 18 Jahren wahlberechtigt und wählbar. Viele Einwanderinnen und Einwanderer haben allerdings nicht die deutsche Staatsbürgerschaft.

Auf der kommunalen Ebene und bei Europawahlen besitzen durch die Unionsbürgerschaft allerdings auch Staatsangehörige anderer EU-Mitgliedstaaten das aktive und passive Wahlrecht (Vertrag über die Arbeitsweise der Europäischen Union [AEUV], Art. 20 Abs. 2b). Während der Eintrag von Unionsbürgerinnen und -bürgern in die Wählerverzeichnisse auf kommunaler Ebene (v. a. für die Wahl der Gemeinderäte, Kreistage, Landräte und Bürgermeister) automatisch erfolgt, müssen sich EU-Bürgerinnen und -Bürger, die in Deutschland an der Europawahl teilnehmen möchten, einmalig registrieren. Voraussetzung für eine Eintragung in das Europawahlverzeichnis in Deutschland ist die Austragung aus dem Wählerverzeichnis im Herkunftsland. Hierdurch wird verhindert, dass diese Personen in zwei Ländern ihre Stimme abgeben können.

Im internationalen Vergleich erscheint die Begrenzung des Wahlrechts auf Staatsbürgerinnen und -bürger (sowie EU-Bürgerinnen und -bürger) eher restriktiv. Zahlreiche Länder ermöglichen es Nichtstaatsbürgern, zumindest an kommunalen Wahlen teilzunehmen. In Europa trifft dies u. a. auf sämtliche skandinavischen Länder und auf die Niederlande zu. Versuche der deutschen Bundesländer Schleswig-Holstein und Hamburg, das kommunale Wahlrecht auf Nichtdeutsche auszuweiten, scheiterten 1990 am Bundesverfassungsgericht. Dennoch gibt es immer wieder Bestrebungen, ein kommunales Wahlrecht für Staatsangehörige von Drittstaaten oder gar ein allgemeines Wahlrecht für alle Einwohner Deutschlands einzuführen (zuletzt Bundestags-Drucksachen 18/2088 sowie 18/3169). Auf nationaler Ebene sind generelle Wahlbeteiligungsrechte für Nichtstaatsbürgerinnen und -bürger allerdings sehr selten: Lediglich in Neuseeland und Uruguay ist dies generell möglich.

Partizipation. In Deutschland beteiligen sich gut 70 Prozent der Staatsbürgerinnen und -bürger an einer Bundestagswahl, bei anderen Wahlen ist die Beteiligung häufig deutlich niedriger. Die Hauptgründe für die häufige Partizipation an Wahlen sind einerseits das relativ große politische Gewicht einer Wahl und andererseits der relativ geringe persönliche Aufwand, den die Bürgerinnen und Bürger betreiben müssen, um an Wahlen teilzunehmen. Dazu gehören die geringe Frequenz von Wahlterminen, eine weitgehend passive Rolle der Bevölkerung im Wahlkampf sowie der vergleichsweise geringe Aufwand beim Wahlakt selbst. Weitere Partizipationsmöglichkeiten wie die Beteiligung an einer Unterschriftensammlung oder das Spenden von Geld (das nicht notwendigerweise politisch sein muss) werden jedes Jahr von lediglich einem Drittel der Bevölkerung genutzt. An einer Demonstration nimmt nur etwa jeder Zehnte teil, und Mitglied in einer Partei sind gerade einmal rund 4 % der Bevölkerung (2014).

Mit Blick auf Menschen mit Migrationshintergrund lässt sich feststellen, dass sie sich insgesamt seltener an Wahlen beteiligen als Menschen ohne Migrationshintergrund. Dies hat zum einen damit zu tun, dass die Wahlbeteiligung zumeist an die Staatsbürgerschaft oder die Unionsbürgerschaft geknüpft ist. Doch auch die Beteiligung der Unionsbürgerinnen und -bürger an Europawahlen in Deutschland fällt verschwindend gering aus. An Kommunalwahlen beteiligt sich durchweg weniger als ein Fünftel der Unionsbürgerinnen und -bürger. Sofern auch Wahlen zu Integrationsbeiräten stattfinden, sind die Beteiligungsraten noch niedriger. Zum anderen spielt Politik für Einwanderer oft eine weniger wichtige Rolle als für Einheimische. Vor allem in der ersten Generation der Einwanderer dominieren die Eingewöhnung in die Gesellschaft, das Erlernen der Sprache und die Bewältigung des Alltags. Wahlbeteiligungsanalysen verschiedener Länder zeigen, dass sich das Beteiligungsdefizit von Staatsbürgerinnen und -bürgern mit Migrationshintergrund an Wahlen primär auf die erste Zuwanderergeneration beschränkt. Insofern kann nicht verallgemeinert werden, dass sich Menschen mit Migrationshintergrund seltener politisch beteiligen.

Positiv auf die politische Partizipation wirkt sich die Sozialisation in einer anderen Demokratie aus. Und mit einem höheren Grad struktureller, sozialer und identifikativer Integration nimmt auch die politische Beteiligung zu. So zeigen sich beispielsweise positive Effekte durch (Ehe-)Partner aus dem Einwanderungsland oder durch eigene Kinder, die in Deutschland aufwachsen. Das Mobilisierungspotenzial (größere Zuwanderergruppen lassen sich leichter mobilisieren als kleine) ist auch von Bedeutung, sofern eine gezielte Mobilisierung stattfindet, die insbesondere durch Kandidatinnen und Kandidaten mit Migrationshintergrund erfolgen kann.

Parteiwahl. Ergebnisse der international vergleichenden Forschung zeigen, dass Wählerinnen und Wählern mit Migrationshintergrund eher Parteien der politischen Linken präferieren als Parteien, die rechts von der Mitte stehen. Zur Erklärung dieses Wahlmusters tragen die Programmatik und materielle Politik der Parteien, aber auch Personen bei. Die Lösung der sozialen Frage betrachten sozialistische und sozialdemokratische Strömungen traditionell als Kernaufgabe. Und diese Schwerpunktsetzung spiegelt sich bis heute in der Programmatik, auch jüngerer Parteien auf der politischen Linken, prominent wider. Der Abbau sozialer Ungleichheit ist auch Bestandteil der materiellen Politik linksgerichteter Parteien in Regierungsverantwortung, und dabei werden häufig Minderheiten und Menschen mit Migrationshintergrund ganz allgemein zu Zielgruppen politischer Aktivität. Die Erfahrung, dass linke Parteien nicht nur in Wahlkämpfen Ungleichheit ansprechen, sondern auch ganz konkrete Politik für Menschen mit Migrationshintergrund betreiben, macht sie in den Augen dieser Zielgruppe zu glaubwürdigen Gruppenvertretern.

Zur Glaubwürdigkeit trägt die Integration von politisch Aktiven mit Migrationshintergrund in die Arbeit einer politischen Partei bei. Dies fängt bei der grundsätzlichen Offenheit für die Mitgliedschaft in einer Partei an, reicht über die Aufstellung entsprechender Kandidatinnen und Kandidaten bei Wahlen bis zur Übernahme zusätzlicher parlamentarischer Funktionen und Ämter. Auch hier erweisen sich insbesondere politisch linksstehende Parteien offen für Menschen mit Migrationshintergrund.

Nun wählen jedoch nicht alle Menschen mit Migrationshintergrund politisch linksgerichtete Parteien, auch wenn eine generationenübergreifende Stabilität der allgemeinen Linkspräferenz feststellbar ist. Einige Zuwanderergruppen weichen von diesem Grundmuster ab, vor allem wenn sie eine andere Partei eher als Vertreterin ihrer Interessen wahrnehmen. So zeigen beispielsweise kubanische Zuwanderer in den USA eine ausgesprochen klare Präferenz für die *Grand Old Party*, die Republikaner. Auch osteuropäische Zuwanderer in Spanien meiden linksgerichtete Parteien. Und im Zuge der jüngsten Erfolge der AfD hat eine Befragung in der Stadt Freiburg anlässlich der baden-württembergischen Landtagswahl 2016 ergeben, dass der Anteil der Wählerinnen und Wähler mit Migrationshintergrund bei der AfD weit überproportional ausfiel. Zumindest lokal ergeben sich auch Zusammenhänge zwischen hohen AfD-Anteilen und hohen Aussiedleranteilen. Es bedarf jedoch weiterer empirischer Belege, um von einem neuen gruppenspezifischen Wahlmuster sprechen zu können.

Wie Tab. 1 zeigt, bestehen auch auf Bundesebene große Unterschiede im Wahlverhalten der beiden größten Einwanderergruppen in Deutschland. Spätaussiedler aus der ehemaligen Sowjetunion weisen – mit Ausnahme der Bundestagswahl 2009 – eine klare Präferenz für die CDU/CSU auf. Bei Wahlberechtigten mit einem türkischen Migrationshintergrund zeigt sich dagegen eine eindeutige Präferenz für die verschiedenen Parteien links der Mitte.

Es werden aber auch einige Entwicklungen im Zeitverlauf deutlich. Zwei dieser Entwicklungen spiegeln generelle Trends unter den Wahlberechtigten in Deutschland wider. So nimmt die berichtete Wahlbeteiligung im Zeitverlauf ab, vor allem bei Personen mit

Tab. 1: Berichtete Wahlbeteiligung und Parteipräferenz der größten Einwanderergruppen in Deutschland 1999 bis 2013 (in %)

Herkunftsland	Beteiligung	CDU/CSU	SPD	Grüne	FDP	Linke/PDS	andere
Ehemalige Sowjetunion und Nachfolgestaaten 1999 Eingebürgerte)	88	78	16	0	3	2	2
2001/02 (Eingebürgerte)	78	73	23	1	1	1	1
2009 (Migrationshintergrund)	67	36	24	10	12	17	0
2013 (Migrationshintergrund)	65	61	20	8	0	7	3
Türkei 1999 (Eingebürgerte)	79	9	65	17	4	2	4
2001/02 (Eingebürgerte)	78	11	62	22	3	3	0
2009 (Migrationshintergrund)	89	6	52	17	2	19	4

Quelle: Eigene Berechnungen auf der Grundlage bevölkerungsrepräsentativer Befragungen (zur Datengrundlage: Wüst 2003, 2011; GLES-VN-Querschnitt 2013, ZA Nr. 5702 v1.0.0; Gewichtung für 1999 und 2001/02: Transformationsgewicht; 2009 und 2013: ipfweight_gesamt).

einem Hintergrund in Gebieten der ehemaligen Sowjetunion. Daneben wird das Wahlverhalten in beiden Gruppen vielfältiger, denn kleinere Parteien gewinnen an Bedeutung. Diese Tendenz ist bei Türkeistämmigen stärker.

Ferner zeigen sich zwei gruppenspezifische Entwicklungen. Bei den Russlanddeutschen und ihren Nachkommen schien die Bundestagswahl 2009 eine Normalisierung des Wahlverhaltens zu belegen. Die CDU/CSU erhielt deutlich geringere Stimmenanteile, die Linkspartei, die FDP und die Grünen dagegen deutlich höhere. Bei der »Merkel-Wahl« 2013 kam es in der Gruppe der Russlanddeutschen jedoch zu einem deutlichen Rückschwung zugunsten der CDU und CSU. Bei den Türkeistämmigen zeigt sich dagegen ein kontinuierlicher Verlust für die SPD. 2013 haben hiervon vor allem die Grünen und die Piratenpartei (unter »andere«) profitiert. Den Sozialdemokraten gelang es insbesondere 2013 nicht, die zuvor sehr treue Gruppe der Türkeistämmigen für sich zu gewinnen. Von diesem Verlust profitiert haben fast ausschließlich Parteien links der Mitte.

Da die Parteibindungen schwächer geworden sind, besitzen alle Parteien die Möglichkeit, migrantische Wählerinnen und Wähler über programmatische Schwerpunktsetzung, personelle Angebote und materielle Politik für sich zu gewinnen. Die Parteien machen von diesen Möglichkeiten allerdings in unterschiedlichem Ausmaß Gebrauch, nicht zuletzt weil eine Fokussierung auf die migrantische Wählerschaft auch das Risiko birgt, in anderen sozialen Gruppen Wählerinnen und Wähler zu verlieren.

Parlamentarische Repräsentation. Etliche Menschen mit Migrationshintergrund sind über die reine Beteiligung an Wahlen hinaus politisch aktiv. Es lässt sich allerdings nicht sagen, wie hoch die Anzahl der Parteimitglieder mit Migrationshintergrund ist, da die Parteien hierüber keine Auskunft geben. Auch über Kandidaten mit Migrationshintergrund in Deutschland weiß die Forschung

immer noch wenig. Allerdings zeigt sich, dass Kandidaten mit Migrationshintergrund vor allem in Wahlkreisen mit einer hohen Konzentration von Menschen mit Migrationshintergrund aufgestellt werden.

Inzwischen kandidieren nicht nur viele Politikerinnen und Politiker mit Migrationshintergrund bei Wahlen, sondern sie sind Mandatsträger in vielen Parlamenten: Im Bundestag sind es mittlerweile (2014) rund 6 %, in den Länderparlamenten rund 4 %, unter den in Deutschland gewählten Abgeordneten des Europaparlaments 8 %, und in den Gemeinderäten der deutschen Großstädte waren es 2011 rund 4 %. In absoluten Zahlen finden sich die meisten Parlamentarier mit Migrationshintergrund bei der SPD, mit Blick auf ihre Anteile unter den Parlamentariern schneiden Grüne und Linkspartei jedoch besser ab. Bei den bürgerlichen Parteien gibt es mittlerweile ebenfalls etliche Abgeordnete mit Migrationshintergrund, wenn auch nicht in gleichem Umfang wie bei den linksgerichteten Parteien (▶ Abb. 1).

Die Abgeordneten unterscheiden sich je nach Parteilager hinsichtlich einiger Charakteristika. So stammen bei den linksgerichteten Parteien mehr Abgeordnete mit Migrationshintergrund (bzw. ein Elternteil) aus denjenigen Ländern, in denen Deutschland in den 1950er- und 1960er-Jahren Arbeitskräfte rekrutierte. Bei den Mitte-Rechts-Parteien kommen andere westliche Länder, aber auch Länder des Nahen Ostens, häufiger vor. Der formale Bildungsstatus ist bei Abgeordneten mit Migrationshintergrund auf der politischen Linken niedriger als bei den Mitte-Rechts-Parteien. Und wo ein Vergleich mit den Abgeordneten ohne Migrationshintergrund möglich ist, zeigen sich ebenfalls Unterschiede: Mehr Abgeordnete mit Migrationshintergrund kamen über Parteilisten in den Bundestag, und etliche auch erst als Nachrücker. Allerdings nimmt der Anteil der Kandidaten mit Migrationshintergrund in Wahlkreisen sowie der Wahlkreisabgeordneten mit Migrationshintergrund zu.

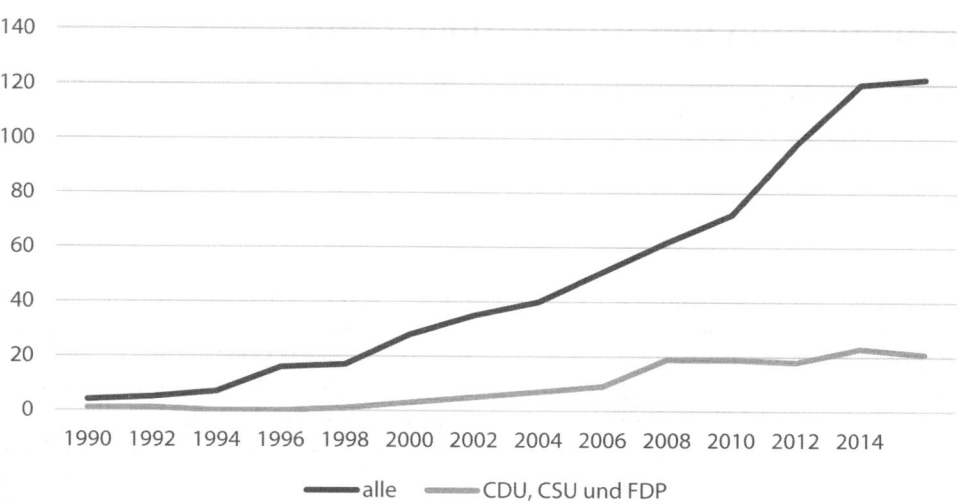

Abb. 1: In Deutschland gewählte Abgeordnete mit Migrationshintergrund (1. bis 3. Generation) in Bundestag, Länderparlamenten und Europaparlament, 1990–2014 (Anzahl)
Quelle: Forschungsprojekt »Migranten als politische Akteure«, MZES, Stand jeweils zum 31.12. eines Jahres.

Im Parlament beschäftigen sich Abgeordnete mit Migrationshintergrund häufiger mit sozialpolitischen Themen und häufig auch mit Migrations- und Integrationsaspekten. Insofern hat ihre parlamentarische Präsenz auch inhaltliche Effekte. Insgesamt betrachtet ist das von Abgeordneten mit Migrationshintergrund behandelte Themenspektrum allerdings breit. Die Parlamentarier mit Migrationshintergrund sitzen in ganz unterschiedlichen Ausschüssen und sind, gemessen an der Anzahl ihrer Ausschussmitgliedschaften, auch etwas aktiver als Abgeordnete ohne Migrationshintergrund.

Literatur

Bundesamt für Migration und Flüchtlinge (Hrsg.): Politische Einstellungen und politische Partizipation von Migranten in Deutschland. Working Paper 46 aus der Reihe »Integrationsreport«. Autoren: Stephanie Müssig/Susanne Worbs, Nürnberg 2012 (www.bamf.de/SharedDocs/Anlagen/DE/Publikationen/WorkingPapers/wp46-politische-einstellungen-und-partizipation-migranten.pdf?__blob=publicationFile).

Heinrich Böll Stiftung (Hrsg.): Vielfalt sucht Rat. Ratsmitglieder mit Migrationshintergrund in deutschen Großstädten. Autoren: Karen Schönwälder/Cihan Sinanoglu/Daniel Volkert, Berlin 2011 (www.boell.de/de/content/vielfalt-sucht-rat-ratsmitglieder-mit-migrationshintergrund-deutschen-grossstaedten).

Wass, Hanna u.a..: Engaging Immigrants? Examining the Correlates of Electoral Participation among Voters with Migration Background, in: Journal of Elections, Public Opinion and Parties 25/4 (2015), S. 407–424.

Wüst, Andreas M.: Das Wahlverhalten eingebürgerter Personen in Deutschland, in: Aus Politik und Zeitgeschichte 52/2003, S. 29–38.

Wüst, Andreas M.: Dauerhaft oder temporär? Zur Bedeutung des Migrationshintergrunds für Wahlbeteiligung und Parteiwahl bei der Bundestagswahl 2009, in: Rüdiger Schmitt-Beck (Hrsg.): Wählen in Deutschland. PVS-Sonderheft 45, Baden-Baden 2011, S. 157–178.

Wüst, Andreas M. (2014): Immigration into Politics: Immigrant-Origin Candidates and Their Success in the 2013 Bundestag Election, in: German Politics and Society 32/3 (2014), S. 1–15.

www.mediendienst-integration.de/integration/politik.html
www.pathways.eu

Diskriminierung und Antidiskriminierung

Alexander Klose und Andreas Merx

Diskriminieren bedeutet »unterscheiden« oder »unterschiedlich behandeln«, wird aber in der Regel negativ als eine nicht gerechtfertigte Ungleichbehandlung verstanden. Antidiskriminierung geht von der Überzeugung aus, dass alle Menschen unabhängig von weiteren Persönlichkeitsmerkmalen allein aufgrund ihres Menschseins Wertgleichheit genießen. Dieser Gedanke der Wertgleichheit ist Kern des Begriffs der menschlichen Würde.

Eine unmittelbare Diskriminierung liegt vor, wenn eine Person aufgrund bzw. wegen einer bestimmten Merkmalsausprägung in einer vergleichbaren Situation eine weniger günstige Behandlung als eine andere Person erfährt, erfahren hat oder erfahren würde. Darüber hinaus erfasst die mittelbare Diskriminierung auch dem Anschein nach neutrale Vorschriften, Kriterien oder Verfahren, die Personen mit einer bestimmten Merkmalsausprägung in besonderer Weise benachteiligen können, es sei denn, die betreffenden Vorschriften, Kriterien oder Verfahren sind durch ein rechtmäßiges Ziel sachlich gerechtfertigt und die Mittel zur Erreichung dieses Ziels angemessen und erforderlich. So wird die Erwartung »muttersprachlicher« Deutschkenntnisse in den meisten Fällen eine mittelbare Diskriminierung von Bewerberinnen bzw. Bewerbern wegen ihrer ethnischen Herkunft darstellen. Eine Belästigung liegt vor, wenn unerwünschte Verhaltensweisen, die mit einem der geschützten Merkmale in Zusammenhang stehen, eine Würdeverletzung und die Schaffung eines feindlichen Umfelds bezwecken oder bewirken. Ein Fall sexueller Belästigung liegt vor, wenn das unerwünschte Verhalten, das sich in verbaler, nichtverbaler oder physischer Form äußern kann, sexueller Natur ist.

Realität der Diskriminierung. Es existieren Anhaltspunkte für Diskriminierungen in allen relevanten Lebensbereichen (Bildung, Arbeit, Wohnen, Justiz und Polizei) in Deutschland. Neben dem zu vermutenden hohen Dunkelfeld erschwert vor allem die Subjektivität von Diskriminierungserfahrungen die empirische Erforschung der »Realität« der Diskriminierung. Subjektive Diskriminierungserfahrungen, die z. B. durch Befragungen gewonnen werden können, bilden gleichwohl wichtige Indizien dafür, dass Diskriminierungen vorliegen. Hinzu kommen statistische Daten (z. B. zur Erwerbsbeteiligung) sowie immer häufiger Gerichtsurteile. Das Allgemeine Gleichbehandlungsgesetz wird inzwischen in rund 1350 veröffentlichten Entscheidungen thematisiert. Ein Großteil dieser Fälle erreicht die Arbeitsgerichte; jeweils ungefähr ein Drittel betraf die Merkmale Geschlecht, Alter und Behinderung. Befragungen zeigen jedoch, dass auch Diskriminierungen aufgrund von zugeschriebener Rasse, ethnischer Herkunft und Religion eine gesellschaftliche Realität sind, auch wenn sie nur selten die Gerichte beschäftigen.

Zielsetzungen von Antidiskriminierung. Maßnahmen zum Schutz vor Diskriminierung sind nicht nur aufgrund rechtlicher Normen des Völker-, Europa- und nationalen Rechts erforderlich. Antidiskriminierungsmaßnahmen zielen darüber hinaus auf den Erhalt und die Durchsetzung zentraler gesellschaftspolitischer Ziele und wirtschaftlich wünschenswerter Effekte.

Gleichbehandlung, Gleichheit und Freiheit. Antidiskriminierungsmaßnahmen sind Ausdruck des politischen Willens, für das gesellschaftliche Ziel der Gleichbehandlung einzutreten, und sie konkretisieren den Gleichheitsgrundsatz. Im Spannungsverhältnis von Gleichheit und Freiheit können Antidiskriminierungsmaßnahmen für einen gerechten Ausgleich zwischen einer überschießenden Ausübung individueller Freiheit (»Privatautonomie«) auf Kosten benachteiligter Gruppen sorgen. Sie schaffen angesichts oft ungleicher sozialer Voraussetzungen zum Teil erst die Grundlage und Bedingung für die Ausübung von Freiheit Einzelner.

Integration, Partizipation und Stärkung des gesellschaftlichen Zusammenhalts. Antidiskriminierungsmaßnahmen verbessern durch die angestrebte Verwirklichung einer diskriminierungsfreien Chancengleichheit die Rahmenbedingungen für die Integration aller Menschen in die Gesellschaft. Sie erhöhen die faktischen Teilhabechancen aller Bürgerinnen und Bürger an gesellschaftlich relevanten Märkten (Wohnungsmarkt, Arbeitsmarkt, Waren und Dienstleistungen usw.). Damit tragen sie zu einer konstruktiven Lösung von Konflikten bei und schaffen die Voraussetzungen für ein spannungsfreieres Zusammenleben. Ein klares Bekenntnis für Gleichbehandlung und gegen Diskriminierung erscheint umso wichtiger in Zeiten, in denen der gesellschaftliche Zusammenhalt durch eine Renaissance rassistischer und nationalistischer Stimmungen gefährdet wird.

Diversity. Vor dem Hintergrund von Globalisierung, europäischer Integration, Integrations- und Einwanderungsprozessen, demographischem Wandel, Wertewandel und Individualisierung ist unsere Gesellschaft von einer zunehmenden Vielfalt an Identitäten und Lebensformen geprägt. Antidiskriminierungsmaßnahmen sind wichtige Strategien zur Wertschätzung, Anerkennung und Förderung gesellschaftlicher Vielfalt. Sie schaffen die Rahmenbedingungen dafür, dass alle Menschen ihre individuellen Talente und Potenziale frei von Vorurteilen, Diskriminierungen und Belästigungen entfalten und einbringen können. Insbesondere im Kontext des demographischen Wandels wird es zunehmend wichtiger werden, auf diejenigen gesellschaftlichen Gruppen zuzugehen und ihre Potenziale zu nutzen, die heute zum Teil noch am Rande der Gesellschaft oder des Arbeitsmarkts stehen oder benachteiligt sind.

Standortfaktoren Toleranz und Vielfalt. Diskriminierung und Rassismus im gesellschaftlichen Miteinander und im Arbeitsleben schaden dem Ansehen des Wirtschaftsstandorts Deutschland. Antidiskriminierungsmaßnahmen können dazu beitragen, dass Toleranz, Weltoffenheit und Vielfalt zu positiven Standortfaktoren in einem zunehmenden internationalen Wettbewerb werden.

Nicht zuletzt aufgrund demographischer Veränderungen und eines wachsenden Arbeitskräftebedarfs wird Deutschland zunehmend auf eine gezielte und gesteuerte Einwanderung angewiesen sein. Dafür müssen bestehende Barrieren abgebaut, Vorintegrationsprojekte in den Herkunftsländern (z. B. Sprach- und Informationsangebote) gefördert, Mitarbeiterinnen und Mitarbeiter der Verwaltung interkulturell kompetent und migrationssensibel geschult und erste Schritte der Neueinwanderer im sozialen Bereich und im Arbeitsleben mit flankierenden Angeboten begleitet werden. Die Diskussion um eine Willkommenskultur war lange Zeit stark verkürzt auf (qualifizierte) Neueinwanderer und dann auf Begrüßungsfeiern für geflüchtete Menschen. Es sollten aber auch Maßnahmen der nachholenden Integration und ein nachträgliches »Willkommen« für die bereits hier lebenden Migrantinnen und Migranten damit verbunden werden. Dies wäre ein Beitrag zur Anerkennung deren Lebensleistungen und zugleich zur Stärkung des gesellschaftlichen Zusammenhalts. Ebenso sollten Asylbewerberinnen und -bewerber sowie humanitäre Einwanderer nicht von den Angeboten einer Willkommenskultur ausgeschlossen werden und über Willkommensfeiern und ehrenamtliches Engagement hinausgehende konzeptionell und finanziell unterfütterte nachhaltige Maßnahmen zur Integration entwickelt und umgesetzt werden. Damit ein solcher »Kulturwandel« zu einer Willkommens- und Anerkennungskultur glaubhaft und nachhaltig ist, müsste mit ihm ein grundsätzlicher Paradigmen- und Perspektivenwechsel in der Einwanderungs- und Integrationspolitik einhergehen. Antidiskriminierungsmaßnahmen sind hier ein essentieller Baustein, um die Chancen, die in Einwanderung und einer vielfältigen Gesellschaft liegen können, zu erkennen und zu fördern.

Allgemeines Gleichbehandlungsgesetz (AGG). Für den rechtlichen Rahmen gelten vor allem das deutsche Verfassungs- und das EU-Recht: Nach Art. 3 Abs. 3 Grundgesetz darf niemand »wegen seines Geschlechtes, seiner Abstammung, seiner Rasse, seiner Sprache, seiner Heimat und Herkunft, seines Glaubens, seiner religiösen oder politischen Anschauungen benachteiligt oder bevorzugt werden«. Im Jahr 1994 wurde das Verbot der Benachteiligung von Menschen mit Behinderung ergänzt. Die verfassungsrechtlichen Diskriminierungsverbote gelten unmittelbar für alle Träger staatlicher Gewalt, entfalten zwischen Privaten als grundgesetzliche Wertentscheidungen jedoch nur mittelbare Wirkung bei der Rechtsinterpretation. Vor dem Hintergrund rassistischer Gewalttaten und dem Erfolg rechtspopulistischer Parteien in verschiedenen europäischen Ländern erhielt die Europäische Gemeinschaft (EG) 1998 die Kompetenz, Diskriminierungen nicht nur wegen des Geschlechts, sondern auch aus Gründen der »Rasse«, wegen der ethnischen Herkunft, der Religion oder der Weltanschauung, einer Behinderung, des Alters oder der sexuellen Ausrichtung zu bekämpfen. Bereits im Jahr 2000 wurden einstimmig die Antirassismusrichtlinie (RL 2000/43/EG)

und die Gleichbehandlungsrahmenrichtlinie (RL 2000/78/EG) beschlossen. Gemeinsam mit drei weiteren Richtlinien zur Bekämpfung der Geschlechterdiskriminierung (RL 2002/73/EG, RL 2004/113/EG und RL 2006/54/EG) bilden sie den Kern des europäischen Antidiskriminierungsrechts.

Seit 2006 verbietet das AGG Diskriminierungen »aus Gründen der Rasse oder wegen der ethnischen Herkunft, des Geschlechts, der Religion oder Weltanschauung, einer Behinderung, des Alters oder der sexuellen Identität« auch und gerade zwischen Privaten. Ein umfassender Schutz besteht im Bereich des Arbeitslebens und gilt hier von der Bewerbung über die Einstellung, die Beförderung, die Arbeitsbedingungen bis zur Kündigung. Im Bereich des Arbeitslebens kann eine unterschiedliche Behandlung aufgrund aller im AGG genannten Merkmale zulässig sein, wenn das Merkmal wegen der Art der auszuübenden Tätigkeit oder der Bedingungen ihrer Ausübung eine wesentliche und entscheidende berufliche Anforderung darstellt (§ 8 AGG). Für Religions- und Weltanschauungsgemeinschaften enthält § 9 AGG eine umstrittene Spezialregelung. Ungleichbehandlungen wegen des Alters können zulässig sein, wenn sie objektiv, angemessen und verhältnismäßig sind (§ 10 AGG). Auch außerhalb des Arbeitslebens beim Sozialschutz, bei sozialen Vergünstigungen, bei der Bildung oder beim Zugang zu Gütern und Dienstleistungen ist der Schutz vor Diskriminierung nicht für alle Merkmale gleich. Bei Diskriminierungen aus rassistischen Gründen oder wegen der ethnischen Herkunft werden alle Verträge über Güter und Dienstleistungen erfasst, die der Öffentlichkeit zur Verfügung stehen, wie dies z. B. auf dem Wohnungsmarkt, aber auch beim Zugang zu Diskotheken oder Schwimmbädern der Fall ist (§ 19 Abs. 2 AGG). Diskriminierungen wegen des Geschlechts, der Religion, einer Behinderung, des Alters oder der sexuellen Identität sind dagegen außerhalb des Arbeitslebens nur verboten, wenn es sich entweder um sogenannte Massengeschäfte

(z. B. Einkauf im Supermarkt oder Restaurantbesuch) oder um Versicherungsverträge handelt (§ 19 Abs. 1 AGG).

Positive Maßnahmen. Antidiskriminierungsmaßnahmen beinhalten über die Implementierung und Umsetzung von Gesetzen und rechtlichen Normen hinaus eine breite Palette vielfältiger Interventionsmöglichkeiten unterschiedlicher Reichweite. Sie reichen von präventiven Maßnahmen wie der Durchführung von Antidiskriminierungs- und *Diversity*-Trainings, Beratungsangeboten und dem Aufbau von bundesweiten Beratungsstrukturen, Datensammlungen und Analysen bis zur gezielten Gestaltung politischer Rahmenbedingungen durch die Beratung von Politik, Verwaltung, Sozialpartnern, Medien und Nichtregierungsorganisationen (NGOs). Schließlich können zum Abbau struktureller Barrieren und weiterhin bestehender Benachteiligungen sowie zur Herstellung von mehr tatsächlicher Gleichstellung gezielte positive (Förder-)Maßnahmen umgesetzt werden, die ein insgesamt breites Spektrum rechtlich zulässiger Instrumente und Strategien umfassen. Dazu zählen u. a. Anwerbungs- und Informationskampagnen beispielsweise zur Erhöhung des Anteils von Mitarbeitern mit Migrationshintergrund; gezielte Ansprache der Zielgruppen in öffentlichen Stellenanzeigen, wie etwa »Bewerbungen von Frauen/Menschen mit Migrationshintergrund sind besonders erwünscht«; Durchführung eines Antidiskriminierungs- oder *Diversity*-Checks zur Überprüfung aller Organisationsstrukturen, Richtlinien und Personalprozesse auf gegebenenfalls vorhandene Diskriminierungspotenziale; gezielte, spezielle Fort- und Weiterbildungsangebote z. B. für Mitarbeiter mit Migrationshintergrund, die zuvor bei Weiterbildungsmaßnahmen eventuell weniger berücksichtigt wurden; Quotenregelungen, die bei gleicher Qualifikation und nach Einzelfallprüfung die bevorzugte Einstellung von Mitgliedern bisher benachteiligter Gruppen vorsehen können; die Einrichtung spezieller Antidiskriminierungs- oder *Diversity*-Stellen.

Ausblick. Zehn Jahre nach Inkrafttreten des AGG ist es an der Zeit für eine Evaluierung des Gesetzes im Hinblick auf seine Wirksamkeit und bestehende Schutzlücken. Dabei sollten insbesondere die bestehenden Hürden bei der Rechtsdurchsetzung (kurze Fristen, fehlendes Verbandsklagerecht, schwache Sanktionen) in den Blick genommen werden. Schon jetzt steht fest, dass es für die Verhinderung von Diskriminierungen im Bereich Schule und Polizei flankierender Landesgesetze bedarf.

Literatur

Klose, Alexander/Merx, Andreas: Positive Maßnahmen zur Verhinderung oder zum Ausgleich bestehender Nachteile im Sinne des § 5 AGG. Expertise im Auftrag der Antidiskriminierungsstelle des Bundes, Berlin 2010.

Klose, Alexander/Liebscher, Doris: Antidiskriminierungspolitik in der deutschen Einwanderungsgesellschaft. Stand, Defizite, Empfehlungen, Gütersloh 2015.

Rudolf, Beate/Mahlmann, Matthias (Hrsg.): Gleichbehandlungsrecht. Handbuch, Baden-Baden 2007.

Schulte, Axel/Treichler, Andreas: Integration und Antidiskriminierung. Eine interdisziplinäre Einführung, Weinheim 2010.

Rottleuthner, Hubert/Mahlmann, Matthias: Diskriminierung in Deutschland. Vermutungen und Fakten, Baden-Baden 2011.

www.antidiskriminierungsstelle.de
www.antidiskriminierung.org
www.grundundmenschenrechtsblog.de
www.migration-boell.de

Diversity Management

Andreas Merx

Im Zusammenhang mit globalen Trends und gesellschaftlichen Wandlungsprozessen sind westliche Gesellschaften von einer wachsenden Vielfalt (engl.: *diversity*) an Lebensstilen und Arbeitsformen gekennzeichnet. Die gesellschaftliche Vielfalt spiegelt sich in vielen Unternehmen, Organisationen und öffentlichen Verwaltungen bzw. Einrichtungen in einer deutlich zunehmenden personalen Vielfalt unterschiedlicher Menschen mit vielfältigen Identitäten wider. Das Konzept *Diversity Management* wird vor diesem Hintergrund immer häufiger als zeitgemäßes Mittel für einen kompetenten Umgang mit der gewachsenen Vielfalt gesehen.

Diversity bedeutet zunächst einmal Vielfalt im Sinne der Unterschiedlichkeit von Menschen in Bezug auf Lebens- und Arbeitsformen sowie im Hinblick auf verschiedene Identitätsmerkmale bzw. *Diversity*-Dimensionen. Die von *Diversity*-Ansätzen zentral in den Fokus genommenen »Kerndimensionen« entsprechen den vom Allgemeinen Gleichbehandlungsgesetz (AGG) geschützten Merkmalen Alter, Behinderung, ethnische Herkunft, Geschlecht, Religion/Weltanschauung und sexuelle Orientierung. Zugleich beinhaltet *Diversity* »sekundäre Dimensionen« wie Einkommen, soziale Herkunft, Familienstand bzw. Elternschaft, Ausbildungsweg und geographische Herkunft sowie »organisationale Dimensionen« wie Dauer der Zugehörigkeit, Managementstatus oder Funktion. Da Menschen immer mehreren gesellschaftlichen Gruppen und damit *Diversity*-Dimensionen gleichzeitig angehören (z. B. als Frau mittleren Alters mit Migrationshintergrund, alleinerziehend,

nicht religiös und in der oberen Leitungsebene) und zwischen den verschiedenen Zugehörigkeiten komplexe Wechselbeziehungen bestehen, versuchen *Diversity*-Ansätze – zumindest auf einer theoretischen Ebene – Unterschiede und Gemeinsamkeiten zwischen Menschen gleichzeitig in den Blick zu nehmen. In der Praxis erfolgt meist eine Konzentration auf eine Auswahl aus den »Kerndimensionen«. Studien deuten auf das Top-Drei-Ranking Geschlecht, Alter und ethnische Herkunft hin.

Der Personal- und Organisationsentwicklungsansatz *Diversity Management* ist ein Gesamtkonzept zur Förderung personaler Vielfalt sowie zur Schaffung eines diskriminierungsfreien Arbeitsumfelds. Es umfasst die Gesamtheit aller Maßnahmen einer gezielten Nutzung, positiven Gestaltung und bewussten Förderung personaler Vielfalt im Sinne eines produktiven und wertschätzenden Umgangs mit Unterschieden und Gemeinsamkeiten von Menschen. Vorhandene Unterschiede aufgrund persönlicher Merkmale sollen nicht mehr Anlass für Ungleichbehandlungen bieten oder als Mittel der Hierarchisierung dienen. Unterschiedlichkeit soll durch eine Umkehrung zur Wertschätzung der vorhandenen personalen Vielfalt führen, bestehende Gemeinsamkeiten über zunächst wahrgenommene Gruppenzugehörigkeiten (Frauen und Männer, Junge und Alte usw.) hinweg nutzbar gemacht werden. Unterschiedlichkeit und Vielfalt werden in einem potenzialorientierten Ansatz als Chance für organisatorische Vorteile oder wirtschaftlichen Gewinn betrachtet. Ein Kerngedanke von *Diversity Management* ist es, ein

Arbeitsumfeld zu schaffen, in dem alle Beschäftigten ihre individuellen Kompetenzen in einem von Offenheit und Inklusion gezeichneten Klima unabhängig von persönlichen Merkmalen voll entfalten können.

Zu den nicht enger definierten *Diversity*-Maßnahmen zählen u. a. Instrumente in der Personalgewinnung (z. B. merkmalsneutrale Sprache und gezielte Ansprache in Stellenanzeigen, mehrsprachige Anwerbekampagnen, anonymisierte oder kultursensible Einstellungsverfahren), Instrumente in der Personalentwicklung (z. B. interkulturelle bzw. *Diversity*-Trainings, vielfältig zusammengesetzte Teams, Mentoring, *Work-Life-Balance* und Mitarbeiter- bzw. Mitarbeiterinnen-Netzwerke), Instrumente in der Organisationsentwicklung (z. B. *Diversity*-Checks, Betriebsvereinbarungen für Gleichbehandlung, interkulturelle Sprachförderung und Speisenangebote) sowie im Hinblick auf die Kunden und Bürger (z. B. mehrsprachige Werbung und Informationsangebote, interkulturell und genderkompetente Angestellte und Berater usw.).

Die Entstehung von *Diversity Management* hat ihre frühesten Wurzeln in der US-amerikanischen Bürgerrechtsbewegung. Vor dem Hintergrund der strikten Antidiskriminierungsgesetzgebung haben US-amerikanische Unternehmen *Diversity Management* als Konzept entwickelt und so den gesetzlichen Auftrag positiv gewendet. Zentrale Faktoren für die wachsende Bedeutung, sich mit *Diversity*-Ansätzen zu befassen, sind die

Gründung der Charta der Vielfalt im Jahr 2010 mit der damaligen Staatsministerin Maria Böhmer (CDU): Die Charta der Vielfalt ist eine Unternehmensinitiative zur Förderung von Vielfalt in Unternehmen. Mehr als 2250 Unternehmen und öffentliche Einrichtungen haben bislang unterzeichnet.

gewandelten Rahmenbedingungen wirtschaftlichen und politischen Handelns, die eine zunehmende Vielfalt in Wirtschaft und Gesellschaft hervorgebracht haben. Stichwortartig zu nennen sind insbesondere die Globalisierung, die Internationalisierung von Arbeits- und Absatzmärkten, der europäische Integrationsprozess, Veränderungen durch Einwanderungsprozesse und damit wachsende ethnische, kulturelle und religiöse Vielfalt, der demographische Wandel (»weniger, älter, bunter«), der Wertewandel und die Individualisierung sowie das veränderte Rollenverständnis von Frauen bzw. die erhöhte Frauenerwerbsbeteiligung, der Wandel des Selbstverständnisses behinderter Menschen sowie unterschiedliche sexuelle Orientierungen. Hinzu kommt der rechtliche Wandel durch die EU-Antidiskriminierungsrichtlinien und das AGG sowie explizite wirtschaftliche Treiber wie der anhaltende organisationale Wandel bei Unternehmen und Organisationen, die zunehmende personale Vielfalt, die wachsende Dienstleistungsorientierung bei zunehmend von Vielfalt geprägter Kundschaft und die Zunahme von länderübergreifenden Kooperationen und Unternehmensfusionen.

Diversity Management ist in Deutschland im internationalen Vergleich noch immer deutlich weniger verbreitet, wenngleich es in den letzten Jahren einen starken Boom erfahren hat. Vor allem aufgrund des demographischen Wandels und vor dem Hintergrund des damit verbundenen Arbeits- und Fachkräftebedarfs ist mit einer weiterhin starken Rezeption von *Diversity Management* zu rechnen.

In der Fachliteratur werden unter dem Aspekt der wirtschaftlichen Vorteile meist folgende sieben zentralen Argumente genannt: Kostensenkung durch gute Motivation und weniger Diskriminierungen; Verbesserung der organisatorischen Flexibilität durch vielfältige Teams; Erhöhung von Kreativität und Innovationsfähigkeit bei Problemlösungen; Verbesserung des Personalma-

nagements; verbesserte Kundenorientierung; verbesserter Umgang mit der Internationalisierung; Aufwertung des Außenimages. Gegenüber den Unternehmen in der Privatwirtschaft betonen öffentliche Arbeitgeber häufiger die soziale Verantwortung und bessere Repräsentation der Gesellschaft als Motivation für *Diversity Management*. In einer eher ethischen und sozialen Ausrichtung (»Fairness- und Antidiskriminierungsansatz«) kann *Diversity Management* nicht nur wirtschaftliche Vorteile erzielen, sondern zugleich zu einer starken Öffnung von Organisationen führen und strukturelle Diskriminierungen nachhaltig abbauen. Zahlreiche Studien und Befragungen können die genannten Vorteile von *Diversity Management* inzwischen gut belegen (insbesondere in Bezug auf das Personalmanagement). Sie lassen sich jedoch nur bei einem gezielten Management von Vielfalt erzielen.

Diversity ist darüber hinaus auch ein politischer Ansatz (Diversitätspolitiken): Der *Diversity-Management*-Ansatz bzw. der *Diversity*-Ansatz werden zunehmend im gesellschaftspolitischen Bereich aufgegriffen, z. B. bei Wohlfahrtsverbänden, Hochschulen, NGOs und in Kommunen. Insbesondere bei städtischen Integrations- und Gleichstellungspolitiken ist ein langsamer Paradigmenwechsel von »Integration« zu *Diversity* zu beobachten. Viele der bisherigen Integrations- und Gleichstellungsansätze werden den hoch individualisierten pluralen Stadtgesellschaften mit einer enorm gewachsenen und komplexen ethnisch-kulturellen und religiösen Vielfalt immer weniger gerecht. Der frankokanadische Wissenschaftler Steven Vertovec spricht im Hinblick auf die von zunehmender Hybridität und transnationalen Lebensformen geprägte Realität in globalisierten Großstädten wie London, Toronto oder auch Frankfurt am Main sogar von einer »Super-Diversität«. Die Vielfalt der Lebens- und Arbeitsformen sei »super« im Sinne von »über etwas hinausgehen«, orthodoxe Konzepte der Integration oder des

Multikulturalismus könnten diese hochkomplexe Vielfalt kaum mehr fassen. Nordamerikanische Städte wie Toronto oder San José waren Vorreiter von »Politiken der Vielfalt«. Mittlerweile betreiben auch europäische Städte wie etwa Amsterdam, Basel, Bern, Birmingham, Manchester, Rotterdam, Stockholm oder Wien »Diversitätspolitiken«. In einigen deutschen Städten (z. B. Berlin, Frankfurt, Heidelberg, Köln, Mannheim, München, Nürnberg, Stuttgart) sind ebenfalls bereits Ansätze zur Entwicklung von Diversitätspolitiken zu beobachten bzw. wurden umfassendere Projekte oder Aktionspläne mit entsprechender institutioneller Verankerung entwickelt und umgesetzt. Grundlegend ist dabei der Paradigmenwechsel von einer häufig defizitorientierten Zielgruppen- und Minderheitpolitik hin zu einem potenzialorientierten zielgruppenübergreifenden Diversity-Ansatz. Bürger und bestimmte gesellschaftliche Gruppen (z. B. Migranten, Behinderte usw.) werden nicht mehr primär als Zielgruppe von sozialpolitischen Maßnahmen gesehen. Stattdessen werden die Unterschiedlichkeit und die vorhandene Vielfalt der Stadtbevölkerung sowie die Gesamtheit der Errungenschaften, Erfahrungen und Kompetenzen aller Bürgerinnen und Bürger als gesellschaftliche und wirtschaftliche Chance betrachtet. Diversity ist dabei eine Querschnittsaufgabe der gesamten Verwaltung. Die Kommune selbst ist angesichts der Vielfalt der Stadtgesellschaft angehalten, sich sowie ihre Politik und Angebote entsprechend zu verändern und zu gestalten. Diversitätspolitiken streben an, unter dem horizontalen Dach Diversity erfolgreiche Säulen wie Gender Mainstreaming, interkulturelle Öffnung, Behindertenarbeit usw. stärker miteinander zu vernetzen und chancenorientierte Maßnahmen zu gestalten.

Literatur

Koall, Iris/Bruchhagen, Verena/Höher, Friederike (Hrsg.): Diversity Outlooks. Managing Diversity zwischen Ethik, Profit und Antidiskriminierung, Hamburg 2007.

Krell, Gertraude/Ortlieb, Renate/Sieben, Barbara (Hrsg.): Chancengleichheit durch Personalpolitik. Gleichstellung von Frauen und Männern in Unternehmen und Verwaltungen. Rechtliche Regelungen – Problemanalysen – Lösungen, 6. Aufl. Wiesbaden 2011.

Krell, Gertraude/Riedmüller, Barbara/Sieben, Barbara/Vinz, Dagmar: Diversity Studies. Grundlagen und disziplinäre Ansätze, Frankfurt/M. 2007.

Merx, Andreas: Von Integration zu Vielfalt. Kommunale Diversitätspolitik in der Praxis. Handreichung für das Fritz-Erler-Forum Baden-Württemberg der Friedrich Ebert Stiftung, Stuttgart 2013.

Merx, Andreas/Yazar, Serdar: Vielfalt, Chancengleichheit und Inklusion. Diversity Management in öffentlichen Verwaltungen und Einrichtungen. Handreichung im Auftrag der Charta der Vielfalt e. V., Berlin 2015.

Thomas, R. Roosevelt: Management of Diversity. Neue Personalstrategien für Unternehmen. Wie passen Giraffe und Elefant in ein Haus?, Wiesbaden 2001.

www.charta-der-vielfalt.de
www.idm-diversity.org
www.migration-boell.de
www.vielfalt-gestalten.de

Willkommens- und Anerkennungskultur

Andreas Merx, Jakob Ruster und Yvonne Szukitsch

Vor dem Hintergrund des demographischen Wandels und eines wachsenden Fachkräftebedarfs werden verstärkt Voraussetzungen und Rahmenbedingungen einer gezielten und gesteuerten Einwanderung nach Deutschland diskutiert. In diesem Zusammenhang etablierte sich zunehmend der Begriff einer auf Seiten der Aufnahmegesellschaft zu entwickelnden Willkommenskultur. Mit der seit 2014 stark wachsenden Zuwanderung von Asylsuchenden wurde der Diskurs noch einmal intensiviert und der Fokus von Fachkräfteanwerbung vermehrt auf Einwanderung und Integration im Gesamten gelenkt.

Dabei ermöglicht die Entwicklung und Gestaltung einer Willkommenskultur einen doppelten Perspektivwechsel: zum einen von einem problem- und risikoorientierten Blick auf Einwanderung bzw. Einwanderer hin zu den gesellschaftlichen und wirtschaftlichen Chancen und Potenzialen von Einwanderung. Zum anderen wendet sich eine Willkommenskultur – entgegen einer jahrzehntelangen Dominanz einseitiger Integrationsaufforderungen an Migranten – insbesondere an die Bürger der Aufnahmegesellschaft und die relevanten Institutionen im Aus- und Inland, die sich entsprechend ändern und öffnen müssen. Verbunden mit dem Ziel, dass Deutschland ein attraktives und weltoffenes Einwanderungsland werden soll, müssen bestehende Barrieren und Begrenzungen abgebaut und flankierende Angebote für Neueinwandernde gestaltet werden. In der Integrationsarbeit tätige Akteure verlangen, dass mit der Entwicklung einer Willkommenskultur auch Maßnahmen der nachholenden Integration für die bereits hier lebenden Menschen mit Migrationshintergrund verbunden werden sollen und – insbesondere angesichts der seit 2014 stark steigenden Zuwanderung von geflüchteten Menschen – auch Asylbewerber und humanitäre Einwanderer nicht von den Angeboten einer Willkommenskultur ausgeschlossen werden dürfen. Die Willkommenskultur sollte dementsprechend zu einer Willkommens- und Anerkennungskultur erweitert werden und die Diskussion um diese in Bezug auf geflüchtete Menschen nicht nur auf Fragen der Aufnahme- und Unterbringungsprozesse verkürzt werden.

Im Kontext einer Versachlichung und konzeptionellen Gestaltung der Integrations- und Einwanderungspolitik sind vor allem demographische Erwägungen und die Diskussion um den Fachkräftemangel starke Motivationsfaktoren für die Etablierung einer Willkommenskultur. Im Jahr 2060 werden voraussichtlich nur noch 60 Millionen Menschen in Deutschland leben – sofern jährlich 100 000 Menschen einwandern. Bis 2025 wird sich das Erwerbspersonenpotenzial demographiebedingt um 3,5 Millionen Personen verringern.

Der Begriff Willkommenskultur wird im Hinblick auf seine nahezu inflationäre Anwendung häufig als »unscharf« oder als »Modewort« kritisiert. Dies gilt noch mehr seit seiner häufig undifferenzierten Verbreitung und Instrumentalisierung im Zuge der Berichterstattung um zunehmende Fluchtbewegungen und der dort oft oberflächlichen und kontextlosen Anwendung. Der Integrationsforscher Friedrich Heckmann verteidigt die bestehende Begriffsvielfalt insgesamt und spricht von einer »sinnvollen Unschärfe«, die es ermöglicht, den Begriff »in unterschiedlichen Kontexten milieugerecht produktiv anzuwenden: beim Bundesverband der deutschen Industrie wie im Fußballverein oder in einer Stadtverwaltung«. Heckmann schlägt vor, den Begriff auf verschiedenen Ebenen zu betrachten: auf der Ebene des Individuums, auf der Ebene interpersonaler Beziehungen, auf der Ebene von Organisationen und Institutionen sowie auf der Ebene der Gesamtgesellschaft. In Bezug auf die genannten Handlungsebenen sollen eine Willkommenskultur in zentralen Organisationen und Institutionen adressiert und entsprechend geeignete Rahmenbedingungen für Neueinwanderer und Menschen mit Migrationshintergrund geschaffen werden. Dies betrifft insbesondere Kommunen und öffentliche Verwaltungen bzw. Einrichtungen, Ausländerbehörden und deutsche Botschaften im Ausland, Unternehmen, Arbeitsmarktinstitutionen sowie soziale und Bildungseinrichtungen. Diese Rahmenbedingungen und Maßnahmen sind entsprechend um Ähnliche oder Spezifische für geflüchtete Menschen zu erweitern. Im Hinblick auf die genannten Ebenen wird deutlich, dass die Umsetzung einer Willkommens- und Anerkennungskultur in den verschiedensten Bereichen nötig und möglich ist. Dies zeigt sich bereits in Ansätzen in verschiedenen Kampagnen und Initiativen (vgl. Internethinweise).

Im Sinne einer strukturellen Verankerung einer Willkommens- und Anerkennungskultur sind neben Unternehmen und Bildungseinrichtungen vor allem Behörden gefordert, sich interkulturell zu öffnen. Das Bundesamt für Migration und Flüchtlinge hat die besondere Bedeutung von Ausländerbehörden in diesem Kontext erkannt und dazu zwischen 2013 und 2015 das Modellprojekt »Ausländerbehörden – Willkommensbehörden« durchgeführt. Ziel war es, die Rollen der Ordnungsbehörden im Sinne von Service- und Willkommensbehörden neu zu denken

und deren Mitarbeiterkompetenz und Strukturen verstärkt darauf auszubauen. Neue Willkommensstrukturen können auch durch die Einrichtung von neuen Servicestellen geschaffen werden. So werden zunehmend z. B. *Welcome-Center* in Kommunen und Universitäten eingerichtet. Diese bieten die Möglichkeit einer umfangreichen Unterstützung in Alltags-, Studien- oder Arbeitsfragen vor Ort und bieten konkrete Hilfen z. B. bei ausländer- und melderechtlichen Anliegen an.

Zu einer umfassenden und alle Lebensbereiche betreffenden Willkommens- und Anerkennungskultur gehört außerdem die Schaffung von angemessenem Lebensraum. Gerade im Kontext Flucht und Asyl sind Wohnmöglichkeiten häufig nur temporär gedacht und dienen mehr der Unterbringung am Rande als dem Leben innerhalb einer kommunalen Gemeinschaft. Eine nachhaltige Willkommensarchitektur könnte günstigen und bedarfsorientierten Wohnraum schaffen, der das Ankommen und Einleben für die Bewohner erleichtert und gegebenenfalls auch als Sozialraum dienen kann.

Ein Kulturwandel zu einer Willkommens- und Anerkennungskultur bedeutet einen grundsätzlichen Paradigmenwechsel in der Einwanderungs- und Integrationspolitik. Mit diesem angestrebten Wandel sind sowohl Chancen als auch Risiken verbunden. Die seit 2012 verstärkte gesellschaftliche Debatte um die Willkommenskultur kann ein Türöffner sein für diesen Paradigmenwechsel – hin zu der Perspektive auf Potenziale und Ressourcen von Einwanderung und Vielfalt. Es kann damit der Boden für ein Leitbild eines weltoffenen, von einer Kultur der Wertschätzung und Anerkennung gesellschaftlicher Vielfalt geprägten Deutschlands bereitet und der Weg geebnet werden für eine Abkehr von der bisher praktizierten Abschottungskultur und der Erkenntnisverweigerung, ein Einwanderungsland zu sein. Eine Willkommens- und Anerkennungskultur kann auch ein strategisches Vehikel werden für eine verstärkte Umsetzung von interkultureller Öffnung und eines *Diversity Managements* (→ S. 302 ff.) in Organisationen des Bildungsbereiches und des öffentlichen Dienstes, speziell auch bei Ausländerbehörden oder Konsulaten. Die stark ambivalente Diskussion um eine Willkommens- und Anerkennungskultur in Deutschland angesichts der nochmals deutlich wachsenden Zuwanderung von Asylsuchenden im Jahr 2015 zeigt auf, wie wenig tragfähig eine alleinige Willkommensstimmung in der Gesellschaft ist, wenn sie nicht auf struktureller, politischer und rechtlicher Ebene verankert ist. In Verbindung mit einem glaubwürdigen »Willkommen« bietet das Konzept Chancen zur Verbesserung der Teilhabe aller in Deutschland lebenden Menschen mit Migrationshintergrund und Anknüpfungsmöglichkeiten zu Debatten wie Inklusion, Anerkennung, Partizipation oder Antidiskriminierung.

Es besteht aber auch die Gefahr, dass das Konzept der Willkommenskultur vor allem eine Marketingstrategie zur Fachkräfteanwerbung bleibt, aber nicht wirklich breit verankert wird – weder in den gesetzlichen Regelungen noch in der Ausrichtung der betreffenden Organisationen und der Einstellung der Bevölkerung. Eine Fokussierung nur auf (hoch-)qualifizierte Neueinwanderer schafft die Gefahr einer reinen Orientierung an der Nützlichkeit von Migration und der Wertung von Migrationsgründen sowie einer Ausgrenzung von Migranten, die zum Teil schon lange hier leben oder mit Unterstützungsbedarf (z. B. Asylsuchende) nach Deutschland kommen. Darüber hinaus fehlt die Perspektive des Bleibens. Die derzeitige Diskussion vernachlässigt die Dimensionen von langfristiger Anerkennung, Gleichstellung und Teilhabe von Migranten als Bürgerinnen und Bürger der Gesellschaft. Der Umgang mit den steigenden Flüchtlingszahlen seit 2015 zeigt die gesellschaftliche Ambivalenz in Deutschland zum Thema Willkommens- und Anerkennungskultur: Einer äußerst großen Hilfsbereitschaft von Bürge-

rinnen und Bürgern vor Ort und einem hohen Engagement vieler Akteure stehen gewaltsame Übergriffe auf Flüchtlingsunterkünfte und inkonsistente Politikstrategien gegenüber.

Die Etablierung einer Willkommens- und Anerkennungskultur zeigt somit auch ganz konkreten Weiterentwicklungsbedarf für unsere Gesellschaft und ihre Institutionen in mehreren Bereichen:

- Sie braucht eine transparente und nachvollziehbare Einwanderungssteuerung mit Regelungen für alle Einwanderungsgruppen. Für den Zugang von Fachkräften ist dabei die Orientierung an einem Punktesystem oder an Mindesteinkommensgrenzen in der Diskussion.
- Für eine längerfristige Teilhabe ist eine konsequente Gleichstellungsstrategie nötig. Dies betrifft eine Erleichterung des Zugangs zu Staatsbürgerschaft und Wahlrecht sowie eine verbindliche Antidiskriminierungspolitik, um bestehende Benachteiligungen u. a. am Arbeitsmarkt auszugleichen.
- Eine gelebte Willkommens- und Anerkennungskultur braucht eine verbindlichere Umsetzung von interkultureller Öffnung, *Diversity Management* und Antidiskriminierung in den Institutionen in den Bereichen Bildung, Soziales und öffentliche Dienste, eine Weiterentwicklung spezifischer Dienstleistungen und gut abgestimmte Angebote im Sinne eines Integrationsmanagements auch zwischen Bund, Ländern und Kommunen.

Um eine Willkommens- und Anerkennungskultur auch in der Bevölkerung zu etablieren, gibt es eine Vielzahl von Ansatzpunkten wie die interkulturelle Öffnung von politischer Bildung und von Strukturen des bürgerschaftlichen Engagements, die Förderung von Migrantenorganisationen und der Repräsentanz von Migranten in politischen Gremien, die Überarbeitung von Schulcurricula oder die Förderung von entsprechenden Projekten und Kampagnen. Zentral ist hier die Vorbildrolle politischer Repräsentanten, vor allem in Konflikten wie der »Sarrazin-Debatte« im Jahr 2010 oder aktuellen gesamtgesellschaftlichen Herausforderungen wie dem Umgang mit hohen Zuwanderungszahlen im Bereich Asyl seit 2015.

Literatur

Bertelsmann Stiftung (Hrsg.): Deutschland, öffne dich! Willkommenskultur und Vielfalt in der Mitte der Gesellschaft verankern, Gütersloh 2012.

Bundesamt für Migration und Flüchtlinge: Arbeitswerkzeuge für eine Entwicklung zur Ausländerbehörde. Der Werkzeugkoffer für Ausländerbehörden, Paderborn 2015.

Fachstelle Interkulturelle Kompetenzentwicklung und Antidiskriminierung im Förderprogramm »Integration durch Qualifizierung« (IQ): Inklusiv, offen und gerecht? Deutschlands langer Weg zu einer Willkommenskultur. Online-Dossier, München 2014.

Heckmann, Friedrich: Willkommenskultur. Was ist das, und wie kann sie entstehen und entwickelt werden?, europäisches forum für migrationsstudien (efms paper 2012-7), Bamberg 2012.

Sachverständigenrat deutscher Stiftungen für Integration und Migration: Die Visitenkarte einer Stadt? Ausländerbehörden und ihr Angebot für hoch qualifizierte Migranten, SVR-info, Berlin 2012.

TNS Emnid im Auftrag der Bertelsmann Stiftung: Willkommenskultur in Deutschland. Ergebnisse einer repräsentativen Bevölkerungsumfrage in Deutschland, Gütersloh 2012.

www.bamf.de (Bundesamt für Migration und Flüchtlinge)

www.bda-online (Bundesvereinigung der Deutschen Arbeitgeberverbände mit Praxisbeispielen zur Umsetzung in Unternehmen)

www.fachkraefte-offensive.de (Angebote des Bundesarbeitsministeriums, des Wissenschaftsministeriums und der Bundesagentur für Arbeit)

www.interkulturellewoche.de (bundesweite Initiative mit zahlreichen Projektbeispielen)

www.kompetenzzentrum-fachkraeftesicherung.de (Informationsbroschüren für Unternehmen)

www.make-it-in-germany.com (Webportal für Fachkräfte)

www.menschen-willkommen.org (deutschlandweite Plakatkampagne für Willkommenskultur für geflüchtete Menschen)

www.netzwerk-iq.de (Fachstelle Interkulturelle Kompetenzentwicklung und Antidiskriminierung im Förderprogramm »Integration durch Qualifizierung [IQ]«)

Die Autorinnen und Autoren

Alan, Birsan, geb. 1979, ist Mitarbeiterin in der Abteilung Integration und Migration im Ministerium für Integration, Frauen, Kinder, Jugend und Familie Rheinland Pfalz.

Bauder, Harald, Prof. Dr., geb. 1969, ist Professor für Geographie an der Ryerson University in Toronto, Kanada. Er ist der Gründungsdirektor des Ryerson Centre for Immigration and Settlement (RCIS).

Bos, Wilfried, Prof. Dr., geb. 1953, ist Professor für Bildungsforschung und Qualitätssicherung an der Technischen Universität Dortmund und Direktor des Arbeitsbereichs »Bildungsmonitoring und Schulentwicklungsforschung« am Institut für Schulentwicklungsforschung. Seine Arbeitsschwerpunkte sind die international vergleichende empirische Bildungsforschung und die Schulentwicklungsforschung. Er ist unter anderem wissenschaftlicher Leiter der »Internationalen Grundschul-Lese-Untersuchung« (IGLU) und der »Trends in International Mathematics and Science Study« (TIMSS). Er ist Mitglied des »Aktionsrates Bildung« sowie des Sachverständigenrats deutscher Stiftungen für Integration und Migration.

Burkhardt, Günter, geb. 1957, ist Geschäftsführer von PRO ASYL und einer der Mitbegründer von PRO ASYL. Er ist zudem Vorstandsmitglied der Stiftung PRO ASYL und Geschäftsführer des Ökumenischen Vorbereitungsausschusses zur Interkulturellen Woche.

Ceylan, Rauf, Prof. Dr., geb. 1976, ist Professor für gegenwartsbezogene Islamforschung an der Universität Osnabrück. Dort ist er Mitglied im Institut für Islamische Theologie (IIT) sowie im Institut für Migrationsforschung und Interkulturelle Studien (IMIS).

Engin, Havva, Prof. Dr., geb. 1968, ist Professorin für Allgemeine Pädagogik mit Schwerpunkt Interkulturelle Pädagogik an der Pädagogischen Hochschule Heidelberg. Dort ist sie auch Leiterin des Heidelberger Zentrums für Migrationsforschung und Transkulturelle Pädagogik (Hei-MaT).

Fischer, Veronika, Prof. Dr., lehrt Erziehungswissenschaft an der Fachhochschule Düsseldorf, Fachbereich Sozial- und Kulturwissenschaft. Ihre Arbeits- und Forschungsschwerpunkte sind Erwachsenenbildung, Familienbildung, Gruppenpädagogik, Erziehung und Bildung im Migrationskontext sowie Migrationssozialarbeit.

Geiß, Bernd, Dipl.-Soziologe, geb. 1940, war Referatsleiter im Arbeitsstab der Ausländer-/Integrationsbeauftragten der Bundesregierung (1985–2004). Er ist Mitglied des Runden Tisches für Integration in Köln, Mitglied des Interkulturellen Rates Darmstadt sowie Mitglied im Lenkungsausschuss der Internationalen Metropolis-Konferenz Ottawa.

Geißler, Rainer, Prof. Dr., geb. 1939, ist Professor (em.) für Soziologie an der Universität Siegen und war von 2010 bis 2013 Vorstandsmitglied im Rat für Migration (RfM).

Gesemann, Frank, Dr., geb. 1959, ist Diplom-Politologe und Geschäftsführer des Instituts für Demokratische Entwicklung und Soziale Integration (DESI) in Berlin. Zu seinen Arbeits- und Forschungsschwerpunkten gehören vor allem Fragen der Migrations- und Integrationspolitik sowie der Bildungs-, Engagement- und Stadtentwicklungspolitik. Er verfügt über vielfältige Erfahrungen in der Evaluation und wissenschaftlichen Begleitung von Programmen und Projekten im Auftrag von Bund, Ländern und Kommunen sowie zivilgesellschaftlicher Akteure.

Groß, Thomas, Prof. Dr., geb. 1964, ist Professor für Öffentliches Recht, Europarecht und Rechtsvergleichung an der Universität Osnabrück.

Große Hüttmann, Martin, geb. 1966, ist Akademischer Oberrat am Institut für Politikwissenschaft der Eberhard Karls Universität Tübingen und Vorstandsmitglied des Europäischen Zentrums für Föderalismus-Forschung (EZFF) Tübingen.

Kara, Sibel, geb. 1977, ist Referentin bei der Beauftragten der Bundesregierung für Migration, Flüchtlinge und Integration. Sie ist Vorstandsmitglied der Internationalen Gesellschaft für Diversity Management e. V. (idm). Als Redakteurin und freie Journalistin hat sie für verschiedene Stiftungen zu migrations- und diversitypolitischen Themen veröffentlicht. Der Beitrag in diesem Band gibt ausschließlich ihre persönliche Auffassung wieder.

Karakaşoğlu, Yasemin, Prof. Dr., geb. 1965, ist Professorin für Interkulturelle Bildung und Konrektorin der Universität Bremen für Internationalität. Sie ist u. a. Mitglied des Rats für Migration sowie Vorstandsmitglied des DAAD.

Kilgus, Martin A., Dr., geb. 1963, ist Journalist und Leiter der ifa Akademie des Instituts für Auslandsbeziehungen in Stuttgart. Ehrenamtlich engagiert er sich für die Sekem-Stiftung für nachhaltige Entwicklung und für das Europa Zentrum Baden-Württemberg. Er ist Mitglied im Stiftungsrat der Stiftung Geißstrasse 7 und Experte für Migrationsfragen bei der Bundeszentrale für politische Bildung sowie Sachverständiger für Migration und Asyl bei der Europäischen Kommission.

Klose, Alexander, geb. 1975, ist Gesellschafter des Büros für Recht und Wissenschaft und Fraktionsreferent im Berliner Abgeordnetenhaus. Er ist Lehrbeauftragter der Humboldt Law Clinic Grund- und Menschenrechte an der Humboldt Universität zu Berlin.

Köpfer, Benno, Dr., geb. 1965, leitet die Analysegruppe »Internationaler Extremismus und Terrorismus« im Landesamt für Verfassungsschutz Baden-Württemberg. Schwerpunkt seiner Arbeit sind Fragen zur Radikalisierung und Prävention.

Koktsidou, Anna, geb. 1962, ist Fachredakteurin für Migrationsthemen beim SWR und Integrationsbeauftragte des Senders. Sie berichtet regelmäßig für die ARD (Hörfunk) aus Griechenland und engagiert sich ehrenamtlich in der deutsch-griechischen Kulturinitiative »Kalimera«.

Kolb, Arnd, geb. 1974, ist Geschäftsführer des Dokumentationszentrums und Museums über die Migration in Deutschland (DOMiD) in Köln. Der Historiker konzipierte für den Südwestrundfunk (SWR) die Wanderausstellung »Zwischen Kommen und Gehen – und doch Bleiben«, die sich mit der Arbeitsmigration nach Deutschland ab 1955 beschäftigt.

Lämmermann, Falk, geb. 1981, ist Referatsleiter in der Vertretung des Landes Rheinland-Pfalz beim Bund und der Europäischen

Union und u. a. für Integration einschließlich der ausländer- und staatsangehörigkeitsrechtlichen Rechtsfragen zuständig. Zugleich leitet er das für die Bundesgesetzgebung zuständige Referat des Ministeriums für Integration, Familie, Kinder, Jugend und Frauen Rheinland-Pfalz und ist in dieser Funktion u. a. ständiger Sitzungsvertreter des Landes im Innenausschuss des Bundesrates. Die Beiträge geben seine persönliche Auffassung wieder.

Liakova, Marina, Dr., geb. 1973, ist stellvertretende Direktorin und wissenschaftliche Mitarbeiterin am Institut für Transdisziplinäre Sozialwissenschaft der Pädagogischen Hochschule in Karlsruhe. Seit 1999 arbeitete sie an verschiedenen Forschungsprojekten des Zentrums für Türkeistudien und Integrationsforschung an der Universität Duisburg-Essen. Ihre Forschungsschwerpunkte sind Migrations- und Integrationsforschung, Minderheitenforschung und Genderforschung.

Loeffelholz, Hans Dietrich von, Dr., geb. 1947, ist ehemaliger Chefökonom und Leiter des Forschungsfeldes zu Wirtschaftswissenschaftlichen Zusammenhängen der Migration und Integration beim Bundesamt für Migration und Flüchtlinge (BAMF), Nürnberg.

Maier-Borst, Michael, Dr., geb. 1965, leitet das Referat Flucht und Asyl im Arbeitsstab der Beauftragten der Bundesregierung für Migration, Flüchtlinge und Integration. Der Beitrag gibt ausschließlich seine persönliche Auffassung wieder.

Matter, Max, Prof. Dr., geb. 1945, war bis 2010 geschäftsführender Direktor des Instituts für Volkskunde der Albert-Ludwigs-Universität Freiburg. Seine Forschungsschwerpunkte sind Migration, Integration und Minderheiten. Er war von 1998 bis 2013 Vorstandsmitglied des Rats für Migration (RfM).

Meier-Braun, Karl-Heinz, Prof. Dr., geb. 1950, langjähriger Leiter der Fachredaktion SWR International beim Südwestrundfunk in Stuttgart und Integrationsbeauftragter des Senders. Er ist Honorarprofessor für Politikwissenschaft an der Eberhard Karls Universität Tübingen und Mitglied im Rat für Migration (RfM).

Merx, Andreas, geb. 1970, ist Politologe und Organisationsberater für Diversitätspolitiken und Diversity Management, Antidiskriminierung und interkulturelle Themen. Er ist Inhaber des Berliner Beratungsunternehmens pro diversity, Erster Vorsitzender des Fachverbands Internationale Gesellschaft für Diversity Management e. V. (idm) und Mitarbeiter des VIA Bayern e. V. in der Fachstelle Interkulturelle Kompetenzentwicklung und Antidiskriminierung im Netzwerk IQ – Integration durch Qualifizierung.

Möller, Kurt, Prof. Dr., geb. 1954, ist Hochschullehrer für Theorien und Konzepte Sozialer Arbeit an der Hochschule Esslingen. Er forscht u. a. zu Themen wie Rechtsextremismus, Gewalt, Fremdenfeindlichkeit und anderen Formen pauschalisierender Ablehnungskonstruktionen.

Oberndörfer, Dieter, Prof. Dr., geb. 1929, war bis 1997 Direktor des Seminars für Politikwissenschaft an der Albert-Ludwigs-Universität Freiburg und Direktor des Arnold-Bergstraesser-Instituts für Kulturwissenschaftliche Forschung in Freiburg. Er ist Mitglied im Rat für Migration (RfM) und war von 2002 bis 2006 dessen Erster Vorsitzender und Pressesprecher.

Özadali, Cüneyt, geb. 1961, ist Redakteur in der Fachredaktion SWR International des Südwestrundfunks in Stuttgart. Er hat Linguistik mit Schwerpunkt Medienkommunikation, Neuere Deutsche Literatur und Politikwissenschaft an der Universität Tübingen studiert.

Oltmer, Jochen, Prof. Dr., geb. 1965, ist apl. Professor für Neueste Geschichte und Vorstand des Instituts für Migrationsforschung und Interkulturelle Studien (IMIS) der Universität Osnabrück. Er ist Autor und Herausgeber zahlreicher Bücher zur Geschichte der Migration vor allem im 19. und 20. Jahrhundert.

Reich, Kerstin, Dr., geb. 1961, war bis 2009 wissenschaftliche Mitarbeiterin am Institut für Kriminologie der Eberhard Karls Universität Tübingen. Dort ist sie weiterhin freie Mitarbeiterin und darüber hinaus seit 2009 als Diplompsychologin in der Klinik für Forensische Psychiatrie und Psychotherapie Zwiefalten tätig.

Rother, Stefan, Dr., geb. 1972, ist wissenschaftlicher Mitarbeiter am Lehrstuhl für Internationale Beziehungen der Universität Freiburg. Er ist Sprecher des Arbeitskreises Migrationspolitik in der Deutschen Vereinigung für Politikwissenschaft (DVPW).

Ruster, Jakob, geb. 1963, ist Diplom-Volkswirt und Geschäftsführer des Verbands für interkulturelle Arbeit VIA Bayern e. V.

Seiberth, Klaus, Dr., geb. 1977, ist wissenschaftlicher Mitarbeiter am Institut für Sportwissenschaft der Eberhard Karls Universität Tübingen im Arbeitsbereich Sozial- und Gesundheitswissenschaften des Sports. Sein Forschungsschwerpunkt liegt auf den Zusammenhängen zwischen Migration, Integration und Sport.

Selge, Tobias, geb. 1984, arbeitet als wissenschaftlicher Analyst und Referent beim Landesamt für Verfassungsschutz in Baden-Württemberg. Schwerpunkt seiner Arbeit sind die transnationalen Aspekte des Islamismus.

Sternberg, Jan Philipp, Dr., geb. 1974, ist Historiker, Zeitungsredakteur und Autor. Er arbeitet als Hauptstadtkorrespondent der Mediengruppe Madsack in Berlin.

Szukitsch, Yvonne, geb. 1981, ist Religions- und Kulturwissenschaftlerin sowie Mitarbeiterin des VIA Bayern e. V. in der Fachstelle Interkulturelle Kompetenzentwicklung und Antidiskriminierung im Netzwerk IQ – Integration durch Qualifizierung. Sie ist interkulturelle Trainerin und Beraterin.

Thelen, Sibylle, geb. 1962, leitet bei der Landeszentrale für politische Bildung Baden-Württemberg die Abteilung Demokratisches Engagement. Sie hat Politik, Turkologie und Kommunikationswissenschaften studiert und als Journalistin aus der Türkei berichtet. Ihr Buch »Istanbul, Stadt unter Strom« (2008) gibt einen Überblick über die zeitgenössische türkische Kultur. »Die Armenierfrage in der Türkei« (2010, 2. Aufl. 2015) ist auch in der Schriftenreihe der Bundeszentrale für politische Bildung erschienen.

Thränhardt, Dietrich, Prof. Dr., geb. 1941, ist emeritierter Professor für Politikwissenschaft an der Universität Münster. Er gibt die Reihe »Studien zu Migration und Minderheiten« heraus und leitet die Steuerungsgruppe beim »Mediendienst Integration« des Rats für Migration (RfM).

Tracy, Rosemarie, Prof. Dr., geb. 1949, hat einen Lehrstuhl für Anglistische Linguistik an der Universität Mannheim. Ihre Forschungsschwerpunkte liegen im Bereich des Spracherwerbs und der Mehrsprachigkeit. Sie leitet mehrere Bildungsprojekte, ist Mitbegründerin des Mannheimer Zentrums für Empirische Mehrsprachigkeitsforschung (MAZEM gGmbH) und Mitglied des DFG-Fachkollegiums für die Sprachwissenschaft.

Treibel, Annette, Prof. Dr., geb. 1957, ist Professorin für Soziologie am Institut für Transdisziplinäre Sozialwissenschaft der Pädagogischen Hochschule Karlsruhe. Sie ist Mitglied im Rat für Migration (RfM).

Tröster, Irene, Dr., geb. 1971 in Kasachstan, befasste sich nach ihrer Promotion über das Integrationsverständnis Russlanddeutscher viele Jahre als Migrationssoziologin insbesondere mit der Integration russischsprachiger Migranten, u. a. als Hörfunkjournalistin beim Südwestrundfunk in Stuttgart. Heute unterstützt sie als Regionale Koordinatorin für das Studium von Geflüchteten im Regierungsbezirk Stuttgart Hochschulen bei der Immatrikulation und Integration von Geflüchteten.

Vaskova, Anna, geb. 1990, ist wissenschaftliche Mitarbeiterin am Institut für Schulentwicklungsforschung der Technischen Universität Dortmund. Sie arbeitet dort in den Projekten »Trends in International Mathematics and Science Study« (TIMSS) 2015, »Internationale Grundschul-Lese-Untersuchung« (IGLU) 2016 und »DoProfiL – Das Dortmunder Profil für inklusionsorientierte Lehrerbildung«.

Walter, Anne, Prof. Dr., geb. 1973, ist Dozentin für Migrations- und Sozialrecht am Fachbereich Sozial- und Kulturwissenschaften an der Hochschule Fulda und Mitglied des Netzwerks für Migrationsrecht.

Weber, Reinhold, Prof. Dr., geb. 1969, ist Publikationsreferent bei der Landeszentrale für politische Bildung Baden-Württemberg und Honorarprofessor am Seminar für Zeitgeschichte der Eberhard Karls Universität Tübingen. Er ist Mitglied im Rat für Migration (RfM).

Weiss, Karin, Prof. Dr., geb. 1951, Ministerialdirigentin a. D., war bis 2016 Leiterin der Abteilung Integration und Migration im Ministerium für Integration, Frauen, Kinder, Jugend und Familie Rheinland-Pfalz. Zuvor war sie Professorin für Sozialpädagogik an der Fachhochschule Potsdam und Integrationsbeauftragte des Landes Brandenburg. Sie ist Mitglied im Rat für Migration (RfM).

Wendt, Heike Dr., geb. 1983, ist akademische Rätin auf Zeit am Institut für Schulentwicklungsforschung der Technischen Universität Dortmund. Sie leitet dort u. a. die »Trends in International Mathematics and Science Study« (TIMSS) 2011 und 2015 sowie die »Internationale Grundschul-Lese-Untersuchung« (IGLU) 2016.

Wilmes, Maren, geb. 1979, arbeitet als wissenschaftliche Mitarbeiterin am Institut für Migrationsforschung und Interkulturelle Studien (IMIS) der Universität Osnabrück und leitet den Fachbereich Migration beim Caritasverband Osnabrück.

Wüst, Andreas M., Dr., geb. 1969, ist Politikwissenschaftler und External Fellow am Mannheimer Zentrum für Europäische Sozialforschung (MZES) der Universität Mannheim. Er ist Mitglied im Rat für Migration (RfM).

Abbildungsnachweise

Archiv des Raphaels-Werks, Hamburg 86
Brandenburgische Sportjugend 211
Bundesarchiv B 145 Bild-F008 013–0003/Rolf Unterberg 100
Charta der Vielfalt e. V. 303
Daimler AG, Archiv 138
DER SPIEGEL Nr. 47/2004 und 13/2007 216
DITIB Bildungs- und Begegnungsstätte Duisburg-Marxloh 226
Frank Eppler, Stuttgart 112
garmo AG 145
Haus der Geschichte Baden-Württemberg 191
ifa Akademie gGmbH Stuttgart (Luca Siermann) 50

Jean Mohr/DOMiD-Archiv Köln 107
Landesarbeitsamt Baden-Württemberg/Fachhochschule der Agentur für Arbeit, Mannheim 98
Landesmedienzentrum Baden-Württemberg 96
privat 108
Robert Bosch Stiftung/Yves Noir 220
Stadtarchiv und Historische Museen Karlsruhe, Sammlung Schlesiger 35, 74, 117, 119
Stiftung Denkmal für die ermordeten Juden Europas/Marko Priske 127
ullstein bild – amw 70
ullstein bild – Robert Hetz 103
Wikimedia Commons/Andreas F. Borchert 123